邹嘉骊 编

Copyright © 2022 by SDX Joint Publishing Company.
All Rights Reserved.
本作品版权由生活·读书·新知三联书店所有。
未经许可，不得翻印。

图书在版编目(CIP)数据

忆韬奋／邹嘉骊编．—增订本．—北京：生活·读书·新知三联书店，2015.10(2022.8 重印)
 ISBN 978-7-108-05478-4

Ⅰ.①忆…　Ⅱ.①邹…　Ⅲ.①邹韬奋(1895～1944)—生平事迹　Ⅳ.①K825.42

中国版本图书馆 CIP 数据核字(2015)第 216289 号

责任编辑	王秦伟　成　华
封面设计	有品堂_刘　俊　张俊香
出版发行	生活·讀書·新知 三联书店
	（北京市东城区美术馆东街 22 号）
邮　编	100010
印　刷	江苏苏中印刷有限公司
排　版	南京前锦排版服务有限公司
版　次	2015 年 10 月 1 版
	2022 年 8 月第 2 次印刷
开　本	880 毫米×1230 毫米　1/32　印张　22.25
字　数	520 千字
定　价	78.00 元

邹韬奋(1895–1944年)

邹韬奋全家合影（20世纪30年代）

忆韬奋

邓颖超题

憶翰奮

為《忆翰奋》再版题

二〇一五年七月 邹家华

忆榆舍

邹家华

二〇二一年十一月

1932年7月，邹韬奋在上海成立生活书店，店址在上海陶尔斐斯路（现南昌路东段）48弄

修订版前言

二〇一九年十二月,上海三联书店出版了《我的文字生涯》一书。想想有点辛苦,这本书里有好几篇文章是在病床上完成的,见到新书又释然了。本以为这是我的封笔之作,可以歇笔了,哪知心愿未了,又蠢蠢动起来,目标很明确。

二〇二一年十一月二十二日,三联书店上海公司王秦伟同志和他的两位同事一起来我家并给我送来了好消息:三联书店为庆贺90周年店庆,打算再版我编的《忆韬奋》一书。

一九八四年七月,学林出版社出版了我的第一本书《韬奋著译系年目录》。重新翻阅这本时隔三十七年的旧著,心潮涌动:内封是革命前辈胡愈之老伯的题签,后一页是胡绳前辈写的序,他们都是我成长前行的引路人。《韬奋著译系年目录》的出版,为《韬奋全集》的编撰作了基础史料积累,也为《忆韬奋》的编撰做了铺垫,一九八五年十一月,父亲诞辰90周年之际,《忆韬奋》交付学林出版社出版,邓颖超妈妈还为此书题了字。邓妈妈的题字,让我们在书中重逢了!时隔三十年,二〇一五年十月,三联书店出版了新版《忆韬奋》,增添了七篇史料性文字,进一步揭示了生活书店团队是如何对付国民党横蛮压迫和摧残坚持战斗的。

本次再版《忆韬奋》,拟增加三篇文章:

一篇是张仲实的《言犹在耳　记忆仍新——对周恩来同志的回忆片断》。说来有点内疚,张仲实的这篇文章,早在二〇〇五年我编写《韬奋年谱》时已经摘录过部分内容。时隔十六年，才得以全文收入《忆韬奋》。

一篇是刘季平的《韬奋同志在苏中抗日根据地》。一九四一年十二月八日太平洋战争爆发，香港很快沦陷。为营救二百多位文化精英，共产党组织秘密大营救，邹韬奋也在其中。一九四二年四月，周恩来得悉国民党下令通缉邹韬奋后，立即电告八路军驻香港办事处负责人连贯，一定要让邹韬奋就地隐蔽，并保证他的安全。很快，邹韬奋被地下党组织安排隐居到广东梅县江头村。在江头村时，韬奋已患有耳疾。一九四二年九月下旬，韬奋辞别半年隐居的江头村。临行前夕，韬奋为江头村陈姓祖孙留下了多幅墨宝，乡亲们依依惜别。

一九四二年十月间，韬奋在党的帮助下，离开东江游击区到达韶关，生活书店派冯舒之同志接送，准备路经上海，再中转护送到苏北解放区。据苏中解放区大众书店的店员沈一展的回忆：一九四二年冬季，韬奋在地下党护送下，从敌占区上海到达大众书店时，与他们有过一夜交谈，韬奋讲的最敞亮最最真诚的一句话是："我的一切工作和行动都是在党和恩来同志指示下进行的。"

当我读到这句话时我心里一震，因为长期生活在国民党统治区，知道有地下党，从未听到如此直白的表述。地下党在我心目中是一支有坚定信念，充满智慧，富有战斗力的隐蔽英雄。作为后辈，我身受过他们的关爱，编书过程中，又常常会重复出现他们的名字。多么大的推动力啊！

到达解放区，刘季平是陪同韬奋时间最多的，同吃同住同行一个多月。白天有群众欢迎的报告会、欢迎会、记者采访等等，韬奋经常处在兴奋昂扬的情绪中。晚上两个人时，韬奋的话题常常是执着地要求参加共产党，而且是可以公开提出申请。

还有一篇是记者戈扬的《忆韬奋先生》。十二月底，记者戈扬在一户农民家遇到韬奋。他正忍住巨痛,聆听人们谈根据地的情况,手中还握着笔。一九四三年二月,戈扬又一次与韬奋相见。她惊诧韬奋面容比上次苍老十岁,眼睛仍炯炯有神。韬奋静心听完记者的陈述,透出兴奋的欢喜,默默安慰说:"敌后的民主政治能办得这么好……"陈毅司令获悉韬奋病情有变,即下令,迅速护送回沪医治。一九四三年三月回到上海。一切都在隐蔽中进行。原定从解放区转道去革命圣地延安,已经不能实现了。韬奋在病榻前对儿子邹家华说:"爸爸的时间太宝贵了,《患难余生记》还没写完,我还要写《苏北观感录》和《各国民主政治史》两部书。"一九四四年六月二日,韬奋口述遗言中尚记载有"骨灰尽可能带往延安"。七月二十四日清晨,他用颤抖的手,为后人写下了"不要怕"三个字的绝笔。至今忘不了那段极度压抑恐怖的日子,心存感激并敬重他们,一群在险恶环境下掩护韬奋到最后的人。

二〇二二年二月　邹嘉骊

2015 年版前言

今年,二〇一五年十一月五日是父亲邹韬奋诞辰一百二十周年纪念日。

我,作为他的女儿,义不容辞,应该有所表示。

三十年前,一九八五年,为纪念父亲诞辰九十周年,我编了一本纪念集《忆韬奋》,有一百多篇文章,四十多万字,学林出版社出版。邓颖超邓妈妈还为内封题了字。之前,正巧编了一本《韬奋著译系年目录》,积存了不少资料,为我编这本书,争取了时间,提供了方便。我编选内容的着眼点是多一点有史料保存价值的文字,少量纪念文章。

重读书里的文章,感慨多多。三十年过去了,文章的作者大多已作古,可珍贵的是他们留下的文字,很多是亲身感受,第一手资料,真情,真实,对后继者研究韬奋是活的珍贵的史料。

今年春节,三联书店的王秦伟同志来访,真是无巧不成书,谈起纪念活动,我建议他接受再版这本书。他二话没说,拿起那本样书,说:"好的,我拿回去看看。"不久,有了回音。他带着一位助手来了。当然是好消息:同意出版,后面最好再加点内容。

加什么内容?这本书的不足是大背景交待不够。那时是国共第二次合作时期,大后方,国民党政府处于统治地位。韬奋这支宣传抗战文化的队伍,逐渐壮大,生活书店从小到大,至一九三八年,已发展到五十五家分支店,国民党政府不能容忍这样的发展和正能量的宣传,对其进行了残酷的迫害。

生活团队是如何对付国民党的横蛮压迫和摧残坚持战斗的,我搜索自己的大脑记忆,选了四篇文章。

一、《重见天日》

这是一组韬奋当年送审的,被国民党图书杂志审查老爷不止一次批上"免登""应予免登""扣留""扣"等字样的文章。七十多年过去了,这些被扣的文章还能找得到吗?《韬奋全集》已经从几个出版社邀请了几位资深编审在动工了。公开发表过的作品比较容易找,容易搜集;被扣留埋没的稿子到哪里找?冥思苦想,想到了"档案"。一九九一年五月,韬奋纪念馆的几位青年同志和我找准目标,直奔南京中国第二历史档案馆的国民党档案。凭翻到的卡片找到了原件。认真鉴别,竟是韬奋的真迹。共十一篇。我们按档案馆要求,动用上海市委宣传部、妈妈的工作单位,开了证明,办了正式手续,拿到了复印手稿。十一篇,数量显得少了点。再少,这也是国民党迫害进步文化罪行的证明。这些文章,都已编入《韬奋全集》,重见了天日。想用压制的手段来进行政治迫害,消灭真理的声音,十一篇真迹失而复得是一个极有力的明证。办不到的。

二、徐伯昕《生活书店横被摧残经过》

韬奋文:"书店一个个又被封闭是事实,忠诚于文化事业的青年干部一个个又锒铛入狱也是事实,我又怎能昧着良心,装作痴聋呢?""暴风雨似的摧残来势越来越凶!""被迫到这样的田地,我伤心惨目想到为抗战文化而艰苦奋斗的青年干部遭受到这样冤抑惨遇而无法援救,任何有心肝的人,没有还能抑制其愤怒的。我愤怒得目瞪口呆,眠食俱废!"沈钧儒文:"记得是这一月廿日后哪一日子了,那是一个最不祥的夜晚,忽然见你匆匆推门进屋,行色像有点仓皇,手里拿着几份电报,眼眶里含着带怒的泪,告诉我昆明、成都、桂林、曲江、贵阳五处分店先后都被当地政府无理由地封禁。你说:'这是什么景象!一点不要理由,就是这样干完了我的书店!我无法保障它,还能保障什么!我决意走了!'我听了好久,想不出一句可以劝慰和挽留你的话来,只说了一个字:'好。'"

"面对国民党的横蛮压迫和摧残,他(韬奋)决定辞去国民参政员职务,拒绝参加三月一日即将召开的第二届国民参政会。"他胸有成竹,想好应对迫害的方案,秘密出走,另辟战场。

一九四二年十一月,在苏中根据地,韬奋曾解答一位书店同仁沈一展的提问,说:"从武汉到重庆,直到我离开重庆到香港,其后,回到上海,转到解放区,我的一切工作和行动都是在党和恩来同志指示下进行的。"

徐伯昕主持,汇总了各地寄来的种种受迫害的罪证,写出这篇"经过"。这是一份对国民党顽固派反动罪行的声讨书,分送给各位参政员。

三、 徐伯昕《生活书店是怎样接受党的南方局领导的》

徐伯昕实干、忠诚、坚定,与韬奋精诚合作近二十年,是生活书店事业发展的开创者之一,直至一九四八年生活、读书、新知三店联合为三联书店。

这篇文章徐自称写得不完全,即使这样,也能说明一些问题,澄清一些问题。地下党是秘密工作,单线联系,不完全是正常的。这是一篇重要的史料。希望了解情况的同志能补充材料,写出续篇。

四、邹嘉骊《徐伯昕记〈遗言记要〉是韬奋遗嘱的原始版》

重读这篇文章，勾起了我的回忆和联想。

二〇〇四年三月三十日上午，徐伯昕叔叔的次子徐敏代表徐家，来我办公的地方，送来了一本泛黄的簿子。据称是从徐叔叔的遗物中清理出来的。其中有一篇《遗言记要》，鉴别内容字迹，是一九四四年六月二日韬奋口述，徐伯昕记录的。与一九四四年十月延安开追悼会公开发表的"韬奋遗嘱"不一样，是两个版本。为了解答这个疑问，我写了这篇文章。

增补的四篇文章勾勒出一幅艰难而复杂交错的战斗场面，怎么应对，需要极高的智慧和能力。三人行必有我师，向优秀的前辈学习也是追求前进之路。

值得一提的是，张仲实伯伯的公子张复在本书付梓前寄来了其父在不同历史时期怀念韬奋的三篇文章，以一个老战友饱含深情的笔墨追忆了韬奋的精神和品格，特此表示感谢。

最后，我想借这次再版的机会，摘录韬奋的一本译作《读书偶译》。

一九三三年七月十四日韬奋乘意轮离沪，第一次流亡出国。在英国，他经常去伦敦博物院图书馆，认真阅读马列著作，写了大量英文笔记。一九三五年八月回国，立即投入抗日救国运动。这批英文笔记，一直延迟到一九三六年十一月"七君子事件"发生，在狱中有了时间翻译整理编成这本书。书的内容是宣传马克思、恩格斯、列宁他们的生平，以及理论学说。那个年代，出版这类书是要担风险的。韬奋不用习惯称呼，把人名加了保护色，马克思称卡尔，列宁称伊里奇。编这本书的过程，他又温习了一次革命理论的学习教育。这是指导他一生行动的基础。

简介摘录如下:

一九三七年十月,《读书偶译》由上海生活书店初版(收录《韬奋全集》第十四卷)。

《读书偶译》目次:《伦敦的博物院图书馆》《开头的话》《政治组织的理论和形式》《卡尔研究发凡》《黑格尔和辩证法》《黑格尔对于卡尔的影响》《卡尔所受的其他影响》《卡尔的理论体系》《卡尔的历史解释》《唯物史观的解释》《唯物辩证法》《辩证法和将来的社会》《卡尔的经济学》《驱赶的工作和被驱赶的工作》《关于价值论》《恩格斯的生平和工作》《恩格斯的自白》《伊里奇的时代》《伊里奇的生平》《伊里奇的理论》《后记》。

《〈读书偶译〉开头的话》(被羁押六个月后的六月二日下午记于江苏高院看守分所),收入单行本。

摘要:"这本《读书偶译》是撮译我在伦敦博物院图书馆里所写下的英文笔记的一部分。在看书的时候,遇着自己认为可供参考的地方,几句或几段,随手把它写下来,渐渐地不自觉地积了不少。近来略加翻阅,撮出其中的一部分,随手把它译出来,在一些基本的观点方面,也许可供有意研究社会科学者的参考。""这只是一本漫笔式的译述,不是有系统的社会科学的书,但是也略微有一点贯串的线索。第一节可以算为简单的'导言'或'绪论';后面接着的是卡尔的生平和理论,附带谈到他的思想所由来的黑格尔;再后的是恩格斯的生平和工作;再后的是伊里奇的生平和思想。当然,这本书对于这些思想家的任何一个,都不能完全包括他们的一切,乃至某一部分的一切,只是撮述尤其值得我们注意的几个要点而已。""此外还有一点,这本书所撮译的,多为其他作家对于这几个思想家的解释;要作进一步的研究,还要细读他们自己的著作,本书不过是扼要的'发凡'罢了。先看了'发凡'的解释,对于进一步的研究也许不无小补。这是译者所希望能够贡献的一点微意。""每篇来源的原著书名,都附记在每篇的末了,以供参考。""理论和实践是应该统一的,所以我们研究一个思想家,不能不顾到他的时代和生平。尤其像卡尔和伊里奇一流的思想家。我们要了解卡尔怎样运用他的辩证法,必须在他对于革命运动的参加中,在他对实际问题的应付中,在他的经济理论、唯物史观以及关于国家和社会的哲学里面,才找得到;关于伊里奇也一样,他的一生奋斗的生活,便是唯物辩证法的'化身',我们也必须在他的实践中去了解他的思想。""革命的思想家的奋斗生活,常常能给我们以很深的'灵感'。我每想到卡尔和伊里奇的艰苦卓绝的精神,无时不'心向往之'。""关于伊里奇,我最感到奇异的,是以他那样的奔走革命的忙碌,还有工夫写了许多精明锐利正确的著作,后来仔细研究他的生活,才知道他有许多著作是在流离颠沛惊涛骇浪中写的;是在牢狱里,是在充军中,是在东躲西匿干着秘密工作中写的。""伊里奇在将被暗刺以前,最后说了一句话值得我们永远的纪念。""他在被刺的那一天下午(一九一八年八月三十日),还到莫斯科的米克尔逊工厂(Michelson Factory)去参加会议,他在这会议里演说词的最后一句是:'胜利或死亡!'(Victory or death)即不向前求胜利,就只有死路一条。这是伊里奇当时为革命而奋斗的精神,也是我们今日为民族解放和人群福利而应有的奋斗精神!""我只是一个平凡的新闻记者,我所以要研究一些思想,是为着做新闻记者用的,更不怕'牺牲'什么'尊严和高贵'。或许有些朋友也和我一样地忙于自己的职业,要在百忙中浏览一些关于思想问题的材料,那末这本书也许可以看看,此外倘若抱着什么奢望,那是要不免失望的。"

《〈读书偶译〉后记》(七月十五日炎暑中挥汗写,记于江苏高院看守分所),收入单行本。

摘要:"我向来有所写作,都偏重于事实的评述;关于理论的介绍,这本译述还是破题儿第一遭,虽则理论和事实本来就不能截然分离的。依我个人看来,——也许是由于我向来工作的性质和方向,——评述事实似乎比介绍理论来得容易些,尤其是比用翻译来介绍理论来得容易些。因此,我在译这本书的时候,时刻注意的是要尽量使读者看得懂;倘若更能进而使读者感觉到不但看得懂,而且觉得容易看,看得有趣味,那更是我的莫大的愉快!同时被羁押的老友李公朴先生听到了我的这愿望,在我看完第一次校样的时候,他自告奋勇,说他愿'代表'未来的读者,仔细替我再看一遍;每遇有他认为不很容易懂的地方,无论是一字一句一段,都很热心地提出'质问',我也很虚心地领教,认为有修改必要的时候,就尽量修改。我在这里应该很诚恳地谢谢李先生。""张仲实先生的学识湛深,尤其是对于政治经济学的造诣,是我所非常敬佩的,我的这本书的第二次校样还请他很仔细地看过一遍。承他给我不少切实的指教,有好几处的名著译文,还承他对俄文原本仔细对了一下。本书里用的画像,有许多都是承张先生替我从各处搜集拢来的。他为了我的这本书,费了不少时间和功夫,这都使我非常感谢的。""在羁押中写作,不能多带参考书,遇有需要查阅参考的时候,往往写条子麻烦外面的几位朋友,托他们代为一查。受到我麻烦的除张先生外,还有金仲华和胡愈之两先生,我应该在这里一并志谢。"

这篇"新版前言"就以简介韬奋的《读书偶译》为结束语吧,增加一点"胜利"的红色。

二〇一五年七月六日　邹嘉骊

目　录

修订版前言 ·································· 邹嘉骊（1）
2015年版前言 ······························· 邹嘉骊（1）

一、文件、文献

中共中央唁电 ·································（3）
纪念和追悼韬奋先生办法 ·······················（4）
致邹韬奋夫人沈粹缜的慰问信 ········· 周恩来（6）

二、回忆、纪念文章

永远年青的韬奋先生 ················· 茅　盾（9）
邹韬奋先生事略 ····················· 沈钧儒（11）
韬奋先生的道路 ····················· 胡　绳（18）
悲痛的回忆 ························· 沈钧儒（20）
痛念韬奋兄 ························· 沙千里（24）
在流亡生活中的韬奋先生 ············· 胡　绳（27）
韬奋先生死了 ······················· 张友渔（31）
永远活在我们的心里
　　——追念我们的领导者韬奋先生 ········· 薛迪畅（35）

韬奋先生哀词
　　——在重庆追悼会上的讲演稿 ………… 郭沫若（38）
我们是兄弟、是战友、是同志（节录）
　　——悲悼我的大哥恩润（韬奋）的死 ……… 邹恩洵（41）
痛悼韬奋先生并控诉国民党反动派的罪行 … 寒　松（44）
哀悼为新民主主义奋斗的战士邹韬奋同志 … 吴玉章（48）
纪念邹韬奋先生 …………………………… 陈　毅（51）
纪念韬奋先生 ……………………………… 凯　丰（53）
追悼邹韬奋先生之死想到一切人之死 ……… 续范亭（56）
韬奋的事业与精神 ………………………… 徐特立（59）
中国大众的立场 …………………………… 艾思奇（64）
韬奋同志
　　——文化界的劳动英雄 ………………… 萧　三（69）
一个优秀的中国人
　　——邹韬奋先生的生平、思想及事业 …… 张仲实（73）
在延安举行的邹韬奋先生追悼大会上的讲话 … 朱　德（91）
在延安举行的邹韬奋先生追悼大会上的讲话 … 陈　毅（92）
韬奋的最后 ………………………………… 郑振铎（94）
韬奋的死 …………………………………… 胡愈之（99）
伟大的爱国者
　　——韬奋 ………………………………… 胡愈之（137）
久长的纪念 ………………………………… 茅　盾（141）
默念 ………………………………………… 兹　九（143）
韬奋先生在东江时 ………………………… 汪　洋（146）
从生活上向韬奋学习 ……………………… 萨空了（149）
韬奋与大众文化 …………………………… 胡愈之（151）
记忆中的韬奋先生 ………………………… 廖沫沙（155）

2

韬奋在东江	陈汝棠（158）
纪念韬奋先生	周建人（161）
记韬奋先生的葬仪	邑　君（164）
韬奋先生印象	郭沫若（166）
忆韬奋先生	郑振铎（169）
记香港战争时韬奋的琐事	茅　盾（171）
从平凡处追念他的伟大	王造时（174）
韬公，我们永远怀念你！（摘要）	
——在东江解放区的回忆	吉　茹（178）
韬奋先生的干部政策	孙起孟（181）
死的征服力量	平　心（183）
韬奋先生的三个特点	杨卫玉（185）
邹韬奋先生到解放区	路　绮（187）
韬奋的共产主义思想	徐永煐（191）
邹韬奋先生五周年祭（摘要）	毕云程（194）
邹韬奋和《光明报》（摘要）	萨空了（199）
韬奋同志的革命精神（摘要）	戴白韬（201）
念韬奋同志	范长江（202）
纪念亡友邹韬奋先生（摘要）	曾耀仲（205）
悼韬奋	胡子婴（207）
在上海市韬奋同志逝世五周年纪念大会上的致词	宋庆龄（210）
邹韬奋和《大众生活》	茅　盾（211）
爸爸，你的理想实现了！	邹嘉骊（214）
学习韬奋同志联系群众的作风	周保昌（216）
片断的回忆	
——纪念邹韬奋同志逝世十周年	胡耐秋（218）
韬奋的遗志已经全部实现了	沈粹缜（223）

3

追念韬奋(摘要) …………………………… 夏　衍(226)
忆韬奋先生 ………………………………… 陈象恭(229)
琐忆韬奋与出版工作(摘要) ……………… 袁信之(232)
邹韬奋和高尔基 …………………………… 戈宝权(234)
韬奋同志在南通的时候 …………………… 王　淮(238)
和韬奋相处的日子 ………………………… 杨　奇(241)
韬奋同志在苏北的片断 …………………… 袁信之(245)
韬奋同志二三事(摘要) …………………… 袁信之(249)
"最大的愿望是办好一个刊物"(摘要)
　　——学习韬奋的编辑工作经验 ……… 柳　湜(250)
韬奋病危的时候
　　——纪念韬奋同志逝世十八周年 …… 张又新(256)
我在"生活"工作的日子(摘要) …………… 张锡荣(259)
韬奋在香港创办《大众生活》 ……………… 程浩飞(274)
回忆《大众生活》在香港(摘要)
　　——纪念三联书店成立三十周年 …… 千家驹(279)
忆邹韬奋(摘要)
　　——为纪念三联书店成立三十周年而作 … 子　冈(281)
生活的火花(摘要) ………………………… 端木蕻良(283)
感激与祝愿(摘要) ………………………… 柯　灵(287)
韬奋和生活书店 …………………………… 毕云程(289)
韬奋在苏中解放区的片断(摘要) ………… 游　云(301)
韬奋同志在南通 …………………………… 谷　风(304)
邹韬奋与《生活日报》 ……………………… 胡愈之(307)
光彩夺目的一生 …………………………… 钱俊瑞(312)
邹韬奋和戈公振
　　——回忆两位新闻前辈之间的深厚友谊 … 戈宝权(317)

向着明天　奋勇前进
　　——纪念邹韬奋先生逝世三十五周年 …… 史　良（333）
学习韬奋同志的革命精神 …………………… 陆　诒（337）
战斗到最后一息（摘要）
　　——纪念邹韬奋同志逝世三十五周年 …… 徐伯昕（344）
难忘的一夜（摘要）
　　——记邹韬奋到达苏中解放区大众书店 … 沈一展（351）
"非我族类嫉如仇"（摘要）
　　　回忆在梅县隐蔽时的邹韬奋同志 …… 张维元（354）
刘少奇与邹韬奋的文字交（摘要） … 章玉梅　辛　彬（357）
同君一夜话　胜读十年书（摘要）
　　——纪念韬奋同志诞辰八十五周年 ……… 胡一声（361）
缅怀韬奋同志（摘要） ………………………… 徐文烈（366）
邹韬奋的早年生活 …………………………… 沈粹缜（369）
临终前的韬奋先生 …………………………… 徐雪寒（386）
一点火星（摘要） …………………………… 戈　扬（392）
杜重远和韬奋的友谊（摘要） ………………… 沈粹缜（394）
难忘的会见（摘要）
　　——纪念邹韬奋同志逝世四十周年 ……… 夏征农（396）
火样的热情（摘要） ………………………… 侯御之（398）
怀念邹韬奋 …………………………………… 爱波斯坦（399）
韬奋同志在东江游击区 ……………………… 于　伶（401）
回忆韬奋离苏北返沪就医 …………………… 王于耕（421）
邹韬奋同志给我的教育（摘要） ……………… 凌其翰（425）
韬奋同志指引我走向革命（摘要） …………… 锺怀琼（431）
忆韬奋（摘要）
　　——纪念韬奋逝世四十周年 ……………… 杜若君（433）

5

韬奋永生 ……………………………… 夏　衍(439)
艰险旅途中的一站(摘要)
　　——韬奋同志到达新四军根据地的往事补记 … 徐中尼(442)
忆韬奋同志二三事(摘要) ……………… 邢方群(446)
回忆韬奋先生(摘要) …………………… 钱小柏(448)
难忘的教诲(摘要)
　　——怀念新闻出版界的革命前辈邹韬奋同志 … 莫志恒(468)
韬奋在梅县江头村隐蔽的日子里 ……… 陈启昌(472)
忆韬奋伯伯在江头村 …………………… 陈汉辉(485)
护送邹韬奋同志 ………………………… 杨绪亮(500)
和韬奋最后相处的日子 ………………… 陈其襄(504)
忆韬奋导师给我题词 …………………… 杨超伦(510)

重见天日 ……………………… 邹嘉骊整理(513)
生活书店横被摧残经过 ………………… 徐伯昕(539)
生活书店是怎样接受党的南方局领导的 … 徐伯昕(551)
徐伯昕记《遗言记要》是韬奋遗嘱的原始版 … 邹嘉骊(559)
不屈不挠、尽善尽美的作风 ……………… 张仲实(570)
韬奋的精神 ……………………………… 张仲实(573)
怀念邹韬奋同志 ………………………… 张仲实(580)
韬奋同志在苏中抗日根据地 …………… 刘季平(588)
言犹在耳　记忆仍新
　　——对周恩来同志的回忆片断 ……… 张仲实(596)
忆韬奋先生 ……………………………… 戈　扬(601)

三、题词、挽词、诗歌

题词 ……………………………………………（605）

挽词 ……………………………………………（609）

诗歌 ……………………………………………（617）

怀念邹韬奋先生 …………………………… 陶行知（617）

追思韬奋先生 ……………………………… 陶行知（620）

这就是邹韬奋同志的死 …………………… 蒲　特（621）

韬奋逝世一周年哀词 ……………………… 黄炎培（622）

韬奋先生周年挽诗 ………………………… 柳亚子（624）

祖国正患着难医的脑癌

　——为纪念邹韬奋先生逝世二周年而作 … 杨　骚（625）

祭邹韬奋先生文 …………………………… 陶行知（629）

悼韬奋诗 …………………………………… 柳亚子（632）

杂忆 ………………………………………… 沈钧儒（633）

邹韬奋先生挽歌 ………………… 陶行知词　夏之秋曲（634）

韬奋纪念歌 ……………………… 新生词　流水曲（636）

韬奋纪念歌 ………………………………… 章枚曲（638）

附录 ……………………………………………（640）

韬奋研究资料目录索引 ……………………………（640）

初版编者附记 ………………………………………（683）

2015年版后记 ………………………………………（685）

修订版后记 …………………………………………（687）

一、文件、文献

中共中央唁电

邹韬奋先生家属礼鉴：惊闻韬奋先生病逝，使我们十分悲悼；接读先生遗嘱，更增加我们的感奋。韬奋先生二十余年为救国运动，为民主政治，为文化事业，奋斗不息，虽坐监流亡，决不屈于强暴，决不改变主张，直至最后一息，犹殷殷以祖国人民为念，其精神将长在人间，其著作将永垂不朽。先生遗嘱，要求追认入党，骨灰移葬延安，我们谨以严肃而沉痛的心情，接受先生临终的请求，并引此为吾党的光荣。韬奋先生长逝了，愿中国人民齐颂先生最后呼吁，为坚持团结抗战，实行真正民主，建设独立、自由、繁荣、和平的新中国而共同奋斗到底。谨此电唁，更望家属诸位节哀承志，遵守先生遗嘱于永久。

中国共产党中央委员会
一九四四年九月二十八日

纪念和追悼韬奋先生办法①

——十月十一日发起人第一次会议记录

（一）纪念办法

1. 提议华北书店改名为"韬奋书店"。

2. 向边府提议，设立韬奋出版奖金，专用以奖励对办杂志、报纸及出版发行事业有特别成绩之人，专设委员会主持，其委员和办法另定之。

3. 提议在先生骨灰运到延安安葬后，建立纪念碑。

（二）**电渝商量**在全国发起纪念和追悼韬奋先生运动。

1. 征集纪念文（诗歌、论文），刊行纪念册，委托新华日报及各根据地报纸办理。

2. 在重庆设韬奋图书馆，由各界人士自愿捐助书报。

3. 登报征集先生未发表之信件和著作。

（三）向陕甘宁边区文教会议提议电唁韬奋先生家属，并在大会上介绍先生生平，**提议以韬奋为出版事业模范**。

（四）在延纪念和追悼办法

1. 出版先生选集。

---

① 本件据原记录排印，黑体字为毛泽东、周恩来同志修改批注的文字。——编者注

2. 举行追悼会时展览先生著作。

3. 追悼会时由《解放日报》出专刊,纪念文由艾思奇、柳湜、张仲实三人负责计划。

4. 制追悼歌,**由周扬负责。**

5. 追悼会定先生百日祭——十一月一日举行。

(五)筹委会:委员:柳湜、周扬、艾思奇、张宗麟、张仲实、林默涵、李文,以柳湜、周扬为正副主席。

记录整理人　张仲实

韬奋先生追悼会发起人第一次会议到会者

(十月十一日)

周恩来　吴玉章　博　古　邓颖超　周　扬
艾思奇　柳　湜　张宗麟　姜君辰　林默涵
李　文　程今吾　(宁越)　张仲实

我们在昨天集会上,到了十多个人,定出如上的办法。关于全国性的,已电林、董转商沈老,关于在延安要做的,正在筹备中。你们有何增改的指示也请告知。

周恩来　十.十二

照此办理。毛泽东　十月十六日

致邹韬奋夫人沈粹缜的慰问信

粹缜先生：

  在抗战胜利的欢呼声中，想起毕生为民族的自由解放而奋斗的韬奋先生已经不能和我们同享欢喜，我们不能不感到无限的痛苦。您所感到的痛苦自然是更加深切的了。我们知道，韬奋先生生前尽瘁国事，不治生产，由于您的协助和鼓励，才使他能够无所顾虑地为他的事业而努力。现在，他一生光辉的努力已经开始获得报偿了。在他的笔底，培育了中国人民的觉醒和团结，促成了现在中国人民的胜利。中国人民一定要继续努力，为实现韬奋先生全心向往的和平、团结、民主的新中国而奋斗不懈。韬奋先生的功业在中国人民心目中永垂不朽，他的名字将永远是引导中国人民前进的旗帜。想到这些，您，最亲切地了解韬奋先生的人，一定也会在苦痛中感到安慰的吧！您的孩子——嘉骝，在延安过得很好，他的品格和勤学，都使他能无负于他的父亲，这也一定是可以使您欣慰的事吧！谨向您致衷心的慰问，并祝您和您的孩子们健康！

周恩来启
卅四年九月十二日

（选自《周恩来选集》上卷第225页，原件藏中国革命历史博物馆）

二、回忆、纪念文章

永远年青的韬奋先生

茅 盾

初见韬奋先生总觉得他不过三十多岁,不但他的容貌使你有此感觉,他的言谈举止都表示他绝对不是饱经忧患的五十左右的人了。和他相处稍久,你便会觉得估量他有三十多岁也还太多,实在他好像只有二十来岁。比现在有些二十多岁的年青人更为"年青些"的一个中年以上的人。

有许多的二十来岁的年青人在言谈举止方面当然也有韬奋先生那种活泼和热情,至于容貌,不用说,自然会比不见老的韬奋先生更为"后生",然而,恐怕未必能有韬奋先生那样的天真!对人的亲切、热情,对事的认真、踏实,想到任何应该办的事便马上去办,既办以后便用全副精神以求办得快,办得好,想到人世间一切的黑暗和罪恶便愤激得坐立不定,看到了卑劣无耻残暴而又惯于说谎的小人,满嘴漂亮话而心事不堪一问的伪善者,便觉得难与共戴一天——这些都是韬奋先生的永远令人敬仰之处,然而,我以为最可爱者仍是他那一点始终保持着的天真!

不计利害,不计成败,只知是与非,正与邪,有这样操守的人固不独韬奋一人,然而像韬奋那样一以天真出之,就我的寡陋的见闻而言,尚未见有第二人。对于畏首畏尾的朋友,他有时会当面不客气地批评,这是他的天真。办一件事,有时会显得过于操切,这也是他的天真。为了忘记疲劳,会在噱头主义的歌舞影片之前消磨数十分钟而尽情大笑,这同样也是他的天真!或者有人以为这是他的盛德之玷,可是我觉得这正是他的可爱之处。我们现在太多了一些人情世故圆熟得像一个"太平宰相"似的年青人!

由此可以想象到,要他在一个恶浊的社会中装聋作哑,会比要了他的生命还难过。他需要自由空气,要痛快的笑,痛快的哭,痛快的做事,痛快的说话。他这样做了,直到躺下,像马革裹尸的战士。虽然已经抱病,他奔赴他的岗位,贡献了他的力量,以至于生命。

民族解放战争的阵营里损失一位伟大的战士,文化界陨落了一颗巨星。韬奋先生是死了,然而这巨星陨落时的雷鸣似的震响将唤起千千万万人民的应声,长虹似的闪光将燃起千千万万人民的热血!无数的青年人将永远把他当作自己的师友和长兄。

没有亲眼看见抗战的最后胜利,没有亲眼看见民主的新中国之长成,韬奋先生大概是死不瞑目的,然而我可断定他在弥留之际,心中是充满了信心的,比他向来所具的信心更为坚强的信心,因为他已经亲眼看见了人民力量的成长,已经用他自己的心和敌后坚持抗战的无数万军民的血灌溉了民主政权的土壤。

一九四四年九月十八日

(原载1944年9月30日重庆《新民报》第3版)

邹韬奋先生事略

沈钧儒

韬奋先生是以笔名闻于世的,原名恩润,有一个时候名逊庵,韬奋是在十五年主编《生活》周刊以后所用的笔名,学生时代最早向《申报·自由谈》投稿,笔名谷僧。原籍江西南昌,但先生自己在有关文件上多填江苏上海,因自小即生活在上海。

先生是养育在大家庭里面的,父亲字庸倩。同辈总排行第十四。先生出生之年,大概是辛亥年前十七年九月某日。① 母亲浙江海宁查氏,生三男三女,先生居长。不幸母亲早逝,其时先生只十三岁。父亲做官清正,家里一贫如洗,在福州候补时,要领施米贴补一家的生活,其后退休,更是一无储蓄。所以先生少年就学时代即全靠自己设法,半工半读,还要照顾两个弟弟,是非常艰苦的,他在所著《经历》里,有很详细的叙述。父亲至今健全,年逾七十,寓居北平,家里还有许多人。先生在上海时,迄至抗战起来,最后在重庆这几年,一直按月不断汇款接济家用。

第一个夫人叶女士,婚后不到二年,以伤寒症去世。现在的夫人沈粹缜女士是在接办《生活》周刊这个时期结婚的,随时随事,协助先生,平时家庭融和快乐,故先生得一心专注于著作。先生一生对经济、社会、政治,艰苦奋斗,几乎恒久是在忧患中过生活,他所

---

① 韬奋生于一八九五年十一月五日。——编者注

引以为自乐的是什么呢？他说："在那样静寂的夜里，就好像全世界上只有着我们……我们的精神是和无数万的读者联系着，又好像我们是夹在无数万的友丛中工作着。"这真写出了他在埋头写作中精神和意境之广阔、伟大、飞扬、深静，现在读起来，似尚有万丈光辉，射入一切写作者的脑里，得到心心相印的安慰，这样，就鼓励了他一生的努力工作。除此以外，恐怕还要算是他的家庭确给予了他的充分的安适和欢乐，此次病中及疾革时候，沈女士都在身旁。生二子，嘉骅、嘉骝；女一，嘉骊。

以上所说，是先生家庭的大概。

先生学历的第一个阶段，是经过南洋公学的附属小学、中学、大学电机科二年级。当在中学一年级第二学期，家中经费供给已告断绝，幸得"优行生"资格，得以免除学费，但是其他一切费用仍是不够。父亲原来希望他做工程师，经过先生自己种种考虑，改变了计划，可说是在这时起，便下决心想做新闻记者。于是，改进圣约翰大学的文科。因为经济关系，在其先，并同时，兼做家庭教师。一九二一年（民国十年）毕业，获得文学士学位。后来出国，又曾进英国伦敦大学政治经济学院和大学院研究。

圣约翰毕业后，依先生志愿，就要进新闻界，但是事实哪里有这样便当呢！因为生活关系，便迁就地担任了上海纱布交易所里的英文秘书，不久，又兼就申报馆助理答复英文信件，青年会中学英文教课等事。其后，中华职业教育社请先生担任编辑部主任，编译职业教育丛书和月刊，同时兼任职业学校的英文教务主任并兼教授，约七八年之久。民国十五年冬间，参加《生活》周刊工作，十六年辞去职教社教书职务，以整日的时间，担任时事新报馆秘书主任，晚上，还是替职教社编译，这样工作，约有一年光景。因《生活》周刊进展的迅速，使先生不能不摆脱一切，开始了和他一生前途有关系的新生活。

《生活》周刊在先生接办之初,每期出版只二千八百份左右,因先生负责改编,而壁垒为之一新。据先生自己说:"我接办之后,变换内容,注重短小精悍的评论和有趣味、有价值的材料,对于编制方式的新颖和相片插图的动目也很注意。""每期的小言论虽仅仅数百字,却是我每周最费心血的一篇。每次,必尽我心力就一般读者所认为最该说几句话的事情发表我的意见。其次,是信箱里解答的文字。""我对于搜集材料,选择文稿,撰述评论,解答问题,都感到极深刻浓厚的兴趣。我的全副精神已和我的工作融为一体了。"又说"也许是由于我的个性的倾向和一般读者的要求,《生活》周刊渐渐转变为主持正义的舆论机关,对于黑暗势力不免要迎头痛击"。"《生活》周刊既一天天和社会的现实发生着密切的联系,社会的改造到了现阶段,又决不能从个人主义做出发点,如和整个社会的改造脱离关系,而斤斤较量个人的问题,这条路是走不通的。于是《生活》周刊应着时代的要求,渐渐注意于社会的问题和政治的问题,渐渐由个人出发点而转到集体的出发点了。"看了上面先生自己所说的话,可以了然于当时整个《生活》周刊的作风和它的内容大概。

《生活》周刊一天天发达,销路扩至十五万份以上,既为海内外数十百万读者所拥护,中华职教社"深知道这个周刊在社会上确有它的效用,允许它独立"。由是,《生活》周刊脱离职教社,另组合作社,产生了生活书店。后来,它的业务发展到全国分支店达四十二所①,前后出版书籍一千零五十余种,不能不说是完全由先生心血和精诚所倾注培养而成功的。关于它的组织,完全是合作性质,"苦干十余年,大家还是靠薪水养家糊口",这种办法,亦是由先生意思所规划而决定的。

---

① 盛极时,生活书店发展到全国有分支店五十六所。——编者注

《生活》周刊既"时时立在时代的前线",不幸而时代的严重日益加甚,"九一八"事变爆发,国难临头,全国震动,先生亦不得不由言论而渐入于行动。当东北义勇军喋血抗战,消息传至上海,生活周刊社代收读者捐助前方之款,数量达十二万元,创开了在抗战中以刊物而代收民众捐款之门。乃忌者纷起,谣诼繁兴,又因参加"民权保障同盟"的缘故,遂迫使先生不得不出国而作欧洲之游,环历地球一周,于翌年九月①返国。返国后,主办《大众生活》,对于团结抗战和民主自由,提出最明显的主张,向国人与政府作诚恳迫切的呼吁,大声疾呼,不遗余力,"反映了全国救亡的高潮"。随后,曾在香港办《生活日报》。二十五年又回上海主办《生活星期刊》,参加文化界救国运动,在全国各界救国联合会代表大会中当选执行委员,当时四人署名提出之小册子《团结御侮的几个基本条件与最低要求》,即为先生所属草。是年冬间,与其他诸友同时被捕,由上海押解苏州,经江苏高等法院检查官以"危害民国"罪起诉。嗣因"七七"事变,抗日战争开始,才于次年七月三十一日恢复了拘留二百四十三天的自由。《经历》《萍踪忆语》《展望》《读书偶译》就是在这个时候所写成的。其后日寇侵陷南京,先生离家搬迁武汉,应聘为国民参政会参政员。从汉口至重庆,从第一届参政会第一次大会到第五次大会,先生前后共提九案,而其中三案,都是为了力争言论自由的:第一次《请具体规定检查书报标准并统一执行》;第二次《请撤销图书杂志原稿审查办法》;第三次《请改善审查搜查书报办法》。《请撤销原稿审查办法案》,提出于第一届参政会第三次大会。当时,先生在会场里,慷慨陈辞,不亢不卑,而又曲折尽理,能使听者心折。因是,付表决的时候,连素来反对先生的,也有人不自觉地举起手来,遂得以大多数通过此案,诚为从来会场所未

---

① 韬奋于一九三五年八月二十七日回国。——编者注

韬奋在苏州高等法院看守所

有,这足证先生的自信力和说服他人的力量之坚强。

民国三十年春间,第二届国民参政会将开第一次大会,先生是由国民党政府聘请连任的参政员,已经报到,忽于二月二十二、二十三等日,叠连接到昆明、成都、桂林、曲江、贵阳等处电告,所有当时仅存的几处生活书店的分支店,也都遭受当地政府不约而同的封闭,经理、店员,非被拘即逃散!先生对此无理压迫,感到非常痛心,尤以自己艰难缔造的文化事业,横遭摧残到如此田地而不能自保,更何能保障他人?遂决意辞去参政员之职,离渝赴港。在港仍为民主抗战,奋斗不懈。不幸太平洋战争爆发,香港陷落,又避入内地,辗转迁徙。一年前,患中耳炎症,痛苦异常,经医生检视,认为是癌,至一九四四年七月二十四日竟以此舍弃世界而去,年仅五十,诚可深悼!这在我中华民族,无论在政治上、文化上,都是一个重大损失!

　　先生长于理解而又富于情感,平时言动性格,确自有其与他人迥异的特点,请即引先生自己的话来作证明吧。第一是认真,他说:"我自己做事,没有别的什么特长,凡是担任了一件事,我总是要认真,要负责,否则宁愿不干";"可是我生性不做事则已,既做事就要尽力做得像样"。办《生活》周刊时,他说:"我的妻有一次和我说笑话,她说:我看你恨不得要把床铺搬到办公室里面去。""我的工作当然偏重于编辑和著述方面。我不愿有一字或一句为我所不懂的,或为我所不称心的,就随便付排。校样亦完全由我一人看,看校样时的聚精会神,就和在写作的时候一样,因为我的目的要使它没有一个错字"。在香港办《生活日报》时,他说:"坐镇到版子铸好上机,然后放心走出印刷所的门口,东方已放射出鱼肚白了。我在精疲力尽中好像和什么人吵了一夜的架。"这几段真描写出了他对于工作方面实践的精神。第二是性急,他在解释他为什么后来不干教员生活时说:"一个是我的性太急,很容易生气,易于疾言厉色,事后往往懊悔,对于我自己的健康也有损害。我觉得我的忍耐性太缺乏。"他叙述在《时事新报》做事所得的观感中间,他称他自己"我是个急性朋友";他又在《韬奋自述》里面,说他自己"特征近视,特性性急,牛性发时容易得罪人"。诚然,依先生所说,性急也许是他的缺点,但也许就正是他的优点吧。第三是求知(虚怀),他说:"十几年来,在舆论界固知勉行的我,时刻感念的是许多指导我的师友。"又说:"我个人是在且做且学,且学且做,做到这里,学到这里,除在前进的书报上求锁钥外,无时不皇皇然请益于师友,商讨于同志。"就因为能如此求知的缘故,所以他办的刊物能一期期地转变前进,他的精神和思想能一天天发皇和深入。第四是硬,他在少年求学时代,因为费用不够,同时又要担任家庭教师,常自称

"硬汉教师",并自己加以分析,说:"只是好像生成了一副这样的性格,遇着当前的实际环境,觉得就应该这样做,否则便感觉得痛苦不堪。""觉得我并不是瞎硬,不是要争什么意气,只是要争我在职务上本分所应有的主权,不能容许任何方面无理的干涉或破坏";后来毕业做事,他说:"我对于自己的职务,不肯一丝一毫地撒烂污,但同时却不愿忍受任何不合理的侮辱。"到了他办《生活》周刊时,他说:"我只知道周刊的内容应该怎样有精采,不知道什么叫做情面,不知道什么叫做恩怨,不知其他的一切。""我们只要自己脚跟立得稳,毁谤诬蔑是不足畏的。"第五是光明磊落,他讲到他在政治上的态度时,说:"我向来并未加入任何党派,我现在还是如此。"又说:"我服务于言论界者十几年,当然有我的立场和主张。"我相信,先生的话当然不是信口而说的,绝对可以他的一生言论和行动来作最好的证明。

总之,韬奋先生不是一个普通的文化人,也不是一个有任何党派关系的人(按韬奋先生临终要求中国共产党中央追认入党,已为中央所接受。——原编者),并且也不能把他看作只是一个新闻记者。他是一直并永远立在中国人民大众的立场,面对着现实,有知识便求,有阻碍便解决,有黑暗便揭发,只问人民大众的需要和公意,不知自己一身的利害。就因为这样,牺牲一切,挥洒他的热血,倾注他的精诚,努力创办和支持他的二十年文化事业;就因为这样,决心参加救国行动,努力于民主运动;就因为这样,离开了他所几年安居的陪都;就因为这样,卒至不恤奔驰颠沛以迄于死。

(原载 1944 年 10 月 1 日重庆《新华日报》第 3 版)

韬奋先生的道路

胡　绳

　　韬奋先生的名字和他所主编的刊物是分不开的。我也曾经是他的《生活》周刊的读者，但是最初期的《生活》周刊，我是后来偶然在Ｓ城的一个小图书馆里，从旧纸堆里看到的。记得那里有很多关于"健而美"的文字和图片，其他所谈也多半是个人职业生活修养问题。拿来和后期的《生活》周刊以至《大众生活》等刊物比较，真令人有隔世之感了。

　　韬奋先生也曾说到过这一层，他说，《生活》周刊之成为"主持正义的舆论机关"，是经过了一个"转变"过程的，"《生活》周刊既一天天和社会现实发生密切的联系，社会的改造到了现阶段又决不能从个人主义做出发点，如和整个社会的改造脱离关系而斤斤较量个人的问题，这条路是走不通的，于是《生活》周刊应着时代的要求渐渐注意于社会的问题和政治的问题，渐渐由个人出发点而转到集体的出发点了。"

　　使得韬奋先生能够不断进步的根本原因，我想，是在于他向群众学习的态度。当他编刊物时，他总是努力从群众中去发现问题，注意群众中的意见和反映。他曾说："我个人是在且做且学，且学且做，做到这里，学到这里，除了在前进的书报上求锁钥外，无时不皇皇然请益于师友，商讨于同志。"因此在他周围的群众向前进的时候，他也就跟着一道前进了，而且因为他一天天更深入地看出群众中的问题，因此他就能够站在群众前面成为人民大众的益友和良师。

贯串在韬奋先生的一生中的这种不断学习、追求进步的精神，是最足以使人仰慕的。他经过认真的思考，根据实际而判别是非，当他发现了他所应该站的立场和值得为之献身的理想时，他就百折不回，坚持无他了。他的全部精力和他的事业合而为一，他的全副心肠灌注在他的理想中间，因此在不断进步的路程中，就使他自己成为黑暗反动势力的最顽强的敌人，成为争民主的战线上的最勇敢坚定的战士了！

在他逝世前，虽然他被迫不得已而辗转流离，但也因此，得到了一个机会，更亲切地看到了人民的力量。他说："当我在敌后抗日民主根据地，亲眼看到民主政治鼓舞人民向上的精神，发挥抗战力量，坚持最残酷的敌后斗争，并团结各阶层以解决一切困难的情形，我的精神极度兴奋，我变得年轻了，我对于伟大祖国更看出了前途光明。"

现在韬奋先生虽然是死了，但他所留下来的道路仍将为千百万人民所遵循着更勇猛地前进。

(原载1944年10月1日重庆《新华日报》第4版)

悲痛的回忆

沈钧儒

韬奋!你怎样可以死呢?我想到你的死,比想到我自己会死,情形还要严重。

你是死不得的啊!

我在距今一年以前,三十二年八月一日那天,知道你犯中耳炎症,发作时痛苦异乎寻常,经过名医诊视,有不治的话。当时心里的难过真如刀割。路又远,无法奔视,写了两首旧体诗,以寄山川绵渺之思。诗如下:

闻讯

闻讯摧肝胆,思君何处寻。疮痍连岁泪,文字百年心。
梦逐南鸿远,愁缘病榻深。遥知妻子共,对影一灯侵。

再赋

薄雾微明际,行矣竟奈何。三年牛挤乳,一夕海扬波。
到处逢魑魅,良医孰缓和。从今衡舍路,默默怕经过。

第二首第三句用的鲁迅的典故。这是因为你在香港寄过一张字条给我,内容大致说,每天一定要写若干字数的文字,还要开会,忙得不亦乐乎;到了晚上,放下笔杆,倒头便睡,"真如僵尸一般"。唉!韬奋,你的一生写作劳瘁,便是如此,岂只在香港!

此一年中间想到你,总是不能放心,时时祝健康,时时怕你会死。

九月六日早晨,终于听到了你不幸的消息,我一时像失掉了脑子。韬奋,你在你的《经历》里写,因为忽然听到一个最好朋友的死,你说:"我知道了好像听到晴天霹雳,泪如泉涌,急奔到尸前大哭一场,已不能和你再谈一句话了。失却了这样的一个好友,实在是我生平的一大损失。"这一段话你是替我今天写的。年来我们关系之深,相知之切,骤然分手,我们的损失更属无从说起!韬奋,你叫我到哪里去哭一场呢?又有什么用处呢?

我不能不回忆到你离开重庆以前,你住的衡舍和良庄只隔一个坡陀。隔三天两天彼此一定要见面,有了问题固然要往找,坐闷了也要往找。尤其是你常常鼓励着我做白话文字多著书,提高我对于研究的情绪,并且常常劝我要多休养。韬奋!你简直是我的精神的启发者,是我的精神的保护者。你译外文最快,一边看一边写,像在那里抄自己做好的文章一样。你译《苏联的民主》和《从美国看到世界》两书的时候,我常常坐在你桌旁。我说,韬奋,不要妨碍你。你总说,不要紧,不要紧,一面就很起劲地讲解给我听,一面仍是笔不停挥地写。我则呷一口你夫人替我泡的热茶,听一句你讲的"不可不知道"的书的要点和内容。且呷且听,且听且呷,那时我的愉快、我的安慰,现在追想起来真有非笔墨所能罄吐,我从这种地方得到你给我的益处实在太多。而现在呢?敌机轰炸不断的几个年头,我们没有一个时候不是同在一起。总是和你全家同在一起的,一同提包挈孩到防空洞去,一同走路回家。你呢,总是手里拿着一本书,不断地看,可以写就在写,因为你主要工作是在关心所编的刊物,不要叫它脱期。这种精神我看在眼里,是永远不能忘记的。在参政会里,你对于自己的提案是万分的谨慎和忠实,对于朋友的提案,你如认为重要亦必尽全力来帮助。我记得,有一次，我提了一个"外交应以美苏为中心"的提案，内容写得并不完尽。你在小组审查会里面一个个去疏通，一个个去接洽，凭你的妙舌碰钉子也不管。最后拉我到审查会去作说明，那时讨论形势颇见紧张，结果付表决只差一个不举手而没有通过，我对于你这次的协同奋斗，非常感动，也是我所永远不能忘记的。

　　武汉沦落的前几天，我们两人从江西德安前线回来，即同乘一个很小的水上飞机来抵重庆。哪晓得到了三十年二月会看你一个人独自离开重庆呢？当时参政会第二届正要开会，你亲往报名，大家以为决不会再离开了，我也是这样希望。现在已不能记得是这一月廿日后哪一天日子了，那是一个最不祥的夜晚，忽然见你匆匆推门进屋，形色像有点仓皇，手里拿着几份电报，眼眶里含着带怒的泪，告诉我昆明、成都、桂林、曲江、贵阳五处分店先后都被当地政府无理由的封禁。你说："这是什么景象！一点不要理由，就是这样干完了我的书店！我无法保障它，还能保障什么！我决意走了！"我听了好久，想不出一句可以劝慰和挽留你的话来，只说了一个字："好。"你去了。第二天晚上，你拿了参政员辞职书，连同关于替书店辩白的长篇文字交给我，说了许多话，说明天早上一定走。彼此握手珍重，都不觉得什么。第二天天没有亮我就赶出门，马路上还笼罩着雾气，到衡舍，你和夫人已立在门首。就在这一刹那间，看你一步步上坡上轿，最后的影子终于在雾气中消失看不见了，才别你夫人移步回家。哪晓得这一刻正就是我和你人天分手的时期呢！唉！

　　韬奋，我不能不更回忆到一件事。你是最天真、最能活泼泼地表现你诚挚而坦白的感情的，笑起来嘻嘻嘻，像个小孩子。这声音还在我耳边。我记得有一次在苏州，早晨我在洗脸，不晓得怎样流下点眼泪。你赶紧问，为什么为什么？我说："我恐怕看不见中国的太平进步的日子了。"你这时像大人抚慰孩子似的走近来拍着我说：" 不会的，一定看得见的！" 谁知今天你反先我而死，连胜利都等不及看呢？我真想要痛哭一场，以泄我心头的义愤和深悲。你在苏州拘押中写成你的《经历》一书中间，有两段话我记得很清楚，我要拿来写在这里，一段说："我的立场是中国大众的立场，我的主张是自信必能有益于中国大众的主张。我心目中没有任何党派，这并不是轻视任何党派，只是何党何派不是我所注意的，只须所行的政策在事实上果能不违背中国大众的需求和公意，我都肯拥护，否则我都反对，我自己向来没有加入任何党派。"一段说："我在二十年前想做个新闻记者，在今日要做的还是个新闻记者，不过要在'新闻记者'这个名词上面加上'永远立于大众立场'的一个形容词。我所仅有的一点微薄的能力，只是提着这支秃笔和黑暗势力作坚苦的抗斗，为民族和大众光明前途尽一部分推动工作。我要肩着这支秃笔挥洒我的热血，倾献我的精诚，追随为民族解放和大众自由而冲锋陷阵的战士们，冒着敌人的炮火前进！"

  安息吧！我的朋友，韬奋！你没有加入任何党派，你是立于中国大众的立场，你的态度光明，你的认识明确，你的热血和精诚是永远在照耀着，飞洒着。今日呢，你把这个责任交给谁？谁？谁？谁……普天下的谁？

  我也是一个你的谁。我的朋友韬奋，你安息吧！

一九四四年八月重庆

（选自 1944 年 10 月重庆版《韬奋先生逝世纪念册》，署名衡山）

痛念韬奋兄

沙千里

自从在香港危急的时候和韬奋兄握手言别之后,一直担心他的安全。谁想到他脱离了敌人的魔掌,回到祖国怀抱,他的安全依然成为问题,迫使他不得不跋涉奔波流离颠沛地过着日子,甚至患了病之后,还不能在安定的环境里安心地医疗他的病,最后乃竟丧失了他生命上整个安全,使这民族战士不能竟其长才,目睹民族解放的成功,这是我们的创痛,也不能不说是时代的罪恶!

回忆和他握别的那个时期,他还是那么热情、勇敢,积极为民族国家的前途埋头写作,大声疾呼,和在苏州的时期没有稍为改变。但是现在涌现在目前的,只有他的那种精神,已经不是他的实际行动了,怎不令人欷歔!

我和韬奋兄在苏州共同坐牢以前,虽然神交已久,但实际上相识和接近,还是在我参加救国运动以

沙千里同志题词手迹

> 韬奋同志是抗日救国的先锋争取民主的战士他战斗的一生是我们学习的榜样
> 沙千里 一九七九年青骨

后。至于在苏州的一个阶段，那么一天二十四小时，简直无时无刻不在一起，因此对于他的思想行动、生活态度得到了更多的了解，使我对他的敬佩，更加深了一层。

在苏州这一个时期，因为局限于看守所里，行动受到了限制，所以我所能知道韬奋的，多半是他个人生活方面的。那时他全部时间差不多都用在写作方面，虽然和在狱外一样也定有作息时间，但他工作的时间，自早至晚几乎全部是握着笔埋着头在著译，其聚精会神、集中思虑的情形，任何外面的吵扰，对他都不可能发生影响，即使我们在打球的时候，他也能在球场旁边一只特制的写作藤椅上运笔如飞地写作他要写的东西。在看守所里来探问我们的亲友，可说络绎不绝，但是，他为了写作的缘故，宁可简慢了远道而来的朋友，而不肯放弃他规定好了的著述工作。其认真工作、一丝不苟的精神，现在想起来，真值得学习。每天我们可以看见他铺纸伸笔，案上堆着材料，摇动着笔杆只往着纸上移动。在狱里虽仅八个月，确有十年如一日的样子。就我所能记忆的，他在狱里所写的有《经历》《萍踪忆语》《读书偶译》《展望》四种，足足有数十万言之多。其专心致志，忠诚于自己的工作，是可以想象得到的！

他对于写作的态度是如此严正积极；其实他对于休息娱乐，也有同样的态度。当他休息的时候，他也尽量休息。譬如大家运动和打球的时候，他也同样聚精会神专心一致于打球运动。有的时候他会模仿卓别林的行路，尽情欢乐。所谓工作时候工作，娱乐时候娱乐，他是充分实践了的。

我们读他的文章，知道他对于黑暗势力的嫌恶和抨击，是非常明显而且"很不客气"。所以遭受他们的嫉恨也最深。但他的这种精神，到他最后的呼吸，也不曾有所改变。对于他们的嫉恨和暗算，一无顾忌。他毕生和这种势力在搏斗，从未松懈。记得在苏州，侦查我们的检察官戴了有色眼镜一定要韬奋承认"人民阵线"，韬奋反抗他的压迫,从理论上事实上予以反驳。开始由争论而奚落,由奚落而冲突,继后几乎引起其他纠纷,他却视若无事。谁都知道检察官在侦查"犯罪"的时候,掌握绝大的权力。韬奋兄在这看守所里是一个"待决之囚",而他不顾一切,不虞强暴,依然为着是非、为着真理而不惜与他抗争。其胆识的超人,不妥协不屈服的精神,是不得不令人钦佩的!

当检察官侦查完毕,认为有罪而起诉之后,高等法院开庭审理的时候,韬奋兄陈述救国会主张,以及答复检察官的起诉意旨,他竟如演说一样,态度特别激昂,而且声色俱厉地斥责黑暗势力对于纯洁的爱国行动的诬蔑,至于声嘶力竭,使全法庭的法官、律师以及旁听者,愕然相顾。他也不以为意,而且认为打了一次胜仗!

在狱中,他对于国家民族的热爱,对于人民大众的关切,以及对于青年的爱护和在狱外的时候,并无两样。他在《经历》以及他狱中所写的著作中,都有申述,我可以不必多说。但是他在狱中切望团结御侮发动民力,则差不多是我们经常的谈话资料,而以不能向全国同胞为此呼号尽力,引为无上的苦痛!现在抗战已经七年多了,胜利犹在想望之中;全国的团结,也是脆弱非常;人民大众的生活,是陷于悲惨的境地,而韬奋,我们的战士,竟不幸而长逝!在他当然不会瞑目,我们回忆他毕生的战斗,固然非常伤痛,但为了纪念我们这位战士,我们应该知道我们将如何地努力来完成未竟之志,以使这位战士瞑目含笑于九泉之下!

一九四四年九月二十日

(选自1944年10月重庆版《韬奋先生逝世纪念册》)

在流亡生活中的韬奋先生

胡　绳

一九四一年二月底,我和韬奋先生一起作了一次"有趣"的旅行。那时我们都要到香港去。在从重庆到衡阳的这一段路上,我们同行了六天。

韬奋先生在那时离渝赴港的原因,用不到在这里多说。他的走自然不是消极的逃避,而是作为对于当时的政治逆流的一个积极的抗议,对于他所身受到的种种压迫的一个坚决的控诉,而且是为了到海外去更有力更有效地从事民主运动和进步的文化工作。记得当他离渝的前几日,他连夜赶写向参政会辞职的信和别的文件,安排一切和他有关的事。这时,显然地他已准备着也许竟不能安全抵港,在中途就碰到什么不幸的遭遇。

他到香港去,确不是容易的事。他在渝所住的衡舍门前经常有两个不相识的人徘徊,那遥远的旅程,对于他,更是荆棘满途,豺狼载道。但他竟毅然决然地孑身走了(我和他同行了一程,不过是由于临时的偶然机会)。记得在过贵阳时,我们只在城外的一个旅馆中住了一夜。找了一个僻静的小饭店吃了一餐简单的晚饭后,他一个人守在旅馆里,我到城里转了一圈。这里的生活书店分店和别的几家书店都在闹市中悄悄地紧关着门,门上贴着鲜明的十字封条。这虽然是我们已经知道的事,但我回旅馆后把所看到的各种情形告诉他时,他是何等凝神细听,而愤怒的光芒在他眼镜片的后面闪烁着。——这神情是我至今一闭目时还能看见的。在这六天旅程中,有两次,他是满车人中特别受到严格的盘问的。然而我看到,他完全没有对自己的安危作过分的忧虑。他所怀念的是,他留在重庆的夫人是否应付得了在他潜行后必不可免的一些不相识的"访问者",他怀念着还在重庆的他的朋友和同事,他更苦思焦虑着时局的情况。旅途中很难看到报纸,也不可能自由谈论,但无论在车子开行或下车憩息时,他似乎都在苦思着他自己以外的事情,以致有好几次他完全忘记了他在这次旅行中所担任的身分,当别的旅客偶一问到什么事情时,他竟瞠目不知所对。——这情形实在使我非常为他担心,尤其是在衡阳必须和他分手的时候。

韬奋先生是个极端真诚的人。"言行一致""文如其人",这样的话是可以在最严格的意义上用在他身上的。是谁逼得这样的一个人必须变服易行、潜行万里呢?而他之毅然冒危险这样做了,又正证明他对于他一贯的主张和信念的确是百折不挠、坚贞不二的。

和这次旅行相距不过十个月,我又有机会和韬奋先生在一起过了一段不平常的生活。那是在香港战事后。

在香港为日本侵略军占领后,韬奋先生匿居在贫民窟中十多天。敌人的爪牙毕竟没有搜索到他,在勇敢而机灵的广东东江游击队的战士们的帮助之下,他脱离了险境。

当时,东江游击队的活动区域很少,力量也不很大,但它在当地人民的支持下,始终坚持在那一方面的抗战的前哨地位。港九失陷后,它的处境更加艰困,但它却像是永不畏怯的乳虎一样,把它的力量伸展到九龙区域内,向那强大的敌人挑战。在它的帮助之下顺利地由敌人虎口跑回祖国的人不下万数。韬奋先生和许多文化界的朋友们是在一九四二年一月初陆续步行到了这游击队根据地。在这样一个地区里做客人自然不是什么舒服的事情,不仅难以有很好的款待,而且还不得不适应游击队的情况随时移动。

这种生活情况不是韬奋先生所习惯的,但是他在那里住了四个多月,从无任何不满意的表示,而且他以极大的兴趣来注视着这游击队的活动,并给以帮助。

在游击区中,他有好几次跟着队伍在夜间行动。或者跋涉在山路溪涧之间,或者正逢着无星无月的下雨时候,这对于从没有过这种训练的人的确是非常困苦的。但他的精神在这时候始终显得十分积极愉快。有一个短时期,他和别的许多客人一起住在那里的阳台山上的一个茅寮里面。那是在很高的山顶,常常被卷在浓密的云雾里面。在这里,韬奋先生是兴致最高的人中间的一个。他教大家作健身操,领着大家一起做政治和学术上的讨论,和大家一起说笑话,讲故事。而当游击队请韬奋先生演说或写文章时,他总是很高兴地答应下来,而且很认真地做起来。

但这时游击队的困难更增加了,要应付前面的强大敌人——日本侵略者,又要应付从背后来的国内顽固派的日渐加紧的迫害。游击队方面并不希望把韬奋先生留在那样一个小区域里,因为知道他的力量应该更适当地用在全国范围的抗战团结与民主事业上面,尤其在环境分外不安定时,更急于帮助他离开。但是韬奋先生到底可能到什么地方去呢?

这时,客人们已经差不多陆续走完了,最后在我走以后不久,韬奋先生也离开游击区了。和韬奋先生分手的时候,是在游击区的边境的一个小村子里。在我们的桌子上摆着不易多得的一碗炒肉和一碗鸡蛋。游击队的两位首长和我们一面吃饭,一面谈着。从那游击队的处境的一角看到全国,我们都不能不沉浸在一种沉重的情绪中。韬奋先生说,假如他竟无法到重庆或桂林时,他大概只好在广东境内找一个地方住下来,闭户读书了。

我们知道,韬奋先生是最勤恳不过的人,工作就是他的生命。多少年来,他不断地办刊物,写时事的评论,他自称有着办刊物的瘾,实际上这是表现着他决不甘愿在任何一天不工作,不为他所热爱的人民大众尽自己的力量。当他一想到自己或许会有一个长时期闲散着不能做什么事,他的苦痛是多么深重啊,当他说那话时,他的平常在工作忙迫时跳动得非常厉害的眼皮也凝定着不动了,而他的嘴唇角也好像比平时更加竖起来了。

果然,在他离开游击区后,更多地知道了外面的情况时,他只能放弃到内地来的打算,但那闭户读书的计划却也同样不可能,而且他也决不愿意真正那样做。终于在辗转过了几个地方以后,又离开广东而经过上海到苏北去了。自从那一次同在一起吃饭以后,我就再也没有机会见他,对于他那以后更艰难的流亡的生活情形,我是完全不知道了。

一个真正战士的人格会在艰难的境况中更辉煌地表露出来。韬奋先生在抗战以前已经经历过很多次的艰难困苦,他曾被迫流亡出国,也曾被禁下狱,抗战以后,到了最近这三年中,他过的也几乎完全是颠沛流离的生活。假如把这一切艰难的境遇当做是对于一个革命者人格的试验,那么韬奋先生实在是极其卓越地通过了这一切试验的。我们看到,当环境对他的压迫越加深重的时候,他在义利之辨、是非之别上是越加分明了,他越加对于他所是所爱的表现着顽强执着,愈加对于他所非所憎的表现着决不妥协,他也越加把个人的利害安危置于度外,而把全心全力奉献在为人民大众服务的这一个信念上面——这实在是韬奋先生作为一个民主战士的人格的最灿烂的表现了。

当鼙鼓起时,令人长忆壮士,在这争民主的烽火燃烧得分外炽烈的时候,我们怎能不因为我们已失掉了这一个永远可以做我们模范的战士而深深哀痛呢?

(选自 1944 年 10 月重庆版《韬奋先生逝世纪念册》)

韬奋先生死了

张友渔

韬奋先生死了!

这不只是中国文化界的损失,而且是整个中华民族的损失!

谁都知道,韬奋先生是进步文化界的权威,是民主运动的斗士,是抗日救国阵线的领导者。今天,抗战胜利还待争取,民主政治还没有实现,进步文化还受着压迫和摧残,而韬奋先生竟死了!

这不只是中国文化界的损失,而且是整个中华民族的损失!

除却那些反对抗战、反对民主、反对进步文化的人们,谁不为韬奋先生的死而深感悲痛和惋惜?何况我们这一些曾经追随先生之后,为抗战、为民主、为进步文化而共同奋斗的朋友?说到我,认识韬奋先生并不算久。民国二十八年三月,我从华北敌后来重庆,先生约我到生活书店总管理处谈话,很用心地听我给他叙述华北敌后的实际情况。我的话,有时说得不够详尽,不够明了,或为他所不易了解,他一定要追根究底地问,决不客气,决不含糊,但态度却是非常谦逊的。另一方面,每听到那里人民大众英勇斗争的事实,便立刻兴奋起来,鼓舞起来,而对于敌伪的残暴和反动势力的卑劣,则表示切齿痛恨。我发现他是一个具有深刻的理智和丰富的感情的人,是一个追求真理和拥护真理的人。

在这次谈话之后,我被约做了先生所主编的《全民抗战》的经常写稿人,同时,也就成了先生的朋友。说是朋友,但平时却很少往返。记得我在重庆将近二年的时期内,只到过先生家里一二次。这是因为我不惯找朋友摆龙门阵;而先生呢,整天忙于工作,也无暇和朋友摆龙门阵。我们的晤面,常是在当时频频举行的大小集会中。在这些集会中,我更发现先生的许多优点。首先,他坚持着正确的政治立场,决不动摇,决不放弃。其次,他具有着诚恳坦白的态度:在讨论问题时,为了获得正确的结论,对任何人都不惮激烈争辩,以至面红耳赤,决不无原则妥协;但如果发现自己的主张错误,则不惜立刻接受别人的意见。第三,他抱着坚强的自信心,但却不骄矜自满,对于自己所不知道的事,决不冒充内行,轻易发言,而是尊重专家的意见。最后,他生活有规律,办事负责任。例如开会,只要是事先约定,便很少缺席或迟到;对于自己认为不必要或不可能出席的会,事先便拒绝参加。同样,他所答应做的事,一定要做到,如果不可能做到,事先便不轻易答应。这些优点大都是我们所缺乏,而常引以自勉的。

三十年二月十五日,我偕幽桐离开重庆,三月初,抵桂林,候机飞港,四日深夜,听到先生也于当日晚间抵桂林,未及晤,五日上午,我到机场,先生也到。他穿一件古铜色棉袍,戴一顶黑呢帽,像一个商人的样子。他没有向我打招呼,我也不便向他打招呼,大家相对无言!这时,我们怀着怎样的心情,恐怕不是身临其境的人所能体会到的啊!事后,听同机飞港的孟秋江先生说,在机场时,曾有人问他:"那个戴黑呢帽的人,是邹韬奋先生罢?"他答复:"我想不是。邹韬奋先生向来是穿着洋服呀!"这一小的插曲,说明先生是如何为人们所注意。当晚,在夜色苍茫中,飞机降落在九龙的启德机场,先生被他的友人接往香港,我暂住在九龙。从此,我们开始了海外飘零的生涯,回忆重庆,不胜惘然!后来,据传说,先生离桂林的第二天,重庆方面即有电到桂,嘱劝阻先生赴港,但已来不及了。

先生到香港后,依然和在国内一样,致力文化运动,致力民主运动,致力抗日救国运动。他忙于写作,忙于集会,忙于奔走呼号。他主编《大众生活》,他替《华商报》写社论,他在救国会同人所办的"救国丛刊"发表了代表性的抗战救国的主张,特别是《抗战以来》一书,在海内外发生了极大的影响。他被人们视为救国会在海外的领袖。但是他自己始终不以领袖自居。他常对我说:"我的能力和志趣,都不允许我做一个政治运动的领导者,我不过是一个喇叭手,吹出人民大众的要求罢了。"他虽然十分忙碌,忙到像他自己所说,每天晚上,躺在床上,像一个僵尸一样,但仍然丝毫不改变他那认真、负责任、实事求是的治事精神。记得有一次,他为了要答复《大众生活》一个读者所提出的关于苏联选举法的问题,不惮从九龙渡海到香港(这时,他住在九龙,我搬到香港)和我来商量。这种精神实在值得敬佩,值得做我们的模范。

十二月八日,日寇进攻香港,十三日九龙陷落,香港变成了孤悬海内的绝岛,当局似已丧失了坚守的信心。本来,就已为敌伪所欲得而甘心的韬奋先生,这时,只好接受朋友们的劝告,潜伏起来。在他潜伏的前一天,我曾在茅盾先生家里看到他,这就成为我们最后一次的会晤!在日寇进入香港后,曾谣传先生已被害,我不忍相信,但也不能绝对不相信,因为我和幽桐,本身就曾被日寇把刺刀指向胸脯,凶狠而严密地盘问过。安知他会不遭遇更坏的命运。一直到三十一年一月八日,才知道他还健在。一月九日,他逃出香港,经九龙,赴东江,十一日,我也和幽桐偷渡九龙,泛舟大海,经沙鱼冲,抵惠阳。三月十二日,我们到桂林。听说,他也就要回来,但始终没有来。四月间,他的太太带着二子一女,由东江来桂林。据说,他因道路传闻,当局对他极不谅解,中途滞留在广东境内了。六七月之交,粤桂等省发生大规模捕人事件,他折而北行,经上海,入苏北,不久,他的夫人也离桂林。从此,连他的音信也不容易得到了！

　　今年五月间，生活书店同人有从上海间道来渝的，曾称述韬奋先生在苏北敌后为抗战而奋斗的动人的事实。据说，先生到苏北后，为了唤起民众，曾到各地讲演，凭他那爱国的热情，通俗的言辞，浅显而正确的理论，博得了人民大众的信仰和拥护。每次讲演，凭他那爱国的热情，听者如堵，甚至有在数十里外赶来听讲的。这就惹起了敌伪的注意。大概是在去年夏间罢，日寇扫荡苏北，战事激烈，他因耳病已重，不能随军行动，潜伏某村开明绅士家中。事为伪军某旅长侦知，率部围该绅士的家，迫令交出先生，否则该绅士全家都将被杀戮。该绅士宁以全家殉韬奋先生，坚不承认韬奋先生住在他的家里。但韬奋先生自知已落网中，无可幸免，乃挺身而出，往见该伪旅长，晓以大义，劝其反正。该伪旅长为韬奋所说服，自谓当伪军，实在是迫不得已，并不是真正忘了祖国，一旦有机会，仍当投到祖国的怀抱，希望韬奋先生能够谅解他的苦衷，遂把韬奋先生送回，撤兵而去。这是多么动人的事情！绅士且愿为他牺牲，伪军也竟被他说服，足徵韬奋先生是怎样为人所崇拜、所敬爱了。假使先生不死，我敢断定，对于动员民众，瓦解敌伪，一定是大有裨益的。然而他竟死了！

　　这不只是中国文化界的损失，而且是整个中华民族的损失！

　　今天，抗战胜利还待争取，民主政治还没有实现，进步文化还受着压迫和摧残，我们必须一本韬奋先生的奋斗精神，完成他所未完成的任务！

　　　　　　　　（选自1944年10月重庆版《韬奋先生逝世纪念册》）

永远活在我们的心里
——追念我们的领导者韬奋先生

薛迪畅

我们的领导者韬奋先生逝世了。

先生在三十年二月底悄然地带了一颗创伤的心,离别了为抗战文化贡献过莫大力量而横遭摧残的生活书店而去了!其后,我们即未曾获得先生只字的指示,更没有机会听到先生的训诲。这几年来,我们无时无刻不在渴望先生的领导,关怀先生的健康,谁知噩耗传来,先生竟不幸逝世了!

本店是从生活周刊社附设的书报杂志代办部发展起来的。它所以能够在微弱的基础上站得住脚,并在新出版业中占着重要地位,获得全国读者的热烈爱护,完全是先生以脑汁和血汗培植起来的。

二十年来,先生不仅以进步的思想和勇敢的行动,感召了万千读者群,且更以实事求是的精神,认真而周到地帮助读者们解决了许许多多在学习上、工作上以至日常生活上的疑难问题。记得在上海的时候,有一位苏州青年许君,简直把先生当作私人顾问,不论什么问题,都要先生替他解答。同人们都感到不胜其烦,但先生却每信必复,循循善诱,从无半点倦意。抗战开始后,那位地主出身的青年,终于在先生影响之下,毅然自动投入抗战的洪流,成为一员反法西斯的战士。这只是许多例子当中的一个。受先生思想行动熏陶和感召而坚决地参加抗战民主阵营的,不知有多少青年。本店曾刊行《信箱外集》五册,就都是读者函询而经先生解答的疑难问题,总计不下百万言,这种为大众服务的生活态度,实感人至深。

大约三个月之前,我们就听到先生病重的消息,据说先生的病,每天要发作几次,每当发作的时候,要痛得满床乱滚。这使我们感觉非常痛苦。但先生在病稍痊、痛稍减的时候,还是伏枕写作,奋笔疾书,写自传,撰遗嘱,并著文为国内民主团结而呼吁。也许是先生自知病情的严重吧,因此先生对于劝他稍稍休息的友人,总答以"能写多少是多少,写一些是一些",这是先生至死不渝的奋斗精神。

本店的业务由简单的代办部发展到庞大复杂的组织,是很艰苦的一个发展过程。先生欧游回国,首先倡导采行民主集中制,什么事情都是大家公开讨论,谈的时候,开诚布公地说,决定以后,就交负责人去做,使得全店每一个人都有自由发表意见的权利,每一个人都有充分发挥特长的机会,把同人的工作热情,提高到最大的限度。其间,先生曾记录实践经验,陆续写就《事业管理与职业修养》一书问世。抗战初期,本店迅速发展到四十二个分支店,所有派出去的负责人,尽管水准不一,但对工作的坚苦耐劳,对本店事业的忠诚努力,则完全是一致的。这是本店的一贯作风,也就是先生所倡导的工作作风。

先生主持各种周刊期刊,先后八种,为时历二十年,即使在最困难的情况下,每期一定按时出版,从不脱期;先生身为本店总经理,上办公室绝对严守工作时间,如因故稍迟,亦必事先通知;同人如犯错误,先生对之,严加责备,决不姑息,但一经纠正,则温语慰勉,决不苛求。这些都是表示先生的处事不苟。

同人间有一时为逆境所挫,精疲气馁者,先生辄加以劝勉:"本店从呱呱堕地的时候起,就一直在艰苦困难中进展着,我们应该以坚决的意志和镇定的心情,在艰苦困难中奋斗,我们深信我们所努力的文化事业,对于整个中华民族是有着重要的贡献,值得我们含辛茹苦而无所怨怼的。"本店能够渡过一重重惊涛骇浪的难关,完全是先生奋斗精神贯注的结果。环境越困难,办事愈麻烦,先生更沉痛地指出:"我们为共同努力的集体事业,就是受尽麻烦,也应该用诸葛亮'鞠躬尽瘁,死而后已'的精神来对付。"现在先生是以身作则地实践了这句话了!

今天,我们的事业是这样的艰苦,深感有待先生的领导,而先生竟已逝世了。展望前途,荆棘满地,益发觉得我们继承先生遗志的责无旁贷。我们不会忘记先生的谆谆教诲,先生的精神,将永远活在我们的心里!

(选自1944年10月重庆版《韬奋先生逝世纪念册》)

韬奋先生哀词
——在重庆追悼会上的讲演稿

郭沫若

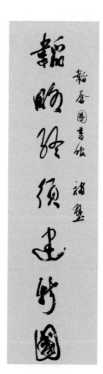

郭沫若为韬奋图书馆写的对联

韬奋先生：你是我们中国人民的一位好儿子，我们中国青年的一位好兄长，中国新文化的一位好工程师。你的一生，为了人民的解放，为了青年的领导，为了文化的建设，尤其在抗日战争发动以来，为了争取反法西斯战争的胜利，你是很慷慨地、很热诚地用尽了你最后的一滴血。在目前我们大家最需要你的时候，而你离开了我们，这在我们是一个多么大的损失呀！这是一个无可补救

的损失呀！（泣声和掌声）

　　韬奋先生：在你自己，怕应该是没有什么遗憾的吧。你把你自己慷慨地奉献给了人民，而你自己已经成为了一个很庄严的完整的艺术品，在你自己怕应该是没有什么遗憾的吧！（鼓掌）要说有什么遗憾，那一定是在目前反法西斯战争已经接近胜利的期间，而你没有可能亲眼看见中国人民的得到解放，中国青年的无拘无束的成长，反而在弥留的时候，你所接触的是中原失利的消息，湖南失利的消息，这怕是使你含着滚热的眼泪，一直把眼睛闭不下的吧！（大鼓掌）这在我们，作为你的朋友的我们，尤其是长远的一个哀痛！是我们的努力不够，没有把胜利早一天争取得来，反而在全世界四处都是胜利的声浪中，而我们有日蹙国土万里的形势，增加了你临死时的哀痛；我们在今天，在这儿追悼着你，至少我自己是深深地感觉着犯了很大的罪过的。但是，韬奋先生！你是真的离开了我们吗？你是真的放下了武器倒下去了吗？没有的，永远没有的！你并没有离开我们，你还活着，你还活在我们每一个人的心里，每一个青年的心里，千千万万人民大众的心里。你是活着的，永远活着的，从中国的历史上，从我们人民的心目中，谁能够把邹韬奋的存在灭掉呢？（鼓掌）你的武器，你的最犀利的武器也交代在我们手里来了，我们每一个人的身上都有你的武器，这就是这么一支笔。你依靠着这支笔，为人民的解放，为反法西斯的胜利战斗过来；我们也应该仗着这支笔，为人民的解放，为反法西斯的胜利战斗过去。（大鼓掌）这是一支不折不扣的名实相符的钢笔，有了这支笔存在的地方，便是民主存在的地方；没有这枝笔的地方，便是法西斯存在的地方。（鼓掌）像德国、日本这样法西斯国家，它们的笔是没有了，是变了质，变成了刷把，（鼓掌）替统治者刷浆糊，（鼓掌）刷粉墙，（鼓掌）刷断头台，（鼓掌）刷枪筒，（鼓掌）甚至刷马桶。（鼓掌）这样的刷把，迟早是要和着法西斯一道拿来拖进毛厕

里去的。(鼓掌不息)

  我们中国幸而还有一支笔,这是你韬奋先生替我们保持了下来,我们应该要永远地保持下去。在目前反法西斯战争接近胜利的时候,笔杆的使用是要愈加代替枪杆的地位了:枪杆只能消灭法西斯的武力,要笔杆才能消灭法西斯的生命力。

  邹韬奋先生!你的一生,用你的血来做了这支笔的墨;我们要继续不断地把我们的血来灌进去。

  邹韬奋先生!你的一生,把你的脑细胞用来做了这支笔的笔尖;我们要继续不断地把我们的脑袋子安上去。(鼓掌)我们要纪念你。

  韬奋先生,我们就要永远地保卫这支笔杆,我们不让法西斯再有抬头的一天,不让人类的文化再有倒流的一天;这也怕就是你通过你的笔所遗留给我们的遗嘱!(鼓掌历久不息)

(原载1944年10月2日重庆《新华日报》第2版)

我们是兄弟、是战友、是同志(节录)
——悲悼我的大哥恩润(韬奋)的死

邹恩泂

一　我们的老家

我们的老家在江西余江县东乡一个叫做"沙塘村"的小村子。据说祖籍是山东,流亡到江西的年代并不久。我们的祖父由于苦读中了"功名"做了官。他因为自己是穷苦出身,极力清廉自持,只以"书礼传家"四个字作为他的心愿,并且受了初期的民主主义思想的感染;在清朝中叶后期"文字狱"风气还存在的时候,他的一篇文章中却写着"天下者天下人之天下,非一人之天下也"的大胆的话语。我们的父亲继承了祖父的志愿,在"五四"以后,他又接受了"实业救国"的思想(这是韬奋后来曾经一度入南洋公学修电机工程系的原因),虽然身上穷得一文不名,但还非常热心地集资办纱厂,结果不但工厂没开成,还欠了一身巨债,弄得一生潦倒,一事无成。

韬奋就是在我们家庭这种传统思想的影响教育下长大起来的。这种传统思想中包括着许多好的东西,如艰苦斗争的精神,独立奋斗的作风,爱护群众的观点,接受新事物新思想的风气,重视文化教育,科学教育,重视"实干",具备着初期的民主主义思想,再加上他自己又亲身经历了近三十年来中国每一次的革命运动，就更加充实和发展了这种传统思想的内容。

（二、"苦学"的学生时代，三、"苦干"的初期事业，四、参加政治运动和国民党反动派对他的屡次迫害，均略）

五　我们是兄弟，也是战友与同志！

我能够长大，受到教育，可以说是两个哥哥亲自抚育了我的结果。他们不但在经济上、物质上供给我，还用正确健康的思想教育我。他们是我的好哥哥。我们的关系还不止此。我们还有一层战友的关系。一九三二年我在江西念中学的时候，由于对国民党当局反动政策不满，又在"九一八""一·二八"辱国丧权事件不断发生的情况之余，我们二十一个中等以上学校各在各自的具体问题上发动了罢课运动，坚持了几乎近半年的时间，江西省政府把我和另外两个同学扣押起来了，一直关了一两个月，这一次的援救释放幸亏有两个哥哥积极活动，否则光我自己和同学是没这力量办到的。抗战爆发之后，我又回到江西，可怜的江西老百姓，被国民党杀怕了，什么也不敢过问，我们当地知识青年只就"抗战救亡"的道理做了一些宣传工作和组织工作，而江西省政府又把我逮捕了，卑鄙无耻地硬诬陷我一个"汉奸"罪名，大概想把我弄死罢。这一次更激怒了韬奋，由于他的各方面积极活动的结果，把我的全部讯问记录全要去了，作为根据给我辩护，使他们无法再继续陷害我，不得不把我又释放出来。这一次的斗争使他们用自己的手打了自己的嘴巴。释放我的时候，他们不得不承认这是他们的"误会"。记得关在萍乡的时候，有两个穿黄呢军装的家伙傲然讯问我：

"你是不是邹韬奋的弟弟？你对于'人民阵线'派的主张认为怎样？"

我也傲然地回答：

"我是他的亲兄弟。我不知道中国有什么'人民阵线'。我对我哥哥的主张完全同意的，因为他的主张完全正确的"。

他们的气焰暂时消了一半。他们哑然了。我心中暗自好笑。

我永久地以我有这样一个哥哥为光荣！

记得一九三七年八月间，他从苏州监狱里出来回到上海的时候，我也正在全国学联工作。而我来上海他是不知道的，我去找他，我们七八年没见面，突然见面了，我们那时候真不知道从什么地方谈起，两个人无言对视了很久，彼此心里都充满了各种悲欢无限的情感！但，今后我是永远再见不到我的哥哥了！

记得一九三八年三月间，我到武汉又找了他。有一次我们谈到深夜，我和他谈得很深切，但我始终没表露出我是共产党员，而他，好像早已猜透了，在许多问题上他用微笑的态度答复我，他心里一定在说："好弟弟！你走的路很好！是正确的道路！"

到延安以后，见到张仲实同志，见到柳厅长（湜），我以多少能听到一点关于他的消息为快慰。我只希望他能早点到延安来。不久以前我还向新四军的各同志多方打听他的消息，知道他病了，病得很严重，我把希望降低了，只希望他能很快地好起来。但是他竟然死了！

昨天见到他的遗嘱，说请求中共中央严格审查他的一生，追认他做一个共产党员，并把他的骨灰送延安安葬，我的热泪不禁夺眶而出！

安息罢哥哥！安息罢同志！

（原载 1944 年 10 月 7 日延安《解放日报》）

痛悼韬奋先生并
控诉国民党反动派的罪行

寒　松

　　我今天拿起笔来,写追悼韬奋先生的文章,完全出于意外而使我万分的悲痛难过;同时也包含着万分的义愤。难过的是:如他自己临终时所说:"刚到成年,如果病好了,还可为未来的光明的新中国再奋斗二三十年。"先生的死,是文化工作、救国事业上的一个重大损失;另外,我和韬奋先生有着十年以上的亲切的友谊,同过工作,共过患难,往事历历如昨,先生的逝世,使我丧失了一个很好的战友,自然是很悲痛的。义愤的是:韬奋先生近四五年来因在国民党反动派统治压迫之下,颠沛流离,备尝艰苦,以致患病,迫于环境,终至不治,韬奋先生实系间接为国民党反动派所迫害,他们是直接摧残韬奋先生身体的凶手。忝为韬奋先生一个亲近战友及国民一分子的我,对于国民党反动派历年来加于韬奋先生的罪行,我今天完全有权利来控诉。

　　其实国民党反动派在"九一八"事变那年就开始压迫韬奋先生,那时候韬奋先生因痛感于蒋介石不准抵抗的"军令"而丧失了东北,所以屡在《生活》周刊上大声疾呼,发扬正论,指摘"不抵抗主义"为失计,以促起全国人民的注意。就从这时候起,《生活》周刊被国民党反动派认为言论过激,而遭受到邮局寄递上不定期的非法扣留,虽经我们迭次抗议,终归无效。"一·二八"以后,韬奋先生因国民党政府那时订下丧权辱国的《淞沪停战协定》，而对时局更有严正的批评，国民党反动派竟下令通知上海邮政总局停止《生活》周刊在全国邮寄。

但在韬奋先生领导下的《生活》周刊，并未因此屈服，他再接再厉地与那时候反动的文化逆流作斗争（正是国民党反动派所谓"文化剿匪"的时候）直到一九三三年十二月《生活》周刊的横遭封闭。在《生活》周刊封闭不久，国民党反动派又想借故封闭上海的生活书店与《文学》月刊，经过法理力争，他们有所顾忌，致不敢动手实行，这是反动派很早就想封闭生活书店的第一次。

继《生活》周刊出版的《新生》周刊又是怎样被封闭的呢？那是因为国民党政府的对日献媚，因循上海日领事及日驻沪海军的请求，而不惜无理封闭该刊，判处编辑人一年零二个月的徒刑，并同时下令"睦邻"（睦日寇），这就是当时轰动上海及全国，因《闲话皇帝》一文被认为侮辱日本天皇的"新生事件"。之后，韬奋先生继续不断地办《大众生活》《永生》《生活日报》《生活星期刊》《抵抗》《全民抗战》，同时也就不断地遭受国民党的摧残压迫，这是众所周知的事。直到一九三九年在重庆的时候，国民党反动派对韬奋先生的高压达到了最高峰，国民党当局这时已开始有计划和大规模地封闭生活书店，记得韬奋先生这时在重庆一日间接到过各地共八个生活书店被封闭的电报。不但这样，这时在重庆生活书店总管理处的周围，曾密布军警便衣，如临大敌，以监视先生的行动；一面派人（特务之流）到生活书店，来势汹汹，声言要检查账目，并当面侮辱韬奋先生，明明看见本人，竟说他是假的，不愿谈话，充分暴露其流氓无赖行为。

国民党反动派对韬奋先生的侮辱，实际上不只一次。记得一九三四年间先生正在国外游历考察，那时由国民党特务丁默村（现在南京伪政府里做社会福利部长，亦即汪特务机关的别名）所主持专门造谣反共的《社会新闻》，曾狂吠先生出国费用系由援助马占山抗战的捐款中"克扣"而来，想借此来打击先生；但这一卑鄙的污蔑毕竟落了空，除过去《生活》周刊所发起征募的援助马占山捐款都有上海名会计师查核证明的征信录外，还得到马占山将军亲笔来信，说收到该款无误，公诸报章，反动派无话可说，就只好悄悄地夹着尾巴不响了。

国民党反动派是用那种卑污龌龊的尺度来测量一切的知识分子，以为只要一手拿枪，一手拿钱，就可以威迫利诱所有文人入彀，供其驱使。因此，国民党反动派也曾威迫利诱过我们的韬奋先生。还早在"九一八"以前，《生活》周刊因为一度揭发了国民党官僚交通部长王伯群的贪污，王伯群不知自省，反私自派人来与先生接洽，一面贿以巨额金钱，一面许以官禄，在交通部搞个领干薪的挂名差使，企图这样来收买先生，当时即经先生严词拒绝，而对王伯群贪污腐化的批评如故，这是国民党第一次对先生的利诱。第二次在重庆，国民党反动派一面以到处封闭生活书店相威胁，一面又以增加书店资金百万相利诱，并强要先生加入国民党（国民党特务头子徐恩曾几次卑鄙无耻地威胁先生，要他答应）。先生这时候强硬表示宁愿生活书店关门，不许非法干涉出版及个人信仰的自由。国民党反动派见阴谋不逞，便更进一步禁止发售先生的一切著作，想用经济压力来困迫先生，但韬奋先生坚决为民主自由而斗争的夙志始终不变，韬奋先生就是古人所说的"富贵不能淫，贫贱不能移，威武不能屈"的那样的人。

先生一生尽瘁文化事业，持身清廉，毫无私蓄，且亦从不计及个人利益，在《生活》周刊及生活书店先后工作十余年如一日，大公无私，丝毫不苟，律己严，待人宽，诚恳坦白，对青年倍加爱护。正因为这样，经常和先生通讯或来访问先生的青年，无虑千百，这里面还有着那些在国民党反动教育下的无数学校青年，他们因为不满国民党封建复古的法西斯的反动教育,而来向先生诉苦,尽管国民党如何压迫恫吓,甚至关禁闭,但仍不能阻止这些青年们接近先生。

韬奋先生为无数青年所热爱,却也不是偶然的。他自己同样的很虚心,很热情追求着真理,他到过苏联,在那里停留考察有两个多月,亲自看到苏联人民在联共及斯大林领导下那种建设社会主义的伟大规模,而益增他对未来新中国的憧憬!韬奋先生就是这样不断地求进步,充实自己,跟随着时代前进,从不与恶势力及反动思想作妥协,这在他先后主办的刊物和他的著作里可以看出。因此,十几年来的文化斗争,把先生锻炼得更坚强了,成为一个身经百战的文化界老战士,这也就是国民党反动派不能宽容先生,欲得先生而甘心的原因之一。

我离开韬奋先生有好几年了,韬奋先生于一九四二年十一月间曾来苏北,到过盐阜区,那时我因为工作和敌人"扫荡"关系,所以和他缘悭一面,至今为无可补偿的遗憾!当我正在工作中接到关于他病逝的噩耗时,我的热泪不禁夺眶而出,我更加千百倍憎恨那十余年来不断摧残压迫韬奋先生的国民党反动派。

韬奋先生长逝了,写到这里,我又联想到:今天全中国尚有无数像韬奋先生一样的文化工作者,正在国民党反动派的摧残压迫之下,过着同样的颠沛流离困苦的生活。追究原因,为什么会这样呢?这不能不是国民党寡头统治反共、反人民、反民主的必然结果。因此,我们一方面以万分悲痛的心情来追悼韬奋先生,一面却要继承先生遗志,号召全国,起来要求国民党当局立即结束一党专政,建立联合政府,给予人民以抗日救国的民主自由,取消国特,惩办那些专事摧残文化、压迫人民的反动派,来为韬奋先生及一切被迫害的爱国者复仇。

(原载1944年10月19日《盐阜报》第5版)

哀悼为新民主主义奋斗的战士邹韬奋同志

吴玉章

　　近代中国文化界，在新闻事业、出版事业上，最有成绩、最有创造能力的，要算邹韬奋同志。经验告诉我们，如果为宣传工作而不是为一般营业的报纸，则一定是赔钱而且常常为反动势力所摧残。韬奋同志深知这一切，因而在"九一八"后，一面以《生活》周刊来鼓吹抗日救国；一面创办生活书店以作服务进步文化事业的中心，并借以支持杂志。因此一九三三年末，周刊在遭国民党当局封闭后，尚能继续创办《新生》《大众生活》《永生》《生活星期刊》《抗战》三日刊及《全民抗战》。这些刊物虽屡遭当局封禁压迫，而当其盛时发行至二十万份以上，打破了报界的历史记录。它们在促进抗日民族统一战线都起了很大的作用。这些成绩都是由于韬奋同志实事求是、艰苦卓绝的精神创造了许多新的办法所造成的。生活书店是一种合作社的组织，韬奋同志在经济上不仅廉洁不苟，而且事事清楚，有条不紊，深得大众信任，创造了工作的好模范。生活书店出版的书籍极为广大群众、特别是青年所欢迎。尤可贵的是韬奋同志的群众观点及为劳苦大众服务的作风，他常常为群众指示解决生活问题，在刊物上特辟通信栏以与群众通信，这是接近群众、深入群众的好方法。生活书店在全国发展至五十六个分支店，以致国民党当局企图收买而不得，转而查封、捕人，使其不能存在。

国民党当局的反动诚可恶,而这些书报反因此而影响愈大,群众的觉悟认识也更加深刻,反为之作了宣传工作,这是反动者始料不及的。

我觉得韬奋同志在文化事业上的作风、能力诚然可宝贵,而特别应该宝贵的是他为新民主主义而奋斗的精神。他生前不是我党党员,但他极赞同我党抗战必须实行民主政治才能动员全国人民得到最后胜利的主张,尤其深信我党提出的新民主主义,他早就认为现在的民主政治不是一般的、抽象的,而是"适应激变时代以促进国家的进步"的民主政治。他在翻译《苏联的民主》那本书的序上说:

"常人想到民主,往往只想到选举制度、民意机关等等,这些当然是民主政治中的重要部分,但是真为最大多数人民谋福利的不应自足于这样狭隘的范围,应把民主的原则扩充到全体人民各部分的生活中去,这才是真正有效的民主,才能符合于美国林肯总统所谓'民有民治民享'的民主定义。我觉得这本书所叙述的内容,应能给予我们最深刻的印象,就是在苏联今日,民主精神已广大而深入地渗透于全国人民各部分生活中去。"

韬奋同志亲身到苏联游历考察,他深知道苏联是世界上最强盛的国家,而"它的强盛"并不是少数人的力量,而是苏联的民主能彻底动员了全国一万万七千万的人力来共同奋斗的成果。苏德战争爆发以来,苏联能粉碎法西斯野兽疯狂的进攻,驱逐德寇出境,更使他坚信:只有新式的民主主义才能动员全国人力来战胜敌寇,才是新世界新中国的光明前途。我党实行的新民主主义与苏联虽不一样,但它是合乎时代、适于国情的新式的民主主义,因此,韬奋同志极愿为实现新民主主义而奋斗。近年他到了我敌后抗日民主的根据地视察研究,"目击人民的伟大斗争",更使其看到"新中国光明的未来"。在遗嘱中要求我党中央追认他入党,这就证明他认识了只有我党所实行的、为全体人民谋福利的新民主主义,才是抗战必胜、建国必成、达到新中国光明前途的正确道路。遗嘱将其骨灰送往延安,这就表明他的肉体虽化为灰烬亦不愿葬于寡头专制的黑暗地域,而愿归依于新民主主义策源地——极光明的延安,以作他死后永远的安慰,这是多么令人动容的感情呵!

我希望反对民主政治的顽固分子看了韬奋同志的遗嘱有所感动。他"最后一次呼吁全国坚持团结抗战,早日实行真正的民主政治,建设独立自由幸福的新中国"。这是代表全国人民的公意。现在全国人民鉴于正面作战的节节败退,一党专政日趋贪污腐化,人民生活的朝不保夕,群众要求立刻实行民主、改组政府、改组统帅部。这正是救亡图存的急救方法,不但拯救国家民族,也拯救国民党。可是顽固分子不但不采纳,反而恼羞成怒,以政府权势武力相威吓。说句老实话,顽固分子是顽而不固的。现在人民陷于水深火热之中,早已岌岌不可终日,其所以还不忍说推翻政府者,因为它还打着抗日的旗帜,希望它能团结抗战,真正有实行民主的觉悟,以保持抗日民族统一战线,争取最后胜利。如果政府想利用人民的忍耐性,以为有五百万军队,对外不足,对内有余;以为"人言不足恤"而继续倒行逆施,要知道兵士虽然是由你们绑着来的,但他们也是人民,与人民血肉相关,一旦到了人民忍无可忍,"民欲与之偕亡"的时候,那就悔之无及了。如果不信,请看过去专制魔王的结果!

我希望我们为新民主主义奋斗的战士,看了韬奋同志的遗嘱更加努力奋斗。韬奋同志给我们以深刻的信念,使我们更坚决地向新民主主义的新中国的光明前途迈进。我们要以完成新民主主义事业来纪念我们已死的、却是新生的永远的同志。

(原载1944年11月22日延安《解放日报》第1版)

纪念邹韬奋先生

陈 毅

我对韬奋先生的倾慕,不仅在其少年时代的刻苦成学,不仅在其壮年时代挺身入狱,作了举国抗战的向导,不仅在其以犀利文笔,树旗文坛,横扫千军,刺透反动派的肺肝,尽了大众喉舌的光荣职务;而尤在其能以一个中国最优秀的知识分子的代表而坚决走上为工农兵大众服务的道路,这是韬奋先生永垂不朽、可为世范的地方。我们熟知韬奋先生的历史,他以一个民主主义者走入战场,伟大的革命实践推动他向前迈步,直至与共产主义相结合,最后以他的为国家为民族为人民服务的品质和事业说,置诸共产主义者前列,可说毫无愧色。因此邹先生的道路是彻底的革命民主主义者与共产主义最终结合的道路。

陈毅同志题词手迹

彻底革命的民主主义者与共产主义的一致性在邹先生一生历史实践中，又一次证明了。比如孙中山先生是前三十年的一个最伟大的革命民主主义者，其一生实践，晚年达到很正确的承认共产主义是革命民主主义的朋友。比孙中山先生稍后约当十年至十五年左右的鲁迅先生，也是一个革命民主主义的启蒙大师，他几乎完全走着相同路线，其晚年不但与共产主义相结合，且成为献身前列的最坚强的舵手和战士。这是第二个例子。继孙、鲁两公之后的韬奋先生，从革命民主主义开始，直达到共产主义行列，那么，我们想一想这是一件偶然巧合吧？我想不是的，我想这里极其庄严郑重地指出了中国革命的总规律，这一条定理有不可拒抗的伟大力量。中国的民主革命启蒙大师们，均遵循这一条路作了开路先锋，反动派的任何手法都是无法逆阻的！因此凡是一个真正的革命民主主义者，他绝难半途而废，他至少会承认中国共产主义者是他最好的朋友。反之，中国早期的共产主义者如果拒绝参加民主革命，或不献身民主革命前列，或于献身之后陷于同化，不能彻底推行民主革命，忘记了本身的任务，那必然是假的共产主义者，亦必失败无疑。我想这种例子也很多的。因此，我肯定地说韬奋先生一生的奋斗，其伟大成功便是继孙、鲁两公之后，再度指出中国革命的总规律。这种价值是无可比拟的，也是我所最倾慕的地方。

现在韬奋先生死了。我想当着播种者精疲力竭走去安息的时候，那预兆着收获季节已经不远了！将收获的黄金果实呈献于人民大众，呈献于播种者的英灵之前，那是我们后死者的责任！我们继续前进吧！

九月二十九夜

（原载1944年11月22日延安《解放日报》第1版）

纪念韬奋先生

凯 丰

一位特出的为进步文化事业而奋斗的战士——韬奋先生逝世了，这是令人非常哀恸的一件事！不久以前，我还希望这位朋友能够来到延安，当问到新四军军长陈毅同志时，说他害了中耳炎在上海养病，我总希望他很快能够恢复健康。

韬奋先生的著作，尤其是他所创办的生活书店，教育了青年的一代，在为抗日战争、统一战线、民主思想及进步思想的斗争中尽了很大的作用。韬奋先生是一位前进的著作家兼杰出的出版家，他将他的一生贡献于为抗战为民主为进步的文化事业。他在国民党独裁统治及毫无言论自由的环境下，能够把进步的文化出版事业发展得这样广泛，成为全国文化出版事业的权威，他的这种功绩将在中国文化史上永垂不朽！国民党的反动统治动员一切力量来压迫摧毁韬奋先生所创办的文化事业，开始企图用政府的经济优势来压倒生活书店，用大批的经济力量津贴属于国民党的书店，出版大批反动书报，开办大批反动书店，用定价比成本还低的办法，甚至不要钱赠送的办法，来与生活书店竞争，但是这些办法结果都失败了，因为没有读者或者很少读者进它的门，而生活书店却总是有着川流不息拥挤不堪的读者在那里。这样国民党又不得不凭借它的独裁政治的力量，封闭了几十家生活书店分店，查禁了几百种生活书店出版的书，最后韬奋先生的人身自由也发生了问题，不得不逃难香港，香港沦陷后，又赴新四军解放区。

　　韬奋先生的为人，有几点特别值得指出的，他在生时虽然不是一个共产党员，但是他的品质却是中华民族优秀儿女的品质。我在救国会的几个值得尊敬的朋友中，他是其中之一个。

　　他的第一个特点，就是富于正义感，为人正派，他的为民族解放及人民解放事业是忠心耿耿的，别无企图的。他并不像有些人一样，拿着抗日救国作为升官之道，当着统治阶级给予他一官半职时，他就把民族解放事业及其过去一同奋斗的朋友丢在一边，其实这种一官半职也不过是统治阶级的钓饵，昙花一现而已。韬奋先生的为人，与这种人是完全两样的，他不为官爵所动，不为威武所屈。我记得一九三八年在武汉时，当时国民党用一切力量劝他加入国民党，以官爵诱他，以三民主义青年团中央干事诱他，他始终坚决拒绝了。而当皖南事变正是危机的时候，他愤然辞去了国民参政员，仗义执言，反对国民党的倒行逆施。我也记得在一九三九、一九四〇年时国民党当局以武力威吓生活书店总店时，他并没有屈服，也没有接受国民党当局的任何一个条件。

　　他的第二个特点就是富于事业心，用尽一切心血把他自己办的事业——文化出版事业，发展和维持下去，他用新的办法——合作社办法来经理他的书店，因为他的书店既没有银行资本家的经济支持，也没有个人或团体的经济支持，完全靠书店营业的盈余来发展业务。国民党经常造谣说共产党津贴生活书店，其实生活书店业务的发展与共产党没有任何关系，完全是韬奋先生及其同事的努力而达到的。正因为韬奋先生忠于自己的业务，总想扩大自己的事业，生活书店的稿费比国民党官办书店稿费要低，因此也有不少的作家，许多是左翼的作家，对生活书店的稿费不满。我还记得有某几个作家从战地参观回来写了几部稿子，因为生活书店稿费低，而将原先谈好交生活书店出版的稿子，又要回去给国民党书店文化服务社。但是国民党书店虽给了高价的稿费,书还没有出版。从这些事实中可以看出韬奋先生所办的书店是在经济困难、政治压迫的条件下,始终不灰心,把自己的事业贯彻到底。

他的第三个特点就是富于青年气,朝气蓬勃,他的作品是这样,他的演讲谈话也是这样。可以说在现代中国的男女青年中享有很大的威望的,韬奋先生就是其中之一。他给予中国青年思想上很大的帮助,给予他们求学就业以及社会活动的各方面以指导。

中华民族有韬奋先生这样一个优秀的人物,是我们民族的光荣。中国共产党有韬奋先生这样一个朋友(指他生时)是我们党的光荣。中国共产党有韬奋先生这样一个死后追认的党员,更是我们党的光荣。

(原载 1944 年 11 月 22 日延安《解放日报》第 1 版)

追悼邹韬奋先生之死
想到一切人之死

续范亭

回忆西湖哭鲁迅,延安今日悼韬奋!
细菌猛虎杀人多,不及当今苛虐政!

这几句诗从何说起?我们追悼韬奋之死,要追究其致死之由。究竟是谁把他杀死?我们要查明正凶,公诸人民,付之审判。

自从世界有了法西斯,中国也有了法西斯。这个法西斯,就是人民的对头,尤其是新文化的对头。中国新文化旗手邹韬奋先生,实死于中国的法西斯。他们仇视他,陷害他,威胁利诱他,通缉逮捕监禁他。茫茫中国,使他无立足之地,使他寄迹海外,身如漂萍,使他愤怒忧愁,啼笑皆非,使他眷念故国而不得归,使他脑耳受伤无法医。尤其使他痛心的,是法西斯摧毁其成绩,焚毁各种刊物,封闭其各省分店,使他十余年结晶,废于一旦,人之最难于牺牲者,是其辛苦之结晶,摧毁其成绩,比杀头还要难受。此其所以致死之由也。正凶就是中国法西斯。我们追悼韬奋先生,要打倒世界法西斯,尤其要铲除中国法西斯,真正建立民主政权,驱逐日寇出中国,才能使先生真正瞑目,才不愧追悼死者。

人类三大害:野兽、细菌与苛政。古来野兽为害最凶,当时尚不知有细菌。在农奴制度、封建制度之下,苛政杀人非常厉害,生杀予夺,操之君主,地主酷吏,到处横行,人不堪其苦,多有逃入深山,借免绝种之患。昔者"孔子游于北鄙之山,闻一妇人哭甚哀,使子贡问之。曰:'一子被虎噬。'曰:'胡不居乡市,而居荒山?'妇人曰:'吾世居乡市,吾祖吾父吾夫俱死于苛徭虐政之下,于今三世矣!今吾避居深山,冀或免于灭族耳。'孔子顾谓弟子曰:'苛政猛于虎。'"我们现在也可以说"苛政毒于菌"。自有法西斯以来,世界发生空前大战,人类之损失亦属空前,战死者数千万。其被压迫残杀、饥寒疾病、忧愁恐惧而死者,尚不知几倍于战死者!法西斯杀人之多,真比猛虎细菌都为可怕。人类之大患,莫过于此!

我们追念先贤之死,就我所知,孙中山先生死于肝癌,年六十岁;胡笠僧先生死于疔毒,年三十五岁;续西峰先生死于胃溃疡,年四十七岁;鲁迅先生死于肺结核,年五十余岁;邹韬奋先生死于脑癌,年方五十岁。此数人者,皆革命之导师,人类之精华,秉赋既厚,素养亦深,而俱不得享高寿终天年者有如疾风吹劲草,实封建余孽与法西斯制度缢杀之,细菌为害不过其结果耳。苏联科学家认为人类寿命,应为一百三十岁左右,其所以夭折而早死皆因政治不良,社会不安,人类智识浅短,科学未大昌明有以致之。

据科学家统计,中国人之平均寿数只有三十岁,尚不及正寿的四分之一。英澳人寿数最长平均不过五十五岁,亦只正寿之三分之一强。由此看来,全世界人类,自古及今,皆不得其正当之死。独裁专制,恶劣政治之杀人,由此可见一斑。我们必须铲除这些政治野兽,政治细菌。

自从蒋介石建立起南京独裁政权以来,残杀中国的进步人士、爱国青年、共产党人、孙中山先生的真信徒,据抗战以前的统计,有数可记者已经六七十万人以上。恶劣政治影响所及,战争期间更不知有多少冤死的人!所以我们今天追悼先哲,要加紧铲除现行的法西斯制度,成立联合政府,改造统帅部都是今天必要的措施。

中华民国是一副大担子,必须让各党派、各阶层共同担负起来,才能战胜日寇,拯救了国家危亡,拯救了人民。我们要知道蒋介石所负的担子,我们中国四万万五千万人的生命、财产、土地、主权都在这里,关系太大了,现在他实在是担不动了,并且已经丢掉了大半有余了。我们华北、华中、华南多少根据地人民,都是被他断送遗弃而又被共产党拯救出来的。如果他所担的担子,只是宋美龄嫁妆,那我们就不太关心了,并且也不必与他争了。今天既然是我们全国人民生死存亡所关,那就非争不可,我们争不出个所以然来,我们对不起我们的先哲——我们的邹韬奋先生!

(原载1944年11月22日延安《解放日报》第1版)

韬奋的事业与精神

徐特立

同志们！今日我们追悼韬奋同志之日，正是八年前即民国二十五年十一月二十二日韬奋同志以救国犯被捕之日，这时中国正处在存亡的分水岭。东北四省已经全部沦亡，冀东已经建立了伪政权名自治政府，冀察两省成立了半伪政权名冀察政委会。日寇正在进攻绥远。韬奋同志当被捕的前两小时，刚参加援绥会议，十一时才离会，十二时准备《生活星期刊》社论，一时上床，二时即被捕。当时，正如今日一样寒冷，从床上下来只穿一件单薄的睡衣，寒气袭击，感觉微颤。我们今天在这里追悼他，回想八年前的今天，令人不寒而栗。当时国民党的政策是"攘外必先安内"，不顾日寇进攻绥远，大军正向西北进行"剿共"，蒋介石为"剿匪"总司令，汤恩伯占领了边区的瓦窑堡一带地区，边区政府退到保安。全国人民要求停止内战，一致抗日，但都是赤手空拳，国民党政府却以刺刀牢狱来对付，于是救国会的领导者就于日寇进攻绥远时期，同时被捕下狱。国民党两支军队，一支在西北"剿共"，另一支在东南"剿"人民抗日的救国会，实际上国民党给了日寇进攻绥远以至灭亡中国以有利的条件。

在国民党执政者对于日本侵略采取妥协让步的情况下，在人权没有保障的情况下，在"九一八"事变以后孙夫人和蔡子民、杨杏佛诸先生起来组织人权保障大同盟，韬奋同志是其中执委之一。

不久杨杏佛被暗杀,该会在四面军警和特务包围下无法存在,大城市地下的共产党遭到空前的大屠杀,在政治上虽然领导了全国,给人民以指针,但在组织上一时难以恢复,于是继人权保障大同盟而起的就有救国会。救国会是在全国救亡运动极高涨的条件下产生的,他们不怕因爱国而犯罪。八年前的韬奋,就是以爱国罪案入狱的。同志们!中华民国无数的优秀儿女,以百年来革命的流血经验前仆后继,不独锻炼了不可屈服的精神,同时训练了空前的政治头脑,民族统一战线果然形成于韬奋同志被捕不久之后,奠定了七七抗战的基础,坚持了八年抗日反法西斯战争。因此,中国为世界优秀之民族已为世界所公认。国民党当权者的恶劣政治,终不能掩盖整个民族的优秀。韬奋同志正是中华民族优秀儿女的代表,是抗日民族统一战线领导者之一,是救国会的发起者和组织者之一。将来写中华民族解放史和世界殖民地的解放史,他的业绩是许多光荣斗争史中之一页。

韬奋同志与沈钧儒、陶行知诸先生于民国二十五年七月十五日联署发表的团结御侮的主张,其基本纲领是:要求国民党停止内战,承认共产党势力存在,各党各派合作,联合抗日,联合战线以抗日为目的,不为任何派别利用,主要的是扩大抗日的队伍,除汉奸外不排斥任何一个人。以上的纲领除抗日以外没有其他。其承认共产党存在,并不是主张社会主义,而是要求国民党把"安内剿共"的军队用来抗日;其要求人民的言论行动自由也不是要求一般的民主,只是要求抗战的言论行动自由;其要求给人民以解放,也只是要求不压迫抗日的民众,只说脱离了民众,单是政府,抗战必然失败;其指出国民党的自救政策是希望国民党保持过去革命的功业,把国民党汉奸化的官僚清出去,以免日本的第五纵队在国民党内及其政府内破坏中华民国的心脏。这一政纲刊在韬奋所著的《坦白集》最后一部分。在全文中每一字句都是抗日救国,而且他们除抗日救国外,没有任何政治活动,救国会真是名副其实的。这时的救国运动,成了全民运动,年老的如九十以上的马相伯先生,年小的如小学校的儿童和童工,都卷入在内,唯有国民党的顽固派以为这不合他们"攘外必先安内"的祸国政策,逮捕救国会的领导者,客观上是尽了日本第五纵队的作用,执行了亲日派的政策,而与真正孙中山的信徒对立着。救国会的政纲是单纯的以救国为目的,在这一方面,与我们在民国二十二年五月所提出与全国军队合作的三个条件基本上是相同的。从上述的事实可以看出,救国会的政纲是各党各派进步人士的反映,尤其是广大的不愿做亡国奴的群众的反映。他们的政纲名为抗战救国的统一战线是名副其实的,其名为救国会也是名副其实的。国民党内有权的顽固派至死不悟,坚持他们"攘外必先安内"的政策,日寇进攻绥远时还进行临潼"剿共"会议。因此在国民党内不愿做亡国奴的人们举行了兵谏,即西安事变,内战才算停止。西安事变距韬奋被捕刚二十日,西北事变与东南事变在二十日间遥相照映,足以证明韬奋以及他们同志的主张是全国人民的主张,他们是中华民族优秀的代表,只有国民党内的顽固派反对。这类顽固派至今还没有最后的觉悟,造成自己的孤立,如果没有其他进步的党派和优秀的人民,也必然造成中华民族在国际上的孤立。

  韬奋同志在青年时从学校所获得的知识只是国文、英文、数学等求学的基本工具,社会知识是缺乏的。毕业后服务社会,第一次是任纱布交易所英文秘书,继而到《申报》馆也是英文广告和书信的翻译,到《时事新报》只是做行政工作而非记者。在这些琐屑的无兴趣的事务工作中,他十分尽职,因而养成细针密缕的工作作风、惊人的实际精神,民国十八年他办《生活》周刊,读者来信一年到两万多封之多,都予以适当的回答。他对群众来信的指导,大的方面从抗战救国以至社会制度问题,小的方面广泛到求学问题、职业问题、婚姻问题、社交问题、工作方法问题、文字技术问题,都具体地个别地加以解答。这就是他有惊人的实际精神的明证。他关心群众每一小问题,例如他办书报代办所,目的是代办书报,由于书报代办建立了信用,于是扩大到代办一切,竟至有人请求代找律师。他的《生活周刊》,由指导一般的群众生活竟扩大到个别的书信指导,他这种惊人的爱护群众的热忱,必须先具有他那样惊人的实际精神和惊人的细针密缕的工作方式,才能达到。他在一年中收到读者两万多封信,其反映的社会情况和政治情况给他以最丰富的具体材料,经过分析和综合就成了他指导群众的资本或科学。他于是成了群众的导师,同时又成了群众的学生。群众给他每一封信都成了他自己的社会科学和政治科学的片段,所以他的学问是群众化的学问。

他是一个热心的政治家。但他也善于经商。他的生活书店没有政府的津贴、资本家的帮助及人民的捐款。该书店是一个典型的革命的合作经济,其基本的办法都由他所手订(见《事业管理与职业修养》),且在营业中给工作人员以适当的学习机会。他所有以上一切新的方法和方式仍然是从群众中学习来,再用到群众中去。他那种无微不至的工作方法,仍然不是手工业的一手包办,而是精密的分工。所有以上这些都是我们反攻过程中使用新式技术时所需要的,也是不久的将来甚至目前的建设所需要的。我希望把他的著作择要整理,以作干部文化读本。

韬奋同志那种无微不至的作风,并没有妨碍他那种对于政治中心的把握,因为他关心的琐屑问题正是群众生活上的严重问题,不是资本家所希望的五分钱的额外利润。韬奋同志无微不至的精神,并不是放在小问题上面。国民党企图收买生活书店,出钱出人,不加还价。韬奋就准备牺牲整个生活书店,让国民党的武装来封闭,不在政治上屈服。在这种条件下,他宁可牺牲整个书店而保持政治立场,他是为革命而建设事业,也就可以为革命而牺牲。他的琐屑处,同时也就是他的伟大处,我认为他具有革命精神和实际精神两方面。韬奋临终遗嘱要求死后骨灰葬延安,把他的名字列于我党的党籍,韬奋的遗嘱不是偶然的,是经过长久考虑的。韬奋早在《经历》上写道:"不管任何党派,只要它真能站在大众的立场努力,真能实行有益大众的改革,那就无异于我已加入了这个党了,因为我在实际上所努力的也就是这个党所要努力的。"这里他已说明了愿加入群众的党。韬奋入党已五十岁,而且是临终的遗嘱,我入党已五十一岁,韬奋入党比我小一岁。我们入党不是偶然的。近读报看到法国物理学家郎之万,一生在物理上的贡献极大,到了七十二岁还加入了共产党,这正是时代的象征。

(原载1944年11月22日延安《解放日报》第2版)

中国大众的立场

艾思奇

不久以前,《解放日报》转登了重庆几千人追悼韬奋同志的报道,读了那报道,不由地联想起一九三六年鲁迅先生逝世,上海的千万群众公葬的情形。人物不同,时地不同,国内外情况也不同了,但仍有些共同的东西,使人容易发生联想。第一,抗战前那种闷人的空气,和群众在鲁迅先生公葬时所表现的悲愤沉郁的情绪,显然又在重庆出现了;第二,一个文化工作者的死,使千百万人有如此痛惜哀悼的表示,除了鲁迅先生以外,也不曾有过。

韬奋同志的工作为什么有这么大的影响?他为什么能受到广大人民如此深切的爱护和关心?这是值得我们深思追念的。

从第一次大革命前后起,韬奋同志就开始了写作的生活,差不多二十年的期间,他几乎是每天不停笔地工作。这是中国政治上多变的期间,同时也是中国人民在挣扎、在反抗、在斗争、在联合的期间,这里有国民党一党专制的建立,有"剿共"和军阀内战,有"九一八"事变,有全国人民的爱国运动和救国会活动,有中国共产党的团结抗日的号召……在这中间,韬奋同志的工作,是与人民的斗争不能分开的。他抓着了人民政治上生活上所遇到的一切大小问题,给予适当的回答,他的影响之所以能很快地扩大起来,就因为他的文章,最能反映斗争中的中国广大人民的要求和情绪。

韬奋同志常说自己的立场是"中国大众的立场",他是名副其实地站在大众的立场上工作的。他自称为"新闻记者",同时他也的的确确尽了公正的新闻记者的职务,把自己的文章,严格地用作民众的喉舌。在中国这不是容易做到的事,这不但要有为群众服务的满腔热忱,要有不屈不挠主持正义的坚定节操,而且更重要的,是要能实事求是,丢弃自己的主观,而善于了解群众的切身要求,体察人民的思想情绪,为群众说出他们心里真正要说的话。要这样为民众代言,是一件吃重的工作,必须出以很大的努力,用全副心力来对付,随随便便大笔一挥,就要被称为人民的作者,是靠不住的。

在他的自传性的《经历》一书里,讲到他怎样编辑《生活》周刊时,我们可以看出他的苦心呕血的情形:"每期的小言论,虽仅仅数百字,却是我每周最费心血的一篇,每次必尽我心力就一般读者所认为最该说几句话的事情,发表我的意见。这一栏也最受读者的注意,后来有许多读者来信说,他们每遇着社会上发生一个轰动的事件或问题,就期待着这一栏的文字。其次是信箱里解答的文字,也是我所聚精会神的一种工作。""聚精会神",研究怎样说出读者群众所要说的话,解答读者所提出的问题,这是韬奋同志工作的力量的泉源。必须有这种非常集中的努力,才有可能使他密切地和"大众"站在一起,成为一个最好的新闻记者(虽然新闻记者是他的职业的一部分),使他能正确地替人民说话,而为人民所爱护,使我们能够在他身上,看见新闻记者的职业的光辉——这一个职业,在一些为法西斯主义及专制主义歌功颂德的新闻界败类身上,是被渎污了。

知识分子走向大众,是有一定过程的,他必须首先清算了自己思想中的各种个人主义的因素,然后用集体的思想来武装自己的头脑。韬奋同志也不是天生的大众思想家,他并不是有什么超人的特点,他的最大的长处,不过是虚心学习,勇于批判和放弃一切不适合群众需要的思想，热烈地追求和接受对人民有利的新事物和新思想。他的学习，主要是在群众中，在工作中，他没有个人的虚伪自尊心以及各种主观成见的包袱，只有为群众服务的高度责任心，和不断追求有益于人民的新知识的热烈欲望，"我个人是且做且学，且学且做，做到这里，学到这里"。就是这一种责任和学习的精神，使他的思想能够经常进步，能够不断地愈更密切地和大众靠拢起来。在早年参加职业教育社工作的时候，他就已经善于在群众生活的实际情况中学习，并根据实际观察所得，来校正自己思想，他说："在各处接洽若干中学举行职业指导运动周，我所感到兴趣的是乘着这个机会和各地青年谈话，并到各处观察观察社会的情形……可是说来也许有些奇怪，我愈研究职业指导，愈在实际方面帮着职业指导呐喊，愈使我深刻感觉到在现状下职业指导的效用有限，愈更使我想逃出职业指导的工作……说句笑话，我在这里参加了职业指导运动，对于青年究竟有什么实际的效果，我实在不敢说，可是对于我自己确有很重要的指导作用……这现实的教训使我的思想不得不转变。"（《经历》）

职业指导为什么没有效果呢？他的思想是怎样的"转变"了呢？他后来解释得明白：

"现在不是由个人主义做出发点的所谓'独善其身'的时代了，要注意怎样做大众集团中一个前进的英勇的斗士，在集团的解放中才能获得个人的解放。关于这一点，有一件虽然微细而却显明的事实可以做个例子。从前实施所谓'职业指导'的人们，总是把应该怎样努力吃苦的话劝导青年，这对于当时有业可就而不肯努力不肯吃苦的青年来说，当然不能算错，但近来有不少很肯努力很肯吃苦的青年，因为次殖民地的经济破产，不是因他们自己的个人过失而遭着失业的痛苦，指导者再对他们发挥'拚命努力拚命吃苦'的高论，便是犯着牛头不对马嘴的毛病了。

(《大众集》）

　　能够向群众学习，能够接近"现实的教训"，能够依据现实的教训来"转变"自己的思想，就能够在思想上有开展，有进步，不至于钻进牛角尖，越钻越出不来，就会在工作上有创造，有改进，不至于停滞不动，因循敷衍，没有生气。韬奋同志的思想和工作，就由于有以上的优点，而能够表现出不断前进、不断创造的精神，而这些创造改进，归根结底，仍旧以群众的需要、群众的利益为依归，适合于群众需要和利益的东西，就被采取，否则就要被突破，被打碎。就由于这些原因，韬奋同志能够使他所编的《生活》周刊迅速进步，由职业指导的刊物，进而成为主持正义的舆论机关，从偏重个人生活修养的内容，转变为讨论社会政治问题的读物，由讨论一般社会政治问题的刊物，变为事实上为救国运动的宣传和组织中心。每进一步，就愈更深入地与中国人民大众的生活和斗争相结合，并获得了愈更广泛的群众的拥护。

　　"聚精会神"为服务人民而工作，从"现实的教训"中虚心学习，从群众的实际要求出发，来创造工作，改进工作，这就是韬奋同志的思想和工作的力量的泉源，这就是韬奋同志自己所谓"中国大众的立场"，他的大众立场，不是空洞的，而是有这具体内容的，不只是说说的，而是有他的行动作证明的。

　　韬奋同志自己坚定地站在"中国大众的立场"上工作，因此，凡是能够真正为大众谋利益的人，他就热烈地引为同志。早在抗战以前，他就说过："我的立场既是大众的立场，不管任何党派，只要它真能站在大众的立场努力，真能实行有益大众的改革，那就无异我已加入了这个党了，因为我在实际上所努力的也就是这个党所要努力的。"谁是真能实行有益于大众的改革的"这个党"？他是早已看得清白的，而在临死时他就正式宣布了，这就是中国共产党。他现在已经是一个共产党员了，而且他不愧是优秀的共产党员，因为他的一生工作,他是真正做了许多有益于大众的改革。我们应向他学习,学习他的精神,学习他怎样实践"中国大众的立场"。

(原载1944年11月22日延安《解放日报》第3版)

韬奋同志
——文化界的劳动英雄

萧 三

在苏联的文化节日,我看见韬奋先生,
在边区的文化节日,我悼念韬奋同志!

《前线》剧本中,苏联一个炮兵战士在和德国法西斯蒂搏斗中牺牲了。女护士从他身上取出他的证件来,交给炮兵连长,里面夹有一张纸,上面写着:

请勿拒绝,收我加入列宁—斯大林的党。假如被打死了,一定请算作——共产党员阵亡。打倒法西斯蒂!
警卫上士亚斯塔平科

千千万万的观众看了这场戏,非常感动。在苏联,这样的事——人们愿意作为共产主义者而死是非常之多的,我们从描写内战及这次苏德战争的通讯报告等作品中常常读到。

作为文化界的战士,曾二十年手不停挥,为民族解放、民主政治及进步文化而斗争至最后一口气的邹韬奋先生在他的遗嘱上写着:"我死后,希……骨灰尽可能带往延安,请中国共产党中央严格审查我一生奋斗历史,如其合格,请追认入党……"

读了这段话之后,我感动得流下泪来,许久许久不能动作,不能说话。中共中央在吊唁先生家属电中说:"谨以严肃而沉痛的心情,接受先生临终的请求,并引此为吾党的光荣。"——这是令人深深感动的事,共产党接受一个党员通常是颇为严格的;现在毫不迟疑,通过先生为党员,足见共产党之从善如流,爱人以德,举凡真有正义感而又肯踏踏实实为人民大众利益奋斗的人,共产党无不乐于引为同志。从此我们能称呼韬奋同志了。

我们很以此自豪!

我在国外时久已仰慕韬奋同志之名。一九三四年八月间在莫斯科会见了他。那时他和一批英美学生到苏联旅行参观。那正是苏联作家大会时期,到会的有许多外国作家。我去邀请韬奋同志也参加这个大会。我会见他是在他正参观完了一个学校的院子里。我和他坐在花园的长椅上。刚刚说了几句话,就有一个尴尬的中国人走近来,不善意地看了我一眼,然后虚伪地向我"请教台甫",韬奋同志立即为我们介绍:"这是×先生,这是×先生……"那个人不马上走开,立了一会,听我们在道寒暄,谈旅行,又立了一会,才悄悄地走开去。就趁这个机会,韬奋同志迅速地对我说:

"我很快就回国去的……假如参加了苏联作家的大会,那么回国就会不方便,更不说再写什么文章了。现在我只是一个普通的旅行者,没有作为苏联的宾客,这样人们便不会怀疑我了……这点请你原谅……在这里说话,都有些不方便哩。"

说到这里,韬奋同志指着那个走不很远的中国人。我当即会意,没有固执自己的邀请,只连称"憾事!可惜!"但心里顿燃烧起对法西斯蒂徒孙们的一阵愤火。同时,看见韬奋同志低下头去,也很久没有说话。最后,他想起来了,急急从帆布袋里取出一部厚厚的书——《革命文豪高尔基》来,双手捧着交给我说:

"请将我编的这本书,转给高尔基先生。"

我拿过来一看,上面已经用英文和中文题好了"敬赠高尔基先生 邹韬奋"几个字。我非常欣喜,恰在苏联举行文化节的日子,中国文化界的战士给高尔基这个心血的礼物。知道再请韬奋同志去参加作家大会是无用的,我也就再没提起那话了。那个盯梢的中国人又走来了。我只得站起来,握了韬奋同志的手,相约通信而别。

这就是我第一次,也是最后一次看见韬奋同志的情景。别他以后,一直到如今,都记得他那中等的、瘦瘦的身材,他那对戴眼镜、近视的、但是非常诚恳的、智慧的眼睛,他那只殷勤的、热而有力的手。是的,他那只手是多么热、多么有力呵!他那只二十年不曾停挥的手,写过多少热血有力的文字,为了救国,为了帮助青年,为了推进进步文化!他的那对智慧、诚恳的眼睛看见了多远的前途,看见了今天虽然还有黑暗,而明天就会大放光明的前途!他的那颗热腾腾的心是多么爱青年、爱大众呵!我读了他主编的《生活》周刊汇订本和以后的《大众生活》《永生》(这都是他回国后寄给我的)等等,读了他给青年们的指示、帮助,和青年们对他的景仰、热爱,他的确是中国青年们最好的朋友和导师。邹韬奋同志的死讯在报纸上登出后,我所遇见的延安青年们,几乎每一个都述说自己曾受过韬奋同志的影响、帮助而走上革命的道路的事实。这就是韬奋同志不愧为青年导师之最明显的证据,这就是韬奋同志毕生最伟大的功绩之一。

得到韬奋同志和生活书店的帮助和益处的,有全中国无数的青年与成年人。但是,这样努力于进步文化的生活书店在大后方被国民党封闭其分店达五十六家之多!这样努力于民族解放、民主政治和进步文化事业的战士邹韬奋同志被国民党监视、压迫、密令通缉,卒至不能在大后方立足,而只能经过无数艰险到达共产党所领导的东江游击队和新四军所活动的敌后区域。韬奋同志最后病了,因为不自由,颠沛流离,得病而死。可以说,他是国民党寡头专制者摧残逼害死的!韬奋同志从切身所受国民党的压迫,从亲眼所见敌后新民主主义的蓬勃气象，因而曾经严词拒绝加入国民党，却在临死时要求加入共产党。他平生为人民的解放事业奋斗，是一个踏踏实实、鞠躬尽瘁的民族民主革命的战士，死后又成为光荣的共产党员，"死有重如泰山"的话，用在他身上，是最恰当不过了。

我会见韬奋同志是在苏联举行作家大会的期间，那是苏联各界都称那些日子为文化节的日子。我写这几行追悼韬奋同志的文字，正是陕甘宁边区举行文教大会的期间。文教大会讨论边区一百五十万人民的教育、文艺、报纸、卫生四大项工作。这个大会将影响及于华北、华中、华南各解放区，它们也将掀起文化建设的浪潮，这是无疑义的。这是文化革命的日子，也是我们的文化节日。我们有了政治上、经济上的民主，有了物质的基础，于是又有精神的建设，文化上的民主建设。在这样一个中国历史上空前的文化盛节，没有了我们的文化战士邹韬奋同志，我们感觉无限悲痛。但在这个民主自由的边区，我们得以进行韬奋同志一生所奋斗、期望的民主的文化建设事业，我们却又是多么兴奋。韬奋同志！我们——边区各项文化工作者，愿在你的灵前对你宣布：我们一致选举你为文化界的劳动英雄！我们并向你起誓：我们将学你的榜样，继续努力，为民族解放、民主政治和进步文化而奋斗到底！

(原载1944年11月22日延安《解放日报》)

一个优秀的中国人

——邹韬奋先生的生平、思想及事业

张仲实

邹韬奋先生,这位二十余年来为民族解放,为民主政治,为进步的文化事业而不倦奋斗的伟大战士,原名恩润,韬奋是他主编《生活》周刊以后所用的笔名。他生于一八九五年九月,原籍江西余江,生长于福州和上海。先生幼时是在家里私塾请人教读古书。以后入上海南洋公学附属小学,因为他父亲希望他将来能做一个工程师。在这里,他由小学、中学,而读到大学电机科二年级;终因他喜读有关社会问题一类的东西,而对算学、物理一类的科目,不感兴趣,而转入上海圣约翰大学文科,至一九二一年毕业。

先生在求学时代,是个苦学生,所有费用,全靠自己挣扎。在转入贵族化的圣约翰后,除在没有办法的时候向朋友借用外,曾开始翻译杜威所著的《民治与教育》①一书,想以此所得救急;但巨著的翻译,有远水救不了近火之苦,最后仍只得靠在私家教课的办法,每日下课后,就往外奔,教两小时后再奔回来。后来充当该校图书馆夜间助理员,半工半读,才勉强捱过难关。

在求学时期,先生作事认真负责的优良作风,就已养成。那时他对于算学一科,本来没有兴趣,但他认真学,认真准备,从不马

---

① 1928年出版时的书名是《民本主义与教育》。——编者注

虎；他做家庭教师，原为救穷，但是在执行教师职务的时候，却一点不愿存着"患得患失"的念头，对于学生的功课，异常严格，他所毅然保持的态度是："你要我教，我就是这样，你不愿我这样教，尽管另请高明。"先生的这种实事求是的作风，贯彻一生。

在圣约翰毕业后，先生本想入新闻界，但因一时得不到什么机会，经毕云程先生的介绍，任穆藕初所办的上海纱布交易所英文秘书，后来黄任之先生请他担任中华职业教育社编辑股主任，以收入不够用，半天给职教社编辑《职业与教育》①月刊和丛书，半天给科学名词审查会工作。在后一工作结束后，又兼任中华职业学校教务主任和英文教员。这样，有六年之久。这期间先生共给职教社编译职业与教育丛书六种及其他译著三种。

在这一时期，职教社所发起的职业指导运动，曾使先生的思想开始发生变化。该运动的办法是接洽各中级学校举行职业指导运动周，在这一周里学生填写该社所特备的职业指导表，按月请专家演讲，最后由该社与学生作个别谈话。先生跑了好几省的地方，在各处都接洽进行这一运动。他对于职业指导，本来极感兴趣，致力研究，但他愈研究，却愈想跳出这一工作，因为他与各地青年谈话并观察中国社会实际情形的结果，觉中国政治腐败，社会黑暗，一般青年学生多学非所用，一出学校即有踏入失业队伍的危险，职业指导的效用，实在很有限。因此，先生遂"感到惭愧，感到苦闷"，感到自己的思想"应该由原来的'牛角尖'里面转出来"。

这时却有一件使先生最感兴味的工作逐渐到来，这就是职教社一九二五年十月所创办的《生活》周刊。该刊原来的意旨只是为了迅速传布关于职业教育的消息，起初由王志莘氏担任主笔，过了一年，因王氏入银行界，乃改由先生担负编辑责任。先生接受这个

---

① 应是《教育与职业》。——编者注

工作后,虽已辞去英文教员职务,但又兼任《时事新报》秘书主任,白天在该报馆办事,晚上作职教社事情,编辑《生活》周刊。这样有一年光景,最后因《生活》周刊发展,需要全部时间和精力,于是先生才辞去时事新报馆的职务,而全力办《生活》周刊了。

　　先生实事求是和为群众服务的优良作风,在办《生活》周刊上,更充分地表现了出来。他接办该刊时(一九二六年十月),每期只印二千八百份左右,主要是赠送人。他接办后,便聚精会神地工作。一方面,革新内容,注意短小精悍的评论和"有趣味有价值"的材料。每期"小言论"虽仅数百字,却是他"每周最费心血的一篇",每次必尽他心力"就一般读者所认为最该谈几句话的事情",发表他的意见。对于选择文稿,极为严格,不讲情面,不顾恩怨,"不管是老前辈来的,或是幼后辈来的,不管是名人来的,或是'无名英雄'来的",只须是好的他都用,不好的他"也不顾一切地不用"。对于文字,认真修改,他不愿有一字或一句为他所不懂的或为他所觉得不称心的,就随便付排。"每期校样要看三次。有的时候,简直不仅是校,竟是重新修正了一下"。编辑形式也"极力'独出心裁',不愿模仿别人已用的成例……往往因为已用的形式被人模仿得多了,更竭尽心力,想出更新颖的格式来"。另一方面,增设信箱一栏,讨论读者提出的问题,并为读者服务,代购一切东西。读者来信的内容,都是一些现实问题:求学问题,家庭问题,婚姻问题,恋爱问题,职业问题,形形色色,无所不有。先生对于广大读者的这些来信,都尽力答复,他"把读者的事看作自己的事,与读者的悲欢离合,甜酸苦辣,打成一片"。他"答复的热情,不逊于写情书,一点也不肯马虎,鞠躬尽瘁,写而后已"。这些来信,有一小部分在周刊上公开发表和解答;大部分虽不能发表,先生也用"全副精神答复。直接寄去的答复,最长的也有达数千字的"。那时先生每年所接到读者的来信,总在两三万封以上,复信都存有底稿;来信者姓名和地址,都编入卡片,以便经常保持联系。起初是先生自己拆信,自己复信;后来最盛时,先生忙不过来,有四位同事专门担任拆信和复信的事,但先生一一看过,亲笔签名。因为竭诚帮助读者,获得读者信任,所以国内外读者,就时常寄钱来托生活周刊社代买书报,买东西,买鞋子,买衣料,先生及其同事都尽心力做去,"不怕麻烦,不避辛苦,诚心恳意地服务";有时买得不十分对,还要包换。

由于先生的认真负责,由于内容的革新和为读者热烈服务,《生活》周刊不到三年,每期销数便由两千多份而增至四万份;自一九二九年十月起,该刊又加以扩充,改为本子形式(原为一单张半),内容更见充实,每期销数突增至八万份,随即增至十二万份,后来更增至十五万份以上,为中国杂志界开一新纪元!为读者服务一事,亦因后来愈来愈多,乃于一九三〇年成立"书报代办部",专办此事。这个"书报代办部"逐渐发展,就成为后来在全国有分支店和办事处五十六处及为广大读者所热烈拥护的生活书店!

在接办《生活》周刊后,因与广大读者发生联系,先生给广大读者做了老师,给他们解决问题,代他们服务;但广大读者也给先生做了老师,他们在无数万封的通信中,使先生了解各种具体问题,了解了中国社会的各个黑暗面。因此,在这一时期,先生的思想也有了巨大的进步,即逐渐自觉地跳出狭隘的个人主义的圈子而站到人民大众方面来。这可由《生活》周刊前后内容的不同上看出来。在先生接办该刊的初期,其内容只偏重于个人的修养问题,并注意于职业修养的商讨,这还不出于教育和职业指导的范围。但随着先生"个人思想的进展而进展",该刊也就"渐渐变为主持正义的舆论机关",具有"研究社会问题和政治问题"的"冲锋性"了。先生自己在《经历》中说道:"也许是由于我的个性的倾向和一般读者的要求,《生活》周刊渐渐转变为主持正义的舆论机关,对于黑暗势力不免要迎面痛击……不但如此,《生活》周刊既一天天和社会的现实发生着密切的联系,社会的改造到了现阶段又决不能从个人主义做出发点;如和整个社会的改造脱离关系而斤斤较量个人的问题,这条路是走不通的。于是《生活》周刊应着时代的要求,渐渐注意于社会的问题和政治的问题,渐渐由个人出发点而转到集体的出发点了。"自一九二九年后,该刊每期关于揭发国民党黑暗统治、祸国殃民、贪赃枉法一类文字的增多,就是证明。此后,该刊经职教社的允许,也脱离该社而独立起来,由该刊同人组织合作社来经营,因之,该刊得以顺利地向前发展。关于这一点,先生一再称赞职教社诸位先生态度的光明。

《生活》周刊突飞猛进之后,便"时时立在时代的前线"。随着民族危机的加深和严重,先生也成为为民族解放而积极战斗的战士。一九三一年朝鲜惨案、万宝山惨案相继发生,预示民族大难的降临,先生就提出警告说"国人万勿视为一隅一时之事",日寇"此次横蛮与惨酷,实为积极侵略中之小波澜",并号召与日本帝国主义战斗;"强盗临门,无理可讲,我们应如何奋起自卫,这是全国同胞所应穷思竭虑的生死问题。""九一八"事变发生后,先生极猛烈抨击国民党的不抵抗主义,主张"必须反抗,必须抵死反抗";公开反对国民党的内战政策,主张"全国上下,一致团结对外";在外交方面,反对国民党依赖国联的政策,主张"自救"及"联络中山先生所说的'以平等待我之民族',向前奋斗"。先生当时在《国庆与国哀》一文中愤慨地说:"我们念及双十……更不禁联想到殉难诸烈士当时所痛心疾首奋不顾身欲为同胞铲除之危害,至今日则如水之益深,火之益热,所谓'同志者在',徒见其挂羊头卖狗肉,钩心斗角于私斗,丧权辱国为惯技,一任暴敌之横冲直撞,劫掠惨杀,不以为耻,除'不抵抗'外无办法,除'镇静'外无筹谋。"另一方面,当时先生即向全国学生提出"各校学生应速组织抗日救国会",并号召上海学生择定一日,作总示威,作"大规模的悲壮举动"。

当马占山在黑龙江树起抗日旗帜之时,先生即号召读者捐款援助,登高一呼,群起响应,不到几天竟达十五万元之多,轰动全国!"一·二八"抗战时,先生除号召捐款援助十九路军外,并和其同人参加战时后方服务,根据战士们的需要,征集种种需用品,及设立"生活伤兵医院"。此外,还增出"号外",报道战况,当时最受上海人民大众的信任,常常半夜三更还有人打电话到生活周刊社去询问前线消息,先生及其同事轮流坐以待旦,据实答复。

其后先生对国民党的一面交涉一面抵抗的欺骗政策,以及《淞沪协定》《塘沽协定》这些卖国条约,都尽力加以抨击。此时国民党统治者对《生活》周刊已不断加以压迫——停止邮寄或扣留。

在经过"九一八"和"一·二八"这些现实的教训以后,先生思想上的方向也更加明确了,对于个人与社会关系的认识也更加清楚了。其时先生自谓:"作者自己和自己作前后的比较,自觉思想上的方向日趋坚定,读者于前后各文中或亦可看出一二。"在给读者的一封复信中,先生说:"为个人利害而研究学问,检讨问题,是充满了自私自利的意味,而且也得不到出路,无疑的是要没落的;为大众福利而研究学问,检讨问题,乃至谈一段话,作一篇文,以及其他种种活动,都以此为鹄的,方向既有所专注,心神自有所集中,随时随地都可会有推进新时代车轮的可能性。"先生当时抗日的主张,也不是狭隘的民族主义的观点,先生自己说道:"自'九一八',尤其是'一·二八'以后的拙作,对抗日救国的文字特多,这是认为民族自救乃目前的要图,决无意于提倡狭隘的国家主义。作者相信在现阶段内的我国革命,须考量中国的特殊情形,应暂以中国民族为本位;但相信革命的最后目标,是世界各民族平等自由的结合,而决不是狭隘的民族主义。"

在"九一八"后,先生鉴于国难日益严重,为了"发表正确言论和新闻以唤醒国人,共起救亡御侮",就想"创办一种真正代表大众利益的日报"。于是经一再筹划后,乃于一九三二年春间,正在"一·二八"抗战的炮火中,发表创办《生活日报》的计划,登报公开招募股款,不到半年竟收到十五万元。这些股款完全是由数元或数十元凑集而成的,投股者都是满布国内外各个角落的读者。先生兴高采烈,日夜忙于定购机器,筹备创刊,但终因国民党压迫,政府命令禁止邮寄《生活》周刊,虽再三解释,仍不能达到解禁目的,于是《生活日报》也只得宣布停办,连已收到的股款和存于银行所得的利息,一并退还给投股者。

这时先生鉴于《生活》周刊危在旦夕,为了继续推进文化事业,争取民族解放,将周刊所附设的"书报代办部"改为生活书店,确定该店以推进大众文化、服务社会为其经营和出版方针。该店组织也采取合作社制度,凡在该店正式担任职务的人,都作为社员,股款按月从薪水中扣除百分之十,并有职业保障,不得随便解职。管理采取民主集中制办法,店中大小事情,都由大家讨论解决,领导机构,由社员大会选举。所有职员,除极少数是依着事业的需要而聘请来的以外,其余最大多数都是经过考试手续的,先生从未安插过一个私人。该店每年营业盈余,都用于发展事业,先生及同事都是始终靠薪水生活,从未分过红利,亦从未拿过股息。因为实行这些民主办法,所以,该店朝气蓬勃,虽处在国民党残暴压迫之下,仍能很快发展成为中国出版界的权威,在近代中国文化事业上起了巨大的推动作用。

一九三三年初,先生加入宋庆龄、蔡元培所组织的"民权保障同盟",并被选为执委。该同盟的主要目的是在营救政治犯,反对国民党对青年的残暴屠杀和非法的拘禁酷刑,及争取言论集会的自由。先生一面积极参加该同盟的活动,另一方面并给人民大众正确地指出斗争的方向:"从历史上看来,便知民权之获得保障,决不是出于统治者的恩赐,乃全由民众努力奋斗争取得来的。"同年六月该同盟的最积极的领导者之一杨杏佛,被国民党特务机关所害,先生也名列"黑单",遂不得已出国。是年底《生活》周刊亦被迫停刊。正如先生所说的,该刊虽然被迫停刊了,但"它的精神是永远存在的,因为它所反映的大众的意志和努力不是一下子可以消灭的"。接着生活书店就创办《新生》以代替。至一九三五年夏季,《新生》因《闲话皇帝》一文,触怒日寇,国民党统治者乃接受日寇的要求,又将该刊封闭,并以"妨害邦交"罪,将其主编杜重远判处一年又二月的徒刑!

先生于一九三三年七月出国,由海道至欧,先到意、法,然后住在伦敦,在这里先生除在伦敦大学政治研究院和大学研究院听讲外,便到伦敦博物院图书馆致力研究。从《读书偶译》可以看出,先生在当时研读了不少的社会科学,尤其是马列主义的著作。一九三四年二月初至四月,遍游比、荷、德诸国;七月与美国学生旅行团同行,从伦敦至苏联,在莫斯科暑期大学听讲两月;以后,参观苏联南部各工业中心、大集体农场及克里米亚名胜地,九月底仍回至伦敦。一九三五年五月赴美,视察三个月,于八月底返国。在国外两年中,先生就旅途视察所得,用通讯方式,写有《萍踪寄语》三集,共约三十七万字。第一第二两集的内容是报道欧洲各资本主义国家的情况——经济的衰落,政治的腐败,及社会矛盾的尖锐。那时先生对于德意两个法西斯蒂国家的印象,就特别恶劣。到意大利时,正逢罗马在举行法西斯蒂独裁十周年纪念展览会,先生看后说:"我所特别注意的是他们究竟替意大利人民干出了什么成绩;但却一些'展'不出,原来他们只不过按年把该国法西斯蒂一党发展中的杀人照片,'烈士'照片,所用的刺刀旗帜等陈列出来罢了!"关于希特勒德国之本质,先生认为是德国反动的资产阶级"鉴于劳动阶级声势日大,深觉社会民主党之不足再供利用,乃索性揭开假面具,利用国社党作明目张胆的压迫,以作最后的挣扎";他看到希特勒统治的"特点"之一,便是"残酷无比的褐色恐怖",并举述了法西斯蒂野兽屠杀德国人民的无数令人心惊胆寒的恐怖事实。这证明先生在当时即对法西斯主义已有深刻的认识和仇恨。《萍踪寄语》第三集是报道苏联社会主义建设的成就——政治的民主,经济的繁荣,以及人民生活的快乐和自由,先生对社会主义国家的热烈同情及对新社会的倾心向往,洋溢于每字每句之间。先生的这些著作,教导了中国成千成万的青年读者了解了世界大势,了解了中国民族的出路!

先生自谓出国的目的是在观察"世界的大势怎样?""中国民族的出路怎样?"先生本想在"看过美国以后,才来试答这些问题",但在视察了欧洲几个"比较可以左右世界政治"的国家和苏联后,他关于这些问题已经站在马列主义的立场上明确地作了结论。先生说:"现在的世界,除苏联外,很显然的现象是生产力的进步已和生产工具私有的社会制度不相容……在欧洲的所谓'列强'的国家里面所见的社会现象:一方面是少数人的穷奢极欲,生活异常阔绰;一方面是多数人的日趋穷乏,在饥饿线上滚!"因此,"要彻底解决这种'不相容'的问题,只有根本改造束缚这生产力的社会组织,代以为大众福利尽量利用进步生产力的社会组织"。至于中国民族的出路,先生说:"我们的民族是受帝国主义压迫和剥削的民族……所以,我们的出路,最重要的是在努力于民族解放的斗争。"但是,这一斗争"决不能依靠帝国主义的代理人和附生虫;中心力量须在和帝国主义的利益根本不两立的勤劳大众的组织。"

因为对于上述两个问题已有了明确的答复,再加以在苏联和美国旅行团相处时所交"不少思想正确的好友"之有力介绍和热诚指导,所以先生对于美国的观察,就更深刻了。这从《萍踪忆语》中就可以看出来。在美国,先生已能特别着眼于该国的内在矛盾、人民生活及其革命活动,并能与工人农民青年等进步组织保持联系。

1935年8月韬奋回国时,由大船换乘小轮船

先生于一九三五年八月底由美回国,其时生活书店在全国广大读者同情和拥护之下,已经大大发展,本版杂志已有《文学》《世界知识》《妇女生活》《太白》《译文》《生活教育》等,都风行一时;本版书也大量增加;同时人数已增至六七十人。先生即根据视察欧美和苏联的经验,致力于调整该店组织机构,实行科学管理,并改善同人生活,如普遍加薪,租赁宽敞高大的三层楼洋房为同人公共寄宿舍,检查身体健康状况,增设医药费,将工作时间改为七小时等。当时生活书店管理的民主,职员工作时间之短,及生活的优裕愉快,为全国所无。同时,先生鉴于日寇深入北方数省,民族危机日深,又想创办《生活日报》,但仍未被允许,经一再解释,才被准许登记,办了《大众生活》周刊。该刊于是年十一月十六日创刊,这时先生在政治上的方向也很明确了,战斗性也更坚强了。他在该刊创刊词中提出以"力求民族解放的实现,封建残余的铲除,个人主义的克服"为三大目标,号召全国,主张开放言论自由和民众运动,组织民族联合战线,实行抗日。创刊号出版后,有一读者来信热诚地劝他在文字上慎重,希望《大众生活》不要"中途夭折",先生答道:"我们也和先生一样地希望着,不过当然还要以不投降黑暗势力为条件,因为无条件的生存,同流合污,助桀为恶的生存,虽生犹死,乃至生不如死。"那时日寇正与国民党统治者交涉所谓"三原则",先生则站在中国人民立场,提出"我们的三大原则"——"一,坚决收回东北失地;二,恢复革命外交;三,恢复民众运动和言论自由"——与之对抗。"一二·九"运动爆发后,先生即予以热烈的声援和支持:"参加救亡运动的男女青年同胞们!你们的呼号声,是全国大众心坎里所要大声疾呼的呼号声!你们的愤怒的表现,是全国大众所要表现的愤怒!你们紧挽着臂膊冲过大刀枪刺的英勇行为,是全国大众所要洒热血抛头颅为民族解放牺牲一切的象征!记者为着民族解放的前途,要对你们这先锋队顶礼膜拜,致最诚挚的无上敬礼!"此后《大众生活》每期内容几乎完全是反映全国学生救亡运动的了！在这一时期，先生自己说："我的工作，我的经历，我的思想，我的感触，好像正在紧接着开演的电影，紧张得使我透不过气来!"由于《大众生活》站在救亡运动的前面，反映广大人民的要求，所以该刊销数竟达二十万份。

是年十二月，上海文化界救国会成立，先生被选为执行委员。

一九三六年二月间，《大众生活》出满了十六期，遇着了同《生活》《新生》一样的命运，又被国民党封闭了！先生愈战斗愈坚强，并不因此而消极，他在《大众生活》最后一期登载启事，其中说："我个人既是中华民族的一分子，共同努力救此垂危的民族，是每个分子所应负起的责任。我决不消极，决不抛弃责任，虽千磨万折，历尽艰辛，还是要尽我的心力，和全国大众，向着抗敌救亡的大目标，继续前进。"先生在国民党特务机关威吓之下，也迫不得已，由上海出走至香港。

在《大众生活》被封后，生活书店又创刊《永生》周刊以代替，但到六月间又被封闭了！一九三六年五月三十一日全国各界救国联合会在上海成立，先生被选为执委。

先生到香港后，以该地可以公开发表抗敌救国的主张和日寇侵略中国的消息，便不怕种种困难，筹办《生活日报》。该报于是年六月七日出版。因香港印刷条件太坏，先生为了把报排得好些，常常亲自到印刷工场里去"坐镇"，"彻宵不睡地看着他们做"。这时先生在《生活日报》上一再撰文，阐发民族抗日统一战线的理论，既抨击狭隘的宗派主义、关门主义，又斥责妥协屈服的投降主义。对于托派的"左"的破坏统一战线的伎俩，更不断加以揭穿。该报出版后不到两月，即可与华南第一流的大报比拟。但终因香港偏于南部，新闻采访及报纸推广发行，有种种不便，遂根据读者要求，宣告从八月一日起移至上海出版。

同年七月先生与沈钧儒、陶行知诸先生联合发表《团结御侮的几个基本条件与最低要求》小册子,主张停止内战,一致对外。这个有历史意义的小册子,即是先生所起草的。

《生活日报》移至上海后,因国民党统治者不准登记,终未复刊,先生仅将该报副刊"星期增刊"复刊,并将内容加以扩充,改名为《生活星期刊》。是年十一月间,上海、青岛等地日商纱厂工人举行反日罢工;日寇进侵绥远后,全国救亡运动也日趋高涨。先生当时与救国会诸先生奔走援助,并组织上海日本纱厂罢工后援会;同时杨树浦日厂全体工人也致书先生,请求帮助。这时国民党统治者生怕抗日救亡运动展开,乃于十一月二十二日深夜把先生及救国会其他领袖沈钧儒先生等六人同时在上海逮捕,后押解至苏州高等法院,于一九三七年四月经检察官提起"公诉",诬先生等的主张联合各党各派,建立统一战线,实行抗日及援助日厂工人罢工等行为为"危害民国",直至七七事变后——七月三十一日才恢复先生等人的自由,共拘禁了二百四十天。在狱中先生曾写完了《经历》和《萍踪忆语》两书,并将在伦敦时的英文读书笔记一部分整理出版成《读书偶译》。在先生等人被监禁期间,全国青年纷纷写信慰问;中国共产党中央及外国名人如罗曼·罗兰、爱因斯坦等都致电国民政府,要求立即释放。先生在《经历》中说:"我们报答之道,只有更努力于救国运动,更努力于大众谋福利的工作。"

在抗战爆发后,先生便致力于抨击国民党的寡头统治,争取民主政治。在"八一三"战争的炮火中,先生曾办《抵抗》三日刊[①],一再对国民党的片面抗战的政策,加以抨击,主张彻底开放民众运动和言论自由,实行真正的全面抗战。上海沦陷后第二天,先生离沪,绕道香港、广西至武汉,笔者偕行,目睹先生每至一地,都有无

---

① 应是《抗战》三日刊,一度改名《抵抗》,后又恢复《抗战》刊名。——编者注

数青年来访;到广西郁林时已是晚上十时左右,该地中学数百学生,本已入睡,听到先生抵达消息,全体起床,硬要求先生前去讲演了半点钟。《抵抗》三日刊也随先生迁至汉口继续出版,但改名为《抗战》三日刊;自一九三八年六月起,又与柳湜先生主编的《全民》周刊合并,改为《全民抗战》,原为三日刊,后改为周刊,直至一九四一年二月先生离渝赴香港为止。

一九三八年六月,先生被聘为国民参政员。从第一届参政会第一次大会到第五次大会,先生前后共提出五案,其中三案都是为了争取言论自由的:第一次是《要求具体规定检查书报标准的统一执行》;第二次是《要求撤销图书杂志原稿审查办法》;第三次是《要求改善审查搜查书报办法》。《要求撤销原稿审查办法》一案,是在第三次大会上提出,当时先生激昂陈辞,会场挤满听众,在付表决时,连素来反对先生的也有人不自觉地举手赞成,遂得以大多数通过。同年,在汉口,国民党曾费了很大力量,叫先生入党,且以三青团中央干事相诱,但先生断然拒绝了,这表明了先生"威武不能屈,富贵不能淫"的气概!

一九三九年初先生翻译《苏联的民主》一书,把"渗透于苏联全国人民各部分生活中的民主精神",介绍给中国读者,他在其序言中说:"苏联的民主有很丰富的内容供我们的借镜……中国在抗战建国的这个伟大的时代,必须加强民主以彻底动员广大民众来参加抗战建国的伟业。"七月,先生在重庆发动组织重庆各界宪政座谈会,作公开讲演,并出版关于宪政的参考材料,及联合各党各派发起组织宪政促进会筹备会,积极设法推进宪政运动。

同年国民党反动派对于生活书店开始加以有计划有系统的压迫和摧残,其手段是:一面造谣、诬蔑、威吓,说该店是受共产党所津贴,其同人自治会,读书会,改善生活,检讨工作,都有政治目的,其"生活推荐书"是组织读者,说生活书店密藏武器……企图以此造成摧残该店口实;别一方面,便是用暴力消灭该店。在抗战以后,该店为供应抗战需要,在前后方所设立的分支店及办事处,前后共达五十六处,从一九三九年四月起到次年同期,大多数被封闭或迫令停业,仅存六处;所出图书,也一律停止邮寄或没收,甚至连经过审查及在内政部注册的,都没有例外。是年六月重庆市政府社会局会同国民党市党部及中央图书杂志审查委员会曾派员亲自到该店总管理处审查账目,特别注意经济来踪去迹,但经两日审核的结果,毫无弊病可言。七月四日国民党中宣部副部长潘公展又奉该部部长叶楚伧的指示,公开强迫该店与正中书局、独立出版社合并,直接受国民党领导并派总编辑,并要韬奋先生加入国民党,但这一切无耻的要求,都被先生严词拒绝了。

一九四一年元旦,先生鉴于国民党统治者的日趋反动,乃在《全民抗战》社论《欢迎胜利的一九四一年》一文中提出六项主张:"一、加强团结,坚持抗战;二、实现民主政治,保障言论、出版、集会、结社的自由;三、加强亲苏联美的外交政策;四、实施战时的财政经济政策,平抑物价,安定民生;五、实施抗战建国教育,保障学术讲习的自由;六、保障妇女在政治、经济、社会、教育、职业各方面的平等。"这可作为先生在被迫出走前的主张之代表。

但国民党反动派的倒行逆施,变本加厉。一九四一年二月初,生活书店仅存的昆明、桂林等六个分店,都被同时封闭,所有职员不是被捕便是逃散,所剩重庆分店一处,在暴力压迫之下,也不能出版东西了;反共反人民的罪行——皖南事变,也接着发生了。于是先生为了表示积极的抗议,乃于第二届国民参政会第一次会行将开幕之际,离渝赴港,到港后电渝辞去参政员之职。先生在《全民抗战》最后一期社论《言行一致的政治》一文中,对国民党的反动黑暗统治抨击说:"世间实在不少满口仁义道德、实际男盗女娼的人!这类人公开说的话,有时听来也好像头头是道,像煞有介事,但是你如仔细观察他在实际上的行动,却和他们所说的恰恰相反……说尽好话,做尽坏事,在这种人自己也许洋洋得意,我们旁观者清的人,却不禁为之慨叹不置!"

先生在香港,像在内地一样,依然为文化事业、为民主、为救国而积极斗争。他除将《大众生活》复刊外,并替《华商报》写社论,替《保卫中国同盟》英文半月刊按期撰写论文。此外,还写了《抗战以来》一书。十月间与救国会留港代表九人联名发表《我们对于国事的主张》,并促成"中国民主政团同盟"之成立。

在日寇占领香港后,先生于一九四二年一月九日在中国共产党所领导下的东江游击队帮助之下,夹在难民群中,逃出香港,经九龙而到东江抗日民主根据地。

先生虽冒险进入祖国土地,但却得不到自由!先生本想由东江转赴桂林,但重庆国民党统治者密令其特务机关,严密监视和搜索先生的行踪,发现时"就地惩办",先生不得已只有暂住在东江游击队根据地。

一九四二年九月间,先生经过重重困难和敌伪一次一次的检查,到了上海。这时先生已患慢性耳炎,但经医生检查,不大严重,乃于十月间,辗转到达苏北抗日民主根据地。在这里先生悉心考察根据地状况,收集关于抗日的政治经济文化各方面的材料,并常常作盛大的关于民主政治的演说;同时,还计划创办一个刊物。不幸先生的耳病日趋严重,乃于一九四三年初回至上海就医。经过两个月的疗养,病势稍轻,先生伏在床上又写了《患难余生记》一书;还计划写一本《苏北观感录》和一本《民主政治运动史》。但以后因病势复重,未能动笔。十月间听到国民党反动派撤退河防调集大军进攻陕甘宁边区的消息,先生愤不可抑,起来用毛笔郑重地写了《对国事的呼吁》一文,严词斥责国民党反共反人民的罪行。他在这篇文章中关于考察苏北根据地的印象说道:"此次在敌后视察研究，目击人民的伟大斗争，使我更看到新中国光明的未来。我正增加百倍的勇气和信心，奋勉自励，为我伟大祖国与伟大人民继续奋斗。"此后不幸先生病势逐渐恶化，以至右眼失明，鼻子呼吸不灵，终于一九四四年七月二十四日上午七时二十分溘然长逝！弥留之际，仍殷殷怀念祖国人民，遗嘱说："我心怀祖国，倦念同胞，愿以最沉痛迫切的心情，最后一次呼吁全国坚持团结抗战，早日实行真正的民主政治，建设独立自由幸福的新中国。"并谓："我死后……骨灰尽可能带往延安。请中国共产党中央严格审查我一生奋斗历史，如其合格，请追认入党。"

先生二十余年来尽瘁于民主政治，尽瘁于民族解放，尽瘁于进步的文化事业。在"九一八"后，他的著作，他的救国活动，对于民族统一战线和抗日战争起了巨大的历史的推动作用。无数青年受其影响而走上革命的道路。先生之死，是中国人民的一大损失。先生死了，先生在国民党压迫之下，颠沛流离，以致病死了；他的朋友，全国人民都同声悲悼痛哭；他的敌人，中国人民的刽子手，都拍掌欢笑。可是他们笑错了，现在世界反法西斯的胜利旗帜到处飘扬，法西斯野兽快要完蛋了。中国人民将完成先生的遗志。自先生病逝的噩耗传出后，陕甘宁边区及敌后各抗日民主根据地的人民大众，都纷纷举行盛大的追悼会；中国共产党中央特电唁先生家属，其中说："先生二十余年为救国运动，为民主政治，为文化事业，奋斗不息，虽坐监流亡，决不屈于强暴，决不改变主张，直至最后一息，犹殷殷以祖国人民为念，其精神将长在人间，其著作将永垂不朽。"并接受先生遗嘱追认入党和骨灰移葬延安的要求。重庆在国民党压迫之下也举行了数千人的追悼大会，在会场上各界人民对于国民党寡头统治的愤恨，达于极点。

先生是中国人民的儿子。他有着优良的品质和作风。他时时以人民大众的利益为念，从不斤斤计较个人的利益。他作事认真负责,从不"拆烂污",从不"马虎",他自己说:"我自己做事,没有别的什么特长,凡是担任了一件事,我总是要认真,要负责,否则宁愿不干。"他对人虚心,常以"新闻记者"自居,从不自高自大,把自己看得了不起,他说:"我个人是在且做且学,且学且做,做到这里,学到这里,除在前进的书报求锁钥外,无时不皇皇然请益于师友。"他为人民大众谋利益的热忱与实事求是的作风,结合在一起,遂使他一步一步走上了共产主义的道路,这道路正是中国知识分子应走的道路。

先生生前常自谓"无党无派",其实先生的精神,先生的意志老早就和中国共产党结合在一起。他在其《经历》中讲到自己的主张和立场时说道:"有害尽苍生的党,有确能为大众谋幸福的党;前者的帽子是怪可耻的,后者的帽子却是很光荣的……我自己向来没有加入任何党派,因为我这样看法:我的立场既是大众的立场,不管任何党派,只要它真能站在大众的立场努力,真能实行有益大众的改革,那就无异于我已加入了这个党了,因为我在实际上所努力的也就是为这个党所要努力的。"在讲到自己的前途时他又说:"我所仅有的一点微薄的能力,只是提着这支秃笔和黑暗势力作坚苦的抗斗,为民族和大众的光明前途尽一部分的推动工作。我要肩着这支秃笔,挥洒我的热血,倾献我的精诚,追随为民族解放和大众自由而冲锋陷阵的战士们,'冒着敌人的炮火前进'!"

韬奋,你死了,你在国民党残暴压迫之下,在颠沛流离中病死了,但是你的事业,你二十余年为民主政治、为民族解放、为进步文化事业而不倦的奋斗,将永远活在中国人民的心里!你的遗志将有千千万万中国人民大众来完成!

一九四四年十一月十四日

(原载1944年11月22日延安《解放日报》第4版,略有删节)

在延安举行的邹韬奋先生
追悼大会上的讲话

朱 德

韬奋先生所有的著作,都是为了中国的民族民主革命。他的遗嘱对我们感触甚深。临终时他把希望寄托在中国共产党身上,请求追认入党,因为他到华中根据地后,亲眼看到了共产党的主张符合于全国人民的要求。目前中国民主势力与反民主势力正在剧烈的斗争中,我们要更加努力于民主运动,团结全中国人民,争取抗战建国的胜利。

朱德同志题词手迹

(原载 1944 年 11 月 24 日延安《解放日报》)

在延安举行的邹韬奋先生追悼大会上的讲话

陈 毅

韬奋先生在一九四二年十月到达苏中抗日根据地，于十二月到达盐阜区，他与军部发生联系（我和他未曾晤面），他在和我的几次通信中，谈到他曾参加了当地的参议会开会，与江苏绅士有广泛的接触，对生产运动、减租减息、救灾等问题，作了深入的研究。他谦虚地说："过去十年来从事于民主运动，只是隔靴搔痒，今天才在实际中看到了真正的民主政治。"不久以后敌人以几万兵力对我根据地进行大"扫荡"，韬奋先生和军队一起，看见了敌后党政军民如何粉碎敌人"扫荡"的残酷战斗，在这次反扫荡中，韬奋先生看见华中的共产党与各阶层人民团结得很好，他感动很深。他说："今天我真正地了解了共产党的统一战线绝不是只有形式的寒暄请客，而是和各阶层人民结成了生死之交，在这次战斗中，敌人用这样强大的兵力'扫荡'，可是共产党新四军和所有的地主资本家团结一致，互相保证，坚持不屈，最后取得胜利，这是共产党的伟大成功。"另一方面，他对于我们的缺点也爽直地告诉我们。他本来决定到延安来，我们也将准备妥当了，但他的耳疮日益严重，我们只得劝他到上海就医，经医生检查是耳癌。此病痛苦异常，每天有四五次刺痛，疼痛不能抑制时，竟在地上乱滚。此病非开刀不能治愈，而全中国只有北平某医院一美国医师能施行这个手术，可是太平洋战争爆发后,这位医生被日本法西斯逮捕了。以后又打听到这位美国医生有个助手,是中国人,也能开刀,我们就派人秘密赴北平请他到上海来,他已应允但他要治疗费廿万元。为了救活为民主运动奋斗十余年、中华民族的优秀战士韬奋先生,我们是不惜巨款,立刻答应了他。但这位中国医生在动身离平以前,又被日寇逮捕了。一九四三年夏季,先生病势稍有起色,我们曾接到他的来信,他仍要求到苏北来,他说:"我死也死在抗日民主根据地。"到了秋季,病势又趋严重,据医生判断,不能过十月,当时在我党华中局帮助下曾组织了一个委员会,并汇寄大批款项,替他办理后事。但十月安然渡过,满以为先生此后可逐渐战胜病魔,重为民族解放而战斗。不料今年病势又加重,至七月韬奋先生遂离开我们而长逝了。

韬奋先生是由民主主义者走上共产主义者的道路。他的业绩,对于每个中国的民主主义者和共产主义者都是很好的教育。

(原载1944年11月24日延安《解放日报》)

韬奋的最后

郑振铎

  韬奋的身体很衰弱,但他的精神却是无比的踔厉。他自香港撤退,历尽了苦辛,方才到了广东东江一带地区。在那里住了一时,还想向内地走。但听到一种不利于他的消息,只好改道到别的地方去。天苍苍,地茫茫,自由的祖国,难道竟摈绝着他这样一位为祖国的自由而奋斗的子孙么?

  他在这个时候,开始感觉到耳内作痛,头颅的一边,也在隐隐作痛。但并不以为严重。医生们都看不出这是什么病。

  他要写文章,但一提笔思索,便觉头痛欲裂。这时候,他方才着急起来,急于要到一个医诊方便的地方就医。于是间关奔驰,从浙东悄悄地到了上海。为了敌人们对于他是那样的注意,他便不得不十分的谨慎小心。知道他的行踪的人极少。

  他改换了一个姓名,买到了市民证,在上海某一个医院里就医。为了安全与秘密,后来又迁徙了一二个医院。

  他的病情一天天地坏。整个脑壳都在作痛,痛得要炸裂开来,痛得他终日夜不绝地呻吟着。鼻孔里老淌着脓液。他不能安睡,也不能起坐。

  医生断定他患的脑癌,一个可怕的绝症。在现在的医学上,还没有有效的医治方法。但他自己并不知道。他的夫人跟随在他身边。医生告诉她:他至多不能活到二星期。但他在病苦稍闲的时候,还在计划着以后的工作。他十分焦急地在等候他的病的离体。他觉得祖国还十分地需要着他,还在急迫地呼唤着他。他不能放下他的担子。

有一个短时期,他竟觉得自己仿佛好了些。他能够起坐,能够谈话,甚至能够看报。医生也惊奇起来,觉得这是一个奇迹:在病理上被判定了死刑和死期的人怎么还会继续地活下去,而且仿佛像有倾向于痊愈的可能,医生觉得有点不可思议。

这时期,他谈了很多话,拟定了很周到的计划。但他也想到,万一死了时,他将怎样指示他的家属们和同伴们。他要他的一位友人写下了他的遗嘱。但他却是绝对的不愿意死。他要活下去,活下去为祖国而工作。他想用现代的医学,使他能够继续地活下去。

他有句很沉痛的话,道:"我刚刚看见了真理,刚刚找到了自己要走的路,难道便这样地死了么?"

没有一个人比他更真实的需要生命,不是为了自己,而是为了真理,而是为了祖国。

他的精神的力量,使他的绝症支持了半年之久。

到了最后,病状蔓延到了喉头。他咽不下任何食物,连流汁的东西也困难。只好天天打葡萄糖针,以延续他的生命。

他不能坐起来。他不断地呻吟着。整个头颅,像在火焰上烤,像用钢锯在解锯,像用斧子在劈,用大棒在敲打,那痛苦是超出于人类所能忍受的。他的话开始有些模糊不清。然而他还想活下去。他还想,他总不至于这样地死去的。

他的夫人自己动手为他打安眠药的针,几乎不断地连续地打。打了针,他才可以睡一会。暂时从剧痛中解放出来。刚醒过来的时候,精神比较好,还能够说几句话。但隔了几分钟,一阵阵的剧痛又来袭击着他了。

他的几个朋友觉到最后的时间快要到来,便设法找到我蛰居的地方,要我去看望他。我这时候才第一次知道他在上海和他的病情。

　　我们到了一条冷僻的街上,一所很清静的小医院,走了进去。静悄悄的一点声息都没有。自己可以听见自己呼吸的声音。

　　我们推开病室的门,他夫人正悄悄地坐在一张椅上,见我们进来,点点头,悄悄地说道:"正打完针,睡着了呢。"

　　"昨夜的情形怎样?"

　　"同前两天相差不了多少。"

　　"今早打过几回针?"

　　"已经打了三次了。"

　　这种针本来不能多打,然而他却依靠着这针来减轻他的痛楚。医生们决不肯这样连续地替他打的,所以只好由他夫人自己动手了。

　　我带着沉重的心,走近病床。从纱帐外望进去,已经不大认识,躺在那里的便是韬奋他自己了。因为好久不剃,胡须已经很长。面容瘦削苍白得可怕。胸部简直一点肉都没有,隔着医院特用的白单被,根根肋骨都隆起着。双腿瘦小得像两根小木棒。他闭着双眼,呼吸还相当匀和。

　　我不敢说一句话,静静地在等候他的醒来。

　　小桌上的大鹏钟在的嗒的嗒的一秒一秒地走着。

　　窗外是一片灰色的光,一个阴天,没有太阳,也没有雨,也没有风。小麻雀在唧唧地叫着,好像只有它们在享受着生命。

　　等了很久,我觉得等了很久,韬奋在转侧了,呻吟了,脓水不断地从鼻孔中流出。他夫人用棉花拭干了它。他睁开了眼,眼光还是有神的。他看到了我,微弱地说道:"这些时过得还好罢?"几乎是一个字一个字挣扎出来的。

我说:"没有什么,只是躲藏着不出来。"

他大睁了眼睛还要说什么,可是痛楚来了,他咬着牙,一阵阵地痉挛,终于爆出了叫喊。

"你好好地养着病吧,不要多说话了。"我忍住了我要问他的话,那么多要说的话,连忙离开了他的床前,怕增加他的痛楚。

"替我打针吧。"他呻吟地说道。

他夫人只好又替他打了一针。

于是隔了一会,他又闭上了眼沉沉睡去。

病房里恢复了沉寂。

我有许多话都倒咽了下去,他也许也有许多话想说而未说。我静静地望着他,在数着他的呼吸,不忍离开。一离开了,谁知道是不是便永别了呢?

"我们走吧。"那位朋友说,我才蓦然地从沉思中醒来。我们向他夫人悄悄说声再会,轻轻地掩上了门,退了出来。

"恐怕不会有希望的了。"我道。

"但他是那末样想活下去呢!"那个朋友道。

我恨着现代的医学者为什么至今还不曾发明一种治癌症的医方,我怨着为什么没有一个医生能够设法治愈了他的这个绝症。

我祷求着,但愿有一个神迹出现,能使这个祖国的斗士转危为安。

隔了十多天没有什么消息。我没有能再去探望他。恐怕由我身上带给他麻烦。

有一天,那位朋友又来了,说道:"韬奋昨天已经故世了!今天下午在上海殡仪馆大殓。"

我震动了一下,好几秒钟说不出一句话来。

我低了头,默默地为他志哀。

固然我晓得他要死,然而我感觉他不会死,不应该死。

97

他为了祖国,用尽了力量,要活下去,然而那绝症却不容许他多活若干时候。

他是那样地不甘心地死去!

我从来没有看见像他那样的和死神搏斗得那末厉害的人。医生们断定了一二星期死去的人,然而他却继续地活了半年。直到最后,他还想活着,还想活着为祖国而工作!

这是何等的勇气,何等的毅力!忍受着半年的为人类所不能忍受的苦,日以继夜的忍受着,呻吟着,只希望赶快愈好,只愿着有一天能够愈好,能够为祖国做事。

然而他斗不过死神!抱着无穷的遗憾而死去!

他仍用他的假名入殓,用他的假名下葬,①生怕敌人们的觉察。后来,韬奋死的消息,辗转地从内地传出,却始终只有极少数的人知道他是死在上海的。敌人们努力地追寻着邹韬奋的线索,不问生的或是死的,然而它们在这里却失败了!它们的爪牙永远伸不进爱国者们的门缝里去!它们始终迷惘着邹韬奋的生死和所在地的问题。

到了今天,我们可以成群地携着鲜花到韬奋墓地上凭吊了!凭吊着这位至死还不甘就死的爱祖国的斗士!

(原载 1945 年 10 月 27 日上海《周报》第 8 期)

---

① 韬奋灵柩于 1946 年 7 月 22 日安葬于上海虹桥公墓。——编者注

韬奋的死

胡愈之

一　我不相信

韬奋死了！韬奋真的死了！

一九四五年九月，我从苏门答腊避难地回到新加坡不久，就听到这个不幸的消息。这是一位从重庆坐飞机来的华侨口头传出的。听到这个消息我像是被人迎头痛打一棒，有好久变成木呆。

韬奋死了？韬奋真的死了吗？我不敢相信，我也不能相信。

当时我把这一个谣传写信告知了王纪元先生，他就在吧城《生活报》发表了出来。后来，马来亚《现代日报》和《民声报》也登出韬奋在一年多以前病死的消息，并且据说韬奋最好的朋友杜重远也被军阀盛世才杀死了。

但是我仍然不敢相信，不能相信。

有许多朋友问我关于韬奋去世的消息。还有许多远地的相识与不相识的朋友都写信来探听这件事。我的回答是：韬奋不会死，不应死，而且死不得。所以这个消息，我不能相信，我希望完全不确实。

我这种怀疑和希望，不是没有理由的，我自身就是一个例子。最近我才明白，当我正在苏岛山上过着流亡的生活的时候，国内报纸上登载着消息,说我在海外病死了,也有人说我死在马来亚游击队里(这是我"受之有愧")。叶圣陶先生甚至在《中学生》杂志上给我出了一个"追悼特辑"。最近接到一个朋友的信,其中说:"在昆明时,传来了一个消息,说你已作古人了,我当时真说不出的难过。但我想,你,哪里会死呢,这一定是虚传的,所以当时有人叫我写追悼文章,我总把题目改为'怀愈之先生',而不说'悼'。一共写过两篇,我都肯定的说:'愈之一定没有死,要回来的。'"

正如这个朋友一样,我相信韬奋一定没有死。他哪里会死呢!我和他同年纪①,算起来今年还不过五十一岁。不能算老。论到他的身体,比我茁实强健得多。他实在还是一个青年。这几年,我在赤道的原始森林地带,辗转流亡,也终于逃脱了敌人的追踪,更没有被疾病磨折到死亡。韬奋到底是在祖国,有许多爱护他的亲友们在一起,他哪里会死?他哪里会病死?

而且他是不能死的。抗战虽然胜利了,到处还是一片乌烟瘴气。为了使中国从黑暗、专断、愚昧、分裂中得救,现在正需要韬奋,需要一百个、一千个韬奋。韬奋大半生努力,为的是团结抗战和民主,他没有亲自看到抗战的最后胜利,他所期望的团结和民主,离开目标更远得很。他的工作没有完,他是不能死的。

他把一生献给新中国的文化事业。他希望创办一个真正为人民大众的报纸——《生活日报》。由于种种恶势力的阻挠,《生活日报》的计划未能实现。生活书店到处被封闭,至今未能恢复。他的事业没有成就,他是不能死的。

因此我始终不相信他会死。我和兹九每天谈论这个问题。我们总是怀疑,或者是有些恨他入骨的人故意造谣中伤,说他死了,而他实在没有死也不一定。有一次接得一封上海一个不相识的姓

---

① 韬奋长胡愈之一岁。——编者注

名所写的信，字迹颇有些像韬奋的亲笔。兹九就推测，也许这是韬奋写的，为了通过严密的检查网，他故意换了个别名。于是我和兹九都很高兴。

但是过了一些时候，重庆、上海、香港方面的朋友都写信来了，证实了韬奋死的消息。重庆方面的朋友甚至把韬奋逝世纪念册寄了来。到了前天，我收到郑振铎先生从上海寄来的全份的《民主》周刊，里面登载杨明先生所写的专文，报告韬奋从香港出走到病死的详细情形，于是三个月来我的希望，也可说是幻想，完全失却立脚点了。我再不能凭主观的判断，来推翻惨酷的客观现实了。

韬奋不能死，亦死不得，但是韬奋终于死了，是真的死了！我不能再想。我只能想，这或者竟是"中国的命运"。

二　韬奋怎样死的？

韬奋到底是怎样死的？

大家都说他是病死的。有的人说他是患中耳炎死的。有的人说他是患脑癌这个不治之症而死的。

但是，我说这都不是。韬奋是为救国而死的，是为主张团结抗战和民主而死的。和一切真正的爱国者、革命者一样，他为了中国人民大众而献身，他为了自己所热爱的民主自由与民族革命思想而牺牲。

韬奋是大半生过着流亡囚禁被追踪压迫的生活，他热爱自由，并且是为人民大众的自由权利而奋斗，但是他没有享受过一天的自由。他大声呼号着民主团结，而他自己却受尽独裁磨擦分裂的摧折。

最近看到王芸生先生在《大公报》上论及明儒黄梨洲，用"身切亡国痛，故国不可思"这十个字来分析明末的时代悲剧。现在这同样的时代悲剧,正在我们的祖国续演着。充满着民族的热爱和民主的热情的韬奋,是这悲剧的无数主人翁之一。他不但精神上煎熬不了这种内外双重的压迫,而且肉体上也饱受流浪、饥饿、恐怖、胁迫的痛苦。因此韬奋不能不病,病而不能不死了。

韬奋不应死,不能死的。但是韬奋终于死了,和无数殉道者一样,他为了民族,为了民主自由而受尽磨折死了。

我不能再想。我只能想,这或者竟是"中国之命运"。

但是中国的命运,一定趋向于民主与团结的,中国不会倒退到专制黑暗分裂的旧道路,所以韬奋虽然死了,他依然没有死,他活在中国人民大众的心头,就是在远离祖国数千里的南洋罢,就有千千万万的青年们,他们并没有和韬奋见过面,他们却都是韬奋的爱读者。韬奋一生斗争的目标——民族解放与民主自由的思想是不会从海外青年的头脑中拂拭去的。他们都有一个疑问:"韬奋为什么死?是怎样死的呢?"

由于此,我愿意就我所知道的一点事实,特别是关于韬奋从香港出走到死为止的事实,向海外读者作一个报告。这些报告中的事实有一大部分得之于杨明先生所写的那篇文章①和重庆出版的韬奋纪念册。这些刊物是国内出版的,经过严厉的检查,所发表的自然还只是一部分的真相。但是韬奋先生临终前所经历的苦难惨痛环境,和他的致死原因也就不难看出来了。

三　第二次的流亡

邹韬奋先生一生经过一次入狱两次流亡,这是他从事爱国运

---

① 杨明先生的文章载上海《民主》周刊第 3 期至第 8 期。据著者说,大部分事实是得之于邹夫人沈粹缜女士的口述。——作者注

动、呼吁抗战团结所得到的报酬。第一次流亡是在一九三三年七月，在当时因为他所主编的《生活》周刊，主张团结抗日，遭当局之忌。韬奋经亲友劝告，出国游历，以暂避锋芒，到一九三五年才回到上海。那时，他的老友杜重远先生因《新生》周刊抗日一案，正被监禁漕河泾牢狱中。这以后，韬奋先生与沈钧儒等发起组织上海各界救国会，呼吁团结抗战，终于因此获罪。一九三六年十一月，韬奋先生与救国会其他六位领袖被捕入狱，监禁苏州，到次年"七七"抗战开始后才被释放，但到了一九四一年二月，在国内政治逆流中，韬奋又开始第二次的流亡生活，一直到死。关于他第一次流亡与入狱的经过，在《萍踪寄语》《萍踪忆语》及《经历》三书中，已详细叙述。现在所要向读者报告的，只是他的第二次的流亡生活。

1933年7月韬奋出国时胡愈之等送行

一九四〇年的冬天，正是敌人轰炸重庆的第二年，很多房子都被烧夷弹烧毁了，或是被炸弹炸塌了，震坏了。电灯只有少数的几条街道亮着，大多数的房子里面都摇曳着萤火一般的油灯。房子外面更是一片漆黑，老百姓又回到中古时代的生活，打着火把或是提着纸灯笼走路。那年冬天的风雨特别多，一下雨房子里面都淅沥地漏着水。

韬奋先生和他的夫人与孩子住在枣子岚垭以北国府路以南的学田湾。他们的住宅叫"衡舍"。"衡舍"是一所有着旧的外表但里面却有着新的装置、建筑还算坚固的房子。轰炸以后，他们的屋子已经经过修理，但电灯是不会有的了。

韬奋先生白天常常要到防空洞躲警报，晚上便蜷伏在油盏下面写文章、看稿子，夜晚昏暗的灯光底下不敢出门，因为那时重庆的报纸上也登载有"剥猪猡"一类的新闻。有什么事情都是凑着白天警报的空隙时间出去。从他的家里出外，他经常用两条腿爬上三百多级石级的观音岩，然后再遥远地走到小什子银行公会去出席宪政座谈会，不坐轿，也不乘车。

物质条件的艰苦并不足以使他沮丧，而使他烦虑的却是另外一些暗影，在他的书桌上面堆积起很多"不合抗战需要"的稿件，这类的稿件越来越多，而他却认为这些正是讨论抗战症结问题于抗战有益的文章，即幸而不被判定这空泛的罪名的稿子，也很多被分肢裂体，挖目换睛，他感到异常的痛苦和工作上严重的困难。其次，他一手创办辛苦经营的生活书店，在抗战发生以后，为配合需要曾发展到五十余个分支店，那时候已陆续被迫停业，只剩下渝、蓉、筑、桂、昆五个分店了。还有，居然有人在堂堂的会议中造谣说他和沈钧儒等准备煽动群众将要在双十节那天发生暴动，他和沈老先生一同去见负责当局，询问此项报告材料的来源，有没有证据，负责当局却又绝对否认有这件事情，许多朋友善意地向他提出警诫,他除了感激而外,只是苦笑。

　　新年已过,时令还没有转变,冬之神忽然施展了他最严酷的威虐,吹打了一阵狂暴的风雨,韬奋先生看见有许多青年在风雨中抖索、哭泣,受到种种的迫害,又看到许多年纪大的人捶胸跌足,他看了这种情形异常的焦灼。

　　一九四一年二月初,这一阵暴风卷到了韬奋先生的身边。在十天之内,生活书店的桂、筑、蓉、昆四个分店忽然间又都被封闭,他气愤到了极顶,觉得实在不能再在那样的空气中呼吸下去了。

　　那时正是第二届参政会第二次大会开会的前夕,他一面向参政会报到,一面拟了两个电报,一个向国府主席辞去参政员的职务,一个向参政会同人告别。末后,他想起了多年对他提携知遇的黄炎培先生,在临行的前一天晚上,特地跑去和黄先生面别。

　　黄先生劝他还是留在重庆继续为国事奋斗下去。他向黄先生解释了他的处境与困难以后,他说:"叫我还有什么颜面坐在参政会的议席上开会?叫我怎样能够无视一切的事实,强行抑制住我的感情来和诸公空谈国事呢?"他的声音由哽咽而转到高昂,最后他们凄然地分别了。

四　悄然出走

　　第二天的清晨,他脱下了习惯穿着的西服,换上一件厚呢袍子,由一个共事多年的老工友挑着简单的行李,伴送他过江。踏上南岸,向雾中的山城看了最后的一眼,他默默地看着这抗战的心脏,他曾经在这中间跳动了两年的心脏——重庆,这时他的胸中搅和着依恋、惜别、愤激、悲痛的各种的情绪。

　　老工友替他安排好行李,向他郑重道别说:"邹先生,不知道要在什么时候,我们才能重行在一起?"他被这老工友的挚情所感动,他说不出话来,只是和他紧紧地握了握手。

汽车开动了,在车前展开了崎岖曲折的漫长的旅途,走着,走着,好像永久没有走完的时候,他自己也不知道这旅途的终点究竟在哪里。车子爬越过工程奇伟的吊丝岩,沿途看到很多驿运的骡马队,以及跟在骡马中间奔跑驱策的骡夫,他还看到许多伛偻着身躯在田间工作的农夫,他更清楚地了解,抗战的力量是寄托在那些人的身上。

他乘坐的汽车是东南某省的公路车。他身边带着一份重庆某某汽车公司顾问某某的身份证明书,有一位极熟的朋友和他作伴同行,但为避免引起别人的注意,两个人在汽车里只好装作不相识。

他的隔座是一位某省省政府参议之类的人物。在无聊的旅途中彼此搭讪着聊起天来。先是问尊姓大名,高就哪里,他就把背熟了默记在心里的身份证明书上那一套说了,自以为应付得非常圆满,岂料那位参议接着就问:"贵公司共有多少辆汽车?目前汽油市价如何?"这一来可把他弄窘了,总算急中生智,说他是个技术顾问,事务上的事情向来不加过问,勉强地敷衍过去。

有一次,车子在一个站头上停了下来,乘客纷纷走到太阳光下去散步,忽然有一个青年,急步抢到他面前,喊着说:"你不是韬奋先生吗?"他和他的朋友都吃了一惊,他连忙说:"你认错了,我并不是……"那个青年怅然失望而去。

到达柳州,他和他的朋友分了手,独自一个人乘湘桂铁路的夜班车去桂林。走进车厢,坐定以后,就把白天在柳州买的报纸打开细细地阅读。他虽然离开了重庆,还是挂怀着重庆一切的动态。这时有一个青年打从车厢里经过,走过他的座位的时候对他疑惑地看了一看。半分钟那个青年又走了回来。他连忙把报纸移上一些,将自己的面庞遮住,那个青年来回地隔开走到第四次,立定了探身近前轻轻地问:"你是韬奋先生吧,你不认识我了,我是某某某。"原来这青年是生活书店的一个职员,他喜出望外。

车到桂林,由这个青年照料他,去寻访一位在本省有相当地位、并且也是救国会的同志的广西朋友,这个朋友殷勤地招待他。

五　全家跟着走上流亡之途

在他出走后四五日,他家里来了两个不速之客,一推进门就毫无礼貌地直往屋子里冲了进去,立刻眼睛就向各处打转,他们特别注意的是一张书桌。

"二位有什么贵干?"韬奋夫人很客气地问。

"我们知道韬奋先生已离开了重庆,是到什么地方去的?有没有信寄回来?"这两个不速之客说。

"这次是激于气愤出走的,并无一定的目的地,我也不知道他将飘流到什么地方去,离家以后并没有信来。"韬奋夫人婉转地回答。

"希望邹太太不要走,我们一定要把韬奋先生找回来。因为几日来我们看到邹太太常到寄售商店去卖掉旧的衣物。"这两个不速之客加重了语气说。

"呵!我现在还没这样的打算;在韬奋先生出走以后,我们为了生活不得不卖掉一部分旧东西。"她也用果敢的语气回答。

过了两天,前次来过的两个不速之客中间的一个又光临了。时间是清晨,韬奋夫人还没有整装。打开房门一看,就想把门关上换一件衣服。这个不速之客随即当门一立,抵住了房门,一面说:

"听说韬奋先生已到了桂林,住在什么地方,桂林有哪些熟朋友?"

"我全然没有接得他的消息,我没办法答复你这些问题。"韬奋夫人不耐烦地说。

过两天这个不速之客又来了！——韬奋夫人感到不胜其纠缠，于是也收拾了行李携带着孩子跟着走上流亡之途。

后来知道重庆曾经有电报去桂林探问韬奋先生的踪迹，他恰于前一日飞往香港去了。

六　留港努力民主运动

韬奋到了香港以后，看到名记者兼国新社的创办人范长江，已先他抵香港，正在与胡仲持及港绅邓文田等筹备一种报纸，定名为《华商报》。

韬奋问起长江怎么也来香港。

长江说在他离开桂林以前，有一天李济深——李当时是军事委员会桂林办公厅主任——请客，被邀的客人除他而外，还有经济学家千家驹。千原来在广西大学担任经济学系主任，学校经过一度改组以后，千已被解聘。席间李济深对他们说："今天我们要痛饮一番，此后恐怕很少这样的机会了！"这明明是一种暗示，他们意会到不能再在桂林住下去了。于是长江就赶紧将桂林的国新社办理结束——那时重庆的国新社已先奉令停止工作——长江本人便来香港，因为国新社在香港也设有分社。

长江及其他一些朋友问韬奋今后的计划怎样，是逗留在香港，还是预备出国？

他向他们表示自己并不适宜在政治方面发展，还是愿意做一个新闻记者，站在人民的立场对国事提供一些意见。两年多参加在参政会中，原想当国家危急存亡的关头，有效地尽一点力量。现在，事实离开这一希望已越来越远了，抗战军事陷于停滞状态，政治上发生了种种黑暗倒退的现象，国内团结问题，更呈现了剑拔弩张的形势,时局十分的危急。

他说他的出走,并不是对国事绝望,相反,正是一种积极的表示,用他的行动来唤起国人的注意,以及一部分人的反省。现在的问题是先要求得政治的改革,政治的改革前,先要实行政治民主化,政治民主化了,然后才能用人民的力量推动军事,获得最后的胜利。此后,本着他新闻记者的责任,要竭力从舆论方面为民主政治而呼吁。目前的重庆不容许他这样做,远离祖国不能够影响国内,所以他预备留在香港,为民主运动而努力。

在长江的鼓动之下,韬奋答应长江为《华商报》撰写一篇长文,将他两年多来在重庆参加政治活动所接触的事实做一番检讨,这长文的题目名为《抗战以来》。

七 为生活深夜挥毫

从重庆桂林各地陆续去香港的文化工作者,前后有几十个人。他们去香港的原因,和韬奋、长江大同小异,大概不能继续留在原地或原岗位工作,所以只得出走。韬奋一面为《华商报》撰写《抗战以来》,一面与几个朋友筹备将已往在上海刊行的《大众生活》复刊。过了一些日子,参政员梁漱溟也来到香港筹办了《光明报》。黄炎培前赴马尼拉劝募战时公债,返国经过香港,也筹办了《国讯》旬刊香港版。一些救国会留港会员出了一种丛书叫"救国丛刊";香港的文化空气盛极一时。

韬奋的撰述工作也加倍忙碌起来,几乎每天要写到深夜一二时。同时还从事翻译工作。他的夫人屡次劝告他要注意身体,不可疲劳过度,他还是不能搁笔。

他所以这样忙碌于写作的,除了上述的目的而外,还有一个原因,就是为了生活不得不如此。

他初到香港,没有固定的收入,为了维持一家的生活,曾经去找过一个老朋友,请他找寻职业。

这位朋友向他提出某种劝告,他觉得这个劝告在他很难接受,只好将找职业的念头搁起。因此他不得不加紧在笔头上去寻求生活的办法。

他写的当然离不开现实,离不开他的遭遇,离不开他的主张,每逢写文章的时候,他的情感也就跟着笔尖的起落而澎湃,多写一文也就多一次的激荡。

有时他感到头脑有些涨痛,以为是熬夜所致,并不放在心上。

炎夏已过秋又临,双十节《光明报》上刊出中国"民主政团同盟"的宣言与政纲,该同盟在重庆成立,包含国共两党以外的各党派:国家社会党、青年党、第三党、职教派、村治派以及教授派。成立以后不能在重庆公开发表他们的主张和态度,所以《光明报》的刊载还是第一次的宣布,韬奋因为该同盟政纲中的巩固团结、实行民主、加紧反攻,正和他的主张相同,所以也以个人资格和他们经常发生联系,从此写文章以外又忙于开会,他的从事民主运动又进一步。

八　大鹏山北响起了炮声

正在紧张热烈的时候,大鹏山北忽然响起了炮声。

十二月八日那天早晨,先听见飞机轰炸,韬奋一家人都从梦中惊醒,还以为是防空演习,但爆炸的声音太过逼真,又不像是演习。他们住在九龙的弥敦道接近尖沙咀码头的一端,他们从窗口看去,看见码头上挤满了人,在人丛中有不少卡车装载着印度兵向北急驶而去。他们知道确实是发生了战事。

范长江匆匆地跑来,说日本已在那天晚上向英国宣战,新界以北的敌人已循广九路向大埔等地进攻。渡船停驶,广九交通断绝。

他们商量了一番,以为九龙难以持久,为避免危险还是过海,如有船只可以离港,也是香港较便。于是长江派人去寻找过海的船只,韬奋派人分头通知住在九龙的另外一些朋友。

到了下午五点多钟光景,国新社朋友通知,说已雇到过海的船只。韬奋和他的夫人与孩子不及携带衣物,赶到油麻地落下一只小木船,船上已经挤满了很多熟人。船趁暮色昏暗中偷渡到香港。

第二天,第三天,形势愈加严重,香港已在敌人炮火的射程之中,敌人的队伍似乎已到达了九龙的青山道。香港的居民对房子粮食都产生了极大的恐慌,谁也说不出究竟什么地方比较安全,大家都在这弹丸之地惶乱地奔跑移动。

十一日情形更为严重了,看上去九龙马上就要失陷,说不定日军立刻会冲过海来,朋友们约韬奋出去和他们商量,为他的安全打算,劝他和家眷分开到另外地方去隐藏。

他感到有一点为难,在万分危险的时候,要他和家人离开,大家不能相顾。

有一位朋友说:

"韬公!你不可为私情所累!"

后来,他答应了,但是他要回到他们借住的朋友家里和他的夫人说明一下,他才肯到另外隐藏的地方去。

炮弹在天空飞舞,电车、巴士都已经停驶,街上,寥寥的行人都是慌慌张张,脸上呈现着恐惧忧急的神色。

韬奋急急忙忙地走到朋友家里,向他夫人说明朋友们对他爱护的好意,并且托朋友照料他的夫人和孩子,一时大家被包围在生离死别的空气中。

他的夫人含着眼泪对他说:

"既然这样,你还是早一点去吧,天色已暗,晚上走路不便。"

他又急急忙忙地走到街上。

当天晚上,他由一位朋友带到半山一所房子里暂时住着,孤零零地没有一个陪伴的人。窗外闪着炮火的红光,红光一闪,跟着便是一声山崩地裂的爆炸声,他在想——每一个住在香港的人也都这样在想——说不定这一炮打中他所住的房子。到了这种境地,唯有听天由命。

九　大菜馆和贫民窟里

好容易熬过一夜,第二天有人送饮食给他,他的夫人也到这里,带来了食物和报纸。下午一个朋友来同他到云咸街一家西服店楼上去暂住。他非常感激这班朋友,他知道他们也和自己一样,人地生疏,没有当地的亲戚朋友关系,不知他们已经为自己尽了多少力奔走设法,才找到这样的地方。

过了几天,又由这位朋友领他到湾仔一家西菜馆去住。对这家西菜馆的老板说,他是一个记者,日本人来了恐怕会对他不利,他没有家眷在香港。

这位老板很同情,每晚特地为他备了荤菜,在咸菜中放上几条牛肉丝,或者一块咸鱼,但是他看见众伙计都没得吃,他也不好意思下箸。他的夫人实在想去看看他,由那位朋友设法约定时候,将他的夫人领到隔壁一家骑楼上去,他也站到西菜馆的骑楼上去,两个人谈了几句话。他的夫人见他已换上一身老百姓的衣服——布的"唐装"。

这样过了一个多星期,那西菜馆又不再适宜住下去了。

由那位朋友的夫人在一个贫民窟里找到一间房子,他搬了过去,由他的夫人去陪伴他。

那所贫民窟是在一家小照相馆的二层楼上,有楼桥直通街道,沿门的一边连排了四张铺位,每一个铺位都住着一家人家,食宿、工作、坐卧、休息都在这张铺位上,另外再用白布将房子隔成三间,他们住的是临骑楼的一间。这里面不用说都是住的鸠形鹄面、贩夫走卒之流的人物。

他们在棚帐式的房间里铺了两个地铺,黑夜和白天都躺在或者坐在地铺上面,满屋的人声,从早到晚嘈杂不堪,隔着布帘飘过来的咸鱼臭,起初颇不能忍耐,后来也就习惯了。韬奋觉得这一切的一切,对于他正是最好体验的机会。

街上挂上了白旗,那天正是圣诞节。

他们两个偷偷地蹲在骑楼的栏杆后面看着街道。

炮火的威胁是解除了,但是敌人的魔掌却更逼近。

敌人奸淫抢掠的事情不断地传入耳朵。市面上发现了军票,港币以二作一折合军票。他们的存款和存粮都只能维持很短的时间。

一天一天地挨着,好容易在一月十一日下午,一位老朋友寻了来,说有朋友来通知,可以从九龙逃往国内自由地区。于是第二天韬奋便和一批朋友,提了小包裹,别了家人向九龙进发。

一〇　偷渡香港海峡

香港是一个孤岛,九龙接连着大陆,当时逃出香港的路径有两条:一条是向西北行,由香港乘木船到澳门,再经过肇庆、鹤山等地到达广西的梧州。一条是向东北行,先渡海到九龙,从九龙步行到惠阳,或者乘木船到大鹏湾,再由大鹏湾经淡水到惠阳;然后再由惠阳沿东江经河源、龙川换公路汽车达曲江。

由海道行费用较大,加之当时港澳一带的海面上海盗非常活跃,并有日本军舰巡逻,比较危险。韬奋和他一班从事文化工作的朋友,平时生活本很艰苦,战争发生以后,经济更为困难,为经济和安全着想,所以就决定由九龙走到宝安,通过东江游击队根据地到达大后方。

第一个难关是要从香港偷渡到九龙。香港沦陷以后,不但轮渡不曾恢复,舢艇渡海也被日军所禁止,大时代书局的编辑蒋学楷就是偷渡时遭日军射击而丧命的。

韬奋在一月十二日下午四点钟光景,随着领路的人,离开他避难的贫民窟,曲折东行。看到店铺都关着门,街上挤满了闲散游荡的人群,沿着人行道,摆设了很多的赌摊,每家店铺门口都挂着纸制的膏药旗。在一个配购粮食的店铺门口,排着四五个人一排,大约有一百多米长的饥饿的行列。韬奋看到这种紊乱、黑暗、凄惨的景象,他微微地叹了一口气,他心里在想:"想不到不满四十天的功夫,香港竟变成如此模样!"

他们走到铜锣湾,穿过一条嘈杂的小街,街的尽头便是海岸。领路的人雇了一只小艇,摇了一会,小艇在一只大船旁边停下来。韬奋被搀扶着爬上大船。

大船上已经有十几个熟朋友和一部分的家属等在那里,也都换了老百姓的服装。大家一见面真是"相逢隔世",都跑过来同他热烈地握手,向他慰问。接着就有许多人抢着诉说各人在这三十多天内的遭遇:有人被日本人捉去当过火夫;有人做过小贩。韬奋也简略地说了他的避难生活。

当晚他们便在那大船上息宿。

第二天天色将明,大家都被唤醒了,收拾了铺盖衣物,走出舱来,天上还亮着几颗寒星,九龙的绿色煤气灯在欢迎着他们。

迷雾缓缓地揭开,三五尺远近的水面上映出白色,大家立即被招呼下了艇仔。人下齐了,艇仔用足力气向九龙划去。

每个人都沉默地坐着或站着,紧张地向海面看望。除了橹的咿呀声、拍水声,可以听得出每个人的呼吸。几个女孩子缩成一团,晨寒逼人,紧张的情况更使她们骇得发抖。

海面上的景物一样样地映入眼帘,前面已经是九龙的堤岸。艇家爬上岸去捡了一根粗绳来,艇仔上的人一个个拉着绳索,踹着岸边比较凸出的石块爬上岸去。这时岸上过来一群流氓,领路的人开发了一点钱。

艇仔上的人都上了岸,领路的人在前面迈开脚步向前走,他们也都急急地在后面跟着,九龙街道上紊乱拥挤的情形,也和香港相同,但开门的店铺似乎比香港多一些。

走到一个地方,有人招呼他们,说:"各位都不惯走路,今天恐怕相当累乏,请在这儿休息一夜,明晨再从九龙出发。明天的路更长,还要爬山,要步行三天才到达游击区,所以不必性急。但请诸位绝对不要出去,日本人已在九龙开始清查户口,并在搜索他们认为与政治有关的人物。"

大家听了又喜欢又担心。

韬奋看了看同伴,已个个走得面红气急。他对他们说:"我们这班文弱书生,真不济事,既不能马上立功,连逃性命也力不从心。今天不过是小试锋芒,明天恐怕还要大大地出动呢!"

大家听了都忍不住地笑出来。

一一 越过了梅岭

他们在九龙住了一夜,第二天一早起来,用过早膳,各人再将携带的行李细细地整理一下。

韬奋将他的包裹斜套在背上,将眼镜取下来放在衣袋里。一个青年朋友对他说:

"韬奋先生!您背着包裹太沉重了,我带的东西很少,让我来帮您拿吧！"

"谢谢你！我觉得我还可以背负，等到我实在不能够的时候，再请你帮忙。"韬奋很谦和地回答。

他们出发了，由九龙的街市走向青山道，从四处来的成群结队的难民，也都汇流到这条路上来。领路的人加速了他的步伐，他们也急急地跟上去，几个女孩子几乎是连跑带跳地走着。

装载着日本兵的卡车从对面驶来，还有些日本兵在道旁村庄里搬运草料，他们低着头不敢正视。

有几个人落伍了。韬奋还是向前追赶。他的腰向前面倾斜着，眼睛看着地上，又不时的抬起头来向前面的同伴看一看，别人可以看得出，他的心里比他的脚步还要急上若干倍。

这样走了将近两个钟点，走到荃湾。

穿过了荃湾镇，领路的停下脚来，要大家坐在路旁草地上休息。落在后面的人一个个追赶上来。领路人说："我们要准备爬山了！"大家站起来，扑去身上的尘埃。队伍穿过了青山道，折入一条山路。山脚下是一些乱石，一步一步地往上爬，领路人催着大家快爬，大家的腿都有一点不由自主，韬奋虽然有过重庆爬观音岩的经验，但在这乱石中行走，比观音岩要困难得多。

转过了一个山头，渐渐的有了平路，领路的人回转到后面去看一看，说："现在可以慢慢地走了，实在走不动的人也可以休息一下再走，但不要距离太远。"

大家心里才宽松下来。他们走的是一座荒山，山上除了野草以外，没有别的植物。领路的人说，这山上本来没有路，这条路是他们践踏出来的！

有人看到东面山腰处有一条蜿蜒石道，据领路人说，是英国人为军事需要特别建筑的交通线。可惜这次并没有来得及运用，枉费了很多的人力。

行了一程又一程,过了一峰又一峰,人们身上的衣服脱了一件又一件。

韬奋忽然"啊呀!"一声,大家吃了一惊。

原来他的一件绒线背心遗忘在九龙了。他笑着对朋友说,他向来不会管理自己的生活,只知道写文章,刚才走出九龙就发生了事情,真惭愧!

女孩子们说:"邹先生,不要紧,弄到绒线,我们给您结好了。"

路由上坡变为下坡了。远远地看到了树林,看到了屋舍。领路的人说,我们今天的目的地已经到了。

第二天早晨,他们又离开了这荒山的小村。走的都是山间小道,偶然看到一两个采柴农妇而外,看不到人烟。

走完了山道,是一片田野,田间种的大半是蔬菜。

他们在离开元朗只有七八里路的一个村庄里歇了一夜。大家已不像昨天那样的叫苦,腿走得发直,站着坐不下来,坐着站不起来。这一天走的路很平坦,一路很安静,是最省力最平静的一段路程。

第三天一开始就很紧张,当他们过元朗镇的时候,有不少小队的日本兵在检查行人,领路的人很巧妙地避开了检查的地方。

接着他们沿着从元朗往深圳的柏油路走,沿路由广州开来的日本部队和运输汽车络绎不绝,地多僻静,住民稀少,不像青山道那样众目睽睽,日本强盗一时兴致起来,和难民开开玩笑是很可能的。领路的人尽催着他们紧紧地跟着难民大队不要落后。

紧张地走了一阵,从柏油路折入土路,走到一条小河边,一只小渡船将他们渡过河去。

正走着的时候,村庄里跑过来四五个日本兵,一面跑着一面喊着。领路的人招呼大家立定,他一面对日本兵说,他们是香港逃回来的难民,他们都是宝安县人,想从梅岭回到乡下去。

日本兵看他们穿着很俭朴，行囊又很简单，一个班长模样的日本兵点点头，咕噜了几句，就有四个日本兵扛着枪分开在他们的前后，说是护送他们到岭下。

韬奋和他的朋友们，当看到日本兵跑过来的时候有一点惶乱，后来也就镇静下来。这几个日本兵真的是护送也好，或者将有其他的举动也好，反正他们从战事发生以后，早已将生命置之度外。矗立在前面的梅岭，愈来愈近，愈近愈高，前面的两个日本兵忽然停住了脚步，照着山上向他们挥了挥手，他们四个去了。

韬奋和他的朋友，对于这意外的遭遇，未免好笑。

他们走上梅岭，山上有茂密的树林。忽然听见一阵不大尖锐的噼啪声，山上有两处火焰在树林间翻腾着。

领路的人说是日本兵放的火，他们生怕他们的游击战士隐藏在树林里袭击他们。

有一个朋友说："敌人烧光这个山头，还有别的山头呢。"

韬奋说："在这次战争中，我死的机会非常之多，现在居然逃出了危险的境界，可以说是日本人留下的一个活的山头。"

另一个朋友补充说："这个山头不但打击敌人，还攻击一切倒退黑暗的阵营。"

一二　山野草寮里的生活

韬奋和一班从事文化工作的朋友，走下梅岭，便到达宝安县境的一个村庄。这里已经是东江游击队根据地的范围。游击队在这村子里临时设有招待所，专招待逃难过境的人士。

当时经过游击队的协助而去大后方的逃难人士，除了留港的文化人而外，还有从集中营逃出的英国军官士兵，英美侨民，大帮小群的商人和爱国的青年学生。

韬奋他们原来想一到达游击根据地,立即转赴大后方。不巧淡水惠阳一带正发生战事,又逢旧历年底,路上很不太平,因此在游击根据地滞留了两个多月。

他们从招待人的口里简单地知道一些关于游击队的情况:

东江游击队的名称叫做东江人民抗日游击队。是华南几省的人民,还有回国的华侨所组成,参加的有知识分子、农民、工人、商人。其中有一部分是共产党员。这支游击队还在生长之中,没有固定的区域,也没有建立抗日政权,只是以广东的东莞、宝安、淡水几县作为他们打击敌人的根据地。他们队伍驻扎的地方大半是深山荒野。他们的经费靠自己经商,和一些爱国商人的捐款来支持。他们的工作除了抗日军事而外,还有宣传出版、训练干部等工作。他们绝对不扰民,也不与问民政,但一班乡下的老百姓都诚心尽力地和他们合作。

因为游击队不占民房,韬奋和他一班朋友被招待在山野间的草寮里住居。所谓草寮就是人字式的草棚,里面没有任何设备,睡的是用竹子架成上面铺以竹片覆以稻草的统铺。一个铺睡一二十个人。有的草寮连这种竹子的统铺也没有,就是地上铺些稻草,睡眠休息都在地铺上面。吃的是土灶上烧的大锅饭大锅菜。

有人不习惯这种简陋的生活,发出不满的言语,韬奋却始终很愉快。招待人一再殷勤地问他们需要什么,他们可以尽力去办。韬奋屡次的婉谢,说他们住在那里已经给予游击队的同志很大的负累,希望对于他们不要再有特殊的待遇。朋友们对韬奋这种克己谦和的态度,在背后十分的赞叹。

韬奋每天早晨起来走到溪边去漱洗。有时也在溪边洗浴或洗濯衣服,同伴要帮他洗衣服,他说他愿意自己做,生活上的事情他要样样学会,随便走到什么地方,不论处在怎样的环境中,才不致感到困难。

衣服洗好了晾在树枝上,干了收下叠好藏在包袱里,他弄得井井有条。

一三　他变得活泼年青了

韬奋和他的朋友们,每天除了处理生活上的诸事而外,最多的时间是用来谈天。有时是对谈,有时是三五成群的合谈,有时是全体会谈。谈话的范围,从个人的生活到国家大事,谈得最多的是他们过去的工作,使大家最感兴趣的是政治上的一些轶闻秘史,有时连鬼怪神话,也无所不谈。

有一次他们谈到各人在香港战争中的损失,有人说,他有许多宝贵的书籍从内地带到香港,在香港又买了很多在内地买不到的书籍,都被同住的人丢弃了。有人说,他几年来精心研究的著作文稿被寄放的人家烧毁了。韬奋说,他的未出版的著作和译稿连全家所有的衣物,都被房东冒称有人抢劫搬光了。他们慨叹着说,这次对于他们是一个浩劫。他们如果不被迫出走,不致弄到如此酷烈的遭遇。做中国的文人实在最不幸,不但得不到半点的鼓励与保障,而且作品与人都横遭迫害。中国的文人除非歌颂功德,否则便是屈辱和流亡。

有一个朋友对韬奋说:"您假使一到香港就去美国,可以不受这次的劫难。"韬奋告诉他们,有一个朋友叫董之学,曾在军委会政治部第三厅任职,他在重庆向外交部领得了护照,预备到美国去研究,到了香港,被海外部阻止出国,闷住在香港,在战争中病死了。他在香港总算还做了一点事情,对国家对同胞可以于心无愧。

在两个多月中,他们为了掩护自己,避免敌人的袭击,经过好几次的移动,有时在黑夜中摸索,有时在雨水里淋漓,韬奋始终不叫苦,而且表现了他从来所没有的兴奋。朋友们都说,韬奋比在办公室埋头写作的时候变得更活泼更年轻了。他自己说，在这两个多月中，他完成了游击战士的生活课程，可惜游击战士的军事课程，他还没有机会学习到。

一四　隐居在广东乡间

三月底韬奋离开了东江，打算先到桂林再去重庆。行至中途，得到一个于他非常不利的消息，他不但不能再去重庆，并且不能在任何一个后方城市公开出现。这个消息使他受到极严重的刺激，他不料踏入祖国的自由地区反而不能自由。因此他不得已临时改变行程，转赴粤东某县的乡下去暂住。

借住的地方是一个在南洋经商的友人家里。这友人家里有着宽敞的住宅，主人也因战时交通阻塞休息在家。这位主人对韬奋非常钦敬，尤其同情他那时的处境，劝他安心住在那里，想出种种方法来为他解闷，并应允他待交通恢复，为他设法寻找书籍，让他在那里进行研究著译的工作。韬奋觉得平白地打扰主人，心里很为不安。

韬奋有着接近民众的天才，没有多久，他已能用客家话和村子里的乡民谈话，乡民们纯朴坦直的说话解除他很多的郁闷。这班乡民都觉得这位先生对人很亲热，但不晓得究竟是谁。

炎热的天气韬奋常到附近的小河里去游泳。有一天右耳中忽然流出一些黄水，他以为是游泳时不小心，弄进了污秽。

在孤寂的生活中，他时常怀念他的夫人和孩子。那时他的夫人已经携带着三个孩子从香港到了桂林。因为他的关系不敢公开和戚友往来，住在桂林近郊一所陋屋中。费了许多周折，他们才能通一封信。韬奋为了不放心他们，特地转托朋友在桂林照料他们，不料却因此而引起许多人到广东去探询他的行止。

韬奋深恐住下去将对主人不便,辜负了主人一番美意,同时他是不惯闲居的人,就决定去苏北和华北考察,他也很想去考察一下各抗日根据地民主政治的实际情形,作为他研究中国民主问题的参考。

一五　从广东到上海

九月间,韬奋和一个朋友辞别了那位主人,由于情势的迥然不同,他这次的旅行比他从重庆出走时更为严重。他对他的同伴说,"如果没有你,我自己觉得没有能力可以使自己平安地到达上海。"

到了曲江,要改乘火车去长沙。他们知道曲江是一个非常重要的地方。他们在曲江住的是水上的活动旅馆,他们不敢早到车站去等火车,一直挨到火车驶行前的五分钟,才去车站。不料一到车站,看到火车刚开出,又急忙回头,找了另外一个活动旅馆,住了一夜。第二天总算平安地上了火车,并且安然到了长沙。

从长沙乘坐小船到南县。刚在一间小茶馆里坐定预备休息吃饭,这时忽然有人从他们的背后伸手过来将他们两人抱住。他们大吃一惊,立起来回头一看,有四五个伪军,挂着短枪,凶狠狠地问他们从什么地方来的。有两个兵打开他们的箱子翻出西装衣服和其他的用物,问他究竟是什么样的人物。他们稍稍镇定以后,那个同伴才说,他们是香港逃出来的难民,预备回上海去,为了行路方便,所以换了短装。请他们细细检查有无违禁品或其他不正当的东西。这几个伪军翻了又翻,果然翻不出什么,才放了他们。

到了汉口,住在旅舍里,为了候船耽搁了许多日子,不时有日本宪兵来检查。过着流亡生活的人没有一刻不是提心吊胆。

一路上韬奋的右耳中不断淌出黄水,但并无痛楚。

抵达上海,那时上海正是最恐怖的时期,马路上时有暗杀的事情发生。

韬奋躲着不敢出门。直到决定去苏北的日期，才去找医生看了看耳病。医生说是中耳炎。环境既不允许他细细的诊治，或者到设备较好的医院去就诊，他自己也以为不久便可痊愈，因此就带着病到苏北去了。

一六　老太太提香篮伴送

韬奋从上海去苏北，是在三十一年十一月，那时不但上海是最恐怖的时期，整个沦陷区也是最恐怖的时期，日本强盗企图用宪兵、特务、电刑、老虎凳、监狱、枪毙来制服沦陷区的人民，使得沦陷区的人民服服贴贴地受它统治，听它宰割。

苏北当然是日本强盗极其注意的地区，一面用军队向该地扫荡，一面加紧监视该地对外的交通。上海和苏北的交通线和港口更被严密地监视着，行人中遇有他们认为可疑的，不是立加拘捕，便是追踪暗探，危险非常。因此，韬奋的去苏北，为他的安全着想，需要有十分周密的准备和布置。

有一位老太太听到这件事，她情愿伴送韬奋前去。

这位老太太是一位埋没在民间的爱国的母亲。她有两个儿子在军事机关为国家服务。有一个女儿战前因参加救国运动被捕，她老人家也被牵累入狱。她爱她的女儿，她相信她的女儿，她相信她的女儿的行为是正当的，是为了祖国，是为了大多数人类的幸福。所以她老人家被捕以后，她并不恐惧，释放以后她也不对她女儿的行动加以阻止。她另一个女儿在某地参加战时工作，三十年春天以后断绝了音讯，她伤痛，她难过，但是她并不承认是她女儿的错误。

老太太从她的女儿身上去了解韬奋，敬爱韬奋，所以她情愿冒着极大的危险伴送韬奋。

和他们同行的还有一个二十多岁的女孩子,她和老太太临时认作母女,韬奋就做了老太太的"女婿"。此外还有一位领路的青年人。他们动身的时候,老太太提着一个香篮,衣襟上挂着一串佛珠。

韬奋脱去眼镜,看不清楚,只得装作生病,和老太太两人彼此搀扶着。一路上开口交涉的事情都由那女孩子担任。登车过船,总是老太太勇敢居前,照料着这位病"女婿"。

他们在南通附近的一个江口登陆,再走了几十里便到了苏北的敌后区。

韬奋对这位老太太谢了又谢,说一路上一帆风顺,都是老太太还有老太太的香篮所赐。

过了几天,老太太要回上海了,那边不容易找到适当的人相送,老太太说不要紧,她就一个人回到上海来了。

以后韬奋常常想起这位大众的慈母。

一七　住在一个乡绅家里

韬奋的前去苏北,新四军和当地人士都热烈地表示欢迎。韬奋告诉他们,此行的目的在于实地考察敌后抗敌的情形,及民主政治的实施状况。苏北考察完毕,还预备从苏北到华北作同样的考察。

韬奋被招待住在一个乡绅的家里。那个乡绅据说是一个地主,看上去他和新四军方面处得很融洽,韬奋觉得有一点奇怪。有一天韬奋和这位乡绅谈话,他问他有多少田地,收成好不好,租收得怎样?

那位乡绅好像很懂得韬奋的意思。他说他所有的地一点没有减少,租地的农民也不短少他的田租,不过租额比较以前减少了一些。

韬奋问减少多少,由谁来决定。

那乡绅说,多少没有一定,要看收成和地区的情形决定。像有些受军事破坏最厉害的地方,全免的也有。有的由农抗会提出,交参议会讨论决定,也有的由负责的机关决定。

韬奋又问决定得公平不公平。

那乡绅说参议会里有地主也有农民,不会不公平。在现在这个时候,为了打日本,只有大家吃点苦,大家都过得去。

韬奋从一个在当地做工作的朋友的口里知道,那个乡绅在几次敌人的大扫荡中,曾帮了新四军很多的忙。他说地主中间有比较开明的,也有比较顽固的,但大多数的地主都是爱国的,抗日的。为了抗日需要将地主团结起来,为了实现民主,更需要将地主团结在一起。

有一天当地的绅士为了欢迎韬奋,在一家公司里举行了一次盛大的宴会。参加的人有的是乡绅,有的是大商店大公司的经理,有的是地方的耆老。他们问了韬奋许多大后方的情形,他们问了韬奋对国事的主张,还说了许多久已仰慕的话。

那家公司是当地最大的民营商业机关。据他们说因为苏北物资缺乏,民营商业受到很多优待。当地政府对民营工业更为鼓励,但因机器原料购置运输的困难,还不容易有发展。

这一席丰盛的筵席,吃了好几个钟点,宾主才尽欢而散。

韬奋住在那乡绅家里,过了一些日子,他的耳病忽然严重起来,右耳到右颊,觉得隐隐刺痛,痛得最剧烈的时候,里面像有虫蚁咬啮。

一八　数千听众的演讲会

自从一班绅士宴请韬奋以后,消息渐渐地传开去,有很多人都知道他到了苏北,大家都渴望着见见他,听听他的言论。苏北文化界请他在新年举行公开演讲,各地民众和工作人员可以趁休假的日子前来听讲。地点是在距离南通城市十余里的一个乡镇上。

在他演讲的前一日,他的病刚巧又发了。

有一个报纸请他写一篇文章,预备在新年特刊中登载,他在夜间赶写。有一个朋友伴着他。

夜深了,寒气透过了他们的棉衣直逼肌肤,脚冻得像冰一样冷;可是韬奋的头部,像有几十根烧红了的针在灸刺。他痛着,牙齿间发出"丝丝"的声音。他的眼睛里含着泪,右边半个面孔涨红着。他不时用手抚摩着痛处,他一会站起来在屋子里跑着,一会又坐下去。

那位朋友劝他休息,不要写了,既然痛得这样厉害。

韬奋不肯,他说他停笔已经一年多,好久蕴蓄在心里的话,要趁此机会倾吐一下。况且明天能来听讲的只是较近的民众,还有许多较远的民众,一定也对他抱着同样的希望,希望听听他的言论,他不愿意使他们失望,所以无论痛到怎样地步,这篇文章非写不可。

他痛定了一点,就立刻握笔疾书。那位朋友见到韬奋这样热爱着自己的工作,和病痛奋斗的情形,心里无限的感动,他不忍再劝阻了。他想如果一定要劝韬奋不写,也许他要比病痛感觉更痛苦。就这样痛一会写一会,一直到写完一篇文章才罢手。

第二天那位朋友和韬奋一同去到演讲的地点,那里已经聚集了几千近万的听众。许多人是赶了几里、十几里、几十里的路程前来的,还有好多南通城里的居民躲过了敌人的眼睛偷偷地前来的。

那位朋友先致介绍词,他说:

"我现在给诸位介绍一个人,这个人为中国的进步文化奋斗了二十多年,他教育了全国广大的民众,许许多多人都在他的指示之下站了起来;这个人鼓吹抗战,呼吁团结,使我国团结抗战的政策能够坚持到今天;这个人为全国人民争取自由,提倡民主,和顽固派反动派作坚决的斗争,他自己宁愿过着流亡的生活,但对顽固派反动派决不让步;这个人在病痛中间一面熬着痛苦,一面还是不肯放弃他的工作,停止他的斗争;这个人不是别人,就是我现在所欲介绍给诸位的邹韬奋先生。"

韬奋站了起来,全场响起如急雷一般的掌声。演讲从开始到终了,掌声不绝。

一九 病阻止了他的前进

新年过了,韬奋出发到通如东北的沿海地区,那里是苏北的一个军政中心。

他参观了那边的部队、机关、被服厂、合作社和医院,被邀请了和那边的军政干部谈话。

合作社里有许多农民在准备农具,他们打算一等到地解了冻,立刻开始春耕。

招待参观的人告诉韬奋,部队和公务人员学生也在从事同样的准备。

敌后区自从发动了生产运动,军队的给养不论吃的穿的,大部分可以自给,不必样样都伸手问老百姓要。公务人员和学生也利用每一片空地种麦种菜,饲养家畜,供给自己食用而外,有多余的还可卖给公家。用卖得的钱添置应用物品,也不需要完全靠老百姓养活他们。这样老百姓的负担减轻很多。

在生产运动中,各地成立了很多合作社。每一个合作社的农民,他帮助别人做活,别人也帮忙他做活,工作既快,生产也加多了。通过合作社将许多老百姓组织起来,同时又建立了很好的民主政治的基础。

士兵不但自己种田,还成立了代耕队、变工队和扎工队帮助老百姓增加生产。军民合作,相亲相爱。

韬奋的精神非常兴奋。可是他的疾病却愈加严重了,三两天发一次,发的时候,饮食不能下咽,夜间不能安眠。经过那里的医师诊断,才知道是癌症,并不是中耳炎。癌症必须用镭锭治疗,所以韬奋便决定中止北上,折回上海来治病。

韬奋回沪的途中,恰恰又遇到敌人扫荡。他病发了不能行走,由人用轿子抬了他走。他回到南通附近候船,敌人搜索非常严紧,不得已又住到那个乡绅家里去,那乡绅骇怕敌伪前来搜查,推托说是他的亲戚。

有一天跑来了几个伪军,说他们知道那儿住着一个陌生人,要带到部队里去询问。伪军中间有一个和乡绅多少有一点认识,他急得没有办法,只好向这几个伪军照事实说明。

这几个伪军听了,不但没有将韬奋带去讯问,反将他护送出危险区域。韬奋的病愈益严重了,当地政府遣派一群勇敢的航海者负责护送他回上海。

途中化装易服,几次经过惊涛险浪,敌伪检查,好容易才安全到达上海。他一上岸,就请护送者中止陪伴。

到了上海,他要找一个朋友,只记得这个朋友住所的里弄名字,忘记了是在什么路,找了半天,他自己又不便露面去问人。

正在急得没有办法的时候,他忽然想起那条路名,叫车夫拉到那条路,可是又找不着那个里弄,来回地找着,街上有几个游手好闲的人在注意他。他急忙叫车夫停下付车钱,他一个人挨着找过去。

好容易找着了,敲开朋友家的门,朋友看他形容消瘦,面色难看,大吃一惊。他,软瘫在朋友家的椅子上面,什么也讲不出来了。

二〇　施行手术与镭锭治疗

韬奋的病经过某名医诊断,知道确实是癌症。治疗的方法先须将病患部分割开,去掉已经腐烂的肌肉,并将患处的神经烧坏,然后再用镭锭治疗,以肃清余孽。这样如果癌症不再发展,便可痊愈。

医生说韬奋的营养不良,需休息一个月,多吃滋补的食物,才能施行手术。

韬奋有一个胞妹,家居在沪,她是一个由自习而获得成功的医药化验工作者。她有着极丰富的医学常识,而且他们兄妹的情感非常笃厚,当她看到医生在诊断书上写下"癌症"的时候,她浑身如遭电击,因为她晓得癌是不治之症。然而她还是寄托希望给现代的科学医术,希望有万一治愈的可能。

韬奋在一个多月的休养期中,即由他的妹妹和另外一两个朋友照料他。他们三天两日烧了新鲜肥美的菜肴送给他吃,他的胃口很好,一条大鱼,或者一碗烧肉,顷刻吃光。病虽然还是常常的发,但生活比较安定,人慢慢地丰满起来,面色也变得红润。

有一次,那医生在诊视以后,对韬奋说,现在可以开刀了。他的妹妹怕他心里着慌,在旁边凑趣地说:

"大哥!你吃了这么多的好东西,就是为了这一刀呀!"

韬奋笑了。

癌病是一种难症,又生在头部,更因为韬奋是一个不平常的人物，所以这一次的开刀，是一件极其重大的事情。他是三十二年三月间回沪，动手术是在五月间。

韬奋一嗅到"可罗方"的气味，惊叫了一声，他的妹妹握住他的两只手，他的神智渐渐转入昏迷状态。

医生手中握着的利刃，从他的右耳后面划了进去。划了一阵，又用钳钳出一些切开的带血的肉片放在盘子里，再用烧红的银针挨近患处，发出"刺刺"的声音，同时闻到一阵焦味。然后将剖开的地方合上缝好。手术进行了三四个钟点。

在事后这位医生在他们医院的会议中报告：

"这是一个非常困难的手术：患部的神经和其他结构都非常复杂，现在是否还有癌细胞遗留在里面，或者由于不小心使得神经受到损坏，实在没有把握。"

可是，这位医生的胆识和敏捷的手术，已经够使人惊服了。

韬奋清醒了以后痛苦地呻吟着，过了两三天可以进一些流汁。疗养了将近一个月光景，他的体力逐渐恢复，创口也长好了，就是右耳里还淌着脓水，右鼻孔时常被阻塞，要用"鼻通"一类的药水滴入才能通畅。

施行了手术以后，他的形容改变了，右腮特别尖削，整个的面部轮廓有一点歪，两只眼睛显得有一点大小。医生嘱咐说要开始照镭锭了，他理了一次发，留了一撮小胡子，他从镜子里端详了一番，他说："这倒很好，别人再认不出是我了。"

照镭锭每次十几分钟，每天下午去照，前后一共照了五十余小时。因为多照了镭锭的原故，患部异常痛楚，医生嘱咐用冰袋罨着。他右手托着冰袋可以下地走动，或者坐着休息。

这时他的夫人已得到消息从桂林赶来上海。他将别后的情况以及在苏北敌后区的见闻，详细告诉他的夫人，他的记忆很好，谈话的风趣也和平时一样。

二一　与病痛苦苦挣扎

不过,右颊右太阳穴和右额还是时时有剧痛。每逢痛的时候,睡也不好,坐也不好,从床上爬到地上,两手捧头,转侧起伏,带滚带爬,没有一分钟的休止,面部的肌肉不断地牵动着,眼泪即时夺眶而出。

有一次,有几个朋友去看他,恰巧遇着他剧痛的时候。他正在和他们谈着话,忽然他说:"我又要痛了,你们不要骇怕!"

他嘴里"哎!哎!"地呻吟着,霎时间,涕泪横流,嘤嘤啜泣。他一面痛着一面对朋友说:

"我的眼泪并不是懦弱的表示,也不是悲观,我对于任何事情从来不悲观。只是痛到最最痛苦的时候,用眼泪来和病痛斗争!"

医生为减轻他的痛苦,用一种麻醉性的针药注射,最初一针可以支持两天,后来缩减到一天半,一天。

韬奋问医生,这样剧痛究竟是什么缘故,医生受了嘱托向他说是神经痛,由于多照了镭锭而发生的反应。癌症经剖治后早已痊愈。

有朋友从内地来上海,去探视他,他殷殷垂问内地的情形,他说他病好了想仍回内地工作,但不知环境是否许可。

他对留在上海的老同事说,他二十余年的奋斗,自信对社会不无贡献,希望病愈以后再和大家继续努力二三十年:第一,他要恢复生活书店;第二,他想为失学青年办一个图书馆;第三,他要办一个日报,以偿他的夙愿。

九月间,他已经不能起床。但是他睡在病榻上,仍旧心怀国事,感念交并,和朋友谈话也常对国事有所议论。有一次他将他在病中反复焦虑的几个问题,用口述由友人替他笔录下来,成为《对国事的呼吁》一文。他对他的夫人说:"给我一支笔让我来试试腕力看!"他伏在床上写了一段,字迹还是很清秀,笔力已不像平日那样劲健了。

十月间韬奋的病情突生变化,右目生红翳,视觉模糊,右后脑疼痛,不能安枕,只能向左侧眠,喉头两核肿胀,痰块满涌,呕吐不止。这样经过了二十多天,痰涌呕吐停止,额部剧痛依旧。

韬奋的妹妹哭着和韬奋的一些朋友商量,照病情无疑癌症在继续发展,不但向上发展,并且已经向下发展,恐怕只有提早预备后事,以免一时措手不及。但是韬奋自己还以为癌症已治愈,目前只是神经作祟。

三十三年一月间,韬奋的病情又发生了第二次的变化,右下颚及右颈红肿,呼吸不畅,饮食难以下咽,经医生施以消肿消炎的办法,周后又告平定。

病势稍稍平定,他觉得长久的病苦生活十分乏味,朋友劝他随便写一点东西来调剂生活,他很高兴地接受了这一建议。他将他一生在患难中所经历的未曾发表过的故事,开始写一部《患难余生记》。

他在每天早晨梳洗完毕吃了早餐以后,即催着在被上替他放上一个木案,他就坐在被窝里面,伏在木案上开始写作。看护走进来,他立刻用书将稿纸遮掩住。他的右目用纱布和赛璐珞片遮着,鼻梁上架着一副眼镜。他全神贯注在写作上面,不晓得疲倦,不觉得腿酸,饮食也没有心思,连病痛也忘记了。每天写到天黑,还是不肯休息,开了电灯继续再写。最多的时候,一天竟写了五千多字。在三四星期内,写成了五万余字,不能再写下去了。

这时候听到一个消息,说日本人已知道韬奋在上海治病,他们已派人四处探问。为了避免敌伪的注意,在九个月当中,已经换了五个医院,改了两三次的假名,不料仍会有这种麻烦。于是他搬到一个朋友家里去住,他的夫人学会了打针,暂时不请医生诊治,对以前诊病的医生说,他已离开了上海。

二二　对于后事的嘱咐

在那朋友家里住了一个多月,食欲渐减,只能吃稀粥。剧痛的次数增加,麻醉性的针药只能维持三四小时,每天要打针五六次。打了针痛苦略减,可以安睡片刻,但药性过了立刻便痛醒,醒了立刻坐起,吵着再要打针。他的夫人按着他手臂或腿部打针的时候,觉得他的肌肉已经消瘦得快没有了,她非常恐惧,她说这样等于零星地销蚀他的生命。她将针药的药量减少,由半针减到三分之一,每天有几次用蒸馏水打进去,希望他少受麻药的毒害。

三月间有一天夜里韬奋痛得昏厥过去,大约有十几分钟才清醒过来。

第二天他特地找一位老同事去谈话。他说,他这两天看到报纸上关于陈友仁在沪病故的一篇声明真相的文字,他的病半年来很少进步,照昨天晚上的情形,很可能有一个突变。为了防止敌伪利用他在上海病故而散布谣言,他对于以后的许多事情,情愿早点有一个交代,以示他的清白。

他说在他病故以后,将他的遗体由名医解剖研究,希望对医药界有所贡献,以利日后患同样疾病的人。然后再举行火葬。为避免敌人的追究,暂时不要发表是在上海病故。

关于他的著作,他说二十余年来,写了数百万言,但自认早期作品中,尚有需加修改之处,希望由一位他最钦佩的朋友全权决定取舍,将全部著作加以整理。

他说他在《患难余生记》以后本想接着写《苏北观感录》,及《各国民主政治史》,这一个愿望恐怕不能实现了。

他一再申说他的政治主张，始终不变，完全以一个纯粹爱国者的立场，希望全国坚持团结抗战，早日实行真正的民主政治，建设独立自由幸福的新中国。

他对于他的家属，他说他平生不治私产，尚有老父在平，需要赡养。他希望他的夫人参加社会工作贡献其专长。两子一女，各就他们的志趣，各求深造，继承他的遗志，为社会进步事业努力。

最后他遗憾的说，他一生的发展至目前为止，恰当成熟的阶段，正可以替国家做一番事业，可是他的生命究竟能延续到几时！

他谈得很理智，但是他实在不愿意自己死，他还要活下去，他还有许多工作要做，他还要著作，他还要继续奋斗二三十年！

二三　最后一息

四月间，韬奋为了不愿牵累住处的友人，他嘱咐仍旧将他迁回医院。

在医院里，他和他的夫人谈了很多家务方面的事情。这时他的三个孩子中已有两个来到他的身边，他说第二个男孩子他恐怕见不着了。

六月一日深夜三时左右，又突然昏厥数分钟，二日即召集在沪亲友嘱咐后事，并且口授遗嘱，遗嘱的内容大体上与三月间曾经嘱咐过的一些事情相同，但是在他的最后一息，他感到精神上需要有一个归宿，对于他的遗骸也需要有一个最适当的安置，庶几他死而无憾。

七月初旬又昏厥了一次，他的亲属和朋友觉得他不仅是一个家庭或是一个团体的一分子，他是一个属于社会的人物。过去为了对敌伪隐避，所以将他的消息紧紧地瞒着许多人，现在他的病以至于他的死，需要给亲友以外的社会人士知道，所以特地去告诉郑振铎先生,和其他两位文化界朋友。郑先生曾赴医院去看他,可惜他已在终日昏迷状态中,没有能够和郑先生多谈话。

七月二十一日他开始有剧变,体力衰弱至极点。二十二日嗓音失声,不能言语,但是还能够以笔代言,字迹颤抖,勉强可以辨认。二十三日清晨,精神较好,他用笔在一张纸上歪斜地写了三行字,一行是"你不要怕!"这是对他夫人说的。一行是"一切照办,不要打折扣!"这是叮嘱朋友遵照他的遗嘱实行的。最后一行是"快快打针!"过了片刻又复昏沉入睡。

七月二十四日早晨七时二十分,这一代的进步文化战士终于离开了人世!

二四　后死之责

上面说的是关于韬奋从第二次流亡开始一直到死的经过情况。其中大部分根据上海《民主周刊》所发表的那篇文字,但由于上海出版的报纸刊物,至今尚须受严格的检查,甚至连鲁迅的名字都不许提到,"内战"要改称"内乱",而且从上海寄出的信件,也都经过检查,所以我相信,一定还有许多事实,无法发表。我所知道的不过是一部分的事实而已。不过根据这些报道,已经十分明白:韬奋是为救国而死的,是为民主团结而死的。要是韬奋生在别的国土,生在别的时代,像他那样强健的体格,美满的家庭,他决不会不到五十岁就短命而死的。他虽然生在现代的中国,他要是只图个人的温饱,不想替人民大众作喉舌,不负文化战士的重责,他决不会到处遭遇到内外敌人的追踪,他不至于一次入狱,两次逃亡,以致患了脑癌重症。而且即使他病了,他要是立即放下笔朴,抛弃战斗,他或者也还不至于死。

但是到了力竭声嘶的时候,他还在呼喊着。处在四面围困的境遇,他还在战斗着。正像一个英勇的战士是握着枪杆而死的,韬奋直到最后一息,都不曾放下笔杆,这支反法西斯独裁、反内战分裂的锋利武器!

韬奋死后,经过好些日子,消息方才传达到重庆。由于环境的限制,在重庆只有少数的朋友给他举行了一个追悼会。而就在追悼会开会那天,他的遗著被政府禁止发卖。直到最近为止,我们是连追悼死人的自由都没有的。但在去年七月二十四日,在延安却举行了一次盛大的韬奋逝世周年纪念会,黄炎培先生并且写了一篇十分沉痛的祭文,在纪念会中宣读(见黄炎培的《延安归来》)。在延安还办了一个韬奋书店,是专为纪念这个文化战士的。

韬奋先生死了!一个为民族解放、民主自由而斗争的伟大战士死了!我们,后死者的责任是更加沉重了。中国的民族解放的任务,只完成了一半,国内民主政治还没有打好基础。黑暗势力依然到处笼罩着。现在,我们还得咬紧牙关,向着光明的前途推进,徒然流泪感伤,是不中用的了。因此,我向国内外同胞、文化界先进呼吁着,我们应当挑起韬奋先生所放下的重担子,要集合精神物质力量,以完成韬奋所未完成的事业。特别要重新建立起《生活日报》与文化教育馆,使中国人民大众,都能有书读,都能有报看,文化水准普遍提高,民主运动广泛展开。只有这样,才能弥补因韬奋的死所遭受到的巨大的文化损失。也只有这样,才能尽后死之责,而使韬奋先生的思想事业与战斗精神,继续发扬光大。这是我从亡友的死所想到的一点意见与希望。甚愿各地文化界先进和素来敬仰韬奋先生的海外同胞加以指教。

一九四六年一月三十日写完

(原载1946年2月11日,18日,25日新加坡《风下》周刊第10、11、12期)

伟大的爱国者
——韬奋

胡愈之

一九三一年,从欧洲回到国内的时候,我是一个悲观论者。

当其时,白色恐怖达到最高点。无数的青年们被逮捕,被屠杀。优秀的青年作家遭活埋。进步的书报被查禁。连家中藏一本《马氏文通》都有罪。

许多"革命同志",当我出国之前,都是热血青年,现在都跃而为贵人,摆出一副奴隶总管的样相。我亲见一个人道主义者做清党的刽子手,自命为无政府主义者却替独裁暴政歌功颂德,"五四"的英雄提倡读经。新时代的知识分子和军阀时代的帮闲文人,并没有两样,所不同的就是更加阴险狡猾的多。

我对于自己所代表的阶层失望了。知识分子不是给权贵帮闲,就只配充奴隶总管。他永远是背叛人民大众的,是靠了出卖人民大众来肥己的。

在当时在上海出版的一个小刊物上,我曾写过一篇《知识易主论》。我愤恨。我咒诅我自己的阶层。我觉得使知识分子爱国家民族,比骆驼穿针孔还难。

但是到了"九一八"事变以后,我的悲观论开始动摇。而我对于知识分子的观点的改变,则是在我认识了韬奋以后。

当我最初和韬奋认识的时候,我对于韬奋的理解十分不够。我只觉得韬奋是一个平常的知识青年。他是天真而热情的,但是他对一般问题的了解不够深刻,就是当时他主编的《生活》周刊的内容也还是带些低级趣味。虽然当时韬奋已在呼喊着抗日救国,收回失地,我以为这是一时的感情冲动,日后他会动摇,会改变他的态度。老实说,当时我对人就没有信心。许多口头说的十分漂亮的知识分子,到头来无恶不作,我不是已见的太多吗?

但是,我和韬奋相识渐久,我对他的观感便渐渐不同了。我发现韬奋和当时一般知识分子,有许多不同点:第一,他有一副硬骨头。他的仪表是温柔而文弱的,内心却坚强无比。待人接物,彬彬有礼;而立身处世却不容有半点苟且。读过他的《经历》与《抗战以来》的,就可知道"富贵不能淫,威武不能屈"韬奋是确实做到了。第二,他有真正的热情。他不像一般知识分子,爱做领袖,爱出风头,但他有的是对国家对民族对人类的真正热情。是这种热情驱使他,他才牺牲了生活享受,献身于最艰苦的文化事业,而至于"乐此不疲"。第三,从善如流。他没有一般知识分子自命不凡、目空一切的坏脾气。他从不感到自己满足,不断地虚心学习。就我和他认识的十余年中,他在学习与工作上的进步是惊人的。第四,嫉恶如仇,他决不和恶势力妥协,他用一切机会,来揭发暴露社会的黑暗面。他不愧为一个真正的战士。

我不否认韬奋也有一般知识分子所不可避免的缺点,例如优柔寡断和伤感主义,韬奋也是有的。但这是小节。在大体上,一般所谓文化人,有些像"软体动物"。软弱而易动摇,自私自利,自以为是。我所见的韬奋却和这些人并无相同之处。

诚如茅盾先生所说,韬奋是永远年青的。我和韬奋同年龄,但在韬奋前面,我惭愧他比我年轻的多。在不论怎样困难的时期,他总是保持着年青人的一种生龙活虎般朝气,文如其人。他的文章特别为青年人所爱读,也就是这缘故。

当初我不大明白,后来我懂得了。仿佛有一位诗人说过现实是土壤，生命是花木，而爱是肥料。有了爱的滋润，生命是永远年轻的。许多二三十岁的人，没有爱，只替个人打算的，那在精神上成为垂死的老人，韬奋有热爱，所以不老。

什么是韬奋的爱？那是对国家的爱，对人民的爱，对人类的爱，对真理的爱。是这种伟大的爱造成了韬奋的坚强的人格。也是这种伟大的爱，产生了他的有强大吸引力的文章。

韬奋不是一个大思想家，也不能算是一个不朽的作家。就文章方面，学术方面，韬奋的成就是有限度的，但是谁都得承认，他的言论的影响非常广大普遍。他所创办的《生活周刊》与《大众生活》，销售到十五万至二十万，使国民党特务都不能相信。在国内国外，凡是有中国人的地方都有韬奋的读者。

这是为什么呢？由于韬奋是一个真正的爱国者，伟大的爱国者。

一个真正的爱国者，不一定需要有伶俐的口才，也不一定需要有高度的写作技术，只要他有坦白真诚的热情，他的主张就引起广大群众的共鸣，他的言论就成为人民大众的喉舌。但丁、米尔顿、屈原、杜甫、雨果、罗曼·罗兰是爱国者，不是由于他们的伟大的作品，而是由于他们的作品中所表现的伟大的人民的爱。

"九一八"以后的十年中，由于韬奋和年轻爱国者的不断的呼号，引起了"一二·九"的北平学生运动，促成全国各阶层各党派团结合作，抗日救亡。一方面挽救了民族的危机，另一方面掀起了争民主的浪潮。这民主运动虽然到现在并未获得完全胜利，却已成为不可遏止的巨大潮流了。在这中间，中国知识分子尽了最大的努力，而韬奋是其中重要的一个。

因此，十五年前我对知识分子的观点是不能成立了。虽然甘心替权贵帮闲，甘心当奴隶总管的知识分子，依然到处存在着，而且变本加厉，有的居然改充特务了。但是中国民主革命一日未完成，大部分进步知识分子，良心一日不会灭绝。在目前的反内战反独裁斗争中，全国文化界人士依然是站在最前线的。记得在《生活》周刊时代，从事实际救亡运动的还只限于一部分青年学生界。而现在则连六七十岁的老学者、老教授都冒着生命危险去参加和平请愿。马叙伦老先生都在领导反内战大游行。谁能说时代没有进步？谁能说知识分子是永远脱离大众的？

不过，民主阵线的损失不能不算得十分惨重。韬奋去世已经两年了。杜重远先生被军阀盛世才戕害。此刻报上传来噩耗，李公朴先生又遭了独裁者的毒手。这种穷凶极恶的罪行，会燃着全国广大人民的怒火。无数爱国者所流的鲜血，总有一日培养出灿烂的自由之花。正如法国人所说：

Les hommes Passent

La France reste

（众生逝去，

法兰西仍在。）

我愿以此二语，慰亡友在天之灵。

一九四六年七月十五日于新加坡

（原载1946年7月20日新加坡《风下》周刊第33期）

久长的纪念

茅 盾

韬奋先生尽瘁于文化事业，生前最大的快乐是办刊物，而最大的志愿是照自己的理想办一个报。他办刊物的时候，全副精力都交给了刊物，日夜所筹划者都是如何反映人民的要求，满足读者的需要。他办一个周刊，比人家办日报所花的精神、时间相差不多，或且过之。

在这里，我想起了杜重远先生，我们俩生前是挚友，而待人接物之热情坦白，办事之认真，亦复相似。重远先生在新疆，辞建设厅长不为而宁愿办那只有百多个学生的新疆学院；他办这学院也是把全副精神、时间交给了它的，清晨在零下二三十度的严寒中和学生同上早操（因此而得关节炎症），每天和学生同一食堂吃同样的饭，日夜所筹划者都是如何充实学院的内容，提高学生的学习情绪，指导学生的生活。但不幸以此遭忌，竟被冤杀。

韬奋先生和重远先生此种办一事则认真到底的精神，不肯做官而尽瘁于文化事业的操守，值得我们景仰和学习。现在抗战虽已胜利，而和平民主团结的大事业前途阻碍尚多，文化工作重要甚于战时，然而不幸两先生都已不在人世，典范遽丧，无限痛悼。为了实现民主，《生活日报》及生活文化教育馆的拟议，希望其早成事实。新中国的新闻事业需要发扬民主的作风，民主中国的文化界需要培植坚贞朴质的青年战士，两先生毕生孜孜不倦以求达成者，不外这两个目标。我觉得完成他们未竟的志愿,也是最好的纪念方法。海外工商界文化界贤达不乏两先生的神交,想来对于这件事也是赞同的。

(原载 1946 年 7 月 20 日新加坡《风下》周刊第 33 期)

默　念

兹　九

　　韬奋先生的文章,一贯的是严正热情明快,同时经常带上几句幽默词句或来一个笑话,所以虽然一篇长长的文章,甚至厚厚的一本书,常会使你一口气读完,不觉疲倦,不会感到枯燥沉闷而读不下去。

　　先生的日常生活,待人接物,也有这作风。他做工作,一贯地非常热心,非常严格,非常认真,也很迅速。工作完了,他要找愉快,变成很活泼,他不但自己寻快乐,同时常使得他周围的人,也一同愉快。他在工作中,对待干部,十二分认真严格。他们(或她们)在工作中,万一有错误或懈怠,他一丝也不放过,严厉地督促改进,训练他们动作迅速,记得一位帮忙先生整理稿件信件的朋友,曾经对我说过:"跟邹先生工作,真紧张,我常会在冰冻的十二月里,急得流热汗。"可是一下工,他却会和孩子一样,对他们有说有笑。

　　"八一三"抗战以后三个多月,国军因为战略关系,退出了上海,文化工作者,不能再留在上海。生活书店的人员,也转移阵地了。大家到了汉口。发行部的人住一个房子,编辑部的人住一个房子。过的是集体生活。编辑部,十多个人住在一家文具公司的楼房里。我们除出职业上工作(编辑杂志书籍)以外,还参加救国会和各种团体活动,大家忙得不亦乐乎。邹先生常说:"我们真够得上'穷忙'两个字。"工作是忙的,生活是清苦的。伙食是包的,每餐十多个人围坐一桌，浅浅的四碟菜，一下子风卷残云，饭还没有吃上一半，菜碟子已光光的了。邹先生每餐总得讲笑话，或者夸张地摹仿某个人的奇怪姿势，引得大家笑痛肚子。于是他说："只有这样笑笑，大家才可将光白饭吞下肚子，也会觉得很舒服。"

一九四〇年，我离开了重庆，经过了几个战地，到了香港，不久新四军事变勃发，那时金仲华先生在香港主编《星岛日报》，他说："重庆的形势很不好，各地的生活书店都被封闭，邹先生也许会来香港吧。"不到几天，邹先生真的突然飞来了。我们又同样大家一起吃饭谈论国事。但是和在汉口的情形完全不同了。在汉口谁都觉得国家前途充满着光明的希望，而现在这希望已渐渐暗淡了。虽然这样，邹先生还会在忧苦中作乐，使朋友们欢笑。我们每天在金仲华先生家里吃饭，饭前饭后，邹先生依旧会和在汉口同样，不谈则已，谈起来总是有噱头。在那时我发现了邹先生还有一套滑稽得使人笑弯腰的本领，那是卓别麟的八字步和滑稽相。这时卓别麟的《独裁者》正在香港上演，先生摹仿得惟妙惟肖，使得一群亡命朋友，大家破涕而笑。

在苏岛流亡中，我和愈之，经常纪念着先生。胜利后回到新加坡，报上盛传着先生病死苏州故里的消息，我不相信，因为先生的一生，始终是乐观的，他会苦中寻乐，虽然我们已经知道，国内抗战到了最后几年反动势力更加猖狂了。但是我相信，像先生那样决不会因悲愤而致死；加上先生虽然已经是近五十岁的人，但是他的外表和他的内心，还是个青年，他很健壮，怎么会病死呢。我不相信。我想可能先生为了避免特务的到处搜索密谋暗杀，宣布死了，让他们可安心。愈之听了我这话，点着头说："你这想头虽然有些傻，但也有几分可能，但愿如此。"过了几天，上海朋友来了信。那是用楷书写得工工整整的，一眼看去倒像一封官函。里面只轻描淡写地告诉了一些过去在"生活"一起的朋友的行踪，后面具名只一个"清"字。朋友中间,没有一个叫"清"的,突然我发现这个"清"字的签名,很有些像先生的手笔,愈之也说确实有些像,我以为我的猜想中了:邹先生没有死,而是隐蔽起来了。于是我像回到了上海,回到了汉口,回到了重庆,见到了先生。然而日子很快过去,接着报上盛传毛泽东到重庆,蒋毛会见,签订《双十协定》。国内重见团结合作的曙光了。朋友们的信,也一封封来了,谁都来信告诉,朋辈中死了韬奋,死了重远,是天大的损失。要我们在南洋好好活着。

从此我的傻想破灭!起初是看了信发呆,后来是悲伤,接着是愤怒。最后我驱除了这一切,埋下头来,咬定牙根,默默地工作,工作,工作……着。我好像又看到了先生和我们又在一起!

(原载1946年7月20日新加坡《风下》周刊第33期)

韬奋先生在东江时

汪 洋

如果说,真挚的回忆往往是后死者的泪源,那么,作为一个曾经是东江解放区战士的人来回忆韬奋先生在东江解放区时的种种,无疑是愈加令人感到悲痛的。

韬奋先生与东江解放区的一段"姻缘",是在香港沦陷以后。东江纵队挺进港九的队伍奉到了命令:尽一切力量营救留港的文化人,要把这看成为一件光荣而艰巨的战斗任务。于是韬奋先生从敌人的搜捕中脱出了虎口,翻过了元朗的大山,投入祖国的怀抱,然而当时惠州一带的国民党当局则已布置好通缉的密网,所以韬奋先生不能不在宝安解放区留住下来,一直到四月张光琼内战军大举进攻以后,才冒险离开东江。

当他留在宝安的时候,东江纵队还未成立,地区还很狭小。他大部分的时间就是住在山头的草寮里。有时情况紧张,还得从这个住惯了的山头转移到数十里外的另一个山头去,但韬奋先生从来没有半句怨言或者任何不满,总是带着愉快的心情随着队伍夜行军的。住下来的时候,他每天早上都进行健身运动,中午就跑到大瀑布的溪边去洗冷水浴。本来总队部是指定一个"小鬼"同志帮忙他洗衣服的,而韬奋先生照例地在沐浴后就自己动手洗完,然后躺在大石块上晒晒太阳。因此韬奋先生留在东江的时候,虽然身体很孱弱,但很少生病。有一次我和他谈起话来,他说:"现在药物如此缺乏,如果生起病来,可要花费公家不少金钱的呀!"

他到了宝安后几天,就参观了密林中的油印室。在《东江民报》的招待会上,他又仔细地把报纸和别的宣传品欣赏研究,对油印技术的创造,大大的引为惊异和赞美。茶会开过以后,有人请他写"报头",他就毫不迟疑地写了"东江民报"四个挺秀的字。过了几天,他又题了"保卫祖国　为民先锋"八个字送给曾司令(当时是三大队的大队长),于是其他一群文化先进也就纷纷挥毫,可谓极一时之盛。

韬奋先生生活是那末严肃但又是那末年轻活泼的。在和《东江民报》的同志住在同一山坑的期间,每天晚饭后,就有许多人围着他,要他讲故事,讲世界珍闻。韬奋先生没有架子,什么人请他讲,他都不会使你失望。他告诉我们那些在《抗战以来》中不便写出和未写出的官场秘密和趣闻,而且又是那么幽默地讲着,经常引起大家发笑。韬奋先生不单健谈,而且可以说是"多才多艺"。在一次和脱险文化人联欢的晚会上,我们请他表演节目,当时他要求入寮五分钟,保证不会躲赖。等到重新出来的时候,不知是谁首先远远看见了,大家就连正在进行的节目也丢下不看,站起身来欢迎那位久违了的差利·卓别麟。原来他事先已借好了一枝手杖,一顶高毡帽,又从一个戏剧家那里借来一个假胡须;化装之后,才施施然地从山寮走出旷场,大大地表演了一番差利式的舞蹈。这一出人意表的精彩节目,不仅在化装上十分逼真,而且举止动作都非常娴熟。引得大家笑痛了肚皮。

韬奋先生留在宝安白石龙山头的时候,华南队(当时的干训班)请他上政治课。韬奋先生一口答应了。每天的下午就从总部步行到村中的天主教堂来,讲的题目就是他毕生努力以求的民主政治问题。有一次,内战的枪声在山背后响起来了,干训班大部分学员也登山准备作战了;但过了一会,情况没有变化,依然上起课来,韬奋先生又是那末耐心地讲着,而且那次讲得特别兴奋。过了不久,因为战斗的环境日益恶劣,上级同志就决定将韬奋先生送到苏北解放区去。临走那一天黄昏,干训班把队伍集合起来,请他讲话。韬奋先生望着我们的枪,望着我们的面庞,很沉重地对我们说:"我为民主与自由而努力奋斗了这末多年,然而终感我们的力量不够。现在我看到你们光亮的枪,见到你们亲热的面庞,我是多末兴奋和坚强呀!这才是我们胜利的保证呀!……"他告诉大家:要保卫自由和民主,就得紧握自己的枪杆。讲着讲着,大家的心都跳动起来,有些人还红润了眼眶!

今天,当我们悼念韬奋先生逝世两周年祭的时候,我的心情可说是无限悲痛,感慨万端,然而韬奋先生真的死了吗?不!韬奋先生永远活在东江人民心里!活在千千万万人民大众的心里!

(原载1946年7月21日《正报》旬刊新1号)

从生活上向韬奋学习

萨空了

韬奋是一个伟大的民主战士,同时是一个社会上最不自私的好人;——也惟其是一个社会上最不自私的好人,他才能成为伟大的民主战士。

在私有财产制度存在着的现社会中,人类大都很难跳出"自私"这一个关口,更很难不爱钱,不成为钱的奴隶。所以在现社会中只要是不自私(也就是能看轻钱的人),很自然的便可成为交口称赞的好人,也惟有这种好人,才有成为伟大民主战士的可能。因为作伟大的民主战士的条件是要肯为他人的幸福,牺牲自己的生命;一个有自私心的人,当然不肯作这么大的牺牲。

抗战发动,上海沦陷,大家流亡到大后方来以后,在重庆,在香港,我和韬奋总是住的很近。在重庆他住在枣子岚垭衡舍,我住在犹庄;在香港他住在弥敦道半岛酒店旁边,我住在汉口道;他的孩子和我的孩子,总是在一个学校读书,两个家庭间的往还太多,我对他遂有了过去所没有的深切了解。

韬奋大我差不多十岁,可是在我看来,他天真得像一个孩子,这一点他的夫人沈粹缜女士是有同感的,她经常也像照顾一个孩子一样地照顾着他。韬奋从来不大过问现实的经济问题,家里的经济有太太管,生活书店的经济有徐伯昕管,他只管写文章,办刊物,为民主事业奔走。他甚至每次出门都要由太太为他想好,今天要用多少钱,给他放在口袋内。例如今天出去和朋友聚餐或请客,该准备多少钱,这都是太太的事。他太太曾有一次告诉我说,小孩子和他开玩笑从他的口袋中拿了钱,过了几天他都不知道,等孩子告诉他时,他竟反问他们:"会有这种么?"这当然是因为他很幸运,家里有一个好太太,事业上有一个好朋友,分去了他在经济上的顾虑;但环境的造成还是由于他根本不喜欢在经济问题上用心思。我知道他的太太就常常为了经济困难发愁,这种情形他如果知道了,马上也会非常不安,他认为太对不起太太了,可是假如这时有一个朋友来和他谈时局,谈工作,立刻,他就能兴奋地忘了他的家庭经济困难。在重庆,他们只有两个斗室,还是楼上一间楼下一间;在香港他们也只分租人家两间后房,一家五口总是很勉强的才能挤得下。但他许多的著作却都是在那种局促的环境下产生的。说拥有生活书店那么大一个事业的主要人物,一向过的是这种生活,有谁能相信?但他正因为他过的是这样的一种淡泊生活,所以他能坚持他自己的主张,为中国民主事业贡献出来最大的力量。他曾宁愿让各地生活书店都被查封,而不肯与压迫他合作的人合作;他为了争不到言论自由,立辞参政员出走,这是普通人所不能作到的,他何以能作到?无非是为了他和他的家庭过的是最简单的生活,到任何地方,都不会生活不下去而已!在多年的考验中,我已看得很清楚,凡是真能为民主事业努力至死不变的人,一定先要是一个不自私,且能过很淡泊生活的人,在私生活上不能淡泊,即或现时他为民主很尽力,但将来谁也不敢担保他的变节!

在谈纪念韬奋、学习韬奋时,我盼大家能从他的私生活上学起,只有从这一点上学习,才可能养成真正的民主战士!

愿今天在争民主的战线上努力的或想到争民主战线上来努力的朋友们,能"三复斯言"。

(原载1946年7月24日香港《华商报》)

韬奋与大众文化

胡愈之

韬奋是属于大众的,是为大众的。

韬奋不是一个文艺作家,他不曾想到要在文坛上占把交椅,在中国文学史上,他的地位并不重要。

韬奋不是一个学者,他没有得到博士学位,没有当过大学教授,也没有专心研究过一门学问。即使有之,成就也是不大。

韬奋更不是一个政治家,也没有那种小政客投机钻营的恶习,他最不爱在政界中厮混。他天真率直的性格,不适合于干实际政治。即使让他走上政治舞台,我相信他也未必有经国之才。

韬奋自己明白,他不想入政界,他只希望做一个新闻记者,拿办报办刊物作为他的终身事业。虽然如此,韬奋的影响是伟大的,他的影响普遍深入于苦难人民大众中间。他不是什么大作家,可是他的作品得到非常广大的读者,他不是政治家,而他有广大的群众拥护,他不是学者,可是他在中国大众文化运动上有极重要的位置。

《生活》周刊和《大众生活》在检查禁寄禁阅的重重限制之下,平均的销数,达到十五万至二十万份,创造了中国期刊销行的新纪录。在国内,许多反动势力控制的学校里,生活书店的出版物是被禁止的。但是学生们却大多数都偷定一份《大众生活》,在宿舍里,在厕所里瞒着人偷看。

在海外,无论是怎样偏僻的小岛上面,只要有中国人的地方,都有韬奋的读者。当我在苏门答腊避难的时候,有些小地方,只有一二百个华侨,甚至都是不能讲国语的,但是其中就有人读过韬奋的著作。棉兰有一家肥皂商,模仿《生活》周刊报头上"生活"两个题字做它的牌号,这可以想见韬奋在华侨中间影响的巨大了。

某些特务分子不相信《生活》周刊有这么广大的销路,更不相信生活书店能得到大多数读者的拥护,因而怀疑到韬奋和生活书店一定是受什么党什么派的津贴,但到后来,把生活书店营业实况调查清楚以后,才知道《生活》周刊的确有一二十万的销路。因此认为要打击《生活》周刊是不可能的,除非是把韬奋监禁,把《生活》周刊禁止,把生活书店封闭,后来就这样做了。

韬奋没有任何权势和金钱作后盾,仅仅靠了一支秃笔,能号召数百万的读者(二十年中读过韬奋著作的人算起来,至少以百万计)。他不是一个演说家,也不是一个大政治家,而有千千万万的群众拥护,其中到底有什么秘窍,有许多人都在疑问着。我曾经研究过这个问题,研究的结果,我认为秘窍是没有的。如其有,那就是因为韬奋在写作方面能够做到了真正的大众化。

文艺大众化的问题,在中国文坛闹了二十多年,还没有得到全盘的解决,韬奋从未研究过这个问题,但从事实上他把这个问题解决了,至少解决了一大部分。

韬奋是属于大众的,为大众的。韬奋是个知识分子,而且是从中等阶级家庭出身,但由予他的爱民族爱人群的热情与智慧,使他克服知识分子小资产阶级思想,而成为人民大众的发言人。他为大众说话,为大众诉苦,为大众嬉笑,为大众怒骂。他站在大众立场,唤醒大众,教育大众,而埋头向大众学习。这就是韬奋成功的秘窍。

有些自称为"大众作家"的,在他写作的时候,却是以自己做成作家为第一,而大众为第二。因此往往既不"大众",又不成为"作家"。即使做成了"作家",也一定是脱离大众的作家。但韬奋则只是为大众而写作,并未想到要使自己成为作家。由于此,他不自觉地成为真正的大众作家了。

我并无意菲薄作家。但我总以为一个作家,要是为了要做成作家而写作,那就不免要和大众脱离关系。大家要听为他们而说的话,不要读不是为他们而写的文章,至于你是不是作家,他们是不管的。

就韬奋的写作技巧来说,缺点也很多。但这些缺点同时也可以说正是他的优点。例如他的文体,有时拖泥带水,半文半白;有时翻来覆去,架床叠屋;甚至有时带一点低级趣味。假如韬奋要想做成一个作家,他就不会这样写。他没有想到这点。他只想到要使大家一般都看得懂,读得懂,就不应当避免半文半白与架床叠屋。而且为引起文化水准较低的大众的阅读兴味,低级趣味的手法,不但不必避免,而且甚至是必要的。

鲁迅的写作方法,采取高级形象化,而韬奋则采取低级形象化,对于落后的大众,低级的形象化自然比高级的形象化更容易接受,所以就作品的永久价值来说,韬奋断不能和鲁迅比较,但就宣传教育的作用来说,韬奋对于同时代的影响,却比鲁迅还要来的普遍。

近年来,大众正在努力反党八股,韬奋至少没有犯党八股的毛病。由于他是为大众的,从大众学习的,说的是大众的话,所以他从不无病呻吟,亦决不无的放矢。由于他的热情奔放,他的文章,自然丰润富裕,决不至于像个瘪三。

我以为韬奋拥有广大读者群,有最普遍的群众影响,诀窍就在于永远为大众,向大众学习,站在大众前头,而不脱离大众。如果这是大众化,韬奋是做到真正的大众化了。

中国人民大众文化水准依然十分落后。当中国真正走上民主化的道路时，大众文化运动是非常迫切需要的。要是四万万的人民大众，没有他们自己的报纸，没有他们自己的图书馆，要实现民主政治是不可想象的了。韬奋生平所追求的事业，就是要建立一个真正为大众所需要、作大众喉舌的报纸——《生活日报》。此外，就是要普遍建立大众图书馆，使人人能有书读。

所可伤心的是韬奋不及亲见中国民主运动的胜利。他所追求的事业还没有开头，他就死了。他死了！他却活在千千万万人民大众的心头。现在，继承他的遗志，广泛展开大众文化运动，这是我们后死者之责了。我要求海内外一切爱韬奋的读者，一切民主运动者分头努力，使《生活日报》与大众图书馆的计划，会有一天完全实现。这不是什么难事，只要我们文化工作者，个个和韬奋一样，立志向大众学习，为大众工作，永远不和大众脱离。

（选自1946年上海版《悼念韬奋》）

记忆中的韬奋先生

廖沫沙

我也和千千万万的朋友一样,是先认识韬奋先生的文章,然后见到韬奋先生本人的。

一个温文厚重的和善天真而且年轻的人,这就是我对韬奋先生的第一个印象。

一九四一年的春天,我到香港来参加《华商报》的工作,不久就听说韬奋先生由重庆安全脱险抵港。但是我见到他,却是在九龙一家餐室的集会上。这天我去参加这个集会,到得虽早,但座位却差不多坐满了人。我走进最里面的一列横席中,还有两三个空位,随意拣了一个坐下来,一面吃点心,一面静听到会的人们谈笑。我已经记不起这是一个什么性质的集会,只记得席间引起发笑的言谈很多,满座哄堂的时候也有。在我旁边就有一个人在不断地发出笑声,不知道他是什么时候坐到我身边来的。

这人看来年纪并不大,不会比我年长多少,也不会比我年轻多少。但是看他那种捧腹曲背的笑法,却像一个二十岁左右的朋友。面孔稍觉微黑,笑起来两眼呈向上弯曲的形式。身材瘦长,笑的时候满身都在抖动,可见他的快乐是没有任何掩藏或保留的。

开会了,有人说:"请邹公主席吧!"在我身旁的这位嬉笑的人连忙摆着手表示谦逊,口中说:"不行,不行。"这时候我不禁大吃一惊,心想:"啊?他就是韬奋先生!"

我不觉感到一种不安,觉得我旁边发生了——或者是存在着——一种异样的、说不出的新事情,我的心突然跳动起来。这是我第一次看见邹韬奋先生。我立即觉得他比我年长多少倍虽然他本来的面貌并不比我大多少,我也立刻觉得他比我高大,比我伟壮,虽然他本来的身材并不比我高多少,大多少。

从此,我常常在集会中或私人会面中见到他,但是除开看到他的喜笑和感觉他的温良和煦之外,很少听见他在集会中发言,或个别会面中滔滔不绝的讲话。在谈话中,他对别人的询问多于他自己所发表的意见,他好像样样都不懂,样样都向人请教学习似的。对于别人所回答他或别人所讲的,他也好像是从没有听到过的一样,表示赞叹,表示称许,表示肯定,表示承认。他这种谦抑,几乎使人不能想象,他就是那写过《萍踪寄语》和《萍踪忆语》那样识见广博、研究精湛的韬奋先生,也使人不能想象,他就是那主编《生活》、唤起千千万万青年的爱国热情、指导千千万万青年走上救亡图存大道的韬奋先生,更使人不能想象,他就是那历经险阻、为人民为民族坚持民主团结、百折而不挠的斗士!

对于韬奋先生的日常生活,我是知道得很少的,我只听见许多亲近他的朋友们常常说到他的一些有趣的故事,譬如出门便不认识路、用钱计不清数目之类。

但是一九四二年春间,香港沦陷,当我从香港逃到东江游击区,和他同路走了若干时日,却发现他是一个生活谨严细致、行动整饬而有条理的人。在东江游击区,我听他公开演说过,也和他较亲近的个别谈过一些话。一方面觉得他是我的前辈,他是一个长者,同时也觉得他是我的朋友,我的同伴。这就是说,我觉得他很容易亲近,和我相距不远。

他的温良和诚恳,我想是任何一个见到他的人都能感觉到,并且留下深刻的印象。他的趣味广博,他的态度坦白无隐,他是一个愿意把一切所有的告诉别人、交给别人的人。他没有任何私心或成见,他也不作任何掩饰或虚伪。我们只要看见他捧腹曲背、全身抖动的笑法,就可以知道他心无城府,不留半点秘密。

只要是和他曾经相处,没有人不感觉离开他便如有所失。我离开东江游击区的时候,觉得最可怀念依恋不舍的一个人,就是他。

然而他现在永远离开我们了。

(原载1946年7月24日香港《华商报》,署名怀湘)

韬奋在东江

陈汝棠

一九四四年冬,我为了要会见相距一百余里的朋友,独自走了两日的山路,跑到粤东某县的一个乡村。这个乡村也就是韬奋先生曾安稳住过三四个月的地方!会见了朋友时我才知道韬奋先生去世的噩讯!我悲痛!我愤恨!我痛切感到他虽然是因病而死,然而代恶病菌制造杀人机会的还是中国法西斯的凶徒!如果不是中国法西斯凶徒的压迫,韬奋不一定会病,就是病也不一定会死!直到去岁敌人投降,大家都在庆祝胜利的时候,我做了一个梦,在梦中韬奋先生突然拍着我的肩膀说:"日本投降了,但法西斯主义却没有投降!抗战胜利了,但自由民主还没有胜利!抗战胜利后的华南将比抗战时更困难,因此老弟肩上的担子也将比救国会南总时代更重,所走的路也将更艰苦!"我一觉醒来忍着泪坐到天亮。今天却是我们这位民主战友逝世二周年祭的日子,我提起笔写这篇纪念文字时,我首先就想起这场梦,就从这场梦写起。香港沦陷前,我和韬奋先生是同住在这个岛上,但除了第一次在群星书店碰到头便热烈地畅谈了两个钟头外,以后便很少会面。但是不是冷淡呢?不是的,我们都忙于各人所负的工作,表面上虽少往来,但我们为民主的热血却无时不交流在一块!香港沦陷后,我们所担心的是民主战友们的安危,而自己的安全反而忘却了,一天到晚都是东找人西借钱。有一天此生先生跑来见我,他说。茅盾、韬奋仍住在坚尼地道,他们每人只有五百元一张的港币,闻说敌人又宣布禁用!他们是外省人,容易暴露,非赶快设法不可。我即刻去找友人,借到一千元碎币,着人按址去找他们,但找不到,最后却只有自己跑腿去找,但一到他们住的地方,却发现住的已是日本人,而我踏进去反而给他们抓住了,当时我一怔,以为他们一定遭到不幸了!我还能够说几句不三不四的日本话,经过了几句盘诘以后,终于走出了火坑!及后我听到他们已脱险,我心里那块沉重的石头才算放下来。香港沦陷期间,许多革命元老、文化战士都由东江抗日游击队援救到东江去。为了安全,在游击队区是分散住在几个地方。我虽已知道韬奋先生及其家属已安全脱险,但却不知道是怎样"脱"法及"脱"到什么地方去。一个月以后我们却无意中在石坞一间屋门口碰到了!这一会面真有说不出的快慰!当我们紧紧地握着手时,彼此的热泪都不自主地夺眶而出!我见过邹夫人,也见过了他的孩子群,我要他的孩子叫我伯伯时,他便提出抗议说:"不,应该叫你叔叔!"在过去我还以为他尽多只是四十岁,而我呢?却是满头白发,不论谁来分辨都不会说他的年龄比我大,我们相互争让后,他提议用投票办法,彼此不要作声,将自己的年岁写在纸上,然后互换开票。我同意这样办,结果他的票上写着:"韬奋今年四十九岁。"真的比我还长一岁。他玩得很出神、很认真也很有趣,弄得一家大小都哈哈欢笑!再过几天,朋友们商议将他的家属先安排到桂林。然后我便与他同住一个屋子!我们得着空前的机会可以天天谈论时事,研究问题,检讨过去救运的一切工作。兴奋愉快充满着我们的生活,使我们完全忘却身在逃亡的景况之中!因此他说:我完全同意你——"我们为民族解放为民主自由的战斗,不应该说是苦斗,而应该说是快斗!(快乐的战斗)甜斗!(甜蜜的战斗)我们应该以微笑接受这样战斗!"我们天天自己洗衣服,洗好了,摊在地上晒。我们便也一同晒在太阳光下,或盘膝对坐,或仰卧地上,一直等到衣服晒干才回去！有时候便赤着身体跳进小溪里去冷水浴,浴回来,又给太阳晒。除了下雨天,我们天天都是这样做,因此又产生了我们净化民主战士的理论！有一次我提出说："在我们过去的生活中,这样的机会是没有的！这里有旷无涯际的天空,绵延不尽的岗峦,有宝贵的阳光,清新的空气！我们应该领受这大自然的恩惠,也应该向这伟大的大自然学习！"学习'天地之所以为大'的精神,学习'包罗万象'的胸怀与气魄！我们应当虚心坦白,让大自然熏陶及净化我们的精神与躯体！"他拍着手跳起来说："虽说我们都是真心诚意为民族独立、民主自由而奋斗,然而我们总难免有或多或少的污垢,因此我们也必须时时洗涤,尤其是自己落手洗涤,给太阳晒干,完成民主战士的净化工作！"这一段生活,好像还是昨日的事,然而这一代民主斗争的巨人却已离开我们足两年了！他死了吗？是的,他的躯体死了,而精神却没有死,他的精神将永远在争取自由民主的中国人民大众的心中活着！

(原载1946年7月26日香港《华商报》)

纪念韬奋先生

周建人

韬奋先生去世已经两年了,回忆十多年前的事情还在目前一般。记得那时候他办一种刊物,最受青年读者的欢迎,销数十多万,他最能了解青年的心情,并且能够不倦地写作与指导,遂成为青年的导师。经过一个时期,抗日问题日渐紧张起来,他离开了上海。等到他到上海来时,日本法西斯军队还盘踞未去。这时候只听说他患脑癌,疼痛起来很苦痛。他因为避日寇耳目,知道的人很少。后来这种病,终于医不好,于七月二十四日去世了。这一个极大的损失,今日愈看也觉得损失愈大。他对于反法西斯,对于人民解放与自由曾尽过许多力。他生前看到多年的内战,看到政治的腐败与贪污,看到人民生活的受压迫,及看到大众文化的发展受压制。史量才、杨杏佛等被暗杀的恐怖暴行也看得很清楚。他历年来对于反对黑暗、推进光明这工作上曾不断的努力奋斗,所得的功绩是不可磨灭的。

但是他没有看到日本投降以后的国内情形,黑暗又展开来,内战又爆发了。在这样民穷财尽的情形之下,为了内战要征收军粮,农民无法应付,在自杀。为了内战,在有些地方,每一保(约一百户)要抽壮丁十六人入伍,妻离子散,哀怨忿怒充满了全村。爱好民主自由主义者,如李公朴、闻一多先生在被暗杀。压迫自由主义者的确是法西斯蒂的作风,但比德、意、日的法西斯还要做得厉害些。而且在中国,象冈村宁次那样的战犯,竟将日本反战同盟员交他管理,使他们受虐待。(看五月二十九日《联合晚报》:日反战同盟员抵京,冈村宁次竟加虐待。)

同情中国、反对日本侵略的反战日人会交予冈村去管辖,任他们受虐待,把称为战胜国的华侨,让日本警察去屠杀是不足为奇的事情了。据报上说:十九日在东京被杀的华侨有四人,受伤及重伤垂死者二十人。然而有的报纸上说事情由于被杀的台湾人开枪。有的说由于与日本浪人格斗,警察帮浪人。总之是由于台湾人活该。中国代表团发表了声明,结论是轻描淡写地说"中国领事馆认为此事甚严重,即刻采取适当步骤,以应付局势"云。且看甚么是适当的步骤。中国的法西斯对内压迫更甚于那些外国法西斯蒂,而对外(帝国主义者及战败之帝国主义)的软弱与献媚,却是无可比拟的。这是非常危险性的一种法西斯蒂,会很快地把中国沦陷为殖民地的。

我们纪念韬奋先生。中国正需要这样的不倦的战士。中国的形势,现在没有比他生存时减少危险性。民主分子是在接连地被暗杀!要使中国成为独立、自由的国家,与民主是不可分离的。今法西斯一面压迫民主的抬头,屠杀民主分子,一面加上媚敌、媚外,(包括美货大量输入,海关航行权出送等等)积极猖獗地发生把中国殖民地化的危险。这种危险性是实在非常严重,必须抢救,就必须有许多民主战士来作这种抢救工作的。我们必然时时记念着韬奋先生。

俗语说"事在人为",对的,人是最有决定性的条件(或称为资本),用人力可以使中国变殖民地,用人力也可以把它造成独立、自由的新中国!

在需要更多的民主战士来把中国从殖民地化当中挽救过来的今日,死者当然不能复生,可是我们能从对韬奋先生的纪念中学习他不倦的争取民主的精神。中国民主化与中国的自由独立是不可分离的,如果不做到这一点,时常有被那些法西斯分子出卖的危险!中国人必须起来抢救,起来斗争!

(原载1946年7月27日上海《民主》周刊第41期)

记韬奋先生的葬仪

邑 君

韬奋先生,永远以正气磅礴的精神,感召着后代的继起,他虽然逝世已经两周年了,但是千千万万的人民依然想念着他,为着他坚定不屈、热烈与公正的伟大气魄,和他的艰苦自甘、创立事业,为民主而奋不顾身的精神而敬仰不已。七月二十二日,上海文化界诸先生和韬奋先生生前诸友好,趁韬奋先生灵柩安葬虹桥公墓时,发起了一个二周年祭仪。参与者有沈钧儒、陶行知、郑振铎、王志莘、沙千里、艾寒松、罗淑章、许广平、戈宝权、徐伯昕、孙起孟、胡绳、胡子婴、杨卫玉诸先生等五十余人。

在上午九时左右的虹桥公墓,送葬者都随灵柩到墓地,首先由沈钧儒先生主祭,燃香献花毕,由陶行知先生朗读祭文,朗读时不胜悲恸。邹先生逝世已二年,中国的政治前途愈益面临着曲折与危难。抗战结束,"我们懊悔你没有亲眼看见胜利。哪里知道天下为私,胜利不属于人民自己"。陶先生朗读到这里,不由使我们想到今天的国内情势险恶已达极点,反动派复以残酷的政治暗杀来虐杀人民的力量,而我们感染到邹先生毕生为民主战斗的精神,怀昔思今,不禁痛哭。一时空气由严肃而凄凉,啜泣四闻,大家环绕着邹先生的灵柩,默默地浸润在沉痛而悲愤的气氛中。

继由徐伯昕先生报告邹先生病殁经过,韬奋先生虽因癌症而致命,但他原来的健康在正常的生活情况下,病症决不至于猝然而发,他的迫于流亡,乃失去了安全安定的疗养与医药的条件。邹先生虽殁于病,其实是死于法西斯独夫政治的迫害。"我们为安慰韬奋先生于地下,只有加倍努力争取民主政治的实现"。这时,沈钧儒先生走到前面,向着韬奋先生的灵柩,激动地说:

"韬奋先生,你安息吧,你虽然离开了我们,但是我们依然一样地在一起,我们要继着你的遗志努力到底的——韬奋先生,你并没有死,一个人的躯壳的存在与否有什么关系呢?没有关系的!我们不知道什么时候再会,然而我们始终没有分开,我们紧紧地在一起……但是,今天的中国还没有实现你的光明的理想——最近,我们昆明的朋友被特务暗杀了,他们的死反足以增加我们不怕死的勇气,反动派的这些卑劣无耻的手段,并不能减少我们努力奋斗的决心。韬奋先生,我们在你面前宣誓:我们要学习你的榜样,不计生死,为争取民主的胜利……安息吧,韬奋先生……"

大家为沈先生悲哀而激昂的声音所控制了,哀切,凄惶,为悼念这位一代民主战士而悲。随即,由韬奋夫人沈粹缜女士致答词,并表示感激与谢意。

末了,举行简单而隆重的入土仪式,花圈环集着灵柩,泥土覆盖着这位人民战士的英骨,我们敬爱的韬奋先生,遂从此永别着我们而长眠了。然而,我们记住了沈老先生今天所说的话:"一个人躯壳的存在与否有什么关系呢?"是的,我们有着为广大的人民的事业而努力——哪怕是牺牲的决心,邹先生给了我们不灭的光荣的楷模,他虽然死了,而中国人民手创的民主事业必将兴隆,我们目击着中国人民在战斗中建立起了光辉的功绩,而他的坚持不屈的精神正潜流在每一个战斗者的血液里……

韬奋先生不正是活着么?

(原载 1946 年 7 月 27 日上海《民主》周刊第 41 期)

韬奋先生印象

郭沫若

瀛谈百代传邹子，
信史千秋哭贾生。

这是我在一九四四年写的挽韬奋先生的一副对联，因为那年的十月一日在重庆的朋友们要开会追悼，我赶着写出来的。我还记得是用一张四尺宣纸对划开来，写上的。这联辞在我自己认为表示得比较贴切，不过由别的朋友看来，或许会感觉它的浮泛吧。

我和韬奋先生相识是在"七七"事变以后。在这之前韬奋在舆论界、文化界，嶒嵘地奋斗着的时候，我正亡命在日本。当时是远远地但却兴奋地瞻仰着下风。事变后在七月二十七日我回到上海，我们虽然同在上海住过一段时期，但因为各忙着各的工作，很少接近。在上海成为孤岛之后，我们是同一只船撤退的。那是一只法国船，船名我不能记忆了。那只船差不多满载着上海各界的知名人士。廖夫人何香凝先生是在这只船上的，韬奋先生、金仲华先生，还有好些熟朋友都在这只船上。开船是十一月二十七日，我记得很清楚。就在这一天，在开船后，韬奋先生和我在二层的甲板上品排着走来走去，一面走一面说，说了将近有一个钟头的光景。这可以说是我同韬奋先生最亲密地谈话的第一次，而且也是唯一的一次。我们虽然是同船到香港，但我在香港暂时留下了。韬奋先生则和别的朋友经由广州梧州直往桂林，再由桂林转达武汉。后来我也到了武汉。在抗战初期我们虽然同在武汉，武汉撤退后又同在重庆聚会过，但我们见面作单独谈话的机会很少，甚至可以说不曾有过。因此，一九三七年十一月二十七日在船上邂逅的那一段纪念，留在我的脑里最深。那时我们还怀抱着许多幻想。我那时很想到南洋，因为韬奋先生到过南洋，我便请教了一些那方面的情形，同时又谈到苏联和其他的国际形势。韬奋先生对于桂林和新疆方面的工作也抱着很大的希望，认为从边疆着手，可以促进现代中国的全面化，神圣抗战的全民化。南洋我没有去成，韬奋先生对于边疆的希望后来也成了泡影，但我们在船上的那一段谈话是使我永不能忘记的。我那对联中所说的"瀛谈"，与其说是从韬奋先生的著书如《萍踪寄语》或《苏联的民主》之类得来的印象，认真说主要就是指我们的那一段谈话。

　　我比韬奋先生为邹衍，或许有人以为只切到一个"邹"字吧，更或许会有人感到瞠惑，怎么竟把现实明朗的韬奋先生和阴阳五行的怪论家相比？这个我须得加以说明。邹衍，在我认为正是一位现实明朗的有气魄的一位学者。他的著书可惜失传了，剩下的遗说，骤看好像是夸诞，但他所讨论的范围是限于历史与地理，而方法是由小以验大。虽然多少不免失之夸张，但在两千多年前他就预言到整个地球的一个近似的情况，那倒是值得我们钦佩的。尤其是他把阴阳对立而生变化以说明历史的演变，以简单的元素周期律——五行的生克来肯定革命的可能，这是更有远见的惊人的宏论。可惜当时实验的工具不够，没有人来实验他的大九州之说，那简单的元素周期律也没有更细密地推进，而且变了质而已。阴阳五行之成为了怪论只能怪秦汉的一些"不通"的方士，邹衍是不能负责的。在这注重历史与地理的现实立场，而眼光宏阔可以开拓百代的心胸这一点上，我认为以邹衍来比韬奋，是再贴切也不过，对于韬奋我并不敢有所辱没。

韬奋先生是最关心青年的人，他真是一位理想的青年导师。而韬奋先生所给他人的印象，特别在我的心目中，也始终最得是一位青年。不仅他的精神是那么年轻，就是他的面貌、风度也总是那么年轻。他的身材适中，面目秀丽，口齿清白，态度纯真，我始终感觉着他只有三十岁左右那样的年龄。我相信别的朋友对于这一层一定也有共感吧。而韬奋先生是极热忱的爱国者，他的文章有神，为国事慷慨陈辞，感人至深也至广，这更是大家所公认的事。因为韬奋先生给我印象那么年轻，而痛陈国事的文字又那么磅礴有力，所以我印象地感觉着他就像汉朝的贾谊。贾谊，这是我们中国历史上永远年轻的爱国政治家，他的痛哭流涕的《陈政事疏》到今天都还感动人，他的年龄虽然隔了二千年，依然被人称为"生"而感觉着亲爱。我对韬奋先生也正有这同样的感觉，我相信百代的后人也永远会把韬奋先生当成为一位青年的吧。但贾生为时代所限，不免感情用事，只是偏于爱国，偏于爱当时的王室，而韬奋先生自然是远远地超过了他。韬奋先生是在理智的光中泛爱人民的。虽然热忱爱国，而韬奋先生爱的是人民的国。要把邹衍和贾谊加拢来才把韬奋先生的印象表示得比较完全。但也只是比较的而已。韬奋先生本质是革命家。革命家的韬奋先生就是革命家的韬奋先生，那是前无古人的。我是不是应该"哭"韬奋呢？或许不应该，因为韬奋是永生了，他在历史上永远不会死。但我在感情上依然要"哭"，就在今天我也想"哭"。一九四四年十月一日在重庆银社追悼韬奋先生的大会上，我有一篇哭先生的哀辞，那是最恳切的心声，我记得当时到会的几千人都是曾经同声一哭的。

我不感觉惭愧，我要含着眼泪作一个韬奋先生的诚实的学生。

（原载 1947 年 7 月 12 日《世界知识》第 16 卷第 2 期）

忆韬奋先生

郑振铎

韬奋先生临终时的凄惨情形,至今犹在目前,一想起来便难过得很。今日是他的逝世第三周年纪念。年年今日,友好们如何能够忘得掉他!他是不死的!他是不朽的!

假如他还活在世上,活到今天,他将怎样地愤懑不平,而且将怎样地大声疾呼着,是可想而知的。

他是一位苦学出身的人,他很早便靠卖文为生,所以,他最同情于写文章的朋友。上海第一次淞沪抗战之后,许多的文艺刊物都停顿了,商务印书馆被毁了,《小说月报》不能出版。我从北平回到了上海,和他及愈之谈起了要出版一个杂志的事,他立刻便将《文学》筹办起来。后来,和他说起《世界文库》的计划,他也立刻便答应下来,担任出版的事。像那样的庞大而有系统的出版计划,在别的书店里是再也不肯接受的——至少在那个时候。可是他对于文化工作,是如何的热心赞助着;只要他认为值得做、该做的工作,他是毫不踌躇地悉力以赴之的。

他办事最认真。要找他,差不多没有一次不会见到他的。他天天上工,天天写文章,没有什么休息的时候。见到了他的勤勤恳恳的工作着的情形,没有人不自觉惭愧而被感动着的。

他异常的天真,几乎不大知道世界有欺诈、奸变的事。因此,他不时地吃了很大的亏。然而他决不从权达变,以变更他的主张和见解。他是有所执持着的。他为最大多数的人民服务,为他们说话,为他们斗争着,一直到死。他像巨人似的,屹立如山,执着火炬,为人民的先导。他最反对腐败与贪污;他对一切不合理的事,均决不容情地攻击着,即因之招致了种种的祸害,他也不顾。

他的呼号,他的主张,得到了全国人民的同情,有了极大的影响。有一个时候,他所主编的周刊,每期曾销行到二十万份,这是中国定期刊物销数的空前的记录,至今还没有一个刊物曾经超过这个记录的。

他的勇敢,他的固执的不退却,曾感动了无数的人,也坚定了无数人的心。

可惜他是永远地去了!然而他的精神却是"永生"的!

在时代最需要他的时候,他却永远地逝去!在今日,能不格外地想起他来么?

一想起了他,便不会忘记了他的精神感召!

他的精神是永生的!

(原载1947年7月24日上海《时代日报》,署名西谛)

记香港战争时韬奋的琐事

茅 盾

在香港战争时和韬奋先生最后一次的晤谈是十二月十一或十二的午后,坚尼地道,我的寓楼。十二月八日,战事爆发后,住在九龙的朋友们都陆续逃到香港来了,韬奋想看看坚尼地道我的寓所也是否"安全"。当然,如果日本人进了香港,那么,我这寓所一定不能再用。不,即使日本人还没进香港而战事日益不利,我这寓所也未必"安全",因为才只打了两三天而已,而日本人的间谍和汉奸在香港已很活跃了。当韬奋了解了这样的情形时,他就颇为踌躇了。九龙来的朋友(连韬奋也在内),本来已经看好了一所屋子,但只是空空荡荡两间大房,什么也没有。这就是韬奋来到我处看看的原因。但我还是请他住下来再说,而他们也同意。

这时候他还没吃过中饭。我们就把冷饭炒起来,他一面吃,一面说:"那边(指他们已经看好的那屋子——笔者)连一口开水也弄不到;我们每人倒都有热水瓶,可是没有风炉和水壶,没有法子烧水。"

谈到九龙的战事,他慨叹于元朗一线之不能久守。"想不到这样快的,这样快的。"他说。看见我们书架上依然是满满的书籍,他就问道:"这些书,都不要紧么?""难说,"我回答,"多少总有点抗日的嫌疑。""怎么办呢?"他很关切又很天真地问。"明天想法搬到别处去。"沉默了一会,他又说:"这样的事,我还是第一回,一点经验也没有。"看见我望住他微笑地点头,他又补充道:"当真没有经验,人家告诉我怎么做我就怎么做。你看我学得会么?"说着他自己笑了,这笑是非常天真的。"当然,"我也笑了,"包你一学就会。""不过,我是粗心的。日常生活的琐屑事务,一向都是粹缜(他太太的名字——笔者)照料我的。"我笑了。他也想起了什么似的拍着身上的背心笑了起来。原来他这背心口袋里装着钞票,为防掉落,袋口有线缝住,当然这是细心的太太为他这样准备好的,然而他来到我寓所以后上一次毛厕,出来时可就把这件背心忘掉在毛厕内衣钩上了,幸而我们跟着就发现了,总算没有被房东的佣人们顺手牵了羊去。"果然有点粗心,"我说,"但这是你的细心的太太养成你的。""以后跟你们学罢。"他说,又高兴地笑了。半小时以后,来了一个朋友,是来找韬奋的。据他说,九龙吃紧,说不定今夜即会不守,而香港之能否坚持多少日子,也正未可知。"你住在这里是不妥当的。"那朋友对韬奋说。"那么住什么地方呢?""还是那两间空房间。虽然不大方便,问题是没有的。""好,好,"韬奋完全赞同,又邀我也去,"你也到那边去罢。房间大得很,打地铺,再多几个也住得下去。"我辞谢了他的好意。我告诉他:我本来要搬下山去,房子已经在找了,我得等候朋友的回音。"那么,要是回音来了找不到,你还是到我们这边去。"他边走边叮嘱就和那朋友一同去了。那天晚上,我就搬下山,住在一家暂时歇业的跳舞学校内。以后,香港沦陷了,又过了新年了,正月九日,我们偷过九龙,准备取道陆路回祖国,在船上又和韬奋遇见了。这时他穿了唐装,很高兴,他指着他那大裤管问我道:"看得出么? 一支自来水笔,一只手表,在这边;那边是钞票,都是粹缜缝的。"他又天真地笑了。

这一切,回忆起来,历历都如在目前。然而不幸韬奋离开我们已经有三年了。认识了真理的人,虽处危难,却能乐观,韬奋在香港沦陷之时,诚如他自己所说,他对这种颠沛流离的生活尚无经验,但他既不喊苦,更不悲观,他在琐屑的日常生活上也真想学学向来所未尝躬亲的,从这些小地方,也可见他之为人,也可供年青的一代作模范。韬奋思想的发展过程,他的认识真理的过程,我们在他的著作中历历可指数,而他的一切美德则可以两字概括:诚与真。我们要向他学习的固然很多,然而如果诚与真尚不足,则亦不是善于学习韬奋。

愿景慕韬奋者,记取他这诚与真。

(原载1947年7月25日上海《时与文》周刊第20期)

从平凡处追念他的伟大

王造时

关于韬奋兄对于民族,尤其在文化方面的贡献,写的说的太多了,或许从平凡的日常生活中,更能看出他的伟大罢。

现在从事文化工作,特别是政治运动的人们,有的"吊儿郎当",态度不谨严;有的行为浪漫,不检点,私生活一塌糊涂;有的对人处事,太苛刻,太虚伪,缺乏热情和诚意;有的个人英雄主义太重,只顾自我宣传,不顾大体,凡出风头的事情,总要站在人家的前面;有的对国事,视同把戏,玩玩政治,心里并没有那般"忠诚耿耿"之气。

可是,我们这位朋友,韬奋兄,确不是这么一个人。

他的生活态度是谨严的,工作是有计划的。什么时候吃饭,睡觉,休息;尤其是什么时候写作,看书,或处理事务,是有规定的。例如在苏州监狱里,写的那两本书,《经历》与《读书偶译》,事先便规定了书的大概内容,总共要写多少字,每天要写多少字;开始以后,他就每天非赶完他的工作,不肯罢手;决不是"心血来潮"便拚命写一阵,不高兴便丢开不去理会。

如果励志社的教条真是要履行的,而不是写在墙上或贴在壁上的幌子,只有韬奋兄够格做一个社员;如果依民主方式选举会长的话,我一定投他一票。他既不抽烟,又不喝酒,更不嫖赌,没有一点不良嗜好,确是文质彬彬的一位君子人也。

他的家庭原来是很愉快的,他之爱太太,与太太之爱他,都是

韬奋与夫人在看守所合影

专一而纯洁的。家庭的事,他不大管,几全信赖他的太太。嫂夫人沈粹缜女士真是一位贤妻良母,同时却是一个识大体明大义的爱国者。她对于韬奋兄的照料、关切、同情、安慰,可以说是无微不至。她这种温情是我活到现在为止所仅见的。天冷了,她怕他衣着的太薄;吃饭,总要多给他一点滋养品;遇到困难,她给他以慰勉。"仁慈"和"温厚"是粹缜嫂夫人的德性,也是人类最高的德性。

一个人的行为如果谨严,往往流于呆板。但韬奋兄却是那么天真、活泼、热情。对于朋友,尤其是青年朋友是那么诚恳。你讲话,他倾听;你有困难,他同情地和你商量;如果见解不同,他和你辩,辩得面红耳赤,过后又是和蔼如初;他没有一点架子,根本不懂得怎样摆架子;他一点也不虚伪,因为他丝毫没有虚伪。在苏州,被翁检察官侦查时,他说明了联合阵线与人民阵线的分别以后,那位姓翁的硬要裁他是主张人民阵线,并说了他一句"言不由衷"。他气急了,跳起来,连声大呼:"抗议,抗议,抗议检察官的无理!"这样的激动,正表示他的真情,而他的真情是向来不说假话。

民国二十九年夏,我因为代表国民参政会参加军风纪巡察团,巡视第九战区,到了赣北的最前线的高安上高一带,受了暑,生大病,回到系籍安福休养一个多月,与外面不通消息。忽然国内外的报纸登出了围黑框框的新闻,说我死了;敌人并且加油添醋煞有介事地来一个广播,说我在前方巡察时,被"我机扫射受重伤不治而逝"。许多朋友都为这条消息着急,叹息,伤心。韬奋兄就是其中最关切我的一个。在安福,我的太太忽然接到好些电报,询问我的究竟,其中就有他发来的一个"造时兄安否"。不久我到了重庆出席参政会,久别重逢,又惊又喜之下,他高兴极了,紧握着我的手不放,连说:"你好,你好,你没有死,几乎把我们急死了!"一片真诚,万般友谊,我感动得连话都说不出来!

文人而又政治欲望强的人,往往除了认定"自己的文章好"以外,还带有强烈的个人英雄主义,甚至不惜排挤人家,爬到人家的头上过去。遇到出风头的机会,则一马争先。但韬奋兄没有这种毛病。他文名满天下,自己并不觉得"神气",不像有些人架子十足,自以为了不得。小事例如签名照相,有些人非签在前面或站在前面不可;他随便,宁愿签在后面或站在后面。不懂得的,他决不冒充懂得。在写《读书偶译》那本书的时候,有几个地方,他不惜两次三番同我商量。

在这个过渡的变态社会里,不免有这种情形。有些人开口民主,闭口民主,而行为习惯与思想方法很不民主。或是独断独行,唯我独尊;或是派系观念很强,进行秘密小组;或是拿着关门主义,拒人于千里之外；或是偏狭自私，胸不容物。这些都是民主运动的障碍。而韬奋兄由于他的学养的深厚，丝毫不犯这些错误。对于民主，他是言行能够一致的。他能以说服的态度，坚持自己的主张；他也能以谦虚的胸怀，接受人家的意见；他更能服从多数，抛弃自己的成见。他绝不排挤人，倾轧人，他能顾大体。

他对国事的热，对大众的爱是诚挚的；参加政治运动，态度是严肃的，认真的，决不把政治当做"玩艺"来耍一番。其实他主要的兴趣在写作，对实际政治活动兴趣并不浓厚。他之参加救国会运动完全是鉴于国家危亡，间不容发，乃挺身而出。

(载1947年7月25日《时与文》周刊第20期)

韬公,我们永远怀念你!(摘要)
——在东江解放区的回忆

吉 茹

当我们知道有大批文化人到来的消息后,简直兴奋到有些忙乱,急急地讨论与布置招待安顿事宜。还记得接到第一批文化人到达的报告时,大队部正驻在宝安一个小村白石龙的山上,大家都像有点突然,曾大队长(我们当时叫他做曾大哥)匆匆吩咐我先下去招待几位上来歇息,并晤商一下。当时我自己患着严重的烂脚症,然而对于这个使命认为是非常光荣的。我跑下了山,找着了带路的交通,略问了情形,看过名单,先找五位接引到山上去,韬公是其中一个。

这样,韬公就被我认识了。端正清秀的面孔,架着眼镜,一副慈祥和蔼的态度。虽然跑了许多路,很疲乏了,腿子因故拗伤了,走动不便,可是韬公仍像很健壮似地说:"不碍事,马上就上去吧!"

由于山寮没有搭好,韬公和别的好几位文化先进暂在白石龙山上的屋子里住下,晚上是铺在楼上地板睡觉的。有一晚,特别招待"宵夜",宰了两条狗,许多文化人都是"外江佬",从未食过狗肉的,韬公说:"这是第一次,十分好吃,意想不到。"

过了几天,曾生、王作尧两位大队长和林平政委宴请全体文化人,在一个很幽雅的小山上,树影婆娑,清风徐来,聚集了近百位的中国文化先进,真是一个难得的盛会。在曾、林相继致词,表示热烈欢迎,并报告游击队创立经过,报告完抗敌成绩之后,请各位文化先进讲话。许多位都讲了,韬公讲的大意是:"游击队真是人民的部队,就是我们自己的力量。凡是人民的力量,我们就要拥护它,扩大它,扩大到无数倍。你们的武器是枪,可以打日本鬼,我们也有武器,就是一支笔,一张口,我们无论到什么地方去,无论在什么时候,我们就用笔写用口讲,永远地不停地写和讲,替我们人民的部队宣传。"这番话讲得透澈又激动,每个人都深深地思索着自己的任务。果然,后来游击队扩大了无数倍,成了东江纵队,而韬公也是永远不停地写和讲,直到他停止了呼吸。

敌后的油印报《东江民报》刚出版,社长谭夏声同志开了一个茶会招待文化人,并展览一年来敌后出版的报纸、书籍、小册子、传单,获得了许多的赞叹(其实那时的油印技术比起后来的《前进报》是差得太远了),在茶会席上,首先请韬公讲话,他很谦虚地说:"不,应该请胡仲持先生,他是报界的老前辈,我其实算不上报界。"茶会后,我请他为《东江民报》题报头,他又谦虚地说:"不,我的字不好,还是茅公来,茅公的字挺秀美!"可是茅公却逃席了,他给包围了,只好题了四个字。后来茅公给"捉"回来,才题了副刊"民声"两字。散席时,韬公走了几步,就很天真地缩起肩膀,曲着手臂,并拢五指,撮起了嘴,扮作齐天大圣,一跳一跳地回去了,这引起了大家的哄堂大笑,我想,大概韬公对着这一班在敌后斗争的文化青年,感觉到无限的快慰,充满了青春活泼,返老还童吧!

在内战中,他跟着部队夜行军,却始终健步如飞、毫无难色。他的面貌看来并不老。有一次与当时也是脱险在解放区的陈老医生比较起年龄来,陈医生是满头花白发,韬公却是一根白发也没有,任谁看来也会说陈医生年纪大得多,可是其实韬公比他还长几年。这使得旁人都奇怪了。韬公说,这是他十年如一日地执行贝纳斯长生不老术的效果。他还把方法动作写了出来,教了好几个人。

　　韬公是离开解放区最后的一个文化先进。在经过惠阳一个小村庄时,住在一个当地青年的家里,韬公因为无聊,便向这青年借书看,青年回答说:"没有什么书,只有一两本韬奋的著作,很有味道。"韬奋因为是秘密经过,不宜暴露面目,微笑地答应他。这青年大谈了一番韬公为人如何如何,韬公只好忍笑听他。这位青年固然是"有眼不识泰山",而韬公作品与为人予人印象之深,可以概见。

　　　　　　（原载1947年7月26日《正报》周刊第48期）

韬奋先生的干部政策

孙起孟

韬奋先生是中国近代的一个巨人,他是中国知识分子的一面旗帜。我确信,一俟政治环境顺转,韬奋先生一生进步的历程必然成为广大人民,特别是知识分子研习的重要资料。

谈到韬奋先生治学为人的文字已经很多,我感触甚深的此短文中只能简略一提的是他的干部政策。

生活书店是韬奋先生毕生精力贯注的事业,要看他对于干部政策的见解和运用,这是个最具体的证物。我们且不谈生活书店的书刊发生了多大的影响,只谈新出版业中的中上级干部很多都是生活书店出身这一点,就足以证明韬奋先生领导的成功。我很欣幸,有极多机会接触到生活书店的青年干部。凭实说,他们的基本修养未必高过别人,内中有一部分人从没有受过什么中等以上的教育,资质品性也并无特异之处。但一经在"生活"耽过几年,几乎个个在知能上、在见解上、在工作的热情上,都呈现出飞跃的进步。前不久还听得"生活"的一位老干部用甜蜜回忆的口吻大谈韬奋先生的律己之严,治事之勤,爱人之诚,知人之明,以及这种领导作风的感人之深。他的全部经纶,都明载于《事业管理与职业修养》一书中。要言之,他的成功秘诀就是他的实行事业的民主。以大众的事为主,不以个人的事为主,这是他事业理想的民主;以参与事功的干部为主,不以自己为主,这是他事业管理的民主。把握住了这样两个原则,韬奋先生一无凭借地创办了生活书店,使这个事业一天一天地发达起来,即使在他身后,"生活"这块招牌只有格外辉煌,进步无疆。在纯粹私人管理的事业单位中,自始至终向进步的目标奔赴,为人民忠诚服务,却又能历尽艰险,不给恶势力冲倒,屹然长存并且表示了极大事业成绩的,生活书店要算是第一名吧。凭什么能如此?韬奋先生的领导作风和干部政策,是极其重要的一端。

今天有很多人在谈民主,而且还有机会在领导事功。学力能力在韬奋先生以上的当然不至于没有,但关于干部政策,能有他这样的眼光和手法的,恕我孤陋寡闻,实在还未见。我个人的浅识,总以为:真正理解民主的人必然懂得干部政策。干部都不知道爱惜尊重,谈什么对群众爱惜尊重?干部都不愿接近理解,谈什么理解群众?真正有民主眼光的人一定以干部为自己的脑髓,看干部像自己的生命,决不会还在那里走奴役干部御用干部的老路。所可憾惜的是今天在政治或社会方面,至少有一部分人所起的领导作用,并不是由于他们在群众队伍里建立了工作信誉,而是由于他们的"资深望重"。这样的人颇多是不习惯于过集体生活的,所以他们根本不了解干部是什么,他们只是个人奋斗,用一句时行话,叫作"尽其在我"。果然,这样的人也可能在社会上做出一些有意义的事情来,但是,"我尽"的时候,事业也就随之而消竭。这是社会的损失,也是个人的悲剧。

韬奋先生在这一点上给我们立下了最好的榜样。事实胜于一切宣传,生活书店活生生的存在着,发展着,并没有因为他的死去而就走样乃至烟消云散。我敢断定,要是韬奋先生的干部政策能够保持和发扬下去,这个事业单位里还有比韬奋先生作过的更有意义的事情作出来,还有胜过韬奋先生的人才成长出来,这不是韬奋先生的弱点,这正是韬奋先生的不朽和成功。

(选自1947年7月上海版《永在追念中的韬奋先生》,略有删节)

死的征服力量

平　心

记得十年前韬奋先生在鲁迅先生公祭大会上发表了最简短的演说：

今天天色不早，我愿用一句话来纪念鲁迅先生：许多人是不战而屈，鲁迅先生是战而不屈。

这"战而不屈"四字，今天借用来表彰当时的发言人，我想是最最恰当没有的。

韬奋先生继承了中国正直知识分子最优美的道德传统，同时又接受了世界最进步的革命学说与民主德操；他的追求真理与保卫正义的精神成了广大青年的照明力量；他一经选定了自己的道路，就以百折不回的毅力向前驰驱。就是这风范使他成为不朽的民主战士，他是用全部生命来实践"战而不屈"的精神的。

韬奋先生在生时，对权贵抗争，对贪官污吏抗争，对日寇抗争，对反民主集团抗争，为了中国的民主利益，他拒绝与任何卑污势力妥协，他抛弃别人求之不得的名位，却决不放弃为人民发言的权利，他的敌人彻骨地恨他，而无数的青年与受难者对他表示了无限的敬爱，这是韬奋先生的胜利。

韬奋先生在事业上成功的重大因素，除了不屈的战斗精神外，还有两点值得指出的,这就是临事不苟与待人以诚。他编辑杂志,开办书店,办报,参加民主爱国运动,处处表现惊人的负责精神,例如他办《生活》周刊多年,从来不曾脱过一次期。据说,他常常深夜在印刷所工作,有时还亲自校对,在可能范围内决不让刊物错一个字。有一次"生活"公开募集救国捐,接济东北局部抗战的将士,各界人士捐款极为踊跃。期满,他将全部捐款汇出,编成详细的征信录,请会计师审查,正式公布。不料事后竟有宵小造谣,诽谤他的人格;凡深知先生为人的友好,莫不愤慨万分。先生听到这类卑污蜚语,只是付之一笑,他的负责治事、不计毁誉的君子风度给我的印象极深。我有时遭到诬诟,一想起先生的豁达大度,就忘记了愤怒。

一个为真理而战的志士,必定在待人接物方面表现最高的真诚,韬奋先生就是一个最好的例证。凡与他共事的人,不论职位高下,是决不会忘记他的恳切谦和的风度的。他对事处处从诚出发,对人处处从爱出发,他乐于为相识和不相识的朋友们服务,而从来没有德色。他最痛恨的是自私自利盛气凌人的小人物,最欢喜的是大公无私的民主作风。

韬奋先生精神上的战斗力远超于他的肉体上的战斗力,他可以战胜政治上社会上的顽敌,却抵抗不了侵犯他的病痛。人类杀人的能力至今还胜于救人的能力,以致征服不了毁灭大量生灵的癌肿,而我们的"战而不屈"的斗士终于给这可恼的不治之症夺去了光辉的生命。

然而死只不过征服了韬奋先生的形骸,他的永生精神体现在人民大众的民主事业中,却成了死的征服力量。

我们要宏扬韬奋先生为大众民主生活战而不屈的强毅精神,扩大死的征服力量!

(选自1947年7月上海版《永在追念中的韬奋先生》)

韬奋先生的三个特点

杨卫玉

三年前韬奋先生逝世的消息，传到了重庆以后，吾曾写过两篇文字，表示哀悼，两文中都有"韬奋爱国最热心，主张抗战最力，而不能目睹胜利当为大憾事"。现在想来，吾这几句话，可以说多余的，不但是多余且适得其反，试问我们一般活着而看到"胜利"的人，现在的情绪、环境怎样呢？光阴过得很快，韬奋逝世三周年了，以吾与他交友之久，情谊之深，应该如何表示吾的内心之哀悼？但摆在我们目前悲哀的事情太多了，吾也何必再写徒增心酸无补事实的文字呢，但是吾又何忍不写几句来纪念他呢，且把想到他的三个特点，写在下面。

热情 吾友好中热情的，固然不乏其人，而最高的要算韬奋，我们平时在一起的时候，随时随地，都可看见他真情热诚的流露，无论为国家、为社会、为家庭、为同事、为亲友而表现的热情故事，真是不胜枚举，现在只举一两件对吾的热情事实。在民国十二年的冬天吾的先室逝世以后，吾独居在上海西门外职教社之一角小楼，他每天晚上必来看吾一次，有时且同了他的前夫人叶女士同来，想出种种方法、言词以安慰吾。翌年秋天吾在苏州举行续弦订婚礼，他夫妇二人，请了假，冒了大雨，特地自沪到苏参加我们的典礼，并且发表了许多动听的说话。还有一次，仿佛在民国十四年的时候，他和吾同到济南，用寓在济南阎公祠改建的正谊中学，明天要动身回沪，而大雨倾盆，街上水深没踝，内子托我买的府绸，非买不可，而吾无雨具，他竟毅然为吾去买，这种舍己为人的热情，天下有几个人可及呢？此情此景，吾永远不会忘记的。

专一 由于他的热情负责任，每做一事，必定专心一致，孜孜研究，务求尽善尽美，尤其在主编《生活》周刊的时期，摒绝一切无谓应酬与次要事情，日以继夜，有时手不停挥，有时手不释卷，在他工作的时候，大有"泰山崩于前而色不变，麋鹿兴于左而目不瞬"之概。他为了《生活》对外不讲演，不作文，一心一意为了《生活》。他不但对工作是这样，有时对于娱乐消遣的事情也是这样。曾经有一个短时期，他忽然喜欢跳舞，他工作之余，独自在房内，婆婆起舞，有时抱了一只椅子，嘴里"蓬拆、蓬拆"地盘旋而舞。即此小小的事情，他还有这样专一的精神，所以他无论写一篇文章，译一本书，做一件事，自然精心结构，无懈可击。他的威名，他的成功，专一的精神，是一个重大的因素。

坦白 凡有思想而善考虑的人，往往缺少坦白的真诚，韬奋是富有思想的人，而其坦白真诚，有为人所不及者，真能做到事必求是，理必求真，从无取巧虚伪的言行。曾忆有一天晚上与同事某君略有误会，竟至拍案大骂，双方声言辞职，几乎有势不两立之情形，吾正为此焦急，怎样可以调解，使他们言归于好。翌日大早，韬奋到吾家来，见面就哈哈大笑，连说抱歉抱歉，误会了误会了。正在此时某君来了，韬奋趋前握手，自承昨天之孟浪，某君初尚有不豫之色，至此亦破颜微笑，互道歉意，相偕至办公室，同事都为之粲然。事后某君常对吾说韬奋真够伟大，吾亦自叹弗如。

以上所述三点，看来平淡无奇，做到真不容易，吾数十年来交友不谓不多，如韬奋之为人并不多见，感怀所及，略记如此。

（原载 1947 年 7 月 27 日《国讯》第 423 期）

邹韬奋先生到解放区

路　绮

一九四二年年底,我在苏中工作,有一天,一位同志兴奋地告诉我:"邹韬奋先生由××书店(当时苏中三分区的一家书店)的同志从上海带到这里来了,现在就住在朱专员那里。"当时我心里也很觉兴奋,对于邹先生的作品,我一向是很爱读的;对于他的为人及其事业,我一向也是很景仰的。能够亲自看到他,特别是在那斗争紧张的、需要经常打游击的环境,能够会到他,更是感到无限的快乐、无限的高兴。而且在那太平洋战争爆发一年后的情景中,香港早已沦陷敌手,大后方的国民党反动派与日寇汪伪等,都无不在窥伺着他,他怎么能够安然到达解放区呢?——就这一点说,邹先生的排除一切困难的大无畏的斗争精神,也已经够叫人钦佩、够叫人景仰了!

邹先生的到来,特别是他竟能从敌人与反动派的掌握中脱险而到来,这不单是我们一些做文化工作的同志感到莫大的兴奋,就是一般别部门的革命同志,凡是读过邹先生的文章,听过他的爱国与民主的呼声的,无不为之兴奋、雀跃,互相把这一可喜的消息传播着。但我们那时正处于距离京沪不远的长江边,解放区中敌伪据点与封锁线星罗棋布,中心地区离敌伪据点也只有十几里路。敌伪经常下乡扫荡,我们的机关则平时差不多每一两天总要移动一次,能安定地驻上一星期,那就算是情况最好了。敌伪一下来扫荡时，那每天就非移动几次不可，并且有时还要打仗。而邹先生的名声则很大，领导上恐怕风声一传播出去，敌伪会出来袭击，故开始好几天总是对外保守着秘密。因此，我们之间的广播，也还是一种偷偷摸摸的小广播。

可是过了几天之后，差不多大家都晓得了，你也来访问，他也来访问，事情已成为公开的秘密，而且邹先生也着实应接不暇。于是苏中三分区党政军各首脑机关，就联合开了一个晚会，请邹先生做报告，并回答大家所提出的问题。

一间大房子里面，在未开会时，早就挤得满满，大家都很兴奋地要瞻仰一下邹先生的容光，听听他给大家带来一些宝贵的消息与看看他对于问题的分析上的犀利的观察力，他对于时事政治的透辟的见解。煤油灯光淡淡地照射着。会场中间简单地摆着两三张小桌，几把椅子和几条板凳；桌子上简单地罩着一条洁净的白被单，放着几只茶杯、一个热水瓶和当地土产的花生。就在这一个陈设简单的场所，却挤满了那么多的人，很多人在规定的晚饭时间前就赶来了，慢来的人只好站在门外吹着寒风；但他们的内心，却和里面的人一样的火热，一样的兴奋。

邹先生还没到场，大家心里当然在焦灼地盼望着，可是此起彼伏的挑应战声和歌声，都像巨人一样地在欢呼着，声音把房子的四壁震动，掩盖着外面呼呼的寒风的吼声。

邹先生缓慢地走进会场来了，他谦逊地向大家点头，掌声雷动，于是又寂然无声。——大家都在静候邹先生说话。当时邹先生正害病，耳朵里面常流着脓血和作痛。他轻声地跟一位靠近的同志说了一下，主席就传达邹先生的意思，要大家提问题。这么一来，雪片似的纸条就飞向讲台上去了，顷刻间，已积了一大叠。

邹先生细心而又迅速地翻阅着，而后就静静地坐着讲话了。

他好像在跟一些多年隔别的老友谈话一样，亲切地谈及他在大后方为抗战与民主运动而奋斗中的所见所闻,他谈到国民党反动派如何压迫与摧残进步的文化事业,曾对他如何进行卑鄙无耻的威胁利诱。在这一切行之不通以后,又如何迫害邹先生及其他文化界进步人士,如何在制造皖南惨变后又拟谋害邹先生等人。邹先生等于是被迫而出走香港。

他又谈到反动派头子之如何充满流氓气,他说他在欧洲曾见过希特勒、墨索里尼等法西斯魔王,但他们还赶不上中国反动派头子那样地卑鄙、傲慢、顽固。这真是中国的大耻辱!

他又谈及在德军进攻斯大林格勒时,大后方亲口反动派头子如何应钦之流等,如何为此而幸灾乐祸,如何为其主观的愿望冲昏了头脑,竟妄想在德军攻下斯大林格勒时,与日德两国法西斯军配合,向中亚细亚一带出兵,夹击苏联。引得大家哄然大笑。

他又谈到在这中间的一段插曲,暴露一般反动封建军阀平时的如何假进步,以追求自己的私利。前新疆督办盛世才,就是一个很好的例子。这位投机的封建军阀,在抗战初期,曾假装进步,欺骗人民,吸引一些进步的文化界人士到迪化去;但是当德军进攻斯大林格勒时,他竟也有着和何应钦等一样的狂妄的想法,以为苏联就将垮台了,于是心里一横,脸孔一变,就迫害起进步势力来。杜重远先生就是在这样的情况下牺牲的。——这叫大家对反动势力更为气愤!

接着,他又谈到他在香港沦陷时,如何与廖承志先生化装潜离香港,转至东江游击队根据地,以后廖先生又如何在韶关为反动派特务所架去而失踪。

当他提及东江游击队时,他的精神很是兴奋。他很佩服在那里英勇地苦斗着的抗日战士与领导他们的曾生、土作尧两位将军。他像讲故事一样地描述在那困难的环境中,大家如何在前山放哨,在后山上课的情形;他们在爬山中的英姿,在泥泞的道路上飞跑的轻快的步伐;他们如何援救沦陷于香港的民主人士、国际友人,以至于国民党要人、家属等。他的娓娓动听而很朴素的描述,使人为之神往。自从邹先生的介绍后,华北华中敌后抗日民主根据地,才晓得东江游击队的详情。

邹先生不但给人一个亲切、谦逊的学者印象,而且从其对于国内外局势的明敏锐利的见解和为抗战与民主而斗争的不懈的精神上,他还给人一个忠勇、踏实的革命政治家的印象。但从他的表面看来,他却像前者而不像后者。

他当有人访问他时,总把他的小小的怀中笔记本子抽出,遇有可资应用的材料,他就随时随地记起来。——这种时刻不忘学习的精神,也是值得钦仰的。正因为如此,我觉得他才能写出《萍踪忆语》那样的游记;在那里面,他对于美国内部情况的精通,就是多年住居美国的所谓"美国通",也决比不上他的。但他竟能于短短的旅行中,就了解了那么多的事情,获得那么多的宝贵的材料!

他的生活也很朴素,一件布长褂子,一个小小的包袱。——这就是他当时所有的一切。他谈及在东江游击队时,有一次在泥泞的田塍上走着,队上特地派一名通讯员替他背背包,他说他心里至今还深深地感谢他们。

在我们那边,他只住了一个很短的时期,就转到四分区去;以后听说他又到盐阜区新四军军部去了。——我们总打听他的行踪,打听他的消息。他爱青年,爱解放区,爱老百姓,我们也爱他,关心他。他当时的病情正在发展中,而解放区当时在敌伪的严密封锁下,医药与设备都很差,我们总在担心他的健康;一九四三年春,敌人正在苏北大扫荡,这又使我们担心他的安全。

当一九四四年,我在《苏中报》上看到他逝世的消息,读到他的遗嘱时,我的眼泪淌下来了!

(原载 1948 年 7 月 15 日大连《学习生活》第 1 卷第 5 期)

韬奋的共产主义思想

徐永煐

五年前韬奋逝世后,中共中央发表他临终请求入党的遗书,并追认他的党籍。当时我看到这个消息,立刻回忆到十年前韬奋亲自对我所说他的思想的转变,他如何初次体认到无产阶级革命与共产主义的真理。

那是在杜重远因"天皇事件"被蒋介石的卖国政府逮捕之前的事,是在一九三五年。韬奋在国内受蒋介石特务的压迫,出游苏联、英国,最后去到美国。经朋友的介绍,我在纽约和他认识。他要我提供一些在美国访问和参观的意见。我直接间接地介绍了几个工会和美国共产党的朋友给他。

由于韬奋所表现的虚心诚恳学习的作风,特别是他对于进步的强烈要求,使得几位美国共产党的同志,敢于介绍他到美国南方黑人区域的美共地下支部的秘密会议去旁听。

韬奋从美国南部回到纽约后,我们又会面聚谈。他告诉我美国南部黑人所受的歧视、侮辱与杀戮以及穷苦白人所受的欺骗、剥削与压迫。这是在中国国民党反动统治下所不经见的。在这种环境下,黑人与白人的共产主义者,不避艰险,进行秘密的组织与活动。共产党地下支部开会时,需要极严密机动的组织,在乡村中的公路上,派遣同志放哨,会议室的窗口,有人瞭望。一遇反动派来破坏,即按照计划,有的分散隐蔽,有的准备万不得已时武力抗抵,来掩护其余的同志们的撤退。

韬奋最后沉着地对我说,他在国内的时候,只是一个爱国主义者,只要求中华民族的解放与强盛。他在游历了苏联之后,觉得社会主义很好。到了英国,觉得资本主义或者有些不妥。到了美国北部纽约等城市参观一些工厂学校,又觉得资本主义还是不错。这时的结论是,只要中国人发奋,好好地干,社会主义与资本主义都是出路,不好好地干,社会主义,资本主义都没有办法。可是,这次在美国南部看到了露骨的贫困、凶残、压迫以及黑人与白人共产主义者的艰苦工作,坚决奋斗,他才深刻地体认到资本主义的本质。他说,许多中国人在那里歌颂美国资本主义的文明与繁荣,但是美国自己的人民,尤其是工农大众的先进分子,却正在努力着来推翻他们的资本主义,正在计划着用真正文明的社会主义和共产主义来代替。他因此觉得社会主义与资本主义不是可以任意选择的两条路。中华民族的彻底解放,只有在社会主义的无产阶级政党的共产党领导之下,才能获致。而且也必定朝着社会主义的方向走去。谈到这里,韬奋和我讨论了一下如何加入共产党的问题。那时他还没有决定是马上回国,还是在美国暂住些时候,在美国做些抗日的组织与宣传的工作。华侨中的朋友,连我在内,当然是尽力劝他留下。我们打算请他主办一个中文日报,作为活动的中心。他答应考虑这个建议。不久他又离开纽约往别处参观去了。

韬奋正在美国西部旅行参观途中,得到杜重远被捕的消息。他马上决定回国,继续在国内进行抗日工作。他从美国西部来信,向我们告别。

在此后的十年,一直到他病殁,我和他没有再见过面,也没有通过私人音信,我不知道他是否参加了中共的组织。但是我所看到和听到关于他的斗争和活动的消息,使我相信他是朝着共产主义的方向,朝着中共的旗帜前进。他逝世的消息,当然引起一切前进的人们无限的悲悼。但是不久看到了中共中央所发表韬奋的遗书,这稳固了我对他的信心;中共中央对他党籍的追认,这不只满足了韬奋临终时最崇高的志愿,而且给了一切敬爱他的人们以无上的安慰。在韬奋逝世五年的今天来纪念他,我感觉到关于韬奋思想转变的经历,是我所能贡献的最宝贵的祭品。

(原载1949年7月8日《世界知识》第20卷第4期)

邹韬奋先生五周年祭(摘要)

毕云程

先生姓邹名恩润,字韬奋①,原籍江西,生长福建,生于一八九五年,死于一九四四年七月二十四日,迄今已五周年了。

办《生活》周刊的时候,先生每天要收到各地读者寄来的几百封信,提出种种问题,要求解答。先生每天要用很多时间来写回信,答复这许多读者,有些在周刊信箱栏发表。有许多问题,例如法律问题、医药问题,先生自己不能解答,也必尽力设法找朋友代为解答。关于经济问题,有时也找我代为解答。那时候先生的口号是:要使《生活》周刊成为每个青年读者的好朋友。他一早到晚专心一志不厌不倦地为读者服务,而《生活》周刊也一天一天壮大起来了。

问题渐渐严重起来了,因为当时政治上的日益黑暗和日益反动,引起许多青年的不满,他们的来信,便好像迫击炮一样接连不断地压迫着《生活》周刊,压迫着先生要求提出关于政治问题的解答。这一种群众的精神上的苦闷要求着压迫着先生不能不谈政治

---

① 先生生平,不但不求利,而且不求名。他本名恩润,写作原来也都用邹恩润具名。后来《生活》周刊销路日广,他的名誉也日益增长,先生以为不宜享大名,遂改用韬奋笔名,不再用邹恩润原名。他曾对我说,韬是韬光养晦的韬,奋是奋斗的奋。一面要韬光养晦,一面要奋斗,这就是他改名的意义。谁知他竟以韬奋出名,甚至有许多人反而不知道他就是邹恩润了。——作者注

问题。而先生办刊物的精神是以读者大众的利益为本位的。因此,先生虽然不是一个专门研究政治的人,而这一股强大的四面八方的各式各样的青年读者们热情而恳挚的来信,终于迫着他不能不研究政治了。

一九三一年,胡愈之先生海外归来,写了一册《莫斯科印象记》,引起先生莫大的注意。先生的意思是说:苏联能够办得这样好,为什么中国不能办得这样好?有一天,先生约了我同去宝山路商务印书馆访问胡先生,就在东方图书馆会了面,谈了许多话。先生和胡先生虽然是初见面,但是彼此一见面就谈得非常投机,因为彼此只有一条心,就是怎样可以把中国办得好。因此,先生就请胡先生写文章。在那年双十节的《生活》周刊上第一次刊出了胡先生的《一年来的国际》这一篇大文了。

在这以后,"九一八"、"一·二八"等国难接连不断而来,时局愈益严重。人民的抗日怒潮,在反动政府压迫之下,更是汹涌澎湃地高涨起来。《生活》周刊在那时候正是宣扬人民抗日意志的一支有力量的精神上的战斗队伍。完全以整个民族的利益为利益的先生,在那时候大大发挥了他伟大的爱国主义的正义精神,吸收了各方面的抗日力量,对于暴日的侵略中国作了最艰苦最猛烈的斗争。

在那时候,各方面的抗日力量,都围绕在先生左右,不论思想上左倾或右倾,大家在一致抗日的口号下,都在《生活》周刊上发表抗日的论文。我们在讨论研究的时候,各方面的朋友,各自发表各方面的意见,而最后总是归根到抗日。有一位朋友曾经提出"民族重于阶级,或阶级重于民族"这一个问题来讨论。大家议论纷纷,很不容易得到一个结论。后来我提出一个解答,就是:在原则上阶级重于民族,而在目前抗日阶段,则民族重于阶级。方才结束了这一次的讨论。

但真正问题并不曾结束。各地青年读者为了解决自身对于政治上的苦闷，要求先生提出一个明白显著的政治主张的来信像雪片一般地飞来。那时先生曾和我详细讨论研究这一个问题，费了许多时候，得到一个双方同意的结论，由先生执笔，发表了一篇《最近我们的思想和态度》。在这篇论文内所提出的最重要一点主张，就是：我们主张生产工具公有，而以国营实业为达到生产工具公有的一种方法。这一篇爆烈弹式的文章一发表，立刻引起各方面的反应。一方面人民大众的青年读者，更和我们密切合作，更和我们团结在一起。另一方面，掌握政权的国民党反动派更嫉视我们，更以我们为他们的眼中钉，非痛快拔去不可！

这样发展下去，问题越来越严重了。有一天，一个国民党的高级军官来访问先生，亲自驾着汽车把先生接去了许多时候，把我们急得为先生十分担忧。约摸过了四个钟头，先生回来了。原来这一个国民党高级军官，便是胡宗南。

据先生自己后来对我说，他这一次和胡宗南辩论了四个钟头，主要是辩论抗日问题和《生活》周刊的主张问题。关于前者，先生努力说明，站在中国人民大众的立场上，对于暴日的武力侵略，除了抵抗以外，不能再有第二个主张。关于后者，先生也努力说明，站在中国人民大众的立场上，站在一个认识清楚中国局势而有良心的新闻记者立场上，对于中国前途，认为只有先改变生产关系，而后可以促进生产力。舍此以外，并无第二条出路。中国民族工业在帝国主义和封建主义双重压迫之下，决不能抬头，也没有能力达成资产阶级民主革命的任务，因为他们太软弱了。最后又谈到抗日问题，胡宗南要求先生拥护政府抗日。先生的回答，只拥护抗日"政府"。不论从哪一天起，只要"政府"公开抗日，我们便一定拥护。在"政府"没有公开抗日之前，我们便没有办法拥护。这是民意。违反了这种民意，《生活》周刊便站不住，对于"政府"也没有什么帮助。

一九三三年，《生活》周刊的销路已达到十五万份以上，而国民党反动派对于《生活》周刊的压迫，也愈益加重。先生为了顾全中华职业教育社的安全起见，向黄任之先生提出建议，将《生活》周刊和它的由代办部发展起来的生活书店一并独立起来，改组为生活出版合作社，对外仍保持原有名称，与中华职业教育社脱离关系，以避免政治上的牵累。如生活出版合作社有盈利时，则以纯益百分之二十赠予中华职业教育社，以为该社办理教育事业之用。经黄先生与职教社诸先生一致同意，双方签订脱离契约，以资信守。是年秋，政治压力愈益严重，诸友好力劝先生暂时出国。先到英国，一半读书，一半考察。后到西欧各国，最后到苏联。先生所著《萍踪寄语》一、二、三集即为此行记游。后来又到美国，一九三五年回国后，续写《萍踪忆语》，痛述美国的黑暗面。先生著作甚多，而《读书偶译》一书，则为在英国伦敦图书馆阅读马恩名著时记录心得之作。先生的思想，到此亦渐臻成熟。一九三三年冬，《生活》周刊亦因被禁止邮递而停刊。

……

呜呼，先生以敦厚纯洁之青年，与万恶之环境相奋斗，生平誓愿以新闻记者终其身，不惧威胁，不为利诱，深入群众，虚心学习，以通信方式，与数十万优秀青年成为最密切的精神上的朋友，始终以人民大众的立场为立场，以人民大众的利益为利益，为人民大众英勇服务。呜呼，先生早年素以无党无派独立自由之新闻记者自勉，但他的晚年，确已成为为人民大众谋幸福的英勇的战士，确已与千百万杀身成仁舍生取义的人民解放革命战争的诸烈士相一致。呜呼！先生！人民革命已经基本上成功了，先生已经把一生数十年的心血完全献给民族解放和人民革命，先生虽死，亦可以无憾矣。"人生自古谁无死，留取丹心照汗青"。先生的躯壳虽死，先生的精神，诚足为我们后死者的模范。

一九四九年七月八日

（原载1949年7月22日《世界知识》第20卷第6期）

邹韬奋和《光明报》(摘要)

萨空了

今天是韬奋兄逝世五周年纪念日。他在抗战期间,反对国民党反动派的功绩,在过去许多朋友写的纪念文章里,说的已经很多,他的影响,到现在仍留在青年群众间,更是最有力的明证,已无庸我再饶舌。但有一点似乎还未经朋友们提过,且是有关香港《光明报》的事,我觉得应在今天纪念他时,在本报中报告给大家。

在韬奋离渝之后不久,我本也决定了立即辞掉重庆《新蜀报》经理的职务赴港,突然反动的三青团匪徒,放了一把火烧掉了《新蜀报》在化龙桥的工厂,使我不能不改变计划,再用掉几个月的时间去筹划钱,把那工厂重建起来,以求对得住朋友。所以我到香港时,已是一九四一年的八月下旬了。

依照原定的计划,我到港后即转赴新加坡去办一个新闻通讯社,到港之后遇到韬奋和长江,我才知道中国民主政团同盟要在香港宣布成立,并拟办一日报,已定名为《光明报》。

这时候韬奋正代表着救国会和梁漱溟等共商民主政团同盟在港应如何进行。韬奋看见我就说:"好极了,我们正在替梁漱溟发愁,找不到一个在香港办报有经验的人作他们要办的《光明报》的总经理,你现在来到,这个问题算解决了。"

当时我很不想改变去新加坡的预定计划,因为知道《光明报》的经费拮据,根本谈不到自办印刷,加之和梁漱溟只不过在他寄居重庆特园时见过一面,想他或者不能同意叫我担任那么重要的职务。但韬奋坚决要我留下来,且叫长江来劝我两三次,他们并一致表示,梁漱溟方面由他们去谈。

在我到港后一个星期左右,梁漱溟果然来约我见面了。见面之后立即谈到约我担任《光明报》总经理,他也说:"彼此并不相知,素闻你极有才能,但恐非我所能借重,只以韬奋、长江一再推荐,且说你一定肯来,所以我才敢相邀。"于是在一晤之下,我就接受了《光明报》总经理的工作,跟着从九月一日起开始工作,经十七天的筹备,《光明报》便在一九四一年的"九一八"创刊。

为什么只经十七天的筹备便可以出版?这里面韬奋、长江也帮了许多忙。像印刷所,就是他们先已替我接头好,然后由我出面去和梁漱溟说明,便订了约。

在出版前梁漱溟因为由国内划出来的款项很少,恐怕难以为继,韬奋便慨然承诺代表救国会筹助港纸五千元,后来也是韬奋去向朋友借来交给梁的。

在香港《光明报》将出未出这一段时间内,韬奋为了这张报纸用掉了许多精力,杨潮(羊枣)兄之参加《光明报》,也是由韬奋替我们动员而来,简直可以说主要是他在负责筹备这张报。

所以如果说香港《光明报》曾对中国民主运动有些什么贡献时,韬奋的功绩,决不应该被遗忘!而韬奋的"义之所在奋不顾身"的精神,也正是我们,尤其是民盟和《光明报》的同志们所应当效法的。

(原载 1949 年 7 月 24 日《光明日报》,署名空了)

韬奋同志的革命精神(摘要)

戴白韬

一九四二年的冬季,日寇正在大举扫荡苏北抗日根据地,我们移到空阔的海边一带活动。一个清晨,突然在海边垦区遇到韬奋同志,他兴奋得像个孩子似地跳起来。那时,他已害着严重的脑癌,一阵阵地头痛,使他有时不得不呻吟起来。但他仍然不放弃一切机会,向我们问长问短,一面谈,一面从怀里掏出笔记本来不停地写,他问得是那末仔细,那末虚心。他觉得敌后抗日民主根据地是全国最模范最理想的地方,他所憧憬着的民主自由,在共产党领导下的敌后根据地实现了,他衷心地表示推崇,他觉得把理想变成事实不是一件容易的事,所以他细心地调查研究,虚心地学习,他愿意留在敌后跟大家一起工作和学习。到病势十分沉重,我们大家非常担心他而又束手无策的时候,再三劝他回上海就医。分别时,他紧紧握住我的手说:"我本来可以到延安好好学习了,哪知事与愿违,希望病快快好,好了我立刻就回来!"韬奋同志这种实事求是、虚心学习的实际精神,是我们的好榜样。

(原载 1949 年 7 月 24 日上海《解放日报》《文汇报》《新闻日报》)

念韬奋同志

范长江

韬奋被日本帝国主义和国民党反动派逼死已经五周年了。但他的音容犹活跃在许多同志的记忆中。每当工作繁忙的时候,我们很自然地想到韬奋,因为他已经是开始成熟的、为广大青年群众所拥护的文化战线上的大将。在人民民主革命已取得了基本胜利的今天,全国规模地建设事业已在逐步地开始进行,正需要韬奋这样在群众中有威信、工作有经验的人才为新中国的建设事业而尽力,但是,反动势力竟把这样一个有用的人才在抗日战争还未结束时就逼死了!这是中国人民重大的损失!想到这个痛心的损失和其他的更大或较小的损失,就提醒我们:对于国际帝国主义及国内残余反动势力予以严重警惕,决不能因为胜利而有丝毫自满。我们必须勇敢地但是小心谨慎地战斗下去,以取得全国的彻底解放,与新中国建设的成功。

韬奋使人难忘的第一个特点是他的朴实的作风,对待问题老老实实的态度。他经常是勤勤恳恳地研究问题,他不了解就老老实实问人,他怀疑的就老老实实地表示怀疑,当他发现了真理的时候,他就坚决地加以拥护。这是小资产阶级知识分子中应特别值得提倡的一种品格。由于他老实诚朴,韬奋的进步在他的思想上是实实在在的。

韬奋的第二个特点是热爱真理,热爱人民。他是临死时才请求加入中国共产党的,但他对于中国共产党的主张,毛泽东的思想,在他当时的觉悟基础上,一发现真理,立即全力以赴。"九一八"以后,党曾提出联合抗日的方针,韬奋是坚决为这一口号而奋斗并产生了重大影响的人。抗战爆发以后,韬奋又是坚决为党的民主团结方针而奋斗的英勇战士。使我永远难忘的一个例子,是韬奋最初看到毛主席的《新民主主义论》的情形,那是一九四〇年在重庆的时候,那是《新民主主义论》还未在重庆公开发表,他从中共重庆办事处拿到了一份《新民主主义论》的样本,他那时真是"如获至宝",喜欢得不能自持,他向我滔滔不绝地讲着这本名著的内容。另一个例子是他一九四三年到苏北解放区的情形,那时,他已经得了严重的耳病,经常头痛,但是那时正是日寇与国民党匪军配合起来进攻苏北的新四军,苏北战局当时十分紧张,部队行动频繁,他带病行军,但每到一地,当地干部和群众总热烈欢迎他讲演,他则是有求必应,在野地里,在日光下,热情充沛地赞扬解放区的光明,与深恶痛绝地揭露国民党反动统治的罪恶。对于光明的爱,对于人民的爱,使他忘了疲劳,忘了严重的病症。

韬奋第三个特点,是专心业务、忘我的工作精神。韬奋在政治上思想上和文化业务上,是日益精深,他终日专心致志于政治上与思想上的问题,勤勤恳恳,孜孜不倦。我从没有听过他谈他的个人问题。一九四一年皖南事变后,他出走香港,到港后,他迅速地与朋友们商定了工作计划,而且立即开始他的写作上的战斗任务。后来我发现他的夫人沈粹缜女士有些为难的样子,仔细一问,原来他在港的生活和子女的教育费等均无着落,才由朋友们商量以预支稿费的方式按月给他四百元港币,才算解决了他全家的生活问题。一九四四年他在秘密情形下重病上海,病已十分严重,他仍在病床上坚持他的写作工作,一直到死为止。这种高度集中精力于自己工作的精神,是我们工作多了因而精力分散的同志所应当特别学习的。

  韬奋之死,对于新中国新闻事业来说,尤其是重大的损失。他是中国最优秀的新闻记者,而且他自己是以从事新闻工作为乐的。在抗日战争以前,他曾经有一个办民主报纸的计划,他当时打算与胡愈之、杜重远、金仲华及其他一些朋友共同来办这个报,以后由于国民党的压迫没有成功。然而,他的一生,已有力地说明了他在人民新闻事业上的成就,因为作为人民新闻记者的基本条件——运用新闻工具广泛联系群众,并在群众中坚持不懈地进行经常的思想斗争——韬奋已成功地做到了。假如他现在还健在,由他来主持一个全国性的报纸,是多么受人欢迎呀!

  这篇文章写得我感慨万端。不写了。只有加紧我们的工作,来补偿韬奋牺牲所造成的损失,并发扬他的优良作风,争取新中国文化事业——特别是新闻事业与更大的成就。

  (原载1949年7月24日上海《解放日报》《文汇报》《新闻日报》《大公报》)

纪念亡友邹韬奋先生(摘要)

曾耀仲

由于我的职业是医生,有机会接近各式各样人物的关系,早在十五年以前就认识邹韬奋先生。初次见面时他给予我那种坚韧不屈,和高度爱国情绪之强烈印象,至今犹新。因性情相投,接触频繁,友情渐渐建立了。当他主持上海生活书店时,我任该店之医药顾问,同时认识了更多前进人士如沈钧儒、沙千里、徐伯昕诸先生。对邹先生之遇事不苟、临危不乱、坚持真理之作风,无不钦佩。

太平洋事变后,香港沦陷,邹先生既为抗日分子,自为敌寇及其爪牙们所不容。当生命受到威胁、抱负无法展开时,邹先生辗转流亡,到了苏北。当时共产党领导下之新四军于苏北一带已变成一支强大的抗日队伍;邹先生既言行合一,又深恶痛绝于苟安生活,所以他真正投入革命阵营,为人民民主爱国事业,献出他全部力量。

一九四二年冬天,邹先生装扮乡人,潜行来沪。多年劳苦生涯,使他消瘦不少;可是精神饱满,更加刚毅,使人一见就知道他内心正燃烧着无比的愤恨和反抗的火焰。经过简短谈话之后,他告诉我鼻腔不适要我医治。我约请上海名医数人,详细检查后,均无法确实诊断。当时邹先生亦自认不太严重,为了工作,为了完成革命事业,他匆匆重回苏北。事隔两月以后,他再次访我。此时自诉头痛剧烈,以至无法继续工作。经友好数人详加检查,得悉所患为中耳癌，即请红十字会医院穆瑞芬主任行根除割治手术，并以深度X光治疗。虽情形一时转佳，然或因手术前癌细胞已转移侵入脑部，或系中耳手术困难，手术时少数癌细胞尚遗留原处之故，数月后再次复发，成为无法挽救的绝症。

邹先生于红十字会医院举行手术之后，即留该院疗养，平时对此事之进行，极尽周密，虽属家人友好，亦无人得知底细。出院后就居其胞妹处，有邹夫人陪伴，数月后病情迅速加重，故不得不移住剑桥医院。在第二次住院期中，特务已尾随多时，作者三番两次被传讯；我一面多方推诿，一面将邹先生转迁于祁齐路上海医院。当时负该院医务责任者，多系友好。然直至邹先生逝世，并无一人得知此即为坚持抗战受尽折磨之邹韬奋。

邹先生自病复发后，头部疼痛倍重于前，作者亦深悉病势之不可挽回，唯求减其痛苦，各种麻醉药剂无不试用，然少有奏效者。最后找得"度冷丁"(Dolantin)可安神止痛，初期每日注射二三次，即可以安度如常。每在情形转佳时，邹先生即笔不停挥，企图以短促之时间，完成著作，常常废寝忘食。

邹先生养疴期间，亦常与朋友谈及生平事迹与愿望。话语之间每以未获共产党党籍为终身第一遗憾。抗战时期共产党前后受敌，情形表面看来极为不利，而邹先生之高瞻远瞩，异乎趋炎附势之流，由此益可坚信其维护真理及平素反帝反封建之革命精神之真实性了。

病势进入末期后，"度冷丁"之效力亦随之减退，由每日二三针终至十数针，始达其万一。同年七月二十四日，邹先生终于负着一颗沉重、愤怒的心，脱离人世。

一九四九年七月二十二日于市立第二医院
（原载1949年7月24日上海《文汇报》）

悼韬奋

胡子婴

韬奋！你逝世已经五周年了,五年之前,当你死的时候,抗日战争还未胜利,人民解放革命,也还未展开,你是在中国最黑暗的环境中死去的,所以你是死不瞑目的。

现在,我们不仅抗日战争已经胜利,人民解放革命的伟业,也已经快要彻底完成,你的事业发祥地的上海,也已经解放了,今年我们在此时此地来纪念你逝世五周年,我们应该用振奋的心情向你的在天之灵祝告:"韬奋,你可以瞑目了!"

我们的武装革命虽已届完全胜利,可是在整个的革命过程中,正像毛主席所说的,我们还只是跨上万里长征的第一步,今后漫长的建设的道途上,还布满着荆棘,我们四周的敌人,还正用各式各样的阴谋来阻止我们的前进,我们是比革命的最初阶段还要艰苦十倍,来完成我们今后的任务,我们是更需要像你这样坚强有力的战士来共同奋斗,但是你,我们最坚强的战士,却已经躺在虹桥公墓的地下,永远不起来了,你的死,成了我们永远不能弥补的损失!特别在今天,上海解放了,我们在庆祝的狂欢中,忽然发现当年在上海的战士——你,却没有在中间! 使我们狂欢的心情中,压上一块沉痛的石头,这欢与痛的交织,唤起我们无限的警惕,就是今日的胜利,原是我们无数的志士仁人的热血换来的,我们是应该如何地兢兢业业来发扬这胜利的果实,以达成人类大同的境地。

抗战之前,你为停止内战,一致抗日,用你的笔,向一切失败主义者和投降主义者进攻,用你的《大众生活》广阔的发行,向全国人民大声唤醒了全国人民被欺蒙了的救国的自觉,尤其是青年们学生们,因为你的教育和领导,和你不屈的意志的启示,群起向一切无耻的勇于内战、怯于御外的卖国贼声讨,成了不可抑制的推动抗日的力量,你的笔和你主编的发行达十八万之巨的《大众生活》,完成了百万雄师所能完成的任务,你一介文弱的书生,成了百万雄师的司令员,你终于遭忌了,你入狱了,当我第一次在苏州看守所中看到你时,你像一只雄狮被关进了铁笼,沉默地、愤怒地在狱中的寸方地中,来回踱着方步,那神情还清楚地在我的记忆中。"假使救国有罪,我愿永远坐牢",这是你当年的愤语,过后,你在狱中,还不断地写文章,用化名登出来,——那是我们家属从牢里偷出来发表的,你身在牢中,心却在救国事业上,你忘记了自己是在受难,你却只记得这个老大的被屈辱的祖国将灭亡了,你在牢中,还是继续为祖国的存亡而奋斗,抗日终于在你们的奋斗中实现了,"团结全国一致抗日"的要求,勉强被接受了,谁知盟约的墨水还未干,抗日正进入艰苦阶段时,帝国主义者所喂养的走狗们,撕毁了盟约,对真正抗日的军队,加以围剿,抵消了抗日的力量,使敌人能长驱直入,对你们这批坚决抗日到底的文人们,就威胁利诱,无所不用其极。永远不屈的你,不得不愤而绝裾,远走香港,在香港,你还推动组织民主政团同盟,你出版日报,以图挽救危局,谁知你就此一走,永不回来了,你终于被忧愤与煎熬而伤身了。韬奋!你终其生在逃亡与忧愤中,临死,你看明白了中国要得救,只有中国共产党能领导起革命的责任,到最后,你写遗嘱要求加入共产党,这是多么感动人呵!你的遗嘱被批准了,但是你已经死了,现在,革命的初步胜利,已经实现了,这正是你所祈望的共产党领导的革命的成功,你是可以瞑目了,但是我们这群未死的你的过去的伙伴,继续开拔为彻底完成革命而举步的时候,没有了你,是多么地感到损失啊!原来你是抵得百万雄师的!你的这力量,将分担在我们肩上,我们不仅感到责任的沉重,我们还感到心头的悲伤,所幸的,是你的伟大意志的启示,振奋了我们的精神,我们是有自信,可以完成任务的,在这里,我们大家向你作这一个保证。

最后,你的嘉骅在莫斯科学机械,你的嘉骝在北平学气象学,你的嘉骊在学书业业务管理,你的最亲密的粹缜,在办托儿所,他们都比你在世时更坚强了,尤其是粹缜,你死后,她的泪没有干过,现在她将过去爱你的全副精神,投向社会,她开始爱人群,爱孩子、做社会人了,这一点是非常可以告慰于你的。你的死,对你的家属虽是莫大的一种悲痛!但也是你的死,坚强了他们,他们是会以你的精神来完成你所遗留给他们的重任的。安息吧!我们的革命战士韬奋!

(原载1949年7月24日上海《大公报》第6版)

在上海市韬奋同志逝世五周年纪念大会上的致词

宋庆龄

韬奋先生是一位伟大的爱国者,一位英勇的人民战士。他的斗争历史,提供了革命知识分子所走道路的一个最光辉的榜样。在我和韬奋先生几年工作接触的中间,他所发挥的革命知识分子的特点,一直受到大家的敬仰。他完全舍己为公,凡是人民革命的利益所在,总是竭尽全力以赴;对于任何反人民、反民主的恶势力,他绝不肯作丝毫的片刻的妥协。韬奋先生的一支笔,曾经鼓动了中国无数万爱国民众走上争取民族解放与人民民主的道路,在反动势力不断地迫害下,他不幸牺牲了生命,然而他的不屈不挠的斗争精神,将永远活在每一个人的心里。千百万革命爱国人民踏着韬奋先生的道路,在中国共产党与毛主席正确领导之下,正在完成他遗下的任务。今天,以沉痛的心情悼念韬奋先生;但是大家的信心是更强了,因为韬奋先生一生所努力的革命工作,已经初步完成了,因为韬奋先生的榜样,已经照耀出革命知识分子努力奋斗的一条大路。

(原载1949年7月25日上海《解放日报》)

邹韬奋和《大众生活》

茅 盾

韬奋生前常说，他的最大的愿望是办好一个刊物，——当然最好是能够办报。在反动统治下，办进步刊物是一定要受到迫害的，韬奋就是在重重的迫害下办刊物而坚持到底的一个人。他主编的最后一个期刊就是《大众生活》，在香港出版。《大众生活》对于当时的南洋华侨起了相当大的影响。皖南事变后，在共产党的策划和领导之下，相当数量的革命的进步的文化工作者从压迫愈来愈严厉的重庆"疏散"出去，建立分散的文化据点。到香港的一批以韬奋为中心，目的就是要在香港办报办刊物。如果由韬奋出面来办报，恐怕是通不过香港政府这一关的，因而只好办周刊。

当时的香港充斥着各式各样的特务，——蒋记的、汪记的，等等。他们要破坏韬奋的活动，自不待言。香港政府自然也不会欢迎韬奋这样一个人来办刊物，不过，既然还标榜着"言论自由"，就不好公然不许，而只能在刊物登记的条件上做文章；照那条例，刊物的负责者是发行人，而发行人则须是"港绅"，因而韬奋当然不能自任发行人去申请登记，而必须另找一位港绅来"合作"，但即使找到了那样一位，能不能通过，据说也很少把握。

所谓"有志者事竟成"罢，韬奋终于找到一位发行人了。原来有一个曹先生(他的父亲是所谓港绅)，早已登记好了要办一个周刊，但因找不到适当的主编，故而那刊物还没出世。这位曹先生年纪还轻,读过韬奋的著作及其所编的刊物,可以说是对于韬奋的道德文章有相当认识,对于韬奋怀着敬佩之心的一个人。经过第三者的介绍,事情就成功了。这就是后来坚持到香港沦陷然后停刊的《大众生活》周刊,从这件事,也可见韬奋的为祖国为人民的长期奋斗的精神和毅力,在一般人中间(而曹先生是其中之一)建立了如何高的威信!

办刊物既有眉目,韬奋立刻以他那一贯的负责和不知疲倦的精神开始工作。他要求在两星期后出版创刊号,那就是说,一星期后就必须将创刊号的稿件发排。他组织了一个编辑委员会,可是参加编委会的朋友们都是另有工作的,他们对于韬奋的帮助只能是:每星期开会一次,决定下一期刊物的主要内容,并在这范围内担任写稿一篇,或者是负责向编委以外的朋友拉一篇那一期刊物所需要的稿。韬奋必须自己做的就有下列的一大堆事情:每期登在卷首的社评,那是有一定的篇幅的,太长或太短都会影响到刊物的整个编排的计划性;审阅来稿(包括特约稿和外来的投稿);给读者的来信作"简复",这是刊物的很重要的一栏,刊物与读者的联系固然赖此一栏,而尤其重要的,是借这一栏发表一些还不宜于用其他方式(例如短评等等)来发表的主张或批评。不曾在那种环境下办过刊物的人不会了解"简复"读者来信这工作在彼时彼地是怎样重要而且又是怎样的不简单。韬奋常说:他花在"简复"上的时间和精力,比花在社评上的要多得多。

在那时的人力物力的条件下办这么一个周刊,其困难有非今天的没有那种经验的年轻朋友所能想象。《大众生活》之所以得以出版,并且在短促的时期内出版,不能不归功于韬奋的毅力和勤奋。当时在香港的朋友们中间颇有几位是办过刊物的,当听说刊物要在一星期内从无到有,都感觉期限太促,然而韬奋那种说干就干、勇往直前的精神,把大家振奋起来了。韬奋是对的。那时候,即使是一天的时间也很宝贵,不能白白过去。那时候,如果迟疑拖延,则夜长梦多,刊物也许会因特务分子的破坏而终于不能出世。如果不把这些特殊情况加以充分的估计,而轻率地武断地以为韬奋就是"性急"(有人是这样看他的,而他自己也这样自讼),是"顾前不顾后",或者,因而给他一个"急躁冒进"的帽子,那是全无是处的。

恰恰相反,我倒觉得韬奋的疾恶如仇、说干就干、充满信心、极端负责的精神,正是我们应当学习的。

至于韬奋思想的发展过程,——他是如何从一个旧民主主义者发展而成为共产主义者的过程,我在这里不想多说。从韬奋身上,又一度证明了凡是有正义感、爱祖国、爱人类、爱真理的旧民主主义者,在战斗的考验中,是会走上信仰共产主义道路的,中外皆然,这已是历史发展的规律。

(原载1954年7月24日《人民日报》)

爸爸,你的理想实现了!

邹嘉骊

十年了,爸爸,我回想以往的一切,对比现在,更深切地怀念你。说来你是病死的,可是谁都知道没有国民党反动派的迫害,你不会过颠沛流离的生活,也就不会这样早离开我们。爸爸!是黑暗的反动统治夺去了你的生命!

十年了,你临离开我们的情景,仍是鲜明地在眼前:

在上海的上海医院一间病室里,除母亲低低的哭泣外,寂静无声。床边站着曾耀仲医师和几位同志。你瘦如枯柴的躯体躺在床上,神智还很清楚,胸脯却急促地掀动着,嘴颤颤地似有千言万

韬奋全家在万宜坊54号寓所门前留影

语,但已无法叙出。妈妈给你一支笔,一个练习本,你用仅有的微力颤抖地写出了不成形的三个字:"不要怕。"我懂得你的意思,你不单教我们不要怕你的死,更重要的是不要怕敌人。爸爸,即使在那样的时候,你想着的还是别人,而不是自己。你的手脚开始冷了,妈妈哭泣着问曾医师是否还有办法挽救你的生命,曾医师沉重缓慢地摇了摇头。十年前的今天,你永远离开我们去了。

爸爸!五年前我们的国家从黑暗的腐朽的反动时代解放出来,成为劳动人民。自己掌握政权的时代,并且开始建设我们自由幸福的国家。如今又公布了人民自己的宪法草案,将进一步建设起更美好的未来。这是你生活的理想,斗争的目标。爸爸!你和先烈们的理想有的实现了,有的正在实现着,你和先烈们的血汗没有白流。

再可告慰于你的是我们兄妹几人和母亲在你的影响下走上了正确的人生道路:在党的长期亲切关怀和培养下,成长为无产阶级的先锋战士,或正向这个方向努力。

十年来,革命斗争虽然尖锐,建设事业虽然艰苦,我们工作得却是无比愉快!爸爸!你热爱人民,热爱祖国,如果你还活着,看到现在这样美好事业的蓬勃发展,你将以怎样的精力投入工作啊!

爸爸,放心吧!全国人民在党的领导下,一定要为我们伟大的理想,争取进一步的胜利!

(原载1954年7月24日《北京日报》)

学习韬奋同志联系群众的作风

周保昌

抗战以前,我曾在韬奋同志主持的生活书店里做练习生,当时我受韬奋同志的教导,激起了追求真理的心情,并在他的热情鼓舞下,我奔向了革命。

回忆在生活书店工作的时候,我深深感到韬奋同志是我们的良师,青年的模范,从他身上可以学到为人民服务的办事精神是非常之多的。

韬奋同志大公无私的精神和联系群众的民主作风给我的印象特别深刻。韬奋同志是能够充分认识群众力量与运用集体智慧来办事的。当他于一九三五年自苏联考察回国后,他依据了社会主义经营企业的思想,在生活书店实行了许多革新,他把书店成为"生活出版合作社"的精神,更加贯彻了。如书店同人在试用期满后,便成为社员,每月从工薪中提出十分之一作为基金,进行逐月逐年的积累,使每一个工作者成为书店的主人。在当时的条件下,这确是一种进步的经营方式。他经常说:这是我们共同的事业,没有大家的积极努力是办不好的。在内部组织方面,他提倡民主集中制,由全体同人用民主选举的方法选出领导机构——理事会,人事委员会,监察委员会。他善于依靠群众的集体智慧,热情地对待集体的事业,所以在工作中谁都愿意向他请教,而他一定谦虚地对待同事,腾出时间来和你谈话,帮你提高认识,解决问题。他把找干部谈话看成最必要的工作之一。他善于倾听大家的意见,他的态度是这样的热情和诚恳,他的意见又是这样的合理和中肯,谁只要一经与他谈话,都会感觉得到了鼓舞和力量。

在吸收和培养干部问题上,韬奋同志也贯串着同样的精神。他从不以私人关系介绍亲戚朋友入店工作,他坚决主张并遵守着极严格的招考制度。他常说,我们是请"老板"进来,所以用人就不能马虎草率。他的录用标准是要有实在的本事和一定的政治认识。他对干部的要求是有志于文化事业并忠诚地为读者服务。他对工作要求特别严格,时间观念非常之强,而且自己以身作则,遵守一切工作制度。他虽是书店的总经理,但和大家一样按时上班签到;而在工作之余,他又积极鼓励全体同人参加救亡运动和其他的社会活动。他把提高政治认识看成是做好工作的最根本的要求,所以书店内部的读书会、演讲会就在他的倡导下成为教育全体同人的组织。许多同事入店以前并没有受到很高的教育,但一进书店以后,无论在知识方面、见解方面以及对工作的热情,都会有显著的提高。

生活书店事业的发展和书店同人参加社会活动的影响,引起了当时反动统治者的恐惧。反动的国民党把韬奋同志看作了眼中钉。一九三九年黑暗的反动势力曾以各种威胁手段对生活书店多方迫害,封闭它在全国各地的分支机构,还以无耻的恫吓,要韬奋同志参加国民党。韬奋同志严正地予以拒绝。"富贵不能淫,威武不能屈"这句话在韬奋同志是确实做到了。

韬奋同志对任何工作总是热情对待;他对任何读者的来信,总是认真处理;他对任何的批评与建议,总是虚心倾听。他之所以能够如此,因为在他的心目中,没有为个人打算的自私观念。热爱人民,真诚地为人民服务,就是韬奋同志最伟大的地方,也是值得我们学习的地方。

(原载 1954 年 7 月 24 日《北京日报》略有删节)

片断的回忆
——纪念邹韬奋同志逝世十周年

胡耐秋

一九三六年秋天我到了上海,听朋友们谈起生活书店和邹韬奋,都带着爱慕、期望和敬重的神气。

次年旧历端阳节前后,我刚进生活书店工作不久;有一天每人的写字桌上放着几颗枇杷,说是一个苏州洞庭山的读者特地送来的,分给大伙儿吃了。从这件小事情上我开始感到这里存在着一种新的人与人之间的关系,在旧社会里是很少可能有的。

抗日战争爆发后,书店成了一支文化大军,总店搬到了汉口,在全国迅速地建立起五十多个据点。

汉口在当时是抗日战争的大后方,也是全国交通动脉的要道。韬奋同志整天在书店二楼的一间斗室中紧张地写文章、看稿、看信,并且时常下楼去会客。

每天有三四十封读者来信送到他的面前,有五六起多至十余起的青年前来访问。有的是因为"救国无门"请求他指引,有的受了国民党的欺骗压制前来声诉。他热诚地给予了指点、鼓励和安慰。并且把这些问题立即反映在他主办的刊物上。

为了这些事情,他有时向各方面奔走,有时坐立不安,要等到再次收到来信,说由于他的帮助指教问题解决了,或者已脱离了黑暗险恶的环境,走上了光明大道,他才放下心来。

韬奋同志不但对群众直接的请求是这样负责，平时在工作中也经常以高度的对读者对人民的责任心策励自己，督促同事。他常说广大读者是书店事业的基础，为读者服务是书店发展的酵母。记得曾经有过这样一件事：

　　一九三八年八月，国民党准备把武汉放弃给日寇，韬奋同志到了重庆。他那时主编的《全民抗战》周刊，在武汉沦于敌手之前，每期的纸型航寄到汉口，重印寄发全国交通可以达到的地区。但是纸型一定要交给客运班机才能一天寄到。

　　有一次负责递寄的同事大意了一些，把纸型交给了货运部，使纸型安稳地进了航空公司的仓库。韬奋同志查明之后大为气愤，在办公室急步来回走着，责怪那个同事没有责任感，不知道许多读者是多么急切地需要知道时局的变化，没有想到这种时候他们得到一本刊物是多么不容易。他说他办刊物办了八九年，从来没有脱过期，事事都为读者设想。

　　过了一夜，第二天到办公室又把这番话说了又说，像是对好朋友做了一件大坏事那样地表示不安。

　　生活书店内部是合作社组织，领导管理采取民主集中制。韬奋同志说："我们这伙人的聚集，不是为了发财，而是致力于进步文化事业。"如能"充分发扬民主力量"，"每个人都把团体的利益放在第一位"，"就必然保证事业前途的光明与胜利"。由于韬奋同志向书店同志们经常反复阐明了书店的性质与任务，发扬了民主作风，增进和强固了干部和事业间的血肉关系，才使书店干部逐渐培养成为一支富有战斗精神的队伍。这从以下事实可以得到证明。

　　一九三九年五月三日，日寇飞机对重庆滥施轰炸，大火吞食了重庆最热闹的街市——都邮街，从那边吹过来的烧焦了的书叶纷纷飘落在大街上。这时书店总管理处和栈房设在逼近闹市的小街深巷，虽已在较僻静的地区租定了新屋，但因人心慌乱，找不到搬运的人。同事们为抢救公共财物，排开了一条长蛇阵，传递搬运。韬奋同志看到，立刻也抢进了长蛇阵，用他那惯于向前倾斜的热诚的体态，抢着在同事中间接来递去。汗水糊湿了他的眼镜的玻璃片，他不听别人的劝阻，一面呵呵地笑着一面抹汗。同事们见他这样，也更加鼓起了精神，不到一天把重要的东西都搬走了。有些同事说，像这样的抢救在别的书店是不可能的。

总管理处搬到新址一个多月，新的"人祸"又临到我们头上。

有一天，是个闷热的天气，大家伏在案上正感到蒸逼得难受。忽然来了三个人，说是国民党重庆市社会局派来检查书店的账目的。我们立起身一看，后面的土丘上，前面的高台阶上，还有围墙的铁门边，都已站了武装警察。

韬奋同志看到这样情况，知道是国民党要加罪书店，借故前来寻衅的，他挺身前去对付这三个家伙。他摇着芭蕉扇耐心地看着他们查账。

查账查到第二天，终于找不出漏洞。这三个家伙又想出了新花样，要找几个同事个别谈话。韬奋同志再也忍不住了，他对他们说："书店的事情一概由我负责，有什么问题尽管问我。在这里服务的同事，我有责任保护他们，不能随便找他们谈话。"这三个家伙被韬奋同志严词拒绝以后，只好失望而去。

当然，事情不会就这样了结的；国民党反动派对书店、对韬奋同志个人，运用了造谣、胁迫、谈判各种伎俩一步步地紧逼。韬奋同志按捺住自己激愤的心情，委婉地但是正义地和他们进行了斗争。

这时有人向他劝说，创办一个事业不容易，可以考虑采取适当的让步，以保全书店。他坚决地说书店有它确定的方向，不能改变。

他回到书店向同事们表示："生活书店是进步的文化事业。进步的文化事业是要适应进步时代的需要,是要推动国家民族走上进步的大道。"他说明这样才是书店最正确的道路。

国民党的威胁虽然愈来愈严重,韬奋同志仍然毫不放松他的工作和政治活动。那时重庆的进步人士为促进国内的民主政治,反对蒋介石独裁,掀起了一个宪政运动。他经常参加宪政座谈会,带动书店做了不少宪政运动的文字宣传工作。

有一次他要向群众作报告,主要是谈宪政问题,会场是在张家花园中华职业教育社的大礼堂。按当时的情势以及国民党惯用的卑鄙伎俩,那天很可能有特务到会场去捣乱。我们另外一些人恰巧在张家花园同时有一个聚会,只见礼堂里挤满了人,每个窗台上也站满了人。我们在这边开会,韬奋同志在那边作报告,一阵一阵传过来急促的雷鸣般的掌声,时时要打断我们的话语。人民热烈的要求,群众亢奋的情绪,使他平安地作完这次的报告。

像预测到的风暴一般,西安的书店在一九四〇年的下半年被封闭了。皖南事变发生,反动的狂潮对一切进步力量正将进行大规模的摧残,除了重庆以外各地的生活书店全都被封。韬奋同志清楚地看到进步事业与人民的命运紧密相连,他对这十余年来亲身经受的最残酷的一次迫害,反而表现得很镇定。他领导着大家将书店的工作化整为零,安全地转移了干部,他自己也毅然地离开了重庆。

后来他辗转去苏北解放区,因疾病加重秘密地回到敌伪统治下的上海,我们到上海去医院里又重行和他见面。他虽然受尽了病痛的折磨,可是因为他在苏北看到了人民的力量,看到了祖国的前途,他比以前更加乐观,他说病愈之后要为未来祖国再干二三十年。

韬奋同志逝世后的十年中,我们的国家发生了翻天覆地的变化,在反动统治时期的一些爱国者冒着生命危险进行斗争的目标,今天在中国共产党领导下已逐步成为现实。但是回想韬奋同志那种热爱祖国、热爱人民，忘我地无私地对待事业、认真严格地对待工作以及热诚为读者服务的精神，仍然值得我们认真地学习。

（原载1954年7月24日天津《大公报》）

韬奋的遗志已经全部实现了

沈粹缜

毛主席说:"热爱人民,真诚地为人民服务,鞠躬尽瘁,死而后已,这就是韬奋先生的精神,这就是他之所以感动人的地方。"现在韬奋已整整地离开我们十年了,但是他的形象,还宛如在生前,他的热爱人民,真诚地为人民服务的精神,永远感召着我。他没有死!

从一九三三年第一次被迫流亡到一九四四年逝世时为止,尽管国民党反动势力对他用尽摧残压迫的手段,但他努力为民族解放、民主政治和进步文化事业,勇往直前的战斗精神,始终如一。从皖南事变以后的四个年头中,国民党反动势力,加紧发动特务,严密搜索他的行踪,密令"就地惩办,格杀勿论",逼得他不断地过着流亡生活。他在一九四二年九月间于流亡过程中得了中耳炎症,限于当地环境,不能即刻治疗,后来辗转到达苏北抗日民主根据地,目睹解放区人民在中国共产党领导下的伟大斗争,看到了未来光明灿烂的新中国远景,更增强了他的信念和勇气,鼓舞了他的斗争情绪,他只要能够支撑,就带病工作,不肯稍作休息。一九四三年七月因病势加重由中耳炎转为脑癌病,由于当地医药条件的限制,不得不离开原来养病的苏北解放区,化装到敌伪盘踞下的上海就医,直到最后一息,他还念念不忘党对他的关怀和教育,遗嘱要求追认入党,同时他也极度关怀祖国,眷念人民,希望早日建成独立自由幸福的新中国。

他一生的事迹自有他的言论行动来作说明,我所最不能忘记的是他病危时期的一些经历。

他在解放区工作及养病时期,得到了党和人民无比热情的关怀和照顾,但敌寇及一切反动势力从来就没有对他丝毫放松,每时每刻都想得他而甘心,他在上海就医的一年时间中为了避免敌人走狗的注意,在沦陷区人民的掩护下,前后掉换了五家医院,后来情势紧迫,无法再住医院,一位留居在上海工作的生活书店同事,不顾自己与家庭的安全,说服了母亲和妻子,让出自己居住的亭子间,安顿了我们,才得以使他生前没有遭到敌人的毒手。

他逝世前几月,癌病愈益发展,每天痛楚急剧增加,他咬紧牙齿与疾病斗争,不肯放下武器,硬撑着在病榻上伏枕写作。有人劝他休息,他总是以"能写多少是多少,写一些是一些"的话来回答。有时一面写一面痛得发抖,眼泪直流,我劝他休息一下再写,但他回答我:"不,我要尽快把心里要说的话全部写出来,供到读者的面前。"他又安慰我说:"你不要看到我流泪而难过,我不是为了伤心而流泪,而是被脑痛逼出来的眼泪。"(二十多年来,他平时除了业务时间以内的写作外,从来没有间断过业余每天四张稿子的写作计划。)他一心要争取在生命未结束前,完成他的遗作《患难余生记》的愿望,不幸这部著作还未写完第三章,他就与世长辞了。

一九四四年六月他的病势已极危殆,常有昏迷现象,我一步也不敢离开他的病榻,偶然一天,他的神色特别清新,眼角流露着光芒,带着兴奋的情绪和我谈话,他说:"我要使我的病很快地好起来,让我好早些到延安去。过去在重庆,我已不止一次地告诉过你,只有中国共产党才是中国人民的救星,我虽然不会使用枪炮作武器,但是我能用锋利的笔尖,挑开国民党无耻阴谋的黑幕,号召民族团结起来,反对敌人,那时我还能起着中国共产党政治上助手的作用。我要在敌人的地区内坚持斗争,不愿就此离开。今天国民党已经对我发出了通缉令,黑暗势力愈加恶劣,敌人想致我死命,可是我不怕死,因此我要尽快到延安去,争取入党,我要为党多做一些工作……"

的确,抗日时期他在重庆的一段时间内,不只一次地告诉过我,只有中国共产党才能领导中国人民获得解放,他从一个真正的爱国者开始,对祖国具有无限的热爱,随着当时民族危机的加深和严重,他成为一个积极战斗的民族解放战士。国民党曾经对他有过三次正面的严重的胁迫利诱,他宁愿以六次困苦颠沛的流亡生活作为答复,绝无妥协余地。他对生活书店的事业爱护似同生命,但他毫不犹豫地,宁愿书店遭受反动派封闭,决不叛离读者群众。他是一个坚决的民主主义者,反对腐朽的独裁反动统治,伟大的革命实践推动了他步步前进,终于经过曲折的道路觉悟到,从自认是中国共产党政治上的助手,进而要求参加党的组织,找到了正确的归宿。

今天,在伟大的中国共产党和毛主席的领导下,中国人民已经打倒了三大敌人在旧中国的反动统治,并开始了向社会主义社会的过渡,独立、自由、幸福的新中国屹立在地球上欣欣向荣,《中华人民共和国宪法(草案)》已经公布,正在展开热烈的全民讨论。韬奋!你的遗志已经全部实现,你安息吧!

(原载1954年7月24日《新闻日报》)

追念韬奋(摘要)

夏 衍

韬奋这个名字象征了这个时代的爱国的中国人民的心,他的脉搏随着中国人民革命的进度而跳动,他的感情随着中国人民的愤怒、喜悦和痛苦而起伏。我记得很清楚,皖南事变之后,他满怀悲愤离开重庆,单身到了桂林,我在一位朋友的寄庐会见了他,谈到蒋介石,我第一次看到了这位温良敦厚的君子的盛怒。他提高了声音,把沿途所写的一束原稿紧紧地捏在手里,急促地说:"我还有嘴,还有笔,我一定要让前方和后方的中国人知道,这是怎样可耻可鄙的一个阴谋!"我也记得很清楚,一九四一年秋天,希特勒匪军的坦克兵团迫近了莫斯科,在香港出版的帝国主义者及其走狗们的报纸,幸灾乐祸地发出了各式各样的"预测"和谣言,这时候,永远常驻在韬奋脸上的笑容消逝了,看他又憔悴,又焦急。在一张大地图前面徘徊,从《战争与和平》里寻找一个小村落的名字,也常常在深夜打电话到我们的报社来打听前线的消息。这一年十一月七日,他在广播里听到了斯大林在克里姆林宫的演说,他笑了,他建议到街上去散步,我记得他说了一句话:"我定心了。"

这就是伟大的爱国者、国际主义者的良心。

韬奋是无我的。他关心人民、关心祖国、关心全世界进步人类的运命,可是他就从不关心自己,从不谈起自己的生活。对于自己,有一位同志给了他一个评语是"心不在焉",他不认识路,他不会管钱,他连出门一次要带几个车钱也要他夫人给他预先安排。他的心在哪里? 在时局,在人民。我很少看到一个像他一样全心全意地忧时忧国的人,也很少看到一个像他一样全心全意地关注别人、贴近人民的人,也必须说,很少看到一个像他一样从实际出发,用实践行动来贯彻自己主张的忧时忧国的人。在韬奋身上,没有一丝一毫佯狂的名士气息,没有一丝一毫"大言壮语"的政客作风。抗战前,有一位同志被捕入狱,口占了一首诗,开头两句是"生平一掬忧时泪,此日从容作楚囚",我把这首诗念给他听,他点了点头说:"很好,可是我却没有第二句那样的豪情。"他是斗争的现实主义者,我觉得他的感情像一块莹澈的水晶。

  我认识韬奋在"七君子"被捕之前不久,由于对他的爱和敬仰,后来不止一次和他谈到他从一个民主主义者转变为一个共产主义者的"经历"。他讲过青年时代的天真幻想,他讲过当他美丽的理想在残酷的现实面前破碎时候的苦闷与彷徨,有一次谈到高尔基,他以孩子一般的天真,羡慕这位大文豪的《童年》和《我的大学》。这种心情,是容易体会的。在那时候,当他接触到马克思列宁主义的思想之后,对自己的出身、教养、受到的环境影响和青壮年时代所走的路子,已经不仅没有一点点留恋和爱,他已经坚决地和这一切诀别,而对这一切充满了仇恨和愤怒了。由一个阶级变到另一个阶级,这是一个苦痛的过程。韬奋从来不讳言这一个"变",也从来不讳言这一个和自己的思想作斗争的过程。他是那样的谦虚,那样的老实,又是那样的实际。他自己说:"《生活》周刊既一天天和社会的现实发生密切的联系,社会的改造到了现阶段又决不能从个人主义做出发点;如和整个社会的改造脱离关系,而斤斤较量个人的问题,这条路是走不通的。"这就是韬奋的"无我"精神,这就是他和资产阶级个人主义思想的诀别,这就是从认识自己到改造自己的过程。

清楚地认识自己,无情地和自己的过去斗争,坚决地跟着人民群众走,从跟着走的实践中来逐步地改造自己,——韬奋给我们这一辈知识分子留下了一个光辉的榜样。

一九五四年七月二十五日

(原载1954年《文艺月报》8月号,署名韦彧)

忆韬奋先生

陈象恭

邹韬奋先生离开人世已十三年了,七月二十四日是他的逝世纪念日。这位态度诚恳、刻苦工作、热爱青年的革命战士,是我一生中最难忘怀的人。

我和先生曾相处了一段时间。先生办事有魄力,对待工作一丝不苟。一九三三年先生在《生活》编辑部时,主要办理生活信箱复信的工作。每天读者的来信,多至几十封,形形色色的问题都有,第一步,他先亲手拆看,分了类别:如果是托买书的,就交代办部(生活书店的前身);倘是一些有关医药、职业等问题的,转交其他有关工作部门解决,并签注意见,最后仍由《生活》来答复;对一些最重要的、有关键性的问题,由他亲自答复。来信如有代表性或特殊性,则在信箱公开发表;一般性的问题,才交给我们处理。他先指示复信内容的重点,根据他的指示,拟好信稿,由他修改后,交给我们誊清,誊清后再交给他,由他作最后一次校阅,直到他认为满意了,才在信的最后一行具名"生活周刊社"的下面用蓝铅笔签上一个"润"字(邹先生原名为"恩润"),才交发行部寄出。一天几十封信都是这样办理,常常占用他工作时间的大半天。

生活周刊社当时在国外有几个得力的通讯员,如日本的徐玉文,英国的费福熙,德国的王光祈,苏联的戈公振,美国的李公朴,是经常投稿的几位。李公朴先生做《生活》驻美通讯员时,刚由沪江大学毕业不久,是俭工留美的,中文不太熟练,但通讯稿内容很精彩。韬奋先生有时要费很多时间替他修改,还不断地去信鼓励他。李公朴和王光祈两先生在国外的经济情况非常窘迫,他们把稿子寄来后,还没有刊出,只要先生认为可用,就赶快把稿费汇出。他们都很感激先生的照顾。当时中华职业教育社黄炎培先生常常以"观我生"和"抱一"的笔名在《生活》上发表文章;那时黄先生是不喜欢自己的文章给人家修改的,但先生为了对读者负责,遇到非修改不可的地方时,就亲自去找黄先生商量。黄先生是职教社的创办人,也是《生活》最初领导人之一,但先生并不因为这个关系而有所迁就,反复说明必须修改的原因,有时也经过争辩,直到黄先生欣然同意先生修改后,才行发表。有一次,先生病了,头痛得爬不起来,由他执笔的"小言论"和"每周大事记"还没有写成,就叫我到他床头,逐句告诉我文章的内容,叫我记下来。我看他病得很痛苦,曾劝他安心静养,"小言论"可否请别人执笔,但他坚决不肯,要在病痛中完成他的任务;到最后看清样,还要送给他过目,才放心交印刷所。他这种忠于事业、对读者负责到底的精神,感动了社中所有的同人。

第二件事,是他不怕权要、坚决战斗的精神。有一次,一个读者来信揭发了国民党反动派交通部长王伯群(兼任上海大夏大学校长)的一些坏事。原来王是一个典型的坏蛋,当国民党交通部建筑房屋时,他贪污了一所漂亮的洋房,没有花一文钱。他家里已有了许多妻妾,由于他的腐化生活,早已染上了一身梅毒,但他还利用金钱和权势,威胁和利诱当时大夏大学的一个优秀女生保志宁嫁给他。先生听到这个消息后,气愤地说:这不是一朵鲜花掉在牛粪里么?他派人进行详细调查,后来真相完全明白了。于是他决定把这位读者的来信和编者的长篇按语,即调查报告,放到信箱里发表。星期三那天,稿子还在排印,被王伯群知道了,当天派了商务印书馆的一位交际博士和另一位曾与先生在"南洋"的同学来到生活周刊社,同时携带十万元巨款,进行贿赂。那时《生活》周刊正拟充实资金,想公开招股,王就利用这个机会来钻空子。来者传言:王部长最近拨下巨款,对上海各大小报馆都有补助,因为《生活》是部长最爱好的刊物,所以补助的经费特别多些。先生知道了他们的来意,脸就沉下来,告诉他们:《生活》是一个自力更生的刊物,经费虽有困难,但不受任何方面的津贴;一个小刊物也用不着偌大的巨款。结果严词拒绝。后来,来者又调换口气说:要把带来的这笔现金投资给《生活》,作为股本。先生又以与当时股份有限公司的章程不合,再加拒绝;并对来者说:王部长既然这样慷慨,不如替他捐助给仁济堂——水灾救济机关,救救几百万嗷嗷待哺的灾民吧!因为这年正是一九三一年,是华中大水灾的一年。他们当然是不同意这个建议的,结果没趣地溜走了。

自从这篇调查报告在信箱发表以后,先生接到了几次无头信,向他警告。到一九三三年,先生参加了中国民权保障同盟,并当选为执行委员,遭到了国民党蓝衣社特务的注意,把他列入"黑名单",经常受特务盯梢。那时先生每天上下班要四次往返通过法国公园(即现在的复兴公园),尤其在晚上,比较荒凉,同人替他的安全担心,认为危险性太大,经友人多次劝说,才借了一笔旅费,于一九三三年七月十四日流亡到海外。同年冬天,出版了八年之久的《生活》,被国民党反动派封闭了。

(原载 1957 年 7 月 24 日《大公报》)

琐忆韬奋与出版工作(摘要)

袁信之

韬奋同志的优良工作作风是笔不胜书的。仅凭我时常想起的，记得那时在生活书店工作的同志，表现在工作中都是朝气蓬勃，准时上班，有自觉的劳动纪律，而且往往由于热情的高度发挥，工作到夜晚是常有的事。为什么会有这样的精神呢，这是与韬奋同志的以身作则的领导作风分不开的。韬奋对别人要求很严格，对自己的要求更严格。记得有这么一件事，足以说明韬奋同志的高度责任感和"公而忘私"的精神。有一天，他从家里出来，匆匆地踏上一辆人力车，忽然听到一声微小的金属落地的声音，检视之下发现原来是他手上的一枚结婚戒指丢了，但一看离上班时间已很局促，估计如果回去找戒指，势必就会迟到，在这时候，他决定不去找戒指，赶着上班去了。这虽是一件小事，但在常人却是不容易做到的。

其他生动事例尤多，即以答复读者来信讲，也有甚为生动的。据我所知，他在重庆编《全民抗战》期间，曾经接到一个昆明读者的来信，表示因患肺病而消极厌世，企图自杀结束生命。韬奋以万分关怀的心情，写了一封长达万言的长信，鼓励他不应该消极自杀，同时说明肺病并非绝症。隔了一个时期，正在担心这位厌世者的安危的时候忽然接到了他的复信，韬奋一口气读完了它，才舒了口气说道："我终于挽救了一个人的生命。"原来，那人被韬奋感人至深的精神所感召,放弃了自杀的意念,开始转为积极起来了,而且病情也大有好转。

此外,以我亲身感受来说,那时生活书店的同人集体宿舍,是当时环龙路上的环龙别墅一所很漂亮的洋房,这在其他同业中是不可能有的,但是韬奋为了关怀同志们的健康,采取了这样的措施。另外,生活书店的办公室里还有一个特点,就是每一张办公桌旁的坐椅的凳脚,几乎都经过了"改造",锯去了长短不等的一截,一眼望过去,高高矮矮,颇不一律。这究竟为什么呢?原来,韬奋同志为了关心每一个同志身材高矮的不同,特为要工匠按各人伏案办公时的不同身段、视力而把凳脚锯去长短不等的一截,这样可以做到工作时不致因弯腰贴桌而产生近视的流弊,保障了工作者的健康。此类事实虽微不足道,却可以见出领导对于群众的关切心情。

还有一件给我印象很深的事,是在一九三五年当韬奋回国不久,那时书店有了很大的发展,工作人员增加了很多。韬奋为了深入了解群众意见,规定了每天以半天时间分头召集同人个别谈话,征询对领导上的意见和工作上的意见。我还记得韬奋坐在一间小办公室里,态度是那么谦虚,神情是那么沉着,殷殷垂询各方面的意见。二十多年前韬奋已经能够这样做了,在全民整风的今天,更值得引起我们深切的回忆和学习。韬奋同志这种可贵的革命思想和优良作风,决不是偶然的。这正充分表明一个追求进步的知识分子一旦与马克思列宁主义相结合,就会无比英勇地站在革命立场上,紧密地联系群众和关心群众,接受和依靠共产党的领导,从而在宣传鼓动战线上发挥更为重大的作用。最后,终于成为工人阶级的知识分子。

(原载1957年12月25日《新闻与出版》)

邹韬奋和高尔基

戈宝权

记得远在一九三三年的七月,韬奋编译的《革命文豪高尔基》由上海生活书店出版了。这本介绍苏联伟大文豪高尔基光辉一生的书,立即得到全国广大的读者,特别是青年读者的热烈欢迎。在短短的三个月之后,这本书就再版过一次,到了第二年的四月已发行到第三版,这在当时国民党反动统治的情况下,不能不说是一个奇迹!

韬奋在编译后记中曾讲起他编译这本书的经过:最先是《生活》周刊上发表了几篇介绍高尔基生平的文章,读者觉得很有趣味,有许多人就写信给编辑部,建议出版一本比较详细的高尔基的传记。刚巧这时候韬奋正看完美国加利福尼亚大学俄国文学教授亚历山大·康恩所写的《高尔基和他的俄国》一书,觉得其中有许多引人入胜和令人兴奋的事实,于是就鼓起勇气,在百忙当中利用每天清晨和夜晚空闲的时间,前后花了将近五个月的功夫,终于编译完了这本二十万字的《革命文豪高尔基》。

当这本书的预告在《生活》周刊上最初刊出时,曾引起了鲁迅先生的注意。鲁迅先生就在五月九日写了一封信给韬奋:

韬奋先生:

今天在《生活》周刊广告上,知道先生已译成《高尔基》,这实在是给中国青年的很好的赠品。

我以为如果能有插图,就更加有趣味。我有一本《高尔基画像集》,从他壮年至老年的像都有,也有漫画。倘要用,我可以奉借制版。制定后,用的是那几张,我可以将作者的姓名译出来。此上

即请

著安

鲁迅上

五月九日

从此可以看出,鲁迅先生不仅对这本传记的出版表示了热烈的欢迎和给予了很高的评价,而且还作了实际上的帮助,像书前面所选印的插图和说明,就都是出自鲁迅先生之手。

韬奋编译的这本《革命文豪高尔基》,自从出版以来已是二十五年了,尽管其中还有不少缺点,但在中国作家所编写的有关高尔基的著作当中,无疑地,这是一部较早的也是较为详尽的传记了。

我们知道当韬奋在一九三三年四月底编译完这本书的时候,国民党的白色恐怖正日益加剧,暗杀事件频起,韬奋的名字也被列入"黑名单",因此他不得不在这年七月间流亡海外。流亡期间,他先后访问过意、法、英、比、荷、德等国,一九三四年七月就到了莫斯科。他在莫斯科大学为英美学生所办的暑期大学(Anglo-American Institute)听过课,到乌克兰一带旅行过。就在他初抵莫斯科之后不久,他就写了一封信给高尔基,表示了他的敬慕之情,并希望能见到高尔基,准备把他编译的《革命文豪高尔基》这本书送给他本人。

我们过去一向不知道韬奋写过信给高尔基,无论从他遗留下来的文字当中,或者从他所写的《萍踪寄语三集》(写在苏联的所见所闻)中,都没有见到有关这一件事情的记载。在我和他相处的许

多年代当中，也从未听见过他提起这件事。假如高尔基接见过他，他可能早就写成专文了。前年五月间我在莫斯科时，曾专访过高尔基世界文学研究所，当时就听说在高尔基的文献档案中保存着几封中国人所写的信，去年六月间我在访问了阿尔巴尼亚和保加利亚之后路过莫斯科时，又重访了高尔基博物馆，才初次发现了韬奋的信。现将这封信的全文译载于此：

> 莫斯科大学附设暑期大学，
> 苏维埃第三屋，
> 一九三四年七月二十六日

亲爱的高尔基同志：

我是来自中国的您的一位敬慕者，在这个国家里，为了群众的利益正进行着一次真正的革命。在我讲明写这封信的目的之前，我想还是先简单地介绍一下自己。在过去的八年当中，我担任《生活》周刊的主编，这个刊物的目的，是在中国鼓吹社会主义，同情中国的苏维埃运动，但是它必须在各种伪装的方法之下进行自己的工作，因为它是在"白色恐怖"最厉害的上海出版的。一年前我离开了中国，一直在欧洲各地旅行。本月二十日我抵达莫斯科，使我特别感到兴趣和异常快乐的，就是能访问第一个社会主义的国家。

我高兴地告诉您，我曾经用中文写了一本您的传记，这本书在去年七月间出版，并在中国受到普遍欢迎。革命的青年一代人都非常关心您的生平和作品。

昨天，我感到特别高兴，就是知道您目前正在莫斯科。假如您能惠予接见，让我把从中国随身带来的您的中文的传记送给您，那我就更为感激和感到莫大的荣幸了。我想您不可能阅读这本书,但我相信您会高兴看一看这本书,把它作为一个从遥远的国家来的您的真诚的敬慕者送给您的一份礼品保存着。我知道您正忙于文学写作的工作,但我只希望能和您有一次短短的会见。假如我的请求能蒙您允诺,那么请您告诉我在什么地方、在什么时候我能来拜访您。

最后,我请求您原谅我用英文写这封信。我非常抱歉,我不懂俄文。而中文信又是外国人很难理解的。但我希望您的秘书会把这封信为您翻译出来。

祝您好!

邹恩润谨启

高尔基曾否接见过韬奋或是复过信,目前在高尔基的史料中找不到证明,同样地在韬奋遗留下来的文献中也找不到证明。但不管怎样,在高尔基博物馆的文献档案中发现的这封信,可作为研究韬奋与高尔基的关系的一份珍贵的史料。

(原载1958年8月11日《文艺报》第6期)

韬奋同志在南通的时候

王 淮

一九四二年十一月间,正当日、汪大规模清乡前夕,我和一忠在敌占区工作的同志,接到地委陈伟达同志的快信,要我们速迁到粟师长和周林同志处汇报工作。将近傍晚,我们到了一师师部所在地的十总店。

到了师部,同志们告诉我,韬奋同志经韶关、长沙,而汉口、上海,辗转万里抵达根据地了。粟师长正在主持召开欢迎大会。我听到这个消息,一面嘴里答应着,一面就放开脚步向师部大门的方向走去。我不肯错过这机会,我想横竖师长没空,不妨参加这个难得的盛会去。

距离会场还有百十步,从会场那边传来阵阵鼓掌声。我更兴奋了,三步改两步,奔进会场。这时,我看见温文尔雅、神采奕奕、穿着灰色棉袄裤的韬奋同志正在讲台上控诉国民党反动派在所谓大后方的反民主、压迫进步人士的各种罪恶行为。他说来详略有致,谈笑风生。满场的人,听到国民党反动派的种种罪恶,都义愤填胸。

我在师部公毕后,回到通西,随即因事去前方。后来同志们告诉我,十二月底,一个刮着朔风的日子,韬奋同志在刘季平同志的陪同下,也到通西来了。通西人民,在一九四三年元旦这天,在温家桥南通县中的广场上,举行了一次盛大的欢迎会。欢迎他的有近万人，会场上挤得水泄不通。不少人是赶了几十里路来的，还有不少人是从敌占区（通城、平潮、刘桥等地）机警地通过敌人的封锁线而来的。他在欢迎会上开头的一句话是："同志们！朋友们！抗战已接近恭贺新禧的阶段了。"他即兴发挥，号召军民，艰苦奋斗，团结在党的领导下，再加一把劲，把日本帝国主义赶出中国去。

听说，在演讲的前两天，他患的中耳炎病又发作了。但他在两个晚上，忍着疼痛，带夜准备了讲稿。同时，他还替当时四分区的党报《江海报》的新年特刊，写了一篇题为《恭贺新禧》的文章。

有一天，专署文教科组织了一次座谈会，韬奋同志着重地解答了人们提出的有关青年修养、文化教育、抗战前途等问题。座谈会开了一整天。他的解答，像他主编的《生活》周刊读者信箱栏中的文章一样的有条有理，中肯动听。

韬奋同志在南通的时候，还为不少青年题字留念，语多龟勉，尤以"坚持团结，坚持民主，坚持进步，打败日本侵略者"的字句为多。他还为县中李校长和替他治病的袁医师，各写了一首陶渊明的诗；为一个姓刘的青年①写了一幅立轴，写的是陈毅将军的诗句，是题新四军卫岗战斗处女战的。他边写边说："血写的光辉战史，不是我用书法可能表达于万一的。"这些遗墨，现存何处，已不得而知了。

韬奋同志不幸在十多年前逝世，是党和革命事业的一个损失。但是，正如党中央的唁文中所说："其精神将长在人间，其著作将永

---

① 刘姓青年，即刘谷风。当时任苏中四分区专员公署文教科督学。韬奋书陈毅将军《卫岗初战》诗相赠。该诗手迹已由刘谷风捐赠韬奋纪念馆，编入一九八四年五月香港三联书店版《韬奋手迹》一书中。——编者注

垂不朽。"他的追求真理的精神,是永远值得我们学习的;他的"学习是进步的源泉"的话,是我们应该永远记着的。

(原载1958年5月17日《南通市报》)

和韬奋相处的日子

杨 奇

如同抗日救亡时代千千万万个青年一样,我是先从韬奋同志的文章认识他的。我和他朝夕相处的时间,只有短短的两个月,那是在他到达东江游击区以后。然而,他留给我的形象,却是那么鲜明,使我永远不会忘记。

韬奋同志是在日本法西斯占领香港以后,由东江纵队救出来,在一九四二年一月十一日到达游击区的。那时候,韬奋同志还不是共产党员,我们部队首长奉党中央的指示,给予热情招待。韬奋同志更是我们这些青年新闻工作者久已仰慕的良师益友、新闻出版界杰出的老前辈。因此,在我动身到他住地去拜访的时候,很自然地对他的形象和言谈举止,做了种种揣测。老实说,当时心情还是有点儿紧张的。可是,见面以后,许多事情却出乎自己想象之外。

在白石龙村一座白色楼房里,座谈会正在举行,气氛十分热烈,引人发笑的言谈很多。别人告诉我,那个身材瘦长、面孔微黑的,就是韬奋同志。我很注意他的发言。那一次,他谈得不多,但是很精辟。他自喻是跟随"文化游击队"从香港转移阵地回来。他一再强调地说,没有人民的枪杆子就没有人民的笔杆子。别人发言的时候,他很留心听,时而点头加以肯定,时而流露赞叹表情。他常常发出笑声,而且笑得那么天真,那么爽朗,使人觉得他的快乐是没有任何掩藏的。无论从他的容貌或者言谈举止看，你都只能说他是一个三十多岁的青年，决不会相信他是一个饱经忧患的四十七岁的人。

温厚热忱而又活泼年青，这就是韬奋同志给我的第一个印象。

韬奋同志到达游击区后几天，就和一群同时脱险归来的抗日文化工作者，参观了丛林中的《东江民报》（东江纵队机关报——《前进报》的前身）。他十分关心游击区新闻出版工作的情况，仔细地观看了各式各样的抗日宣传品，他对油印出版技术的创造，感到很大兴趣。临走前，还十分热情地为我们写了《东江民报》的报头，茅盾同志也为副刊"民声"题了名。以后，他们那浑厚有劲和挺秀的字迹，就被我们印在短一期的报纸上。

过了不久，我们报社接到命令，陪同韬奋、茅盾、宋之的、胡绳、张铁生、袁水拍、廖沫沙、戈宝权、于伶等二十多个文化界知名人士，从白石龙转移到深坑村山谷，在新建的茅寮里住下来。

对于过惯城市生活的人来说，住茅寮自然不是什么舒服的事。茅寮里没有任何设备，睡的是垫上稻秆"褥子"的统铺，吃的也只是比我们报社稍为好一些的"大锅饭"。于是，有个别人就流露出不满，但韬奋同志则始终是心情舒畅的。他把烤番薯当作最好的午点，把红片糖称为土制"巧克力"，吃得津津有味。每当招待员问他们需要什么的时候，韬奋同志总是婉词推却，他说他们已经给部队增加了不少负累，不应再有特殊的待遇。本来，我们部队首长是派了"小鬼"帮助他们洗衣服的，但韬奋同志照例是自己动手洗。他说，生活上的事情总得样样学会，才能适应战争环境。他并且希望，这样可以使"小鬼"有更多的时间学文化。韬奋同志这种克己爱人的精神，给我们很大的启发。

在一起生活的抗日文化工作者中间，韬奋同志是十分活跃的。那时候，他们每天都有不少时间聚在一起谈天，话题很广，从个人生活到国家大事，无所不谈。有时我也坐在一边，静静地倾听他们过去的不幸和欢乐。韬奋同志谈得很多，又饶有风趣。大家特别喜欢听的，是他在《抗战以来》一书中所没有写出的许多官场秘史。韬奋同志不仅健谈，而且具有优秀的新闻工作者的那种广泛兴趣。有一次，我们报社同这批文化工作者举行联欢晚会。忽然，不知是谁首先发现了久违了的"差利·卓别麟"走近会场，于是大家都站起身来鼓掌欢迎。原来是韬奋同志事先向戏剧家于伶借来了一撮假胡须，等到晚会开始以后，他又回到茅寮里，选了别人的一双大皮靴和一顶高毡帽，然后拿着手杖，施施然地走出广场来。他给大家认认真真地表演了一番差利式的舞蹈。由于他化装逼真，动作又十分娴熟，引得大家笑痛了肚皮。

韬奋同志对待我们这些青年新闻工作者，也总是那么热情，没有任何"架子"。晚饭以后，我们常常请他讲世界珍闻，讲蒋管区的黑暗生活，他从来不会令你失望。他还曾经教导我们在编辑工作中应该注意的事情，希望我们努力自修，他说，做一个人民的新闻工作者，除了要有很高的政治水平，还要有广博的知识。有一次，敌人进攻惠州、博罗，国民党军队逃之夭夭，我们把韬奋同志请到编辑部，向他汇报了情况，请他为我们报纸写一篇社论。韬奋同志欣然答允，并且立即动笔，很快就写好了，题目是《惠博失陷的教训》。韬奋同志这种说干就干的精神，使得我们全社同志赞叹不已。他在这篇文章中，一再呼吁国民党军队立即停止消极抗战积极内战的政策，同人民游击队一道，坚决打击敌人。韬奋同志的这篇遗作，以及他给《东江民报》的题字，我在战争最艰苦的岁月里，一直是随身携带着的，谁料想到，在广州解放以后的和平环境里，由于借给某一单位展览，竟被他们连同全部《前进报》都失落了，至今还未查着，实在是十分遗憾的事。

韬奋同志在离开游击区以前不久，还和我在小溪边作过一次个别的谈话。他亲切地告诉我，他对工作的最大愿望是办好一张报纸。他语重心长地鼓励我把新闻工作作为自己的终生事业，还劝我在战争结束以后尽可能多跑一些地方，增广自己的见闻。关于韬奋同志对新闻出版工作的高度热爱，以及他在工作中的那种不知疲倦、丝毫不苟的精神，我是早已衷心敬佩的。在这次谈话中，他并不是一本正经地谈什么工作体会，而是那么谦逊，谈得么轻松，然而，他说的一字一句，都强烈地感染了我。我真想向他发誓：我一定要在新闻工作岗位上干到老、干到死！但是由于过于激动，我没有充分表达出自己的意思，只说了一句近乎公式的话：我一定不辜负你的期望。事后我还这样想。抗战胜利以后，总会有机会见到韬奋同志，向他汇报工作的，谁知道，这一次谈话竟成为韬奋同志最后给我的嘱咐呢！

真诚的悼念是应该使后死者得到鞭策的。我清楚记得：一九四四年十月八日，新华社向全世界播发韬奋同志死讯的那一天，当我读到他的遗嘱和党中央追认他入党的唁电时，我被感动得热泪直流。我们前进报社决定以实际行动来纪念韬奋同志，星夜编印了一本《韬奋先生逝世纪念特刊》，并使我们报社的第一座铅印机提前开动，第一批印刷品就是韬奋同志那不朽的遗嘱。今天，韬奋同志逝世整整十五年了，我虽然没有可能到他墓前献上花圈，但是，我将永远记住毛主席写给韬奋同志的挽词，我将永远学习韬奋同志献身人民的伟大精神，为新闻事业鞠躬尽瘁，死而后已！

（原载1959年7月24日《羊城晚报》）

韬奋同志在苏北的片断

袁信之

一九四二年底至一九四三年春,日寇对苏北解放区战场进行了一次残酷的"扫荡",这时韬奋刚从苏中辗转达到新四军三师师部驻地盐阜区张庄,当时部队正在部署反扫荡,情况很紧张。韬奋在师部被热烈接待后,住了几天,组织上为了保障他的安全,决定请韬奋同志在苏北的边缘地区八滩隐蔽下来。师部派负责同志护送,韬奋这时已不能骑马,他只能躺在一个藤靠椅上请人抬着去。到了八滩,该区区长早已接得上级指示,决定把他安置在杨庄一个开明地主杨芷江的家里。这时在杨家里一起住的已有阿英、贺绿汀、车载等同志。这时韬奋的病情逐渐恶化,每天要服"狮牌"止痛片。但他只要在精神稍好时,就和大家纵谈国内外形势和国民党统治区的种种见闻。他对抗战前途充满着乐观信心。尤其赞叹根据地的民主政治。

十多天过去了,平静无事,韬奋有些不耐,他焦急地盼望能早些踏上征途,奔赴向往的延安。但是事与愿违,有一天接到组织上通知,说是敌人已向本区行动,必要时要作分散隐蔽,叫大家提高警惕,以防万一。在杨庄的同志召开了一次紧急会议,作了一些紧急布置,贺绿汀和车载两同志迁到西边五里的村上住,大家为了照顾韬奋的身体,让他住杨庄。

贺绿汀和车载他们住在杨庄西边五里地的一个村沿的废炮楼

里，一天早晨，车载同志急遽地从外面跑上炮楼，对贺绿汀同志叫道："鬼子来了，已经进入前面的庄子。"立即他们两人把背包背上，拿了一些零物，匆匆往外走去，走出村子，跟着地方部队走。这时日本鬼子进了前边的村子，据侦察员报告，敌人没有一定的方向。贺、车两人又急忙赶到杨庄，会见了韬奋后，认为杨庄目标太大，决定离开到杨庄北面四五里地的一个村子去，那里是茅房，目标比较小。

第二天早晨，天气非常晴朗，从稀疏的村落中一眼望去，凭肉眼可以看到五六里开外的村子里的动静，望见日本鬼子和大队伪军在远远的村子里行动，晌午时烟囱里冒烟了，估计敌人在做饭，三人商议一下，认为敌人吃过饭可能要来搜索，决定再转移到距这个村子二里远的一个更小的村上去，为了避免暴露目标，三个人分三次出发，每隔五分钟走一人，一刻钟后，大家到了目的地，回头一看，见敌人已进入他们刚离开的庄子，也很可能到这里来。他们在农民们的帮助下，分别散居几个屋内，并把门敞开，以麻痹敌人。韬奋就睡在一张床上，不一会，约有七八个鬼子，身背着上了刺刀的枪在门前走过，可没进屋子，朝着大房子的方向去了。一场紧张的时刻过去，天色已晚，原以为没有什么问题了。不料突然跑来一个伪军，冒冒失失地说："奉长官通知，你们这里住的什么人，我们都知道，长官叫你们到杨庄去！"韬奋他们弄不清究竟，没有跟着伪军去。

原来这里的伪军头子徐继泰在进入杨庄以后，杨芷江家里的一个亲族，把韬奋等的情况出卖给徐了。说起这徐继泰原是国民党军韩德勤部下，后来投靠了敌伪。徐于一九三八年在武汉还见到过韬奋，因慑于韬奋在群众中的威信，不敢遽下毒手，见伪军前去无效，再派他的参谋长前往找韬奋。

韬奋他们处在这样的境遇，不能不冒着危险回到了杨庄，这时杨芷江的家里已经成为徐逆继泰的司令部了。当晚徐继泰对韬奋说了许多鬼话。这时韬奋原不屑与汉奸交谈,沉默不语良久,最后告以如果真的有意为自己留条后路的话,必须以行动表明心迹,要做到第一,你的部下不得骚扰居民,不得抢劫掳掠;第二,明天必须全部撤离八滩区。第二天徐继泰的伪军果然全撤走了。

韬奋自从亲身经过了反扫荡斗争的胜利之后,更深切地体会到中国共产党领导中国革命的正确,衷心更依靠党了。但是,他的病势愈恶化,当他离开杨庄随着护送他的同志又经历了几个昼夜艰辛的行程,渡过了盐河到了盐城地区的龙王庙,找到了三师师部驻在地。师部负责同志看到他们脱险归来,非常高兴。在组织上的照护下,他在一个僻静的小村子上休养。他的行止为根据地各界人士所关怀,新华通讯社特派记者来访,那天他们作了如下的回答:

问:近几年来邹先生的行踪如何?

答:去年冬天,我扶病经过苏中二三四分区到盐阜区,适遇敌寇"扫荡",同时为了养病,就隐蔽下来,现在身体虽未复原,但为了早日到达延安,我仍一路养病,一路走路。

问:你对根据地的印象如何?

答:我到根据地来是我平生最兴奋的事情,在这里我有两个最深刻的印象,一是共产党在抗日民族统一战线中的忠实而充分的照顾各阶级的利益,使全根据地的人民团结起来坚持抗战;二是民主政治的实现,根据地内人民普遍参加政治生活,热烈拥护政府的情形,使我十余年来为民主政治而奔走的信心更加坚定了。

他说罢并表示希望复原后,要求参加整风学习。他迫切要求以一介共产党员的标准来改造自己。但是他的病阻止了他的前进,组织上获悉他的病是"癌"以后,为了挽救他的生命,决定让他返回上海进行治疗。

在三月底四月初光景，军部派人先送他到一师再转上海，又考虑到他行动不便，于是组织上委派田丰同志护送，陪着韬奋从华成公司①下了船，同行的还有贺绿汀同志。

航程快结束了，在苏中地区的一个港湾停泊，下了小船，还是上不了岸，大家赤了脚涉水登陆，韬奋经船员背上了岸，到长沙镇时天已经黑了，待找到县政府住了一宿。据县政府的工作同志说，苏中正在部署反扫荡，情况很紧张，嘱明天一早到师部去。第二天在去师部的路上，忽听前面人声嘈杂，听说前面正在过部队，道路拥挤不好走。正在焦急，发现前面部队都是些青年学生，其中有些同志还听过韬奋上一次在苏中作的报告，因此就热情地称呼韬奋同志，叫跟着一起走。到北新桥一师师部驻地，会见了粟司令（一师师长粟裕），在粟司令十分关怀下吃过晚饭，还听了一会苏联广播，韬奋一身疲劳消失了。粟司令介绍了苏中战况，敌人进攻很紧，因此认为他们明天非走不可。

第二天早上，随着韬奋很久的一个勤务员临别时很难过，但不得不分手了。师部派了四位战士护送，身上都带着盒子枪，骑四部自行车，韬奋勉力坐在一辆自行车的后面，一路上不知经过了几座敌人的碉堡炮楼，心情是紧张的，但韬奋觉得在敌占区里我们的战士能够长驱直入如入无人之境，暗暗叹为奇迹。在安全到达天生港北面的某部时，通过特殊的组织关系，他弄了一张伪证件搭上了赴上海的轮船。

(原载 1959 年 11 月 5 日《光明日报》)

---

① 华成公司是一个盐垦公司。在当地已形成了地名的意义。那里有出海的港湾。——作者注

韬奋同志二三事（摘要）

袁信之

二十多年前我考进生活书店，在编辑部做校对工作。不久（一九三五年），韬奋同志从国外回来，我印象最深的是他回国后立即采取了一项听取书店同人意见的措施。他规定每天以半天的时间，分别与每一个工作人员作个别谈话，不问你是练习生、工友，他都是用非常和蔼可亲的态度，在一间小小的办公室内和你倾心交谈。我还记得和韬奋同志第一次谈话，他第一句是以询问"贵庚"开始的，然后从工作谈到生活和思想，而他最重视的是对领导机构的意见，这当然要涉及到个别领导人的领导作风和领导方法。

之后，韬奋同志在吸取群众意见的基础上，立即采取了几项沟通上下声气的措施。一个是规定每月举行一次全体同人参加的茶话会，韬奋同志希望大家在会上畅所欲言，从改进业务、交流工作经验直到相互批评，末了往往还要加一点小小的余兴，像讲一个故事，说一个笑话等等，使大家尽欢而散。

另一个是他倡导下，由同人自己编一份手抄杂志，定名《我们的生活》，大家写稿，内容侧重政治思想、学习心得，也谈业务，成为提高思想、培养干部的有力工具。这些制度一直维持到生活书店的最后时期。抗战开始以后，由于书店业务推向全国各地，增出了一份内部油印刊物《店务通讯》，用以联系工作，交流经验，油印技术之精美，至今看来还是很动人的。

（原载1961年7月24日上海《解放日报》）

"最大的愿望是办好一个刊物"(摘要)
——学习韬奋的编辑工作经验

柳　湜

作为一个革命编辑者的品质,韬奋具备得很完全。他十几年坚持了自己的岗位,热爱自己的工作。他"最大的愿望是办好一个刊物",一心一意,专心专志。贯彻一生,鞠躬尽瘁,死而后已。他对编辑工作从来是全面掌握,彻底了解并深入工作的各个环节,真可以说是专深专透。

组稿是在方针决定之后第一个具体环节,是已确定的轮廓计划具体化。在韬奋的经验之中,这是一个战略性的重要战役。它的实质是党的政策主张和当前形势结合,和群众结合的过程。这一个环节要求深刻地掌握党的观点,把党的主张用群众能够接受的语言,生动活泼地表达出来。他总是呕尽心血,先在编辑部中反复酝酿,然后又召集他所信赖的几个好友进行座谈。参加的人有固定的几位,也有临时邀请客串的。这也是编委会。这个会上,彼此先交换情况,然后热烈地讨论一周宣传的主题。韬奋从来不隐蔽自己的思想,有什么想法,就提出什么。他唯一的要求,是理解得深透、具体。这样的讨论,常常明确了许多观点,彼此受益。每每讨论到主题明确的阶段,每期文章的题目就出来了。韬奋一直保持主动,他提出的结论,常常十分中肯。这是因为他比谁都准备得多,比谁都更了解读者的情况。题目大致定下以后,就当场分配写文章的任务,谁写哪一篇,另一篇约谁写适当。这样的编委会的特点,就是思想性强,讨论中心问题的本质方面多,讨论展得很开,无拘无束,纵情畅谈。会上实际上体现了集体负责的精神,集体领导一个刊物的作风。韬奋在各个不同时期出版的刊物,每一期的内容没有不经过集体讨论的,他写的社论也没有不征求别人意见的。这一个环节,他总抓得很紧、很准,不流于形式。

接着的一个环节是定稿。特点是保持主动,原则性坚定。定稿是指已写好的稿子在编辑部进行传阅、研究,最后确定用与不用。这包括编辑部自己写的和特约的稿子。韬奋从来没有把特约稿看作是定稿;从作家处取来的稿子不经研究就付排的事,从未有过。他说:我对于选择文稿,不管是老前辈来的,或是幼后辈来的,不管是名人来的,或是"无名英雄"来的,只须是好的我都竭诚欢迎,不好的我也不顾一切地不用。在这方面,我不知什么叫做情面,不知什么叫做恩怨,不知道其他一切。

他坚决反对为了保持每期固定的页数,而随便拼凑稿子,不顾质量的那种对读者不负责任的行为;也反对只注意所谓主要文章,或名人的文章,而轻视其他的文章的片面性。他说:"读者的要求不一,有的喜欢这一部分,有的喜欢那一部分。"他说他自己看报纸、杂志,也是找自己要看的看。

他对每一期的文章,包括补白在内,决不轻轻放过。这一环节,一般在文字加工以前就算结束。但如遇时局变化需要发表另外的文章,或者新收到一篇精彩的稿子,他会乐得"好像哥仑布发现了新大陆",即令已付排了,也不惜抽去一些稿子,换上新的稿子,宁肯花费双份排版费,也在所不惜。

韬奋对于文章有他的见解,有自己的风格。他的出发点也是为群众。他说:"要使读者看一篇得一篇的益处,每篇看完了都觉得时间并不是白费的。"他主张:"用最生动、最经济的笔法写出来。

要使两三千字短文所包含的精义,敌得过别人两三万字作品"。他认为:"写文章的人必须把所要写的内容,彻底明了,彻底消化,然后用敏锐活泼的组织和生动隽永的语句,一挥而就。"这是为了"这样的文章给与读者的益处是很大的,作者替读者省下许多探讨和研究的时间,省下了许多看长文的费脑筋的时间,而得到某部门的知识"。

他首先严格地要求自己。他说:"一篇小言论,只数百字,是我每周最费心血的一篇,每次必尽我的心力就一般读者所认为最该说几句话的事情,发表我的意见。"他一生写的文章,大都是短篇。成本的著作,章节也分得很细,每节篇幅都短。他的言论得到读者极大的欢迎。胡愈之曾为此作过研究,认为韬奋的文章主要特点是"只想要大家一般都看得懂,读得懂""说大众的话""不无病呻吟""不无的放矢""自然丰润富裕",自成文风。

他主编的刊物反映了这种文风,不合这种文风的虽然也有,但到底是少数。篇幅太长的、欧化语气过重的、不易为读者读懂的文章,则完全没有。任何人的文章,在定稿后,必在编辑部作文字加工。他常说:"这才真是编辑工作。"一篇文章全段、整行、整句删去的事是常有的,完全改写或大大删节的事也有。最麻烦的是将长句子变为短句子,删去用得不恰当的形容词。至于改正笔误,校正引文、数目字和标点符号,则无不要求精细入微,是从来不放松一点的。

韬奋对刊物的内容和格式(形式)坚持统一的观点。他提倡创造精神,认为内容和格式都要表现其个性和特点。他说,"刊物的内容如果只是人云亦云,格式如果只是亦步亦趋,那是刊物的尾巴主义",这种刊物就没有"个性和特点"。他主编的刊物,正如他所说的,"单张的时候,有单张的特殊格式,订本的时候,有订本的特殊格式","刊物的编排也极力独出心裁"。上海出版的《生活星期刊》，采用八开本，在编排上有所创造，就是一个例子。《大众生活》是韬奋风格发展到高峰的例子。单就《大众生活》的封面说，它就留给人深刻的印象。不仅它采取了套色照片，印得精美鲜明，为当时期刊所少见，而且它巧妙地配合了刊物的内容。

韬奋一贯在刊物上很恰当地利用插图，这也是他的风格的一种表现。插图有很多种类。时事必附地图，增强文字的效果。抗战以前的《国难地图》，抗战中的《战争发展图》，都曾驰誉一时。其他如《图画世界》《时事漫画》《社会漫画》，都受到读者最大欢迎。韬奋总是兴致勃勃地参加设计、审稿、制版等过程的工作细节。

主编深入印刷所也是一件突出事情。韬奋在《生活》周刊时就常常到印刷所去，在《生活日报》时更是"坐镇"印刷所。他看着工人排字、拼版、改版，直到版子铸好上机，发动机转动。后来在《全民抗战》的时候，他有时也还到印刷所看看。和一般人到印刷所看校样不同，他去的目的是包括校正版样、检查各栏布置、标题字体、行列、图画和广告等等。常常要改变版样，甚至一改再改。如遇文字排得不匀，广告地位不够，或一行起头是一个标点符号等等，就必须减去或增加一些字，有时也有压缩几行文字或增加几行文字的事。这非主要编辑下厂就不易办好。要是工人不肯改，除另加排版费外，就只有自己动手。因此，他在编辑部中也学会了一些拼版、改版的技术。为什么他这样严格要求呢？他说："我最怕读者接了这一本刊物，一翻开就感到头痛。"他要求给读者一个良好印象，"如同一个人的衣服穿得整齐一些一样"。

不许刊物上有一个错字。他在追记《生活》周刊时说："校样完全由我一人看，看校样时聚精会神，就和写作的时候一样，因为我的目的要使他没有一个错字；一个错字都没有，在实际上也许做不到，但是我总是要以此为鹄的，至少使它的错字极少。每期校样要三次，有的时候，简直不是校，竟是重新修正了一下"。他在后期虽然看校样少了，但出版后，他总要全部看一遍。如果没有或极少错字，他就笑容满面；否则，就愁眉不展。他办的刊物是错字很少的，严重的错误就没有发生过。

韬奋办的刊物从来没有脱过期。《全民抗战》从汉口迁重庆，他宁让编辑人员坐飞机，也决不使刊物脱期一天。他坐飞机到达重庆，当夜即到印刷所看校样。三日刊没有误期一天，大家都感到惊异。其实没有一点秘密，有决心，有充分准备，有负责的制度，就能办到。韬奋曾说，伦敦《泰晤士报》八十年没有脱过期，有一次报馆失火，也照常出报，人家能办得到，为什么我们办不到呢？他竟办到了。胡耐秋在回忆中指出，《全民抗战》迁渝后，每期要把纸型航寄汉口。纸型一定要交客运机方能当天到达。有一次，误交货运机，韬奋知道后，大为气愤，在办公室坐立不安，指责那位同事没有责任感。他说："不知道读者是多么急切需要知道时局变化，没有想到在这种时候，他们得到一本刊物是多么不容易。"责任感之深，见于言表，谁也为之感动。

搞好管理，精打细算，自力更生，永远节约，也是韬奋的一条好经验。韬奋一生办了那么多刊物，办了一个拥有五十五个分支店的生活书店。自己没有资金，也决不接受任何方面的投资，完全凭他善于"理财"的革命精神创造出来。据陈家荣的回忆，在《生活》周刊时，国民党交通部长王伯群因《生活》周刊揭发了他的贪污腐化，愿挪出十万元来投资，遭了韬奋严词拒绝。陈济棠、白崇禧也有过同样企图。到一九三九年和一九四〇年，国民党中央也阴谋用投资消灭生活书店，均未得逞。虽然资金缺乏，他也没有向党求援，因为他知道，革命事业在当时只能依靠群众支持和自力更生，这不仅可以避免给敌人以口实，而且是办一切革命事业的根本路线。从《生活》周刊起，他就一直是以刊物养刊物，以刊物助书店发展，以书店支援刊物。一切精打细算，实行严格的经济核算。《生活星期刊》以后,编辑部从来不过四、五人。《生活日报》的编辑部也不过十多人,既要编报纸,还要编一个三万字的星期刊。人员少,主要为了节省开支。尽量减低成本,是中心的一环。以《大众生活》为例,它的定价是三分,经过批发出去,打六或七折,每本可收回一分八厘或二分一厘。当时,成本已压低到九厘左右(成本包括造货、工资、稿费和杂费),所以每一期还有九厘左右的利润,可以用它再生产和扩大事业。为了达到以刊物养刊物的目的,他在这方面,不知呕了多少心血。生活书店的积累正如韬奋所说,"是由全体同事在这十几年中流血汗,绞脑汁,劳瘁心力,忍饥耐寒,对于国内外读者竭诚服务的一片丹心赤诚凝结而成的"。韬奋的事业所以经得起打击,决不是偶然的。

韬奋十分重视资料和档案工作,他的编辑部虽然说不上有完善的资料,但为了写文章而准备材料是很认真的。他个人和编辑部中的人,都保存有一定的个人的资料,如金仲华就保存有较完善的国际资料。

至于档案,只谈一件事。韬奋保有十多年读者的通讯处,的确做得出色。他把不知多少万人作出的卡片,装在特制的卡片橱内,层层排列,井井有条。读者地址变动,卡片上也随着改变。这一个卡片橱,对于生活书店说,是一个宝橱。它对书店的发行、宣传起了重要的作用。

(原载 1962 年 7 月 24 日《人民日报》)

韬奋病危的时候
——纪念韬奋同志逝世十八周年

张又新

一九四三年春天,上海处在敌伪统治时期,特务密探横行,捉人的警备车每天"叮叮当当"满街乱闯乱跑。韬奋同志就在那时因耳病复发,秘密地从苏北抗日民主根据地回到上海来医治。

韬奋同志回到上海后,地下党组织首先通过关系,给他买到了一张"良民证",化名为"李晋卿",住到一位同志的家里,那同志家里的小孩都叫他"李伯伯"。后来移住上海医院,为掩人耳目,我们又替他在李字上加了一撇,改成"季晋卿"。

当时,给韬奋同志治病的是曾耀仲和穆瑞芬两位医师,经他们细心检查,诊断是中耳癌,当即请穆医师动手术开刀,并用深度X光治疗,手术后病情一度好转,同志们听到这个消息都很高兴。但数月后,仍因病根太深,成为无法救治的绝症,亲友闻讯,都很忧虑。

春去夏来,韬奋同志的病势日益严重,根据医师的诊断,认为治好病已经没有希望,只有及早准备后事。韬奋同志也似有所感,曾经对同志们说:"……我死也要死在抗日民主根据地。"上海地下党组织考虑到应该将韬奋同志的病况,及时向新四军军部陈毅军长汇报,同时请示后事怎样办。党组织决定派我去完成这个任务。

一九四三年七月的一天,这天天气闷热得厉害。我接到通知,去火车站跟一个猪客商接头(当时有不少同志以做生意作掩护,因此认识不少商人,一直到现在,我仍不知道他是真的商人,还是我党的地下交通员),我自己打扮成一个猪客商的账房模样,跟他一起上了火车,坐的是棚车。那棚车原是装猪的,又臭又脏,那次是装人,我一走进车厢,一阵阵难闻的臭气迎面扑来。为了避开半路的突然检查,我不顾脏臭,横躺在人群中。车到南京,就换船到了六合,从六合还要走两三小时才能到军部。当夜顺利地通过封锁线到达军部。军部设在一个小村庄里。

到了军部,陈军长很快便接见了我,听到韬奋同志病危的消息,他当即召开了紧急会议。出席会议的首长,大部分我都不认识,少数面熟的记得有钱俊瑞、范长江、曾山等同志。

会上,首先由我向首长们汇报了韬奋同志回沪后治病的经过,以及现在的病况,最后说医生也认为挽救乏术,因此地下党组织派我向军部汇报,并请示后事如何处理。说完了,我等待着首长们的指示。

出乎意外,首长们根本没有谈如何处理后事的问题,却积极地商谈着如何进一步进行治疗,以挽救韬奋同志的生命。

"有一年八路军某师长,也是患脑癌,后经一位医师开刀治好了……"一位首长热情地回忆着。

"这位医生现在在哪里?"陈军长不等他说完就问。

"据说在北平。"

"那好,我们打电报去问某师长,打听到了医师,立即通知你们。"陈军长对我说,接着他又关心地问:"韬奋能到北平去开刀吗?"

"我想大概可以的,只要能治好他的病……"

大家又经过一阵讨论后,陈军长严肃地指示我说:"韬奋的病虽然危险,但你们要用尽一切力量,想尽一切办法,不惜任何代价来医治他的病……"最后,首长们一致要我代他们向韬奋同志问候:"我们解放区的同志们非常关怀他的病,希望他好好珍重……"

走出会场,我的心情好久不能平静,我被我们党的无比的阶级友情所感动,思潮起伏,不由地联想到国民党反动派一再对韬奋同志进行的迫害,鲜明的对比,引起了我很多感想,记起了有一次韬奋同志对我说:"……国难当头,我是热诚地要爱自己的国家,但在国民党统治地区,爱国有罪,爱国无路,我只有到解放区去追求真理……"

脚步声打断了我的沉思,抬头一看,原来是我的老上级,他对我说:"希望你回去后向组织上详细汇报陈军长的指示,要想尽一切办法医治韬奋同志的病。"

第二天一早,我便急急地带着军部的指示,和最崇高的友情——无产阶级的友情回到了上海。

上海地下党组织听了军部的指示后,立即作了准备,准备一旦接到通知,韬奋同志就乘飞机去北平。不久,知道要找的医生已答应来上海给韬奋同志治病,但事隔不久,又听到那位医生因其他原因被日寇逮捕了。

韬奋同志去北平治病的事也就没能实现。事隔十多年,党对韬奋同志的这种无微不至的关怀爱护,至今不能忘怀,每次回想起,都深为激动。

(原载 1962 年 7 月 25 日《文汇报》)

我在"生活"工作的日子(摘要)

张锡荣

我曾在生活书店工作过十五年。回忆往事,心潮起伏,思绪万千。国民党的残酷压迫,共产党的正确领导,广大读者的热情爱戴,书店工作人员的勤奋努力和不幸遭遇,一幕幕展现在眼前。万恶的"四人帮"出于不可告人的目的,诬蔑它是"三十年代黑店",并借此反对敬爱的周恩来总理,真是丧心病狂。我是身历其境、目睹其事的见证人之一。我将写下历史的真实,揭露诬蔑者的可恶和无耻。

我是一九三一年九月经过考试录取进生活周刊社的,同时进社的有邵公文、薛迪畅、杜国钧、王永德等。我被派往"书报代办部"当练习生。

邹韬奋是热烈的爱国者。"九一八"日寇侵略东北,《生活》周刊大声疾呼,反对不抵抗主义,主张抗敌御侮,表明了同不愿做亡国奴的人民大众在一起的立场。热情的读者忧于国事,频频来访,日有数起,韬奋一一接见,有时请艾寒松代他接谈。韬奋这种正义的爱国行动,同国民党的不抵抗主义格格不入,《生活》周刊开始遭受检查扣留,以至禁止邮递等限制。

一九三二年胡愈之先生从法国经莫斯科回国,参加《生活》编辑工作。胡先生不但是编辑、出版大师,而且政治眼界广阔。邹韬奋遇胡愈之,打个不适当的譬喻,犹如刘备遇诸葛亮,如鱼得水。

胡愈之用"伏生"笔名,每周在《生活》周刊上发表国际论文一篇。《生活》的内容政治性逐渐增强,开始了新的格局,读者的眼界也随之日益广阔。形式也有改进,每期增加封面封底胶版画报两页,读者对此大力支持,各种照片纷纷寄来。邹韬奋对马克思列宁主义感到更大的兴趣,托我们代买全部凡能买到的马列书籍。这些书籍在编辑部原是备着的,但他要自己另买一套放置在家里,以便业余阅读。邹韬奋从来公私分明,凡是他在编辑部用公家稿笺写的文章,一概归公;利用业余时间在家里用自备稿笺写的,才算私有。平时他私人写信,也用自备的信笺信封。影响所及,周刊社的同人们都自备信笺信封,公私分明。这时,韬奋利用业余时间翻译《革命文豪高尔基》,鲁迅先生知悉后,亲自带着珍藏的几册外文书籍,来周刊社访问邹韬奋。建议把这些书籍中的精美插图,复制后加入《高尔基》译作中,以增加读者的兴趣。并称许韬奋:"你这部译作是赠给中国读者的最好礼物。"后来我们逐渐知道,鲁迅、胡愈之、邹韬奋已参加宋庆龄主持的"中国民权保障同盟",常有聚会。蒋介石非常厌恶这个组织,派特务把同盟的总干事杨杏佛杀掉了。韬奋言论较多,触犯较重,受暗杀的危险也较大,接受朋友们的劝告,决定暂时出国考察。韬奋出国后,《生活》编务由胡愈之主持,至一九三三年十二月间,福建宣布成立"人民政府",《生活》周刊写了一篇题为《人民自己起来吧》的评论,遭国民党反动派密令封闭处分,"八年来从不脱期"的《生活》周刊,出至八卷五十期停刊。韬奋在这年七月出国后所写的《萍踪寄语》原是在《生活》上每期连载的,从此也中断了。

  一九三四年初生活书店搬迁到福州路复兴里,那是一所四间宽的三层洋楼,但无店面。在胡愈之和徐伯昕的悉心经营下,业务迅速发展,人员增加到一百人。新书不断出版,包括郑振铎主编的大部头书《世界文库》。刊物逐步增加到十种。编辑部大事扩充,由张仲实主持。《新生》周刊继承《生活》传统,邹韬奋的《萍踪寄语》继续刊载。

　　邹韬奋在旅欧美苏期间,经常写《萍踪寄语》和《漫笔》,刊载在《新生》周刊上,以此保持同读者的联系。一九三五年夏回国,精神健旺,丰采如昔,思想更见进步,懂得更多的马列主义。有一次,他带我去参加一个学术讨论会,我亲聆他在会上发言"社会主义的特征是建立人民政权和实行生产资料公有制"等等理论。在十一月间,韬奋创办《大众生活》,正遇北京学生掀起抗日救国运动,他热烈支持这个运动,热烈支持共产党关于停止内战,团结一切抗日力量,建立抗日民族统一战线的主张。整个刊物充满了团结抗战的号召和学生爱国运动的报道。这年冬,在宁波同乡会举行由各界爱国人士参加的大会,成立"上海文化界救国会",推沈钧儒为主席,推邹韬奋等为执行委员,从此韬奋正式成为救国会派的领导人之一。韬奋对书店同人的生活极为关心。对被捕的沈静芷等三位同事进行亲切的慰问,亲笔写了一张纸条交给我,具名"恒逊",嘱我设法秘密递进看守所去,我照办了。被捕者看到后深受感动,回信向韬奋致谢。因书店业务发展,工作繁忙,我们常常夜间加班赶办,邹韬奋屡屡劝告我们须注意休息,不要加班,谁也不听从,或者阳奉阴违。他想了个好办法,嘱总务科到下班时间把各个办公室的门锁上,不准任何人进入加班。那时虎列拉病疫流行,韬奋嘱总务科在四楼专备一间房,装上几套卫生设备,全部漆白,发给每人一把钥匙,进出必须锁门,经常保持这个厕所间的清洁。聘请内外科名医任书店的常年医务顾问,同人有病时,随时直接到医院或医生家里诊治,只要说"我是生活书店的"。费用由生活书店负担,每年致送给医生。除按例每人赠送一份《大众生活》外,头本版书按五折,买外版书按批发价。同人随意借书回家,只要对科主任说一声。韬奋对于工作要求很严格。备有签到簿,印有每个人的姓名,上班前须签到。韬奋以身作则,每天签到。过了上班时间,这本签到簿就交到经理室,迟到者就须到经理室签到,注明迟到时刻和原因。每天工作终了,每人须填写"工作日记"一页,写明这天所做的工作,由科主任集中交到经理室。我经常写"批阅读者来信××封,复信××封"之类。我们处理读者来信非常认真,对每封复信都由韬奋亲笔具名。热情的读者来信越来越多,商量国事、家庭纠纷、婚姻、疾病、求业、交友等等的来信复个没完。而韬奋很高兴,乐此不疲。有一位家住苏州洞庭山的读者许培荣,最爱与韬奋通信,几乎每周一封,而且写得很长,也必能满意地得到回信。这年枇杷丰收,又大又甜,许培荣来上海访友,便特地买了两大篓枇杷,送到生活书店,横说竖说,非要总务科收下不可。次日早晨我们上班,每人写字台上放着一小袋枇杷,大家边吃边笑,说这是"食竭诚为读者服务之果!"。抗战开始,这位许培荣往延安投身革命,途经西安时顺便到西安生活书店探望我,说感谢韬奋先生的教益,使他懂得了革命。

鲁迅先生逝世,适逢星期日出殡,我们成群到万国殡仪馆向鲁迅先生遗体告别。长长的队伍在巡捕的警车、摩托车的监视下,缓缓地走到万国公墓,到达墓地时已近黄昏。邹韬奋作了简短有力的发言。盛赞鲁迅的伟大,爱憎分明,百折不挠,是中国人民学习的榜样。

殷益文是书店练习生中最年幼的,机灵善辩。初进店时派在门房间工作。一天,鲁迅先生来访邹韬奋,被他挡驾,要来客填写会客单。他看见来客写上"鲁迅"两字,急忙说:"请!请!"事后还夸说见到了鲁迅翁,引为光荣。同事们打趣说:"你这小鬼真是有眼不识泰山!"他辩解说:"他同我想象中的鲁迅(威严、勇猛)一点不像。"抗日战争初期,殷益文在山西战场牺牲。

邹韬奋、胡愈之掌握出版方向,徐伯昕掌握独创的业务经营,加上全体同人的努力,这就使生活书店在文化出版事业中能有所贡献。

但也有亏本的时候,那是在特殊情况下发生的。一九三六年春,韬奋念念不忘办一种为大众所需要的日报,亲到香港了解情况,获悉有一家印刷厂备有印报机,愿承印日报,他就决定试办《生活日报》。除由上海调王永德等数人去香港,当地读者甘蓬园辞去原有报酬丰厚的职位参加筹办,上海陶行知先生和当时旅法国的胡愈之先生也赶往香港参加编辑工作。利用利源东街二十号小木楼为社址,开始办起来。六月七日出版《生活日报》创刊号,韬奋满心欢喜。日报的宗旨是:促进民族解放,推广大众文化。在香港办报可以宣传抗日救国而不受当局干涉,政治条件比较好。但是排字技术和设备很落后,想办一张像样的报纸非常吃力。还有另一个大困难是交通不便,飞机轮船常常误期,一份报纸到上海有时需七天。同读者的联系疏远了,不符合全国性报纸的要求,读者纷纷建议"迁地为良"。因此,办了五十六天,决定宣布停办。这次试办《生活日报》失败,生活书店也亏损不少钱。在徐伯昕看来,这些为顾全读者利益的亏损,为取得办日报经验的亏损都是值得的,理所当然的。

一九三六年冬,国民党反动派与法租界当局合谋,将沈钧儒、邹韬奋、李公朴、章乃器、王造时、沙千里、史良逮捕,制造"七君子案"。公审之日,由张仲实、郑森禹带了几个人,与沈粹缜一起,先到看守所探望,我也跟着前去。进入看守所,看到他们精神很好,显然有一种正义的力量支持着他们。邹韬奋的铺位特别高,说可以当作写字台在上面写作。下午开审,他们坐进小汽车,由法警武装押送到法庭候审。我们坐在后面旁听席上,中间黑压压地一群大律师,其中有张志让、江庸等。执行审讯的法官原是沈钧儒的学生,沈钧儒第一个受审讯,法官请沈老"就坐",被拒绝。沈老理直气壮,据理力辩,声调压倒法官。当问到"抗日是共产党的主张,你为什么也主张抗日"?沈老反问:"共产党吃饭,我难道不吃饭么?"全场轰动,二十多位大律师全体起立,指责法官不当。此后,律师频频起立,抗议法官审问错误。其次传讯邹韬奋,他仰首阔步而至。答复审问时,声调慷慨激昂,如同在群众大会上作爱国演说,理由充足,驳得法官哑口难言。全场律师频频起立,表示对邹韬奋辩护的支持。对以后几位的审问,法官改变态度,极为简略,走过场罢了。我们当晚赶乘快车回上海,直赴国新通讯社,胡愈之已作好一切准备,在等候我们。他已同各报馆联系定当,要各报馆留出一定版面,刊载当日审讯"七君子案"的特写稿件。我们立即围着胡先生的写字台坐下,张仲实急忙开始汇报听审情况。胡先生手执红墨水毛笔,边听边写,挥笔直书,无暇反顾,顷刻已写完数张。朱照松忙着去刻蜡纸,仅十余行,即油印数份,封入预备好的信封,派人骑自行车分送各报馆。各报馆频频电话催稿,答复总是"送出了,在路上了"。待送稿的人回来,再送第二批、第三批、第四批续稿。"下笔千言,倚马可待",看到胡先生写稿的情形,方信确有其事。第二天早晨见各报以"爱国无罪案听审记"通栏大标题刊出满版,轰动全上海。下午,徐伯昕给我一个紧急任务,嘱我把这篇"听审记"排印成小册子,分赠读者,要"明天上午出书"。我即赴印刷厂付排,边排边校,直到半夜待浇出铅版上架印刷,取得样张才回家。次日上午,生活书店门市部开始分赠小册子,任读者索取,大受欢迎。

抗战开始,邹韬奋主编《抗战》三日刊,大事宣传中国必胜,日本必败。上海沦陷,总店撤至汉口,后又撤至重庆。邹韬奋任国民参政员,加强了政治活动。在汉口,在重庆,同共产党领导同志往来密切,尤其是同周副主席,三日一见面,五日一长谈,还按时共同到驻重庆苏联大使馆学习俄文。周总理非常赞扬邹韬奋站在第三者方面讲话(国共两党以外)的重要作用,说"你讲的话有许多人爱听"。韬奋对总理的这种估价有深刻的体会,懂得如何去完成周总理所期待的任务。在言论上,在参政会上,在团结中间派人士的工作上,坚持抗战,坚持团结,坚持持久战,以及争取民主政治方面,都配合得很好。

我于一九三八年底到重庆后,生活书店已组织总管理处,派我任秘书主任,协助邹韬奋、徐伯昕处理业务和人事管理工作,处理日常文件和编辑《店务通讯》(每周一期)。

反共高潮进一步高涨,出现种种迹象。国民党对生活书店的活动开始秘密监视,甚至累及同书店往来的朋友。

生活书店重庆分店设在闹市,也出现迫害信号。重庆卫戍司令部派人前来书店门市部,捡了几十本书籍拿走,声称去审查,日后叫书店负责人去取。过了几天,经理李济安往取,却不给。邹韬奋、徐伯昕获悉李济安迟迟不归,恐有意外,即向国民党中央文化主管部门说明情况,要求发还原书交经理李济安带回。国民党为了维持伪民主,此时不愿把事情闹大,退还原书,李济安胜利而归。

一天,我拆信时突然拆到一份小册子,寄件人不明,猜想是一位与国民党特务机关工作人员有来往的同情者寄来的。小册子内容满列进步人士的简要情况,是铅印的"黑名册"。邹韬奋列名在内,下面按栏注明:福建×县人,上海圣约翰大学文学士,留欧美考察,编辑兼新闻记者,有声誉,生活书店负责人,思想左倾,宜采取任以官职,酬以重金等办法争取之等等。我急将此小册子密交徐伯昕,想必他即交邹韬奋。我若无其事,不作一般登记处理。从这本小册子,我知道国民党所要采取的态度和方针。

出版方面的限制加严了,所有出版物须重新送"中央图书杂志审查委员会"审查,发给审查证,印在封底上,才能出版。对于刊物的原稿审查,特别是邹韬奋主编的《全民抗战》周刊,现实政治性很强,这篇不行,这段不行,这句不行,这个用词不行,改动频繁,把助理编辑忙得不亦乐乎,来回奔走,平添了很多工作量。除了送审改稿,校对付印,他还须挤出时间起草答复读者的来信。有一天已过办公时间,我到韬奋处报告一件事,进门见到邹先生正埋头核阅几十封程浩飞起稿的复信,还签具已抄缮的几封复信。邹先生招呼我等一会,把手头的信看完。然后他把这叠复信交给我,笑着说:"浩飞很辛苦。浩飞起稿的复信写得很好,我核阅起来很舒服,几乎不需要有改动,帮了我很大的忙,节省了我许多时间。请你把这叠信带给他,同时请你代我谢谢他。"邹韬奋深知在困难环境下细心工作的价值,对努力从事的同事随时关心和鼓励。

一九四〇年三月间,一位熟朋友秘密通知我,周恩来总理约我和李济安到曾家岩八路军办事处去谈话。我俩请了假,依约前往,上午九时前到达。周总理要我们汇报最近半年来生活书店的情况。当听到书店选举领导机构成员,青年人占多数,经验丰富的中年人占少数时,周总理详细问到落选人的姓名、职位和经历,对此好像有不同看法。邓颖超同志进来看我们,周总理立即介绍,我们含笑向邓大姐点头。她只说"你们谈,我不打扰",就出去了。我们继续汇报。当谈到书店小青年热情很高,不满足于整理书籍、开发票等业务工作,很想离开书店到延安去时,周总理说:"生活书店的事业是整个进步文化事业的一部分,参加生活书店工作就是参加革命。你们要向青年人宣传这个道理,方式要巧妙,要暗示,使他们了解工作的意义。了解了,他们就安心了。"最后汇报到生活书店受国民党压迫的种种情况。周总理深思一会,郑重地说:"可能还会出现更坏的局面,你们要有充分的准备。对国民党反共反人民的严重性要有足够的认识,否则就会吃大亏。书店应分一部分人带着纸型和书籍转到边区去,到敌后游击区去,在那里开展文化工作。留下的,也要将一部分人和财产分出去,采用各种可能的办法,建立第二道阵线,要隐秘,不露锋芒,长期埋伏,保存起来,等待有利的时机。这样,留下的只是一部分人,坚守少数重要的机构,在进一步恶化的局面到来时,可以减少损失。"最后说:"总之,革命的道路曲折,要根据具体情况保存自己,战胜敌人,讲究斗争艺术。"将到吃完饭的时候,周总理严肃地注视着我们,说了一句极其重要的话:"今后有什么事,你们随时可以来找我,如我不在,可找徐冰同志。"我们连声说:"好!好!"我们懂得周总理这句话的分量和意义,这就是我们与党中央取得经常的、直接的秘密联系,也就是周总理负责领导生活书店的工作。

过了几天,徐伯昕已开始布置分散工作。我心领神会,猜想周总理与邹韬奋、徐伯昕也谈过同样的问题了。

国民党反动派对生活书店的迫害逐步加紧。自一九三九年四月封闭西安生活书店,逮捕经理周名寰后,各地生活书店遭搜捕的事故不断发生。最热闹的是衡阳分店,把经理方学武及其他店员全部逮捕,五花大绑,浩浩荡荡地押解至耒阳大审。邹韬奋一再向国民党中央文化主管部门交涉,都推说是"地方事件,不是中央政策",推托拖延。在交涉过程中,国民党中央调查统计局头目徐恩曾找邹韬奋谈话,接着国民党军事委员会调查统计局头目戴笠也找邹韬奋谈话。谈话的主要内容是竭力劝邹韬奋参加国民党,遭到邹韬奋的严词拒绝。一九四〇年六月,国民党派出几个会计专家突然来书店总管理处查账。有否领取共产党津贴,是查账的真正目标,结果查明"无",使国民党大失所望。邹韬奋为封店捕人事故向各方奔走,特别是向国民党的元老们探索原因,以利进行解释。邹韬奋的解释,使官僚们哑口无言。邹韬奋并以参政员身份,写信给蒋介石,内容也相似。

事情已到了尽头,国民党的伪民主面具除去,狰狞的面目暴露。七月盛夏的一天,主管国民党文化出版黑店的总头目刘百闵,突然来找邹韬奋"谈判"。这人是条大汉,黄短裤,白衬衫,提着黑色大皮包,满脸横肉,好像要找人打架。我预感到来者不善,即尾随上楼进入宿舍偷听。邹韬奋同来客谈话的会客室位于宿舍的对面,中间只隔一条走道。只听到谈话愈来愈激烈,形成辩论、争吵,而韬奋的声音特高,特激愤,这种异常的声调和情绪是我从来未曾听到过的。我深感到情况极为严重。听着听着,最后突然静默下来,好像双方已无话可说。看见他们走出会客室,我随即下楼。韬奋立即召集徐伯昕等一部分人开会,报告他与刘百闵谈话的经过。才知道争论的内容主要有两点。刘百闵提出生活书店与国民党办的正中书局、独立出版社"联合"或"合并",成立总管理处,请邹韬奋主持,管理所属三个出版机构,各店对外的名称照旧不变。他认为这样做,邹韬奋所热爱的文化出版事业范围扩大,对国家民族的贡献也更多,是一个值得采取的好方案。对此,邹韬奋严词拒绝。理由是:中国的文化事业还没有这种先例。各家书店有各家书店的特点和特性,联合在一起就丧失特点和特性。而且所谓"联合"或"合并",在生活书店看来,等于是"消灭""吞没"。因此,这个方案绝对不能接受。刘百闵提出另一个方案。说既然对"联合"或"合并"有疑虑,可以不勉强办。说为了保持"生活"的特点和特性,同时为了"生活"发展业务,免受政府"误会",建议由政府参加资金,接受政府的"监督"。由政府指派两人,驻生活总管理处办公,参加商量编辑出版发行业务,实际上是挂个空名,并不干涉生活书店的正常工作。这样做,外界并不知道,但可使政府放心,解除疑虑。对这个"监督"办法,邹韬奋又严词拒绝。理由是:民办事业是国家法律所允许,生活书店一向遵守法令,已经接受法律监督,不能再受派人"监督"。在出版界中,都无监督,为何独对"生活""监督",岂不奇怪。而且人有人格,店有店格,接受"监督"等于失掉店格,因此绝对不能接受。至此,刘百闵说:老实说吧,这是蒋总裁本人的主意,不能违反,为"生活"前途计,还是接受为有利。倘若拒不接受这个方案,后患可虑,到那时"全部消灭",我刘百闵也无能为力,请三思之。邹韬奋答说:"我认为失去店格就是灭亡,与其失去店格而灭亡,还不如保全店格而灭亡。我的主意已决:宁为玉碎,不为瓦全!"争论结束,谈判就此破裂。我们参加会议的同事都感到极为愤慨和忧虑,感到遭受全国性迫害的日子即将来临。对邹韬奋的坚定立场和态度一致表示拥护,准备应付即将到来的打击。

此后,封店捕人的事故又不断发生。我早晨办的第一件事,是向守门员董文椿询问有否电报。见有电报立即翻出,遇有封店捕人等紧急事故的消息立即送到邹韬奋家。他一见到我清早前去,即说:"又有什么坏消息了?"最后,全国五十余处分支店除了重庆、桂林、贵阳三处分店,其余地区的分支店均遭封闭,只是具体方式有些差别罢了。

一九四一年一月皖南事变,国共关系极度紧张。徐伯昕对我说:现在局势非常严重,总管理处要布置紧急撤退,已决定我去上海,主持上海地区生活书店的工作,并派陈其襄协助主持。保全书店在上海的基础,能适当做一些出版工作最好,否则暂时等待。倘不能立足,可撤往苏北。一切由我和陈其襄商量决定行事。我知道,紧急撤退计划开始执行了。我到曾家岩八路军办事处找徐冰,徐冰说:局势很紧急,要我完全遵照书店行政领导的决定办事。并叮嘱我,今后我要独立工作了,上海是受日寇和汉奸双重压迫的地方,千万要小心谨慎。要牢记毛主席对白区工作的政策:隐蔽精干,长期埋伏,等待时机,东山再起。能够把力量保存下来就是胜利,只做些可以做的事情。同苏北取得联系,如果有的同志不能在上海站脚,就撤退到苏北去。从徐冰的谈话,我已明白,敬爱的周总理已为生活书店作出了整个撤退计划,邹韬奋已完全了解这个计划,徐伯昕已了解他所执行的部分,我只能了解我所执行的部分。

我化名张九甫，托顾一凡以他所参加的贸易公司名义为我办旅行证件，并代买车票，尽快启程。我兼程东行，到了家乡绍兴，探明去上海的途径，混杂在难民群中，乘木帆船渡过钱塘江到达上海。我知道，这时生活书店的招牌唯余重庆分店一家了。

陈其襄已先我从温州到上海。多年不见，我们相聚很高兴。陈其襄很了解，此后应根据党的政策和指示，同我一起担负起上海地区生活书店的领导工作来。我俩须有商人身份隐蔽自己。我化名张全富，他化名陈昌瑞，决定挂起"正泰行"招牌，他任经理，我任副经理，后来张又新也从浙江撤退来上海参加，任会计。这时邹韬奋、徐伯昕、胡耐秋、程浩飞已撤退到香港，并与我们取得联系，韬奋在《华商报》上写具名文章，常有材料寄来。由刘执之加以选择，编《大众文丛》小册子，不定期地出版，内容主要是揭露蒋介石的伪民主。生活书店遭受政治打击后，经济上的损失和困难很大，冯舒之的运货活动，缓和了经济上的困难。他看到桂林、香港、上海的情形，虽然生活书店的牌子不见了，但主要的成员都在，生气勃勃地在进行工作，他感到很高兴，常打趣说："树倒而猢狲不散！"

日寇占领香港，一批进步文化人再次陷入重围中，由东江游击队派陈秋帆负责帮助他们撤离香港。邹韬奋隐蔽在梅县乡间，徐伯昕等其他人员撤往桂林。不久获悉蒋介石已下手令搜捕邹韬奋，逮捕后"就地惩办"（就地枪毙），必须迅速撤离。他俩扮成大商人，经曲江、衡阳、汉口撤至上海，在正泰行落脚，陈其襄夫妇接待他俩，大家都为邹韬奋逃脱蒋介石的魔掌而高兴。韬奋希望迅速离开上海去苏北。我们找诸侃到正泰行商量，他原是由桂林生活书店撤到苏北的，当时在大众书店工作，任交通员。诸侃立即去布置一条最安全的护送途径，不久回上海汇报说，陈老总已知悉此事，很欢迎韬奋去苏北。并带来了一位女同志王兰芬协同伴送。

我们研究了护送计划的每个细节,做了一些补充,并向韬奋汇报,他完全同意。次日早晨,陈其襄请来一位华老太太,提着拜佛的香篮,她充当韬奋的岳母,与女婿见面。王兰芬也来了,她充当华老太的女儿,与韬奋见面。我已雇妥三辆人力车等候在德和公司门口,招呼他们"一家"三口启程,然后自己另雇一辆尾随。到黄浦江外滩,离停靠岸边的航轮尚有一段距离的地方停车,华老太太、王兰芬搀扶着"病人"韬奋缓缓前行。我下车快步走在他们前头,在离航轮不远处找到诸侃,诸侃向黄浦江一挥手,一艘小舢板飞速驶来靠岸,"一家"三人登上舢板,诸侃随后,立即向航轮的另一侧驶去,我目送他们隐没在航轮后,回头看看航轮靠岸边的一侧,人山人海,正在逐个受日本宪兵和伪警的检查,而他们避开了这道上轮前的检查。我知道,按照预定计划,他们上轮后进入预定妥当的房舱,舱中四个铺位,全由他们占了。轮船在航行途中,可能遇到检查,那时"岳母"念佛,"女儿"悲戚,"女婿"重病叹息,"商人"诸侃则同他们"一家"是初相识,以瞒骗检查。航轮到南通,他们上岸,在日宪兵监视下若无其事地走去,接受搜查盘问,这时诸侃在前,对事先买通关节的伪警察使个眼色,他们四人被装模作样地检查一番,顺利通过。诸侃把华老太太安顿给南通同志家休息,次日返上海。诸侃自己、王兰芬伴同韬奋绕道下乡十里,一个盛大的欢迎大会等待着他们的到来,邹韬奋在热烈的欢呼声中登上主席台。经过长期的迫害和流亡,韬奋又回到人民的怀抱中,他热爱人民,人民更热爱邹韬奋。

在苏北抗日根据地工作了一个时期,韬奋的耳病恶化了,痛苦不堪忍受。陈老总决定送他到上海治疗。一九四三年初,一艘木船被西北风吹着满帆沿海岸南下,利用傍晚夜色驶入黄浦江。邹韬奋身穿皮袍,踏着积雪,来到正泰行,陈其襄夫妇接待他。立即同韬奋的妹妹相商,送他住进医院治疗。经过开刀治疗,逐渐好转,痛苦消失。我们常到病房探视,他兴致勃勃,同往常那样同我们闲谈,天南地北,谈得很多。

徐伯昕、胡耐秋、沈粹缜及其子女,均已自桂林撤退到上海,隐居在西郊一所单独的旧式住房中。他们经常到医院护理邹韬奋。耳病再度恶化,诊断为癌症,经过镭锭治疗又好转,后又恶化,医生棘手。陈老总派徐雪寒来上海探望邹韬奋,并致送若干医药费。邹韬奋写了一篇《对国事的呼吁》短文,交徐雪寒带回苏北发表。这时外面风声紧急,对病人住医院须持有正式证件,对过去使用的临时证件已不通用。我到杭州通过社会关系,用一百元钱买通浙江省会警察局经办证件的小职员,弄到一张化名"季晋卿"的杭州居住证,粉红色,上有宪兵队的印,贴着不戴眼镜的邹韬奋照片,手印是别人的,模糊不清。凭这张证件,把韬奋转移到上海医院特等病房中去,由韬奋的老朋友曾耀仲医生治疗。韬奋已自知病情恶化,开始布置后事。有一次我在病房中,他叫我靠近他,低声地、郑重地说出他的遗愿。说到要求入党问题时,韬奋特别郑重地说:"请共产党中央审查我一生的历史,如若合格,请批准我入党。"我答说:"我一定把你的请求转告党中央,请你放心。"他听了我的答话,感到很高兴,用右手摩挲胸口,叹一口气,说:"我放心了,我感到舒服了!"停了一会他好像又想起什么事,对我说:"我的著作许多地方不成熟,如果能整理出版,请周恩来副主席或胡愈之先生帮我删削修改,因为在我毕生所结交的朋友中,他们两位是我最敬佩的。"我含着泪点头。事后才知道,邹韬奋这番话,同徐伯昕、胡耐秋、陈其襄都分别谈过了。弥留时,获悉日本侵略军对邹韬奋患不治之症病卧上海医治的消息已有所闻,通知与邹韬奋相识的汉奸文人探听情况,如能查获病体或尸体,都给重赏。因此我们特别警惕。一九四四年七月二十四日凌晨,在他的夫人沈粹缜和子女、妹妹、徐伯昕、胡耐秋、陈其襄、张又新和我这几个人的悲哭声中,邹韬奋与世长辞了。接着王泰雷、许觉民也赶到。曾耀仲医生为韬奋在死亡证明书上填写死亡原因是"肺炎"，以避免敌人的注意，这是他对老朋友尽了最后的保护责任。张又新叫开附近一家照相馆的门，请来了摄影师，拍了两张遗容。徐伯昕派我出面治丧。我到附近殡仪馆以"外甥张全富为舅舅季晋卿治丧"名义办理登记治丧。遗体送到殡仪馆的小礼堂里，徐伯昕用四张黄纸写"懿范犹存"四个大字贴在灵堂前，算是唯一的点缀。

丧事草草结束。徐伯昕往苏北报丧，派我到重庆报丧。我到重庆时已九月初，暂寓在三户书社驻重庆采购处。到唯一残存的生活书店重庆分店找薛迪畅。楼上空荡荡地仅薛迪畅一人在办公，想起昔日盛况，于今安在哉，不觉一阵悲凉。我俩相见，心情都很沉重，谈了他所关心的上海生活书店情况，邹韬奋病逝情况。我托他代向徐冰联系相见，次日他通知我，徐冰约我当日下午去新华日报印刷厂。我按约前往，见会客室里已挂起韬奋遗嘱，这是由苏北经延安转来的吧。我向他汇报了上海生活书店的全面工作情况，他表示赞许。向他汇报邹韬奋病逝的经过，他详细问到病情的发展和治疗情形。在说到韬奋弥留时要求入党问题时，他详细问到每一个细节。徐冰很受感动，沉思了一会，对我说："后天有飞机飞延安，请你把有关邹韬奋先生患病、治疗和逝世经过，特别是弥留时遗嘱要求入党的细节，写一份完整的材料，明天下午送给我，由我转呈毛主席党中央。"我连夜赶写《邹韬奋先生病逝经过》一文，按时送往。后来听说毛主席看了这篇报告，并转批给《前线》杂志全文发表。

一九七八年六月五日，常州

韬奋在香港创办《大众生活》

程浩飞

一九四一年一月，皖南事变发生后，重庆白色恐怖日益猖獗，由韬奋、柳湜主编的坚持团结抗战、反对分裂投降的《全民抗战》周刊被迫停刊，韬奋愤而离开重庆，流亡香港。生活书店总管理处已从重庆迁至香港。

韬奋到香港后，经和有关方面研究，决定在香港出版一种政论、时事综合性杂志，向海外侨胞宣传介绍国内抗日救亡动态，揭露国民党反动派假抗日、真反共的阴谋活动。

这本杂志，沿用过去曾经用过的刊名——《大众生活》周刊，每星期六上午出版。

这本杂志，由韬奋主编。同时，由韬奋约请若干关心这个杂志并能为这个杂志撰稿的热心人为编辑委员。编辑委员都另有工作，只在每星期六上午集会一次，评论上一期的内容，并确定下一期的主要文稿。我记得，编辑委员共七人，除韬奋外，还有千家驹、沈志远、胡绳、金仲华、夏衍、沈雁冰等人。

这本杂志，由生活书店当时在香港新开设的光夏书店总经售。有关经费方面的一切业务，都由光夏书店承办。编辑部只有工作人员一人；经理部有工作人员二人，经理部主要业务是对外联系、接受订户和结算稿费。在香港中环太子行租用一间办公室，作为这个刊物的编辑部、经理部办公室。每星期六举行一次的编辑委员会即在这个屋子里召开。平时韬奋在家里写稿、审稿,不到办公室来。

从一九四一年五月一日①《大众生活》创刊号出版,到同年十二月八日太平洋战争发生,香港遭受日军攻击,刊物被迫停刊,共出版三十二期②。每星期五下午全部印好,每星期六上午,报摊、书店即开始发售。没有脱期过一次。这在香港的出版业说来是空前的。刊物每期平均销数在十万册左右。

韬奋对于每篇稿件,包括画刊的材料,都亲自审阅。有些稿件,亲自修改;有的稿件,和作者商量后再确定如何修改。认真从事,一丝不苟。对于读者来信,有的亲自作复。有些由我草拟复稿后韬奋审阅、修改和签署名字。每期杂志,都辟有"信箱"栏,选刊读者来信以及复信。这是生活书店办杂志的传统。杂志出版后,经常收到大量读者来信。有探讨学术问题或政治问题的,有要求工作的,有控诉受迫害情况的,有托代购物品的,有讨论家庭问题以及恋爱问题的,有因疾病缠身久治不愈,请求帮助解决的。对于任何读者来信,韬奋都是采取严肃认真的态度,每信必复,有的复信,长达数千字,尽可能为读者解决一些思想问题和实际问题。处理读者来信,是编辑部相当大量的工作,占用不少工作时间。在韬奋领导下,我们从事这一工作,决不草率从事,决不敷衍了事。久而久之,有些读者就成为我们的朋友。

从这本杂志创刊到结束,我是这本杂志编辑部除韬奋外的唯一工作人员。我的工作任务是:在韬奋领导下,每天至少一次和韬奋联系编辑业务;列席编辑委员会并做记录;向有关作者约稿并按照约定时间向作者取稿;在韬奋审定后集中稿件,划定版样;把全

---

① 香港版《大众生活》于1941年5月17日复刊。——编者注
② 共出版新三十期。第30期出版日期是1941年12月6日。——编者注

部稿件送印刷厂,在印刷厂进行初校、二校以至签字付印;每星期五下午到印刷厂取本期出版样本,送请韬奋审阅。其间,还要把全部稿件送到港英有关部门,办理送审手续。此外,还要拆阅读者来信,有些来信,拟复后送请韬奋审批。

  按通常情况,一个人处理一个杂志编辑部全部业务,似乎比较紧张,也许忙不过来。但是据我回忆,当时一个人办理这些工作,似乎还能胜任。只是有一点,当时自从我担负这个工作以后,没有星期假日,没有白天黑夜,没有固定的工作时间和工作地点,最轻松的时候是每星期五下午从印刷厂取到新出样本,送给韬奋审阅的时候。手里捧着这一本有韬奋、许多作者、印刷工人辛勤劳动取得的成果（其中也有我的一份劳动）,从心底涌出一种难以言宣的喜悦。那一天的晚上,可以轻松地和经理部的同事一同到公园去散步,可以松弛一下紧张一个星期的神经。

  在工作中遇到的最大困难,莫过于按照约定时间向作者取稿而取不到稿件。这就要打乱我们全部时间表。在约稿时,我总是把这个周刊,千万不能脱期的情况,向作者作了详细的说明,请他们和编辑人员密切合作。一般情形下,作者总是能按照约定时间交稿,但也有例外的时候。遇到那种情况,我便默默地拿一张凳子在门口坐着等候。作者看到这种情况,心里不安,便拿起笔来,尽可能快地完成要写的稿子。

  工作中合作得最好的是印刷厂工人们。我们这个刊物,是由大千印刷公司承印的。这是周刊,要求准时出版,什么时候交第一批稿,什么时候交第二批稿,什么时候交图片稿,什么时候签字付印,什么时候印出样本,在签订承印合约时,都说得清清楚楚。每次规定的时间,都非常紧凑,万一有任何变动,就得加班突击。有时作者不能如期交稿,推迟了几小时,我把稿件送到印刷厂,不论排字工人、改版工人、印刷工人,无不通力合作,连夜赶排赶印,决不误星期五下午样本出版期。一星期中,有相当多的时间,我和印刷厂工人在一起,为这个刊物的如期出版进行战斗,和工人们结成了深厚的友谊,直到现在,我还深深怀念他们。

记得有一次,搞得相当紧张。那是苏德战争爆发的时候。六月二十二日,星期日,当天下午,知道了希特勒军队突袭苏联边境,苏德战争爆发的消息。韬奋立即召开了紧急编委会议,确定这一期(第九期)内容要刊登分析苏德战争形势的文章,同时抽去另外的文章。当时请定的撰稿人说明交稿期不可能早于六月二十六日中午,因为他要翻阅不少有关文件,还要观察一下形势的发展。六月二十六日中午交稿后,韬奋审阅,并送港英有关部门审定,待到把稿件送印刷厂,已是二十六日晚间。那一夜,印刷厂有关排字工人、改版工人,整整工作了一夜。二十七日上午完成了全部改版工作和拼版工作,终于在二十七日下午印出了这一期的样本,二十八日上午,这个刊物中有分量的分析苏德战争形势的文章和读者见了面,在香港产生了巨大的影响。

韬奋对于这个刊物,浇灌了不少心血。从刊物内容到编排格式,从文字到标点符号,无不仔细推敲。基本上每一期都亲自撰写一篇类似"小言论"的短文,这些短文,向不署名。每次到韬奋处联系编辑业务,取送稿件,韬奋总是要询问刊物是否能如期出版?有没有困难?韬奋对于刊物的准时出版是十分关心的。韬奋审阅每一期样本后,总是耐心地指出排版格式的缺点以及由于校对疏忽而造成的谬误。韬奋对于校对工作,要求十分严格,每行之初,绝对不能植标点符号,任何标点符号都不容许校错,文字更不用说了。正是由于韬奋的严格督导,所以,这个刊物,自始至终由于校对发生的错误是极少的。

而在另一方面,韬奋对于刊物的编排形式、文字内容、排列次序以及其他编辑业务,充分放手,让工作人员尽量发挥主动性和积极性。工作人员为了不辜负韬奋的信任，更加兢兢业业，谨慎从事，版式尽可能做到美观大方，校对尽可能做到不发生错误，尤其是刊物出版期，一定要保证准时出版。在这方面，韬奋和编辑委员们，基本上是比较满意的。

一九四一年十二月八日日军突袭香港、九龙，战事爆发，交通阻塞，书店工作人员（包括我们）全部设法隐蔽在一般老百姓家里，香港为日军攻陷后，经多方设法，通过东江游击区返回内地。从那时起，没有再见到韬奋，更没有再在韬奋领导下工作的机会。而在一九四一年不到一年的时间里，韬奋用全力创办《大众生活》周刊这一段经过，永远铭记在我的心中。

一九七八年七月

（选自1978年12月香港三联书店版《生活·读书·新知三联书店成立三十周年纪念集》）

回忆《大众生活》在香港(摘要)
——纪念三联书店成立三十周年

千家驹

说到三联书店,就不能不说到生活书店,说到生活书店就不能不想到《生活》周刊,也就不能不想起韬奋先生。韬奋的名字是与"生活"分不开的。

我认识韬奋较晚,因为我一向在北方工作,而韬奋在上海。一九三六年我的工作单位(社会科学研究所)迁往南京,我开始与救国会同志如沈老、史良、沙千里、章乃器等相往还。在全国各界救国联合会上我也认识了韬奋。一九三六年春他在香港办《生活日报》时,曾经给我写过一封信,向我征稿并要我对《生活日报》加以支持。不料《生活日报》在香港办不多久,就停刊了,我也终于没有写稿。救国会成立后,我从南京去上海开会,在会上碰到了韬奋,但他工作甚忙,我也行色匆匆,未能长谈。一直到皖南事变以后,国民党反动派掀起第二次反共高潮,我们在国内都不能立足了,一九四一年一月我从桂林去了香港。韬奋是从重庆逃去,经桂林飞往香港的。他到得比我晚,可能在三四月间。

那时流亡到香港的文化人很多,我们都在《华商报》上写稿。韬奋抵香港后,一方面参加了各种民主运动,一方面筹备出版一种综合性的政论刊物,名《大众生活》,实则为《生活》周刊之续编,也是重庆《全民抗战》之再版。《大众生活》由韬奋主编,编辑委员共七人,除韬奋外,我记得有沈雁冰、夏衍、金仲华、沈志远、胡绳和我。我们每个人都各有工作岗位,除韬奋以全副精力主持这个刊物以外,编辑委员不过每礼拜六上午开会一次,讨论下一期的主要内容,并拟定如何组稿和约稿。开会时除编委外,徐伯昕同志有时亦参加讨论,此外还有一个助理编辑程浩飞同志列席。

  在这期间,我与韬奋的接触较多了,我们除每礼拜开编委会见面以外,还在别的一些集会上碰头。我逐渐认识到韬奋这个人是很风趣很幽默的,他不仅平易近人,而且谈笑风生,极易相处。他有时讲起笑话来更妙语如珠,我现在记得的好几个笑话都是从韬奋那里听来的。但一牵涉到政治性原则问题,则严肃认真,他决不拿原则去做交易。在抗战前蒋介石一再想收买他,有一次叫杜月笙陪韬奋去南京见他,杜老板拍着胸脯担保:陪韬奋去,又陪他回来,安全绝对无问题。杜月笙还挂电话通知戴笠去车站迎接。但韬奋坚决地拒绝了,因此他不得不流亡国外。又当韬奋在香港办《生活日报》时,广东军阀陈济棠特地派副官接韬奋去广州一谈,事后要送韬奋三千元,韬奋亦婉辞谢绝。这都是他富贵不能淫之处。即在生活细节上,韬奋亦非常认真,一丝不苟。有一次在九龙我们几个人坐公共汽车,到站后售票员还未来收票,我们已经下了车,韬奋还要掏钱买了票再走。

一九七八年九月十一日

(选自1978年12月香港三联书店版《生活·读书·新知三联书店成立三十周年纪念集》)

忆邹韬奋(摘要)
——为纪念三联书店成立三十周年而作

子 冈

我要感谢一些师友辈的带路。从一九三六年开始工作,我就应召到上海参加《妇女生活》杂志的编辑工作,这是生活书店出版的进步妇女刊物,主编沈兹九是我中学时代真正的老师,我像她女儿一样地住在她家里。为了约稿、取稿、发稿,我必须到一些撰稿人家中和印刷所去,也必须到生活书店去。

当时邹韬奋是生活书店编辑部的负责人,也是《大众生活》杂志的主编,因为是周刊,他忙迫得要命,人少事繁,却能作到从不脱期,当时销数之高是刊物中少见的了。

当时的邹韬奋是大忙人,看稿改稿发稿,周刊催得紧,没有一点歇息。他还得抽空参加一些抗日救亡的集会,他自己还在写稿读书。传说家中搬了家时,爱人怕他忘了里弄号码,还得在他衣袋中写上个地址小条。

一九三六年十月鲁迅逝世,出殡这天形成了对反动当局的巨大示威运动,头两天韬奋同志向我约好,要写大游行的速写。我当时真是初出茅庐,不知如何着手,但是也只好硬着头皮写了交去,他这位大主编居然发排,我想是不能令人满意,也未及要了原稿来核对他给修补了些什么。当时我只是自北京来的一个进步学生而已,对于鲁迅这位"中国文化革命的主将"还缺乏研究,对他向敌人冲锋陷阵的英雄业绩也所知不多。这件事只是说明他对年轻人的信任。

国民党抗日失利,撤退到汉口,这时生活书店也迁来了,邹韬奋忙于出版《全民抗战》。在重庆学田湾,他住衡舍,我们住良庄,生活书店也近在咫尺。这时或是跑防空洞,或是在山坡上过路,时常遇见。在空袭警报时,韬奋也首先抱着作者的稿件。到他家去时,记得他的一家几口聚居斗室,推门不见他,原来他的书桌就在门后,他往往伏案写稿或看清样,忙得不亦乐乎,但是还照样欢迎来客,热情交谈。

他又是一个多么有趣的人物啊,记得一九四〇年我生了一个头生子(后在警报连天中夭亡),他路过罗家湾,还不辞辛劳,爬了坡坡坎坎前来探视,很有兴味地和小婴儿说笑,临行出人意料地从公文夹中倒出三四十只鸡蛋来。

忽然回忆三四十年以前的事,真好似瞭望沙漠远处的海市蜃楼一样模糊渺茫,如此草率地回忆七君子之一的邹韬奋,辛勤笔耕了半生、和黑暗中国的统治者战斗的邹韬奋,是极其不恭的。

九月十一日

(选自1978年12月香港三联书店版《生活·读书·新知三联书店成立三十周年纪念集》)

生活的火花(摘要)

端木蕻良

韬奋先生创刊、主编的《生活》,从八开一张的小报形式,到十六开本的杂志形式,我几乎每期都读。《生活》期刊,从这个读者手中传到那个读者手中,就像火花一样在人民群众中闪烁着……

中学时代,我在南开组织"抗日救国团""护校团"搞抗日运动;又和同学们把南开《双周》刊也改造成为宣传抗日的阵地,还出版了小报。有位同学画了一幅漫画,画的是一位中国青年,举起大斧砍断了锁在地球上的锁链,登在《双周》刊的封面上,很快就被当时美国共产党机关刊物《新群众》转载了;同学们拍摄了一些青年运动的照片,很快地在《大众生活》上刊登出来。后来我到清华大学读书,沸腾的北方,响应着红军北上抗日的号召,展开了波澜壮阔的"一二·九"运动,在宣武门前向群众宣传革命道理的一位女同学的照片,又很快成为《大众生活》的封面。这对北方青年来说,都是起到互相推动和鼓舞的作用的。当时,《生活》这两个字和"进步"两个字有着同等的意义。它发行的报刊,连偏僻的小城镇也可以读到。我们在北方的青年抗日救国活动总是能在《生活》上寻取共鸣和支持,因为在"九一八"以后,《生活》的旗帜是最鲜明的,它的抗日主张是最坚定、最富有现实意义的,它能代表当时群众的心声,实事求是,发为文章,从而又扩大了群众的心声,这样,互相激励着形成更广泛的波澜。

一九三五年的冬天,我参加北平"一二·九"游行后,来到了上海。

我初到上海,就急切地请陶行知先生介绍我去看望邹韬奋先生。因为韬奋先生以恳切的语调写出紧紧抓住实际问题的文章,从不故作惊人之笔,从不耸人听闻,早就深深地吸引住我和广大的读者。所以我一踏上黄浦江边就想去拜望他。我不但尽可能地想把北方学生抗日的涛声带给他,同时也想看看这位平凡的人,为什么具有这么大的吸引力。

我初到上海人地生疏,满以为在全国范围建立了发行网的生活书店是一座多么高大的楼房,原来只不过是一座狭隘的小楼。我在会客室把陶行知先生的亲笔信交过去,很快就听到隔壁响起了有力的脚步声,同时还跟随了几位同志过来。韬奋先生亲切地和我握了手,好像对待相识很久的朋友一样。他仔细打听北方青年抗日运动的情况,我尽我所知的告诉了他。他听了非常兴奋,特别是"一二·九"的情况,他听后两眼发光,就像亲身投入这个巨大的游行行列里一样。

韬奋先生,中等身材,戴着一副黑边眼镜,穿着十分简朴,走路很敏捷,握手亲切有力,讲起话来娓娓动听,态度极其诚恳。当时,他开创的出版事业,已经在海内外起了极大的影响,他的功绩已经为我国新闻出版事业开辟了新的道路。但是,他看上去却像一位普通的教师。——是的,他是我国新闻出版事业的先驱,同时,也是一位卓越的"人民教师"。

我们的话谈得很相投。韬奋先生告诉我生活书店是白手起家的。他说:"生活书店为什么会越来越大呢?这就得'感谢'国民党了,我们才出几期,他就要我们停刊。但是,广大读者是支持我们的,一订就是一年。知道《生活》被国民党逼迫停刊,都来信说:'不要你们退款。订《生活》的款子就捐给你们了,连封感谢信也不要你们破费,你们什么时候重新出,我们什么时候再寄钱向你们重新订!'这样,生活书店就越来越大了。所以,生活书店应该是属于人民的!"我不由地环顾一下这座小楼,顿时就觉得高大起来,就连当时上海最高的建筑——国际饭店也无法比拟。

韬奋先生这段简短的谈话,虽然是介绍生活书店是怎样发展起来的,同时,也回答了我心中的问题:韬奋先生和他所开创的《生活》为什么在全国人民心中有着这么广泛的吸引力,就是因为他代表了人民的力量,说出了人民要说的话,成了人民要求抗战的代言人,因为他生活在人民中间,人民便支持他。

《生活》的火花,在我的创作和生活道路上,也曾散发了不少的光和热。我在上海写的第一个短篇小说《鸳鸯湖的忧郁》就是在王统照先生主编的《文学》杂志上发表,由生活书店印行和读者见面的;后来,由于茅盾先生的介绍,又约我写了另一个短篇小说《皇帝的眼镜》,刊登在《大众生活》上。

另外,还有一个小小插曲,至今令我难忘。这就是与生活书店发行的畅销杂志世界知识社的朋友们的会见。

那时,我刚在上海住下来,赶着写长篇小说《大地的海》。有一天,郑振铎先生来约我到世界知识社去看看,事先他并没有说什么,只说带我去看几个朋友,这就是金仲华和张仲实等,他们的名字都是我早就熟悉的。我和郑振铎来到世界知识社,他们正在伏案工作,见我们来了,都站了起来,经过介绍,他们热情地和我握手,言谈十分欢畅。金仲华先生桌上放了一本英文的《新群众》,这杂志我是熟悉的。我随手翻开,看到一幅漫画,画着蒋介石披着一领黑色大斗篷,下面的标题是"Weak China strong man"。金仲华笑着说:"这标题太好了!'使中国贫弱了的强人'。"我说:"'强人'在中国也当强盗讲。"全屋响起了哄堂大笑。

郑振铎也笑着,突然对我指着一张空桌说:"这就是我的办公桌,你要愿意来,就可以在这张桌上办公。"金仲华热情地说:"你什么时候来都欢迎!"事先我并不知道郑振铎先生曾在世界知识社工作,但看到那张桌子确实是空着的,这才使我初次知道。他大概看我是个没有生活来源的青年,所以想给我安排一个理想的工作岗位。是的,这确实很理想。见到这个编辑部的崭新的精神面貌,待人的真挚热情,感到无比的亲切、温暖。我当然愿意和他们一起工作。可惜当时我急于赶写《大地的海》,所以就没有到这张有纪念意义的桌上来办公。不过,我的长篇小说《大地的海》却在鲁迅先生逝世后,由于茅盾先生的介绍,在生活书店出版了。

韬奋先生以身作则的奋斗精神,当时在上海五花八门的出版界,开创了一代新风。生活书店成了进步的营垒,它成了培训新型干部的大学校,生活书店始终不渝地信守着为人民服务的信念。它的门市部是向着人民群众敞开的,门市部就成了图书阅览室,读者可以随手向架上取书长时间地阅读,有的人甚至还在作笔记。韬奋先生和他的战友一起,还计划出版一套通俗易懂的《图书室文库》,从科技到哲学都包括在内。他的眼光特别注意到边远的地区,哪里有了这一套丛书,便等于有了一个小型阅览室了。韬奋先生经常在现实生活实践中总结经验,按照人民的需要,开展新闻出版工作,和人民群众同呼吸,共甘苦,决不脱离实际。韬奋先生的创业精神和为人民服务的一贯作风,在中国新闻出版方面正在和时间一样增长;《生活》传统随着解放后人民出版事业不断扩大,在海内外得到继承和发扬。

(选自1978年12月香港三联书店版《生活·读书·新知三联书店成立三十周年纪念集》)

感激与祝愿（摘要）

柯 灵

提到三联书店，不能不想到生活书店的缔造者韬奋同志。他质朴而光辉的一生，给知识分子照亮了行程。他全部生命最坚固的基石，是全心全意为群众服务的思想，同群众的血肉联系。这使他从一个热烈的爱国主义者成长为共产主义文化战士。这种发展，一方面是由于党的教育影响，一方面是在严格的自我改造中完成的。用他自己的话来说，是"且做且学，且学且做"，做到哪里，学到哪里，从"个人主义的出发点"开始，转到"集体主义的出发点"。他因为参加抗日救亡运动被捕入狱，有人问他在狱中有什么感觉，他的回答是"我常感觉的只是自己的渺小，大众的伟大"。今天听来，依然渊渊如金石之声。

韬奋同志生前，我虽然私淑有心，却始终没有亲炙的机会。一九三六年夏，救国会在功德林素菜馆的招待会上，我第一次看到韬奋同志。我很高兴有机会看到自己一向钦佩的人物，却彼此没有交一言。再次看到他是在天后宫的一次集会里，他在台上，我在台下。在万国公墓鲁迅先生的殡仪中，我又一次看到了他。那时大家都被沉重的悲痛所压倒，我只是远远地望了他一眼。在此前后，有两件事给我留下很深的印象。约在一九三三年左右，《生活》周刊上有一篇谈青年问题的文章，批评有些青年浪费时间的种种不良倾向，把看电影也列为其中的一种。这种想法的根据是不难理解的,因为那时好莱坞的无聊影片几乎占领了整个电影市场。但没有看到,党领导的进步电影运动,正在披荆斩棘中前进。我给《生活》周刊写了信,认为它的这种提法不妥,抹煞了进步影片对青年的教育作用。《生活》周刊很快就公开更正了自己的观点。在那个时代,像《生活》这样有威信、有影响的刊物,能够这样做是很不容易的。韬奋同志从善如流、虚怀若谷的精神,对我至今是一个深刻的教育。遗憾的是我现在没有多余的时间和精力查阅《生活》,光凭记忆,不能准确无误地回述这件事情的经过,但主要事实是不会错的。一九三七年,"八一三"上海抗战爆发,韬奋同志立刻把他主持的《大众生活》(《生活》的后身)改为《抗战》三日刊(后来迫于国民党的压力,改名《抵抗》),在抗日战争中吹起响亮的号角。那时我正在编《民族呼声》周刊,和《抗战》碰巧在同一个印刷公司排印。《民族呼声》草创伊始,群众基础薄弱,更限于我个人的水平,在抗战初起时属于摇旗呐喊那一类,编辑校对都由我一人包办。和《抗战》的威信、影响、实力、地位,都不可同日而语。但《民族呼声》每期出版之前,我到印刷公司看清样,却总可以遇见韬奋同志坐在那里,专心一致地为《抗战》作校对。原来韬奋同志办刊物,始终是坚持亲自跑印刷所,亲自看校样的。当时我有一种热切的愿望,想要求他给《民族呼声》写点文章,同时就一些编辑刊物的问题向他请益。但我不愿冒昧。现在想来,如果我提出来了,韬奋同志大概是不会拒绝对一个后辈的帮助的吧?不过我并没有因此感到遗憾,我能够幸运地看到他这样严肃认真的负责精神,就够我学习一辈子的了。

一九七八年七月二十三日于上海

(选自1978年12月香港三联书店版《生活·读书·新知三联书店成立三十周年纪念集》)

韬奋和生活书店

毕云程

韬奋主持的生活书店是革命书店,是许多爱国的革命知识分子和广大人民群众的共同事业,在党的正确领导下,完成了一个时期的历史任务。

一九一八年冬,我在陈霆锐家中第一次会见韬奋。那时韬奋正在南洋公学电机系二年级肄业。我在上海纱业公所担任书记并为同业学徒办一夜校,霆锐是教师之一,霆锐的弟弟陈章是韬奋的同学。我听到关于韬奋艰苦求学的一些情况,很同情他。

一九二〇年暑假刚满,我听到陈霆锐的爱人谈及韬奋的行李已经送到校内,但学费还没有着落。我立即携带一些款子乘车到四川路桥南首青年会宿舍找韬奋,如数借给他。一九二一年暑假,韬奋毕业了,我介绍他担任穆藕初的英文秘书。但不久,黄炎培邀他担任中华职业教育社的英文秘书兼编辑股主任。

一九二三年,韬奋和叶琼女士结婚。叶女士福建人,幼年订婚,原来韬奋并不满意,曾写信给叶女士,说明理由,劝她另择佳偶。叶女士回信,同意韬奋可以另择对象,但自己愿意终身不嫁。韬奋得信后很感动,再写信给她,劝她进一步求学,婚事可暂时不谈。当时韬奋的意见,一方面不愿只顾自己,耽误叶女士终身,另一方面也不愿匆忙决定终身大事。谁知从此继续书信往来,两人之间渐渐产生感情。韬奋在通信中渐渐认识到叶女士的温和善良而同情她的遭遇，最后双方同意承认婚约有效而结婚。结婚后伉俪情感甚笃。不料叶女士于一九二五年因病逝世。韬奋非常悲伤，葬叶女士于万国公墓，并在叶女士墓旁预留一空穴，备将来自己合葬之用，石碑上大书着"邹恩润先生（用红色）叶复琼女士（用黑色）之墓"。经过抗战，万国公墓毁损，石碑与墓地无从辨认，事过境迁，这一段故事，知道的人已经很少了。

一九二六年十月韬奋接编《生活》周刊。同年韬奋和沈粹缜同志结婚。一九二七年春节以前，我从郑州回浙江原籍省亲，路过上海，下火车后首先去探望他们。韬奋知道我的家属不在上海，就留我住在他家里。从一九二四年五月起，穆藕初邀我担任郑州豫丰纱厂副总经理，在这几年中，我亲身感受到帝国主义的侵略和军阀混战的双重压迫，因此我辞去了豫丰纱厂职务而投身到文教方面来。一方面我在教育界找到一个小小的职业，有多余时间，就经常为《生活》周刊写稿。那时候《生活》周刊只有韬奋一个人编辑，常常用五六个化名写文章。我的文化程度很不够，韬奋常常鼓励我，邀我为第一个特约撰稿人。那时候我兴致勃勃地为《生活》周刊写稿，决不是为了每千字四角钱的稿费，完全出于为广大读者服务的热情。我的知识很不够，写的稿子很平庸。但正当广大读者需要精神食粮的时候，更由于韬奋的积极努力，不断改进，边做边学，边学边做，摸索着向前发展，这一种做法，刚巧适应了那时候广大读者的迫切需要。一九二八年六月，穆藕初又邀我担任豫丰纱厂驻沪办事处主任，职务比较清闲，使我更有多余时间参加《生活》周刊一些工作。

我为《生活》周刊写稿，有几种方式：第一，由我自己出题目，找材料，写稿子，送给韬奋，这一种最多，不举例了。第二，由韬奋出题目，由我写稿子。例如：有一次韬奋送给我一本《苏联五年计划》，要我写一篇关于介绍苏联第一个五年计划的稿子，我署名"新生"写了一篇稿子,题为《苏联五年计划》,送给韬奋后,他改为《苏俄五年计划》。我说,苏俄是苏联的一部分,五年计划是苏联的,不是苏俄的。他说,现在报纸上多说是苏俄,苏联对读者比较陌生,还是用苏俄字样比较好。第三,韬奋把读者来信交给我,要我答复。例如,我曾署名"新生"写了一篇《中国经济上的出路》。穆藕初看了有不同意见,署名"崇实",写了一封信给韬奋,韬奋把信送给我,要我答复。我写了一篇《再论中国经济上的出路》,作为答复。

一九三一年一月,韬奋邀艾寒松同志参加《生活》周刊编辑工作,这是一件大事。原来《生活》周刊只有韬奋一个人编辑,有时需要商量的事情,找不到别的人,只能以电话约我去谈谈。那时《生活》周刊发展得很快,有许多工作要做,韬奋一个人忙不过来,很希望找一个适当的人帮忙。正在这时候,韬奋接到艾寒松用化名写的一封信,用的是复旦大学信封,韬奋看了很满意,立即回信邀他来谈谈。过了不少日子,寒松才找到《生活》周刊编辑部来了。寒松,江西人,在复旦大学肄业,他喜看《生活》周刊,对于韬奋相当佩服,因此写了一封长信给韬奋,但信上的署名是化名。韬奋的回信到了复旦大学传达室,由于找不到收信人,就作为待领信件搁在那里。一天,寒松走过传达室门口,看到这封信,喜出望外,他就很快地找到《生活》周刊编辑部来了。这一次见面,奠定了他们两人合作的友谊,韬奋当场决定邀寒松参加《生活》周刊编辑工作。

寒松在《生活》周刊的贡献是相当大的。那时候韬奋自己常常说不懂政治,而当时的客观形势却逼迫着他不能不谈政治。在寒松未加入《生活》周刊以前,韬奋遇事总要找我商量,而我的一知半解,却不能满足他的要求。在寒松加入《生活》周刊以后,韬奋和我都看出寒松的政治水平比较高,三个人在一起谈谈,思想上就更活跃起来了。但寒松比较谨慎,政治警惕性较高,他注意到当时客观条件,不能太性急,应该采取由浅入深、逐步前进的态度。在初期工作中,他偏重业务性工作,在帮助韬奋编辑工作外,还把《生活》周刊上已经发表过或者没有发表过的"小言论""读者信箱"等等编成单行本,一册又一册地陆续出版。从一九三一年二月七日起寒松在《生活》周刊上发表的文章看来,也是选择一般性的题材而暂时避免尖锐斗争的论题。这样做完全适合于当时的客观条件,在工作上给予韬奋以很大帮助,同时也获得了韬奋的极大信任。在《生活》周刊后期,寒松写了一系列的关于宣传社会主义的论文,《生活》周刊成为宣传社会主义的活跃阵地。

一九三一年十月初,韬奋和我到闸北宝山路东方图书馆访问胡愈之。那年,愈之从国外考察归来,写了一本《莫斯科印象记》出版。韬奋读了很高兴,写了一篇书评介绍,题为《读〈莫斯科印象记〉》,在《生活》周刊六卷四十期上发表。同时并对我说,很想找愈之谈谈。因此我们两个人就去找愈之。在东方图书馆会客室中,韬奋向愈之提出了"九一八"事变前后国内外形势的种种问题,谈了三小时,韬奋很满意,当场就请愈之为《生活》周刊写一篇论文,题为《一年来的国际》,在《生活》周刊六卷四十二期特刊上发表。从此以后,韬奋遇有问题,常常邀请愈之共同商量,我们四个人——韬奋、愈之、寒松和我也常常在一起讨论国内外形势。有一次座谈会参加的人比较多,愈之提出了三个问题:(一)阶级重于民族,还是民族重于阶级;(二)生产力改变生产关系,还是生产关系改变生产力;(三)为理论而理论,还是为行动而理论?大家纷纷发言,讨论甚久。韬奋又请愈之经常为《生活》周刊写文章。愈之以"伏生"为笔名,为《生活》周刊写国际论文,又以"景观"为笔名,写其他文章。国际论文写得比较多,后来编成单行本——《伏生国际论文集》很受读者欢迎。

一九三三年七月有三件大事:第一件是生活出版合作社成立;

第二件是《文学》月刊出版;第三件是韬奋出国。

先谈第一件。本来,《生活》周刊是中华职业教育社创刊的,从第二卷起,韬奋以该社编辑主任身份,兼任《生活》周刊主编。后来由于业务需要,附设了一个书报代办部,又由于业务发展,把书报代办部改为生活书店。但在这一段时期内,不论叫做书报代办部或生活书店,都是直接附属于生活周刊社,间接附属于中华职业教育社的。由于《生活》周刊的不断发展,引起了国民党政府的严重注视。从一九三二年六月起,已被禁止邮寄。但由于《生活》周刊得到广大群众的同情和帮助,还能以包件形式经过轮船、火车转运到全国各地。但已是"山雨欲来风满楼"的局面,随时有可能发生进一步的严重压迫。如果《生活》周刊发生问题,就一切都完了。因此愈之向韬奋提出具体建议:一方面脱离中华职业教育社而独立,一方面改组为生活出版合作社,对外简称生活书店。改组以后,以生活书店为主体,把《生活》周刊作为生活书店事业的一部分,万一《生活》周刊被禁,生活书店仍可继续营业发行其他刊物,保存这一项进步文化事业不至于中断。生活出版合作社章程亦由愈之起草。在韬奋商得中华职业教育社同意后,生活出版合作社于一九三三年七月成立,经全体社员大会选举邹韬奋、徐伯昕、杜重远、王志莘和毕云程五人为理事,并由第一次理事会选举邹韬奋为总经理,徐伯昕为经理,毕云程为常务理事。经过这一次改组,生活书店便真正成了人民大众的出版事业了。

再谈第二件大事《文学》月刊的出版。根据我的记忆,创刊时由郑振铎主编,后来改由郑振铎、傅东华两人主编,再后来,改由傅东华一人主编。这是一个进步的文学刊物。郑振铎在纪念韬奋逝世三周年时有一段话是这样说的:"上海第一次抗日战争之后,许多文艺刊物都停顿了,商务印书馆被毁了,《小说月报》不能出版。我从北平回到了上海,和他(韬奋)及愈之谈起了要出版一个杂志的事,他立即便将《文学》筹办起来。后来,和他说起《世界文库》的计划,他也立刻便答应下来,担任出版的事。像那样庞大而有系统的出版计划,在别的书店是再也不肯接受的。可是他对于文化工作,热心赞助,只要他认为值得做、应该做的工作,他是毫不踌躇地悉力以赴的。"

第三件大事是韬奋出国。愈之对我说:民权保障同盟总干事杨杏佛被暗杀,韬奋也名列黑名单,朋友们考虑到韬奋的安全,决定劝韬奋出国。这一决定有积极的意义,使韬奋在国外可以多读进步和革命著作,为革命事业做出更多的贡献。韬奋在国外不但参观了苏联和资本主义国家,而且的确在伦敦博物院图书馆阅读了许多革命书刊,还与国外许多进步人士发生了联系,回国后创办《大众生活》等刊物,显然较前更加进步了。

一九三三年十二月《生活》周刊被查禁,业务上大受打击,伯昕、愈之、寒松和我多次商讨,认为必须再接再厉,创办一种新的刊物,而难于物色编辑人选。愈之建议由杜重远主编,仍由寒松负实际责任,经商得重远同意而办起来了。关于刊物名称,为了继承《生活》周刊的精神,最好与《生活》有联系,本来可以定名为《新生活》,但那时候反动派搞新生活运动搞得很臭,很可能引起误解。再三讨论,采用《新生》二字,既可以表示这一个刊物就是《生活》周刊的新生,又可以避免误解。《新生》周刊每期由重远写一篇"老实话",重远无暇写作时由他人代写,其精神和形式完全继承《生活》周刊。发行方面,通知原来《生活》周刊各订户及各批发户说明经过,并寄去创刊号,作为试阅,愿订阅者以后按期照寄,要退订者,只要来信通知,可以退还订费。这样,正像韬奋后来所说,如同接力赛跑一样,一个刊物倒下去,另一个刊物接着又赶上去了。

《新生》周刊继续出版了一年多,到了一九三五年四月又发生了《闲话皇帝》事件(文中有涉及日本天皇之处),日本帝国主义借口侮辱日本天皇,提出了严重交涉,吓得国民党政府惊惶失措。原来那时国民党政府规定出版书刊必须经过审查批准,方可出版。《闲话皇帝》这一篇文章也曾经过审查盖章批准,并发给审查证的。既然审查批准,再有问题,自应由国民党政府负责。但国民党政府怕日本帝国主义怕得很厉害,这事一发生,立刻派大员到上海劝说杜重远以爱国为重,把一切责任担当起来,要求把审查证交还销毁,对于已经审查批准一事,要绝对保密,不准泄露丝毫消息,以避免日本帝国主义要国民党政府负责。当然审查证我们秘密地藏起来,坚决不还他,但国民党政府还是装腔作势,提起公诉,把一切责任推在杜重远身上。开庭前夕,重远、寒松和我三个人在一起共商对策,决定由重远去出庭,因为重远是工业界有名人物,而审查证又掌握在我的手里,因此估计他们不敢过于难为他。所谓开庭审讯,完全是一场骗局,当庭没有问多少话,就宣布判决重远"妨害邦交"判处一年两个月徒刑,当场被拘禁起来。国民党政府怕的是日本帝国主义,又怕重远把审查证公开说出来,因此就这样迫不及待地判决了。重远在漕河泾监狱中表面上好像是受优待的,单独住在一个比较干净的小房间内,离开其他狱房很远,随时可以在狱中的会客堂或者重远自己的小房间内接见亲友,我常常到狱中去看他,总是一直跑到里边重远住的小房间内和他谈谈,带些他需要的东西给他,还带了些书给他。重远学习马克思列宁主义,的确是从漕河泾监狱中开始的。后来又以医治疾病为名,移往虹桥疗养院。那年大除夕,上海市的警察局局长蔡劲军还用自己的汽车接重远出来,到他家中吃年饭。为什么要这样优待?主要是因为审查证在我们身边,他们怕得很。但《新生》周刊则在重远判刑时被禁止了。

《闲话皇帝》事件发生后,国民党政府很注意在《闲话皇帝》事件中有一个老艾是重要人物,但还没有摸清楚寒松就是老艾。在这严重情况下,寒松也和韬奋一样不能不出国了。寒松在巴黎写信给生活书店助理编辑王永德,把生活书店各订户名单寄给巴黎中国共产党所办的《救国时报》。因此生活书店各订户都收到了巴黎寄来的《救国时报》。一九三八年寒松回国,到汉口生活书店总店参加工作。

一九三四年九月十六日《世界知识》创刊号出版了。《世界知识》的编辑工作,由愈之安排得很好,编辑部只有愈之和我两个人,只工作半天。愈之主持撰述,我做一些编辑事务的具体工作。另外特约十多个对于国际问题有研究的朋友担任特约撰稿,每半月聚餐一次,就在聚餐时共同讨论国际形势,拟定论文题目,由各特约撰稿人分别担任撰写,由我担任集稿,随时以电话联系,从不脱期。每月一日和十六日发行,在发行前三天作为集稿的最后一天,必须抓得很紧。这一天晚上,我必须到印刷所去校对,力求版面整齐,每篇论文,以四页为标准,也偶有六页或三页。有时排字结束发现少一些字或多一些字,就在印刷所内当场修改,增加一些字或删去一些字,在必要时增加一块插图或减少一块插图,总以达到整齐平衡为止。这一天晚上的校对工作总要做到半夜一点钟甚或两点钟,看过最后一次清样签字付印,才能回家。印刷所连夜制版赶印,早上装订成册,上午九十点钟即可送到生活书店,交付发行。我记得创刊号初版是四千册,于九月十四日上午送到,立时批发一空,赶快再版四千册。十六日早上门售的都已经是再版的《世界知识》,有人以为奇怪,但实际经过确是如此。每期发行数量,发展甚快,不久就上升到三万册。正文篇幅也由原来的四十八页增加到五十六页,不加售价。那时候麻烦的事情,就是每篇文章都要送审。我常常跑到审查会去办交涉,一谈就是几个钟头,争得很激烈。

同月《译文》月刊和《太白》半月刊也出版了。《译文》由黄源出面担任编辑,申请登记,实际上由鲁迅、茅盾和黎烈文三位负责。由鲁迅和生活书店订立的合约,定期一年,合约上盖的图章是"周豫才"。《太白》则由陈望道主编。

一九三五年一月,请张仲实为生活书店编辑部主任,这又是一件大事。仲实陕西人,早年留学苏联,精通俄文,原在孙科办的中山文化教育馆担任编辑工作。他常常在该馆出版的《时事类编》上发表文章,署名是张任远。同时他也是《世界知识》的特约撰稿人,署名是张仲实。有一天愈之对我说:"仲实已不能继续担任中山文化教育馆的工作,因为他已为特务所注意,有危险。"于是,我们就决定请仲实担任生活书店编辑部主任。仲实到店后,生活书店又添了一支巨大的生力军,联系许多进步人士为生活书店写稿,在生活书店计划出版各种进步书刊上起了很大作用。生活书店有许多宣传马克思列宁主义的新书,大半是在仲实主持之下出版的。

一九三五年,上海的白色恐怖更严重。有一次,有一个女青年到生活书店来找我。她说:"从江西来,带来了方志敏将军的五封信和一包稿子。一封给李公朴的信已经送去,但没有遇到人,还有四封,一封是给你的,其余三封是给宋庆龄、鲁迅和茅盾的,找不到地址,没有办法送。"我问,稿子呢?她说在旅馆里。我说:这样吧,四封信都给我,我帮你想办法。你把旅馆名称地址留下来,我会托人到旅馆里来找你取稿子。她留下地址去了。我立刻携信到××家里去。方志敏将军的来件都是没有字迹的白纸,用碘酒一浸就显出字来,大意是说,在狱中写了一部稿子,希望想办法转送党中央,四封信都是一样。方志敏将军这一部稿子,就是《可爱的中国》,由××转送鲁迅。后来由鲁迅转送党中央。

协助建立新知书店。新知书店由农村经济研究会薛暮桥等同志筹集资金建立,但经济力量比较薄弱(据我记忆所及,他们筹集资金二千元),希望生活书店投资协助。我们内部商量,决定投资一千元,由我代表生活书店,当选为新知书店理事会理事,并由我出席新知书店理事会第一次会议。新知书店出版的第一本书——《阿比西尼亚》(现名埃塞俄比亚)还邀我写了一篇序。新知书店是进步书店,是生活书店的姊妹书店。

《闲话皇帝》事件发生后,韬奋在美国报纸上看到《新生》周刊被禁、主编杜重远入狱的消息,就赶回到祖国来,在上海上岸后第一件事不是回家,而是首先乘车到漕河泾监狱中探望重远。不久,他又急急忙忙筹划创刊一新刊物。新刊物采用什么名称呢?既要继承《生活》和《新生》的精神,又要表示有所不同,要有更进一步的意义。大家认为今后工作应该注意大众生活,因此我们认为采用"大众生活"四字是比较合适的。韬奋创刊《大众生活》以后,集中力量忙于编辑工作。他向理事会建议辞去总经理职务,专任编辑工作,并提议选举毕云程为总经理,经理事会讨论通过。从这时起,我又离开了豫丰纱厂,全天为生活书店工作。但过去我只是一个常务理事,对于全店业务不够熟悉,必须在工作中学习,希望集中力量把工作搞好。谁知我在十二月七日被捕了。时隔不久,即由穆藕初为我安排了交保,被释放回来。

释放的那一天,我到外面看到严长衍等在那里,他是带了穆藕初的图章来办交保手续的,他已等了半天了。他对我说:"韬奋、愈之等都在一个饭店里等你。"于是他带我到那家约定的饭店里,大家都很高兴地和我握手。愈之尤其高兴,满面笑容,我从来没有看见他这样快乐。那天晚上,愈之离开上海出境了。

愈之到香港后,写了一封信给韬奋,说办报需用大量白报纸,香港是自由港,进出口都无关税,因此白报纸价格比上海便宜得多,是办报的一个有利条件云云。韬奋就派我到香港去调查一下,胡子婴介绍一个朋友给我,就是天一味母厂驻港办事处经理甘蓬园。我到香港去了一次,证实香港白报纸价格的确比上海便宜得多。回到上海后刚巧碰到蒋介石打电报给上海大流氓头子杜月笙,要他邀韬奋到南京去谈话。这一件事很伤脑筋,再三考虑,还是不去,因为估计到有很大可能在南京被扣留。这样也不能留在上海,因此匆匆举行了一次理事会临时会,出席者韬奋、伯昕和我三个人,决议派韬奋到香港筹办《生活日报》,派毕云程到香港筹办安生书店。两人决定当夜乘轮赴港,因为杜月笙约韬奋当夜乘车去南京,不去南京,就得离开上海。①

开会后,我回到家里,到半夜再雇汽车到码头上船。这样总算安然无事上了船,在船上和韬奋碰了头。

我们到香港后,在上海曾由愈之介绍和我见过面的李宾侯,对我们热情招待。他曾在冯玉祥部下做过师长,原名沈侠,在喜峰口作战受过伤。他告诉我们一个好消息,蔡廷锴在香港办的《大众日报》新买到一套印刷机,刚装好,有多余力量可以代印《生活日报》。这真太好了。他介绍我们和《大众日报》联系,一谈即合,这对于《生活日报》是一个很大的帮助,印刷问题解决了,不用买印刷机器,《生活日报》就积极筹办起来。

《生活日报》的筹备工作进行得相当迅速。按照香港政府规定,办报登记,应缴现金保证金或殷实商店担保,其时安生书店已先成立,开始营业,即由安生书店负责担保。到五月中,人事配备齐全,社长韬奋,国际版编辑金仲华,国内新闻及本港新闻编辑王纪元,副刊编辑柳湜,经理毕云程,营业部主任甘蓬园,会计张锡荣,助理编辑王永德等五六人。

《生活日报》于六月七日创刊。香港白报纸价格,确实比较便宜。但只是有利的一方面,另外却有不利的一方面。由于香港地理环境,过于偏南,交通运输,全靠轮运,极不正常,有时有船,有时

---

① 事发后,韬奋曾在杜重远家短期隐居,才离沪赴港。——编者注

无船，而且不能准期。《生活日报》为全国性报纸，出版伊始，在香港及附近地区读者纷纷购阅，盛况空前。但转运至全国各地，不但运输费时，而且时有积压现象，这样就不能不影响发行数量。《生活日报》的发行数量虽超过其他港报，但远远落后于《大众生活》，《大众生活》发行二十万份，在当时是最大数量的刊物了。因此决定移沪出版。韬奋先回沪。八月底我回到上海，因为留在生活书店有危险，由韬奋和穆藕初商定，邀我再回到豫丰纱厂驻沪办事处工作。

一九三八年十月，我到了重庆，韬奋邀我担任生活书店总稽核。同时决定《世界知识》编辑人名义，改请金仲华担任。

一九三九年，有一天晚上，韬奋邀周恩来同志对生活书店同人讲话，事前韬奋以电话通知我去听。那一次讲的是国内外形势，原文很长。后来我在黄炎培主办的《国讯》旬刊上看到有一篇周恩来同志的文章，内容大致相同。

一九四一年二月有一天晚上，我到韬奋家里去看他，他正在吃晚饭。那一天我看他很匆忙，因此没有多谈话。不久他就秘密离渝赴香港，这是我和韬奋最后一次的会面。

韬奋和生活书店对我国的民主革命是有贡献的。我仅能把我亲见亲闻的一鳞半爪写出来，不完整，也不可能完整。希望同志们朋友们大家把关于韬奋和生活书店的回忆录写出来，方才可以综合起来成为一个比较完整的记录。

（原载1979年3月上海《文史资料选辑》第1辑，略有删节）

韬奋在苏中解放区的片断(摘要)

游 云

我和韬奋同志相识,是一九四二年临近春节的时候。那时,他刚从上海化装来到苏中解放区行政公署,而我也从华中党校学习回来。他给我的第一个印象是:他向往解放区,向往革命,急切地要求了解解放区的那种心情。他对解放区的一切都有强烈的兴趣,他滔滔不绝地向我提出一连串的问题。他很健谈,谈话的时候,黑边眼镜后面的一双眼睛,总是焕发着兴奋的神采。我记得那时候,苏中解放区正在进行乡选举,他特别兴高采烈。他找公署民政处长深夜长谈,他说他要以在解放区亲眼看到的真正民主,去驳斥资产阶级反动派的所谓人民群众没有文化、不会运用民主权利的胡说。韬奋同志了解解放区的情况,不是为了他自己的"学问",而是为了同敌人战斗,为了保卫革命事业。

韬奋同志是一个伟大的爱国者和文化战士。他随时随地都牢牢记着他的这种革命的战斗责任。他在苏中行政公署的那些日子,邀请他讲演的地区和单位特别多。当时,他虽然旧病复发,耳病痛得坐眠不安,但他不愿使群众失望,一一都去作了讲演。特别使我感动难忘的是:他不顾病痛,不顾危险,而主动向公署领导要求,去敌占边沿地区向群众讲演。他要以他的讲演作武器,作号角,去唤起边沿地区群众的爱国心,鼓舞他们的抗日斗争意志,给那里的人民群众留下深刻的印象。

韬奋同志总是以一个普通战士要求自己的。当时,苏中行政公署的驻地是南通县骑岸镇,物质条件比较差,他坚决要求像个普通战士一样生活。他的一切安排,都是为了适应战斗环境,锻炼自己。他当时住在公署文教处办公室的一间房里,布置像战士的住房一样简单、朴素。一张门板搭的床,床上是一个行军包。房中间是一张旧小方桌,桌上放的是几本书、日记本和稿纸。如果说白天向群众讲演是他的一种战斗,那么,晚上他坐在小方桌旁边写文章就是他的另一种不懈的战斗了。记得有一天,韬奋同志答应给一家报馆写一篇春节特刊的文章,而那天他正发病,头部痛得厉害,右边的半个脸都涨红了。他咬着牙,一手抚摸着痛处,坚持要把文章写出来。同志们劝他休息,他却不肯,他说他心里有很多话,要向人民讲出来。他对待工作,完全像战士对待战斗一样,是毫不懈怠的。

春节过后不久,敌人开始了对南通地区的扫荡,我的工作分配到台北县。韬奋同志也离开苏中行政公署到新四军文化部去,当时军部是在苏北盐城、阜宁一带,我正好和他同行。领导上为照顾他不习惯于步行,给了他一匹驯服的大马,我也陪他骑了一匹马。那时,因为要经过几道封锁线,几乎天天是夜行军。而且大路都被破坏了,要走田埂,有时还要跳过渠道。韬奋同志是第一次骑马,不会骑马而要纵马跃过渠道是有困难的。但是,他为了锻炼骑马的本领,坚持要纵马跃过渠道,结果是从马上摔下来了。他从地上爬起来,仍然骑上马去。第二天,他终于能够骑马跃过战壕了。他顽强地锻炼自己,使自己很快适应战斗生活的精神,给我的印象十分深刻。

韬奋同志离开苏中行政公署时,领导上为了照顾他的身体和生活,专门给他派了一个卫生员,为他准备了药品、细粮、鸡蛋和奶粉等,以保护他的健康。但是,他一路上除了自己使用药品以外,那些细粮、鸡蛋等营养品,从来都不肯自己吃,总是分给护送的战士吃。我们行军宿营之后,他也不肯自己先休息,总是要去看看护送他的战士吃、住安排好了,他才肯去睡觉。这些虽然都是小事情,但却充分说明韬奋同志不以自己为特殊,不认为自己高人一等,而是以平等态度待人,以普通战士的标准要求自己。这就是他能很快和工农兵群众相结合的最宝贵的品质。

我和韬奋同志一同行军,从他的言谈中,感到他对延安、对伟大领袖毛主席和敬爱的周总理、对军部和陈毅同志的崇敬和爱戴!因为韬奋同志同周总理接触的机会较多,他时常口头不知不觉地讲出"恩来同志!恩来同志!"他希望很快到军部,很快到延安去。他不仅自己决心永远跟着共产党,不断革命,而且也希望自己的爱人、儿子、女儿都能到革命的解放区来,到革命的圣地延安去。在我们一路同行中,每碰到一种在他认为的困难,他都要对我说:"不知道我爱人(指沈粹缜同志)是不是能行?"比如他以为延安生活条件比较苦,他就问我:我爱人到延安能不能过得惯。比如骑马跃过战壕,他说他爱人能像一个女战士,纵马跃过战壕就好了。他那种要带动爱人一起革命、带动全家一齐革命的热切的心情,是十分真实、十分感动人的。

(原载1979年3月上海《文史资料选辑》第1辑)

韬奋同志在南通

谷 风

故国旌旗到江南，忠丰鸢呼
敝膑寒镇江城下，彻夜遇
脱手斩得小楼兰

录陈毅将军诗书志

谷风先生雅属

韬奋 卅二年十二月

韬奋为刘谷风题词手迹

一九四二年冬，韬奋同志来到南通。解放区人民兴高采烈地欢迎这位久经锻炼的民主战士。

韬奋先到三圩镇一带进行访问；十二月二十九日，应苏北文化界的邀请，在当时新四军一师师部驻地的骑岸镇作了一次公开演讲，又为苏中四分区的《江海报》新年特刊写了一篇文章。第二天，他匆匆来到通西。

在四分区专署

文教科科长史白、副科长陆万美同志的主持下举行了群众欢迎大会。会场设在当时的南通县中(在四安镇北)的广场上。一大早,群众从四面八方涌来,把整个场子挤得满满的,连附近的麦田、教室前的走廊上也都站满了人。其中不少人是从西亭、阚家庵、石港、刘桥一带赶来的,有的还是专程从敌占区——南通城里、平潮镇、金沙镇偷偷跑来的。会场上,几千双眼睛热切地盼望着这位民主战士的来临。

金色的阳光照射在会场上。韬奋同志在春雷般的掌声中登上讲台。他身穿新四军的蓝色大衣,虽然经过了长途跋涉,又患有严重的耳疾,面容显得比过去瘦削些,但仍是那样神采奕奕。

陪同他来的刘季平同志首先致了简短的欢迎词,接着韬奋就滔滔不绝地演讲起来。他谈论了那时的国内外形势,揭露了"大后方"的黑暗情景,也谈到了对根据地的观感。他谦虚地说:"我到根据地来不久,对一切都很生疏,正像一个刚进学校的小学生一样,懂得的东西是很肤浅的,然而使我感奋的是我从事民族解放、民主政治和进步的文化事业,虽然有了二十多年,可是看到真正的民主政治和进步文化,还在今天开始。"他在演讲结束时打着生动的比方说:"抗战已到了恭贺新禧的阶段。我目睹中国人民的伟大斗争,使我看到新中国的光明已经在望了。努力吧!我向大家恭贺新禧!"像他写的文章一样,他的讲演同样是热情奔放,气势磅礴,字字铿锵,爱憎鲜明。

演讲之后,他的病又发作了,头部、耳部像针扎一样的刺痛。可他还是不停地在准备第二天开座谈会的讲话稿,时而奋笔疾书,时而托腮凝思,时而用手抚摸着痛处,时而又在屋子里来回踱步。后来由学校出面从敌占区找来一位医师,给他打了止痛针。这一晚,夜凉似水,灯光如豆,他不知疲倦地一直工作到深夜。

第二天,他在座谈会上为通西青年以及各界人士解答问题:有关于形势方面的,有关于大后方情形的;有政治性的,也有学术性的;有关于青年修养的,也有关于恋爱、婚姻等方面的问题。他分门别类,有问必答。这个会开了近一天,使到会的人受到了很深的教益。

会后,不少青年请他签名留念。他接受了整百本小册子,写得总是那么认真,一丝不苟。对每个人总要写上几句勉励的话。

这天他还与县中的教师拍照留影,聚了餐,夜间在灯光下又为几个新认识的朋友留下了墨迹。记得他一共写了四幅字,都是用毛笔宣纸写的:一幅写的是陈毅将军的一首诗(现存韬奋纪念馆);两幅是文天祥的《过零丁洋》;还有一幅赠给为他看病的医师。因为这位医师还要回敌占区去,他想了一想说:"就写陶渊明的'采菊东篱下'吧!"

新年过后,韬奋又到苏北解放区的军政中心盐阜地区去参观访问。

韬奋到南通迄今已三十七年了。他当年奋笔疾书和侃侃而谈的情景,宛然在目。他的热情诚恳、诲人不倦的优良秉性永远像明镜一样光彩照人。他不屈不挠,艰苦奋斗,对革命事业无尚忠诚的品格,将永远鼓舞我们前进。

(原载1979年《紫琅》第5期)

邹韬奋与《生活日报》

胡愈之

邹韬奋同志是一个真诚的爱国主义者,革命的民主主义者,优秀的文化工作者,最后他成为共产主义者。

韬奋不幸过早地去世了,他参加革命工作,实际上是从一九三一年"九一八"事变开始的。到他去世为止的短短十三年中,他坐了一年监牢,经历了三次流亡。在这期间,他为中国人民做了三件好事:第一,创办《生活》周刊和合作社式的生活书店,以及由生活书店出版的许多进步刊物;第二,他到美国和苏联参观学习,写出介绍社会主义和资本主义两个大国实际情况的四本著作;第三,创办了《生活日报》。

《生活日报》是一九三六年六月七日在香港创刊的,到同年八月一日,由于物资困难而被迫停刊,只有五十五天的寿命,剩下《生活星期刊》,转移到上海继续出版,不久也被国民党封闭了。和以前两项工作相比,办报纸这一项工作,遭受的阻力最大,效果比较小,甚至可以说是失败的。失败的原因,韬奋和他的战友们如何在十分恶劣的环境中艰苦奋斗,仍然不能克服困难以至于停刊,在《韬奋文集》第三卷《在香港的经历》中有详尽和生动的报道,用不着我在这里重复了。我要说的是韬奋一生对未来中国新闻事业的抱负和理想,这对于参加新的长征的我们这一代的新闻工作者也许是有参考价值的。

据韬奋自己说,他在小学的最后一年,就在心里决定了要做一个新闻记者。生活逼迫着他,不得不用半工半读的方式,读完了中学和大学。以后找到一个固定的职业,这就是中华职业教育社的机关刊《生活》周刊的总编辑。这是韬奋写作生活的开端。但是韬奋立场转变,要把《生活》周刊办成完全为人民大众服务的刊物,则是从一九三一年"九一八"事变以后开始的。到了一九三二年,即"一·二八"战争以后,《生活》周刊坚持抗日救亡,反对国民党的"先安内后攘外"政策,销数骤增到三万多份。这个数目现在看来很小,但在当时全国出版的刊物,从没有达到这样大的数目。《生活》周刊影响的扩大,重新燃起了韬奋创办报纸的热望。大约在一九三二年上半年,韬奋和戈公振、毕云程、李公朴等几个人联名发起创办《生活日报》,首先是刊登广告,向读者招募股款。这一报纸采取股份两合公司的组织。所谓两合公司,就是由有限股东和无限股东两者合资经营的。有限股东的唯一义务是投入资本。无限股东则是几个公开宣布的创办人,在政治和经济上担负无限责任。创办人即无限股东,公开表示以办好《生活日报》作为终身职业,不当官,也不参加任何政党,以此保证这个报纸永远为人民大众服务。

《生活日报》筹办的通告发表以后,全国各地的《生活》周刊读者纷纷向指定的银行认股缴款。第一期的股款在一二个月内就完全认足,有的把现款寄给银行。报纸还没有出版,就得到广大读者群众的信任,这简直是奇迹。

当时韬奋在政治斗争上,还没有熟练,在国民党白色恐怖的统治下,要由人民大众自己当家作主,办一家大报纸,能行吗?国民党以《生活日报》未向国民党登记擅自登报招股施加压力。不久以后,韬奋只得以个人名义发表《生活日报》停办通告,二千多个读者所认缴的股份,连同利息一律发还。不但《生活日报》没有办成,过了一年多,连《生活》周刊也被国民党查禁。韬奋不得不流亡到国外。

尽管有这些磨难,并没有使韬奋断绝办报的念头。一九三五年,韬奋回到上海不久,中国早期的著名新闻工作者、《中国报学史》的作者戈公振也从莫斯科回来了。戈公振是韬奋的亲密战友,也是《生活》周刊的撰稿人。韬奋原和他约定回到国内,重整旗鼓,把《生活日报》重新办起来。没有料到戈公振回到上海,不过二三天竟暴病而亡。这使韬奋感到万分悲痛,也使他的办报计划遭到重大打击。当时正是"新生事件"发生之后,杜重远还在监牢里。继《新生》周刊之后,由生活书店创办的《永生》和《大众生活》也先后被迫停刊。韬奋在上海有随时被捕的危险。因此,到了一九三六年初,韬奋筹措了很少的资金,到香港去筹办《生活日报》。韬奋和党已有了联系,当时抗日救亡运动在华南有了发展。韬奋办报的目的,是为了配合中国共产党,宣传抗日民族统一战线。香港是殖民地,中文报纸同样是要受当地政府检查的。但是在殖民地的新闻检查,却比在半殖民地的蒋管区要宽大一些。例如"帝国主义"不能公开写出来,写成"□□主义"就可以了。至于要求抗日救亡,要求民主等等,在国民党地区是要作为"危害民国"罪惩办的,而香港政府则置之不问。这也是韬奋决定到香港去办报的一个原因。但是香港的进步报刊不能运入内地,读者有限,报贩是受那些反动的报纸操纵的。加上印刷、排字、住房等等的困难,把很少的一点资金全部用光了,不得不收场,这是韬奋所没有预料到的。

尽管经历了办报的无数困难,韬奋仍然认为理想的《生活日报》是一定会出现的。在香港《生活日报》创刊以后不到半个月,韬奋写了《关于〈生活日报〉问题的总答复》的一篇长文。里边最重要的一句话是:"只有在新中国才能有理想的《生活日报》。"什么是理想的《生活日报》呢?韬奋提出三个"必须":必须是反映全国大众的实际生活的报纸;必须是大众文化的最灵敏的触角;必须是五万万中国人(连国内国外的中国人合计)一天不可缺少的精神食粮。

韬奋又说:"因为是反映全国大众的实际生活的报纸,所以必须成为一切生产大众的集体作品,必须由全国各地的工人、农民、职员、学生直接供给言论和新闻资料,而不是仅由少数的职业投稿家和新闻记者包办一切。因为是大众文化的最灵敏触角,所以报纸的内容,应该是记载一日中全中国乃至全世界各地大众的生活活动和希望要求。因为是人民一天不可缺少的精神食粮,所以这报纸所登载的消息,决不是要人往来、标金涨落等等,而是和人民大众有切身利害关系的一切东西。

"从这里,我们可以想象出未来的《生活日报》的一个轮廓。一百二十层楼上面的《生活日报》编辑部,每天由飞机送来各地工厂通信员、学校通信员、农场通信员的专访通信。屋顶的短波无线电台每天收得几千万封的国际特约电讯。这些通信和电讯,报告了一日中全世界各地的生活活动。比方阿尔泰山的国营金矿,昨天生产多少纯金,扬子江上游的大水力电厂,生产二万瓦特的电力,都可以从每天的报纸上看到。国际新闻绝对不是由外国通讯社包办,而是由报馆直接组织了全世界的通信网。在南美或非洲无论哪一个角落发生的事件,十五分钟以后,就可以在《生活日报》上找到详细的正确的报告。……

"我们不希望销路十分大,每天大约是印五百万份,换句话说,平均每一百个中国人,有份《生活日报》。"(以上引文见《韬奋文集》第一卷。)

从思想上说,韬奋当时还只是革命的民主主义者,还不是马克思主义者。他所描绘的理想的《生活日报》,有一些是出于主观主义的,没有科学根据的。但是他是革命的乐观主义者,他是想用办报的理想,来促进新中国的实现。新中国成立已快到了三十年了。

韬奋这种抱负和理想,可以说已经实现了一大部分。但是总的说来,我们的新闻工作,离开现代化,还有一定的距离。那么,四十多年前邹韬奋同志的主张,不也是在今天推动我们前进的一种力量吗?

(原载1979年6月《新闻战线》第3期)

光彩夺目的一生

钱俊瑞

邹韬奋同志是伟大的爱国者,也是我国杰出的新闻工作者、文化工作者。他一生追求真理,实践真理。他从大半生的亲身经历中,认识到"中国无出路则已,如有出路,必要走上社会主义的这条路";只有中国共产党,才是中国人民的救星。他由一个卓越的革命民主主义者转变成为优秀的共产主义者。他把自己的全部心血献给了救国运动、民主政治和进步文化事业。他和我们伟大祖国的命运密切胶合在一起。他和人民心连心。他如同爱护自己的眼珠一样,爱护我们祖国的未来——年青一代。作为一个革命文化巨人,在许多方面,他堪与伟大的鲁迅媲美。他是我们学习的光辉榜样。

我同韬奋最初相识是在一九三三年。那时,胡愈之、曹亮、金仲华、钱亦石和我等在党的领导下,在上海组织了一个"苏联之友社"。我们的任务是研究和介绍当时世界的灯塔——苏联,同时宣传党的抗日救亡主张。韬奋常常来参加我们的座谈。在胡愈之同志的倡议下,我们创办《世界知识》杂志,用马克思主义的立场、观点和方法,研究分析国内外形势,指出中国的出路。韬奋全力加以支持,同意由他所主办的生活书店出版发行。当时,参加进步组织,发表进步言论,同地下党员来往,是要冒很大风险的。但他始终不顾个人安危和书店被封闭的危险,同党保持密切的关系。他主编的刊物,经常刊登苏联革命和建设的文章,积极宣传救国救民的主张。

韬奋一生备受国民党政府和帝国主义的迫害。他曾一度入狱,多次流亡。不论工作、生活多么艰苦,他的心总向着人民、向着党。一九四四年六月,他在病情恶化、生命垂危的时候,曾召亲友口授遗嘱,交代在他死后,将骨灰尽可能送往延安,请求党中央严格审查他一生历史,追认入党。这个消息,传到新四军军部,我们都感动得下泪,并用他的事迹教育广大干部和战士。

韬奋请求加入中国共产党,早在一九三八年就曾提出。抗日战争爆发,"七君子"出狱后,他对党的认识起了一个飞跃,不再像他在《经历》中所说的"心目中没有任何党派"了。当时,他明确表示要争取入党,为党多做点工作。他是全国各界救国联合会的执行委员,我是全救会的党组书记,他知道我是地下党员。上海沦陷后,我同他经香港、广西辗转到武汉,一路上交谈得很多很深。一

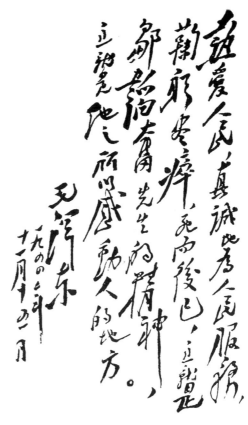

毛泽东同志题词手迹

九三八年五月的一天,他恳切地同我谈过迫切要求入党的愿望,并要我做他的入党介绍人。我向组织作了汇报。韬奋逝世后,党中央很快发出唁电,并追认他入党。毛泽东同志在十一月十五日亲笔题词:"热爱人民,真诚地为人民服务,鞠躬尽瘁,死而后已,这就是邹韬奋先生的精神,这就是他之所以感动人的地方。"党中央的唁电,毛泽东同志的题词,是对韬奋一生斗争历史的最好评价。

韬奋疾恶如仇,对反动派敢于斗争,善于斗争。"七君子"入狱,他在审判庭上慷慨陈辞,宣传救国会主张,痛斥国民党不抵抗主义,把国民党反动派置于被审判的地位。一九三九年秋,国民党对抗战进步书刊横加扣压,他亲自去找国民党特务头子徐恩曾,横眉怒对,痛加申斥。

韬奋坚决反对新闻工作是"无冕之王"的说法。他曾风趣地说:"今天的有冕之王是反动派。我们是无冕的老百姓,应当做人民的忠实代言人。"

作为一位杰出的新闻编辑工作者,韬奋始终坚定地站在人民大众的立场上,用他那支犀利的笔,横扫千军,忠心耿耿地为群众服务。在小学念书的时候,他就希望长大了做个新闻记者,从一九二六年十月接办《生活》周刊算起,他差不多有二十年的时间,没有离开过编辑、记者的生活。他严格要求自己做一个"要在'新闻记者'这个名词上面加上'永远立于大众立场的'一个形容词的"记者。他撰写的几百万字的文章和主编的上百万份各种报刊充分表明,他的的确确做到了这一点。

他心中时刻装着读者。读者是他的服务对象,是他最亲密的朋友。他给读者无微不至的关怀、帮助和教育。他接办《生活》周刊不久,就开辟"读者信箱"栏,通过"信箱"的形式,切实具体地解答读者提出的各种各样的问题,如求学问题、就业问题、恋爱问题、家庭问题等等。一九三○年,又专门成立"书报代办部",为读者代买书报和其他用品。这个"书报代办部",后来就发展成为在全国有几十处分支店和办事处的生活书店。

随着刊物影响的日益扩大,读者的来信也日益增多,每天来信都有上百封。韬奋十分重视阅读和答复读者的来信,每天差不多要用半天看信。这些来信,有一小部分选登在周刊上,并加以解答;不能公开刊登,但又有必要直接答复的,他就用书面个别答复,或者约请读者当面商谈讨论。他直接寄给读者的复信,有的长达几千字。有人曾建议,印一个简便复信答复读者,他坚决不同意,他说:"这是做官当老爷的办法,我们不能这样干。"我建议,如果今后出韬奋全集,可以发动当年的大量读者献出韬奋的亲笔复信,不但数量很可观,而且很有教育意义。韬奋竭尽自己心力为读者服务的精神,是我国报刊史上光辉的传统,我们应该保持和发扬这个光荣传统。

韬奋的一贯作风是认真负责,全力以赴,一丝不苟。他这样说过:"我自己做事没有别的什么特长,凡是担任了一件事,我总是要认真,要负责,否则宁愿不干。""我生性不做则已,既做事就要尽力做得像样"。他自己认真负责,他也要别人认真负责。他主张办事机构精干,坚决反对臃肿庞大。他刚接办《生活》周刊的时候,全部职员连他自己在内,总共三个人。一位是徐伯昕,着重管营业;一位是孙梦旦,着重管会计;他自己管编辑和著述。从看稿、选稿、撰写、编辑到跑印刷所校对、看清样,他事事躬亲,切实负责,要求严格。每篇稿件,他都精心修改。他不愿有一字一句为他所不懂的,或为他所觉得不满意的,就随便付排。付排以后,校样要仔细看几遍,尽力不让刊物上出现一个错字。封面设计、编排形式,他都力求新颖,不落俗套。

像鲁迅一样,他十分爱护进步青年,从各方面给青年以指导,是广大青年的良师益友。他热心培养青年作者,珍惜青年作者的劳动成果。他决不因为稿件是"晚后辈"写的,不是知名人士写的,便丢在一旁,或大笔一挥,任意删改。凡是有可取的内容,他都认真修改;不能用的,便给作者指出存在的问题,应如何努力改正提高。在他主办的各种刊物上,刊用了大量青年作者的文章,许多青年不但从这些刊物中获得教益,走上正确的道路,还锻炼成为反对国民党文化"围剿"的尖兵。

韬奋善于团结人,谦逊幽默。他没有一点旧知识分子文人相轻、骄傲自大的坏习气。不论是讨论时事学术问题,或者商谈刊物出版发行的方针、业务,他都虚心倾听别人的意见。对于自己不了解的事,决不冒充内行。读者提出的问题自己解答不了的,便请教朋友,请教专家。他主编的刊物每期发表的重点文章,需要约请人写的,他总是亲自登门拜访,同作者一起商量。由于他平易近人,虚怀若谷,不但团结了大批青年作者,也得到许多名流学者的支持,使三个人起家的小小文化事业单位,办成能在国民党统治区冲破文化"围剿"的强大革命文化阵地。

韬奋逝世三十五年了,但这一切依然历历在目。我们深深怀念他。他全心全意为人民服务的献身精神将永远光彩夺目,激励人们奋勇前进。

(载1979年6月《新闻战线》第3期)

邹韬奋和戈公振
——回忆两位新闻前辈之间的深厚友谊

戈宝权

邹韬奋同志离开我们已是整整三十五周年了。这几天我翻阅了他主编的《生活》周刊,重读了《韬奋文集》和他写的一些有关的文章,他的亲切的形象又重新呈现在我的眼前,他的响亮的笑声又重新响在我的耳边。特别是仔细看了他从一九三二年到一九三五年写给家叔戈公振的一些信件,更是万千往事萦回心头。

记得一九三五年十月下旬,韬奋曾为《世界知识》写了一篇《悼戈公振先生》的文章。文章一开头就说:

"记者提笔含泪写着这篇《悼戈公振先生》的时候,正在十月二十四日下午从万国殡仪馆哀送戈先生大殓以后,为中华民族,为新闻事业,为个人友谊,想起他都不胜其凄怆悲痛。回忆戈先生于十月十五日下午由海参崴乘北方号到上海,我和胡仲持先生同到码头去迎接他,握手言欢,历历犹在目前,谁能想到七天后就在他的弥留榻前,和他惨然永诀!"

当读完这篇没有收进三联书店编印的《韬奋文集》的文章时,我就回想起他们两个人之间前后持续了将近十年之久的深厚的友谊。

韬奋同志和家叔戈公振都同是新闻工作岗位上的老战友,虽然韬奋把家叔尊称为"新闻界的老将"和"老大哥"(二十年代前后,家叔即在上海《时报》任总编辑，一九二七年出国到欧美和日本考察新闻事业），韬奋在一九二六年接办《生活》周刊，而且在这前后还曾一度任过《申报》经理的英文秘书和《时事新报》的秘书主任。看来，他们当时就已经相识，开始交往并建立下了友谊。

记得家叔一九二八年冬从国外回到上海，第二年春初搬进旧法租界辣斐德路（现复兴中路）的淞云别墅不久时，韬奋就请他为《生活》周刊写稿，而且在五月十二日出版的刊物上还写了一段《编者附言》，其中说："报界先进戈公振先生自谓由欧美回国后，公私羁绊，无暇握管，此文乃应编者之请而为回国后第一次公布之文字，则此文之珍贵可知矣。"在一九三〇年八月中旬出版的《生活》周刊上，家叔又写了《中国报界应有之觉悟》的长文，分为上、下两篇，其中发表了他对国内新闻界的意见，主张各大报纸应各发挥其一定之宗旨与特色，而不应作无谓之竞争；各报应协力合作，要求言论自由，共同进行采访；各报应勿安于环境和现状，应改用语体文，使报纸能成为民众的喉舌。就在这时候，家叔著的《中国报学史》已经再版出书，韬奋在当年十月下旬还为《生活》周刊写了《读〈中国报学史〉》的文章为之介绍。

我们大家都知道，《生活》周刊最初是由上海中华职业教育社在一九二五年十月创刊的，目的在于宣传"职业教育，人生修养"等。到了韬奋接办以后，它逐渐改变了面貌。当《生活》周刊创刊五周年时，韬奋在一九三〇年十二月十三日出版的第六卷第一期上发表了《我们的立场》，指出"本刊是没有党派关系的"，"我们不愿唱高调，也不愿随波逐流……我们希望我们的思想是与社会进步、时代进步而俱进"，"我们希望（中国国民）对于任何问题都能具有分析的眼光，研究的态度，组织的能力，创造的思想，不盲从，不武断，具是非心，有辨别力"，"本刊……在振兴中国民族、改进中国社会的许许多多努力中，希望能贡献我们一个小单位或一个细流的责任",总而言之,就是要把《生活》编辑成为"一种言论公正、评述精当的周刊"。韬奋每期写的"他最费心血的"《小言论》,更深得广大读者的欢迎,因此刊物的销数与年激增,最初创刊时不过两千八百份,到了后来就增加到十五万五千多份。在当时国民党反动派和白色恐怖的条件下,一个周刊能销到十五万份,可说是打破了中国杂志刊物发行的纪录。

家叔既是韬奋的好友,他对韬奋主编的《生活》周刊是全力支持的,而且还协助《生活》周刊创办了画刊。家叔远在《时报》工作时,就创办了《图画时报》,开创了画报的先河,当他从国外归来在《申报》工作时,又为该报创办了大型的《星期画报》。他现在又亲自为《生活》周刊编辑了《生活五周年纪念特刊画报》。韬奋还特别这样作了介绍:"新闻界的老将戈公振先生是读者所知道的,用不着记者的介绍。目前我国各日报中星期画报最为精彩的要推《申报》的《星期画报》,而《申报》的《星期画报》就是戈先生所主编的。本刊这次的《五周纪念画报》也承戈先生全权主持编辑"。一九三一年家叔除为《生活》周刊写稿外,还编辑了《生活周刊双十特刊画报》。一九三二年《生活》周刊从七月第七卷第二十六期起,每半个月增出一期影写版的《生活画报》,也是同家叔的倡议和支持分不开的。

一九三一年的"九一八"事变,日本军国主义者侵占了我国东北。《生活》周刊立即号召大家起来抗日救国,共赴国难,并编印了《生活国难惨象画报》,韬奋和家叔等人还发起了援助东北抗日战士的捐款运动。接着一九三二年上海又爆发了"一·二八"战争,《生活》周刊在二月五日这一天里就出版了两期《紧急临时增刊》,发表了韬奋写的《痛告全市同胞》和《几个紧急建议》,其中指出:"我们要想救国保族,必须下决心不怕牺牲","此时应全国一致对外……只知共赴国难,不知其他。"从这时起,《生活》周刊每期都刊载该刊记者写的《上海血战抗日记》的报道,增印了《上海血战抗日画报》,同时还在上海沪西的梵王渡创办了生活周刊社伤兵医院,积极支援淞沪抗战前线。

我记得这时家叔已从淞云别墅搬到环龙路(现南昌路)一家名叫德发饭店的俄国大菜馆的三楼居住。我们目睹了"一·二八"战争的爆发,见到了敌机如何轰炸和焚烧了商务印书馆的厂房和东方图书馆,我们每天都怀着激动的心情注意着十九路军将士们的英勇血战的胜利喜信。就在"一·二八"战争爆发的前后,家叔白天到《申报》去办公,夜晚回来都比较晚。我知道他这时积极参加了上海文化界的抗日救国运动。从他的谈话中,才知道他晚间常到吕班路(现重庆南路)万宜坊韬奋家,和韬奋等人见面,商谈筹备创办《生活日报》的计划。一月三十日出版的《生活》周刊第七卷第四期上,首先发表了董浚敏等六人联名写的《拟请生活周刊社在上海创办日报之理由及简略组织法说明》,其中指出:"在上海创办一规模宏大、抱着救国救民宗旨之日报,实为急不容缓之事。"韬奋在《编者按》中也说:"事真凑巧,在接到此信的前一晚,刚有几位朋友谈及同样的意思。读者诸君对此事倘有卓见,希望不吝赐教。"亦即指此事而言。

到了这年三月五日出版的《生活》周刊第七卷第九期,发表了韬奋写的《创办生活日报之建议》,其中说:"本刊承国内外同胞之信任,屡以创办《生活日报》为嘱,自本刊第七卷第四期发表董浚敏先生等关于此事之建议后,热心同志赞助督促之来信,纷至沓来,记者与本社同人于感愧之余,甚思奋勉有以自效,爰集富有办报学识经验之友人数位,作数次审慎之讨论与研究,……作出具体建议之纲要"。从组织说,报纸取名为《生活日报》,由生活周刊社请定"信托人"六位(后改为七位),全权主持日报之全部业务。报纸的特色是,注重为大多数民众谋福利,不以赢利为最后目的,要做到重要的新闻应有尽有,并为辅助教育起见,报纸采用最浅显的文笔。报纸日出一大张,销数第一年为五万份,以后每年增加五万,资本定为三十万元,每股定为五元(后改为十元),由该社向社会各方面募集。到了第七卷第十期刊有《生活日报》正在积极筹备中的简讯;第十一期发表了《关于胚胎中的生活日报消息》;第十二期发表了韬奋写的《生活日报计划之具体化》,同时并刊载了《生活日报社股份两合公司章程》。到了四月二日出版的《生活》周刊第七卷第十三期上,韬奋在《正在积极筹备中的生活日报》一文中,公布了《生活日报》的干部姓名,其中除韬奋本人外,还有杜重远、李公朴、毕新生(云程)、家叔戈公振等六人;杜重远和李公朴分任经理部正副主任,毕新生任总稽核,家叔任编辑部主任,韬奋任撰述。韬奋对家叔还作了这样的介绍:"戈先生在新闻界的历史最久,他在我们这几个人里面可算是老大哥,但他对新闻学研究兴趣之浓厚,力求进步之勇猛,却又无愧为一位活泼的青年。"从此可以看出,当时家叔经常与韬奋等人来往和商谈的,也就是筹办《生活日报》的事,这不仅是家叔当年的夙愿,同时也是他愿意全力以赴的一项事业。

  自从筹办《生活日报》的消息传出以后,各方面常以"《生活日报》何时出版"来询问韬奋,他曾答复说:"如股款收受顺利,大约六个月后,当可见面。"这也就是说,在一九三二年的十月前后就可以出版。韬奋又曾再三声明:"我们所惨淡经营的《生活日报》必为独立自由的舆论机关。所谓独立自由,即永有其为民族为民众的福利而奋斗的独立的精神和自由的意志。"接着韬奋又答复了"《生活日报》的背后是什么?"韬奋说:"《生活日报》的后面是什么?是民众,因为他是民众所扶持的,因为他下决心为民众而努力。"

  就在这时候,家叔的思想上起了很大的变化。他开始阅读有关马列主义的理论著作和研究苏联的书籍;同时愤于国难,积极地参加了抗日救国运动。当一九三二年三月国际联盟派了李敦调查团到我国调查"九一八"事变和"一·二八"淞沪战事的真相时,家叔以记者的资格随着调查团访问了淞沪战场,并冒着生命危险去到东北。果然不出他所料,他在到达沈阳后不久即被逮捕,后幸获释放。他曾予七月十四日挥汗为《生活》周刊第七卷第三十期写了《到东北调查后》一文,其中指出:"到东北调查后,据我个人粗浅的观察,除非举国一致,背城借一,不但东北无收回的希望,而且华北也要陷于极危险的地位。事实如此,并非我危词耸听"。编者在按语中还特别指出:"戈先生最近从北方回沪,这是他到东北调查后第一次公开发表的文字。"接着在九月间,家叔随国联调查团前往日内瓦,参加国际联盟讨论有关日本侵略中国问题的特别大会,他在十月二日还从日内瓦为《生活》周刊写了《途中的中国代表团》的通信文字。

就在这个期间,韬奋在九月十日出版的《生活》周刊第七卷第三十六期上发表了一个启事,其中说,《生活日报》"股款刻已认满十五万元,故决定依照原定计划进行,俟十月十日后正式筹办,并已承戈公振先生允任本报筹备处主任(戈先生十一月底可由日内瓦回国)"。到了九月二十四日,韬奋又在《漫笔》中以较多的笔墨谈到家叔:

> 本报的总编辑已请定戈公振先生担任,戈先生担任《时报》记者及总编辑者十几年,到欧美专门考察研究新闻事业者两年,回国后仅在《申报》的图画周报上小试其技,已成绩斐然,群认为可与《纽约时报》的星期画刊媲美,但在编辑方面总未有给他展其所长的机会。所以我们为本报及人才计,决意请他加入。在他偕同调查团赴东北而回到北平之后,适顾维钧氏膺驻法公使之命,有朋友传语,说他已允许顾氏同赴法国做外交官去了。我得

了这个消息,很替他惋惜,因为我觉得既选定了新闻业,应终身在这事业上为社会努力,不应视为做官的阶石。后来他回到上海,很郑重地告诉我,说他已下决心以新闻业做他终身的事业,绝对无意做官,我才知道友人说的是误传,为之一慰,最近中央党部宣传委员会因国联会议事,请他暂赴日内瓦在新闻方面工作,他并有意乘此机会到伦敦、柏林、莫斯科等处考察新闻事业最近有无新办法,备回国后参考,大约十一月底可以回国。

事实上,家叔也曾对我多次说过,他无意做官,对做官的事也毫无兴趣,他是把新闻事业作为他的终身事业的,特别是想协助韬奋早日把《生活日报》筹办起来。

家叔在十月二日从日内瓦写给韬奋的信中曾说:

> 韬奋吾兄:二次赴欧,决定于最短期间,出于意外,然国难当前,岂惮个人跋涉?故又冒暑远征。弟对于国事实抱无上悲观,但吾人既稍有知识,只有尽国民一分子责隆,从自己奋斗起。《生活日报》筹备事,使兄偏劳,心实不安,弟身虽远,此心实悬念也。

孰知好事多磨!由于《生活》周刊极力主张抗日救国,攻击国民党反动派的不抵抗主义的卖国政策,要求"全国上下,一致团结对外",反对发动内战,因此国民党反动派就对《生活》周刊严加迫害,首先是检查、扣留,接着就密令禁止邮寄和发行,特别是对韬奋本人进行威吓和追究。因此韬奋在十月二十二日出版的《生活》周刊第七卷第四十二期上,就谈起"自从平津各报纷载本社被封和记者被通缉的消息以后,承蒙许多读者纷纷赐函慰问,有的更告诉我们不少离奇的消息,或说听见记者已逃往法国去了,或说听见记者已吃了卫生丸(意即被暗杀或枪决——笔者注),在北平的亲戚甚至打电报来问记者的安危,也就是要知道记者究竟装进了棺材没有"。不用说,《生活》周刊已处此困境,《生活日报》当然更无法筹备出版。这样韬奋不得不在《生活》周刊第七卷第四十二期上登出了《生活日报宣告停办发还股款启事》,其中说:"近月来,《生活》周刊遭受压迫,日在挣扎奋斗之中,就目前形势言,周刊存亡,未卜朝夕,在此环境之下,日报即令勉强出版,亦难为民众喉舌。韬奋受二千余股东付托之重,不愿冒昧将事,为此决定停办。所有股款自十一月一日起,统由新华银行凭股款收据分别发还"。就在这时又有人造谣,说韬奋"已准备带着十五万元的《生活日报》股款溜到外国去"。到了第四十四期的《生活》周刊上,发表了陆伯云写的《呻吟》一文,其中说:"《生活日报》停办了。这是一个多么不幸的消息!我们理想中的民众喉舌,竟在胚胎期中便流产,这不独是可惋惜,简直是伤心,——不,痛心之至!"

我在家叔的遗物中,曾发现了韬奋在当年十二月十日写给家叔的一封信,从此也可以看出韬奋当时的处境了:

公振吾兄大鉴:

……《生活》周刊虽有一时风声异常紧急,日日有各方面传来之恶消息,或云封闭,或云通缉弟个人,甚至有以绑架手段对付弟以为恫吓者,故当时有数友劝弟离沪暂避,弟均未为动,静以待变。现则开禁尚无希望,封闭亦未执行,空气似已和缓。弟得做一日仍是努力一日,故《生活》周刊内容仍在日求精进中。倘蒙吾免多多赐稿及各种相片,增光篇幅,幸何如之。专此布达,敬颂　旅绥。

弟韬奋敬上。

在一九三三年二月九日韬奋写给家叔的信中又说：

公振吾兄大鉴：

  顷读赐书，敬悉吾兄已决定赴柏林并往莫斯科观察经济情况，甚慰。

  关于本刊横遭扣禁，承蒙殷殷慰藉，感激无已。本刊现仍照常出版，不过外埠不能有大宗邮递。但在各地代销处凡可由火车或轮船运往者，均在可能范围内运往，以应需要。初时老蒋疑弟有党派关系，现虽已明了确无背景，但以详悉本刊销数之多，影响之大，故有派人参加敝刊干涉言论自由之企图，或将本刊收买为己有，曾托人示意此事，吾人当然坚持拒绝，宁为玉碎，不愿瓦全，因此邮递开禁，尚无把握。惟邮局方面改用封皮，已可寄一小部分。关于销数方面，因各地检查有宽有紧。在长江一带比较严紧，华北华南一带则由火车或轮船运输者，为数甚多。且有不少热心读者托本埠亲友代转，故尚无多大影响。惟经济方面则大受影响，因火车轮船运费较邮费增加多多，直接订户完全无法接受。现内部极力紧缩，弟个人自动减薪五十元。书店内所获赢余，亦可贴补若干，故仍可收支相抵，绝无恐慌之虞。本刊在不丧及报格范围内，能生存一日必努力干一日，不怠不懈，以报爱护本刊者之厚意。吾兄为本刊最热诚之同志，故略述近况以慰远念。

  再《生活日报》决定停办后，已收之股款十余万元，均由新华银行按照活期存款本息一并发还，不少分文，故各界对此事印象极佳，此点亦堪以告慰。

  尊处各期《生活》周刊，虽按期寄奉，恐途中或有遗失，零星不全，难窥全豹，故特另邮奉赠七卷下册合订本一册，到请察收为荷。吾兄现在海外，见闻必广，尚希多多赐稿及各种相片，增光篇幅，不胜盼祷。……

一九三二年十二月中苏两国恢复邦交，家叔在第二年初即随复交使团，自日内瓦前往苏联，于三月五日到达莫斯科。这是他久所向往的地方，当他在一九二七年第一次到欧洲访问时，就想到苏联一游，及至行抵波兰，中苏已断绝邦交，这次他总算一偿夙愿。由于《生活日报》已宣告停刊，他是在日内瓦时接到韬奋的电报才知道的，因此他就在苏联停留了将近三年之久，到各地旅行参观，专心研究苏联的政治、经济、文化和社会生活各方面的建设，并开始为《生活》周刊写稿，报道苏联人民在斯大林领导之下艰苦建设社会主义的情况。韬奋在四月六日、四月二十二日、五月二十三日、六月二日写给家叔的信中，都请他多多写稿，并寄赠图片。如四月二十二日的信中就说："国内人士对苏联现状极为留心，倘兄采得充分材料，除目前通信外，将来尚可整理著成专书，由生活书店出版也。"其实《生活》周刊从一九三一和三二年起，就陆续发表过一些介绍苏联情况的文章、通信和图片。家叔一到了苏联后，就先寄回《从日内瓦到莫斯科》的通信，发表在十月二十九日出版的《生活》周刊第八卷第三十期中。韬奋在七月二十一日写给家叔的信中说：

公振吾兄大鉴：

……吾兄之俄国通信稿件，久在殷切盼望中，今承惠赐，欣快无似。续稿尚希早日赐下，以便继续刊登。……承嘱转交胡愈之兄一函，亦已交去。

吾兄在百忙中为本刊执笔，赞助盛意，公私均极铭感。本刊虽仍为当局所留难,惟信用尤著,销数方面亦无影响,因爱护本刊之人甚多,故虽不能公开邮递,仍可在暗中购买,此点殊足以告慰爱护本刊之热心同志也。

近来国内变相之法西斯主义(实则拥蒋独裁而已),颇为猖獗。著名女作家丁玲女士已被绑去遇害。杨杏佛因任民权保障同盟总干事(此同盟为宋庆龄、蔡元培等所发起,弟也参与),援丁甚力,致遭暗杀。总之几在言论或政治上有相当力量而不愿作走狗者,均在严厉制裁之列。据许多友人报告,愈之兄及弟亦名列 Black list(意为"黑名单"——笔者注),亦甚危险,故有爱护弟之友人,均极力劝弟出国暂避。为本刊事业计,亦应借此暂离,以和缓对方对《生活》之紧张。弟以主持本刊七八年,心力疲瘁,亦愿赴国外考察,换换空气,并增见闻,故现已决定于本月十四日乘意轮启程,先至意大利,勾留二星期,即赴日内瓦及巴黎等处,约耽搁一二星期,再赴伦敦,拟入该地之政治经济学院,略事研究,然后赴德赴俄游历。

对于本刊职务,仅暂时请假,仍遥为负责。在弟出国后,内部情形,营业方面有徐伯昕兄主持,总务方面则由艾寒松兄主持。编辑方面由愈之与寒松两兄共同主持,并约社外同志好友数人撰稿。愈之兄日间虽不在本刊办公,惟实际上已加入本社。渠之思想,甚为透澈,为弟素所敬佩,得渠帮助,殊为幸事也。俟弟行后,本刊当更取掩护办法维持之,此为内部之布置情形。本社经济方面亦无问题,且现已改为合作社办法,职员即股东,股东即职员。王志莘、毕云程及杜重远三兄,亦已加入为社员,现已被选为理事,详情当由寒松兄另函详告。吾兄亦为本社之热心老同志,将来仰仗之处甚多。希望兄归国后,亦加入为社员，不胜欢迎。……

韬奋在七月十四日离开上海出国，七月十五日出版的《生活》周刊上，开始发表他写的《萍踪寄语》。从这时起，《生活》周刊上发表过家叔写的好几篇苏联通信：《庶联访问记》《从日内瓦到莫斯科》，第八卷第三十期），《我对于观察庶联的态度》（第三十一期），《第二个五年计划》上、下（第三十二期和第三十三期），《两个大阅》（第三十四期），《十五年美术展览会》上、下（第四十期和第四十一期）。他当时为苏联取了"庶联"的译法，用他在通信中的话来说："Soviet Union 通常译为苏联，苏字译音无意，故我改译为庶，'天下有道，则庶人不议'。俄以 Prole ta-nan（无产阶级）政治相号召，凡是赞同此种主义者，均可加入为联邦之一。称为庶联，似乎音义两方均能顾到而比较容易了解。"因此后来他写的通信和文章，都用"庶联"二字。韬奋为他编的遗著，也就取名为《从东北到庶联》。

就在一九三三年十二月，《生活》周刊终为国民党反动当局迫令停刊。韬奋早在一年前的十二月写好了《与读者诸君告别》，其中一开头就说："本刊自东北国难发生以来，愈痛于帝国主义的侵略与军阀官僚的误国，悲怆愤慨，大声疾呼，希望能为垂危的中华民族唤起注意与努力，不料竟以此而大招政府当局的疑忌，横加压迫，愈逼愈厉……总之本刊同人自痛遭无理压迫以来，所始终自勉者：一为必挣扎奋斗至最后一步；二为宁为保全人格报格而决不为不义屈。"同时《生活》周刊的同人也在十二月十六日出版的第八卷第五十期的《小言论》栏内，发表了《最后的几句话》，其中说："我们所预料的最后一天，果然到来了。上海代销本刊的派报公会已经奉到禁售本刊的公文。我们探得可靠的消息，当地官厅已接到查封本刊的命令……本刊同人挣扎奋斗直到了最后一分钟，自问不致有负爱护本刊的数十万读者的期望。本刊虽遭重重压迫，不得已而与读者诸君告别,但是我们却已没有什么遗憾了。自然,我们相信,本刊和读者诸君告别,只是一时的告别,而不是永久的告别;只是文字上的告别,而不是精神上意识上的告别。"这样到了一九三四年二月十日,由杜重远和艾寒松等人负责编辑的《新生》周刊,就又继《生活》周刊而出版了。每个读者都会感到这是《生活》周刊的复活,《生活》周刊重新获得了"新生",家叔也继续为它写稿和寄图片。韬奋在四月五日从伦敦寄给家叔的信中说:

公振我兄:

《新生》确为《生活》后身,乞兄为之撰文。表面上由杜重远负责,一切均仍旧贯,编辑仍由艾兄负责,发行仍由徐兄负责也。兄回国后,仍乞帮忙为感。

兄回国后,对俄事必有佳著出版,弟甚望能由生活书店发行,倘蒙赞同,乞于回国后与徐兄面商一切。

五月十七日艾寒松也从上海寄信给家叔,其中说:

公振兄:

《生活》停刊的消息,想早已知道了。现在我们连接又出了一个《新生》周刊代替《生活》,于二月十日创刊……《新生》与过去《生活》立场态度完全一样,最近销数更赶上以前之《生活》。《新生》系由杜重远出面主编,其实暗中全由弟一人负责。为掩饰计,不得不然。韬奋又近由英来信云,六七月间将赴俄,定可晤面畅谈。

一九三四年七月,韬奋在伦敦参加美国学生旅行团一同访问苏联,在莫斯科暑期大学听了两个星期的课,因此常有机会与家叔见面促膝长谈。这也是他们相互了解最为深切的时候,不用说,他们也谈到了重新筹办《生活日报》的问题。

一九三五年三月,我作为天津《大公报》和《新生》周刊的记者到了苏联。这年四月二十九日,韬奋曾从伦敦写信给我,其中说:"令叔已动身否?如未动身,请将此信转呈一阅,附此道候。"这时家叔已陪同梅兰芳等人去柏林访问。五月间,韬奋自英去美,旅行考察了三个月,于八月底回国。孰知这年六月间,《新生》周刊出至第二十二期,又被迫停刊,杜重远入狱,艾寒松出走国外。韬奋从国外归来时,中国共产党已发表"八一"宣言,号召停止内战,团结一切抗日力量,建立全民族的抗日统一战线。他眼见国事危殆,曾两次来电,催促家叔迅速回国,创办《生活日报》,宣传抗日救国。家叔立即由莫斯科启程,经海参崴乘船回国,在十月十五日到达上海。旋即因病于十月二十四日逝世,而他的病死的原因多少年来始终是个谜。他在弥留时告诉韬奋:"在俄国有许多朋友劝我不必就回来……国势垂危至此,我是中国人,当然要回来参加抵抗侵略者的工作……"韬奋在《悼戈公振先生》一文最后也说:

> 我所最觉得悲痛的是以戈先生二三十年积累的学识经验,益以最近二三年来对世界大势的辛勤的观察研究,在正确认识上的迈进(我在莫斯科时和他作数次长谈,深感觉到他的猛烈进步),我们正在希望着他能为已沦入奴隶地位的中华民族做一员英勇的斗士,不料他竟这样匆匆忙忙地撒手而去。我想到这里,回忆着他在弥留时睁大着眼睛,那样激昂地——我觉得他竟是很愤怒地——对于侵略者的斗争情绪,我不禁搁笔痛哭;但我转念,又深深地感觉到这是我们后死者同样要负起的责任,我们都当以同样的"置生死于度外"的态度,朝着民族解放的

目标向前猛进。我认为这样才是不忘却我们的好友！这样才是能纪念着我们的好友！

就在这年十二月二十八日，韬奋从上海写了信给我，其中说：

宝权兄：

令叔公振兄逝世，出乎意外，伤痛无极。关于令叔逝世情形，弟曾于《世界知识》中有一文叙述，谅兄已看到，兹不赘述。关于编行遗著方面，弟已为搜集近年来散于各杂志之文字，编成《从东北到庶联》一书，已出版，除在安葬日，已由生活书店赠送三百本，以作纪念。……

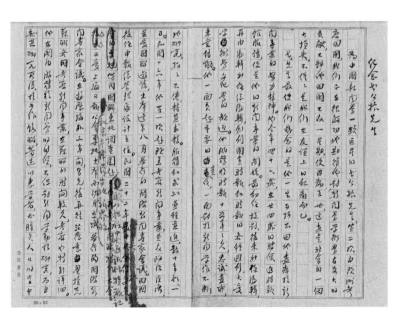

韬奋写的《纪念戈公振先生》手迹

这本书是由韬奋编辑的,书前有他在十一月二十七日写的《弁言》,其中说:"我们对于这位好友的不幸早死,尤其在想到社会方面乃至民族方面的损失,哀痛的情绪是绵绵无穷期的。"现在这本书常放在我案头的书架上,因为它是韬奋和家叔公振的深厚友谊的一个最好而又难忘的见证!

(原载1979年《新闻战线》第4期)

向着明天　奋勇前进
——纪念邹韬奋先生逝世三十五周年

史　良

　　我和韬奋是在三十年代救国运动中认识的,他的年纪比我稍长一些,但在我印象中却比我要小。这是因为,他于事业的精力是那样旺盛;他待人的态度是那样热情。

　　三十年代是中国历史上的不平常的年代,日本帝国主义对中国的侵略,引起了全国人民的同仇敌忾。但国民党反动派坚持"攘外必先安内"的反动政策,把主要精力用于反共反人民,妄图扼杀国内进步力量。在这种情况下,广大人民和国民党反动派的矛盾日益尖锐,一切有爱国良心的中国人,对于国民党反动派的倒行逆施无不愤慨。韬奋主办的《大众生活》《生活星期刊》等刊物,强烈呼吁团结御侮,抗日救亡,反映了广大人民的心声,并向人民指出了光明的所在,引起国民党反动派的憎恨。韬奋于一九三六年十一月在上海被捕。同时被捕的还有从事爱国救亡运动的沈钧儒、章乃器、李公朴、沙千里、王造时诸先生和我。后来我们被关在苏州高等法院看守所,韬奋他们六个人被关在一处,我被关在女监。我们虽不关在一处,但却总是利用一切可能的机会互通消息。韬奋不仅是极有正义感和事业心的友人,同时也是一个极机灵的人,在监狱里,我所得到的消息,往往都是韬奋通过同情我们的狱卒递送过来的。

爱国有罪，救亡坐牢，这个不能容忍的政治事件引起了全国人民的抗议，当时进步的和中间的舆论界也给予我们以强烈的支持。因此，国民党反动派十分恐慌，他们通过一些好心的中间人士和我们商洽出狱的"条件"，要我们从监狱转到反省院，然后再从反省院释放。意思十分清楚，这是要我们承认爱国有罪，反省有效，才教育释放。我们在"家长"沈钧儒先生领导下，商议决定，宁愿坐穿牢底，决不在原则问题上让步，严正拒绝了这个荒谬的"条件"。韬奋对于这个所谓"条件"异常气愤，像在别的事情上一样，表现了爱国知识分子的崇高气节。"条件"没有谈成，我们继续坐牢，一直到一九三七年抗日战争爆发，国共两党再度合作，我们才在党的营救下，在全国人民强烈呼吁释放一切政治犯的声浪中，从苏州监狱里被释放出来。

韬奋一生的事业是办刊物、开书店、写文章，宣传进步文化。我不仅是他在爱国救亡运动中的同志，同时也是他主办的几个刊物的热心的读者。在国民党统治时期里，办刊物、办书店都不容易自立，而韬奋办的刊物和书店不但能依靠自己的业务维持下去，并且蒸蒸日上。其主要原因是，他所办的《生活》《大众生活》等刊物和生活书店所出版的书籍，反映了时代的动向，代表了广大人民的要求和愿望，因而得到读者的欢迎和爱戴。一个文化事业只有办到这样的程度才能算是群众的文化，只有群众的文化才富有生命力。韬奋一生事业的成功，固然和他个人的勤奋有关，也和他始终与群众声气相通有关。我还记得他办的刊物上有"读者信箱"栏，人们经常提出各种各样的问题，富于浓厚的生活气息，韬奋的解答总能抓住事情的要害，从思想上给予指导。难怪在生活书店被封以后，他收到了无数读者的慰问信。他一直生活在广大读者群众的支持与鼓励中，从来也没有寂寞过，即使身在囹圄，也不是被隔绝的。

提起生活书店被封,使我回忆起一件事情。那是一九四〇年的一个夜晚,韬奋匆匆忙忙地来到我的住处枣子岚垭"犹庄",告诉我说:生活书店各地分店一个一个被封,人员被捕,他正在到处奔走,但那些国民党官老爷都是互相推诿,这样下去,他的全部事业就有被摧残殆尽的危险。更重要的是,这样下去,进步文化将受到严重摧残;被捕人员也不知下落如何。他问我,有没有别的门路可想? 我自告奋勇地说,以我和妇女指导委员会的关系,可以去找一下"指导长"宋美龄试一试看。第二天,我到了宋美龄家里,说明来意以后,宋推说这事她不了解,要问一下"老头子",并留我吃午饭。近中午时,蒋介石回来了,我又向他当面谈了一下生活书店被封和人员被捕的事,并告诉他,书店被封,人员被捕,社会上都很不安,这对团结抗战是很不利的。蒋介石装做"愕然"的样子,说:"竟有这样的事么? 岂有此理! 岂有此理! 我要查问! 一定要查问!"我当时认为,这位国民党最高负责人一口应允查问,事情大概好办了,回来以后就告诉韬奋。但在这以后,书店却继续被封,人员继续被捕,到了一九四一年初,除了重庆总店以外,各地分店都被封闭干净了。这是蒋介石流氓手法的又一次表演。在这个情况下,韬奋实在忍无可忍,终于决定秘密离渝,走向更广阔的斗争。临行前的一天夜晚,韬奋匆忙到我住处,讲了几分钟的话就离开了,说是还要到张家花园去看望黄任之先生,我只能祝他一路顺风。向着明天,他走了。这是我和韬奋的最后一次见面,是在悲愤和沉痛的气氛中见面的。后来从其他朋友那里陆续得到他的消息,知道他几经转折,最后到了敌后抗日民主根据地。一九四四年秋季的一天,吴玉章先生派人到沈钧儒先生和我这里来,告诉我们关于韬奋因患脑癌,医治无效,不幸逝世的消息;同时转告我们,根据韬奋生前的请求,党中央已批准追认他为中国共产党党员。沈老和我一面为韬奋逝世而悲痛,一面又为他被批准入党而庆幸。韬奋从一个爱国知识分子,通过坚韧不拔的努力,终于走上无产阶级的革命道路,并成为无产阶级先锋队战斗的一员。他的战斗的一生反映着中国知识分子追求光明、追求真理,而终于找到光明、找到真理的全部历程。正像陈毅同志所说:"他以一个民主主义者走入战场,伟大的革命实践推动他向前迈步,直至与共产主义相结合。"

> 韬奋同志
> 民主先锋一代人
> 鞠躬尽瘁为人民
> 凌云壮志今犹在
> 韬奋精神永世存
> 　　　　史良 一九七九年六月十二日

史良同志题词手迹

今天是韬奋逝世三十五周年,缅怀既往,感奋有加。我们正处在一个伟大转折的历史年代,我们已经在中国共产党的领导下,建立了一个社会主义的新中国,我们还要在党的领导下,把它建成现代化的富强繁荣的社会主义国家。我们任重而道远,我们充满激情和希望。在这新的斗争开始的日子里,我要向韬奋表示,我一定要踏着韬奋的足迹,在永远革命的道路上,向着新的更加灿烂光明的明天奋勇前进。

(原载1979年7月24日《人民日报》第2版)

学习韬奋同志的革命精神

陆 诒

邹韬奋同志毕生从事于新闻、出版工作,为我国新民主主义革命作出了重大的贡献。一九四四年七月二十四日,韬奋同志因病逝世。我国亿万读者深切悼念他,毛主席、周总理和朱委员长对他也早有高度评价。而"四人帮"则对韬奋同志进行百般的诬蔑、诋毁。值此韬奋同志逝世三十五周年,上海韬奋纪念馆重新开放之际,我作为他当年的部下一兵,写一点追忆文章以纪念前辈,同时也鞭策自己努力学习他的革命精神,勤奋地做好当前的工作。

一九三一年"九一八"事变之前,当我还在上海私立民治新闻学院读书的时候,已经是《生活》周刊的忠实读者了。有两件事给我深刻印象,历久不忘。一是韬奋同志秉笔直书,敢于揭发国民党权贵交通部长王伯群贪污、腐化的劣迹。(按:王伯群是当时国民党政府军政部长何应钦的妻舅。)他在刊物上叙述调查采访的事实,附载王以贪污所得建造别墅的照片,证据确凿,令人信服。试想,在那个时代有哪一家报刊敢于抨击这种黑暗统治?二是韬奋同志以言论和实际行动高举起抗日救亡的旗帜。"九一八"事变发生,蒋介石下令不抵抗,一夜之间就丧失了东北三省,马占山将军在嫩江发出抗战的炮声,韬奋同志就在《生活》周刊上大声疾呼:"这一仗打得好,为中华民族扬眉吐气。"同时,他在生活周刊社发起代收援马抗日捐款,汇寄前方将士。当时生活周刊社设在华龙路(今为雁荡路)前中华职业教育社的楼下,门市部很小,热心爱国的读者除将捐款邮汇以外,不少人亲自跑来捐款。我曾目睹当时大量读者络绎不绝来排队捐款,其中有许多劳苦大众也挤到柜台旁边,伸手交出一元钱或几角钱来表达他们的爱国热忱,令人肃然起敬。一九三二年淞沪抗战时,《生活》周刊继续以大量的篇幅报道十九路军英勇抗战的事迹,并代收慰劳品和捐款。

一九三六年韬奋同志在香港创办《生活日报》,同他一起办报的柳湜同志介绍我担任该报驻上海的记者,每月为他们撰写两篇通讯。当时我是上海《新闻报》记者,为《生活日报》写通讯,只是一种兼职。从这时开始,韬奋同志就和我通信。信上具体地指示我,所寄通讯有哪篇写得比较好,哪几篇是不好的。他所说的好与不好,决不是凭个人主观的臆断,而是根据大多数读者的反映来判断的。韬奋同志的文章,生动、流畅,笔锋带着高度的爱国热情,具有强烈的感染力,充分表达了广大读者的意见和愿望。他是《生活日报》的主笔,平时认真负责地经常和读者保持密切的联系,又肯做桥梁,沟通编者、作者和读者之间的关系,这是他几十年来主编报刊工作中最杰出的优点之一,也正是我们今天仍须努力学习的一个重要方面。

一九三六年十一月二十二日,韬奋同志和救国会其他领导人沈钧儒、章乃器、李公朴、王造时、史良、沙千里等七人在上海被捕,押解到苏州,关押在苏州高等法院看守所中。一九三七年六月二十五日,苏州江苏高等法院第一法庭公开审理他们七个人,检察官以"危害民国"罪提出起诉,当时我以新闻记者的身份旁听了那件爱国有罪的冤案并作了报道。早在六月二十三日,我已赶到苏州,先到看守所去访问他们,首次见到敬佩已久的韬奋同志。一见面,他异常亲切地称我为"同行",滔滔不绝地和我谈看守所中七个人的集体生活。他说,平时忙于看稿、写稿,还要亲自答复大批读者来信,苦于缺乏时间,倒是进了看守所以后,时间比较充裕些,才应读者的要求,写了《经历》《萍踪忆语》和《读书偶译》等四本书的稿子,长达数十万言,这倒应该感谢国民党老爷给了我一个安心写稿的时间。临别时,我请求他在我的笔记本上题几个字以作纪念。他欣然命笔,写下了以下几句:

力争救国无罪,不是为个人,是为着救亡运动的前途。

不许侮辱人格,也不是为个人,是为中华民族人格的光辉。

一九三七年七月七日,卢沟桥畔响起了抗战的炮声,救国会领袖七人始于七月三十一日获释。韬奋一回到上海,"八一三"战争就打响了。他在隆隆炮声中创办《抗战》三日刊,及时报道战讯并发表言论,直接为抗战服务。

抗战第二年,我们都先后到达武汉,当时我担任《新华日报》记者。每次从前线采访回来,总要到生活书店去访问他。他亲切接待并很有风趣地对我说:"记住!你回到后方,《全民抗战》就得向你抽点税,你应当把在报纸上尚未写完的材料,为刊物写一点稿子。这是为抗战,为广大读者服务,不仅仅是为了这个刊物。"说罢,他哈哈大笑,笑得那么真诚。在他高度的事业精神感召下,许多作者都乐予为他主办的刊物写稿。

一九三八年三月底,范长江同志领导的中国青年记者学会在汉口青年会大礼堂举行成立大会,韬奋同志被大家推举为名誉理事,他非常高兴地出席大会并讲了话。他这位名誉理事决不是挂挂名的,而是真心实意关心我们的工作,经常同我们取得联系。特别是当他被聘为国民参政会参政员之后,每逢国民参政会举行大会，他必事先和我们联系，问我们从记者工作的角度看，还有什么意见需要提出。举例而言，他在汉口召开的国民参政会第一次大会上所提的《具体规定检查书报标准并统一执行案》，在重庆召开的国民参政会第四次大会上所提的《改善检查书报办法及实行撤销增加书报费以解救出版界困难而加强抗战文化事业案》和《严加肃清汪派卖国活动与汉奸言论案》，都是采纳了青年记者学会所提的部分意见而起草的。当然，这些有利于抗战文化事业的提案，国民党政府是决不肯实行的。

一九三八年八月底，保卫武汉的外围战斗正在进行之时，我和《大公报》范长江同志在湖北阳新前线遇到韬奋同志。当时他和沈钧儒先生作为武汉文化界的劳军代表，分两路出发到前线慰问军民。韬奋同志先到，跟我们同在一个村庄上住宿，第二天他就转往江西前线。那天晚上，我们在煤油灯下谈了三小时。他说，不到前线，不亲身接触到前线军民，不了解他们的需要和愿望，就不可能真正为抗战服务。我们向他恳切呼吁，前线军民当前最感缺少的必需品有两件：首先是药品，特别是医治疟疾的奎宁丸；其次是前线部队看不到书报刊物，缺乏精神食粮。韬奋同志非常认真地倾听我们的呼吁，他答应在赴前线劳军过程中也注意调查这方面的问题，以在《全民抗战》刊物上提出，引起各方面重视。事后证实，他从江西回到武汉，就写了几篇文章大声疾呼，促使当时国民政府军事委员会政治部注意这两个问题。

一九三八年十月，广州、武汉相继失守，国民党反动派消极抗战、积极反共的政治面貌日益暴露，大后方所有进步的书报刊物受到的政治压力更加严重，国民党反动派又不断在前线制造摩擦事件。韬奋同志所主持的生活书店和《全民抗战》仍在共产党的领导和广大读者全力支持下，顶住政治逆流，进行不屈不挠的斗争，政治影响遍及海内外。当时除了重庆生活书店总店之外，在全国遍设五十六处分支店,团结了广大读者和大后方的文化界人士,艰苦奋战。

一九三九年五月,重庆遭到"五三""五四"大轰炸,以后一段时间,空袭次数还是很多。有一次,我在城里学田湾附近进行采访,听到空袭警报声,想到韬奋同志就住在学田湾衡舍,我急步奔到他家里,约他们全家一起去躲防空洞。一进他的房间,看到韬奋同志还在埋头写稿。他见到我,很有风趣地对我说:"警报声中记者到,你来得正巧,我家里的人先走了,你就帮我拿一点随身行李一起进防空洞吧!"说着就塞给我两大包东西,他自己也拿了两大包。进了防空洞,他抓紧时间打开他自己带来的一包读者来信仔细地看,连一分钟也不肯浪费。一小时以后,空袭警报解除了,我跟他一起回家,把两大包东西交还给他。他向我连声道谢说:"你帮我带了我的一家—当进防空洞,立了大功。"我起初觉得有点诧异,他就当场把两大包东西打开来给我看,原来里面是一大批作者来稿,我才恍然大悟。韬奋同志把作者来稿和读者来信作为最珍贵的财产带进了防空洞,这种对待来稿来信认真负责的工作作风,全力以赴干新闻出版工作的事业精神,给了我毕生难忘的教育!

一九四〇年七月,我从华北敌后抗日根据地采访归来,到重庆学田湾韬奋同志家拜访,向他谈了一年来在华北战地的见闻,他听了非常兴奋,勉励我继续在《新华日报》上作有系统的报道。他说:我也可以谈谈大后方见闻,但今天只告诉你一件事就足以说明问题。就在那年六月底,反动派在重庆造了一个谣,说救国会领袖沈钧儒等几个人将在七月七日抗战纪念日举行武装暴动,而以沙千里担任沙坪坝的总指挥。沙坪坝为重庆郊外的大学区,当时南开大学、重庆大学,还有若干中学都迁在这里。说沙千里指挥几千个学生来暴动,纯粹是无中生有的恶意造谣。沈老听到特务造谣,极为愤慨,他立刻去找国民政府军政部长何应钦,责问他这个谣言从何而来？何无词以对，只好连称不是。韬奋同志悲愤地说："抗战已经三年多了，到今天为止，政府还不真心实意团结抗战，不论在前线或后方，看不到他们去动员和组织群众，而特务却在造谣惑众，唯恐后方不乱，这种事真叫人痛心疾首！"

一九四一年一月皖南事变，国民党反动派不仅悍然下令袭击抗日有功的新四军，而且在大后方各地摧残进步的文化事业，掀起第二次反共高潮。在二月份几天里，成都、昆明、桂林等地生活书店遭到当地政府的封闭，工作人员不是被捕，就是被押送出境。蒋政府摧残文化事业的这种罪恶勾当使韬奋同志愤然辞去参政员职务，秘密离渝赴港。我和沈谱同志比他迟走四天，也经过桂林到香港。当天晚上，《星岛日报》总编辑金仲华同志在香港湾仔他的家里招待留港文化界朋友与刚从内地去的人共进晚餐。席间，韬奋同志报告内地生活书店横遭压迫的事实经过，声言我们到香港不是为逃难来的，而是为"坚持抗战，反对投降；坚持团结，反对分裂；坚持进步，反对倒退"，创办民主报刊而继续战斗的！接着，在当地党组织和廖承志同志直接领导下，范长江同志等创办了《华商报》晚刊，韬奋同志创办了《大众生活》周刊。当时他还为《华商报》晚刊写了题为《抗战以来》的长篇连载，历举大量事实，控诉国民党反动派消极抗日、积极反共和摧残新闻出版事业的罪行，呼吁海外侨胞在中国共产党的领导下，团结战斗，争取民族抗战的最后胜利。在海外，有千千万万的华侨读者衷心爱戴韬奋同志的品德和文章，爱国华侨、国民参政员陈嘉庚先生汇款捐助，热心支持韬奋同志的事业。后来，太平洋战争爆发，韬奋同志等历尽艰险，从香港到达内地，经过上海到达苏北新四军驻地，原想通过敌后抗日根据地到延安去，不幸因患癌症，返回上海，经医治无效，于一九四四年七月二十四日逝世。噩耗传来，海内外各界人士都极为悲痛。延安党政军和文化界人士就在同年十一月二十二日，即八年前韬奋同志和救国会其他六位领导人以爱国有罪而被捕的日子,举行了隆重的追悼会。当年在重庆,虽然政治环境恶劣,但我们还在《新华日报》上刊登了"邹韬奋先生追悼大会启事",发起人由宋庆龄、林伯渠、董必武、沈钧儒、郭沫若、李公朴等各界人士组成。并在同年冬天举行追悼大会,会上散发筹备处编印的一本《邹韬奋先生逝世纪念册》,上面有沈钧儒、茅盾、沙千里、黄炎培和杨卫玉先生等所写的悼文和人民教育家陶行知先生写的一首《怀念邹韬奋先生》的新诗。追悼大会由沈老主持,郭沫若同志在大会上作了悲愤激昂的讲话。

韬奋同志离开我们已有三十五年了,他所理想的社会主义新中国已经成长壮大,他生前艰辛创办的出版事业在党的领导下,在社会主义建设事业中作出了重大的贡献。韬奋同志那种无私无畏的革命精神,认真负责的工作作风,始终是我们新闻出版界同志的宝贵财富。

(原载 1979 年 7 月 24 日《文汇报》)

战斗到最后一息(摘要)
——纪念邹韬奋同志逝世三十五周年

徐伯昕

一

韬奋同志的一生,是革命的一生,战斗的一生,为人民服务的一生。他在病势相当严重的时刻,一面和疾病作顽强的斗争,一面争取时间,坚持写作到最后一息,这种坚韧不拔的战斗精神,是值得我们永远怀念和学习的。

韬奋同志患的是中耳癌,后期转为脑癌,病情发作时头部剧痛。当时只好每天注射二三次"度冷丁"。在痛稍微止一些时,他就坐在病榻上,认真地写作《患难余生记》。他以极大的毅力,用犀利的笔锋,揭露和痛斥国民党反动派的法西斯统治。他常常谦虚地说,他不宜做一个政治运动的领导者,最适合的就是用笔杆为人民服务。鉴于国事危殆,他在病中写了最后一篇文章《对国事的呼吁》。他在一次昏厥后口述遗言说:"倘能重获健康,决定先完成《患难余生记》,再写《苏北观感录》和《各国民主政治史》,并去陕甘宁边区和晋察冀边区等抗日民主根据地,视察民主政治情况,从事著作,决不做官。如时局好转,首先恢复书店,继办图书馆和日报,愿始终为进步文化事业努力,再与诸同志继续奋斗二三十年!"这种豪迈的雄心壮志,深深地感动了当时陪着他的同志和家人,我至今还不能忘怀。韬奋同志毕生坚持写作,几十年如一日,虽在病中,从来没有停止过用笔来战斗。

韬奋同志逝世的噩耗传到延安时,党中央十分重视。九月二十八日党中央给韬奋同志的家属的唁电中说:"韬奋先生二十余年为救国运动,为民主政治,为文化事业,奋斗不息,虽坐监流亡,决不屈于强暴,决不改变主张,直至最后一息,犹殷殷以祖国人民为念,其精神将长在人间,其著作将永垂不朽。先生遗嘱,要求追认入党,骨灰移葬延安,我们仅以严肃而沉痛的心情,接受先生临终的请求,并引此为吾党的光荣……"十月十一日周恩来同志亲自主持了商讨纪念和追悼韬奋同志的会议,参加的有:吴玉章、博古、邓颖超、周扬、艾思奇、柳湜、张宗麟、姜君辰、林默涵、张仲实、程今吾、李文等十二位同志。会议商定了各项纪念和追悼办法。会上还决定成立筹备委员会,由柳湜、周扬、艾思奇、张宗麟、张仲实、林默涵、李文等组成,以柳湜、周扬为正副主席。周恩来同志审阅这份纪念和追悼办法时,又增加了一项"提议以韬奋为出版事业模范"。毛主席批示"照此办理"。这是党中央对韬奋同志奋斗一生的深切关怀和高度评价。

二

韬奋同志是一位伟大的爱国者,是我国杰出的新闻工作者、政论家、中国新文化出版事业的开拓者,是一个从民主主义者走向共产主义的英勇战士。

韬奋同志富于事业心。在小学最后一年,他就决心要做一个新闻记者。一九二六年,他接办《生活》周刊,他"干得兴会淋漓","全部身心陶醉在里面"。他在自传《经历》里描述当时的心境说:

"好像全世界上只有着我们这三个人(作者注:《生活》周刊创始时,包括韬奋,只有工作人员三人),但同时念到我们的精神是和无数万读者联系着,又好像我们是夹在无数万的好友丛中工作着。"韬奋就是这样热爱出版事业,用全副精力办好《生活》周刊,从内容到形式不断改进。周刊在被国民党反动派查封以前,出版八年从未脱期,发行数量最多时达到十五万五千份,在当时全国报纸杂志中是发行量最多的一个刊物。他为千百万群众而办刊物,并工作在千百万群众中。这就是韬奋精神,就是他热爱出版事业,乐于献身进步出版事业的奋斗精神。

韬奋同志从接办《生活》周刊起,直至生活书店遭到国民党反动派封闭,长期艰苦地、顽强地同旧社会黑暗势力斗争,不怕牺牲、无私无畏地同国民党法西斯独裁统治斗争,一个刊物被反动派禁止或者查封后,他立即再办一个刊物继续进行斗争。当《生活》周刊遭到迫害而停刊时,他虽流亡在国外,但他的战友、生活书店的同志立即按照这种精神,另行出版了《新生》周刊继续战斗。《新生》因《闲话皇帝》又遭迫害,接着又办了《永生》周刊。《永生》封闭后,韬奋从国外回来,很快就发行《大众生活》[①],投入当时抗日救国运动,动员民众奋起抗日。《大众生活》又遭查封,紧接着出版了《生活星期刊》,抗战开始后又立即出版了《抗战》三日刊。他坚持抗日,反对投降;坚持民主,反对独裁;坚持进步,反对倒退;坚持团结,反对分裂。他一直坚持战斗在自己的岗位上。

韬奋在主编《生活》周刊时期,还和戈公振、胡愈之、李公朴等人发起创办《生活日报》。不到三个月筹集股款总额达十五万多元,二千多名参加者,绝大部分是《生活》周刊读者,包括工、农、商、学各界人士,还有和尚、士兵和海外华侨等。地区遍及边疆和穷乡

[①]《永生》周刊创刊在《大众生活》之后。——编者注

僻壤,以及日本、南洋等地。在当时可以说是奇迹。这充分反映了广大读者支持这一人民新闻事业的巨大热情。国民党反动派对此异常忌恨,使用法西斯手段不准登记出版,但韬奋同志并没有因此而消极,他在一九三六年《大众生活》被封闭时,曾发表声明说:"我个人既是中华民族的一分子,共同努力救此垂危的民族命运,是每个分子所应负的责任,我决不消极,决不抛弃责任,虽千磨万折,历尽艰辛,还是要尽我的心力,和全国大众向着抗敌救亡的目标继续迈进!"当他被迫于三月间出走香港时,毅然邀约诸友好在香港筹备《生活日报》,经过一个多月的艰苦奋斗,多年梦寐以求的《生活日报》终于在六月七日出版了。韬奋在《在香港的经历》里描述当时的心情说:六日深夜,一夜没有睡,在印刷工场看到第一份报纸在印机上下来,"独自拿着微笑",他想到"要创办一种合于大众需要的日报",虽然经历了千辛万苦,但终于成为事实,"当时的我实在不禁暗中喜出了眼泪"。韬奋就是这样热爱人民的新闻事业的。《生活日报》由于印刷条件十分艰难,又有新闻检查的限制,仅在东南一隅发行,不能满足全国读者的要求,只好于七月三十一日停刊。韬奋临终前,仍以要办一个日报作为他的遗愿。

　　韬奋同志坚定地站在中国人民大众的立场,他做到坚持真理,向往社会主义,信服中国共产党的正确领导。他办刊物,办报纸,都代表着广大人民群众的利益,同国民党反动派进行不懈的斗争,直至献出个人生命,他多次被国民党列入黑名单,并因参加救国会活动而以"爱国罪"被捕入狱。一九四一年韬奋在香港撰长文清算国民党的法西斯暴行以后,国民党反动派曾密令特务机关在发现韬奋时"就地惩办"。他不论环境多么险恶和困难,从来没有停止过战斗。他具有中华民族优秀儿女的高贵品德,忠心耿耿地献身于民族解放和人民解放事业。

　　韬奋同志从办《生活》周刊开始,为了适应读者的需要,接着办

"生活书报代办部"，后来发展到办生活书店。书店工作人员从三个发展到四五百人，分店、支店和办事处分布在全国达五十六处之多，还在香港、新加坡设有分店。前后印行各类性质的杂志有十多种，出版的进步书籍有一千多种。生活书店在当时被广大读者看作是中国进步文化出版事业的堡垒。

韬奋同志主办的生活书店，在三十年代就采用民主集中制的管理方法。生活书店对内定名"生活出版合作社"，是合作社性质。每个工作人员都是社员，人人有发言权，人人参加管理，每个社员都是这一进步出版事业的主人翁。管理这个事业的最高权力机构，是全体社员大会或社员代表大会。由全体社员大会或社员代表大会用无记名选举办法选出理事会、人事委员会和监事。理事会主席和总经理，同样由选举产生。每年都制订计划，年度都有预决算。各项规章制度，以及任免工作人员，都要经过有关机构讨论决定。书店用的新人员，绝大部分是招考的，根据标准通过笔试和口试，择优录取。工作人员有自治会组织，下设学习、歌咏和福利等组织，编印自己的刊物《我们的生活》，还办了壁报。

书店还经常邀请社会上有声望的人士向工作人员作报告，以增进对形势的了解和认识，帮助大家提高思想，更好地为读者服务。一九三八年间，周恩来同志就为书店工作人员作过报告。沈钧儒、茅盾先生等，也曾被邀请到书店讲话。书店还评选劳动模范，发给优秀工作者奖状，鼓励他们前进。在党的教育和韬奋同志的直接培养下，书店内部体现了团结、紧张、严肃、活泼的崭新精神。在国民党反动派摧残和迫害生活书店的严重时刻，书店的一些同志都表现了坚定的立场。他们不愧是献身进步出版事业的英勇战士。

三

　　韬奋同志是一位革命永不停步、不断追求真理与光明的伟大革命者。他一生和旧社会邪恶势力斗争，同国民党法西斯统治斗争，疾恶如仇，无私无畏，虽坐牢流亡，从不屈服。他一心向往社会主义，深信资本主义最后总要消灭，共产主义必然胜利。

　　他热爱党，信服中国共产党的正确领导，对毛泽东同志和周恩来同志有深厚的感情。他坚信只有中国共产党才能领导中国革命取得胜利，也深信只有社会主义才能救中国。

　　韬奋同志怀着这样的心情，从一九三八年起，不止一次地要求加入无产阶级先锋队组织。他在汉口和重庆，两次向周恩来同志提出，希望能加入中国共产党。周恩来同志热情而恳切地对他说：你暂时不要急于入党。你现在以党外人士身份同国民党反动派作政治斗争，比你以一个共产党员身份所起的作用不一样。韬奋当时接受了这一指示，并且能体会到这一指示的重要意义。

　　一九四二年九月间，韬奋同志将要离开梅县江头村去苏北解放区时，曾对帮助他隐蔽的胡一声同志讲了义愤填膺、激昂慷慨的一段话，他说："我毕生办报办刊、做记者、办书店，简直是'题残稿纸百万张，写秃毛锥十万管'了。但政权、军权还在蒋介石手里，他一声令下，就可以使千万个人头落地，千万本书籍杂志焚毁！连我这样的文弱书生，只谈爱国，他都一再使我流离失所，家破人散呢！我现在彻底觉悟了，我要到八路军、新四军方面去，在毛泽东、周恩来、朱德等同志领导下，参加革命斗争，争取加入中国共产党。"可见，韬奋同志的入党要求，决不是最后一息才提出来的，而是他在长期斗争中早已决定了的道路。

　　一九四三年，韬奋同志在苏中抗日民主根据地，又向当时接待他的中共华中局苏中区党委委员刘季平同志郑重表示了入党要求。刘季平同志立即向苏中区党委汇报,并向华中局报告。不久,韬奋同志离开苏北解放区回到上海治病。

韬奋在病危时刻,犹以全国人民为念,以建设一个独立自由幸福的新中国为念,而且十分坚决地要求加入无产阶级先锋队组织,请求党中央严格审查他的一生历史,追认入党。真是一息尚存,矢志不渝。

韬奋同志热爱祖国,热爱人民,忠心耿耿于革命事业,真正做到了鞠躬尽瘁,死而后已。他工作认真负责,一丝不苟,日夜辛劳,艰苦奋斗。他实事求是,密切联系群众。他勤奋学习,刻苦钻研马列主义、毛泽东思想,自觉地改造世界观。党的许多优良作风,韬奋是具备了的。

韬奋同志的遗言传到延安后,党中央十分重视,立即在致他的家属的唁电中批准追认他入党。

韬奋同志逝世时才五十岁。他从青年时代起,二十余年一直为救国运动,为民族解放事业,为民主政治,为进步的文化出版事业,奋斗不息。"其精神将长在人间,其著作将永垂不朽",这是中国共产党对韬奋同志的崇高评价,也是韬奋同志的光荣归宿。

(原载1979年7月26日《人民日报》4版)

难忘的一夜（摘要）
——记邹韬奋到达苏中解放区大众书店

沈一展

一九四二年冬天，在苏中平原，敌人正在进行一场残酷的"清乡""扫荡"，形势十分紧张。有一天傍晚时分，我们书店王兰芬同志从上海回来，带来了一位年纪五十上下的中年人，身穿一件棕色长袍，头戴一顶毡帽，商人模样打扮。王兰芬装扮成这个中年人的女儿，手中拎了一个小包袱，一眼看去，二十多岁，活像小集镇上的一个大姑娘模样。由于冬天的黄昏来得特别早，在昏暗中我把新带来的客人仔细看了一下，我惊呆了，我怀疑自己错认了人，但我不相信这是可能的事，敌情这样紧张，到处都在"清乡""扫荡"。我把王兰芬拉到一旁，悄悄地问她："你带来的客人，莫非是邹韬奋同志吗？"她轻轻地一笑说："我到上海去的任务，就是要我们把韬奋同志安全地带到苏中根据地，这是党交给我们的一项政治任务。"我说："你好大胆，从上海到苏中，路上到处是敌人，如果出了问题，你可担当得起？"她回答说："我的任务是一路上照料韬奋同志的生活。从上海上船到靖江上码头，经过敌占区，党已经做好了严密的保卫措施。"门外寒风呼啸，我们正处在十分困难的时刻，现在韬奋同志来到我们书店，好像带来一团熊熊燃烧着的烈火，在严寒的冬天，温暖和照亮了我们的心。军分区的首长，已经知道韬奋同志来到了，为了安全，要把他当夜接走，但我们书店坚决要挽留他，要他今夜和我们住宿在一起。韬奋同志既是我们心目中的师长,又是我们敬爱的老领导,在国民党地区,我们共同战斗在一起。韬奋同志也说:"我到了书店,看到了你们,也就是到了自己的家一样。"他恳切地辞谢了军分区首长的邀请,今晚要和我们共叙离情。

这真是难忘的一夜呵!就在一九四一年皖南事变发生后,分布在几十个城市的生活书店分店全被国民党反动派封闭了。党嘱咐我们,要我们从国民党地区转移到敌后解放区开设书店,经过一年多的时间,我们转战敌后,现在,我们日夜想念的韬奋同志,又和我们在一起了。韬奋同志热情而又恳切地和我交谈着,从工作上谈起,并且问寒问暖地关心大家的生活。

他谈起皖南事变发生后,全国生活书店都遭到国民党封闭,他到了香港。在离开重庆前夕,周恩来同志要他把书店出版发行的重点转移到共产党领导的解放区去,那里的广大军民,多么希望能看到进步的书刊,韬奋同志为了执行周副主席的指示,到了香港以后,又秘密地到日寇统治下的上海。这次来到解放区,他是路过苏中,陈毅军长在盐城地区新四军军部等他,研究如何在华东解放区开展文化出版事业。他还深情地跟我们说,他多么想念毛泽东主席,抗战以后,一直盼望着能见到毛主席,如果情况允许的话,他想和陈毅军长会见以后,通过敌后解放区到延安见毛主席。关于敌后如何开展出版发行工作,他向我们作了十分宝贵的指示。他说,不管在游击区出现如何艰难险恶的环境,一定要坚持下去,眼前的困难是暂时的,党需要我们,敌后军民需要我们,要克服一切困难,坚守岗位,决不能后退。韬奋同志的教导,增强了我们无限的勇气和信心。

韬奋同志在我们心目中是一个光辉的共产主义文化战士。当我在抗日战争以前,在上海当学徒时就是韬奋同志主编的《生活》周刊忠实的读者。抗战以后,我走上革命的道路,这和韬奋同志的教育是分不开的。几年来,在我心中隐藏着一个疑问:韬奋同志该是一个光荣的共产党员吧？但我又反过来自作解释,即使他没有参加党,他一生对中国革命的贡献,也够得上是一个共产党员了。为了解决我心头的疑问,我怀着十分敬仰的心情,率直地问韬奋同志:"你对中华民族的解放运动和共产主义事业,鞠躬尽瘁,是否允许我问一声,你是什么时候参加中国共产党的？"当时韬奋同志满怀激情,他恳切而和蔼地回答说:"我在抗日战争开始时,在武汉曾向恩来同志(至今我还印象很深刻,韬奋同志每次提到周总理,总是怀着无限敬仰的心情,亲热地称呼恩来同志)提出要求入党,他回答说:'你现在以党外民主人士身份在国民党地区和国民党作政治斗争,和你以一个共产党员身份所起到的作用不一样。这是党需要你这样做的。'"韬奋同志接下去说:"我接受恩来同志的指示,到重庆后,又向恩来同志提出要求入党,他还是以前的意见,目前党还是需要你这样做。从武汉到重庆,直到我离开重庆到香港,其后,回到上海,转到解放区,我的一切工作和行动都是在党和恩来同志指示下进行的。"韬奋同志对周总理无限敬仰的感情,深深地激动了我们。那一夜,我们不知道有多少话要向他倾诉。夜渐渐地深了,考虑到韬奋同志旅途劳顿,我们恋恋不舍地劝他早休息。

第二天一早,军分区首长亲自来到书店驻地,说陈毅军长有电报来,要绝对保证韬奋同志安全,即日护送到军部,首长陪同韬奋同志离开了书店。他紧紧地握着每一个同志的手,和我们告别。我们站在大路边,望着韬奋同志的身影远远地离开了我们,还隐约地看到他不时回首向我们挥手告别。

我们不会想到,这是韬奋同志和我们的最后一次见面！

(原载 1979 年 12 月上海《书林》第 2 期)

"非我族类嫉如仇"(摘要)
——回忆在梅县隐蔽时的邹韬奋同志

张维元

我从一九三七年开始,通过韬奋同志主编的《抗战》杂志,得到他的特别关爱,在书信文字中,受教益至大,感人至深。一九四〇年冬,也是韬奋同志在一九四二年被国民党反动派密令各地特务机关严密搜索,发现时"就地惩办",辗转流亡来到梅县江头村(现在畲江公社)隐蔽时的前两年,他由重庆给我寄来"团结御侮"题字和一首《和朱总司令太行山口占》的题诗:"团结有谁甘破坏,非我族类嫉如仇。诗的上两句在邮寄途中被国民党反动派驻邮局的特务组织检查后剪扣去了。留下的下两句题诗,也在一九四七年被广东省伪六区专员罗为雄抄扣去了。国民党反动派甘心破坏团结,实现对日投降,实是"非我族类嫉如仇"。现在,韬奋同志的"团结御侮"题字,幸还珍存。每见韬公墨迹,抚今思往,弥觉珍贵。

远在一九三七年我在梅县东山中学读书的时代,我就喜欢阅读韬奋同志在上海主编的《生活》《大众生活》等进步刊物,以后,韬奋同志在重庆主编《全民抗战》,我即长期订阅,并开始和韬奋同志通信。韬奋同志十分关心爱护我,每次给我的回信,都是他亲笔作复的。他关怀我的进步,特别给我介绍订阅一份《新华日报》。那时《全民抗战》和《新华日报》成为我不可缺少的精神食粮,记得有一次上国语课时,我把《全民抗战》带到教室里,并把它掩在语文课本下偷着读,不料被语文教师(也就是当时东山中学专管学生思想的所谓"训导主任")发觉了,他一查看我读的正是政府秘密查禁的"毒物"——韬奋同志主编的《全民抗战》,便当堂向全班学生警告说:学生们不能看思想有问题的文章。他虽然把韬奋同志的文章看作是毒蛇猛虎,说是危险的东西,但我还是照样地看。有些同学,也因他这么一说倒反好奇而搜索着看了。以后我把这桩"新闻"在信上告知韬奋同志,韬奋同志回信说:"我向来言论公开,主张全国一致团结御侮,这是怎样的'思想有问题',读者自能明白。但我也感到惭愧,就是怎么时至今天,还不能使这位中学训导主任了解,使他知道中国人都该努力救国,救国的事虽要依各人的能力去干,但是并没有毒,也不会引起什么生理上的反感,这样也许他便可大胆放心,也要毅然参加团结救国阵线。所以我的结论是我们还该格外努力,希望你和许多同学们都要格外努力。"韬奋同志这一鼓励,使我更敬佩他的精神,更喜爱他主编的刊物,更喜欢和他通信,拜他为精神思想上的良师益友。

一九三九年我离开读书生活,从事"舌耕"生涯。最初和我一起教书的有赖运如、李菊生、谢文思等同志,几个人在同一学校同事,教余之暇都喜欢研究"学问",其他同事给我介绍多读《大众哲学》,我感到兴趣,还把学习研究情况写信告诉韬奋同志。韬奋同志很快复信给我,说青年人对专门的学识加深研究是可喜的,但当前是"抗日高于一切"的时刻,一切都须以充实抗日力量为前提,对于学问深刻的研究,也应以这个做目标。还说:深刻研究和读死书是截然两件事。可见韬奋同志对青年的教育、培植与引导,实在是至费了苦心。

一九四一年一月,国民党反动派为了实现其对日投降阴谋,企图以中日联合"剿共",掀起了第二次反共高潮,这时,国民党反动派对韬奋同志主编的《全民抗战》等进步刊物,暗中常施扣发、扣寄、查禁的毒手,我订阅的《全民抗战》常在邮寄途中被扣了去,以致漏缺不全,我每把缺收的日期告知韬奋同志后,他一定设法给我补寄。一次,我看到《全民抗战》的社论版位留下一个大空白——开个大天窗,还有一篇文章的最末一句是:"我们愿听到十万百万同胞的×××××!"我写信问韬奋同志被"开天窗"的社论写的是什么?另一篇文章被删的那五个字是怎么说的?韬奋同志回信说:"你要晓得,这是国民党的畜生心理新闻的杰作,社论写的是有关皖南事件的评论,社论全文被国民党审查判了'免予刊登'的死刑,送进棺材去了,只好开个天窗。那段被删去的五个字的原句是'我们愿听到十万百万的同胞的反抗的呼声!'"这和当时《新华日报》因要把皖南事件事实真相及其是非表白于世,而受到反动政权的压抑被迫开天窗一样。《新华日报》于克服种种困难之后,才把周恩来同志签名写出的"千古奇冤,江南一叶;同室操戈,相煎何急!"及"为江南死国难者志哀"的几个大字刻出登载出来。

(原载 1980 年 4 月第 2 期《梅江文艺》)

刘少奇与邹韬奋的文字交(摘要)

章玉梅　辛　彬

韬奋创办《生活日报》,不仅受到广大读者的鼓励,而且也得到我们党的领导同志的热忱支持和关怀。一九三六年五月二十四日,即《生活日报》创刊前夕,刘少奇同志得知韬奋到香港筹办《生活日报》的消息,就以一个热心读者的身份写信给韬奋。当时刘少奇同志在天津,负责白区工作,是华北抗日救亡运动的领导人。他长期在国统区领导地下斗争,对韬奋所办的一系列民主报刊十分关注,曾是《生活》《大众生活》等刊物的极其热心的读者。一九三六年夏,正是少奇同志领导的"一二·九"运动之后,全国抗日救亡运动走向新的高涨。少奇同志非常重视即将创办的《生活日报》在海外的影响,在繁忙的工作之余,根据党的民族统一战线的政策,认真考虑了《生活日报》的宗旨与方针,以"莫文华"作笔名,给韬奋写了一封热情洋溢的长信。

韬奋先生:

听说你们的日报(按:指《生活日报》)就要出版,并附有星期增刊,非常愉快。我写这封信的时候,虽还未能读到贵刊,但是因为看过你们以前所编行的刊物,深信贵刊是很值得珍爱的,因此就觉得似乎我有权利先向贵刊贡献意见。

我觉得贵刊应担负促成解放中国民族的伟业,而目前的中心问题是民族解放的人民阵线之实际的组织。贵刊应将全部精力聚集于此。

接着少奇同志论述了救亡的人民阵线应是极广泛的民族统一战线,应是全民族抗敌反卖国贼的各阶层联盟,并强调指出要反对狭隘的关门主义。

信中对《生活日报》的性质和任务提出了党的要求和期望:

我以为还应确定一下贵刊应该属于何种性质。我认为贵刊应成为救国人民阵线的指导者与组织者;成为千千万万各种各色群众的权威的刊物。

信的最后写道:

我不希望贵刊一定发表我这封信,但我希望先生及贵社同人能考虑一番我所贡献的这些意见,并在贵刊上简单答复我。　　此致
敬礼
莫文华　五月二十四,天津

少奇同志这封信,阐明了国统区的民主报刊在斗争中的任务和作用。韬奋接到信后,十分高兴和重视,并立即在《生活日报星期增刊》上以显著地位刊载,并在编者的话中说:"本报的目的,劈头第一句就是'努力促进民族解放运动',莫先生的这封信对于'民族解放人民阵线'有着剀切详明的指示,和我们的意思,可谓不谋而合,我们于欣感之余,并觉得这种意思实有公开于一般热心救国

民众的必要，所以便把这封信发表出来。"

接着，刘少奇同志于一九三六年六月十九日又给韬奋写去第二封长信，表达了对创刊十二天的《生活日报》的肯定和希望，详尽地提出了具体的意见，并着重阐述了人民阵线与关门主义的问题。韬奋又将全文照登，并附上编者的话："莫先生的意思很对，我们可以完全接受。不过我们还有一点愿提出研究，那就是'人民阵线'这个名词用在中国的民族解放运动很容易令人误解，不如用'民族联合阵线'来得清楚。"

刘少奇同志的两封信对韬奋和《生活日报》影响很大。当时，韬奋完全接受了少奇同志代表党所作的建议，在办报活动中坚持正确的政策和方针，不受"左"右方面的干扰。他在报上一再撰文，阐述抗日民族统一战线的理论，既抨击狭隘的宗派主义、关门主义倾向，又斥责妥协屈服的投降主义。可见，少奇同志这两封信有着多么重要的指导意义。

韬奋公开在报上登载少奇同志的信，在当时的环境下要这样做是担着很大风险的。香港政府也有种种"禁忌"和"新闻检查"。有一个朋友告诉韬奋说，警务处曾有公文到香港的新闻检查处，叫检查处每天要把检查《生活日报》时所抽去的言论和新闻汇送到警务处察阅，一旦捉到证据便可"开刀"。当时在报上开天窗，打××那是司空见惯。在《生活日报》出版的第一天，香港的日本领事馆就故意派人到报馆里订了一份，"好像公然来放个炸弹"。香港的警务司一再追查报纸的"政治背景"。尽管困难重重，但是韬奋仍然坚持认为有价值的信稿还是要在报刊上公开发表并答复。

一九三六年六月刘少奇同志与韬奋的这一段文字之交，半年之后竟成为国民党反动派迫害爱国领袖的借口。同年十一月二十二日深夜，韬奋与救国会的其他负责人沈钧儒、李公朴、沙千里、史良、章乃器、王造时等七人被国民党反动政府逮捕。国民党法官在"审问"韬奋时，居然举出他与"莫文华"在《生活日报》上的通信作为"危害民国"的证据，并把"颠覆政府，夺取政权"的罪名强加在他的头上。韬奋光明磊落地阐明了自己关于抗日民族联合阵线的主张，严正驳斥了检察官"抗日有罪"的无耻谰言，并向家里要来一九三六年在香港办的全份《生活日报》和《生活日报星期增刊》送给检察官，要他附在卷里作证据。

无独有偶，三十年后，林彪、"四人帮"横行中国，迫害革命干部和革命知识分子，少奇同志首当其冲遭受不幸，他和韬奋一九三六年的一段文字之交又一次成了不白之冤。文化大革命中，刘少奇同志写给韬奋的这两封信被编入所谓《刘少奇反动言论集》，作为"右倾投降主义的代表作"，在报刊上大加批判。韬奋也被拉来陪斗，说他是"支持刘少奇的资本家"。这两封信件往来，明明是体现了刘少奇同志对报刊工作的重视，对新闻工作者的关怀；也反映了韬奋对党的意见的尊重，对党的感情的深笃，却被肆意泼上污水，诬为"勾结"。正是欲加之罪，何患无词！好在历史是人民写的，功过自有公论。今天，真相已大白于天下！

（原载1980年8月《文汇报通讯》）

同君一夜话　胜读十年书(摘要)
——纪念韬奋同志诞辰八十五周年

胡一声

一九四二年初,香港、九龙被日寇占领,我和一些同志奉命回到惠阳。领导上指出我们回来后的首要任务是接待和疏散由香港逃回的爱国知名人士和进步分子,工作由东江纵队驻惠阳办事处的卢伟如(人都称他"高佬卢")等同志负总责,连贯同志驻老隆负分配疏散总责。廖承志同志则在惠阳统筹兼顾,统一指挥。我和李伯球等同志即雇小船溯东江而上,首先在惠阳、河源、老隆建立接待分站,再到兴宁、梅县作好种种部署。韬奋疏散到东江,我是知道的。以后茅盾等经韶关到桂林去了;柳亚子等也经兴宁到韶关往桂林去了;而韬奋却不能前往,当时国民党最高当局密令各地特务机关,严密监视和搜索韬奋的行踪,如发现即"就地惩办,格杀勿论",从东江至韶关、衡阳一线的国民党特务站都放着韬奋的照片。韬奋不得不暂时留在东江纵队。

一九四二年四月间,郑展同志奉连贯同志命前来梅县找我,要我在梅县找一安全妥当的地方安置韬奋同志。这是一个十分重要而需要严格保密的任务。我再三考虑,选中了畲江、丰顺交界处江头村的陈启昌家。陈启昌是大革命时期的战友,他的父亲陈卓民也是老同志。大革命失败后,他们父子被通缉,全家跑到南洋住了十多年。一九四〇年陈启昌也被英帝驱逐出境,他们回到故乡,修复旧居。那时,陈启昌又在韶关、兴宁、惠阳各地与东江纵队商业机构联系,经营生意,人们以为他是大老板,交游的客商很多。我觉得把韬奋作为商人安置在他们家里是最为安全妥当的。我和郑展同到江头村与陈家父子商量。他们一口答应,很快作了稳妥而慎重的安排,我们又征得连贯同志的同意,韬奋也满意。不久由郑展护送韬奋去江头陈家,受到陈家全家老少的热诚欢迎和招待。韬奋常说,他好像住在自己家里一样。

韬奋在江头陈家住得很好,和乡间男女老少的感情也极融洽,但极怀念他在桂林的夫人粹缜同志和子女,曾有接其家属到江头来的想法。我们也极赞成,代为设法。九月,我突然接到电报,要我立即去韶关。在韶关我知道了国民党反动派已经得知韬奋隐居在梅县乡下,曾经派特务头子刘百闵亲去侦查,未获具体,一再电令广东方面的特务组织加紧侦缉,沿途重要关卡哨所都放着韬奋的照片和密缉令。上级党组织布置的任务是必须立即设法把韬奋同志护送出去。目的地是上海转苏北。经过周密商量,我即偕生活书店冯舒之同志返兴宁,坐船到畲坑圩转往江头陈屋,当面与韬奋同志商量。

韬奋同志充分理解党对他无微不至的关怀和爱护,坚决表示要到苏北新四军方面去,在中国共产党领导下参加武装斗争、抗日反蒋的实际工作,贡献他的一切,他也相信我党必能把他放在桂林的妻子儿女送到苏北去,和他共同参加民族解放运动的神圣事业。他说他过去主张实业救国,提倡职业教育,是资产阶级改良主义的空想;后来还主张放弃武装,与蒋介石和平协商,联合救国,简直是与虎谋皮!他十分愤慨地说:我毕生办刊物、做记者、开书店,简直是"题残稿纸百万张,写秃毛锥十万管"了,但政权、军权还在蒋介石手里,他一声令下,就可以使千万个人头落地!千万本书籍杂志焚毁!连我这样的文弱书生、空谈爱国者,他都一再使我流离失所,家散人亡呢!我现在彻底觉悟了,我要到八路军新四军方面去,在毛泽东、周恩来、朱德等同志领导下,参加革命斗争,争取加入中国共产党。

韬奋同志还恳切地对我说:你们是华侨,华侨对于中国革命运动历来是很有贡献的。孙中山的辛亥革命;黄花岗七十二烈士;讨伐袁世凯窃国称帝;省港罢工的胜利;北伐战争的胜利;抗日救国、民族解放运动都有华侨的功绩。据我所知对敢于抗日作战的东北义勇军、十九路军和八路军、新四军、东江纵队等,华侨都以人力、物力加以最大的支援。你们做华侨革命爱国运动的工作是极有意义的,万万不可放弃。对于日寇占领南洋各地后华侨的处境,他尤其表示关切,对我的妻子儿女沦陷在马来亚生死莫卜,表示了最深切的同情和安慰。

他知道我过去写过一点作品和新诗,问我近来还写了什么。我说我们在香港办通讯社,自己每月每人领二十元港币生活费,凡是有稿费的文章,都向一些生活较清苦的文化人拉稿,我们只写无稿费的新闻报道,至于诗作,曾写过旧诗,后来最爱郭沫若同志的新诗,也学写过,但标语口号的味道很重,写了也不敢存,很久不写了。韬奋说他很少写诗,不讲韵律的新诗不喜欢写,专讲韵律的旧诗又没有时间去雕琢,所以索性不写。我说我最爱读鲁迅先生的《自题小像》诗,他说:"鲁迅先生的作品都很好,我喜读他的小说,尤其喜欢他的匕首投枪式的杂文。他的旧诗也是意味特别隽永,感情特别炽烈。至于他的散文诗,我觉得尤其深刻动人,沁人肺腑!"他兴致勃勃地蘸笔铺纸给我写了一幅中堂,内容是鲁迅先生的一首散文诗:

历史上都写着中国的灵魂,指示着将来的命运。只因为涂饰太厚,废话太多,所以很不容易察出底细来。正

> 历史上都写着中国的灵魂，指示着将来的命运，只因为涂饰太厚，废话太多，所以很不容易察出底细来。正如通过密叶投射在莓苔上面的日光，只看见点点的碎影。
>
> 录鲁迅先生语奉赠 一声先生 韬奋 民国廿七年 春廿言

韬奋题赠胡一声的手迹

如通过密叶投射在莓苔上面的日光，只看见点点的碎影。

这幅韬奋同志亲笔所题的中堂，全国解放后我送给上海韬奋纪念馆，作为珍贵的韬奋墨宝，而留永念。

当时，我和韬奋同志谈心之后，对他更是肃然起敬，相见恨晚了。现在回想起来，真有"同君一夜话，胜读十年书"之感。

当晚，我和韬奋、冯舒之、郑展商定了护送韬奋出走的具体办法。次日，我先到兴宁县城，准备了两辆货车由兴宁直赴韶关，韬奋、冯舒之、郑展坐头一辆,郑展装作和他们两人不认识,以防万一。我坐第二辆尾随前往,万一发生意外,或韬奋被绑架等之事,我还可以设法营救。因为当时不断发生特务绑架、谋杀、失踪事件。

由韶关乘火车到渌口,由郑展护送,我在韶关等候消息。郑展眼看韬奋和冯舒之由渌口乘船向长沙、武汉出发了,即回到韶关来。这样,我们安全掩护韬奋同志达半年之久,又把他安全护送出去了,完成了千斤重担的任务,感到十分快慰,由衷地祝愿他一路平安,到达上海,安全转往新四军军部,对抗日救国作出更多贡献。

(原载1980年11月5日上海《文汇报》)

缅怀韬奋同志(摘要)

徐文烈

一九四一年,国民党反动统治违背全国人民的意志,公然把韬奋同志呕心沥血在全国各地创办的生活书店陆续封闭。为了反对和抗议国民党的独裁统治,争取人民应有的民主权利,韬奋同志毅然辞去了国民参政员,历经艰险,化了装秘密到香港。我当时正在香港工作,韬奋同志一家在九龙租的住所,恰在我未婚妻家同一层楼。因此,从那时一直到太平洋战争爆发,韬奋同志在九龙居住的近一年时间里,我基本上天天都和韬奋同志见面,相处甚笃。

韬奋同志习惯每晨在自己的房间里伏案疾书,专心写作。当时韬奋同志主办《大众生活》,为《华商报》写了许多文章,反对日本帝国主义,揭露重庆国民党反动政府的假抗战、真反共的面目和反民主的专制统治,激励全民族一致抗日,对全国人民和海外同胞影响极大。他的工作量很大,常常埋头工作到深夜,这种一心致力于人民民主革命事业,忘我工作的精神,给我留下了深刻的印象。正是他那支锐利的笔,指引了无数青年奔向革命道路。他曾经把签过名的著作赠给我,可惜这些著作后来在香港战乱时散失了。

韬奋同志休息时,我们常在一起聊天。他为人非常坦率、热诚。我当时才二十多岁,他比我年长好多,但和年青人在一起时,却变得有说有笑,天南地北,什么都谈,同他埋头工作时的严肃态度,判若两人。韬奋同志学识渊博,思路敏捷,说话风趣,对人谦逊和蔼,和他在一起,我们总是心情非常舒畅而受益匪浅。

　　韬奋同志的生活很有规律。每晨起来总要运动,锻炼身体。星期日,他总是放下工作,尽情地休息,注意劳逸结合,保持充沛的精力,以应付下周的紧张工作。珍珠港事件爆发的上一天,我们和韬奋夫妇一起到香港酒店参加茶舞。回九龙的渡轮上,我们遇见了一位熟人,大家一起交谈了对时局的看法。记得当时那人尚认为,太平洋战争一时还不致很快爆发,香港地区能再维持一段时间。可就在第二天的早晨,整个港九上空,飞机的轰炸声轰隆轰隆响个不停,珍珠港事件发生了,太平洋战争爆发了。

　　这时,在香港的党的地下组织考虑到韬奋同志的安全,让他从九龙转移到香港某处。次日傍晚,大约八点钟光景,由于灯火管制,马路漆黑一片。在频频不断的警报声中,党组织派了出租汽车前来接韬奋同志全家去香港。当时,去香港的轮渡停了,交通已经断绝,唯一的办法是通过小船偷渡过去。九龙的"金边"出租汽车座位有限,韬奋夫妇带着嘉骅、嘉骝、嘉骊,全家五人,坐一辆车已经挤得满满的了。我们送他们上车,向韬奋同志全家道别。这时,警报又响了。韬奋同志认为我们在九龙不安全,一定要让我们一起坐车到香港,自己站在车旁,推让不已。我们坚决推辞。后来,在旁边的地下党组织的同志连声催促下,我们才把韬奋同志推上了车。在当时这种危急的时刻,韬奋同志心里还是想着别人,毫不考虑自己的个人安危。这种革命者无私的高贵品质,使我们非常敬重,永远不会忘怀。

　　没多久,香港也沦陷了。大约是在次年一月初,韬奋夫人沈粹缜同志托地下党组织负责交通的小潘同志带着她的字条来找我,要我和小潘同志一起到香港去找柳亚老等,协助护送柳亚老等离开香港。我跟着小潘同样偷渡到了香港,找到了柳亚老和何香凝等。我们顺利地护送两老上了帆船,完成了党所交给的任务。我亟盼能乘机去看望韬奋一家,提出让小潘带我去。记得是在湾仔的一个小楼上,我见到了沈粹缜同志,知道韬奋同志已先离开香港了。我心里说不出的高兴。但想到动乱时期必有诸多艰险,祝愿他一路平安!

(原载1981年7月25日上海《解放日报》)

邹韬奋的早年生活

沈粹缜

一、婚事

说起我和韬奋的这个婚事,得先说说我的"家世"。我的祖父是苏州的一个穷秀才,生了一个男孩和两个女孩。我的父亲名叫沈右衡,因为家境并不富裕,没有受多少教育,从小就在一个古董铺当学徒,他的专业是鉴别古玩的真伪。他生了五个子女,我是他的长女,我还有一个长兄和二个弟弟,一个妹妹。

我生于一九〇一年。在苏州,我和我的兄弟妹妹们一起在私塾读了四年书。那时虽然还是清朝统治时代,但是社会风气,尤其在江南一带,已经有了相当大的变化,女孩子也能和男孩子一起读书了。十岁这一年,大姑母把我带到了北京。我的大姑母名叫沈鹤一,她是一位老姑娘,终身没有结婚。从这时起一直到我独立工作生活为止,大姑母一直把我带在她身边,因此我也可以说是由大姑母抚养成长的。大姑母和二姑母都是专攻刺绣的(刺绣是一种工艺美术,现在的学校已经不再设有这样专门的学科),当时她们俩同在一个刺绣学校工作。我在北京继续读了三年小学之后,大姑母把我转到刺绣学校又学习了三年。那时虽然已经在辛亥革命以后,民国形式上已经建立起来多年,然而各派军阀互相争夺,战

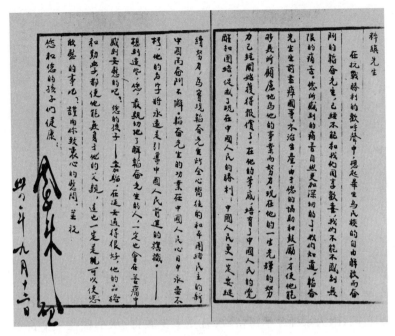

周恩来同志致沈粹缜的慰问信

乱频仍,为了逃避战祸,我又随同姑母举家南迁,回到了苏州。几个月后,我的母亲不幸突然患伤寒症病故。

这时,张謇招聘我的两位姑母到南通公办女红传习所(刺绣学校),我父亲及全家人也一起搬到了南通。我在这个女红传习所又学习了三年,毕业以后,留在该校担任了两年助教。一九二一年,由杨卫玉先生①担任校长的苏州女子职业学校到南通来招聘一位美术科主任,我应聘去了,这时我还是一个二十一岁②的女孩子。

---

① 杨卫玉先生是黄炎培先生主办的中华职业教育社的负责人之一,解放后曾任轻工业部副部长。——作者注
② 均按中国人的习惯去计算,实际年龄不足二十岁。——作者注

这次去苏州，我当然不会知道以后的命运会把我带到和韬奋的结合。

五十多年以前的二十年代，一个女孩子过了二十岁以后，亲属中间和周围一些怀有好心肠的人总不免会关心起你的"终身大事"，来向你"说媒"。我当然也不可避免，曾经有好几起向我介绍"对象"，亲属中甚至有主张我应当嫁一个殷实的"做生意"的人（即商人）。经过五四运动，虽然对吃人的封建礼教有

韬奋与夫人沈粹缜（1926）

过猛烈的冲击，但是女孩子对自己的婚姻毕竟不像现在这样可以自由地毫无顾忌地公开表达自己的观点、意愿，甚至在家庭中加以讨论。不过，我心中是有自己的主见的。也许因为我是出身于所谓"书香门第"，从小受到这样熏陶，觉得读书人清高，商人庸俗；宁愿清贫，不愿身染铜臭。因此，我是抱定宗旨不嫁商人的。

一九二五年，杨卫玉先生对于韬奋丧偶以后心情沉郁、生活无人照顾的景况极为同情，但是我不知道他怎么会想到把我介绍给韬奋的。不过，杨先生向我提起此事并大略介绍了韬奋的情况后，我默许地表示了同意。我出身于封建家庭，然而对于封建家庭中侍奉翁姑的一套繁文缛节，我十分憎恶。我的默许，除了因为韬奋是一个文人，身上没有铜臭外，还因为和他组织小家庭，可以完全

摆脱封建礼节的束缚。这种精神枷锁，在当时正处于新旧交替的社会习惯中，一般是不容易彻底免除的。

韬奋和我第一次见面，不，应当说是韬奋第一次见到我，大概是经杨卫玉先生精心安排的，我事前毫无所知。有一次，我们正好到上海去参观，而韬奋有事到昆山去，利用在火车站这短促的可能相遇的机会，让韬奋先见见我。这大概就是至今还未能完全免除的被称为"相亲"的一种举措，现在想起来当然十分可笑。此后不久，杨卫玉先生陪同韬奋到我工作的苏州女子职业学校和我第一次正式见面。见面的地点在学校的会议室，这时正是蝶飞莺啼、落英缤纷的江南暮春时节。

韬奋的感情是热烈的、专注的，对爱情也是如此，正像他后来对他毕生从事的革命文化事业一样。在第一次和我见面以后，他经常给我写信，后来几乎每周要给我写一两封信。他在爱情方面，不仅热情洋溢，而且也能体贴人，还很风趣。有一次，他用苏州方言给我写信，起初，佶屈聱牙地看不懂，不知道他写的是什么文字，后来读懂了，不禁使我哑然失笑。一九二五年七月，韬奋和我在苏州留园订了婚。订婚，没有举行什么仪式，只有几个亲人在一起照了一个相，但是也还未能完全免俗，按照当时的习俗，交换了订婚戒指。

订婚以后，我们之间过往更密了。他每个星期必定来苏州看我，早车来，晚车走。以后，甚至周六晚上就来，借宿在旅馆，星期天可以和我盘桓一个整天。苏州园林多，能够提供游息的场所也多，这大约半年左右的恋爱生活，在韬奋一生中，是绝无仅有的，而在这种纯属私人的生活中，也同样反映出来了他的专注不二。

结婚的日子选定在一九二六年元旦。因为参加婚礼的韬奋的同学、同事比较多，借用了当时上海永安公司（现在的中百十店）楼上的大东酒家。韬奋为这次婚礼还给我买了一只镶嵌珠宝的手镯和一枝珠花,置办了一套家具。① 这花去了他一大笔钱,还借了债。手镯和珠花,在婚后不久当我知道韬奋为举办婚事欠了债时,就给我变卖了用来还了债,而债务也依靠我们撙节用度,在他每月薪水中节约一部分,很快陆续还清了,因为韬奋和我都不愿在债务的负担中去过心情不舒畅的日子。我在这里所以叙述这些生活中的琐细,不过是想真实地记录下来韬奋在走上革命道路以前,他像所有一切普通人一样,还不能摆脱当时旧的习俗和传统的某种程度的影响。我相信,今天的读者在了解了那个时候的历史背景,不至于苛求于当时的韬奋,也不至于误解我是为了宣扬它。我当然更相信,在相距五十多年以后的今天的青年一代,在从事新的长征的征途中,完全有可能自觉地摆脱一切旧的习俗和传统的影响。

婚后,原来计划在苏州安家,为此,已经租下了房子,并且一切都已布置好了。但是经过再三合计,为韬奋着想,即使每周在上海苏州间往返奔走一次,也要化费他一天甚至一天以上的时间,而时间对他来说,比什么都珍贵,因此,最后毅然放弃原来在苏州安家的计划,辞去我在苏州女子职业学校每月六十元薪水(在当时来说,待遇不算菲薄)的职务,退掉已经租下的房子,改在上海安家。命运既然把我和韬奋结合在一起,从此以后,我和韬奋也就共着同一个命运了。

二、家庭生活

也就是结婚那一年,一九二六年下半年,韬奋接办《生活》周刊,担任主编。他多年来梦寐以求想成为一个新闻记者的愿望初步实现了,他可以按照他自己的路子,按照他自己设计的方案来办

---

① 这套家具,总算保存下来了,现在陈列在上海韬奋纪念馆。——作者注

一个刊物,而不必听命于第三者的意旨了。

早期的《生活》周刊,正像大家所知道的,几乎是韬奋一个人在那里唱独脚戏。"编剧"是他,"导演"是他,扮演各种"角色"的还是他;他用各种笔名写各种专栏文章,甚至连跑印刷所、校对都由他一个包办,他对这个刊物真可说像一个母亲对婴儿那样倾注了全部感情、心血和精力。

政治态度,思想倾向和他在社会上、在人民群众中间起着什么样的影响和影响的大小,永远是评价一个人、一个刊物的价值尺度。我不想在这里评价早期的《生活》周刊和韬奋,因为已经有人这样做了,而且作得很精当。我想指出的是:当时的韬奋纵然还没有能摆脱资产阶级的思想影响,还没有能从资产阶级营垒中杀出来,但是他的这种对工作认真负责、一丝不苟、精益求精,也就是讲求实际、不说空话、不图虚名的事业精神,即使在今天也仍然值得我们大家学习的。

韬奋对待工作的一个显著的特点是:勤奋,不浪费一点时间。他的许多著译,都是利用晚间有限的时间完成的。不论著述或者翻译,每晚总要写二三千字,几乎成了他的习惯。

在日常生活上,韬奋没有任何嗜好,不喝酒,也不吸烟。现在已经记不起来是什么原因,曾经有过那么一次,听从某些朋友的劝说,学着抽烟,但是学了一阵,结果连手指怎么拿烟卷都没有学像样,当然更不必说学会抽烟了。要说他有什么嗜好,唯一的嗜好是读书。

他生活很有规律,爱好整洁。他对待工作的态度是严肃的,但是在家庭生活中,他却是一位说话风趣、喜欢逗人、和蔼可亲的人。自从有了孩子以后,每天晚饭之后他总要逗着孩子玩一阵才走进他的工作室。孩子长大一些了,对孩子的教育也很注意,比如平时吃饭、盛饭、添饭,他都要孩子们自己动手,不让滋长优越感。除了一日三餐,我不让孩子吃零食,也不赞同给孩子们零用钱,我主张对孩子应当严一些,可是他不同意我的意见,主张给孩子们一些零用钱,可以让他们随时买一些学习中需要的东西,说这样可以培养他们独立生活的习惯和能力。对孩子的学习他尤其注意。有一次,晚上回来,当他知道二儿嘉骝因为古文背不出来被老师责打而啼哭时,他不但不责怪孩子,反而认为这是老师的不对,连晚饭都没顾上吃,立刻到学校给老师提意见去了。在是非问题上他就是这样搁不住。星期天,他喜欢看看电影,但有些电影,就不带孩子们一起去,他是有选择的。对家庭也十分细心和体贴,晚上如果在外面有什么活动,不能回来吃晚饭,他总要打一个电话回来,免得家里等他和不放心。

1928年韬奋和夫人沈粹缜及长子邹嘉骅合影

如果说韬奋的笔杆子还有些能力,尤其在他后期和晚年,他曾经拿起笔杆子这唯一的武器向民族敌人和阶级敌人作过坚持不懈的斗争,因而给我们留下了不少著述,那末,在料理日常生活方面,他却表现得很差,甚至可说相当"低能",或者像茅盾所说的有些"天真"。和韬奋相处过、熟悉韬奋的朋友,都会感觉到在这方面他天真得有点可笑。二十年代一直到三十年代初,市面上买东西,通用的还是铜板,可是韬奋不会数铜板①。一般数铜板都是一五一十、五个五个地数,他只会一个一个地数。他也不会乘电车,不知道到什么地方该乘什么车,因此只好预先把乘人力车所需的车钱给他一一包好,免得他临时仓皇。现在回想起来,也许是我错了,在婚后长期的共同生活中间,我对他不会料理自己的生活而感到不放心,把悉心为他料理一切看作是自己应尽的责任,这样也就愈发增长了他的依赖程度。人是需要在实际生活中锻炼的。一九四一年十二月八日日本侵占香港,韬奋先我被迫流亡到东江纵队,经过那样艰苦生活的磨炼,他不但学会料理自己的生活,还帮助我到山溪中为孩子们洗衣服和做其他各种杂事,在这方面,他好像突然变得能干多了。

每月,韬奋领来薪水总是全数交给我。他把家事全部托付给我,并且给了我充分的信赖。而我,也以创设家庭的幸福生活,使他能把全副精力去从事他的工作,没有后顾之忧,看作是自己的天职。我出生在清朝的末年,在民国初年军阀混战的局面中成长。我的青少年时代跨越了两个时代。我所受的教育,混杂了封建的和资产阶级改良主义的思想,它们不可能不在我身上打下烙印和留下痕迹,我除了在家庭生活方面,尽我所能使韬奋感到愉快、幸

---

① 三十年代以前,通用的货币除银元、钞票外,辅币有银角和铜元(俗称铜板)——作者注

福、美满以外,对韬奋工作的内容和意义我并不太关心,我也没有想过要去作深入一步的了解。对这种单调的生活,偶尔我也感到寂寞、无聊。我曾经向韬奋提出过想去读英文,因为我对它还有点爱好。他却以半开玩笑的口吻对我说:如果将来一起出国,需要用到英文的话,我给你当翻译。他还对我说过,你就在家里把孩子带好吧。他并不认为我应当有一个职业或应当参与一些社会活动。

婚后的第二年是一九二七年,这一年在中国现代史上是一个重要的时刻。由周恩来同志亲自领导的上海工人第三次武装起义,"四一二"反革命政变,都是在上海这个舞台上演出的。接着国共分裂,轰轰烈烈的第一次大革命宣告失败;"南昌起义""秋收起义""广州起义"燃起的革命火焰,开始了历史的新的篇章。蒋介石以他可耻的背叛,在革命者的鲜血和尸骨上建立起他的法西斯王朝。然而所有这些,在当时的韬奋身上,似乎很难找到什么反响。

那时曾经来过我们家里的韬奋的朋友,无不交口称誉韬奋的家庭充满了和煦、温暖和幸福。时隔四五十年以后的现在,我当然懂得在这褒词之中也还含有其他更深一层的意思。不过,韬奋当时也许还以此引为自豪的哩!确实,那时的家庭,对韬奋来说,就好像一个美丽而平静的港湾,他安静地泊在那里,仍然按照他自己的路子,专注地孜孜不倦地从事着自己心爱的感到兴趣的工作——编辑他的《生活》周刊,一直要到他自己摸索着前进的道路走不通的时候,尤其是"九一八"事变的炮声,才把他从原来狭隘的圈子中震惊过来。敌人的刺刀和铁蹄把他爱国主义的热情大大激发了起来。而从此以后,他驶出这个和煦平静的港湾,迎着风暴,一往直前,再也没有回头。

三、韬奋的幼年

一个人的家庭出身不能由自己决定,但是走什么样的道路,却完全可以由自己选择,这个唯物主义的观点也十分典型地体现在韬奋身上。

韬奋不仅出生在已经敲响了丧钟的我国封建社会的末代,而且生长在一个败落衰亡中的官宦世家。结婚以后,韬奋和我过的可说是那个时代典型的小资产阶级的小家庭生活,除了每月对他寓居在北京的父亲给以一定的经济上资助外,和他父亲的家庭极少联系往来。韬奋平时也很少谈及他出身的家庭和他的过去。但是,正像鲁迅先生所说,谁没有童年?谁的童年没有穿过开裆裤,拖过鼻涕?因此,是用不着有任何忌讳的。相反,今天我在这里叙说韬奋的家庭和他的幼年时代,正足以使我们更具体、更深刻地认识像韬奋这样一个出身于封建官僚家庭、受过资产阶级的严格教育、诚实而有正义感的知识分子,是怎样摆脱原来出身的那个阶级的传统的羁绊,怎样逐步克服资产阶级教育对他的影响并接受共产主义世界观,终于成为一个忠诚的爱国主义、共产主义的战士。

韬奋的祖籍是江西余江,也就是毛主席读到《人民日报》上报道这个县消灭了血吸虫病,因而激发了他的诗思,"浮想联翩","欣然命笔"作了《送瘟神》这首脍炙人口的七律的那个地方。然而韬奋出生却是在福建长乐县[①],那是韬奋的祖父于清朝末期在这个县任知县的任上。韬奋和他江西原籍几乎没有什么联系,在他一生中,只到余江老家去过一次,那是光绪三十四年(一九〇八年),

---

[①] 关于韬奋的出生地,另一说是福建永安。说韬奋出生在长乐,是根据韬奋的叔叔邹国珂先生的回忆。——作者注

韬奋十三岁。这一年,韬奋的祖父邹舒宇在老家余江病逝,韬奋的生母查氏也是这一年在福州去世,韬奋随他父亲扶柩回到了老家。余江老家对韬奋似乎并没有留下什么深刻的印象,在以后韬奋的著述中我们也没有发现这方面有关的痕迹。

说韬奋的家庭出身是"官宦世家",也许有点过分,韬奋的祖父最高的官职确实曾做到延平府的知府,然而传说他幼年时曾由他母亲带着他一起讨过饭,他的三个弟弟也都是农民,都在家乡务农。韬奋的父亲长期在福州候补,想捕捉一个机会,谋个一官半职,可是,等了多少年,好不容易,才在辛亥革命前夕,弄到了一个浦城盐大使的官职①,这种官职属于佐杂一类,根本不列等级,是最起码的小官,可是,就是这样的小官,也只做了半年,因为爆发了辛亥革命,辛亥革命以后到北京,在北洋军阀政府的税务局中又继续做了几年科长。

封建时代的官场,不论大小官员,都得讲究一个官派。这种腐败的风气,在韬奋出身的那个家庭也不可能不有所反映,其中之一是置妾。比如,韬奋的祖父有一妻二妾;韬奋的父亲虽然经济上经常处在穷困之中,在福州候补时潦倒到要领取"仓米"(用现代话来说,即领取救济粮)来维持生计,但是一妻之外,也还置了二妾。因为这个缘故,韬奋的父辈和韬奋的这一辈,兄弟姊妹都很多②。韬奋在他自己的著作中提到他的那个旧家庭时常常称之为大家族,就是指此。当然,在今天的新社会中,再也不会产生子女这样众多的大家庭,也不会存在像《红楼梦》中的探春因为是庶出③而不认

---

① 相当于现在的一个盐场场长。——作者注
② 韬奋的父辈兄弟姊妹共有二十二个之多,韬奋自己这一辈,兄弟姊妹也有十四五人之多。——作者注
③ 按封建礼教,妻所生子女称为"嫡生",妾所生子女称为"庶生",在封建社会中,对庶生子女常常有所歧视——作者注

自己的生母为母亲的那种奇特的不合情理的乖戾现象。

不过,我们今天生活在其中的这个崭新的先进的社会主义制度,离开它所脱胎而来的半封建半殖民地社会,在时间上毕竟距离并不遥远,还不到三十年,它必不可免地要残存下来许多旧的痕迹。我们从韬奋原来的名字邹恩润这三个字上就可以找到这种痕迹。韬奋和我都从来没有追溯过他的家族的祖先,更没有穷根究底地去考据过他的家族的谱系,但是,韬奋的父辈的名字以及由韬奋的父亲命名的韬奋这一辈和韬奋的子女的名字,确实是按照邹家祖先在家谱中早就定下来的"国恩嘉庆"这四个字的次序来区别辈分,维系这个氏族的谱系的。封建制度在我国既然已经成为历史的陈迹,维系封建氏族的谱系解放以后自然也就中断,并且必将随着时间的流逝而湮灭、消亡。

为祖父奔丧和护送他母亲的灵柩回祖籍江西余江,韬奋在老家只停留了短暂的时间。之后,又随他父亲仍回到福州。这时,他父亲延聘了一位老师在家里办起了家塾,韬奋和他的弟妹,还有他的一位比他小两岁的小叔叔,一起在这个家塾中继续接受封建时代传统的启蒙教育,读的无非是"孟子见梁惠王"这一类在封建社会中奉为经典的四书五经,当然也免不了冬烘先生的戒尺的惩罚。

有一天,家塾里的老师要韬奋的二弟恩泳背书,当时恩泳才九岁,他嘴里一股劲"唔唔"地发出哭声,眼睛里却露出惊恐的神情注视着地上。顺着他的目光低头一看,原来地上爬着一条五六寸长的蜈蚣。韬奋在旁,毫不犹豫地脱下脚上的鞋子,使劲拍打,几下就打死了。这时老师对韬奋说,你到厨房里去削一根两头尖的竹签。一头插入蜈蚣的头部,一头插入尾部,把它绷开晾干,可以做药。韬奋如法炮制,把打死的蜈蚣绷开晾好。到这天半夜里,不好了,韬奋的头部肿得象巴斗一样大,还发着高烧,和他一起同睡的小叔叔被他的呼痛声惊醒,立刻叫来了韬奋的爸爸,可是,这时正是半夜，无法请医生，只得先把家里常备的梅花点舌丹敷了，天明，请来医生，证实是中蜈蚣的毒了。经过半个月的医治才好。事后，他的小叔叔劝他，以后不要再打了，可是韬奋却不以为然，还说："再大，也要打，打死了，把它拿到厨房里烧成灰，决不能让它再去害第二个人。"这样的小事，在韬奋也许早已完全遗忘了，在他来说，不过做了一件平常的每一个人处在这种情况下都会这样做的事。不过，这件事对于现在还健在的八十多岁高龄的小叔叔却留下了长久的深刻的记忆，至今说来还是那样亲切。

宣统元年（一九〇九年），韬奋和他的小叔叔被送到福州工业学校去就读。这个学校设置预科和本科，预科三年，本科二年，本科分设电机和土木工程两科。学校设在离城十里的南台，韬奋和他的小叔叔同住一间宿舍。

在他小叔叔的记忆里，幼年时代的韬奋是一个长得漂亮、爱好整洁的少年，能写一手好字，功课经常名列第一。小叔叔的记性比韬奋好，功课则不如他。有时，小叔叔有什么题目做不出，去问韬奋，他总是严肃地对他的小叔叔说："叔叔，你要用心念书，你应当自己去好好想想，不要以为我会告诉你。"毫不因为他是叔叔而徇情。而他的小叔叔却常常要摆出做叔叔的架子，直呼韬奋的小名："书书[①]，你看我做对了没有？"如果做对了，两个人会高兴得拥抱起来。

韬奋虽然经常考第一名，但并不倨傲，他常常鼓励他的小叔叔，对他说："叔叔，你应当赶过这个第二名。"他的小叔叔对此是不服气的，因为他知道这个第二名是靠夹带得到的，这算什么真本事，又有什么光彩。韬奋又进一步说服，对他说："我总没带夹带吧，你应当把我也打下去。"

---

① 韬奋的乳名荫书。——作者注

韬奋和他的小叔叔住在学校里,每周回家一次。那时福州城里代步的交通工具有一种叫野轿的,这种轿,名虽为轿,实际上和四川流行的滑竿相类似。两根竹竿,中间用绳索绑起一只藤椅,不过多了一个顶,四周围以布幔,前面多一个布帘而已。从城里到学校,坐这种野轿,两个孩子坐一起,也不过两个毫子。星期六下午,学校没有课,不读书,从学校回家,韬奋和他的小叔叔经常是慢慢地步行回去,星期天回学校,家里照顾他们俩年岁还小,经常给一点钱,让他们坐这种野轿回校。但他们俩却常常宁愿走回去,把省下来的钱去吃一碗馄饨或包子之类的点心,因为平时他们没有条件作这种非分的享受,而福州的馄饨却是十分美味的。有时,也到离学校有里把路的茶亭中喝一杯茶,吃一点点心,作一番可心的休息。

韬奋对弟妹十分友爱,为人热诚真挚,正直不苟,不徇私情,对后进总是竭诚鼓励奖掖,这些品格,在幼年时代的韬奋身上,不是也可以看到它明晰的影子么?

辛亥革命以后,韬奋的小叔叔回到江西余江老家,转到南昌继续读书,韬奋则到上海进了南洋公学。生活把这两个幼年时代在一起共同生活过的少年伴侣送上了不同的道路。

四、最初的足迹

时隔半个多世纪,现在来回顾二十年代中叶我和韬奋刚结婚以后那几年,应当坦率自承,我是一个相当典型的贤妻良母型的妇女。我生在清朝末年,长在民国初年,我没有受过严格的封建教育,也没有受过近代资产阶级民主主义的洗礼;三从四德的封建礼教在我身上固然影响不深,妇女独立的意识也不强。我对我的婚姻是满意的,因为韬奋是一个有知识的正派人,身上也没有我所厌恶的那种铜臭;经济生活虽然算不上富足,但也并不拮据。他信赖我,把经济权和家事全部托付给我;我感到美满和幸福,我觉得做好我丈夫的贤内助,操持好家事,抚养好孩子,使他在家庭中生活得更加舒适,能够把全部精力放到工作上而无后顾之忧,是我的天职。我们的家庭是温馨的,外面的风暴吹不到窗户里面来。而韬奋对于这样的家庭生活,显然也是感到愉快而满意的。

韬奋虽然是苦读书出身,[①]但所受的却是典型的资产阶级教育,可是他又生为中国人,并且正处在中华民族和人民大众苦难的时代,所有这些,对于他的思想演变不能不产生强烈的影响。

中国的知识分子,即使在封建社会里,也可以分成两类。多数人把读书中举当作登龙术、敲门砖,一旦头戴乌纱帽,除了感激皇恩浩荡,为专制王朝的皇帝老子效忠外,免不了也要为自己效劳一番。"一任清知府,三千雪花银",被认为是正当之举,不这样,又怎能显亲耀祖,衣锦荣归;"好风凭借力,送我上青云",找个依附,作为升官的阶梯,这是当然之途。《红楼梦》中薛宝钗劝说贾宝玉要留心的所谓仕途经济,就是如此,这还是被视为读书人的正途的。至于那些丧尽廉耻,专靠胁肩谄笑、甘愿舐痔吮痈的丑类,又何时何处无之?不过也有一些穷苦读书人,因为家庭出身或平时生活接近下层,就是做了官,还能下察民情疾苦,敢于谏诤,敢于为民请命的,也有一些看不惯人世间的种种污浊不平,愤世嫉俗,因而遁世隐名,或竟入了空门的。

生长在半封建半殖民地的中国的现代的知识分子,情况也大体差不多。要么依附于统治阶级,奔走于权贵之门,做了统治者的鹰犬、帮凶或帮闲;要么站在统治者的对立面,最后走上革命的道路;当然也有对统治者尚存幻想,然而并非前者;或者虽有爱国爱

[①] 韬奋读书,几乎完全靠自己,靠他投稿、做家庭教师以及借债,才勉强大学毕业,可参阅《经历》。——作者注

民之心，暂时还不愿、不敢站到统治者的对立面，但是演变的结果，最后仍脱离不了上面说的两种归宿。

现在且让我们按着韬奋的足迹，看看他走过来的轨迹。韬奋自己说过，他去南洋公学（即现在的上海交通大学的前身）读书，是因为他的父亲想把他造就成为工程师，可是韬奋志不在此，他的志趣是想当一名记者，因此，勉强在电机系读了两年之后，还是决心转到了圣约翰大学。大学毕业，在社会上已经工作了几年，仍然千方百计地想做一个记者。最后，接办《生活》周刊，算是实现了他的心愿，并且一直到死，成了他的终身职业。

我们知道，鲁迅和郭沫若早年都曾到日本学过医，可是最后又都改了行，从事新文化运动，在中国现代文化史上树立了不朽的业绩。读过鲁迅的《药》和《父亲的死》的，都会知道鲁迅在青年时代有慨于庸医杀人①，才立志学习新的医学科学。以后发现做一个医生，充其量只能救个别的病人，远不如从事新文艺和新文化运动，能使千百万人民群众振聋发聩，从蒙昧无知的落后状态中醒悟过来。又毅然放弃了医学，以毕生的精力从事新文化运动。郭沫若的情况与此类似。

韬奋究竟为什么不愿做一个工程师而立志想当一名记者，据韬奋自述，是有位叫作远生（即黄远庸）的记者在《时报》上写的《北京通讯》使他"着了迷"，使他"佩服得很"，"常常羡慕他，希望自己将来也能做成那样一个新闻记者"，理由是："第一他的探访新闻的能力实在好"；"第二是他写得实在好"探访新闻的能力好，写得好，都是属于技术性质的，因为这样两个理由居然对韬奋发生了这样巨大的魅力，实在不能令人信服。不过，韬奋还是向我们透露了他

---

① 鲁迅并不是一般的反对中医，而是反对迷信愚昧和不科学，尤其反对庸医。读者自当正确理解。——作者注

想当一个新闻记者的真实原因的信息,因为接下去他说:"我当时对于他的为人怎样完全不知道,但是在文字上认识了他,好像他就是我的一个极好的朋友。后来他因反对袁世凯称帝而冒险南下,我已在中学里,对于他的安危,简直时刻担心着,甚至有好几夜为着这件事睡不着。他离开上海赴美国,途中还写了好几篇短小精悍、充满着朝气的通讯登在《申报》上,是我生平最倾倒的佳作。我正切盼着他能继续写下去,不料他到旧金山的时候竟被暗杀,真使我悒郁不欢,好像死了我自己的一个好朋友。"读了这段文字,我们知道,真正使韬奋倾倒的是远生的为人,是他的反对袁世凯称帝,因此在他冒险南下的时候,就为他的安危耽心,在他不幸被暗杀以后,韬奋好像死了一个好朋友那样悒郁不欢。

  值得注意的是,韬奋认为"自己宜于做一个新闻记者",还是"在小学的最后一年就在心里决定了的"。韬奋离开小学是在一九一二年,正是辛亥革命的翌年,其时韬奋十八岁。从一九一二年心里就决定当新闻记者,到一九二六年接办《生活》周刊做成新闻记者,中间经过了十四年。在这十四年中,他曾有过两次重大的决定:一次是前面已经提到过的一九一九年从南洋公学转入圣约翰大学,从工科改读文科;另一次是在已经工作以后,宁愿摈弃待遇比较优厚的其他一切工作,去接办每月月薪只有六十元的《生活》周刊,而且还得一个人唱独脚戏。韬奋自己虽然用极为平淡的语辞叙述了这段经历,但我们还是可以体察到他为了达到自己的目的所作的努力。他后来终于从一个坚定的爱国主义者、彻底的民主主义者变为共产主义的战士,决不是偶然的。我们从他早年的活动和思想中,不难找到这种线索。

  (陈敏之整理,选自1981年11月《文化史料》丛刊第2辑,略有删节)

临终前的韬奋先生

徐雪寒

一九四三年,新四军军部和中共中央华中局驻在苏皖边区盱眙县的大王庄。十月的一天,华中局一位领导同志交给我一个急要任务,要我穿过敌人的封锁线,到敌占区的上海去探望正在病中的邹韬奋先生。

韬奋先生,我是比较熟悉的。我第一次见到韬奋先生,是一九三五年九月,他刚从美国和苏联考察回来。他所办的为广大进步青年所热爱的《生活》周刊,我也是一个热心的读者。那时党要在上海创办一个出版机关,我去找韬奋先生帮助。他不但热情地接待了我,而且竭力支持我们的工作。这个出版机关就是大家所知道的"新知书店"。自从鲁迅先生这颗巨星陨落以后,韬奋先生就一直站在文化战线的前列英勇作战。一九四一年皖南事变后,他愤而离渝出走,到香港复刊《大众生活》,猛烈地抨击国民党制造分裂、破坏团结的罪行,呼吁抗战到底。在这几年,因为工作关系,我们时有过从。一九四二年秋季,我在苏北,听说韬奋先生也到苏北来了,我心里非常高兴,满以为又可以在军部见面,谁知因敌人对根据地进行大规模的"扫荡",加上他又患了中耳炎重症,行动不便,被迫回上海去了。党中央毛泽东同志和周恩来同志对韬奋先生都十分关怀,这回是党中央特地来电报,要华中局派人去上海探望先生的病情,向他表示慰问并致赠医药费用。当时全国人民正处在艰辛的抗日战争中,多么需要韬奋先生这样杰出的战士啊!党把这个任务交给了我,我自然要坚决完成。

到了上海,我先去陈其襄同志家中了解情况。其襄为人沉着机智,长于企业经营,是生活书店最早的骨干之一。他当时正和张锡荣等几位同志在上海从事工商业,用赚来的钱维持生活书店,顶住了国民党对生活书店的残酷摧残。那时我和他们是朋友,但没有直接的组织关系,相互心照不宣而已。现在,他详细谈了韬奋先生的病情和治疗经过,告诉我医生已经确诊:不是中耳炎,是中耳癌。我听了大吃一惊,这不是已经对我们这位尊敬的前辈宣布死刑了么?我的心隐隐绞痛。

我完全没有想到,韬奋先生在上海安全治疗的周密布置和巨额医疗费用筹措的重担,都压在其襄和他们几位同志的身上。我把从军部领来的一笔伪币现钞交给了他。我说,这区区之数,对于韬奋长期重病治疗的费用,没有多大作用,但是革命事业尚在艰难之中,全体战士正在节衣缩食同敌人浴血战斗,这一点钱只不过是表达党中央和华中局对韬奋先生的尊敬和关注而已。其襄默默地代韬奋先生收了下来,然后陪我去医院探望韬奋先生。

在旧法租界的一家规模不大的私人医院——剑桥医院里,我见到了韬奋先生,他的夫人沈粹缜同志和徐伯昕同志也在他的身边。他躺在病床上,消瘦多了,脸有些歪斜,为了逃避敌人的侦查,还有意留上了一撮小胡子。但我一眼认出了他,他那副正直认真的面容依然如故,双目熠熠有光。当时是在一次大手术之后,正在进行镭锭放射治疗,他尽管遭受着同癌细胞剧烈搏斗的痛苦,却仍然热情地和我握手。我向他缕述党中央毛主席、周恩来同志对他的关注之情,和奉华中局命令专程前来探望的经过。他一边静静听着,一边不间断地对党表示感谢,反复说明自己对祖国对人民并没有做出什么贡献,不值得党中央如此关怀。他十分兴奋激动,向我叙述到苏北根据地后的所见所闻。我怕他说话过多可能引起疲劳,便拿话打断他,告诉他华中反"扫荡"的胜利,全国的抗战形势,特别是延安的整风学习等等。他精神贯注地谛听着,表示出异常的热情和兴趣,像一个健康人的样子。实际上他体内的癌细胞已经扩散,处在异常的痛苦中,靠各种麻醉药剂,稍稍缓和一些痛苦。谈话一个多小时,我只得离开他的病榻。过了几天,第二次去看他,向他告别。他要我向党中央毛主席转达他的感谢,表示病好之后,一定去根据地,转而去延安的心愿。他说,如有可能,就要写他苏北之行的经历。他交给我一封给华中局的亲笔信,说明了这些意思。徐伯昕、陈其襄两位同志则一再向我表示,他们会负责给韬奋先生治病,筹措一切需要的费用,根据地经济条件太困难,不要再送钱来。

我回到军部后,向华中局领导汇报探病经过,并代为起草了向党中央汇报的电报草稿。当时在军部、华中局工作的钱俊瑞、范长江、于毅夫等同志,同韬奋先生都有深厚的战斗友谊,听到韬奋患此不治之症并同剧烈痛苦作斗争的情况,无不唏嘘扼腕。

一九四四年二三月间,陈毅同志突然把我找去,神态沉重地对我说:"韬奋同志在上海病势危殆,华中局根据城工部的报告,决定再度派你去上海探望病情,表示慰问,并送去一笔医疗费用,希望摒挡一切,尽速成行。"听说韬奋先生病情危殆,我心里十分着急。无论于公于私,我理应有此一行,所以一口接受了这一任务。

为了安全,韬奋先生又调换了一个私人医院。回想当时的印象,他是席地而卧的。据说,剧痛发作时,他不能自持,痛得满地爬滚,睡在床上,就有跌下床的危险,所以作了这样特殊的安排。半年不见,现在韬奋先生消瘦极了,除出大轮廓和一双眼睛之外,几乎很难认识了。他见到我,依然露出满脸高兴的样子,艰难地从棉被里伸出瘦弱的手,和我握了握。我说明来意后,他低声地道谢,迫不及待地对我说:"雪寒先生(对于我这个后辈,他一直以平辈相待),我看来是不行了,日本帝国主义还没有赶出去,我却再也不能拿起笔保卫祖国、保卫人民了!我的心意,我的希望,寄托在延安,寄托在党中央,我要求入党,请你代我起草一份遗嘱,也就是一份申请书,请求党在我死了之后,审查我的一生行为,如果还够得上共产党党员这样光荣的称号,请求追认我为伟大的中国共产党的党员。"接着,他还说了一些对于抗日建国的重大政治问题的意见,要而不繁,若断若续。我理解他,他是用了最后的生命的力量,说出这些出自肺腑的话的。我听了他这些话,心潮起伏,于哀痛万千中感到他的崇高的精神世界的无比力量。但我自知我的能力不足完成他的嘱托。我对他说:"我相信党中央一定会认真考虑你的请求,作出正确的决定,请你安心治疗,争取早日痊愈。我这个人,跑跑腿是行的,文字上却毫无能耐,不堪完成你的嘱咐。"但是,他却坚持他的要求,我不能违背他的好意,只好答应了。和他告辞,走出了医院,一路上我思前想后,心潮起伏,还想起一九三六年夏天,在全国救国联合会的一个秘密工作机关里,沈钧儒老先生对我说的一句话:"雪寒,只有中国共产党能够救中国!"是呀,当时正是风雨如晦、伟大祖国的命运系于一线的年代,我国革命知识分子总是把自己的希望寄托在中国共产党的身上。在"七君子"中间,韬奋同沈老最为意气相投,亲密无间。现在,沈老正在国民党统治中心的重庆,奋不顾身地进行斗争,而韬奋方当壮年,竟为恶病所迫,势将不得不离开战斗队伍,赍志以殁,遥想沈老一旦得知韬奋不幸消息时,将如何老泪纵横,痛悼哀愤呀!想着,想着,我的眼睛不禁润湿了,拖着沉重的脚步,穿过日本侵略者统治下的上海,那凋零、冷寂、肮乱的街道,回到了住处。

我当时落脚在汤季宏同志的家中,四个人挤在一个六平米的小亭子间住。白天,他们出去奔波,我占有了晚上作为床用的两屉桌,来写韬奋先生嘱咐我写的东西。我的秃笔,要在短短的几百字中,表达他的正义的崇高的请求,真是难呀!写成的稿子总觉不满意,只得拿去交给韬奋先生。我给他念了一遍,他点点头,说声"谢谢",就放在枕头旁边。后来正式公布的他的遗嘱,应该说是韬奋先生亲自起草而且是亲笔缮写而成的,同我的草稿是无关的。现在我应韬奋先生的小女儿——邹嘉骊同志多次请求写下这段经过,无非说说韬奋先生在病榻临危前,对于党的热情向往的真实情况而已。

一九四四年七月二十四日,韬奋先生被迫放下五彩巨笔与世长辞了。八月中旬徐伯昕同志秘密地携带了韬奋先生的遗嘱,到华中局报丧,报告韬奋逝世的前后详情,并请求把韬奋遗嘱送延安中共中央。当时陈毅同志已去延安参加中共第七次代表大会。在一天黄昏时,军部和华中局在新盖的一列草房前的大坪上,召开了韬奋同志追悼会。追悼会由军政治部秘书长邓逸凡同志主持,数千名干部和战士黑压压地坐满一地。当大家听到台上的首长报告韬奋先生战斗的一生,并在临危前写下遗嘱,申请入党时,同志们的脸上无不显示出一副沉痛、严肃和振奋的表情。这时数千人的大会,静谧得只能听到呼吸的声音。

中国共产党中央委员会于九月二十八日向韬奋先生的家属发出唁电说:"先生遗嘱,要求追认为党员,骨灰移葬延安,我们谨以严肃而沉痛的心情,接受先生临终的请求,并引此为吾党的光荣。"

韬奋为什么在生命临危前才申请入党呢?我当时自然不能当面问他。后来,钱俊瑞同志告诉我:一九三八年在武汉时,韬奋就曾将亲笔写的入党申请书交给他,要求他转交给中共中央代表团。当时王明窃踞首席代表,王明看了申请书后说,党认为,韬奋在党外对革命更有帮助,最好去加入国民党,那末对革命就更有作用了。简单地拒绝了韬奋的一片诚心。当俊瑞把王明的决定告诉韬

周恩来同志题词手迹

奋时,他勃然而起说,我活着不能入党,死后也要入党;但要我去加入国民党,这是万万办不到的。三十八年过去了,回想起来如同隔日。韬奋先生对党的真诚信仰使我终身难忘。

(原载1982年10月25日《新观察》第20期)

一点火星（摘要）

戈 扬

一点火星，在记忆中闪闪烁烁，明明灭灭，算来已经四十年了。如今读到雪寒同志的文章《临终前的韬奋先生》，这点记忆中的火星，"忽"地明亮起来，韬奋先生的形象便又重现在眼前。

那是一九四二年的严冬，韬奋先生身患重病，竟然以他惊人的毅力冲破敌人的重围，来到战火中的苏北根据地。那一天，在长江北岸海门地区一师师部驻地的一户农民家里，我见到了他。只见他穿一件厚厚的对襟黑棉袄，坐在一张方桌旁边的椅子上，左手托在耳朵下面，歪着头，认真聆听人们介绍根据地的情况，右手拿着一支笔，在面前的笔记本上不时地记下几个字。看得出来，他在和中耳炎（实际上是中耳癌）的疼痛进行着剧烈的斗争，而他那欣喜的目光在告诉人们，他是把病痛置之度外的。

那时，敌人正要向根据地发动大规模的"扫荡"，每天晚上部队都要转移驻地。师部为韬奋先生准备了一匹马。可是走路连脚后跟都不敢落地的韬奋先生，又怎能骑马呢？尽管马是由人牵着缓行，而马蹄的每一落地都要引起他一阵剧烈的疼痛。怎么办呢？韬奋先生说："不骑马会要掉队的。"他仍然坚持骑马来到新的驻地。

人们知道，三十年代的韬奋先生是进步青年追求光明、追求真理的良师益友。韬备先生所写的《萍踪寄语》《萍踪忆语》等书，以及他所办的《生活》周刊,一时成为号角,引导无数青年走上了革命道路。如今他来到根据地,自然有不少青年要来看他。而他每次和青年们见面都要加倍抑制病痛,热情地回答他们提出的各种问题。有人劝韬奋先生多注意休息,他婉言拒绝。他说,一个马克思主义者,毕生的任务就是宣传马克思主义的真理,这样的机会不可轻轻放过呵!

(原载1982年10月25日《新观察》第20期)

杜重远和韬奋的友谊（摘要）

沈粹缜

杜先生原是韬奋主编的《生活》周刊的热心读者，一九三一年六月他来上海，找过韬奋，初次相识，谈得很融洽，韬奋赞扬他办实业的爱国精神。"九一八"事变发生，杜先生流亡关内，到上海寻找抗日救亡的出路，又访问了韬奋。他们很快成为知己和亲密的战友。

一九三三年底，《生活》周刊因刊载同情福建人民政府事变的文章，被反动派查禁。当时韬奋流亡国外，杜先生利用他当时与国民党上层人物的关系，办起了《新生》周刊。关于这件事，韬奋在《患难余生记》中写有这样一段话："这好像我手上撑着的火炬被迫放下，同时即有一位好友不畏环境的艰苦而抢前一步，重新把这火炬撑着，继续在黑暗中燃着向前迈进。"

一九三五年五月，《新生》周刊因登载《闲话皇帝》一文被查封，杜先生被捕入狱。七月间，韬奋在美国芝加哥《论坛报》上看到"新生事件"的发生及杜先生含冤入狱的消息，抑止不住悲愤，当即发电报慰问，并提前归国。八月间韬奋回到上海，船一靠岸，我们还来不及讲话，他就交出行李，雇了一辆出租汽车到漕河泾监狱探望杜先生。韬奋自述会见时的情景："刚踏进他的门槛，已不胜悲感，两行热泪往下直滚，话在喉里都不大说得出来！"又说："我受他这样感动，倒不是仅由于我们友谊的笃厚，却是由于他的为公众牺牲的精神。"

一九三五年,韬奋创办了《大众生活》,以大量篇幅报道了党领导下的北平"一二·九"爱国学生运动,同时批判"攘外必先安内"等种种卖国的谬论。正义的舆论使反动当局感到震惊、忌恨,迫害接踵而至。

蒋介石派来特务头子张道藩、刘健群找韬奋谈话,进行威胁,妄图压制韬奋的抗日救国呼声。又派杜月笙用欺骗手段,想把韬奋骗去南京,言下之意,如果拒绝,在上海住下去,安全就不一定有保障。朋友们和读者也纷纷向韬奋报告刊物将被查封,韬奋也将被拘捕或遭陷害。种种迹象表明蒋介石蓄意迫害,上海是呆不下去了。但是转移到哪里去呢?经过商量,认为住到杜先生家里比较稳妥。因为外界都知道杜先生尚在狱中,杜夫人为了便于照顾杜先生,住在离监狱较近的一个庙里,家里无人。再则杜家在金神父路(今瑞金二路)安和新村八号,离我们住的吕班路(今重庆南路)万宜坊比较近,韬奋隐藏在那里,我照应起来也方便。我去找了杜夫人,杜夫人一口答应,还说她家里的东西随我们使用。

这是一九三六年初的事。春寒料峭,一天晚上,夜深人静,韬奋换上一件中式咖啡色厚呢长袍,带了盥洗用品,我拿着电筒一起来到安和新村。周围邻居都已入梦,我们靠电筒的一束微弱的光进了杜家。从此韬奋在杜家避难,我每天安排好家务,到傍晚避开人们的视线,带上饭菜和韬奋需要的书报,去安和新村八号。有时白天也在那里陪他。房间里厚厚的深色窗帘日夜拉得紧紧的,人们不会想到这个空房子里还隐藏着一位抗日救国的战士。住了不到一个月,韬奋即去香港。回忆这段往事,深感在患难中杜先生一家给予我们的支持和友谊是十分珍贵的。

一九八三年六月　(邹嘉骊整理)

(选自1984年2月上海《统战工作史料选辑》第3辑)

难忘的会见(摘要)
——纪念邹韬奋同志逝世四十周年

夏征农

我第一次同韬奋同志见面是在一九三八年春夏之交。那时,我在南昌搞统战工作。韬奋同志与沈钧儒先生代表"救国会"到前线慰问抗日将士和伤病员,路过南昌,特来看我。这是一次难忘的会见。沈、邹两先生都是我素所敬佩的爱国民主人士。沈先生在上海时,我虽曾在"救国会"举办的"周末座谈会"上听过他的讲话,看到过他那精神矍铄、态度从容潇洒、令人起敬的风貌,但却未曾直接交谈过。我对韬奋先生,则只读过他的文章,久闻其名而未曾一面。现在,我在这样的时刻——南京陷落,日寇向武汉进逼;这样的地点——处于战争前线的南昌,能见到他们,真使我万分激动。我们好像久别重逢的故人一样,毫无拘束地亲切交谈着,从全国抗战形势谈到南昌的政治气氛。韬奋同志给我的印象是人如其文。他质朴、冷静、感情内蕴;说话条理清晰,刚劲有力;不说空话,不说大话。我感到他既具有一个思想家的风范,又具有一个革命战士的品格。他们告诉我,要去拜访国民党江西省的党政要人,同他们交换团结抗日的意见。他们特别提出要去拜访当时任国民党江西省保安处副处长的蒋经国先生和新四军驻南昌办事处主任黄道同志,要我为他们介绍。他们考虑得那样周到!临别时韬奋同志紧紧握住我的手,要我保重,并一再嘱咐我要我照顾他的弟弟邹恩洵同志(又名文宣,当时也在南昌工作,是一个优秀的共产党员,很能干,对我的帮助很大。韬奋同志嘱咐我照顾他,一方面表示他对他弟弟的关怀爱护,另一面也表示对我的信任)。这是多么真诚的革命友谊啊!沈、邹两先生虽然在南昌只耽搁了数天,却在南昌人民群众中产生了积极的影响。

我同韬奋同志第二次见面,是在一九四二年秋天的苏中抗日根据地。那时我在苏中新四军第一师工作。韬奋同志是计划去延安路过苏中的。我负责招待他。这更是一次难忘的会见。从一九三八年在南昌第一次同他见面到这时,虽然相隔不过四年,但整个抗战形势发生了根本变化。日寇已占领了我国大部分城市;国民党反动派日益肆无忌惮地制造反共摩擦,阴谋投降日寇;共产党领导的八路军、新四军和各地游击队,在敌后开辟了广大的抗日根据地,承担了抗日战争的主要任务。全国人民都把争取抗日战争胜利的希望寄托在共产党和她所领导的八路军、新四军身上。我们个人的生活、思想,随着形势的变化也发生了变化,我到了新四军,韬奋同志要去延安,我和他的会面,不在大后方,而在抗日民主根据地。这些事实就说明了这个变化是何等的深刻!韬奋同志对于根据地的一草一木都有兴趣,每事必问,而且问得很仔细。我们从根据地的战斗情况、政权建设、人民生活、军民关系、经费来源以及文化教育等情况,都一一谈到。他对于所谈的问题,一点不含糊,稍有不明之处就立刻提问,力求把问题搞清楚,并把所谈的问题记下来。他这种谦虚、认真、一丝不苟的作风和孜孜不倦、追求真理的精神,给了我很大的教育和启发。

(原载 1984 年 5 月 6 日上海《解放日报》)

火样的热情(摘要)

侯御之①

　　韬奋同志于一九三五年八月二十七日第一次流亡回国,时值重远为"新生事件"被国民党反动派逮捕入狱。韬奋在国外听到这一消息时,义愤填膺。待他从海外归来,船到上海码头,他将行李交与家人,未及与来迎接他的妻子儿女说一句话,便驱车直奔漕河泾监狱,探望重远。战友相见,悲喜交集,他鼓励安顿好重远,又来慰问我。当时我从江西来上海,无处存身,为照顾重远,住在监狱附近一个香火早断的破庙里,除了一张旧床,四壁徒空。我为营救重远,日夜奔波,抗告法院,上诉驳回。困在破庙,正处忧急之时,见韬奋挥汗赶来,我一时沧然涕下。韬奋同志以长兄般的关怀,热情鼓励我:"困难越大,决心越大。任何难时,任何逆境,不能消极悲观……"直到我精神振作,他才离去。望着他远去的背影,想到他离家两载,未进家门,竟先来看望我们夫妇,不禁感叹,何等情谊,何等热情!

(原载1984年6月17日《人民日报》)

---

① 本文作者为第六届全国政协委员、杜重远烈士的夫人——编者注

怀念邹韬奋[①]

爱泼斯坦

沈粹缜同志：

多谢你送给我一套邹韬奋同志的纪念图片。

他是一位无畏的爱国民主宣传战士，早在三十年代，当我初次听到他的事迹时，我对他就非常钦佩。及至他作为"七君子"之一被囚禁起来，我愈加敬佩他的勇敢战斗精神。

后来，我在与生活书店有关的朋友们会晤时，见到了他。如果我没有记错的话，在香港，我还曾单独和他交谈过一次关于生活书店出版物的历史和发展。当时在场的可能还有金仲华，遗憾的是经过这么多年头，许多细节我记不清了。另外有一次我想韬奋也是在场的，那是在杜重远离开香港去新疆前（或从新疆回来后）不久的事。

我在重庆听说邹韬奋同志到新四军去了，后来在他生命结束之前，提出入党请求——这两件事使我对他愈加尊敬和钦佩。

在我年轻的时候，我一直把他当作我应该学习的中国知识分子之一。他是处在民族危机中的中国优秀青年的教育者和鼓舞者。这批年轻人后来成了抗日战争、解放战争和建设社会主义新

[①] 一九八一年七月，沈粹缜同志接到爱泼斯坦给她的信，对邹韬奋同志深表怀念之情。现根据有关方面译文，由沈粹缜同志提供发表。——原编者注

中国的骨干力量。一般地说,他们的年龄和我相仿,在他们的榜样带动下,特别是在"一二·九"学生运动时期,我才被吸引到中国的爱国进步运动中来。因此,实际上,我在早年也是间接地受到了邹韬奋同志和他的战友们所倡导的思想教育的。

你的同志　爱泼斯坦
一九八一年七月二日

(选自1984年6月《上海文史资料选辑》第47辑)

韬奋同志在东江游击区

于 伶

卅二年前危厄事
斯人不寿寿千秋

一九四一年十二月八日凌晨,日本军国主义侵略军发动了太平洋战争,香港与九龙突然处在空袭警报声、飞机轰炸声与大炮声交织的混乱中。战争来势的猛烈,人们的混乱和恐怖气氛的严重,比之一九三七年上海"八一三"抗战初期我所经历与经受过的更强烈得多。对于风云突变,太平洋上将会有一场战争,原是近一时期来大家议论的中心问题。但是我们中间搞军事评论的杨潮、金仲华、恽逸群、张铁生、乔冠华等同志还没有估计到事变会来得这么快。美军的主寨珍珠港被偷袭而毁,英国"威尔逊皇子号"主舰被一击而沉,可见英美方面也是情报失灵的。

当时我住在九龙山林道。年轻的保姆阿妹仓皇从小菜场回来,交给我一张字条,是夏衍同志交给他的保姆转交给我的。字条上说:他赶过海去和廖承志同志等开会,安排一切去了,叫我们速作走的准备。

我急往九龙塘那方向走去,想找章泯和宋之的同志等,通知"旅港剧人协会"的三十多位同志作准备。谁知往这方向越走越被拥来的逃难人群阻碍无法前进。因为那边附近是启德机场,连遭日机轰炸,油库在燃烧,九龙塘、宋皇台附近居民狼狈奔逃。我在狼狈中突然遇见也在狼狈中的司徒慧敏同志。他讲:云姊(陈曼云,蔡楚生夫人,是潘汉年同志工作部门的一员干将)已经跟廖公通过电话,旅港剧协同仁已经集合往尖沙咀码头去,准备过海到华商报社(党报)再说。他正在为他们一家老小想法作暂时的安顿。

午后,整个九龙更混乱了。我挤到国讯社去,这里有好几位名记者在,新闻消息必多。大家忙乱着在作种种文件的处理。恽逸群对我说:沿广九铁路进攻的日军将突破新界战线,九龙失陷是一两天内的事了。港九轮渡下午起已经不渡九龙的乘客到香港了,原住在九龙的人怎么办?韬奋同志的目标特别大,于毅夫同志已经去告诉他了,党决定今晚一定要把韬奋全家送过海去。这是我听到的最足放心的消息之一。

九日,天没亮,我们租住的一家屋顶平台上的小房间的门被叫开了。一位广东青年,自称阿梁,说是党派他来接我们两人的。他连声说快,快,日用东西越少带越好,快跟他走。蒙蒙小雨,天光昏沉中,记不清走了多少路,我俩被阿梁扶上了海畔的一只小木船。只见码头上几个烂仔(流氓)拦人抢劫,有人被推落水,有人被刀刺伤倒地。阿梁催促着开船之后,我定神看时,同船的是柳亚子一家——亚老,夫人和柳无垢同志。柳老和夫人居然还认出了柏李,说看过上海剧艺社的话剧,看过柏李演的葛嫩娘。船到香港,天刚大亮。有同志搀扶着柳老等走了,阿梁同志指路叫我去找华商报馆,见到了昨天先到的旅港剧协的三十多人。惊魂甫定,空袭警报响了,跟着大家拥往香港大酒店楼下大厅去躲警报。宋之的抱着小女儿,王萍抱着小男孩,卫禹平等照顾着他们。我和柏李紧跟住章泯与小江,因为他们逃警报的经验多。这样,九日、十日两天之内,几乎是在躲警报中度过的,夜间三四十人挤宿在华商报社的一间楼面上,大炮声中谁也难能睡着。

在十日中午的一次很长时间不解除的警报中,大酒店的厅内厅外挤满着几乎难于让人自然呼吸的人群,廖承志和夏衍同志艰难地挣扎着跟熟人握手、招呼、点头。好不容易挤了过来,夏衍介绍了柏李,廖公风趣地对柏李说:"等你来,等你来,你好大的派头,要敌方的大炮放礼炮欢迎才来!好,我们还没来得及给你摆酒接风洗尘,倒先当了难民。"说时摸了几张港币塞进我的衣袋里。说:"这算见面礼,打完仗,我们大大地痛饮黄龙!"(因为柏李到香港只五天,廖公才如此讲的。)说话间,廖公被我们周围识与不识的人群握手、招手、点头,挤得不见了。夏衍说:"炮声一起,廖公就在这大酒店楼上开了个房间,用"李约瑟""约瑟·李"这些中西名字作掩护,跟各方面打交道,作安排,办了许多要紧事。今天他又要转移到别处去活动了。"在警报解除声中,夏衍低声说了句:"明天大家都必须作分散隐蔽了。"我打听韬奋,夏说:"韬公跟杨潮、杨刚、金仲华、俞颂华、恽老枪(恽逸群的外号)等作者一陀(一个联系集体之意);茅公(茅盾)和叶以群、戈宝老(戈宝权)等一联档……"

十一日一早,夏衍来到《华商报》,对大家说九龙沦陷了,这里要赶快分散隐蔽。旅港剧协的同仁没有当地社会关系的,广东同志们正在分头找关系帮着解决。

我和柏李到湾仔上海中国电工公司香港分公司去躲避。这是皖南事变发生后,三月十六日,我从上海被调来时,上海地下党蔡叔厚同志派人与我同来香港开设的。号称分公司实则小得可怜,在湾仔一家小西服裁缝铺后面租了两小间,一作绕编电线与线圈工场,一作经理夫妇与两个小孩的住处。附近另租了一间作为制造霓虹灯"方棚"的车间,也即是七个上海工人的住处。经理小朱,是老蔡的夫人、上海著名妇女活动家和《上海妇女》月刊编辑朱文泱同志的堂弟。朱经理夫妇对我们极为热情。整个香港激战的炸弹片、炮弹片与高射炮弹的流弹横飞中,以及港督投降后日军横行和烂仔流氓偷抢混乱的日子里,小朱与上海工人们对我们掩护保护备至,是我们铭感不尽的。

记不清是圣诞节与元旦节之间的某个早晨,我和柏李第一次溜上湾仔的一家小西菜馆吃东西。刚坐定,卖早报的进来了,在我买报时,从店堂内匆匆走出来一位身穿灰色法兰绒"唐装"(中国服装)的人,喊着"报纸"这两个很地道的广东话发音,手里拿着"仙"(香港通行的镍质的伍分钱分币)。买报的人多,还没轮到他时,他机警地注视着我,我也看出了他是没戴眼镜的韬公,相与做了个不易被别人发觉的而深相欣慰的表情,他拿着报纸进去了。我走出小店时,特意回望了这个叫"菲列宾"的小西菜馆,记住了韬公隐蔽在这里。这是激烈的炮火中,分散隐蔽互不知道吉凶的多天以来,第一个见到的熟人亲人韬奋同志。

报纸公布,每天上下午各有两小时可以自由通行。一个上午,我走呀走的总想能遇见一两个熟人,漫步到了跑马地,居然遇着了刘少文同志。他是遵义会议时保卫部门的长征干部,上海沦陷为孤岛时期,是接替潘汉年同志担任八路军驻沪办事处的主任和对外代表,同志间爱称他刘姥姥,这时在南方局港办工委工作。这是我见到的第二个亲人了。他问了我隐蔽的地址和柏李的情况,我告诉了他。蔡叔厚同志在上海的家即"中国电工公司",是他在沪时经常到的,他很熟悉。我也讲了邹韬奋同志隐蔽的小西菜馆地址。少文同志说所有同志们的隐蔽地方,都有专门分工联系的人。不过在混乱中,我们的人也随时随地会遭受意外损失,致使被联系者失去联系。你我能记得韬公的地方,这很好,能补救万一。临别时,少文同志再三叮嘱我万事小心。

一九四二年一月七日上午,小潘同志(青年诗人,地下党员,战前和我有过接触,这时是党的最得力的秘密联络员。全国解放后,曾任香港中国银行的总稽核)来通知我:经过廖承志、连贯、刘少文、夏衍等同志的周密安排,把民主人士和文化文艺工作同志分批撤到我东江游击区去,要我和柏李在两天之内,备好唐装,扮作难民,等他来领我们秘密撤走。

当天下午,夏衍同志来了。他胡子黄黄长长的,穿着半旧的绸长袍,像个精干而文明的华人商店老板。他说:金山找了本帮什么三教九流的关系,雇到一条大木船,偷渡出海,准备漂过伶仃洋,冒险往澳门登陆。已经约定了广东人蔡楚生、司徒慧敏,还有他自己和金仲华等,人数还没全确定,问我怎么打算？我讲了上午小潘同志来传达的党的决定,他说也好,你们先到东江游击区吧。

八日上午,按照小潘所导演化妆的服装规格式样,我们到市场估衣摊上选购了唐装回来。从炮声停息、日军占领以来,商店都不开张营业,街道及空地上不是赌钱团伙的赌摊,就是各种卖新旧衣服和日用品的大小地摊,当我俩走近湾仔的住处不远时,行人突然起了骚动混乱,一队日兵哇哇地走过来,后面跟着若干烂仔流氓,一路在狐假虎威,乘机为非作歹。我俩正在进退为难的时刻,只见云姐——陈曼云同志走进我俩之间,低声叫"蹲下,蹲下"。我们三个立即蹲在路旁地摊边,做着买日用物品的样子。云姐低声说:别怕,我有身份证。一阵混乱过后,云姐陪送进我们的住处。我讲了明天小潘来领我们走的组织安排;曼云讲了潘汉年同志在上海,为营救港九同志们的一个传奇性活动。汉年和董慧同志是十一月下旬离开香港去上海的。十二月八日的事变一发生,汉年就急派叶文津同志(广东人,日本留学生,一九三八年曾任夏衍在广州主持的《救亡日报》战地记者。全国解放后曾任姚溱同志负责的上海市新闻出版处的摄影记者。后受潘汉年同志冤案株连被捕,坐牢廿多年,平反后落实政策,在广东省政协工作,未满半年即不幸病逝)动用叶父手中的大量日军"老头票",取得特别通行证,以特殊身份,由上海飞到广州,雇了汽艇,赶到九龙,按照潘所记得的住在九龙的若干民主人士和文艺文化界如柳亚子、韬奋、夏衍等人,从战火中接出来。可是就在战争开始的第一、二天内,廖公动员了几位广东籍青年党员,日夜冒险抢救,把原住九龙的许多人都接到香港,分散隐蔽了,原住在香港的如茅盾等人也都及时搬迁,叶文津只能把他所能找得到的汉年的秘密工作班子和电台人员,安全撤往上海去了。廖公是了解这件事的。我问云姐是否跟金山、蔡楚生、夏衍等一同去澳门。她笑着说:我懂点日文,已办好身份证,要我在这里当一个时期的"顺民"。随即说着后会有期,依依而别。

九日黄昏时分,我们第一批"难民",按照小潘的导演,一律改穿广东式工人农民的衣服唐装,肩背包袱,手提小衣包或藤筐,由小潘分批领着,通过日兵的几重检查岗哨与铁丝网架,悄悄地陆续到了湾仔的海边,由小木船渡到一条有点像画舫的大型游艇上。计有韬公、茅公与师母、叶以群、戈宝权与小高、胡绳与吴全衡、恽逸群、黎澍、胡仲持、廖沫沙、殷国秀、柏李和我等。连贯同志对大家面授机宜,介绍了东江游击队来接应的便衣向导人员,说定黎明之前偷渡过海到九龙等等。这是大家经过一个月的劫后重逢,各人都有相同而又各不一样的惊险经历,可都只能低声交谈一两句,就各自分舱休息过夜。我抚摸着韬奋身上这套灰色法兰绒唐装,低声学着他那一次说的广东话"报纸"二字。他笑着说是他用一套西服跟那家叫菲列宾的西菜馆工作人员换来的,姓梅的老板待他很好。

十日黎明前,我们分头潜伏在四条小艇内,天亮之前到了九龙的红磡海岸,向导人员代我们对烂仔付了"买路过鬼门关"的所谓保护费,领着我们穿过日兵岗哨,到了窝打老道一座楼房内的地下交通站休息、吃饭。交通站内负责的女同志见到我们这群难民裹衣被的包袱不像样,买了灰的蓝的黑的几种布来,用两三架缝衣机代各人做了大包袱,还缝有长带子,又帮我们中的几位女难民化装得尽可能更像难民一点。韬公活跃地首先背起包袱在室内练习走路,小殷、小高等也学着样子练习。韬公指着要我当"难民导演",要大家一起排演"难民逃难戏剧"。于是多数人背起包袱相互纠正着练习。这时,向导说:一直潜伏在九龙未及过海去的叶籁士同志和贺老夫妇,明天将和大家一道走。

次晨,一月十一日,向导引来了叶籁士等十几位男女同志。我们这一行人杂在成万的难民群中,沿着青山公路离开了市区。又换了两位新的向导,领着大家,走过荃湾镇,折上山陵小路,分在两处老乡家的交通站内休息打尖。吃了顿红米饭后再走,进入叫大帽山的山道间,翻过两三个山头,来到一个更大山口前,只见两位持枪的人坐在大石上注视着行人。大石前边放着一顶铜盆呢帽,帽内帽外的地上有着好些毫子(银角子)、"仙"(香港分币)和钞票。一位向导急奔上去,对持枪的人交谈,作手势,另一位向导对着队伍指点着我们的人数。大家紧张地艰难地翻越过山头,到了一片乱石的斜坡。一块大石头上放着一只瓦茶缸和几只土碗,一位便衣大汉右手执盒子枪,左手示意我们休息喝水。向导双手抱拳打拱,大声说:"多谢!江大哥!"于是疲惫的我们,有的放下包袱用两拳敲腰背,有的坐在乱石上喘气,有的半躺着紧捏自己的腿肚子,有的前去喝水。不知谁轻声问了句:"这里就是游击区了吧?"谁应了句:"唉,总算是到了!"这时韬公的左脚扭了筋,右脚板底起了泡,而精神振作,不现出一点狼狈相。殷国秀接下他的包袱,扶他坐下,吴全衡倒来碗水请他喝,他推让着。不记得是谁说了句:"请韬公当代表演讲,感谢游击区。"韬公说:"嗳,到了家了!"我身边的向导着急了,低声咬着我的耳朵说:"是绿林好汉,土匪区。"我一怔。韬公正把喝完水的碗放上大石块,立正,拉整上衣,清清嗓子,喜悦地准备发表感谢演说。我急步上去,碰了韬公一下,拿起大石上没人喝的半碗水捧给他,耳语说:"不是的,就说谢谢吧。"韬公会意,喝完水,大声讲:"感谢江大哥!"鞠了一个躬又说:"谢谢!"这时我们的向导已经在对江大哥热烈地拱手,指挥大家起身再走。茅公夫妇始终由叶以群和另一位向导陪着,稳稳地走在队伍后面。

经过这次休息,下山的路好像容易走了些。只见江大哥身边多了两个也有短枪的人。走过两三个小山岗,是平坦的路。我们这一行突然被前面的难民队伍阻住,是两个烂仔在难民中抢劫东西,被带枪的大哥们缴了械,用绳子绑着走。我们的队伍感到有点紧张,队列缩短,整齐地加快脚步。

黄昏时分,见着一座又高又大,像是庙宇又像是座大别墅的庄院。向导领我们走进朱红大门,就地面坐,说是因为我们人多,米不够,夜饭要等,叫先休息。我们这群无行军锻炼的大小文化人,第一天居然也赶了七十多里山路,这时对于休息二字反应的强烈是可想而知的。

比我们先到这里的十几位撤出来的广东人员中间,有个熟人罗志雄同志,找到我身边来谈话。罗是香港大观影片公司的粤语片导演,曾参加拍摄过我的话剧改编的《夜上海》,是刚入党的新党员。他讲:这里离汉奸伪组织的元朗大镇不远,当地人叫做杨家祠堂,这座大建筑是一位"南洋伯"——往南洋做苦工发了财回来的华侨造的私人住宅。主人全家逃难走了,这房子就成了王大哥的司令部。王大哥是绿林好汉,这一带地方的统治者,很有点势力,国民党人不敢碰他,日本兵也一时难于对付他。我们东江游击队这次为了营救被困在港九的大批同志,跟王大哥打了交道,他才肯帮忙,接待我们过境,表示友好。继而低声说:"王大哥在打听邹韬奋和茅盾,该不该说?"我讲:"就说他们已走过去了。"罗说:"你们今天才是第一批大队人马,他明白。"我讲:"那你就说听讲是由你们的广东佬蔡楚生和司徒慧敏护送韬奋、茅盾走水路去澳门了。"罗点点头。其实这时茅公正跟两个我不认识的人在低声谈话,韬奋正在用万金油涂抹他自我解嘲说的"蹩脚"呢。

第二天，十二日清早，两队人齐集在这座大得出奇、有着不中不西的彩色的庸俗的大壁画以及字句古怪的抱柱对联的大厅之内。大家正在闲谈等待，走进一位身穿新皮夹克，插着左轮手枪，飘着红绸，文质彬彬的大汉，有人起立叫他王大哥。

王大哥对大家点头不迭，热情地大声问好，道辛苦、致慰问，并说他已派人前去探路，跟元朗方面的伪组织打交道，决无问题，保证诸位安全上路，请安心等等。说完，环顾各人，特地对我点头，而且连连招手，做了个请的手势。我迟疑了一下，跟他走出大厅，进了一间精致的厢房，大概是他的指挥部吧。他客气地让座、倒茶、敬烟，称呼我"邹韬奋先生"，不由我分说，连声讲着久仰、幸会等等客套话。我发觉他错认了人，怎么办？在他连声叙述如何爱看邹先生办的刊物，拜读邹先生的文章，赞成邹先生的主张，钦佩邹先生的为人，今天见面，真是三生有幸，很是光荣等等的滔滔时刻，我只是局促不安，处于摇头不是、点头亦不行的尴尬窘境之中。心想：韬公为抗议反动派发动皖南事变、封闭各地生活书店等种种罪行，愤而毅然辞去国民参政会的参政员，从重庆秘密出亡，反动派密令各地特务机关严密监视和搜索逮捕，而且悬赏重金，在任何情况下捉到他时，"就地惩办，格杀勿论"。而我现在面对的这位据山为王的大哥，听他方才说的对韬公的心意倒像是真的。可是政治分野难测，如果万一他手下有人把韬公扣留，献给广东省政府，或者交给日本军方，那将何堪设想！如若我坚决否认，那么真的邹韬奋就在厢房外面大厅内的三四十个难民群里。我只能硬着头皮，既不完全否认，也不完全承受对方的尊敬，只是滑稽地用半刁子广东话跟他周旋，唯唯否否，支支吾吾，所应非所闻，忽而又讲国语，让他听不全懂，时而穿插着恭敬地回敬他香烟等动作。幸好我们的向导同志发觉了，冲进来嚷着："出发，上路，走！"一手跟王大哥打招呼，一手扶我到大宅院前。韬公正在等待集合的人群，边跟小殷、小高们欣赏篱笆上开得正旺盛的红色黄色炮仗花呢。我有意奔到队伍前面,回头对跟来送行的王大哥挥手告别。刚刚扮演了这一幕真假韬奋的惊险滑稽戏剧,大概还在心有余悸的表情中,被叶以群感觉到了,担心地注视着我,我只当没看见。上路走了一程,休息时,我才悄悄地对胡绳与以群讲了个大概。胡绳说:他是跟韬公一同乘公路汽车从重庆流亡到湖南衡阳的。韬公当时虽然也换了装束,可是六天的行程中,曾几次被好心的对韬公崇敬的青年读者辨认了出来,幸而不曾出事。以群说:这里是山大王,可不比青年读者们,危险。我讲:连山大王也如此尊敬韬公,足见韬公的品格感人之深,连我这个假韬奋也沾了光了。谨慎的以群说:"可得小心!"

继续走了很久,到了元朗镇旁,队伍停在路边,不进市场去。等到来了新的向导,说是已经领有伪组织开的难民过境证明条子,这也就是王大哥所讲的派人跟伪组织打交道的结果了。新旧向导领着我们沿宝安深圳公路方向走去。不时有日本兵卡车从身边开过,也有日本兵对我们这群难民叽叽咕咕或者哇啦哇啦叫,我们在向导的示意下,只是闷头赶路。天黑时,到一家破旧而空荡的大房子里住夜,说是已经在宝安境内,离游击区不远了。因为疲劳,更因为近"家"了,大家睡得很死。

第二天,十三日,一早就排好队,立在路边,等了好几个小时,才见一个伪乡长领了四个荷枪的日本兵,要我们列好队伍。点数之后,才挥手叫走。两个日兵走在队首,另两个在后面压队,不时听到他们的嬉笑声。大家很紧张地被押送了大约六七里路,到了一条大河边,日兵回去了。大家刚放下心来,懂日语的叶以群才慢吞吞地说:押送的日兵们议论,我们中间有几位花姑娘大大的好看。这下,几位女同志大为紧张地相互对看着,庆幸过了难关。向导安排我们坐上三条木船,渡河上岸。没想到河岸边上一个木板搭的哨岗前,三个日本兵持枪对着上岸的每个低头走过的女同志仔细地盯看。幸而从元朗陪着来的一位新向导用日语跟他们搭腔,同时交给他们一些钞票,另一向导领着大家快步直往岗峦起伏的小路奔走。翻上了一座林木茂盛的高山顶,向导手指着山谷远处隐约可见的村庄说:"大家安心休息吧,这里梅林坳,是我们的地方了。"惊魂已定的女同志们欢呼起来,大家笑容满面,韬公活跃地首先站起来远眺,小殷问他的脚病如何? 韬公说:"不蹩脚了,走,前进!"有人和着说进,有人唱起了《义勇军进行曲》,有人忘记了自己的包袱,向导捡来代他背着下山。

大家以到家的心情赶路,晚前到了宝安县的一个村庄白石龙。在一座已遭战火破坏了的耶稣教堂前的广场上,我们游击队大队部的同志和村民们已经摆下了许多台凳和大量的茶水接待。休息之后,有位同志来邀请茅盾和夫人孔德沚、韬公等几位,由胡绳陪到大队部去了。大家在教堂内外吃了晚饭。副司令员王作尧的夫人安排我们的女同志到村民家去住。老恽、黎澍、以群、沫沙、胡仲持、叶籁士和我等人,被领到村边小山岗上的空小庙里当游方僧挂单住下。大队政委尹林平同志特地来慰问了我们。这是在东江游击队里我们过的第一夜。由于兴奋、欢欣和党如此苦心安排营救,大家把几天来偷渡离开香港和一路上的奔波疲劳都忘掉了,连十八天战争中各人遭受之苦也不谈了。只是谁也不能入睡,谈着方才林平政委讲的,是廖承志同志早在香港总督还不曾挂白旗、香港还未沦陷之前,就冒险来到东江跟游击大队部商定了营救的计划,开列了他所能记忆得出的在港九的同仁名单等等。

第二天上午,在南国暖和的大好阳光下,大队部把昨晚到来的同志们——已经不再是"难民"了,集合到这个小庙前的大片空地上,中间一张桌子上摆有当地土产的蔗糖块、糕点和茶水香烟等。东江游击大队司令部的领导人开会欢迎我们这一批到来者,尹林平政委、曾生和王作尧两位司令员等领导同志和大家见面,大家围着桌子或立或坐地亲密交谈,韬公做了朴实纯真、深沉动人的长篇发言。小殷说:韬公这席话要是前天在大帽山对土匪大哥讲,怕要出危险的。

当天又接来了一大批人,我们转移到附近山林的几个竹寮中住下。接着是天天有成群结队的人员被接进来,许多民主人士和文化文艺工作者分批分批接进来,胡风和宋之的两家、章泯、小江以及旅港剧人协会的三四十人,无一损失地安全到达。香港的爱国侨领、著名教授与医生、电影工作者纷纷到来(其中有陈铿然、路明姊妹等),生活书店、新知和读书生活等出版社的大批职工,也由徐伯昕与胡耐秋等同志领着,分批到来。我所隐蔽寄居的中国电工公司的小朱经理夫妇,背着抱着儿女与七个上海工人也被接进来,还有许多大中学生与青年工人。一直跟杨刚、乔冠华等有联系的外国进步新闻记者如爱泼斯坦、培特兰等,以及一些外国侨民、英国逃兵也来了,连广东省长的夫人吴菊芳也被接进来,先后共达五六千人。这真是一次伟大的抢救工作。

当时东江游击队的战斗力量还不很强大,周转于惠阳、东莞与宝安三县之间的三角地带,处于敌伪顽反动武装的夹攻之中。完成了这样大规模的抢救工作,困难已够重大,而要保卫与供养这么多的非战斗人员,尤其是大批著名的民主人士、文化人士和著名文艺家,任务之重可想而知。恰在这时,大队部由于频繁的夜行军转移,电台损坏,无法向延安党中央请示报告,廖公秘密活动在粤北地区,亦难于随时取得联系。大队部苦心周密的决策是:根据当前的紧迫情势与本人的意向,分批作适当的疏散。例如年高望重的茅公夫妇,难于适应随时突然转移的夜行军,经林平政委妥善安排了行程,由以群、沫沙和胡仲持等陪护,先行离开。柳亚子一家暂时去梅县,杨刚、胡风、宋之的、袁水拍、徐伯昕等以及旅港剧协同仁较有公开露面活动条件的,分散或分批去桂林。稍后,我们到阳台山上住了一段时间,刘清扬和沈志远夫妇等去了桂林;漫画家胡考等二三十人,由恽逸群领着,迂回转往上海。许多广东青年、学生、工人,以及外国人士等,由游击区帮助他们公开过境回去,韬公夫人沈粹缜同志和子女也只能暂时隐居香港。

东江支队处于惠、东、宝三县交界、四面受敌的三角地间,要用较有战斗力的同志来保卫客人们的安全,只能用小部分力量分散对付敌人。大队部时时流动搬家,我们这些客队也必须游击。最可恶的是对付"伙合鸡"(老乡们鄙视伪军的广东话)的扰乱。我们分住在山陵林木间的竹寮里,每夜派人轮流放哨,每有突然情况就得紧急转移。黑夜里摸索,大雨中滑行,或钻进茂密的山林,或穿越刺人的菠萝地。这对从无战斗行军经验的青壮年同志已很困难(记得旅港剧协有位男演员北方人奚蒙,是心广体胖的老实人,一次黑夜大雨滂沱中行军,曾接连滑倒过三十七次之多,幸未受伤,可已昏头转向,摔糊涂了)。韬公却始终精神饱满,行动敏捷。行军中不许高声谈话,他常低声提醒,照顾别人,有时还说一两句幽默话来鼓励同行者。新到一个住地,他总忙着看问同仁有否受伤,或者找点破旧的报纸来研究,晚间争着要担任放哨,说自己要补上战士生活课,学习行军,炼成一个戎马书生。对比一二位骄娇二气严重的名人,居然说怪话,抱怨把他们接到这里来吃苦头,上当了,还是早走为妙。还有位文学理论家,一不高兴,把香烟头扔入山茅竹丛中,烧了半座山林,费了很大的力量才扑灭。

在这样紧张的一个多月内,我们迁动住过惠、东、宝三县之间的七八个山林与村庄,有几处地方,往往住上一夜就紧张告别。二月间,大队部谨慎安排分送出几批人员后,韬公和我们一大帮人加上新到的几位,转移到了阳台山顶上。这里山岭连绵,森林茂密,高峰经常飘蒙在浓雾中。山谷间小片竹地上搭有两座人字式的大竹寮，寮内铺着厚厚的稻草，每寮可供二三十人睡觉坐息。我们从山脚下的溪畔，搬来一些石块，摆在两寮相对之间的空地上，小者坐人，大者可当饭桌，也可作写字台。南国春早，竹木有花，柚桔的绿叶间绽着待放的蓓蕾。因为这里地势好，不必放哨或急行军转移，大家才有心情来欣赏这些竹木与溪流。

每晨起身前，韬公总是教大家做床上健身操，教得极认真。爬山穿林，韬公是队伍中最活跃欢快的一员。到溪边去洗脸洗衣，韬公总是走在前头。小殷小高等抢着要帮他洗衣服，他总是坚决拒绝，比别人洗得快。有人在转移行军中被撕破了布鞋，丢掉了口盅、牙刷等日用品，或需要别的什么衣物，大队部派人来问，可以补充。问到韬公，他从来什么也不要。有人暗中说，韬公的洗脸毛巾破了，肥皂也没有。大队部给他补充来了，韬公坚持不肯接受，说是留给战士用，乘别人不注意时，塞入来人的包里带走了。

大家多次集合在空地上或树林里，请韬公演讲，韬公总有求必应。他多次精神健旺，深入浅出地讲述国际联盟企图放纵德国法西斯来对付苏联，正在自食苦果；英美的民主政治实质上不民主；他所见到的苏联的新人新事新面貌；苏联抗德战争的艰苦和必胜的前景；国民党统治的反动本质与倒行逆施；他对所接触到的共产党领袖人物的政治品德与言行，以及关于学习、修养、事业心等方面的自我感受等等。韬公每次演讲，总以他那特有的朝气蓬勃，语言朴实，平静深沉，诚恳亲切，幽默表情，以及循循善诱、谦虚诲人的精神让听者受益。这期间，大家还推定韬公主持过几次政治性学术性的讨论会，效果很好，我感到是受了战时短期政治课的教育。

春雨天或黄昏时分，大家只能坐在自己的稻草铺位上，叶籁士戏说这是班禅喇嘛的坐床大典。这时几次要我主持开游艺会。我也当仁不让，手打锣鼓开个场，于是最年轻的江韵辉唱歌，老贺的爱人唱湖南民歌,小殷小高和吴全衡三位女将唱起刚从林平政委学来的《同志妹同志哥》及《送郎当红军》等江西歌谣,沈志远教授连唱带表演来一段京戏《打棍出箱》等等,节目丰富。而韬公用极为严肃的表情讲得使人笑得喘不过气来的笑话,是最叫座的压台节目。

  记不清是哪一天,说是韬公的生日,他极力否认,大家一定要祝贺。于是由殷国秀和吴全衡两位生活书店的小姑娘筹办了些土产甘蔗熬制的片糖,用五毛小洋向老乡买到了在农田里只消用脚踢踢就出土的双手捧不了的大块生姜,借老乡家的锅灶,烧了一大木桶姜汤,借了些碗。星光之夜,大家围坐山下一丘农田里,为韬公庆贺生辰。各人高举一碗又辣又甜的姜汤代酒,祝他健康长寿。韬公感谢了大家,笑语欢腾,更显得活跃。他自己又往桶里舀了满满的一碗姜汤,坐到田埂上慢慢地喝着,品味着,渐渐地我发现他的情绪变化,动作素来利索的他变得缓慢了,拿着空碗的手有点抖动,开朗而常带幽默的笑容不见了。我觉得奇怪,有人接过他手里的碗,有人鼓掌要求寿星演讲。韬公立起来严肃地讲话了,记得大意是:过生日是假的,我不承认,但我理解大家的心意是借题发挥,欢叙谈心,我本人也正好反省一番。有人说这姜糖汤是土咖啡,我只觉得它甜太多,辣有余,而苦味不够。我邹韬奋是一个平凡的人,人生四十七,只想在苦的辣的酸的时代里干一点苦事业。后来偶然的机会,认识了潘汉年,我眼睛一亮。由于他,我跟胡愈之、鲁迅、宋庆龄、沈衡老等人多了来往,初步认识到要辣!再后来,跟周恩来、董必老、王稼祥等几位相处,我才认识我自己是太弱,太浅,太不够,太差了。今天的辣姜汤是太甜了……(以上所记只是一点大意)我奇怪!我回想,从一九二六年在苏州青年会第一次听到韬公(当年还是邹恩润先生)演讲,接着读他编的刊物和许许多多著作,总觉得他是条理清晰、善于以理服人的大手笔。在上海的救亡活动中,韬奋先生主张最坚决,态度最和平,我对他的这种印象愈加深刻。可是今天在这个小场合,这位谦谦君子的坚强战士却会深情激动得情跃意表,而又意溢言外。这是为什么?我想,这大概是大时代大转折中,一位伟大人物内心思潮澎湃,湍涌出的一个至情的小插曲吧。几位在生活书店受过韬公教育与培养的青年,也感到今晚的韬公跟平时不一样。我自己暗暗地说:生活中偶然一次的心灵流露,会使人们的心深深相印,这是一个飞跃,我久久难于忘怀。

大队部派定四位青壮年负责管理我们阳台山上这伙人的生活。一位是姑娘,另一位是十三四的少年,很活跃,大家爱称他"赛(广东话小的音)老哥"。每天三位较大的同志天不亮就得分头出发,走一二百里路,冒险混过封锁线去赶墟(大市镇上的定期市集),为我们采购食物。有时因日伪军扰乱,什么也买不着;有时买到点荤素菜,会全被"伙合鸡"们没收抢去,遭受拳打脚踢,空手回来,紧张与艰苦是可想而知的了。韬公和我等八人同编一"吃饭小组"。有时菜蔬很好,"赛老哥"特别高兴。有时石块饭桌子上是一碗菜叶汤和一碟小鱼——往返百余里从东莞境内买到的一种长仅半寸、一寸的小鱼干;有时只有一二方红乳腐下饭。韬公总是在他用漱口盅盛的饭面上,夹上一尾小鱼干或者一小点乳腐,坐到石块或土埂上去,高高兴兴有说有笑地吃着。最年轻的"饭小组长"江韵辉同志恭敬地捧着菜碟子前去请他多取一点,韬奋总是说:"大家吃,我够了,你们小青年应该多吃一点才好。"他端着口盅边吃边避走,坚决不肯加多一点。这样的事情虽小,而一尾小鱼见深情,同志们感在心里不说,连"赛老哥"在他们四位服务员的小组会上,也不止一次表扬韬公的为人。当然四十来位客人中,悄悄地诉苦、说怪话的也不止一二人。

在我们流动居住的第三或第四处地方,刚巧和大队部油印报纸的编辑部同在一个村庄边的竹寮里（当时这张报纸的直接领导人是当时的宣传部长、中山大学学生杨康华同志，解放后一直在广东省任要职）。报纸编辑部请了韬公和我们三四个人去开座谈会，韬公是主讲。只见韬公好像回到了他当年办《生活》周刊的编辑部，一本正经地恳切扼要地针对这张报纸的特点，指出它是游击队的战斗喉舌，是流动不定的油印报，对象是部队领导和文字水平高低不一的战士与老乡，根据这些特点，老报人把可以讲的万语千言，归纳成几条原则意见。接着把已经出版的每一期报纸的每一页每一篇，认真指出其优点和不足之处，提出改进的方向。他不像老师批改学生作业，而是像报纸同人中的一员，亲切地交换意见，使我也跟这几位青年报纸工作同志同样受到了难得的宝贵教益。

  韬公还曾两次或三次经大队部请去，对干部们做过国际国内战争与政治形势的报告，记得是由胡绳或黎澍同志陪着去的。大队部的电台修好了，与延安党中央联系上了，党中央来了指示，这是特大的喜讯。农历除夕，政委尹林平领着一队人来到阳台山上，带来好不容易搞到的糖果、糕点、香烟等慰劳品。林平同志代表曾生、王作尧司令员和全体指战员向大家祝贺春节，郑重热烈地代表党中央对大家进行慰问，代表当时正在延安的周恩来副主席，首先对韬奋同志致了亲切的慰问，然后逐一转达恩来同志对这时还留在阳台山上的每个同志的问候。大家起立鼓掌，一面接受慰问物品，一面拭着激动的眼泪，看着，笑着，想着延安党中央，久久不能平静。林平同志对大家传达了周恩来同志对国际国内战争与政治形势的分析，对东江游击区形势作了估计，谈了对仍留在这里的人员将作妥善安排的考虑等等。

  这时，出现了一个戏剧性的场面。我发现跟林平同志来的人员中有一位战士，一见面就对我点头打招呼。我低声问林政委，他低声简要地说，这王同志原是爱国抗日青年，自发拉起队伍，跟我们配合作战。因为这次大规模抢救港九人员，最近在敌伪顽三方面配合袭击围攻之下，他的队伍伤亡不小。我们把他们接进来，他叫王大哥。我急忙把韬公拉过来，介绍道："王大哥，不，王同志，这就是你和我同样尊敬的邹韬奋先生，当时在杨家祠堂，是因为，因为……"不待我说下去，王同志惊讶诧异，有点不好意思地握着韬公和我的手。倒是韬公先开口："谢谢你，杨家祠堂一路上对我们的关心和爱护。这位于同志已经对我都讲了，你对他所说的那些，对于我的心意，我实在愧不敢当。"林政委插进来说："我们有些战士们已经知道韬公在这里，都想见见面，握握韬奋先生的手呢！"这样，大家笑着尽欢而散。

二月底、三月初，又护送出去几批人，如前面提到过的恽逸群领着胡考等去了上海；刘清扬等老将之外，又有叶籁士、殷国秀、戈宝权、小高，以及漫画家丁聪等两大批同志；戏剧工作者章泯、江韵辉、柏李和我，遵照延安周恩来同志给大队部的电报指示，经上海去苏北盐城鲁迅艺术学校搞戏剧工作，但因日兵进租界，须待上海地下党组织稍事安定之后再走，现留在东江工作一时。

这时，邹师母沈粹缜夫人领着大宝（家骅）、二宝（家骝）和小妹（今名加力）经组织护送到了阳台山。韬公全家在大草寮中欢聚团圆，大家为之欢庆，同时以沉重和深深的钦佩心情，体味与分尝邹师母从港战开始一百多个日夜，对韬公时时刻刻无法用语言描述的苦心怀念。愧我的拙笔无能，恨我当时甚至于现在还难于恰当地说尽我对粹缜同志的崇敬！

紧急艰危的战事一直没有休止，我们第一批到达大队部所在地白石龙，接连受到敌人几次进攻，辗转移动了两个来月，大批人员进进出出的中心点被侦察到了。敌人发动大进攻、大扫荡，韬公全家和我们最后留下的小批人，立即转移到大队部新驻地叫光头仔的小山村。高高的阳台山上两个大寮改成伤兵医疗站，我们没有得到批准去看望与慰问心爱的伤员。

初到光头仔时,章泯和我曾为纪念三八妇女节,排练过活报剧及"叠罗汉"式妇女塑像默剧,也有歌唱节目,在容得下一团人避雨的大榕树下演出。正在开始筹备组织大队部文工团时,战斗吃紧,如何保证韬公的安全是大问题。上级电报指示,韬公不能到桂林等地,更不能回重庆转延安,最好就在广东境内找个妥当的地方隐蔽较长的时间,静待时机。几经研究选择,才最后决定去向。

四月初,大队部的负责同志聚集在光头仔山村边一座国民党军队留下的破碉堡内,为韬公全家以及我们几个也要走的人饯行。饭桌上几样好难搞到的菜,大家一面吃饭,一面交谈,谁也不愿流露出别离的情绪与语言。上了一道"大菜",是用脸盆煲(广东话炖的意思)得烂熟了的一只肥大的公鸡。这一下宾主同样都动了情,大家举着筷子谁也不愿意先动。沉默了好一会儿,司令员夹了鸡腿放在韬公碗里,韬公立即夹了另一只鸡腿回敬司令员。在这两个无声的动作中,尹林平政委才说:"祝韬公和同志们,也祝我们的部队,前程远大!"于是大家立即应和着互祝互勉,完成这样一次不寻常的饯行宴会。

记得是清明节那天的春雨中,邹师母、大宝、二宝、小妹和吴全衡五人离开东江。领队是老黄同志(福建人,在大队部工作,跟林平政委同是苏维埃时代的红军。一九四九年五月进军上海前,在丹阳集中队伍时,我们又遇见,当时他编在上海市军管会文管会的教育处,我在文艺处)。章泯、小江、柏李和我同行。我们撑着雨伞跟韬公及政委等告别。步行、宿夜、坐木船,经过白区的几个县,到了粤东的交通要点老隆。小住几天,由地下交通站安排我们分别上了两辆载运盐巴大包的大卡车,往粤北的曲江(当时国民党省政府所在地韶关)。路上几天,由于发大水冲坏了公路和我们这辆车抛锚等原因,两车失了联系。五月初,我们抵韶关后,党的联络员说，邹师母他们已安全乘火车去了桂林。党安排我们四人在韶关等搭邮政车转上海。因日军在闽浙边境和浙西兰溪等地扫荡，久等未成行，突然得到联络员通知要我们立即离开，到桂林去等交通，说党组织遭到破坏。事后知道，廖承志同志就是这次被反动派逮捕的。

六月初，我们四人到了桂林，住在郊外等待交通。偶然在路上遇见了邹师母，她高兴地告诉我，就在我们这最后的一批人离开东江光头仔的同时，韬公也离开了。现在党安排他住在梅县、兴宁、丰顺三县交界的乡下，那里是老区，反动派力量小，很安全。韬公在研究《资本论》等书，同时打算经上海进苏北去工作。她还说："你们会在苏北解放区里见面，一道工作的。"我说希望能跟师母也在苏北再见。结果我们未能去苏北工作。

韬公于秋天离开梅县，辗转潜入上海，历险到了苏北，受到党中央函电和新四军指战员的欢迎。正当党为他作好一切准备前往他多年来一心向往的革命圣地延安时，韬公的不治之症发作。一九四三年三月，不得不重返魔掌下的上海治疗。一九四四年七月二十四日清晨，伟大的民主民族战士献身共产主义事业的邹韬奋同志竟与我们永别！

永远不能忘怀的是一九四二年四月初东江光头仔破碉堡中的一席饯别宴，竟成永诀！

斯人不寿，万众永怀！

四十二年前危厄事，有的历历在目，有的记忆不准，有些人、事未全提及，有些提及的也难免有出入，甚愿得到真实准确的纠正。

一九八四年四月初

（选自1984年5月6日上海《解放日报》）

回忆韬奋离苏北返沪就医

王于耕

一九四二年秋冬之间,日本侵略军大举扫荡苏北盐阜区抗日根据地。那时我正在华中局党校学习,上级决定一部分学员先结业回各地。我原在苏中三分区工作,临行,我向陈毅军长和张茜同志辞行,陈总对我说,邹韬奋先生因耳病将回沪就医,和我同行,要我转告当地负责人叶飞同志派妥人护送。陈总称赞了邹先生许多话,年久已忘。只记得他说邹先生有些地方不同于当时已来根据地的其他知名人士,他比他们更进步,为人也很好,并一再表示了因他有病不得不离开的惋惜之情,要我沿途照料,特别注意安全。对邹先生我是久闻大名,在抗战前,学生时代就很景仰他。因此,对陈总的嘱告牢记在心。

后来约有一个排的战士护送,有人负责安排行程,掌握行程中的军事情况。邹先生有匹马,有个小勤务员照料生活。这次多是夜行军,当然很疲劳。走久了或者在过封锁线紧张情况下,我们总有人走在他的身边,马前马后,轻声问他是否疲劳,把沿途真实情况告诉他,请他安心。他总说."没什么,你们放心。"

邹先生和蔼可亲,大家都愿亲近他。我们在背后议论,这位知名的文化人很好相处,很易照料,我们更应仔细些。他是什么要求都不提的,对我这个年轻的女兵颇有兴趣,老拉着我说话。我原来的拘束很快打消了,就随便同他聊天。他很注意听别人讲话,常用手扶着耳朵,有时还拿出小本子记录。我笑着说:"你记录,我就不说了。"他也笑着解释:自己年纪大了点,怕忘了。又说自己多年当记者,记录是习惯。他常提问题,例如问我是怎样离家参加革命的,做过什么工作等等。因听说我在新四军战地服务团工作过两年,以后一直搞民运和地方工作,他就询问了敌后的文化宣传工作情况,关于开辟苏中、苏北根据地的情况。他关心询问建立政权、发动群众、二五减租、分半减息、武装群众、建设民兵、开展敌后游击战争等情况。他饶有兴趣地听我述说,总是讲:"你说得详细些,我很喜欢听。我不累。"也问到我到根据地后有没有记者来访问。记得我说到过史沫特莱,她曾问我们几个女兵为什么不到前方去打仗。邹先生听了哈哈大笑,并说:"她也不去扛枪打仗呀,可她的工作也很重要。"我也问了邹先生访问苏联的情况和国民党统治区的事。他讲了不少苏联的事和国民党的黑暗统治,使我增加了不少知识。这次行军虽仅十多天,又在紧张的敌情之中,跨过了三四次封锁线,人也比较疲劳,但却是我终生难忘的一次愉快的旅程。

离开军部所在地阜宁县的停翅港(又名亭子港)约三天,到了新四军一师二旅所在地大冈,旅长是王必成同志,政委是刘培善同志。他们已接军部来电,我们一到达就进了安排好的住地。王、刘两位一面热情表示欢迎,一面嘱安心休息。这是新四军的主力部队之一,又住在他们的司令部所在地,大家都睡了一个好觉。次日,请邹先生吃饭。那时敌后农村请客简单,一只老母鸡,一盘炒鸡蛋。王、刘二位表示歉意,邹先生却吃得很香,连连称赞比大城市的酒席还好吃。大家说说笑笑,一下子就熟悉了。饭后,先由王必成同志介绍了他们部队在敌后的作战情况。王必成同志是新四军能征善战的著名指挥员之一,当时他仅三十出头,作战经验却很丰富。他沉静善思,言语不多,谈问题却简练中肯。对这支驰骋大江南北的英雄部队,邹先生充满了敬重和好奇,他一面听,一面作记录。接着刘培善同志又对部队的政治工作、部队的官兵关系、军民关系等做了较为详细的介绍。他言语生动活泼,说得高兴就站起来,走动着作手势,对邹先生很亲切,一下叫他先生,一下叫他同志,甚至叫他"同志哥",显然邹先生对这个称呼很高兴,一面记录,一面"哦哦",宾主亲密无间。我怕邹先生累了,提出帮他记录,他说:"不!不!我一向是耳听手记。"他一手遮着耳轮,一手记录,还一再提出问题,请王、刘二位多谈谈。

后来,刘政委又陪他看了部队,同干部、战士谈话,精神很好,兴致极高,好几次说:"这真是世界上最好的部队,我真想留在这里。不是我这病……"我也是很高兴,为自己是这个部队的一员而自豪,我对邹先生说:"你说得真对,你病好了一定再回来!"他连连说:"一定!一定!"

在此逗留两天又继续前进,经过联抗地区,又休息了一天。那里的负责同志热情地接待了邹先生。接着又过了一条封锁线到达了苏中三分区。

三分区管辖四个县——泰州、泰兴、靖江和如西(如皋西乡),南面即临长江。当时领导机关在如西县周家庄一带,是邹先生离开抗日根据地的最后一站。这个地区的负责人是新四军一师副师长兼一旅旅长和地委书记叶飞同志,他已接军部电报,为邹先生安排了住地,并派医生和他同住在一起,尽当地的可能照顾了邹先生的起居,增加了他的营养,并严格保密,以保证邹先生去沪和后来的安全。在这里,我记得住了三四天才离开。

当时,日伪已在苏中四分区开始清乡,三分区处于短暂的安定。叶飞同志和朱克靖同志(三分区的专员)同邹先生接触最多,常常谈到深夜。那时,国际上反法西斯战争正处于最紧张的时期,日本帝国主义在珍珠港事件后又大举南下,加紧在大江南北清乡、扫荡,同时,国民党同敌伪勾结一起,沿江一带猖獗活动,形势是比较紧张的。这些情况正是他们谈得最多的话题。他们谈得投机，谈得知己，在紧张形势下，依然保持乐观情绪和坚定信心，使我受到感染。他们谈话中已互相称为"同志"，那个"先生"的称谓不知何时已经丢去，谈话常在哈哈笑声中结束。

当时叶、朱两位负责人亲自安排了韬奋同志的行程，向他介绍了敌伪活动情况，特别是敌伪据点的情况，妥善选择了陪送至沪的人员和进入敌占区时的路线，我记得他是从张黄港出去上船的。在一切安排就绪之后，我随叶飞同志、朱克靖同志为韬奋同志饯别，韬奋同志对根据地和同志们的依依之情溢于言表。哪知这次一别竟成了永诀！

韬奋同志去世的消息传到解放区，并在报纸上刊载了他的遗嘱，和他相处过的同志们，都十分悲痛，特别感动他在遗嘱中请求我党追认他为党员，党中央后来批准了。消息传来，大家都认为非常好，非常对，他确实已具备中国共产党党员的条件。特别是在第二次世界大战和我党、我军正处于艰苦斗争的时候，他的遗嘱对坚持斗争的人们是一种鼓舞。可惜他在盛年逝世了，不然他定将为中国革命和建设作出更多的贡献。

一九八三年三月二十九日

（选自 1984 年 6 月，《上海文史资料选辑》第 47 辑）

邹韬奋同志给我的教育(摘要)

凌其翰

一

一九二七年九月上旬,正当上海黄浦江上乌云弥漫,"四一二"反革命逆流异常猖獗之际,我愤然摆脱了国民党反动派的牢笼,乘前往马赛的法国邮船出国。在船上遇到一位越南青年,操着一口流利的法语,声泪俱下,痛斥法帝国主义对越南人民的压迫和剥削,我也不自觉地流下了同情的眼泪。事后,我写了一篇短文,在上海《时事新报》附刊《青光》栏用笔名"寄寒"发表,引起上海法租界当局的强烈反应,向时事新报馆追查作者的真姓名。适韬奋同志兼任时事新报馆秘书,特按照我留学比国卢万大学时的住址写信给我,对我此举奖勉有加,并聘我为《生活》周刊的旅欧特约通讯员。从此,我就用"寄寒"的笔名,经常为《生活》周刊写通讯,每隔几个月,《生活》把积累起来的稿费汇给我,我用来添购需要的专业参考书籍。一九三一年"九一八"事变后,为了奔赴国难,我于考完布鲁塞尔自由大学法学博士学位的毕业考试后,匆匆束装返国。从此才有机会认识我在留学时期不断通信、神交逾四年而从未见面的韬奋同志,得以亲聆教诲,备感振奋。

二

一九三一年十二月，我刚回到故乡上海，即承世交黄炎培（任之）先生介绍，由上海《申报》主人史量才先生聘为《申报》总管理处秘书，还允许我兼任上海东吴大学法学院教授，并执行律师业务。当时史老板有中国报业托拉斯之称，主张停止内战，团结抗日，深得各方赞同。他要我每星期向《申报》时评栏撰写一二篇国际时事短评。"一·二八"前后，还要我到徐家汇土山湾访问著名的爱国老人马相伯，摘记他的名言谠论，在《申报》副刊《自由谈》上发表，标题是《九三老人马相伯先生语录》。为了隆重庆祝《申报》诞生六十周年，史老板又要我筹办《申报月刊》，这就使我感到困难，我对月刊的编辑和发行都没有经验，除了请教我素所敬爱的韬奋同志外，实在无法可想。果然，韬奋同志对我真正是有求必应，在编辑方面，是他建议我请教胡愈老。胡愈老推荐俞仲华先生为月刊的总编辑，史老板表示同意（俞仲华先生曾与瞿秋白一起最早出访十月革命胜利后的苏联）。在发行方面，韬奋同志也给我许多帮助。俞仲华先生到申报馆后，推荐黄幼雄、吴景崧[①]加入编辑部，这样，《申报月刊》创办起来了。

《申报月刊》创刊号，又称《申报六十周年纪念特刊》，内容相当丰富，除了十篇特约的专题文章外，还有胡愈之的《动荡中的世界政治》，张明养的《半年来的世界》，文艺创作有茅盾的《林家铺子》，巴金的《沙丁》。以后各期，有章乃器、陈翰笙等的文章。

[①] 吴景崧于解放后长期任世界知识出版社编辑，"文革"中含冤去世。——作者注

三

一九三二年"一·二八"淞沪战役中,韬奋同志率领生活周刊社同仁为抗日的十九路军将士进行救死扶伤的工作。此外,他还邀集朋友组织聚餐会,当时参加聚餐会的,根据我的回忆有邹韬奋、戈公振、胡愈之、毕云程、王志莘、杜重远、李公朴、潘序伦、金善宝、陈彬和、吴颂皋、凌其翰等。在上述诸人中,韬奋同志已于一九四四年在上海逝世,杜重远先生于一九四三年在新疆被军阀盛世才杀害,李公朴先生于一九四六年在昆明被国民党特务暗杀。这三位先烈英名永垂,永远值得人们纪念。

这种聚餐会,我记得只举行过两次,就未继续。它是用聚餐的形式进行的时事座谈会,韬奋在会上发言严肃、认真,每次发言总是带一句"要是有中共的朋友在这里提供他们的看法,那多好!"或者说,"可惜这里没有中共朋友提出他们的看法"等等,足证他向往中共,溢于言表。我对他的谈吐留有难忘的深刻印象。

四

一九三三年是上海文化界,特别是进步报刊多灾多难的一年。《申报月刊》创办不久,《申报》本身因用笔名"彬"发表的一篇《剿匪乎?造匪乎?》时评,连载两天,传诵一时,触怒了蒋介石,下令封锁《申报》的发行,使《申报》营业遭受很大损失。

宋庆龄领导组织中国民权保障同盟,韬奋是主要成员之一。同年六月十八日民权同盟总干事杨杏佛被刺殒命,当时盛传黑名单中有韬奋,七月韬奋不得不流亡海外,遍游西欧各国,并到苏美两国考察。我在白色恐怖笼罩下的上海,也感到不宜久留,由新任国民党外交部常务次长唐有壬推荐,任驻比公使馆二等秘书。我在比国留学时,曾考得卢万大学政治外交系硕士学位,当职业外交官也是我的夙愿。同年九月,我向史老板辞去了申报总管理处秘书职务,并分别摆脱了东吴大学法学院、上海法政学院兼任教授的职务,结束了执行律师的业务,偕爱妻康素以离开上海,到布鲁塞尔去当国民党的外交官。

我到布鲁塞尔才三个月,一九三四年二月,韬奋来了,他是一九三三年七月,乘意轮绿伯爵号(即韬奋在《萍踪寄语》初集中所称的佛尔第号 S. S. Conte Vercle)从上海出发,先到威尼斯,经意大利、瑞士、法国巴黎、英国伦敦,然后再到巴黎,由巴黎乘火车到布鲁塞尔。我俩与所敬爱的韬奋同志(素以对韬奋十分钦佩)海外重逢,倍感亲切(详见《萍踪寄语·游比杂谈》之一、之二)。这时,我已经不是新闻记者,而转变为职业外交官了。

五

一九三五年至一九三八年这四年间,我与韬奋同志没有接触,留下了空白。就在这段时期,韬奋同志和他的战友们从组织救国会起到七君子被捕入狱等等,表现得轰轰烈烈,震动全国。我则厕身于国民党外交阵营内,不露声色,只在暗中寄托我对韬奋同志及其战友们的关怀。一九三九年春,五年不见的韬奋同志忽然派生活书店某同志(我完全记不起他的姓名了)到重庆涨秋山馆国民党外交部来访,说是生活书店有大批书籍从上海辗转运往广州湾(今湛江港,当时还是法国租借地),计划从那里运进西南各地,他希望我与法国大使馆密商,请法方给予照顾,务使这批进步书籍能逃脱国民党特务的检查。我对韬奋同志的嘱托,当然不能等闲视之,立刻与重庆法国大使馆我所熟识的馆员密商,结果满足了韬奋同志的要求。而更使我欣慰的,就是我与韬奋同志从此又接上了头!

一九三九年十一月七日苏联十月革命节,我出席了重庆枇杷山苏联大使馆的招待会,时间是上午十时至十二时。在会上我遇到久别的韬奋同志,尽管喜出望外,但仍抑制着兴奋的感情,借以避免特务的耳目。他退出时向我轻声耳语,邀我立刻到他家共进午餐。他家住在学田湾,距离枇杷山不远,于是他离开苏联大使馆约半小时后,我也离开,片刻就到他寓所。韬奋夫人沈粹缜同志开门迎迓,引我到屋内一小圆桌旁,与韬奋面对面坐下,桌上已摆好两副碗筷,由沈粹缜同志端出她自己烹调的三菜一汤,韬奋和我两人,一面吃,一面谈,而沈粹缜同志则不参加,好让我们畅谈无阻。他和我谈生活书店遭到国民党特务种种压迫和摧残的情况,更义愤填膺地谈他的南洋公学同学、中统特务头子徐恩曾对他怎样利诱威逼的情景等等。

一九四〇年十月革命节,我又参加苏联大使馆举行的招待会,又遇到我素所敬爱的韬奋同志,他又邀我到他家午餐,又由夫人沈粹缜同志开门迎迓,又由她端出她亲自烹调的三菜一汤,又让我们对坐共餐。韬奋和我谈这一年来他主持的生活书店受到国民党当局进一步压迫和摧残的情况,以及徐恩曾怎样咄咄逼人地压迫他向国民党投降的情景。他向我透露他已到忍无可忍的地步,已经决定辞去国民参政会参政员的职务,以便出外流亡。

临别时,我向他请教以后我的出处应该怎样?他想了一下,郑重叮嘱我:"你仍可留在国民党外交阵营里,以后待机而动。"

我和韬奋同志两次十月革命节的会晤,特别是一九四〇年那次的会晤,可算是永别前的会晤,他要我继续留在国民党外交阵营里,以后待机而动,可算是他与我永别前的赠言。

一九四九年十月十日,我参加了国民党驻法大使馆和驻巴黎总领事馆全体同仁联名通电的起义行动,可算实践了一九四〇年十月革命节韬奋同志与我永别时的赠言。

一九八四年二月十日写于北京

（选自 1984 年 6 月《上海文史资料选辑》第 47 辑）

韬奋同志指引我走向革命（摘要）

钟怀琼

一九三九年五月，我的父亲强制我留在越南东川市当美孚洋行经理，极力反对我往延安，把我软禁起来。迫得我只好逃走，沿着越南堤岸至海防铁路线的一些大城市奔波，筹措往延安的路费。但是结果毫无所得，只好留在海防当小工，准备到贵阳再作打算。当我到广西省宜山县的时候，见了国民党陆军军官学校的三位原琼海中学同学，他们告诉我，国民党已经反共，并逮捕了前往延安的青年，把他们关进了监牢。这对我来说，真是晴天霹雳。我一心向往革命圣地延安，现在人地生疏的征途中，走投无路，该怎么办？我想起了一向热爱青年的韬奋同志。鼓起勇气写了封信到重庆国府路学田湾全民抗战社给韬奋同志，坦率向他吐露了我的心情和奔赴延安的决心，并询问前往延安的情况。不出所料，很快收到了他的回信，暗示我说"路途遥远，存在难于克服的阻碍"，但又鼓励我"有志者事竟成"，满腔热情，谆谆嘱咐我为"抗日救国珍重"。他的引导和激励，给了我巨大的力量。那时我在贵阳，住在同乡开设的南洋咖啡店里，我认识的十几位同乡司机知道韬奋同志给我回信，争相拜读，同受感染。他们和我一样热爱中国共产党和八路军，听说我要去延安就解囊相助，给我三百元路费，使我得以达到前往延安的目的。没几天，我到了西安七贤庄十八集团军办事处，两位接待我的同志看到韬奋同志给我的回信，大为感动，因为韬奋也是他们素来敬仰的。一九四〇年秋,我在太行山抗大总校毕业,是十一名华侨中的一员。毕业后,党中央立即派我回南洋。从晋东南回重庆时,与李公朴先生同行,他同我谈起韬奋同志,对韬奋同志真诚爱护革命青年,也赞叹不绝。

(选自 1984 年 6 月《上海文史资料选辑》第 47 辑)

忆韬奋(摘要)
——纪念韬奋逝世四十周年

杜若君

我与韬奋相识,是在一九三五年。

一九三五年底,我路过上海,根据钱亦石同志①的建议和安排,我到生活书店去看了仰慕已久的韬奋。由于我们已有文字缘,所以虽系初见,却有一见如故之感。当时他那种质朴、纯真、热情、诚恳的待人态度,和在谈话中流露出来的高度的爱国主义精神,以及强烈的事业心,给我留下了深刻的印象。

我与韬奋接触较多,相知较深,是抗日战争时期的一九三八——一九四〇年,在武汉和重庆的一段时间。

一九三七年底,由于京沪和华北战局的急剧变化,我由北方到了当时被视为国统区政治中心的武汉。一九三八年元旦过后,我到生活书店去看望韬奋,他又带我到对过民生里去看了沈衡老(钧儒)。他们也刚到武汉不久。当时沈衡老和柳湜同志,主编《全民》周刊,韬奋则主编《抗战》三日刊,他们都约我写稿。由于《抗战》的刊期短,我所写的一些政论文章和国际评论,大都交由《抗战》三日刊发表。后来《全民》与《抗战》合并为《全民抗战》,由韬奋、柳湜主

---

① 钱亦石,中共党员,著名国际问题评论家。当时是社联重要负责人。——作者注

编,我就成了这家当时影响很大的刊物的经常撰稿人。两三年间,为它写了不少国际评论,这些文章,都是经韬奋之手发表的。

在此期间,由于和韬奋接触较多,使我对他有了进一步的了解。一九三五年底,当我初识韬奋时,只知道他已接触了马克思主义,并且在政治上接受了党的影响,但在我的印象里,他基本上还是一个爱国主义者。一九三八年在武汉我所接触到的韬奋,比起一九三五年我初见时的韬奋却已经有了明显的变化。他不只是一位爱国主义者,在很多方面,更像是一位共产主义战士。

当时武汉存在着抗日民族统一战线的局面,政治气氛比较活跃。进步的文化界人士,和各种抗日救国团体的代表人物,经常举行各种聚餐会、茶会和座谈会,交换政治意见,发表政治主张,影响很大。虽然大家都是主张抗日的,都属于进步的文化界,但由于人们的政治思想和社会文化背景不同,意见常有分歧,有时且有争论。沈衡老和韬奋,为了使我们一些经常接触的朋友能在政治上保持一致,在各种活动中发挥积极作用,建议大家经常举行小型聚会,以便交流情况,交换意见。但当时,武汉住房紧张,要找一个聚会的场所很困难。沈老和女儿沈谱一起住在民生里,房子很小。韬奋一家住在金城文具公司楼上,更是拥挤。而交通路生活书店的楼下是门市部和接待室,楼上是宿舍和办公室,更不方便。没办法中,就由沈老出面,在汉口法租界租到一间公寓式的房子,作为大家定期聚会的地方。当时参加的除沈老和韬奋外,还有沙千里、史良、金仲华、柳湜和我。每次聚会中,韬奋都是最活跃的人物。当时由于他和一些党员同志,特别是党的领导人常有接触的机会,再加上他对党的深厚感情,对党的方针政策了解的比较多,体会的比较深,所以在每次聚会中,他发言最热烈,最积极,内容也最丰富,再加上他那至诚感人的态度,对大家提高思想,统一认识,起了积极的作用。而这种聚会的影响,又通过与会者各个人的活动,扩大到很多方面。后来由于敌机的袭扰,武汉常常发警报,定期集会有困难,这种聚会没有继续很久就停止了。

记得一九三八年四月间,英国和意大利经过长期谈判,达成协议,签定了"英意协定",这件事又引起了蒋介石对日妥协的幻想。他以为英国在西方稳住了欧洲和地中海以后,就可以拿出更大的力量干预远东。蒋介石幻想,可以利用英美对日本的压力实现对日妥协。蒋介石把他这种想法告诉了《大公报》主笔张季鸾,制造舆论,在报上公开加以宣扬。当时在武汉工作的周恩来同志,为了宣传党的政策,有时到生活书店找到沈衡老和韬奋,以及在生活书店系统出版的刊物上撰稿的朋友们用谈天的形式分析局势,讲解党的政策。上述情况,就是周恩来同志在一次谈话中提到的。韬奋在听到周恩来同志所谈到的情况后,当即表示对这件事要立即作出反应,予以揭露。他要我尽快赶写一篇专稿,交由《世界知识》主编金仲华同志,尽快在《世界知识》上发表。第二天我花了一天时间写出了近万言的一篇专论《英意协定有什么影响》交给韬奋。但《世界知识》从迁到武汉后由于印刷、排版等问题,不能经常按时出版,正在调整,原定四月十六日出版的一期,要拖到五月一日出版,而原定五月一日出版的一期,则需要拖到五月十六日才能出版。这样,我这篇专论稿就不能尽快由《世界知识》发表了。无办法中,韬奋就果断地决定出版单行本。将一份原定在期刊上发表的、不满万言的专论稿作为售价只有四分钱的单行本发行,这不但在生活书店,就是在当时的出版界,也是少有的。韬奋出于对党的忠诚,出于对党的领导人的尊重和热爱,积极主动宣传党的政策,毅然作出决定,打破了出版的常规,如果没有忠于党的事业的赤诚之心,是不能做到的。

一九三八年,武汉撤守前夕,我们都到了重庆。我住在文化人比较集中的大梁子青年会。韬奋住在冉家巷生活书店。《全民抗战》继续出版,我仍是这家刊物的经常撰稿人。重庆的政治空气,与武汉大不相同。在武汉时,那种抗日统一战线下的活跃的政治气氛,在重庆看不到了。国民党在政治上,日益走向反动,加紧了对进步文化事业的控制。《全民抗战》的稿子,在送审时,经常受到刁难。韬奋为了《全民抗战》的组稿,常常从冉家巷跑到大梁子青年会和我商量,从文稿的选题到内容,以及文章如何写法,我们都要反复研究。特别对于如何应付国民党文化特务,在审查原稿时的无理刁难,事前要作充分的准备。在处理这类问题上,韬奋不但表现出坚持原则立场、敢于斗争的精神,而且掌握了同国民党书报检查特务的无理刁难做斗争的策略和艺术。

一九三九年,重庆大轰炸后,我从大梁子青年会搬到了两路口重庆村阎宝航同志家去住,韬奋则从冉家巷搬到学田湾衡舍。从学田湾到重庆村,交通不像从冉家巷到大梁子那么方便,山路崎岖,而我们又都不习惯坐滑竿和轿子(当时重庆市内登山爬坡的一种交通工具),所以见面就不那么方便了。不过阎家安有电话,每次组稿韬奋都用电话和我交换意见。电话里讲话不很方便,韬奋细心机智,每次在电话里谈话,或讨论问题,他都能把自己的意见用巧妙的语言表达完全。他在《全民抗战》的编辑工作中,那种严肃认真、一丝不苟、坚持原则、宁折不曲的精神,感人至深。

韬奋在学田湾衡舍的住处,和国民党CC大头目陈果夫比邻而居。有一次我问韬奋,为什么和这样的人为邻。他颇有感慨地说,一来合适的房子难找,二来也可以让这类老爷们亲眼看到我们每天都忙着干什么。从这里可以看出,韬奋在反动派的诽谤面前,是心怀坦荡、无所畏惧的。

韬奋深受青年爱戴,在广大青年中,享有很高的威信。记得有一次中央大学的学生请韬奋去讲演,他临时因为有事不能去,要我替他去讲。我到了沙坪坝中央大学,接待的学生告诉我,国民党顽固派,为了破坏韬奋对中大学生的讲演,抢先安排国民党元老于右任到中央大学去讲话,礼堂被他们占用了,学生被他们拉走了。中央大学的进步学生,却在离礼堂不太远的大饭厅里另行安排了会场。我走进饭厅,看到那里已坐了很多人,讲演开始后,礼堂里的学生以为韬奋来了,就陆陆续续从礼堂到大饭厅来。结果,不是国民党顽固派切断了学生与韬奋的联系,而是韬奋在青年中的威望,冲破了国民党顽固派对学生的控制。

记得一九四〇年夏,有一天,我到衡舍去看韬奋。他要我把几年来所写的有关国际问题的论文和评论,汇编为一本专集,由他拿到香港去出版。他说生活书店在香港已经建立了阵地,香港的出版和印刷条件,要比重庆好得多。当时韬奋索稿很急。根据韬奋的意见,我在短短几天内,把几年来在各种期刊和报纸上发表的有关国际问题的论文和评论,汇编成一本专集,取名《欧局与远东》,交给韬奋。当我把稿子亲自送到衡舍韬奋家时,他立即通知生活书店经理徐伯昕同志(韬奋在学田湾的家,离生活书店总管理处所在地极近)付给我在当时来说数量相当可观的一笔稿费。我说这些文章都已支取过稿费了,韬奋说,按照书店的章程,在文章汇辑出版时,还要付一笔稿酬。我说这笔稿酬是否太多了,他沉默了一会说不多,款数并没有超出书店支付稿酬的最高标准。接着他就语重心长地说:"现在重庆的政治环境越来越坏,这个雾气沉沉的地方,恐怕不是文化界进步朋友们久居之地。现在有的朋友去延安,有的朋友去桂林,还有些人去战地,也有疏散下乡的。现在生活书店在各地的分店不断被封,重庆的业务也受到干扰,生活书店要被迫收缩。你虽然不是生活书店的工作人员,几年来你为生活书店系统的刊物写过不少文章。生活书店的期刊,不但是你工作的场地,生活书店的稿费,也是你生活的主要来源。生活书店要收缩了,你不但要失去工作的场地,生活来源也将受到影响。我们还不知道你未来的去向，这笔稿费，就作为你将来离开重庆时的生活基金吧！"韬奋这种关心和爱护朋友的深情厚意，使我感动得热泪盈眶。事隔四十多年，当时的情景仍然历历在目，记忆犹新。后来重庆的政治气氛越来越坏。恰好公朴夫妇从延安回到重庆北碚，我就决定离开重庆，疏散下乡，到北碚找到公朴夫妇。因为公朴夫妇是在上海撤退后，就把家搬到北碚的。由于他们在地方上有些关系，就在北碚温泉为我找到一处住房。从疏散下乡，一直到我在朝阳大学（当时改称朝阳学院）找到一个教授的职位，在很长的一段时间里，我的生活，基本上就是靠韬奋付给我的这笔稿费维持下来的。

韬奋走过的道路，是中国爱国知识分子都应该走的唯一正确的道路，他是中国革命知识分子的典范。韬奋逝世后，党在延安为他举行了隆重的追悼会，并且给以很高的评价。胡耀邦同志在庆祝中国共产党成立六十周年大会的讲话中，把韬奋和郭沫若、茅盾、李四光、闻一多等，一并列为卓越的科学文化战士。党对韬奋的崇高评价，也是对一切爱国知识分子的激励。

（原载1984年《吉林大学社会科学学报》第4期）

韬奋永生

夏　衍

时间过得真快,到今年七月,韬奋同志离开我们已经整整四十年了。但是,韬奋永生,他将永远活在中国革命知识分子和全中国人民的心中。

我认识韬奋同志是一九三五年在上海,为了救国会的事有过几次接触。直到一九四一年初,皖南事变之后,我因《救亡日报》被查封,远走香港。不久,韬奋也因国民党禁止了国统区的生活书店营业,离开重庆经桂林到了香港。从这时起,在廖承志同志的支持下,我们在这个小岛上重建了一个对大后方和东南亚的宣传据点。我们一起参加了《华商报》的创建工作,我还被邀当了韬奋主编的《大众生活》的编委。从这时起,到这一年冬太平洋战争爆发,香港沦陷,我们在战火中分手,一起工作了不满一年的时间。但这一段短暂时期内,韬奋给我的启迪和教益,可以说是毕生难忘的。四十年后,他的音容笑貌一直铭刻在我的心头。

一九四一年是一个很不平常的年头,而我们当时又都在新闻岗位上工作。因此,很自然地想起了韬奋在《经历》中讲过的一段话,他说:"我在二十年前想要做个新闻记者,在今日,要做的还是个新闻记者——不过意识要比二十年前明确些,要在'新闻记者'这个名词上面,加上'永远立于大众立场的'一个形容词。"当我和他谈起这几句话的时候,他坦率地说:"这是个立场的转变,这是我在重庆这段时期得到的最有益的教训。"

韬奋是个坚强不屈的斗士,对我来说,他又是个平易近人、诲人不倦的新闻界的前辈。"永远立足于大众"这句话是他身体力行、终生不渝的美德。有一次我到他寓所去,他正在看一大堆读者来信,我问他这么多来信你都亲自看吗?他说:"像我们这样的读书人,或多或少都会脱离群众的,特别是在香港这样一个特殊的、言语不通的地方,所以我只能从这些读者来信中,了解到一些人民群众的希望、苦闷和要求。"

和韬奋一起工作过的人都知道,他办刊物的特点是抓"一头一尾",头就是社论,尾就是"答读者问"。他主编《大众生活》的时候,每一期的社论几乎都是他亲自执笔的,但每一期的社论,他都要在编委会上听取编委们的意见。那时正是第二次反共高潮还没有平息,国际上又是希特勒进攻苏联,太平洋战争爆发的前夕,时局是十分严峻的,因此他对社论或者专论的内容抓得很紧,他强调"及时、讲透、有针对性",为了写好一篇社论,他不仅在编委会上反复讨论、仔细推敲,甚至写好了之后,甚至打好清样之后,还要请人审定(例如国际问题问乔冠华、杨潮,经济问题问千家驹等等)。他对我说过,刊物没有社论,等于一个人不讲话,要讲话,那么既不能讲错话,也不该讲得含糊不清。至于对读者来信,他花的工夫就更多了,他每一封来信都看,看了之后挑出一些有代表性的来亲自作答。当时,当他助手的程浩飞同志和我说,韬奋看读者来信真可以说"乐此不疲",常常一直看到深夜。这是什么样的精神?这是名副其实的、永远立足于大众、毕生为大众服务的一个革命的新闻工作者的精神。鲁迅先生说的"横眉冷对千夫指,俯首甘为孺子牛",对韬奋来说,是完全当之无愧的。

韬奋同志离开我们已经四十年了,一提到他,人们首先想到的是救国会的"七君子",他是一个伟大的爱国主义者,他自己说:"努力于民族解放、民主政治和进步文化事业……全力以赴,虽颠沛流离,艰苦危难,甘之如饴。"(见《对国事的呼吁》)他经过了一条艰苦危难的道路,而终于成为一个名实相符的共产主义者。但是,正如他自己所说,他又是一个"永远立足于大众"的卓越的新闻工作者。他强调写社论、写新闻、答读者问要"及时、讲透、有针对性",是永远值得我们学习的。他的那种"实事求是、理论联系实际"的作风,是永远值得我们学习的。他去世的时候还不到五十岁,他走得太早了!

(原载1984年上海《新闻记者》第7期)

艰险旅途中的一站（摘要）
——韬奋同志到达新四军根据地的往事补记

徐中尼

四十多年前，我在苏北长江沿岸的新四军苏中军区第三军分区《江潮报》工作。初创时期是油印报，现在只搜集到残缺不全的几十期。其中一九四二年十一月二十六日第九十二期，有条醒目的新闻，主题是"民主运动健将邹韬奋先生抵苏北"，副题两行："辗转经年备尝艰苦""欢迎会上畅论民主团结问题"。新闻框了花边，配有韬奋同志的头像。在第三版上还专栏刊登了他在欢迎会上介绍广东东江游击队的见闻摘要。这两篇报道是我采写的，韬奋同志头像也是我画的。引起我回想当时见到这位我国近代最杰出的新闻记者、政论家和出版家的难忘情景。

一九四二年九月他由我党地下组织卫护，辗转到长沙、武汉、上海等敌占区，又在上海地下党和新四军敌工部的周密安排下，在一九四二年十一月二十二日，到达苏北新四军抗日民主根据地。

他们走出敌据点二十来里地，就找到了如西县江安区一个小村庄，大众书店同江潮报社这天正移驻在这里。书店同志事先都不知道有谁要来，只见王兰芬挽着一位四五十岁戴眼镜的人的手臂，诸克跟随在侧，徐步走来。王兰芬欢叫着："邹先生来看我们了！"大家简直不敢相信。韬奋同志激动地紧握同志们的手，说："我回到家了。"从大后方转来的生活书店同志都像见到日夜想念中的久别的亲人一样,个个流出了热泪。

驻在附近村庄的分区首长闻讯也赶来迎接。当时,敌情紧张,党中央和军部命令分区司令部为确保韬奋同志的安全,想尽快派部队护送他到苏中军区司令部去(当时在兴化一带)。但书店同志热情挽留他当夜在书店休息,他恳切地辞谢了分区司令部的邀请,要同书店同志共叙离情。

这是永铭不忘的一夜。韬奋同志心情也很激动,他不顾旅途劳顿,深情关切地询问了这些同志辗转到敌后的工作和生活。他说在被迫离开重庆去香港时,周恩来同志谈了要把书店出版发行的重点转移到共产党领导的抗日民主根据地去。这次他是路过苏中,想到军部同陈毅军长研究在华中敌后根据地开展文化出版事业。如果情况允许,他想再通过敌后根据地到延安去会见一直盼望能见到的毛主席。他勉励书店同志:不管在敌后如何险恶艰难,一定要坚守岗位,决不能后退,党需要我们,敌后军民需要我们。

第二天一早,分区首长带了陈毅军长的电报来迎接他去司令部,部署当夜由分区副司令陈玉生同志亲率一支部队护送他北上。他在这个小村庄上,顺便看望了《江潮报》工作的地方,亲切询问了编辑、通联、发行的情况,赞赏我们刻写蜡纸的功夫,说东江游击队也有这样的油印报,像铅印报一样。

当夜出发行军前,分区领导机关在驻地一家地主的大厅堂里召开了欢迎晚会,特地点了两盏汽灯,韬奋同志坐在雪亮的灯光下,脸色有些苍白,但又病又劳顿的身体没有影响他兴奋的心情和激情的讲话。

当时在场的干部,几乎都是刚过二十岁的青年,分区领导干部大都也在三十岁上下,在大家面前,韬奋是一位久已受人敬仰的很有名望的长者和导师。但他是多么谦逊,和蔼可亲。他的讲话同他的文章一样平易深刻又带幽默,不断引起全场笑声。当年我的记录本早已丢失了，内容已记忆不清。作为一个年轻初学的新闻记者，我留下的最深刻的印象是：他讲在东江游击队的见闻时，就像他写《萍踪寄语》一样，有自己独特的风格，以身历其境、亲闻目睹的生动形象、现场情景和有趣细节，侃侃而谈。他介绍东江游击队两位领导人时，出身、相貌、性格、群众称呼他们的绰号，带出传奇性的故事。谈到游击队的艰苦生活时，着重从自己这样一个文弱书生随队三个月的体验讲起，几乎天天要跋山涉水，急行军，有一次自己怎样从山坡上滚了下来，边谈边做动作，衬托出游击健儿们在艰险紧张的环境中磨练出来的行军作战本领和自己爱慕他们的心情。我们这些也在游击战争中生活的人，听来特别亲切，也很动情。真不愧是一位最杰出的新闻记者！

韬奋同志应同志们的要求，特别讲了国民党反共高潮所造成的抗战艰难形势，精辟地分析了时局，把中国的命运寄托在共产党和八路军、新四军身上。这时，他又以自己特有的政论家风格，高瞻远瞩，纵论国际国内的复杂斗争，讲了继续争取反法西斯和抗日统一战线的道理。他讲话后，同志们禁不住写了一张又一张的提问条子递上去，他都一一解答，说话简练又幽默辛辣。我记得有一张条子问："国民党蒋介石积极反共消极抗战，结局会不会投降日本？"他回答说："国民党蒋先生是很为难的，他挂着两块招牌，一块是三民主义，一块是抗战。两块招牌全丢了，他也就什么都完了！"引起了听众会心的笑声。

韬奋同志不顾疲劳地热情讲话并回答大家的问题，约有两个多小时，分区首长不得不阻止大家的提问，结束了欢迎会。同志们全都站起来，热情鼓掌，恋恋目送他步向场外。一支护送的队伍已经整队待发。这是十一月二十三日晚上。

韬奋同志到达新四军根据地的第一站——苏中三分区，逗留不到两天。定于二十六日出版的《江潮报》正在编写。出版发行时估计他已经安全离开三分区了,我们得到领导的同意,赶快编写了这两篇报道,改排了版面(这期出了六版),在当年手工业生产方式的油印报,算是时效很高的了。我素描速写的技艺不高,韬奋同志的头像,是找书刊上的照片,在蜡纸上描画的。

(原载1984年上海《新闻记者》第7期)

忆韬奋同志二三事(摘要)

邢方群

在我从事新闻工作多年的生活中,脑海里经常涌现出一个杰出的新闻界前辈邹韬奋同志的崇高形象,同时,内心里也泛起我对他的钦佩与感激之情。

我同韬奋同志并没有密切的接触,但是,我在青年时期政治觉悟的提高,以及之后长期从事报纸杂志的编辑工作乐此不疲,同韬奋同志和他主编的刊物、创办的生活书店给我的启发有一定关系。

一九三九年春,中央大学的学生团体,邀请韬奋同志去做报告。这个消息不胫而走,沙坪坝几个大中学校的学生,纷纷前去听讲,我也前去参加。会场里听讲的人挤得满满的,韬奋同志一出现在学生中间,立刻响起了一阵热烈掌声。韬奋同志讲了抗战的形势,讲了国民党统治区的民主运动,并指出抗战阵营内有对日妥协投降的分子,他鼓舞大家团结起来,要求民主,要求进步,把抗日战争进行到底。韬奋同志热情洋溢的讲话,洒脱清秀的风采,给我留下深刻的印象。

一九三九年夏,我从中学毕业后考上西南联合大学,这时我已参加了中国共产党。在我要启程前往昆明时,领导我的廖寒飞同志对我说,他将把我的组织关系转到昆明。如果过了一两个月没有转到,我可以寄信给他,寄到重庆生活书店。这说明生活书店不仅是精神食粮的供应者,也是地下党的同志存身的地方。

我到昆明后,过了近一个月,党的关系没有转来,我很急,写了封信寄廖寒飞同志,又一个月过去了,仍无消息(注:那时党处在秘密状态,转组织关系要靠地下交通)。这时,我感到西南联大的政治空气与抗战时代很不协调,不少同学偏安于一隅,悠哉游哉,置身于政治之外。我想离开这里,前往新疆,因为韬奋同志的好友杜重远先生任新疆学院的院长,吸引了许多学生奔波千里前去学习。我于是写信给韬奋同志,问他能否介绍我去。当时心想,如果他能介绍,我再向党组织提出申请。信发出去不久,就接到韬奋同志的来信。他告诉我:新疆学院招生名额已满,他劝我在云南开辟处女地。这时,正好我的党组织关系已经转来,我就在党的领导下,在西南联大一边读书,一边做群众工作。当时,西南联大还有些同学想去新疆,我便把韬奋同志的来信张贴出来,并写了个启事,建议同学们把看过的理论、政治、文艺书籍拿出来,办一个小图书室,等于一个小"生活书店",供大家借阅。

我们在大学里看《新华日报》,但不能从邮局订阅,以免国民党特务查出订阅者的姓名,又是昆明的生活书店给了我们方便,我们在它那里订。报纸到来后,书店代为保管,我们每隔几天,便由一个同学悄悄地去取回来。这样,我们和生活书店的职员,建立了亲密的友谊。大家见面后相视一笑,心照不宣。

韬奋同志冲破黑暗,投身革命,热爱祖国,热心为人民服务,自觉地接受中国共产党的领导的优秀品质,永远是我们的楷模。

(原载 1984 年 7 月 24 日《中国青年报》)

回忆韬奋先生(摘要)

钱小柏

一、知名——在中学读书时期

我最初知道韬奋先生是在一九三〇年前中学读书的时候。因为自己一向爱好购买阅读各种书报刊物,当然也就会经常接触到《生活》周刊。"九一八"前后,《生活》周刊内容有了显著转变。尤其是"一·二八"后,使我对这个刊物发生了较大的兴趣,对韬奋先生的印象越来越深,钦佩之情不能自己,他开始成为我心目中的良师益友了。

二、初见——汉口第一次见面

我第一次看到韬奋先生是在一九三七年"八一三"抗战爆发后流亡到武汉的时候。那年年底,我在当地《大公报》上看到一条非常引人注目的广告,说:某大书局要招考一名助理编辑和若干名练习生,投考助理编辑的条件是要具有大学毕业程度,懂得一些编辑技术,有一定编辑经验。投考者可以把自己的姓名、籍贯、学历、经历、著作或专长写明报考,不必附交查验任何证件。倘书店认为合适时再通知到一定地点考试,不合适恕不作复。我细看这条广告的编排格式,又经转辗打听,知道是生活书店所刊出。怀着对韬奋先生和他所办的书店的向往,也为了解决我战时的职业和生活问题,就去函报考,说明自己曾在北新书局等做过几年编辑,也在陈望道编的《太白》半月刊上投过稿,发表过几篇粗浅的文章,但说不上有何专长,希望能够给我机会一试。隔了几天,果然接到回信,约期叫我到生活书店经理室找徐先生谈谈,再决定是否进行或如何进行考试。我想这是叫我先去口试,就依约前去。徐先生就是十几年来一直和韬奋先生同甘共苦,一起创立生活书店的徐伯昕同志。他像谈家常一样问了我过去的一些情况,还从书架上抽出《太白》合订本,翻看了一下我写的作品,就笑着对我说:"我们这次要招的是帮金仲华先生编辑《世界知识》的助理人员,你当过编辑,写过文章,大约没有问题,但我们里规定新的工作人员进来都要经过考试,这是制度。"正在这时,进来了一个人,问徐先生一件事。问过之后徐先生指着我对他说:"这是来考编辑的钱先生,你是总经理,你说怎么办吧!"啊,这就是我久已敬仰的韬奋先生。他对我点点头,看了一眼,马上对徐先生说:"这件事由你主持。人是仲华要的,要帮他做编辑工作的,应该由他决定。这事由你们两人去办就可以了,不必再来问我了!"话说得爽快而果断,表示了他对自己的朋友同事完全信任,一切都是实事求是,委以全权办理的。说完他就走了。这第一次见面给我留下的印象,韬奋先生是一个坦率正直的人,人如其文,文如其人。他走后徐先生要我第二天再去正式参加笔试。第二天的考试很别致,共有三个项目:第一个项目是回答十个问题,是由金仲华先生出的有关国际问题和时事分析的题目。我过去对这方面关心不够,只答出答对一半多些。第二个项目是拿来一本近期的《世界知识》半月刊,中间夹着一篇文稿,要我根据原有编排形式对文稿上的大小标题与正文一一批注应排几号字和空格、空行地位,做好对印刷所的编辑发稿工作。第三个项目是校对一篇即将出版的一期《世界知识》上的论文校样。因为我做过几年编辑,对后面两个项目倒并不觉得困难,较快而又比较仔细地做好了。过几天去听回音,徐先生说:"祝贺你,你录取了。"从此我就正式进入生活书店,帮助金仲华先生编辑《世界知识》,从汉口到广州,再从广州到香港,一直到一九四一年十二月八日太平洋战争爆发为止。

金仲华先生同我在考试时已有过好几次接触,我去报到后开始工作时,才知道他办公的《世界知识》编辑室就在徐先生经理室隔壁一个双亭子间的进门处外间。外间只放着我和他两人相对而坐的写字台。内间即靠窗的那一间就是韬奋先生和胡耐秋同志的《抗战》三日刊的编辑室。他们每次进出都要经过我们这一间的桌子旁边。那天韬奋先生第一次来走过时,金先生立起来把我向他介绍,他马上说:"不必介绍了,我们前几天已见过,是熟人了!"又对我说:"欢迎你来加入我们的队伍!仲华先生是国际问题专家,编辑工作的好手,你跟他一起工作一定会学到很多东西。在我们这里只要对工作认真负责,我们一定谁都欢迎的。有什么意见也可以公开直说,因为我们都是一家人了。"我浑身热血沸腾。作为这个书店的总领导人,韬奋先生是那么和蔼可亲、平易近人,像和老朋友见面一样,说话明白坚定,入情入理,字字中听,大大减少了我对他不必要的拘束,增加了对他的敬仰。

三、 相处——半年天天在一起

考进了生活书店,我和金仲华先生在双亭子间的外面一间工作,韬奋先生在里面一间工作,出入经过我们一间时总主动招呼,有时还要问问工作上有什么困难,生活上习惯不习惯,有什么问题可以随时提出。后来他觉得我们这间办公室光线、空气都不好,常常要开了电灯工作,他自己和另一位同事进进出出都要干扰我们,于是决定立即把办公室迁上三楼。他叫木工在整个三层楼上分隔出了四个小房间,另外留了一大块地方放一个乒乓台,供大家作为活动的场地。四个小房间中,一间是总编辑张仲实先生和期刊《理论与现实》的编辑室,一间是以艾寒松为主任的总务处,一间是韬奋先生的《抗战》三日刊编辑室,还有一间是金仲华先生和我办公的《世界知识》编辑室,工作环境大有改善。和在双亭子间时一样,我们和韬奋先生还是毗邻隔室办公,不仅朝夕相见,而且他常常要到我们办公室来问事谈话。最有趣的是向金仲华先生"坐索"文稿。原来他编的《抗战》三日刊三天就要出版一期,根据《生活》周刊的传统是从不脱期的。而每期都有一篇三日战局分析,是特约期期由金先生写的。为了要包括吸收最新、最后的消息,所以总是要到最后一天才执笔,作为最后的一篇发排。往往一期全部文稿发完时,战局稿尚未交去。韬奋先生是一个性急如火、分秒必争的人,等不及就要跑来催索,嘴里总要说:"我已万事俱备,只欠东风,独缺你这篇三日战局了。我正在等米下锅,非留在这里'坐索'不可!"便把我们办公室里唯一的一张客椅放在边上靠墙坐了,两手在膝上一撑,看着金先生赶写文章。有时我说:"邹先生你先回去好了,等金先生写好我马上替你送过来。"他笑道:"仲华是文坛大将,三五百字的文章一挥而就的。我就是怕他不挥不就,所以非在这里'坐索'不可!"我说:"金先生已经在写了,马上就可写好,你先回去好了,不要多久我就可替你送去。"他说:"我那边的事情已经告一段落,不瞒你说,我是特意离开我那边信稿堆积如山的环境,到你们这里来休息一会的,你不要再赶我走了!"说完他笑了起来,笑得那样天真,完全像一个无邪的孩子一样。我们都笑了,就留他坐下,让他休息,大家也不再言笑,一直等到金先生写好了文章,由他拿走。他回去在稿上批明了排印格式,立即发往印刷所赶排。

他就是这样对工作极端认真负责,分秒必争,又这样始终乐观愉快,说话风趣逗人,令人难忘。

我一进这个由韬奋先生创办的生活书店,有不少事情都觉得新鲜,因为与过去在别的单位里工作时完全不同。生活在生活书店,比在任何其他单位都要舒畅愉快。整个书店从上到下,都是目标一致,亲如兄弟。人人都为这个进步文化事业自觉努力,真正做到各尽所能,废寝忘食。譬如一般单位都要八小时工作,生活书店规定每天七小时工作,但如果工作未了,往往会忘我地八小时、九小时做下去,直到完成任务才停。又如为了要使刊物准期出版,包括韬奋先生、金先生在内,我们都会整夜泡在印刷所里,与排字、拼版、印刷工人协力合作,赶排、赶拼、赶校,设法避免一切错别字与改正时的任何困难,等到浇版上架开印为止。有时甚至直到天亮,宁愿第二天再上床睡觉,从来没有人说一句怨言,发一句牢骚,更没有人偷懒。大家都有充分的责任心,干得既情愿又愉快。这完全是由于韬奋先生以身作则、亲自带头的缘故。每逢开了这样的夜车,不论半夜全夜,或者只有三四个小时,韬奋先生一定要我们在第二天整天休息,睡好吃好,不必上班。

在韬奋先生等领导同志的体贴关怀下,全店职工的饮食起居等方面也得到了无微不至的照顾。那时书店设在汉口号称文化街的交通路上,韬奋、金仲华、张仲实、钱俊瑞等这些从上海经香港、梧州、桂林等一路接待青年、做报告而到汉口的所谓"马戏班"人员,都挤在书店对门金城文具公司楼上的一个大房间居住;而把书店职工宿舍设在离店不远的汉景街上作为堆书货栈的一座大洋房里,把空气最好、光线最亮的二楼大房间作为单身的集体宿舍,把亭子间等小间让给有家属一起来的小夫妻居住,安乐地自成一家。

我们吃的伙食也可以说是当时汉口最好的伙食,因为除原来汉口分店少数职工外,书店里的大部分人是从上海随店迁来武汉的。他们离开了家乡,工作又更繁忙更辛苦,韬奋先生决定要把大家的生活照顾得好一些,特别要让大家吃得好一点,以酬辛劳,因此特地招请了厨师,由店里替大家支付较高的伙食费,免费供应膳食。厨房包工老板因尚有余力,要求书店允许他对外另包几桌饭食送出去,让他多赚些钱,书店也慨然同意,还不要他另外贴补多用的水电费用,只求把店内几桌工作人员的伙食办得更好一点。因此厨房特别巴结,真的把我们吃的膳食弄得很好,使我们吃得很满意,受惠不少。

按照那时的社会习惯,职工工资往往要到月底才发,这个月做几天就发几天工资,有的地方在十五日先发半个月,月底再发半个月就算很照顾了。但生活书店却与众不同,总是在每月十五日发一个月工资。照韬奋先生的说法是:上半个月先工作后发工资,下半个月就先发工资后做工作,这样比较合理。还规定每月允许请三天假不扣工资,不请假就加三天工资,叫做升工。一般除了真正有重病、急事之外,大家都不请假,因而每个月里人人可以得到这三天即百分之十升工工资的。

最使我难忘的是到了一九三八年春节以后不久,书店事业因武汉局势暂时稳定而逐步有发展,韬奋先生想到全店几十个职工大多家在上海或江浙乡间,一九三七年十一月上海沦陷前后匆匆忙忙随书店内迁武汉,家属十之八九未能一起同来。韬奋先生真正关心大家的切身利益,提出了一个有别于其他单位的建议。他对大家说:同人中如有父母或妻子留在上海或江浙乡间,无人照顾而不能生活的,可以自己提出申请,允许给假回去作妥善安排后再回到武汉来。真正无法安排、无人可托而一无照顾的,就把妻子或父母一起带到武汉来也可以。当时长江交通已断,可由广州香港绕道到上海去,火车、轮船、食宿等全部旅费包括携带家属同来的费用完全可向书店报销。出发时可以预借一笔钱,以后再算。请假一个月左右不扣工资。估计这样每人要花个把月时间及二三百元才能来回一次。为了整个书店事业的经济与工作发展，希望郑重仔细考虑，要求实事求是地让真正有困难而的确需要的人绕道香港回去。大家听了无不感动，有人还流下了眼泪。

我进店时曾填过表格，韬奋先生知道我当时已结婚，且有一个孩子，妻儿都在无锡乡间。他并不因为我是才进店不久的新职工而不来问我，而是一再问我家属在沦陷区有没有人照顾？要不要回去看看或领他们出来？我因为进店才二三个月，原来听了韬奋先生的建议以为根本轮不到我的，所以想都不去想它，想不到他竟这样关心地一再问我，真像关心自己的兄弟一样，甚至比亲兄弟还好！他的真情实意，反而使我忍不住两眼热泪盈眶。我想：我进店时间这么短，又不是随书店从上海一起来的，对书店根本谈不到有什么贡献，韬奋先生对我却这样关心，和对店里十多年的老职工完全一样，使我感到意外和惭愧。我知道韬奋先生一向是谈话算数，谈得到就做得到的，如果我回说确有困难而要跑一趟，他一定也会同意、批准我的，但我问心有愧。我不能这样做，我自觉不应享受这样优厚的待遇，所以忍住了泪回答他说："我妻子有我的父母和她自己的父母在一起，有人照顾。且在比较偏僻的乡村居住，周围都是熟人，生活上不会有问题。"又谢了他好意的关怀。从此，他才不再问我这个问题。记得当时几十个上海来的同事之中，确有困难而申请绕道香港回上海的只有两人，一个回沪安排了一下，不到一个月就来了。另外一个回去了一个多月，还带了一妻一子一起来到了武汉。他们的路费全由书店支付，还由书店替那个带来妻子的同人找到了一间房子，让他一家去住。可谓照顾得仁至义尽，至矣尽矣。我们都知道当时邹师母沈粹缜同志也还在上海，韬奋先生却并不考虑先把自己的夫人接来，只替书店里的同人设想。这种先人后己、公正不阿、为人谋利而忠心耿耿的态度，这种对待同人体贴入微、亲如手足的想法、做法,在我几十年的人生途中真是少见罕见。

在生活书店,学习与文化生活方面也是与众不同的,韬奋先生非常关心同人们的学习上进。在书店内部刊物《店务通讯》上韬奋先生说过:"本店同人向来有一个良好习惯,就是学习的兴趣相当的浓厚。"又说:"我们'工作第一',不但不反对学习,而且要提倡学习。尤其我们都是青年工作者,青年工作者要常在进步的途程上向前迈进,因为我们要使青年工作者能由学识经验的增加而渐渐加重他们的责任,非要在学习中求进步不可。学习是进步的源泉,进步可以增加工作的效率,这两方面是应该相成相辅而不应该相妨碍的。"在韬奋先生的倡导下,书店里的学习空气特别浓,一个小学程度的练习生进店几年,往往可以达到大学文化水平。为了让大家学习方便,凡是本店出版的各种刊物,如《抗战》三日刊、《世界知识》《文艺阵地》《理论与现实》等,都一律赠送,每人一本,期期不缺,以供自学。本版外版书籍门类繁多,因为不一定人人都有同样需要,所以规定本版图书可以每人以半价购买一本,外版图书可以照批发进价,六折或七折、八折购买。这就大大有利于同人学习了。平日除鼓励大家出去参加游行、集会、宣传、歌唱等社会活动外,店里也经常举行周末晚会,有时每星期连续举行,有时隔一二星期举行一次,但每个月里总至少要举行一次。周末晚会除报告一些店内情况、计划、号召和余兴外,主要是一定有一个极好的国内外形势、抗战动态等报告,有时由店内的编辑邹韬奋、金仲华、张仲实等先生主讲,有时向外界邀请。我印象最深,至今记忆犹新的有两次:一次是韬奋先生请来了周恩来同志给我们分析抗日战局,传达了毛主席当时即将发表而大家还没有见到的《论持久战》一文中的几个主要论点,鼓舞了我们对抗战必胜的信心。另一次则请来了当时也在武汉的中共另一领导人博古,即秦邦宪同志来谈国共关系，启发我们要提高警惕，密切注意国民党顽固派破坏抗日民族统一战线的动态。听了这种报告，我们就心明眼亮，知道自己在抗战期间应该怎样工作与学习，怎样使自己懂得多一点和做得好一点，为人民多贡献一些力量。我常想周恩来同志、秦邦宪同志都是中共党内重要的领导成员，在武汉与国民党打交道，事务是那样多，工作是那样忙，怎么会抽空亲自到我们这个小小的书店来参加只有几十个工作人员出席的周末晚会？来了又那么详尽地讲明当前的局势与前途，热情洋溢的话组成一股无形的力量，鼓舞推动着我们前进。我想：那是因为我们这个书店做的是爱国的、正义的、进步的文化事业，韬奋先生诚恳真挚的邀请他们来做报告，是为了取得共产党的领导，提高我们这支文化队伍的战斗力。因此，我和整个店内的同人一样，感到参加生活书店这样一个集体真是幸福；而这种幸福感长期印刻在我的脑海中，永世难忘。

有一段时间，书店为了方便我们在三楼各编辑室办公的几个人吃饭，请厨房每天把饮食送上楼，在编辑部办公室外面的乒乓台上开饭。生活书店一向是因陋就简、靠勤俭起家的，尤其那时刚从上海迁来汉口不久，不但房子紧，连桌凳也缺。在乒乓台上开饭，连一张凳子都没有，于是都立着吃饭。记得那时在一桌吃饭的有邹韬奋、金仲华、张仲实、艾寒松、吴全衡、胡耐秋、徐植璧和我等七八个人。起初我们到办公室里搬了二三个客椅来要韬奋先生他们坐，韬奋先生始终是坚决拒绝的。他说：大家不坐他也不能坐。还说："我们这班一天到晚坐着办公的人正应该多立立才好，这样吃了饭才容易消化，有益健康。"即使在吃饭的时候，他也是非常活跃、热情洋溢、谈笑风生的。如果他刚出去联系了工作或会过客回来吃饭，还会在饭桌边把见到听到的事或新闻带回来迅速告诉大家，令人兴趣盎然。现在回想起来还有不少很难忘怀：有一次韬奋先生谈了周恩来同志劝郭沫若先生去搞政治部第三厅（即宣传厅）

工作的事。起初郭沫若很不愿意去搞,因为经验告诉他与顽固派共事总是到处受阻,碍手碍脚,很难做出什么成绩来的。周恩来同志却对郭说,正因为是这样,你就更应该去,你去占有了这个位置总比顽固的国民党人去占有好,国民党官僚去做了不仅不会有成绩,还可能胡作非为,大做坏事。你去了总多少可以做出些对人民有利的好事,再不然就是只去说些公道话,碍碍他们的手脚也是好的,对人民、对抗日也会有利得多。所以,还是以去任职为是。这就说服了郭沫若先生,勉为其难,高高兴兴地去上任。后来郭先生对文化宣传方面的工作,特别对文艺、戏剧、音乐等方面果然做出了贡献。又有一次带来了郭沫若与于立群结婚的消息,说年龄虽然相差颇大,但两人互相帮助,生活却过得很好。有时也谈国民党特务的作恶,以及国民党在汉口出版的妄想与韬奋先生《抗战》三日刊相对抗的反动刊物《血路》《民意》上无耻造谣的真相。更有趣的令人难忘的是韬奋先生在吃饭时常常要劝张仲实先生吃鱼,往往引得大家哈哈大笑。张仲实先生是当代著名的马列主义学术理论研究专家,翻译、编写过不少马列主义著作。张先生是陕西三原人,据说他的家乡鱼很少,在他十几岁离开家乡出外求学的时候,不要说吃过鱼,连看也没有看到过。到了南方,看到了鱼,但怕鱼骨鲠喉,宁愿不吃鱼。韬奋先生出于友爱好意,往往和张先生这样沉默寡言的老实人开玩笑,说鱼与熊掌都是美味,熊掌不可多得,鱼就非吃不可!劝他大胆学习尝试。有时桌上有了味美骨少的或只有大骨头的熏鱼之类,韬奋先生就一定要夹一些或送一块过去放到张先生饭碗里,说:"不吃可惜,大可一试,非吃下去不可!"弄得仲实先生啼笑皆非,勉强皱着眉吃了很少一些,却吐去了大部分。韬奋先生就会哈哈大笑,说:"比不肯吃、不敢吃已大有进步,再多学习学习,以后你就能吃了。此后你吃到味美可口的鱼时,可不要忘了我今天这样对你的帮助哦。"我看到他在朋友之间,不论对什么人都是这样和蔼可亲、坦白无私、实事求是、亲密无间的。有他在一起吃饭，气氛就大不相同，整桌的人就都会感到轻松愉快，笑口常开。有人说他天真活泼得像孩子一样，真是一点不假，他是永远年轻的。他当时已四十几岁，年龄要比我大上十七八岁之多，但我总觉得他和我一样年轻，甚至比我还年轻。韬奋先生是一个看上去永远不会年老的人。

一九三八年五六月间，徐州、开封、安庆、潜山等地相继失守，日寇突破了长江里彭泽附近的马当封锁线，向九江进迫。武汉马上紧张起来，人心浮动，国民党政府机关与商店等都在筹划西迁重庆。生活书店也开始作迁移的准备：总管理处，韬奋先生主编的《抗战》三日刊从七月份起与《全民》周刊合并出版《全民抗战》，紧张时即迁往重庆；金仲华主编的《世界知识》为了取得外文书报材料方便着想，决定迁往香港出版。当我在整理《世界知识》编辑室东西的时候，金先生说："世界知识社所存的书刊和书店送给我们自己学习的书刊都不要带去了，去了如觉需要，我们还可以再收集的。"我因一向爱好收集书报、期刊、资料，决定选取《世界知识》全份逐卷合订了带去备查。又因为韬奋先生主编的《抗战》三日刊即要与柳湜先生主编的《全民》周刊合并出版《全民抗战》，《抗战》三日刊出到八十六期已是最后一期，不再继续了，所以我也收集了一套汇订成合订本，想供以后自己随时翻阅、学习。装订好以后，想到这是《抗战》三日刊的全璧，且与主编者韬奋先生即将暂别，何不请他在封面上亲笔题签，留个永久纪念呢？我立刻拿去请他用墨笔书写。出乎意外的是他不但替我在封面上题写了刊物的名称"《抗战》三日刊"和起讫期数、日期，还签上了我们非常熟悉的秀丽有力的签名。不仅如此，他还翻开封面，在扉页上替我写上了一段较长的题词，又郑重地签上了他的名字与日期。这个合订本已不在手头，现无法照录原文，但我很清楚地记得，他题词的大意是这样的:这个刊物在"八一三"抗战爆发后不到一个星期,于一九三七年八月十九日在上海创刊,一共出了八十六期。创刊后先在上海出版了二十九期,三十期起迁到武汉出版,直到停刊。刊名一到六期叫《抗战》,第七期起改名《抵抗》,三十期起迁到武汉出版,又恢复原名仍叫《抗战》,直到一九三八年六月底出到八十六期停刊为止。从一九三八年七月份起,此刊即告结束,与《全民》周刊合并,另行改名为《全民抗战》出版了。这个刊物的出版是很不容易的。它从日寇的炮火下诞生,受到过不少挫折。它既反映了祖国的被侵略,受尽灾难的人民奋起救亡、英勇抗战、备尝艰辛;也反映了刊物本身的曲折多难、一再改名、转辗流亡。它虽然只有出了一年不到,期数不多,但要把它收集齐全,一期不缺,恐怕也已大不容易,因为战时不比平时。现在居然还能得此全豹而装订成册,见到后不胜感慨,也不胜欣慰! 愿好好保存,永留纪念! 最后还特意写了有我名字的题款。他在题词中替我总结了这个刊物出版的始末,看得出他的内心激荡,完全是有感而发的。这当然使我感激不已,永难忘怀。当他题写完毕,来送回给我时还对我说:"在这战火纷飞的年代,这一份合订本也许已是海内孤本,独一无二,说不定将来我要查阅时还要来向你借用呢!"我听了马上意味到这本书的名贵难得,可能连它的主编人自己手头也已不一定有;即使他各期留有另本,也未必配得齐全。因此,我就对他说:"那末这一本就请你留下吧! 你比我更为需要,在我说来,倒是可有可无的。有了可以随时翻阅,拜读你和别人的文章,没有时关系也不大。或者让我另外再去设法找一找,收集合订一份好了。即使收不齐全,略缺几期,对我也是不要紧的。"可是横说竖说,好说歹说,他坚决不肯收留这本由他长期倾注过不少心血的合订本,一定要我保留收藏。并说:"我虽也需要,但每期我手头都有留存,上海出版的几期我们也曾带了一些来,汉口分店也有保存,如要配齐一二个全份大约还有可能。你带走了这一份,分地保存,在战时也许更好!"韬奋先生坚决以他人为重,话又说得这样坦率有理,我就只能收下作为最好的纪念品。在随同《世界知识》迁香港时,我把这合订本先带到了广州,后带到了香港。但是说来痛心,这本非常珍贵的纪念品我终于没有保存好,没有把它保存到现在,真对不起韬奋先生当时对我的嘱托和期望。一九四一年十二月八日太平洋战争爆发,很快日寇占领了九龙,接着又在香港东端七姊妹游泳场登陆,我不敢再把这本宣传反对日本侵略的刊物留在家里,就和其他存书,包括《世界知识》历年合订本等一起送到了《星岛日报》的图书室。一九四一年十二月二十五日日寇占领了香港,接管了《星岛日报》,就更无法去取回,更不能带回上海来了。不知此书还在那里否?如果还在而可以设法取得到的话,那末这本书既是韬奋先生一个阶段所主编的全份刊物,又有他亲笔题签与题词写在上面,应该是不可多得的纪念韬奋先生的最珍贵的文物了。

四、 往来——替他寄外文资料

一九三八年夏天,《世界知识》决定迁移到香港出版,七月五日我随金仲华先生兄妹一起,从武昌乘粤汉铁路火车出发。一路上为避免日寇飞机空袭,常常昼停夜行,在湖南郴州就整整停了一天,在韶关又停了大半天,直到第三天深夜才到达广州。我留在广州生活书店分店约一个多月,金仲华先生则来往香港、广州多次,在广州出过两期《世界知识》。到香港后,因为登记问题不能解决,还以在广州出版的名义出过几期。一九三八年十月,武汉、广州相继沦陷,这时已不能再用广州名义出版,幸而金先生受聘进了当时在香港新开办的《星岛日报》当总编辑,《世界知识》才能正式在香港出版。当时生活书店总管理处已迁往重庆,《全民抗战》也已移渝出版,韬奋先生也早已到了重庆,在为生活书店这个进步文化事业与所主编的《全民抗战》作进一步的努力,并在重庆国民党政府所把持的参政会上力争民主与言论自由,要求宪政。为了应付国民党政府书刊审查老爷和保卫由他经过了十几年惨淡经营、耗尽心血的文化堡垒生活书店,展开了夜以继日、心力交瘁的激烈斗争。当时我不在重庆而在香港,只能从书店内部刊物《店务通讯》和韬奋先生自己的文章里略知一二,在这里我就不多说了。只是我想说一说我在香港时替韬奋先生收集外文报刊上有关抗战资料的事。我和金仲华先生到了香港之后不久,《世界知识》已在香港正常出版的时候,有一次韬奋先生在写给金先生的信里说:"看了《世界知识》上经常有译载外国报刊上评述中国抗战的文章,甚觉羡慕,很希望你们在出去跑书店、选购外国书报时顺便替《全民抗战》也选购一些我们可用的短篇文章航空寄来,好让我们及时译载。"金先生看了信对我说:"这件事容易办,就交给你替邹先生去办吧!你有空就出去看看,经常替他寄一些去。我自己倘在外国书店看到有适用的也可带些回来,一切费用可向香港分店去算。"我说:"我只在中学读过几年英文,程度很差,最多只能看看报刊名称与题目之类,全文大意恐怕弄不清楚,怎能帮邹先生选好材料,知道能否适用呢?"金先生说:"会看题目即可略知全文谈些什么,再看看作者是谁,刊物的性质倾向,就可加以选择,如果附有插图,如漫画、地图、统计图表等是与我们抗战有关的资料,就更容易决定了。何况买回来之后我可再帮你看看,选最好最恰当的几篇寄去,问题肯定不大。你不要多虑,几次一搞就会熟悉的;即使买多了,买错了,留给我们《世界知识》用或参考也可以的。"从此,我就担负了为韬奋先生所主编的《全民抗战》在香港搜集外文报刊资料寄去的任务。第一次我把剪报与外文刊物上撕下的文章寄去后,他马上就写了一封非常诚挚热情的信来谢我。第二次、第三次再寄材料去时，我说我外文水平很差，可能选寄得不恰当，未必尽合人意，不一定可用。他又来信鼓励我说："寄去的材料都很好，都有用。"甚至还说："不要看见寄给我们的外文材料在近期《全民抗战》上没有译载就以为不合适，因为篇幅有限，还有时间性的限制，未曾一一译载是极为正常的，留着看看也是极好的参考资料，既可扩大眼界，也可在自己写的文章里选用。"如此来安我的心，一面赞扬我负责，一面又大表感谢之情，叫我放手做下去就是。这样反而弄得我很不好意思，决心替他把工作做得更好一些。在他每次给金仲华先生的信里也总要提到一二句要金先生代为致意，谢谢我对他的帮助，大有受了芥末小惠也总耿耿于怀，非谢不可的谦谦君子的风度。

当时香港寄航空信件的邮费很贵，每重十克就要加一角港币寄费，而当时港币比国内法币贵，兑换要高出八倍之多。外国报刊纸张都比较厚，比较重，寄费也就多，较之国内支出不知要高多少。为了节约邮费，我每次给韬奋先生寄材料，总把四周的白边剪去，以减轻分量再寄。有一次我见到材料的纸张特别厚，好像铅画纸一样，忽然异想天开，不但把四周的边剪去，还把正反两面都空白的地方全部挖去，甚至连装饰画与标题附近，只要反面是别的文章或无关图表，只要不影响资料正文之处都一一剪去。剪好了一看，满纸窟窿，花里花落，好像是经过蠹鱼多年蛀蚀的古书，或像剪刻得看不出像什么东西的剪纸一样，如果下面不衬上一张白纸，看起来就很不方便。自己看看也觉得好笑，内心立即像做错了什么事情一样不大舒服，但已无法挽回。寄去时我附了一个条子说："虽然为了节省一些邮费，但已给我弄得很不像样子，恐怕要影响你们阅读或翻译了。且所省又为数无多，如果邹先生以为这样不好，下次来信时只要提及一句，我就一定遵命不再这样搞好了。"出乎意外的是马上接到了韬奋先生的亲笔来信，说这样搞很好，说明能为书店节省开支着想，发扬了主人翁精神，是爱护我们整个事业的具体表现。积少成多，聚沙成塔，是值得表扬的事，不要因事小而不去重视。还说："只是这样做要化费你较多时间，应该替书店对你表示感谢，感谢你想得仔细，做得周到。不过如果你太忙时或要赶航班寄出，时间不够就不必再这样花太多的时间，任何事只要符合具体实际要求，总是好的。"他这种从实际出发、实事求是的精神，话又说得这样全面，使我内心感动。本来我恐怕由于自己自说自话乱搞而要受到批评，结果反而得到了表扬，一股暖流通过全身，激动得满眼润湿，沉默了好久好久。想想自己过去，从来没有碰到过这样诚恳真挚、想法周详、说理明白，又实事求是、热忱待人而对任何同事都像良师益友一样的领导，像韬奋先生这样的领导，不仅令人感激、钦佩、敬仰，我还认为的确是可以供任何单位的领导永远作为学习效法的师表的。

五、重逢——在香港再次见面

我从香港替韬奋先生选购航寄外文报刊材料到重庆的工作继续了好长一段时间，直到重庆经常被炸，香港航班又不正常，寄递往往失误才告一段落。又隔了不久，韬奋先生终于因在重庆备受国民党反动派的迫害、全国生活书店五十五个分支店几乎全被封闭，而在一九四一年二月二十五日辞去了徒有虚名的国民参政员职务，气愤地秘密趁公路车离开重庆，经过衡阳、桂林，再乘飞机在三月五日到达香港。我们已经先在香港的生活书店同人，再次和韬奋先生见面时，就像久别重逢来相会的老朋友一样，快慰异常。所有在香港的生活书店的同人和熟识韬奋先生的朋友们，都热烈祝贺他幸运地脱离了特务横行、暗无天日的重庆魔窟，希望他在香港再起炉灶，重振旗鼓，继续为进步文化事业全力奋斗，早日实现他一向坚决主张的为了祖国与全国人民的利益，加强团结、坚持抗战，实现民主政治和保障言论、出版、集会、结社自由的一贯要求。

韬奋先生是不辞辛劳、不知疲倦的人，他一到香港就闲不住，决定用他犀利的文章参加到当时聚集在香港的进步文化人的战斗行列。从一九四一年四月八日起，他替邓文田创办而由范长江主持的《华商报》撰写了长篇连载七十多天的《抗战以来》。有时还另外为《华商报》及金仲华主持的《星岛日报》写社论和专论，还替《保卫中国大同盟》英文半月刊写作论文。同时，他又筹备复刊由他主编的《大众生活》周刊，到一九四一年五月十七日出版了复刊后的新一号。在一九四一年五月二十九日，并与茅盾、金仲华、恽逸群、范长江、沈志远、沈兹九、于毅夫、韩幽桐等九人一起发表了《我们对于国事的态度和主张》，引起了港澳与全国人民的热烈反响。

在香港复刊的《大众生活》还是继承了过去《生活》周刊、《新生》《大众生活》《永生》《生活星期刊》《抗战》三日刊、《全民抗战》的传统，坚持爱国、民主、团结、进步、全心全意为人民服务的精神，一直出版到第三十号，即一九四一年十二月八日太平洋战争爆发后停刊为止。当时他每天埋头苦写，甚至废寝忘食，常常写到深夜一二点钟，为的是对读者认真负责，像他自己所说的那样，决心要当好一个吹出人民要求的喇叭手，也就是要当好一个爱国的称职的新闻记者。他在《大众生活》的"每周评论"和"大众信箱"里，期期都亲自执笔，正直无私地提出坦率诚挚的观点。回复读者来信时，总竭尽忠诚，循循善诱，实事求是，一丝不苟；他从来不说模棱两可的话，更无口是心非的欺人之谈。对国事有所阐述，更是慷慨激昂，勇往直前，义无反顾。这种坚持爱国、民主、正义的立场，也是他多少年来从来不肯改变的。当时香港五方杂处，良莠不齐，人口众多，国民党反动派和日寇、汪伪的汉奸、特务也不少。韬奋先生完全不顾个人的安危得失，总是理直气壮地说话。这个刊物是韬奋先生生前主编的最后一个刊物,也是最好的一个刊物。因而深为读者欢迎而风行海内外。这样鲜明倾向的刊物自然为汉奸特务所忌恨,也不会受到香港英国殖民当局的欢迎,时常会遭受到种种迫害与折磨。在香港政府书报检查处就常被留难,扣去文稿或大开天窗。韬奋先生对这些不如意的事总是横眉冷对,毫不气馁;而千千万万广大读者来信中的热情支持,对他是最大的安慰,从中找到精神上的无限欢快。他永远乐观,始终前进。

韬奋先生那次到香港来时是匆匆忙忙离开重庆出走的,他又一向只靠笔耕——写文章拿稿费米生活的,平时不治产业,也无积蓄;一生赤心为公,全部精力完全扑在生活书店和他所主编的刊物上,从来没有为自己打算过。所以三月间来到香港时,他在经济上拮据得简直无以为生,不多久他的夫人和孩子也从重庆转辗到达香港,更为困难。书店的同事知道香港分店还有一万多元港币的流动资金。大家认为韬奋先生是书店的创办人和总经理,是完全可以动用这笔资金的。如果只是陆续移用其中的一部分,那是更无问题,全店同人绝对没有一个人会有任何意见的,因而大家都希望他去取用。韬奋先生知道后却坚决反对。他说:"这是我们书店这个集体事业的资金,是公款,公私必须分清。我这个人只是这个集体的一分子,决不能挪用店内一文公款。我这个私人就是饿死,也决不肯移用店里一个钱公款的。"正直和坚决得毫无松动的余地。后来还是由朋友们一起商量,因为《华商报》已约定请他写长篇连载的文稿《抗战以来》,就由《华商报》每月预支几百元给他,以便解决他生活上的燃眉之急。他这种公私分明、光明磊落、刚正不移的精神,确是令人无限钦佩,永远值得我们学习。

我和韬奋先生最后一次见面是在一九四一年十二月十二日下午,那天日寇已经占领九龙,炮火已开始直接射向隔海相望的香港孤岛。香港人心浮动,惶惶不可终日,好像日寇当夜就会打过海来。就在那天午后，我到香港跑马地后面的半山上湾仔峡道金仲华先生的家里去打探消息，想了解一下大家怎么来应付这种危局。开进门去，只见不少原来住在香港或九龙的进步文化人都聚集在前面对海的那个大房间内，韬奋先生也在其中。韬奋先生本来住在九龙弥敦道，在九龙沦陷之日能见到他已在香港，心里感到莫大宽慰。当时他们大家正在三三两两地谈论香港可能马上全部沦入日寇手中的局势和怎么来隐蔽、趋避？以便解救在这种危难局面之下马上可能发生的问题：当前和以后怎么办？怎么才能脱出这个即将被日寇占领的孤岛的危险境地？我和韬奋先生、金先生及其他熟识的人招呼后，也挤在里面听了一会，真是众说纷纭、莫衷一是，一时也得不出什么统一可行的结论来；大家谈谈，不过达到一些互相了解与交流意见的目的罢了。正在此时，韬奋先生忽然走过来拉住我的手，引我到旁边人较少的地方，问我道："你家住的地方僻静吗？人多不多？能让别人来住吗？"我答道："我住在湾仔乍非道，地方倒很僻静，是香港最普通的石屎（即水泥）楼四楼一层，家里连两个孩子只有四个人，地方不大，但后房和走廊都空着，可以住人。"我又问："是你要来住吗？我们一家都欢迎你和邹师母来，只要带一个被铺来就可以了。"他说："我不来住。我已找到地方了。是沙千里先生想找个地方住，你处如果可以住的话，我去请沙先生来和你谈谈好不好？"我说"好的"，他就招呼请沙先生来和我谈。事后我才知道韬奋先生找的地方也很不合适，相形之下，还大大不及住到我那里去比较妥当。但他总是这样只为别人打算，而从来不为自己考虑的。

冬日苦短，不久天色黑下来了，加上外面由九龙打香港的炮声隆隆，不绝于耳，我想到妻儿在家一定会对我出外未归担心，于是辞别了韬奋先生和金先生回家。他们二人一同送我到近楼梯的大门外，互相道着珍重，紧紧握手告别。想不到就是这一天，就在金仲华家里的这个楼梯口,我和韬奋先生一别之后,从此就再也没有看见过一面,这次便成了永诀!韬奋先生当时的音容笑貌,诚挚感情,至今还深深地印在我的脑际,我是永远不会忘记的。

一九七八年九月初稿,一九八〇年九月修改。

(选自上海文艺出版社《中国现代文艺资料丛刊》1984年第8辑)

难忘的教诲（摘要）
——怀念新闻出版界的革命前辈邹韬奋同志

莫志恒

韬奋同志经常教育我们：办事要讲究效率。他说，一切工作，顺水推舟，慢吞吞地做，是不讲究效率的工作态度。工作讲效率，就会事半功倍，一个人等于做两个人三个人的事。有一次，他对我们表演了一个例子：他面前摊着一张空白稿纸，把一瓶墨水搁在离右手五十公分以外的地方，说："这样写文章会不会写的快一些呢？笔尖上墨水没有了，手伸到半米以外的墨水瓶中去蘸一下，然后再缩回来写，多不方便！如果你把墨水瓶搁在稿纸附近，钢笔蘸墨水就很方便，既省力，又迅速，写稿的速度就增快了。""又如你外出联系公事，在车站上等候公共车辆，一辆来了，你得尽可能挤上去；或者，你还没走到车站，而站台上正停着一辆还没发动的车子，你得争取搭上这一辆，因为机会不争取，等候下一辆车，往往要花很多分钟。必须懂得时间的宝贵，要提高工作效率。不论办什么事，都应争取机会。"生活书店的工作效率确实是很高的。集中表现在定期刊物的出版从来没有脱期过。例如：《生活》周刊（以后的《新生》《大众生活》《永生》《生活星期刊》《抗战》三日刊和《全民抗战》等等也一样），前一期在装订的时候，就开始发下一期的稿子，一二天后就校对、付印，星期四就见样本，星期五就开始发行，寄送定户，本市各定户在星期六以前一定可以收到刊物。这是出版信用，环环相扣,紧紧配合,不允许任何人破坏。这个流水作业制是由韬奋同志带头领导的,首先是他的"小言论"(评论)稿件,在规定时间一定交稿。国民党反动派压迫他,要审查删改他的文稿,而又不按时发还,他就亲自前往那个反动机关,当面斗争,有时身体不适,就雇了"滑竿"(重庆的一种简单的交通工具)代步,非要在刊物发稿期之前把文稿争取回来不可。由于他这个"火车头"的牵引,后面的各个"列车厢"就紧紧地跟着前进了。

生活书店当年是国民党统治区进步文化界中的一支"突击队"。这支"突击队"中的战士,不怕苦,不怕累,不怕敌人压迫,勇往直前,毫无畏惧。他们白天紧张劳动,晚上就学习、歌咏或到街头宣传抗日救国道理,张贴抗日标语,经常参加反对蒋介石卖国投降的示威游行,甚至将年轻的职工家属也组织起来,一道进行斗争。国民党反动派对于生活书店,不视为一个出版机构,简直视为反对它的卖国行径的一大压力。所以派出了许多文化特务,或公开,或暗地,对书店不断地加以镇压和迫害。生活书店职工们的革命思想和动力是从哪里来的呢?是韬奋同志的教导和党的地下工作同志帮助鼓励的结果。他们经常秘密学习革命理论,利用仅有的一点业余时间,每星期数次读书,数次讨论,学习《辩证唯物论》《联共(布)党史简明教程》,也学《政治经济学》,形成制度,从不间断。在抗日战争时期的重庆,书店同志还经常到化龙桥(红岩附近)新华日报社去看秧歌剧表演,把新华日报社所在的那个山坳坳视为国统区中的解放区,自由天地。韬奋同志还常常邀请党的领导人,无产阶级革命家,如周恩来同志、叶剑英同志、董必武同志、徐特立同志、秦邦宪同志和凯丰同志等到书店总管理处对职工们作抗战形势报告,理论报告,指导学习,使同志们有直接受党的教育的机会。

我在生活书店工作的一些年头中,韬奋同志给我的教育是书

难尽述的,这儿,我记两件个人身受的教育的事,经过如下:

我在生活书店担任书刊宣传推广工作和装帧设计工作。每一期刊物和每一种新书出版时,必须在日报上刊登广告,向读者报道出版消息。"七七"事变,一九三七年七月三十一日韬奋同志等七位爱国领袖从苏州国民党监狱获释。他立即积极筹备出版了《抗战》三日刊,不久三日刊随生活总店由上海迁往武汉。次年,国民党反动派为与共产党争夺青年群众,设立了"三民主义青年团",韬奋同志为此写了一篇《评"三民主义青年团"》的评论,发表于《抗战》三日刊上。我在往汉口《新华日报》发广告稿时,误看了繁体的"團"字是"圕"字(那时在国统区,"圕"字是"图书馆"一词的缩写字),午夜到报社去校对时,也没校正。次日凌晨,《新华日报》发行后,韬奋同志首先看到《抗战》广告,其中一条题目排成:《评"三民主义青年圕"》。他立刻找书店总经理,对这个错字表示很大不满,态度严肃。总经理马上找我,通知我《抗战》广告上出了错字,应该立刻设法更正。并说:国民党设立"三民主义青年团",已在日报上发表新闻消息,怎么不留心呢! 一位同事在旁边说:"国民党的事情,我们向来不大关心的。"以没有理由的理由顶了总经理。我当即前往新华日报社,协商如何更正这个错字。报社同志非常同情我在工作上因疏忽大意而遇到的困难,马上表示一定更正错字,决定免费续登那一期《抗战》要目广告三天。这样,才使韬奋同志对我犯的错误勉强加以谅解。他耐心向我解释:做革命的出版工作,同干其他革命工作一样。这是思想意识上的战场,不"知己知彼",同样得不到胜利的果实。国民党反动派蒋介石对日本军国主义者不得不摆出一副抗战的嘴脸,是因为在共产党领导下,被广大抗日民众逼出来的,是被动的。设立"三民主义青年团"是为的与共产党争夺青年群众,有它不可告人的卑鄙目的。要揭穿他的虚假面貌,就要随时注意他们的阴谋。对国民党的动向怎么可以不注意、不留心呢？即使是广告上错一个字也是不应该的。我接受了韬奋同志的教导。虽然，这一错误，至今已过去四十多年，韬奋同志去世也已三十多年，但在我的内心，一直觉得是一个教训，认为是自己政治上的一个落后面。

第二件事，是在抗战中期——一九四〇年的重庆。有一次，一个妇女刊物要我为该杂志设计一些题饰、报头图案，寄去之后，杂志社送来了稿酬，但是不多。我出于个人利己思想，写了一封信给杂志编辑，表示不满。不料那位编辑把我的信转给了书店总经理，意思是杂志社给作者们稿酬数额不够标准，是因为书店给杂志社的经费太"苛"之故。这位杂志编辑把我的那封信当作拳头，去打了书店总经理。总经理把这件事告诉了韬奋同志。有一天，韬奋同志找我谈话。他态度诚恳，语气温和，对我说："写这样的信，虽然是给一位杂志编辑的，实际上引起了店外编辑对书店的不满，增加了书店管理上与杂志社的矛盾。书店与杂志社和作家们，有时因为经费问题或稿酬标准问题，往往各有困难，各有看法，会存在一些小矛盾。我们不应该为了个人的一点利益，影响了团结编辑和作家们的一致抗日。你是书店的一员，应该理解这一层道理。我代表书店，特地对你当面说一说。"我接受了韬奋同志对我的教导。现在，几十年过去了，他当年的和善与严肃的面容，至今还深刻地印在我的脑海中。我永远铭记着韬奋同志对我的教育。

一九七八年九月于北京

（选自上海文艺出版社《中国现代文艺资料丛刊》1984年第8辑）

韬奋在梅县江头村隐蔽的日子里

陈启昌①

一、逃出虎口 隐蔽山村

一九四一年十二月,日本帝国主义者发动太平洋战争,仅十八天时间,香港当局便宣布投降。包括韬奋同志在内的两百多名留港抗日文化战士,首先成为日敌、汉奸追缉的对象,处境特别危险。在这紧急关头,中共华南工作委员会接到党中央关于保卫中国文化界精华的紧急指示,立即集中力量组织营救。工作分三方面进行:在香港进行联络集中,秘密返回;在东江游击区组织武装力量进行接应,护送;在国民党统治区由廖承志、连贯两同志分别到曲江、老隆,部署向内地撤退的安全措施。

与此同时,国民党政府的魔掌也从大陆内地伸出来,调遣广东所有军统、中统特务,到东江一带开展侦缉活动。以防日特、汉奸混入内地为名,在这些地区遍设港九难侨登记处。一方面通令所有港九回来的同胞必须亲往登记,领取难侨身份证,另方面增派特务,加

---

① 陈启昌原名陈炳传,又名陈劲军。中共党员。第一、二次国内革命战争时期,曾先后任广东梅县特支组织委员、团县委书记、团地委书记等职,后在马来亚、印尼、香港等地从事革命活动。解放后在广州哲学社会科学研究所工作。"十年动乱"中受迫害,一九六九年四月含冤去世。——编者注

强水陆所有关卡的检查。当时我东江游击区的武装力量还薄弱,控制地区还很小,经常处于作战和流动状态中。为了确保抗日文化战士的安全,必须迅速让他们通过国民党的封锁线向"大后方"转移。

国民党统治区的保卫工作,在廖承志、连贯两同志的直接领导下进行。他们利用其在一年前亲自组织的按抗日民族统一战线原则,以"争取中间势力"为目的建立起来的商行,以及商行所发展的社会关系组织掩护,通过商行的关系,向国民党惠龙师管区司令部领到几百张港九难侨身份证,送到游击区发给这些文化战士。再利用国民党驻老隆税警团的掩护,在当地设立商行办事处,以招待香港股东逃难家属的公开名义,把文化战士接待到预设的招待所里。更利用平日以经济利害和军统特务西南运输局监察处运输检查站建立的关系,使自己商行的车辆穿走老隆、曲江一带不受检查。这样一来,便避开了特务的登记审查,及遍布酒馆、旅店和沿途关卡的侦缉爪牙。

一九四二年三月底,撤退任务基本完成,国民党政府的侦缉计划全部落空。由于我党抗日民族统一战线政策的正确,策略方面的巧妙运用,迫使国民党政府的主观意图完全失败。

到了四月间,撤退的最后一个问题就是如何保护韬奋同志的安全问题。他是最后一批到达老隆的,原计划也要转送他到桂林去,但这时华南党组织接到中央电告,谓国民党政府已密令各地特务机关严密侦查韬奋行踪,一经发现即行就地枪决。组织研究决定,把韬奋同志隐藏到梅县畲江我家里去。当时交给我的任务是:"公开隐蔽,严密防范,保证安全。"

二、到"柴大官人庄上"

到梅县畲江江头村我家隐蔽,对保卫韬奋同志的安全,具有几个有利条件:因江头村是梅南的一个山村,有六七十户人家,多是姓陈的。地处梅、丰两县的边区。大革命失败后,青壮年男子多已逃往海外,这里不再是反动派注目的地方。政治条件好,各阶层群众对国民党的反动统治极为不满,而且有过历史上的血海深仇。第一次国内革命战争时,梅县第一个搞农民运动的陈嘉模就是以同姓关系入手,在这里组织起第一个乡农民协会。第二次国内革命战争时,这里也是一个苏维埃村,畬江区苏维埃政府曾一度设在这里,曾遭受反动派多次围剿,屠杀了三十多人。

由我父亲专职保护韬奋同志。他过去曾与陈嘉模在家乡一道搞农运,并参与第二次的革命斗争,斗争失败后祖母被杀,不能在家乡立足,便携全家幼小逃往南洋,直至全面抗战爆发,国共再度合作后,才携带部分家人回到家乡。这时候他已是归国华侨,十年前的往事,不大为人注意了。他一向为人正直,在乡间有一定的社会威望,历史上经受过残酷的政治斗争,因而也有应付各种事变的经验和办法。

我自己,则于一九四一年与几位同志,根据党的指示回到广东省战时省会的曲江,创立前述商行任经理,利用这个地位与梅县的上层文武官员、较出名的城乡绅士交上了朋友,建立起各种不同关系的交往。在梅县的县、区、乡大小衙门里都有新旧的戚友关系。在梅县的人们心目中,我已不是过去的"共匪",而是"财源通四海,往来无白丁"的"上层人物"了。因此只要安上一个适当的名义,把韬奋同志接住我家,决不会引起人家任何怀疑。记得行程已定,在老隆义昌楼上××行老隆办事处候车的一个下午,韬奋同志曾和我开过一次玩笑,说:"我们现在有点像《水浒传》的好汉上梁山的情景。一想到上梁山,我便联想到你这位'柴大官人',今天我要到贵庄奉扰大官人了!"讲完话张口大笑,脸上没有半点逃难的苦容。

"不过我们的柴大官人,祖上却没有陈桥让位之功,也没有先朝钦赐的丹书铁券,但囊里却有党授予的抗日民族统一战线的法宝,运用起这套法宝,使现代沧州衙门不敢正视您,高唐州的殷天赐和高廉辈也无所逞其伎俩。"韬奋同志补充着说,说完又开怀大笑。

我把韬奋同志带到家里,是以××商行港侨股东李尚清(难侨证上的名字)因脑病,在曲江经不起敌机轰扰,来乡间休养的名义出现的。暗中我对父亲加以郑重的说明。韬奋的名字我父亲是熟悉的,在南洋也读过他的一些著作。因此对他的安全更为关心。我们把韬奋同志的住地安排在一个老学堂里,我父亲及我的一个孩子伴随他也搬进那老学堂同住。

就在这个时候,从好多方面可以看出国民党特务对韬奋同志的侦缉活动是一天紧似一天了。

当日敌占领香港后不久,曲江国民党报的"时人行踪"栏,第一次登出韬奋同志的消息:"邹韬奋、茅盾、夏衍等十余人,由香港乘小渔船逃往广州湾,因中途遇风覆舟,估计可能已因此丧命。"过了不久,第二次发出消息:"据闻邹韬奋等已到东江游击区,在游击区担任政治文化工作,前讯广州湾遇险消息不确。"在韬奋到达老隆期间则谓:"邹韬奋原在东江游击队,后因日寇进攻,闻已离队住在东江乡间。"

过了几天,我到梅县城里去"摸行情"。到了该县县长处,他当着我和几个老同学的面大发牢骚,责骂特务尽找他的麻烦:"谁知道柳亚子在什么地方?我和他又有什么关系?"一边说一边从抽屉里找出一封电报,该电报是假柳亚子的友人从重庆发出的:"梅县县政府探交柳亚子先生,老友均好,请即回渝,并转告其他由港回梅诸友。"特务试探性的毒爪已伸到梅县了。柳亚子当时也是国民党特务"就地格杀"的对象之一。在一月前已由我们接送到曲江,隐蔽在曲江××商行一个股东家里。

我由梅城回到家里，把情况与韬奋同志及父亲研究，一致认为必须严密戒备，一面组织武装保卫，一面作易地隐蔽的准备。

我们估计，特务纵使发现韬奋疑踪，还要经过一番深入侦查，收买内线，组织拘捕等一系列活动。但村里可能充敌内线的人极少，即使可能找到，由于许多条件限制，特务不会采取公开拘捕的办法，很可能采取秘密绑架的形式，而且夜间行动的可能性大。

家里已有一枝左轮、一枝驳壳枪，我通知外甥李彩风来家同住，万一发生意外由他与父亲两人实行武装抵抗，另教同住的孩子领引韬奋跑往隐蔽地的方法和道路。此外并添购武器，发交族内贫苦正派的可靠青年。对他们公开的说法是：李伯伯是外来的客人，因地方不宁，为防范土匪绑票，必须作好准备。不论白日夜间，只要听到老学堂的螺角声或枪声便来救援。氏族祖上存有步枪十多枝，但锁在仓里面，通过我的建议，全部发给族内青年专人保管使用，并议定村内盗匪警报信号一响，大家便要勇敢上阵。同时号召大家提高警惕，严密注意来村的担贩及陌生人的行动。

在积极准备对特务斗争的几天内，我父亲根据过去反围剿时的经验，反复告诉我们在晚上如何辨别狗吠的声音，从中判断是个别过路人还是大队人马及远近。一连几个晚上，我们都进行了辨别狗吠的演习。韬奋同志曾几次匍匐在地上静听村头村尾狗吠的声音，还进行了在各种不同条件和情况下跑往隐蔽地的演习。我们还进行了利用地形地物进行武装抵抗等的演习。

在初到我村的几个白天，韬奋同志以踏看陈姓祖屋、祖坟为名，与我父亲背着罗盘，借此熟悉全村的地形地势和通路。每次回来不仅没有倦容，而且认为这是极有意义的生活和锻炼，是他一生历史上别开生面的一页。

三、"山村夜谈"传知识 "寻龙捉脉"广调查

韬奋同志在江头村半年多的隐蔽生活,主要是:晚上参与"山村夜谈",白天只要是天清气朗,便与我父亲背着罗盘,以"寻龙找穴"为名,穿山过屋进行调查访问。

在这六七十户人家的山村里,人们的主要业余活动就是晚饭后聚集聊天。老学堂位于全村的中心,自从我父亲和韬奋同志搬往那里后,便成为晚上聊天的集中地。每晚总有二三十人次,其中绝大多数是农民,聚谈村内公私事件、天文地理、古今中外的新闻或史话。大家对提出的话题有补充,有质问,有是非争论,无拘无束,各抒己见。韬奋同志对这样的农村夜谈评价极高,兴趣极浓。他说这里是村里人民生活经验交流的场所,是思想智慧的源泉,是乡村文化的特种形式。他又说:这对他来说是一所"夜大学",在这"夜大学"里,可以听到过去没有听到过也难于听到的课程。他愿意在这样的"大学"里当个学生。他是夜谈会中最积极的成员。最初,他不懂客家话,要由我父亲为他作扼要的翻译。为了克服语言的困难,他曾刻苦学习客家话,拜孩子们做老师,并把日常用语写出来用英文字母注音。日常生活中则学一句用一句,讲了就请人纠正。不到两个月,基本上能听懂客家话,也能和大家作日常生活的简易交谈。

在夜谈会上,村里群众给韬奋同志提供了很多生动具体的现实生活和历史资料。为弄清一些重要问题,他常常和我父亲二人背起罗盘,以"勘察祖坟""寻龙捉脉"为名,进行实地调查。

一次夜谈中,群众讲述了两年前关在本村的新兵,因不堪国民党军官的虐待,破监逃走,其中有五个受伤,被捉回来后活活地惨遭杀害,挖去心肝,挖出来的心肝一个个用竹片撑开,挂在永怡楼

门口的竹竿上,直到晒干了才收回去。住在永怡楼的陈福连,这时正害着病,一看见人心肝便被吓死了!

听了这骇人听闻的事件,韬奋和我父亲以看我曾祖母坟墓为名,到对面山岭,顺路踏看国民党军官戮杀新兵的刑场,以及挂竿晒人心肝的墙头,访问被吓死者的家属。韬奋非常沉痛地倾听死者家属的泣诉。他后来对我说:"抗战初期我曾到前线慰劳抗日战士,亲眼看到他们为保卫祖国忍受困难、牺牲自己的许多可歌可泣的事迹。同时看到受伤战士有的独自勉强支撑着走路,有的匍匐路旁奄奄一息,更有的满身血污卧在田野里挣扎,无人过问。我当时对国民党政府不关心战士疾苦虽感愤慨,但以其还是实行抗日,未加深责。全面抗战爆发以来,逐步暴露了他们不是决心抗日,不是走向民主、进步,而是日益走向反共反人民,走向对日投降。他们过去无视前线战士的疾苦,甚至在后方屠杀新兵,决不是偶然的,而是反动政治本质的必然表现。由此更显得中国共产党领导中国革命的坚定性、彻底性,自抗战以来的一系列方针政策的正确性,及其言必信、行必果的伟大精神。"韬奋同志热爱祖国,热爱人民,随时纠正自己认识上的不足。正是具有这样高尚的政治道德品质和高度的正义感,使他日益信赖和靠拢我们的党,成为具有共产主义觉悟的人。

夜谈会上还谈到山村人民的斗争历史。

韬奋同志对于村里革命斗争的史实十分重视。他详问每一事件的经过和人物,对有关的房屋和作战过的山头,他都背着罗盘去作实地观察。为了使韬奋同志进一步了解梅县地方的革命历史,我父亲设法把埋藏在梅县一个亲戚家里的两箱子历史文献取回来,其中有整套当时党中央机关报《向导》周刊、团中央机关报《中国青年》、广东党区委机关报《政治》周刊、团区委的《少年先锋》、梅县地委的《青年旗帜》等。我父亲在距老学堂不远的鸣岗楼特辟了一个秘密书房,供韬奋读书用。韬奋看到这些书如获至宝,认真阅读研究。每天早、午饭后,村里人都到田里干活时,便由我的二儿陪着韬奋同志从楼的后门到房里阅读。自从搬回这批文件后,韬奋同志非常兴奋和珍惜,"好极了!我要利用这个时间认真补课。"还说:"中国人民革命的巨火在广东炽烈燃起来的时候,我还是一个不大关心政治的人。后来国共分裂,我也还是当作党派斗争。我自己不想卷入到任何党派斗争方面去。我认为谁执政都没有问题,只要能够政治清明,使祖国逐步走上富强的道路。我自己总是希望脚踏实地,为国家及人民切切实实做一些具体有效的事情。直到'九一八'事件发生,我投身到挽救祖国危亡的战线上,才逐步认识到挽救中国的唯一道路,是唤起全国人民,实行反帝反封建的民族民主革命。从此,才认识中国共产党,按着党所指的方向努力。我对中国革命是半路出家,是通过自己的摸索,走了不少迂回道路的。"事实上,当韬奋发现救中国的正确道路之后,便一天天紧密地靠拢共产党,按照党指引的方向奋斗,勇往直前,义无返顾。

从江头村接近丰顺,村里老少皆知丰顺的著名历史人物吴钩——吴六奇。有一次,夜谈会谈到吴六奇。韬奋同志说他在一本名叫《风雪英雄》的书上看到这是一位"知恩必报"的"风雪英雄"。但大家讲述的民间传说,此人并不是一个什么知恩必报的英雄,而是一个忘恩负义、杀人不眨眼的魔王。韬奋同志觉得十分惊诧,于是一连几天邀我父亲同去参观离我村五六华里的"吴钩岩"(相传是吴六奇未发迹时的山岩住地),又访问相传是吴六奇部将隐居的莲花庵和回龙寺,并在附近地区访问一些老人,参阅丰顺的地方志,从各方面考证这位历史人物。考查的结果,认定事实是:吴六奇原系一个富家纨绔子弟,是一个赌徒,后来赌得倾家荡产,连房子也卖得精光,万不得已钻进附近的山洞里乞食过日,这就是"吴钩岩"的由来。他在邻近庄稼地里偷茨挖芋,或在近处山村的屋前屋后偷鸡吊狗，交结了不少"江湖好汉"，逐渐成为丰顺县内著名的黑社会大头目。明末，张献忠、李自成领导农民起义，广东农民随后也揭竿四起，吴钩也在丰顺起义，在埔丰一带做了土皇帝。满清军队打到广东，他便接受招安，做了满清的铁印总兵，满清皇帝赐给他"援剿无分疆界"的权力，自此之后，他在潮梅东江一带疯狂镇压农民起义，成为一个杀人不眨眼的魔王。他得势后，许多过去的穷朋友去找他，他都说不认识。来找的人为了证明他们是老朋友，当面讲述当年穷困时如何一道去"偷茨挖芋"的往事，吴六奇冒起火来就判他一个匪盗罪名立即推出斩首。后来索性命令门官，凡有以旧相识为名来求见的，一律杀掉。和他一齐起义的将官在他降了满清之后都陆续被杀了。剩下还有两个得力的将官，则私自隐居到莲花山和回龙寺当了和尚。

经过这样的调查，韬奋在"夜大学"中向群众复述他所探究出来的事实，群众的认识更清楚了，一致认为吴六奇并不是穷人，而是一个破落地主兼流氓。他和现在的汪精卫、蒋介石一样，利用共产党和工农打天下，打到了天下就又回手杀共产党和工农。对于我们穷人百姓来说，吴六奇正是一个忘恩负义、杀人不眨眼的魔王。韬奋同志极力赞扬民间的看法。他曾对我说，这是他有生以来第一次真正深入下层群众，由此得到不少教育。

四、处处存足迹，山村留佳篇

韬奋同志力求深入到劳动人民的生活中。六月农忙，他争着到田间送茶送水；晚上，他总想向人索取打禾的绞棒，帮农民打一打。人家不愿给，都说："这不是李伯伯做的，我们怎能给你干这样的粗活。""我要学一学，尝尝辛苦味儿。"在韬奋同志的再三请求下，才得到干农活的尝试。

一次夜谈会上,讲起孔夫子不吃豆腐的故事。为了解决人民在豆腐生产上知其然不知其所以然的疑难,他曾作过一次有趣深入的实察。据说,七八斤豆子可以做出一锅二三十斤豆腐,剩六七斤豆渣,一斤多豆壳,还有十多斤豆腐水可做猪、牛的饲料。端阳节我家里要做豆腐,他便与我父亲和我外甥约定,他要由始至终参加,并与我外甥作了一个考察记录的计划。他从买回来的大豆过秤登记开始,再从大豆制成豆腐的每一个工序中,所加进和新产生的物质的增减数量,都分别进行过秤和登记。到了豆腐制成,便将记录的数字亲自核算,列出物质数量变化平衡表。韬奋同志通过这一实践,找到了大豆磨成豆浆后,在一定的温度条件下与盐卤发生化合而制成豆腐的客观规律,以及在这一化合过程中所发生的各种物质数量变化及平衡的客观规律。他掌握了豆腐生产的全部知识。在一次夜谈会中,他向群众做了生动的解释。他说:孔夫子不吃豆腐只是传说,但他不懂得如何把黄豆制成豆腐这倒是可能的。幸好我在大家的帮助下弄清了制作豆腐的过程,否则一天两天,一月两月都还弄不清楚,我也许也会不吃豆腐的。解释得有趣有理,听的人哈哈大笑。韬奋同志教育大家,这些道理就叫做科学。无论什么事情都有它的科学道理,将来大家都懂得了科学,就不会迷信,就能够相信自己的力量。

韬奋同志对全村的青少年爱护备至。不论谁找到他,也不论提出什么问题,他一定耐心细致地帮助分析,给予满意的解答。我的五弟在曲江读书,暑假回来因用钱太多,给我父亲大骂了一顿,他哭起来。韬奋同志一面要我父亲息怒,一面劝导五弟。并把五弟日用帐拿来,亲自核算,根据各项目,分别总结。然后用总结的数字对我父亲和五弟详加分析,指出哪一笔是必须用的,哪一笔是可用可不用的,哪一笔是多用的。韬奋同志这一实事求是的教育方法,使得我父亲及五弟均被感动得相对流泪。

村内儿童每有急性疾病,一定叫我父亲设法抢救。韬奋同志也一定与我父亲一起携带便药前往病儿家里协助护理。

韬奋同志特别注意培育孩子们的正义感和爱国主义的思想感情。经常利用一切机会给孩子们讲述中国历史上的民族英雄和抗日英雄的故事。村里受过他教育影响的孩子,有许多在解放战争前后参加了中国人民解放军。此外,他还经常和孩子们一道"打赤子"(农村小孩的一种游戏)、玩纸牌、游泳。夏天,韬奋同志常常卧在浅滩上,孩子们围着他,有的拉他的脚,有的骑在他背上,有时,他故意一伸脚,或一翻身,把孩子们滚在水里,有时,故意装作被压在水底,向水面呼出一连串的水泡,弄得孩子们拍掌大笑。到老学堂来找韬奋同志的穷孩子,他常常给他们抹鼻涕,给他们洗手洗脸。正是这样亲密无间的关系,孩子们都愿意听他的话。①

所有这一切,使"李伯伯"的形象永远深深的印刻在江头山村的男女老少心里。

---

① 韬奋伯伯在江头村的时候,我五弟漭涛才四五岁。他有个坏习惯,就是穿裤子不肯用裤带,成天左手抓住裤头走路,裤褪一长一短的真难看。他还特别喜欢玩脏水,裤子一松掉进泥水塘,又脏又湿。家里大人也骂也打,不过当时起作用,一转身,五弟又一切照旧。韬奋伯伯知道后,只稍稍施展了一点小小的"滑稽术",漭涛的坏习惯就改好了。

有一天韬奋伯伯当着众多小朋友的面,把自己的裤腿卷成一长一短,也左手抓住裤头,学漭涛走路的怪样,那滑稽的样子真像是东方的卓别林,诱得个个孩子都捧腹大笑。伯伯却一点不笑,脸上显出惊诧的神情,问孩子们这有什么好笑的。孩子们七嘴八舌,都说裤腿一长一短难看,穿裤子要系上裤带才对。连漭涛的好朋友也乳声乳气地诉说他。韬奋伯伯好像在孩子们的"教育"下恍然大悟过来,转身要求漭涛接受小朋友的意见。漭涛见韬奋伯伯也这样讲,很快就同意系裤带了。但是一时改不了左手抓裤头的习惯。伯伯又用自己的手帕系在漭涛的裤带上,让他抓住手帕走路。这办法很灵,过了几天,漭涛的坏习惯就彻底改过来了。——陈启昌次子陈汉辉述,嘉骊记。

五、中秋惜别，亲人难舍

最初我们估计，韬奋同志隐蔽在江头村的时间可能较长，曾从各方面作了长期准备。韬奋同志也曾决定利用这时间写一部对当时中国革命斗争能直接起促进作用的中国历史。正在这个时候，得到中共地下党的通知，谓国民党当局在各地侦查不出韬奋行踪，特派"大员"驻广东，针对东江和兴梅一带指挥侦查。为此，党组织派了冯舒之同志（原生活书店的干部）来我家接韬奋同志往苏北解放区。决定行程的前两三天，一九四二年九月二十四日，刚好是阴历中秋节。是日，用"李伯伯"的名义，在老学堂设便餐，邀请村里长辈和青年，表面是过中秋节，实际是韬奋同志向全村亲人告别。大家心里明白，几十对惜别的眼睛凝望着韬奋同志，一时说不出话来。

夜深人散。韬奋同志和我漫步到老学堂门前芙蓉树下，望着月夜的村景。"啊，江头村，革命的江头村哟！"他满怀惜别地浩叹了一句，接着对我说："炳哥！我不能忘记江头村，这里是我第一次深入接触的祖国农村，是我第一次和祖国劳动人民交往的场所。从这里我学到了许多东西，领受到语言说不出的深情厚意，从这里引起了我不少惨酷与壮烈的想象。在想象中，我看到历史的和现实世界的屠夫们的血手，也看见中国人民对着屠夫们的浴血搏斗。在这里的半年生活是我一生经历中有极深刻意义的一段，将来我一定要把这段生活写出一本详细的回忆录来。"

这一切已经是廿二年前的情景了！老学堂门口的芙蓉树已不知什么时候枯萎了，但红花已开满了现在的江头村，当年韬奋同志惜别的江头村，已经是社会主义的乡村了。

离别前，韬奋同志还给我父亲写了四幅遗墨。给我写的一幅遗墨,是撮录鲁迅先生《狂人日记》的语句:"翻开历史一查,歪歪斜斜的每页上都写着仁义道德几个字。仔细看了半夜,才从字缝里看出字来,满本都写着两个字是'吃人'。"二十年后的今天,全国人民在党和毛主席领导下,已把祖国土地上的吃人魔王消灭了。韬奋同志理想中的祖国已在党和毛主席领导下,为伟大的中国人民创建起来了。韬奋同志啊!你安息吧!你用毕生之力去寻求的光明世界,将会越来越灿烂辉煌!

一九六四年六月二十四日

(选自上海文艺出版社《中国现代文艺资料丛刊》1984年第8辑,略有删节)

忆韬奋伯伯在江头村

陈汉辉

接待新客人

一九四二年四月间的一个晚上,我们一家老小聚在老屋的禾坪上聊天。几个人影从池塘边的大路上走来,走近了,只见爸爸身后跟着一位陌生的客人。他身穿灰布中式唐装,头戴灰色荷兰帽(一种毡帽),鼻梁上架着一副深色框架眼镜,左手腕上还挂着一根手杖。大家拥着他们走进屋里。父亲向我们介绍了客人,说:"这是李尚清李伯伯,是和爸爸一起做生意的。"

父亲用普通话向客人介绍我:"这是我的二儿子,十一岁,叫漫涛,暹罗曼谷出生的,大家都叫他曼谷。"还有什么"是村里村外有名的调皮鬼""会和大人斗智""顽皮透顶"等等。伯伯把我拥在他怀里,爱抚地摸我的头,托起我的下巴,微笑着说:"很老实嘛!"我琢磨这位伯伯,好像有点喜欢我,心里暗暗有点得意。

第二天,祖父忙着和村中一些长辈磋商,决定借用老学堂一段时间。全家动员把老学堂里外打扫了一遍。老学堂里有个小客厅,厅左右各有一个卧室,我和李伯伯住西屋,祖父住东屋。

当天,祖父找我单独交代:"每天早点起床,烧水、抹桌、扫地、泡茶,照顾好伯伯。"父亲又单独交代:"细心照料伯伯的生活、饮食,看到大人们做的事,不能和外人多嘴,要你做的就做,不要你插手的不要多问,外地来的报纸信件要及时送来,不许拆看……"最后祖母也个别告诫我:"客人面前要有礼貌,好菜不许进筷子,不要到处出溜跑野。你的行动就是大人的面子,不许做丢阿婆、大人们面子的事。"我用心记住了大人们的话。

当晚在老学堂进餐,我扫地抹桌,泡茶煮饭,烧菜洗碗,做得井井有条,伯伯当时就夸奖了我,说我能干,比城里的孩子强多了。

找我"麻烦"

记得那天睡到半夜我起来解手,轻轻的木屐声惊醒了伯伯。他随后起身,擦亮火柴,看我光着膀子,就忙着拿起自己的上衣向我追来。半道火柴灭了,他近视眼,哪里看得见我矮胖的身影在哪个角落。等他回去点灯,我已过了厨房。伯伯提着灯,小心翼翼再追来,好不容易进了厨房,大概由于心情过急,小煤油灯的火苗还是被风吹灭了。这时我刚进厕所,发现伯伯追来,灯又灭了,我不顾尿急,转过身,硬是扶着伯伯一摸一撞,好歹把他送回床边,再不顾一切地向厕所跑去。伯伯披着衣,点着灯,坐在床边等我。见我回来,他赶紧塞给我火柴,要我放在枕边备用,我不屑接那火柴,反而怪他:"我在这老学堂读过两年书,你把我眼睛蒙上,我也不会走错路。你耽心反而找我麻烦。"伯伯拍拍我的肩膀,连声说:"好样的,好样的。"两人打着照面说笑了一阵,才又各自钻进被子睡觉。

伯伯学洗衣服我挨打

天热了,伯伯每天洗澡后换下来的衣服,照例由我早晨拿了送回家给妈妈,由她洗净、上浆、熨好,傍晚送回来。不到一个星期,一件使我挨打的事发生了。

　　一天早晨我去取衣服没有拿到,我问伯伯:"脏衣服呢?""你弟弟拿去了。"我信以为真,背着书包上学去了。放学回来,刚进门,祖父一把抓住我的手腕,轻轻拉到他房里,顺手关紧门,扭着我的耳朵问:"你有耳朵吗?""有。"话音未落,"啪!啪!"我屁股上挨了两巴掌。"千交代,万交代,要你照顾好李伯伯,你有耳朵,听进去了吗?说,为什么叫李伯伯自己洗衣服?嗯?"祖父一边严厉轻声地责问,一边在找烟筒,一场风波远未过去。门外响起了脚步声,伯伯进来了。祖父的声音一下子变柔和了,他对我说:"就这样,豆腐青菜一起烧。记住,青菜要洗干净。去吧。"我满腹委屈,低沉地"唔"了一声,转身走了。

　　事后我才知道好心的伯伯要自己洗衣服,又怕我和祖父不允,就想了法子支使我上学走了,然后避开人们视线,躲到后小门外去泡洗衣服。水缸距离远,厨房里没有小水桶,只有一只烧洗澡水用的美孚牌油桶,伯伯提不动,只得用水勺一勺水一勺水往后门运,弄得满地湿淋淋的。伯伯的"秘密"被祖父发现了,祖父哪里肯依。伯伯真诚地说:"到这里来太麻烦你们了,我是想什么都学学。"不管伯伯怎么表白,祖父还是怪我粗心。我受了这冤枉气,整整闷了一天。晚上睡觉前,伯伯关紧门,轻声细气安慰我,问我的屁股还痛不痛,还检讨自己骗我衣服弟弟拿走了。他越安慰,我反而两眼泪汪汪。伯伯也抿起了嘴,说:"好了,别难过了,你要哭我也想哭了。睡吧,下回再不叫你上当受冤屈了。"现在回想起来,我那算得了什么冤屈。真正受冤屈的不是我,正是伯伯自己!明明是抗日救国,却被诬陷为"危害民国",弄得有国难报,有家难归,孤身一人隐居在我们这个偏僻的小村,这不是最大的冤屈吗?!

苦学客话家

伯伯进村不久,祖父和父亲商量,以伯伯的名义邀请村中长老到老学堂来吃饭。那天请了两桌酒,表哥李彩风当厨师。在小小的宴会上,爸爸向长老们介绍,伯伯是他的好朋友,是商行的股东,因为身体不好,到村里小住,望大家多加关照。伯伯举杯拜见各位父老,还亲自给他们斟酒。他不会讲客家话,但是有祖父和父亲当翻译,主客之间还是融洽地交流了感情,席间气氛热烈。长老们一点没想到眼前的谦谦"商人"竟是一位抗日勇士。

两个月不到,我忽然发现伯伯已经能相当熟练地用客家话与人们交谈了。他用什么办法在这么短的时间里掌握了客家话?回想前一段日子,每天晚上临睡前,伯伯像上课提问一样,要我用客家话复述一遍我们一天的生活,还让我用客家话反复讲述我的一个"秘密"。我的"秘密"是:

我家有一个德国钟发条断了,我几次到圩上的钟表店,看会了接发条的技术,回家后便干起来。刚把钟壳拆下,祖父看见了,不问青红皂白,举起竹烟筒就揍我,烟筒打断了我也不讨饶,我实在不知道自己错在哪里。我如果能把发条接上,钟又能走起来,这不明明是好事吗?那祖父为什么还要打我?我越想越想不通,越想不通越气。晚上,我逃出家门,在树林里游荡,到下半夜想出了报复的办法。我装鬼叫。从树林北开始叫,躲到坟墓边叫,到南边再叫,又转到有观音、天神的地方叫,天快发白时才溜回家,爬上祖母的床,背靠她睡着了。等我醒来,大人们七嘴八舌问我昨夜在哪里过的,我犟头倔脑,瓮声瓮气,偏说我早就睡在这里了。这事传到村里,几个老太婆来找我阿婆,说昨夜满山饿鬼叫,今年天时一定不好,要遭灾祸,准备组织全村妇女敬天神,还说我睡在床上无人知晓是鬼摄人,过去某地某人也发生过这等怪事。我暗暗好笑,在旁添油加醋,说我昨夜做的怪梦就是梦见坟地鬼叫,老太婆们更振振有词了,一定要拜天神,拜公王、石王。喧闹的屋子里,唯独祖父用猜疑的眼神凝视着我。他很明白是我搞的鬼。可是已经惊动了村里那么多人要拜神,他不敢当众揭穿。

伯伯听熟我的"秘密",就用客家话转述出去了。人们又笑话,又赞扬,还用生动的语汇补充他的故事。这样,他的客家话就丰富活跃起来了。每天晚上有人到老学堂来聊天,也是伯伯学客家话的好机会。他随时把一些难懂的话用英文字母注音记下来。难怪两个多月后,他的客家话就讲得很不错了。

"糊粥"和营养

彩风哥善烧酒菜,从那次宴会后留在老学堂教我烹调,我当然愿意拜他为师,可以多学一门本领嘛。表哥什么都好,就是有一点不好,喜欢揭人短。我偶尔把饭菜烧坏了,他就要到祖父面前"叽叽咕"。有一次我煮稀饭,不注意把粥烧糊了,其实只有一点点糊味,吃的时候才发觉。我一看彩风哥在朝祖父身边走,就猜准又该轮到我"受审"了。果然,祖父、彩风哥联合起来数落我,偶然一次小错,似乎变成我天天煮糊粥似的。伯伯没吭声,先掏了半小勺粥在碗里,细品了品味道,连声称赞:"好粥,好粥!"接着盛了满满一碗起劲地吃起来,真比平时吃得还多还香。饭后,伯伯当着祖父、彩风哥的面,亲热地拍着我的背说:"曼谷,今天的粥又香又好吃,你能不能每天烧出这样的粥来?"我满腹狐疑,泄气地摇摇头。祖父惊愕了,注视伯伯的神情不像开玩笑,是真的喜欢吃这样的"糊粥"。

第二天,祖父亲自动手,想烧出一锅我的"特产""糊粥"来,怪哉,就是烧不成功;彩风哥也试烧了一锅,也不成功。伯伯又宣传开了。他说:高明的厨师不一定样样高明,不高明的厨师不一定样样不高明,作民老伯和彩风就是烧不出曼谷的"糊粥"。我高兴极了。就是嘛,烧糊一点粥,值得那样数落我吗?真让你们烧又烧不出来呢。祖父和彩风哥听了伯伯善意的嘲讽可不服气了,想了个新招,摘来豆角叶子,撕下一张张叶肉,甩掉叶脉经络,烧成豆叶粥,清香爽口,伯伯满意地表扬了他们,这才平息了两位"大人物"的不服之"气"。

彩风哥尽心烧得几样好菜,很少得到伯伯的称赞,而我有时带着弟弟到田里捉些田蟹、蛤蟆、清水河里的小鱼,用酒糟煮,用咸菜汁烧,就会得到伯伯的称赞。日子长了,我和彩风哥都发现伯伯特别喜欢吃素菜。每逢我们从自己地里摘来蔬菜,伯伯的兴致更高,总要从房里拿出一本《大众营养》一类的书,指点介绍蔬菜的营养价值,劝诫我们少到圩市上去买鱼买肉。我渐渐才明白,原来伯伯是处处想办法,要我们不为他多增添麻烦,多花钱,宣传蔬菜营养好,不过是想便于说服我们而已。

秘密书房

伯伯到我们家数祖父最忙,从生活到读书,样样都想到了。祖父多方设法为伯伯收集图书。一次,从梅县亲戚家里取回两箱书;又一次,半夜了,祖父带着我们兄弟三人,到兰园屋的一间薯草间,从地下挖出两只用油布、石灰泥密封的水缸,一大一小,缸里也藏着满满的书,还有大革命时期的农运党旗、农会袖章、会印等;还有爸爸近几年从外面弄来的书刊,都转移到鸣岗楼二楼最顶头的一间阁楼上。这里给伯伯布置了一个秘密书房。

这书房门上装有假锁,表面看,门是锁着的,其实只要屋里拔去一根钉子,连门搭都能脱开,出了门再开锁,另锁一个搭扣。

收集的图书有整套党中央机关报《向导》周刊,团中央机关报《中国青年》,还有《犁头》周报、《梅县妇女》《东山校志》以及鲁迅的作品,毛泽东同志早期著作的单行本,还有《辞海》《资本论》等等,不下二三百本。

我随祖父第一次带伯伯到秘密书房,他一下看到这么多书高兴极了,翻翻这本,又翻翻那本,嘴里不停地说:"太好了,太好了。"从此,每天村人下地劳动了,他就去书房;人们劳动回来前,他回老学堂。廾始,我是"专职"向导,天天由我带伯伯去书房。伯伯一到书房,很快就专心一致陷到书堆里把我忘了。看他读得津津有味,有时书里有破碎纸片掉出来,他还贴贴补补,填填写写。我学他,也拿起书专注地看,但翻了几本,都是密密麻麻的字,没有图画,几分钟就翻完了。久而久之,他看他的书,我捧来了叔公遗留下来的好多破时钟,拆拆修修,敲敲打打。在寂静的书房里,我敲打钻锉的声音特别响,伯伯却一次也没有嫌我吵过。有时候伯伯让我拿了书先到树林里,山头上,蛤蟆石,他随后到了,就在隐蔽的地方读起书来。常常因为读书他忘了吃饭。祖父理解他,有几次要我送饭到书房,伯伯坚持不同意,说这样送来送去,这个秘密书房就暴露了。最后讲定每到该离开书房的时候,由我在屋外向窗户边的树上丢石块,学猫叫,他听到后我即先走,他随后漫步回家。有的时候我图省事,离鸣岗楼老远,就用皮弹弓射两颗石子到规定的树上,伯伯也很警觉,很快就有反应。那时候我是伯伯的影子,他少不了我,我也少不了他。

吻我河山

一天,我陪伯伯第一次登上我们村对面的立面岭(又叫和尚

顶),到了山顶,十里以外的梅江河,十多个远近村庄,重叠起伏,尽收眼底。伯伯搀着我的手默默地向四处瞭望,突然他问我:

"曼谷,看,多好的河山,你喜欢吗?"

"喜欢。"

"要是被人抢走了,怎么办?"

"这么大的土地谁能拾得走?"

"日本鬼子。"

"啊,他们不敢到我们这里来。"

"为什么?"

"我们这里有东江游击队。"我指着梅江上游的远方。

"你知道是谁领导我们打日本?"

"共产党!毛主席!八路军!新四军!"一种神秘崇高的感情油然升起,我压低嗓子轻轻地回答。这个答案早在我心中生了根,是从祖父、爸爸、爸爸来往的朋友的言谈中知道的。

伯伯的两眼湿了。他情不自禁把我抱起来,吻了又吻,吻了又吻。我一面搂着他,一面无知地关照他下山后在村人面前不能乱说。

很多爸爸的朋友都问过我"谁领导我们抗战",我同样回答是"共产党、毛主席",可是谁也没有像伯伯那样发疯似的抱我吻我,他是谁呢?新四军的陈毅军长?不是。我偶然从一份内部的油印报上看到过陈军长的画像,他是不戴眼镜的。是东江纵队的曾生队长?也不像。这个疑问只能存在心里,不能直接问伯伯,更不敢问祖父或爸爸。三年以后,我才知道当初先辈们要我细心照料的"李伯伯",就是伟大的爱国者邹韬奋。在立面岭上,他那样热烈地抱我吻我,是因为我讲出了他长期要讲而不能公开讲的话。他热爱祖国的大好河山,热爱人民,热爱中国共产党,吻我是吻我河山啊!

伯伯生活在我们中间

有一次,伯伯问我喜欢读什么样的课本,最喜欢哪一课。我说最喜欢一本《战时常识》。他问为什么。我答书里有抗击日本侵略者的画,有教我们怎样防空、防毒、防汉奸坏人捣乱的画,还有几幅列宁、斯大林的像。伯伯又问:"还有呢?"我一下就把最喜欢的一课背出来了:"'咕噜噜,咕噜噜,半夜起来磨豆腐,磨豆腐,真辛苦,磨到天亮还不住。'这课最好,说出了我们的心里话。"伯伯高兴得笑出了声。他约定我什么时候家里做豆腐通知他,他要从头看到尾。端午节前一天,我们家自己做豆腐,伯伯从选豆、过秤、除壳、泡豆、磨浆、煮浆、过滤、加卤水,直到包好完成,看得仔细认真,还在小本子上记点什么。第二天中午吃饭,伯伯尝着新做的豆腐,做了个滑稽脸,兴致勃勃顺口说起来:"咕噜噜,咕噜噜,半夜起来磨豆腐,磨豆腐,磨豆腐,吃来容易做来苦。"我笑得合不拢嘴,祖父也快乐得呵呵直笑。

伯伯不仅和我们家人相处得和睦融洽,和村里大人小孩都合得来。

我们村前有一条溪河,长二百多米,宽三十多米,水清见底,最深处有二米左右,是个理想的天然游泳池。孩子们最喜欢和伯伯一起游泳。有几次我和小伙伴们为一方,伯伯和爸爸为另一方,在溪水里对阵打水仗。我们人多,很容易形成包围圈,水像大雨泼向伯伯和爸爸。他们不甘示弱,一面防守,一面也将水向我们洒来。我们是当然的胜利者,不肯轻易罢手,常常是爸爸提出"李伯伯"累了,要休息,才勉强"休战"。

每年的农历八月初三,是全村老少上祖坟扫墓的日子。那年这天,村中长老特地邀请伯伯一同上山。伯伯尊重当地百姓的扫墓仪式，和长老们一起行礼点香。拜谒完两座祖坟，全村人在河边进行一年一次的集体野餐，伯伯在烈日下与民同餐，和老少一起谈笑风生，如同一家人。

伯伯对村里人民的各种生活都有兴趣，都想了解。他约过我清早起来带他去看杀猪，看祖父网鱼，看农民拔秧、插秧，农忙的时候，他还帮着送茶水到田头。村里有人生病，祖父粗通医道，伯伯总是跟在后面做助手，帮着祖父关心护理病人。

按伯伯自己的话说，他在江头村学到了很多过去书上学不到的东西。伯伯的谦虚好学，拜一切有特长的人为师，真诚热情，江头村老少至今铭记心间。

支持和批评

为了防止国民党特务侦缉暗算伯伯，祖父、彩风哥身上都佩有手枪。祖父曾带伯伯到深山去参加练习射击、演习突围等活动。可惜很多子弹是打不响的。我从大人的谈话中知道了，便偷偷取了几颗，用修表工具重新加工改装。改装好了交给谁？交给祖父？不，祖父从来不相信我的手艺。交给伯伯？对，他一定会支持我。果然，我把改装好的子弹交给伯伯，他就极力主张试试。祖父一脸轻蔑，说："小孩子瞎弄弄，土打的，没有用。"伯伯坚持试一试，祖父不好意思固执反对，答应在老学堂后面试一枪。砰！这一枪不仅声音响，而且子弹头打进了树木。伯伯手舞足蹈，说："响了，响了，有用，有用。"赶忙把不响的子弹全交给我改装，而且自此以后不再叫我"曼谷"，而是带着尊敬的口吻叫我"土打"。祖父拉不下长辈的面子，但表情温和些了，默认我的改装是成功的。本来大人们的枪碰都不许我碰，改装子弹成功后，再有伯伯的支持，祖父也允许我在彩风哥回家的时候代他持枪了。

伯伯的热情爱护和支持,像雨露一样滋润了我心灵中的科学种子,它生根出芽了。我从小喜欢收集各种破钉烂机器,敲敲打打,拆拆弄弄,拆钟挨打是一例,私自改装子弹又是一例。祖父、父亲对我这种"修修补补"的爱好一向不以为然,总说我没出息,长大了是扛轿子的料。"李伯伯"却截然相反,特别喜欢我的"敲打修补",每有一点小创造,他就会在祖父、父亲面前夸耀。在伯伯的影响下,父亲逐渐改变了看法,伯伯离开江头村后,他主动让我进学校继续读书。我对科学的兴趣更益浓厚,初中二年级时就自制了显微镜、望远镜、幻灯,创造多种电影演示器,在畲坑、甚至梅县都有点小名气,还上过报,到这时候,祖父才完全改变了过去对我的轻视。祖父多次说过:你的成长要感谢"李伯伯"。遗憾的是解放后,我在工作上的成绩甚微,究其原因,有主观的,也有客观的。这是我愧对伯伯期望的。

我也受到过伯伯的批评。

爸爸经常不在家,而是要到韶关等地做公开的侨商,他是秘密的中共党员。每次回家,他总要叮嘱我,伯伯住的老学堂里不能有半点红色书报。这是他随时注意保证伯伯安全的一项重要措施。我懂,也是照他嘱咐做的。有一次却大意了。我在鸣岗楼的书堆里,看到一本封面上印有毛泽东、朱德、彭德怀三个圆形头像的书。我敬重这三位将领,就用薄纸铺在封面上,把他们描画下来,带回老学堂,得意地把它贴在我的床头。伯伯看见了。他先赞扬我描得认真,描得像,接着问我要这幅画。伯伯竟欣赏我的画,我感到骄傲,当然答应了。满以为他会将画贴在他的床头,谁知他带着我把它送回鸣岗楼,夹到那本书里。我疑惑不解望着伯伯,只见他微微一笑,说:"老学堂里来往人多,爸爸关照过,这种画不宜贴在我们床头。"伯伯讲得轻描淡写,我却猛然醒悟,使劲乱敲自己的脑袋。多危险!一时兴起,疏忽麻痹,会引来多么严重的后果。伯伯批评得轻巧,但"警惕"二字却像石刻一样印在我脑海,以后再也没有重犯过类似的"事故"。伯伯这种重锤轻敲的批评方式,给我留下了深刻的影响,以后我也学会用这种方式教育帮助我的弟弟妹妹。

暴露真名

一九四二年九月二十日,农历是八月中旬,爸爸买了一包墨丝回来,又从小学校借来一只墨钵,嘱我在秘密书房磨了一天墨,磨了很多墨汁我还不知道干什么用。二十二日胡一声伯伯来家作客,很快我就明白墨汁是爸爸给伯伯写字用的。

那天伯伯写了两个条幅,一幅给胡一声伯伯,一幅给我父亲陈炳传。两幅都是撮录鲁迅先生的语录。给胡一声伯伯写的是:"历史上都写着中国的灵魂,指示着将来的命运。只因为涂饰太厚,废

韬奋为陈作民书贺"作庐"落成屏条

话太多,所以很不容易察出底细来。正如通过密叶投射在莓苔上面的日光,只看见点点的碎影。"给父亲陈炳传写的是:"翻开历史一查,歪歪斜斜的每页上都写着仁义道德几个字,仔细看了半夜,才从字缝里看出字来,满本都写着两个字是吃人。"两个条幅的落款题写的日期都是一九四二年九月二十二日,都签上了他那清秀有力的真名"韬奋"二字。在这"点点碎影"中,伯伯才露了露真名,随后又隐姓用假名了。

九月二十七日伯伯离江头村前,我们造的新屋厨房部分横屋还没有全部完工,全家人还住在老房子里,伯伯应祖父之命,提前写了大型中堂,共四个条幅,每幅近两米长,共赐书了三百五十多字,这是伯伯生前写的唯一大型墨迹,以庆祝新屋"作庐"落成纪念。在落款处除了签上伯伯的真名外,题字的日期写的是一九四二年十一月十四日。这个日子是祖父从老通书上查到的"良辰吉日",是搬家住新屋的日期,不是伯伯实际书写的日子。

进行这番题字活动,是大人们已经商定伯伯准备离开江头村了,而我还蒙在鼓里,一心要和伯伯交"老朋友"呢。

伯伯的题字当时由祖父一个人珍藏,伯伯逝世的消息传来后,在一次悼念活动中,祖父开拆了这些条幅,转交给我保管。经历了抗日战争后期的三年,和解放战争时期,在那漫长艰难的岁月里,我像保护伯伯的安全一样保存了这些珍品。解放以后,我将这些珍品全数捐献给了韬奋纪念馆。

离村前后

一九四二年九月二十四日是农历八月十五中秋节。这年中秋节在江头村非同往常。那天又以李伯伯的名义,在老祖屋门口摆开了闹八音,邀请村中父老长辈吃晚饭。(闹八音,即从畲坑圩请来八音社的几位吹鼓手,在老祖屋门前吹奏,场面热闹,孩子们特别高兴。)饭后,全村人汇集在老祖屋禾坪上赏月谈天,欢聚一堂,除极少数人外,谁也没有想到这是伯伯在向全村亲人告别。节前一天,所谓"李伯伯的弟弟"冯舒之到达江头村,住在老学堂的孔夫子神位底下,他是来接送伯伯的。胡一声、郑展同志在这前后也来过几次。节后第三天,彩风哥上路去探听了一次"行情"。一切准备就绪,伯伯要走了。临行前一天,彩风哥要我住回老屋,我不知所以,自然不肯,他才透露伯伯明天要走了。九月二十七或二十八日清晨四点钟左右,大家早早地起床上路了,我的好伯伯正式与江头村告别。祖父、爸爸、郑展、冯舒之、彩风哥一行人走在前面,未婚大嫂黄秀英挑着担,我手提小包,腋下夹着一把伞走在后面。伯伯走走停停,真是难舍难离。路经山下坝过了桥,伯伯站住了,好像在留恋这个天然游泳池。沿这条溪河边走去,在班鱼塘的路口,伯伯又站住了,这是他每天散步必经的地方。又走了一阵,伯伯不让我们送了。伯伯拉我靠近他身边,对父亲说:"要想法让土打上学读书,将来是个发明家。"又对祖父说:"我永远忘不了江头村。我一定要把你老伯、炳哥和江头村老少对我的深情款待,专门写一本书来报答你们。""再见!再见!"一个个热泪盈眶,依依难舍;"再见!再见!"多么希望真的能够再见啊!望着远去的伯伯的背影,我这孩童的心里像失去了最宝贵的东西似的,显得那么空空落落。我想哭,我想追上去,可是当着那么多大人,我只能怔怔地站着,望着伯伯远去的方向,望着,望着。

数月后伯伯来了一封信,爸爸念给我听,其中有一句话我至今记得牢牢的。信中说:"土打小朋友会变成来路货不?"这是鼓励我努力学习,钻研技术啊。从这时起,钻研机械成了我独特的爱好。解放后我上了大学,虽然专业没有同个人爱好结合,但伯伯的期望我是一直记在心田的。常常当我自告奋勇完成一项技术改革,没有听到表扬,却听到一些冷言冷语时,伯伯的叮嘱就会给我增添勇气。我从来不泄气,不后退。

在追忆和伯伯相处的日子,我决心以韬奋伯伯为终身榜样,热爱祖国,热爱人民,不怕挫折,排除障碍,把我学得的技术贡献给祖国的社会主义建设事业,在伯伯《患难余生记》的基础上续写出全新的篇章。

一九八〇年十二月
(邹嘉骊整理)

(选自上海文艺出版社《中国现代文艺资料丛刊》1984年第8辑,略有删节)

护送邹韬奋同志

杨绪亮

一九四二年十一月，邹韬奋同志来到新四军三师根据地——江苏盐阜地区。

当时，这里是华中敌后新四军的政治、文化中心，不仅是三师部队的活动地区，而且也是新四军军部的驻地。华中局机关和刘少奇政委、陈毅军长，就住在羊寨区的单家港、停翅港。从上海来的一些知名人士，如范长江、阿英、骆耕漠、贺绿汀、何士德及国际友人罗生特等同志，也都在这一带从事抗日活动。

我那时在新四军三师司令部作参谋工作。在日本侵略军准备对我军进行大规模"扫荡"，我军为适应这一形势，准备精兵简政、缩小机关、坚壁清野时，我又到师特务营第一连任副连长。有一天早晨，黄克诚师长把我叫去，说："杨参谋，交给你一个重要任务，你带一班人，护送邹韬奋先生到大杨庄杨芷江先生家去。"接着又说："邹先生是个文化人，中国知名的抗日救国'七君子'之一。他到我们根据地不久，就碰到敌人准备大'扫荡'。他患有中耳炎病，经常疼痛难忍，跟着部队打游击，对他的身体是不利的，党中央和毛主席也指示必须保护他的安全。现在要找一个妥善的地方隐蔽起来。你在路上要特别注意保护他的安全，照顾他的身体。"黄师长又说："还有贺绿汀和杨帆部长一同去，你先去见见他们。"我说："贺绿汀是不是那天开晚会，给我们拉小提琴的音乐家？"黄师长说:"就是他,《游击队之歌》就是他写的。"我接受任务之后,就到司令部一科查了查地图,计算一下行军速度,画了一个路线图。

我过去曾听到过韬奋同志的抗日救国事迹,现在接受护送他的任务,感到非常高兴。我把部队整理好,就出发了。不料他的中耳炎病很厉害,一不能走路,二不能骑马,只能坐轿子。为了保密,又不能请民夫。抬轿子的任务,只好由我们战士轮流担任。战士们没有抬轿子的经验,走起来轿子左右摇摆,很不安稳,我便派两个人在两边扶着,以免倾倒。又因为道路崎岖不平,十分难走。邹先生又怕震动,引起耳痛,遇到不得已的时候,便请他下轿走几步路。我怕他摔倒,便在旁边用手搀扶着他。他态度和蔼,语言诚恳,总是说:"谢谢杨连长,谢谢杨连长。"贺绿汀同志身体虽然消瘦,但走路很有劲,穿着棉袍,背着他的小提琴,不需要我们帮助。但他没有行军经验。在这种情况下,我们行走的速度很慢,走了一天,才走四十多里路。天黑时,我找了一个村庄住下,给邹先生买了一只小鸡,几个鸡蛋,让战士们做饭吃。安排好邹先生睡下后,我又和杨帆部长去找中共阜东县委了解情况。

东坎是一个有千余户人家的大集镇,可是我们走到街里却不见人。人民群众都撤走了,只有县大队的一部分武装在巡逻。我们找到县委负责同志,他们说:"现在情况很紧张,阜宁的敌人明天可能来进攻东坎,你们应该赶快离开这里。"我和杨帆部长急忙回来,集合战士,说明了情况,准备继续行军。可是,邹先生的耳内又疼了,我劝他服了药,稍有好转后才上路。我们又连续走了三个小时,在距东坎二十多里的地方住下休息。次日,又走一天才到达大杨庄。邹先生就住在杨芷江先生家的客厅里。

杨芷江是盐阜区一个很有名望的绅士,任我民主政权参议会的副会长。他过去当过吴佩孚的秘书长,做过上海复旦大学的教授。他侄子杨仲华,原来是国民党江苏省主席韩德勤的旅长,后来投敌做"剿共"游击副司令。我们就是利用杨芷江先生的这些关系,让邹韬奋先生隐藏在他家里的。

敌人的大"扫荡"开始了。由阜宁出发的敌人,向东北进攻,占领了东坎、八滩;由连云港出发的敌人,向南进攻,占领了响水口、陈家港。在进攻的敌人中,有一个叫徐继泰的人,原是国民党韩德勤部下的旅长,投日后任徐海"剿共"副总指挥。此人曾在复旦大学读过书,是杨芷江的学生。为了配合日军"扫荡",他带兵占领了响水口。

有一天,徐继泰带领一团人突然进占了大杨庄。他本人到了杨芷江家里,说:"你过去在复旦大学教书时,我是你的学生,今天我特地来看望你,给你带来了一点礼物。请你收下吧!"杨芷江说:"我没有你这样一个学生。你是个汉奸,我不要你的礼物。"徐继泰说:"我得到情报,邹韬奋先生现住在你家里,我想看看他,把他请出来吧!"杨芷江说:"我家没有邹韬奋,你的情报不确实。"徐继泰说:"杨老师,你不要怕,我不会伤害邹韬奋先生的。我把我的手枪交给你,如果我伤害邹先生,你可以立即把我打死。"杨芷江仍说:"没有。"两个人就争论起来,气氛十分紧张。邹韬奋先生在里间屋内,只有一门之隔,听得很清楚。他怕徐继泰真的伤害杨芷江,便挺身而出,站在徐继泰的面前说:"我就是邹韬奋,你们要怎么办就怎么办吧!不要难为杨芷江先生!"徐继泰恭恭敬敬地向邹韬奋行了一个礼,说:"我叫徐继泰,受国民党的指示,实行'曲线救国'。我并不是真想当汉奸。我过去看过邹先生的文章,对你很佩服。你是抗日救国'七君子',我今天到这里来,就是想来保护你的,怕日本鬼子来了伤害你。"邹韬奋说:"我是抗日救国的,不能接受你的保护。希望你今后能为祖国立功赎罪,不要再死心塌地地为日本帝国主义效劳,杀害自己的同胞了。"徐继泰说:"希望邹先生以后写文章,不要再骂我是汉奸。"杨芷江看到这种情景,紧张的心情才松弛下来。徐继泰住了一天就走了。邹韬奋说:"今天,算碰到了一个有点良心的汉奸。"

敌人走了以后,邹韬奋同志就转移到华成公司。我们的《盐阜报》就在那里出版。邹韬奋同志原想在那里办一个刊物,写《苏北观感录》,但由于多年颠沛流离的生活,使他的癌病日益严重,不得不经苏中转到上海治疗去了。

(原载1984年11月15日《解放军报》)

和韬奋最后相处的日子

陈其襄

一九四一年一月,我和张锡荣同志受重庆生活书店总管理处的委派,到敌占区上海,负责掩护并管理上海地区的生活书店(对外已更换招牌),同时担负起经营工商业的任务。我化名陈昌瑞,张锡荣同志化名张全富,在原辣斐德路东升里一号开设了一个地下经济机构"正泰商行",我任经理,张锡荣同志任副经理。

一九四二年十月间,韬奋在党的帮助下,离开东江游击区到达韶关,生活书店派冯舒之同志接送,准备路经上海,再中转由我们护送到苏北解放区。

当时上海正处在极端恐怖时期,街上经常发生进步人士被捕或遭暗杀的事。韬奋到上海,当天住在我的住所正泰商行里,住了一夜,考虑到商行来往人多,且杂,不安全,第二天就送他住到我叔叔家里去了。我叔叔是个工人,他住在设有一个济公佛坛的楼房内,生活书店的一些进步书刊和纸型有时来不及转移出去,就是先藏在这济公坛下面,然后再转运出去的,是一个很好的掩护场所。叔叔婶婶有迷信思想,但是他们的一个儿子也在生活书店工作,叔叔自己曾经是《生活》周刊的读者,有朴素的爱国心。他欣然收留韬奋住在他家里。由于住房太挤,住了几天又搬到贝勒路德和企业公司楼上一个亭子间去住(这个公司由我任经理)。

韬奋同志到上海的主要任务是检查耳疾。找谁检查呢?我们想到了曾耀仲医师。他曾经是《生活》周刊的医药顾问，为人正直，和韬奋同志不仅相识，而且比较熟悉，是可靠的。但是医生接触的社会面很广，稍一疏忽容易暴露，不得不防万一。我们决定一次性接触，检查后即切断联系。一天晚上天黑以后，我陪同韬奋坐德和企业公司的一辆三轮包车到曾耀仲医师家里，再由他介绍到静安寺路X光专家沈成武医师处检查。在那样险恶的环境下，不可能进行细致的检查，就表面症状，初步诊断为"中耳炎"。

这样，大家都比较放心了。我们进一步筹划送韬奋去苏北解放区，再转道去革命圣地延安。可是去苏北解放区的通道，都被敌伪军严密控制监视。我们采取了两项措施：一是派员在苏北港口秘密接应，一是为韬奋组成一个临时"家庭"，化装出走。我们找了陈云霞同志的战友、华尊同志的母亲华老太太，请她充当韬奋的"岳母"，再找了原读书出版社的苏北籍女同志王兰芬，充当华老太太的"女儿"，她们陪同生病的"女婿"回家乡。我和张锡荣、诸侃等同志研究了具体的护送计划。那天一路上布置了暗哨，以防意外。韬奋等一行三人，终于安全地到了码头，上了船，顺利地到达苏北解放区。

一九四三年三月间，韬奋病情突变。根据地处于战争环境，敌人"扫荡"，无法进行诊治。为了确保韬奋的生命安全，及时得到治疗，陈毅同志果断地作出了"速派同志重新护送韬奋回上海治病"的决定。韬奋由金人等同志护送回上海。韬奋找到我的住所正泰商行已是夜晚。看到他消瘦的面容，我心里一阵阵发紧，赶快扶他进屋，紧闭房门，到我们房里休息。

那时韬奋夫人沈粹缜，书店主要领导人徐伯昕同志等还在内地，韬奋秘密返沪治病的一切担子落在我和张锡荣、张又新等少数同志肩上。根据党的指示，我们作了周密的考虑和布置，务必使韬奋同志在绝对安全、绝对不能暴露的条件下，得到最好最及时的治疗。

那时候我们在经济上已经打开了一点局面,对韬奋治病是不惜代价的。治病需要时间,住到群众家里去进出不方便,也不安全。我们找了韬奋妹妹邹恩俊。她在天厨味精厂任化验员,认识不少医生。商量结果,决定让韬奋化名诊治。我们请到上海红十字会医院耳鼻喉科著名专家穆瑞芬。经他检查诊断为中耳癌,需要住院动手术。张锡荣同志通过关系,花钱在杭州搞到一张"良民证",韬奋化名"李晋卿"住进了红十字会医院的特等病房。住院要具保。那时既要保护韬奋的安全,还要维护地下生活书店的安全,考虑再三,由我摆出一副资本家的架势,以德和企业公司经理的公开身份出面作保,假称韬奋是我的亲戚。资本家的亲戚自然花得起大钱,韬奋住进了特等病房。我和爱人陈云霞,韬奋妹妹邹恩俊,每天轮番探视,送营养菜,亲自护理,精心照料。经过两个多月的调养、护理,韬奋的体力有了恢复。征得组织和韬奋本人同意,决定由穆瑞芬医师主持手术,手术前需要亲属签字,我全权代表了。

手术进行得不错。但防癌细胞遗存扩散,还需要作一段深度X光治疗。病房和X光室不在一处,每次照光要走一段路,我们又打通医务人员的关系,在没有人照光,或很少人走动的时刻,我们扶韬奋出病房去作照光治疗。韬奋对照光治疗反应很大,每做一次,即呕吐不止,韬奋以坚强的毅力忍受着痛楚。手术后他的半边脸变歪了,他常常照着镜子,用诙谐的口吻对我们说:"这倒好,使别人更不容易认出我来了。"后来,我们把韬奋夫人沈粹缜和子女从内地接来,他同样用这些话宽慰他们。

一九四三年秋天,徐雪寒同志突然来看我,说华中局接党中央通知,派他代表党组织从苏北解放区来上海慰问韬奋同志,并送部分医药费。我陪同他去探望韬奋,韬奋聆悉党中央对他的深切关怀,心情十分激动,只望早日病愈,能再干二三十年。一九四四年初韬奋病危,我们派张又新同志去淮南,向华中局和陈毅同志汇报。不久,徐雪寒同志再度潜来上海,代表华中局和陈毅同志慰问韬奋同志(据雪寒同志讲:那次委派他来沪,原上海地下党主要负责之一刘长胜同志也在座)。就在那次会面时,韬奋同志向徐雪寒同志口述遗嘱,要求党严格审查他的一生,如其合格,希望接受他为中共党员。我们在病榻旁,目睹韬奋同志病重时,对党的一往情深、无限崇敬,和追求真理的坚定神情,至今不能忘怀。

韬奋同志曾多次对我说:"我很清楚你这样关心照顾我,不是一般的朋友关系,也不是出于同在生活书店工作,上下级的关系,而是世界上最珍贵最高尚的同志间的革命情谊。"在患难中结成的真挚情谊,是永远深印在心坎里的。那时我是每天必定去医院探望韬奋的,偶尔有一天不去,韬奋即为我的安全担忧。一九四四年初夏,我患急性阑尾炎住院手术。韬奋重病在身,大家约定不告诉他这件事。连着两天不去,引起他的猜疑,以为我被敌人抓走了,或者出了其他事故。大家用各种借口进行解释,仍不能消除他的疑虑,最后只得向他说明真相。韬奋同志焦急不安,再三嘱咐沈粹缜、徐伯昕、陈云霞同志,要求他们多想办法,使我尽快恢复健康。那时,他似乎忘记自己是一个垂危病人,一心惦记着我。韬奋同志这样待人,不仅是对我一个人,生活书店的同志可以举出很多事例。正是这样真诚的爱人民、爱同志、爱祖国,他赢得了广大读者和同志的爱戴。

党的关怀更增强了韬奋对生活的信念和与疾病斗争的勇气。病情稍有缓和,他自觉尚有点滴余力,就要拿起笔杆写文章。《患难余生记》就是在这种情况下写的,一直到不能提笔时才停止,全书终于未完成。

韬奋在沪治病时间长了,难免有风吹草动。我们得到情报,在

《申报》工作的文化汉奸陈彬龢向日本人透露韬奋可能在上海。陈早年和韬奋共过事,是认识韬奋的。我们的对策是为韬奋几次改名换姓,用邹恒逊、邹白甫等假名换取"良民证",先后换过剑桥医院、瞿直甫医院、德济医院。不久又得到情报,敌人知道韬奋得脑子病,从苏北到上海来治病。估计敌人会加紧对各医院的侦查,再在医院住下去,随时有发生意外的可能。我们找到浙江金华分店留沪同事毕青。毕青的哥哥是资本家,在新闸路有一幢独门独院的房子;弟弟是城工部的地下交通员,他回上海来时也利用这个关系住在哥哥家。毕青说服了他的亲属,挤出一个亭子间让韬奋住。那时韬奋病情已经加重,每天要注射德国进口麻醉药"度冷丁"止痛,开始没有人会打针,由陈云霞出面,找了她的同情革命的表姐林砚云每天来给韬奋打针,并主动承担一些护理工作,以后沈粹缜同志也学会了打针。韬奋得到可靠群众的掩护,避开了敌人的耳目。

  韬奋在毕青同志家住了一个多月,病情继续恶化,耳朵不断流出脓血,不久,鼻子完全堵塞,左眼坏死,吞咽食物困难,剧痛次数急剧增加,由局部疼痛扩展到全身,坐卧不安,有时痛得两只手捧着头,一面流泪,一面发抖,从床上爬到地上,又从地上爬到床上,"度冷丁"的作用越来越小了。

  一九四四年四月间,韬奋生命处于垂危之中。为了抢救,经和徐伯昕等同志研究,决定第二次去找曾耀仲医师。曾医师凭着对韬奋的敬佩,不惜冒生命危险,同意接纳韬奋进他自己开设的上海医院。韬奋原来化名"李晋卿"的"良民证",在"李"字上加一撇,改成"季晋卿"。在上海医院住了不到三个月,韬奋终于被病魔夺去了生命。那是一九四四年七月二十四日早晨七点二十分。

  外面风声仍紧,敌人在追寻韬奋的下落。为了不被敌人发现韬奋的遗体,我们商请曾耀仲医师在韬奋的死亡证明书上除仍用假名"季晋卿"外,死亡原因填的是"肺炎"。大殓仪式不得不采用完全旧的习俗:披麻戴孝,跪拜叩头,做佛事,烧纸钱。灵柩一时不能落葬,寄存在殡仪馆。

一九四五年八月,抗日战争胜利,韬奋的战友沈钧儒、陶行知等返回上海。在韬奋逝世二周年的前两天,一九四六年七月二十二日,才由韬奋生前友好举行了一次隆重而简单的落葬仪式,以真名刻上石碑,落葬在上海虹桥公墓。一代英灵才有了安息的场所。

(一九八五年三月于北京)

忆韬奋导师给我题词

杨超伦

一九三八年二月初,韬奋先生从汉口乘飞机到重庆。二月四日左右,我在社交会堂听了韬奋先生关于抗战形势的公开讲演。这是我第一次见着韬奋先生。二月六日,重庆文化界在都邮街生生食堂二层楼举行午宴,欢迎邹韬奋先生(同时欢迎叶圣陶先生)。这次欢迎会,重庆文化界救国会参加的成员有漆鲁鱼、金满成、赵铭彝、萧崇素、李华飞、杨超伦等;新从武汉等地来到重庆的作家有曹禺、陈白尘、宋之的、谢冰莹等(详见二月七日重庆《新蜀报》《国民公报》《商务日报》登载的消息和签名)共二十人左右。大家围坐着一张长方形大餐桌,畅谈抗战形势及文化界的任务。我的座位正好在韬奋先生左下侧,有时就和韬奋先生说几句话(因为人多,又在宴会上,没有深谈思想)。这是我第一次与韬奋先生直接谈话,并相互认识。

第二天(二月七日),我去找韬奋先生,天刚亮就起床,七点半钟,到达两路口附近韬奋先生的住宅。因时间尚早,就在住宅门外一个小饭馆吃了早饭。八时,我去敲门,我对看门的老人说,请你转告韬奋先生,昨天在宴会上坐在他旁边的那个青年杨超伦,要求接见。老人进去传达后,出来说,韬奋先生请你在会客室稍候。老人引我到一间七八平方米的会客室坐下。不到一分钟,韬奋先生来了,我走上前去紧紧握住他的手,激动地说:"韬奋先生,我是您的老读者,我苦闷极了,我有许多话要对您说,有许多话要对您说呵!"韬奋先生也紧握我手:"欢迎!欢迎!请坐!请坐!"

韬奋先生和我在一个长沙发上坐下,我们都将身腰转过来,面对面坐着。我毫无顾忌地倾诉了我的思想、苦闷、烦恼!

韬奋先生始终用慈祥的同情的目光望着我,静静地听我的倾诉。当我谈完之后,韬奋先生说:

"我对你现在的处境,很表同情。你决心为抗日战争、为将来改变整个社会制度努力奋斗,这是很可贵的,也是中国青年义不容辞的责任。现社会劳苦人众受苦受难,有志青年心里都难受!我们在痛心之余,唯有为劳苦大众求解放、现阶段为争取抗战胜利而努力奋斗之一途。我们要乐观的奋斗。这个斗争是长期的,十月革命的胜利不是轻易取得的,是苏联共产党领导广大劳苦大众经过长期艰苦奋斗取得的。要有耐心,积极努力中,要有忍耐精神。"

我当时提出,要同几个青年到延安去参加革命,问他能否替我们介绍。韬奋先生说:"我愿意尽力帮助。今天还不能明确答复。我在汉口认识中共中央负责人,我回汉口后向中共中央负责人提出来,然后将结果写信告诉你。"最后我说:"韬奋先生,希望您能给我写几句话。"韬奋先生从西服口袋里掏出一个小笔记本,给我题词。题词的原文是:

积极努力中不忘伟大的乐观与忍耐的精神

韬奋

廿七、二、七日 重庆

题完后,韬奋先生从笔记本上将题词撕下来交给我。我怀着兴奋的心情告辞了。

三月初,我在成都接到韬奋先生来信,信中说:"已谈妥,欢迎你们几位青年朋友到延安抗大学习,名单已寄西安八路军办事处,请到该处办理手续。"与此同时,我们又接到了汉口八路军办事处袁超俊的介绍信。罗世文以抗大招生负责人的身份也写了介绍信。在重庆我们还没有一封介绍信,心中很焦急,在成都我们一下得到三封介绍信,我们是何等的高兴呵。四月初,我们一行六人,就到达延安,进抗大学习了。

一九八五年五月二十一日

重见天日

一九三九年冬,国民党掀起第一次反共高潮,先父韬奋和他带领的那支新闻出版队伍,也遭到严重的迫害。韬奋创办的生活书店设在国统区的分支店,一个个被查封,人员被逮捕;他主编的刊物给国民党图书杂志审查委员会送审的文章,不止一次地被批上"免登""应予免登""扣留""扣"等字样,如石沉大海,再也见不到踪影。半个世纪过去了,这些不见踪影的文章,这些属于人民、属于社会的财富能找到吗?心系梦绕,有机会就打听,能找到吗?

一九九一年五月,韬奋纪念馆的青年同志打先锋,我随后,在南京中国第二历史档案馆的国民党档案里查到卡片,拿出原件,经过认真鉴别,竟是韬奋的真迹。对于这个新发现,觅宝人的喜悦是无法用文字表达的。按照档案馆的规定,请韬奋夫人沈粹缜工作的单位,以及上级领导中共上海市委宣传部开出证明,终于得到了原稿复印件。经过整理,共有佚文十一篇,其中复读者来信八封,政论文二篇,呼吁书一篇,共约近二万字。

一九九五年十一月五日是韬奋诞辰一百周年。为纪念抗日战争胜利五十周年,纪念为抗日战争鞠躬尽瘁的文化战士邹韬奋,我和韬奋纪念馆的几位热衷于搜集、整理韬奋文稿的人们,将这组手稿全文,加上必要的注释供奉给当今的读者。注释包括国民党检查官当年的批复也摘录在案,以立此存照。

文稿产生于国共第二次合作后期,在国民党统治下的重庆,一方要团结、抗战、进步,一方却要分裂、投降、倒退,这段历史事实,以及斗争的尖锐和复杂,在韬奋的文章里是可以具体而生动领略到的。十一篇文章已全数编入《韬奋全集》,文章题目是韬奋拟定的。借此,向促成这些文稿得以重见天日的单位和个人,表示深深的敬意和谢意。

——邹嘉骊附记

1939 年

一、在战场上感到的情形

读者江鸟光的来信:

韬奋先生:

从"八一三"到现在,已经是十四个月了,在这十四个月的过程中,我是整日价在大江南岸的东战场奔走工作,很自负的我,满以为很值得夸耀的了,可是最近得到了一件不幸的见闻——事实,由这事实的感想和引证,真使我惭愧起来,因为我自从工作以来,在衣的方面,很少受过冻;在食的方面,仅偶尔饿过三五次肚子;在住的方面,除掉夜行军以外,不是客栈,就是民房;行呢? 是很少走路的,就是走路,路程总不过两三天,并且连笨重的行李,还是由别人携带。这一次由×到×地方去,相隔有三四百华里,不但没有火车汽车,连船舶也没有,当然只有走路。我对于走路原算不了什么一回事,可是搬运器材,就有点心有余力不足了,结果只好有劳我们××队的同志们来帮忙。

路是很崎岖的,而且已经破坏了,不断的有高低起伏,我空着身子走,都很费力,这些××队的同志们,身负重担,自然更困苦,我自己的负担，自己不能担负，是很惭愧的，只好用"各尽所能"这句话来塞责。至于对这些××队同志，只能在精神上，设法给他们一些安慰，沿途有时唱歌给他们听，或者讲故事，讲时事，使他们畅快，兴奋，减少他们的苦闷，疲乏，同时借以自慰，有时同他们谈谈天，由谈天中知道了他们的生活状况，据一位年老的对我说：

"我们中间，志愿的只有一部分，一部分是难民，迫于衣食，甚至还有少数出于勉强，在抗战初期，这些出于勉强的，逃跑的很多，逃跑的最大原因是，太辛苦，太穷困，后来管理同组织都改变了方法，逃跑的就少了，并不是不逃跑。实在是跑不掉，假使能够把生活改善，我敢断定，绝对没有逃跑的。讲到待遇，国家是很对得起我们的，每月××元，不折不扣，可是我们太不幸，碰到了吮血的官长，剥削我们，把我们的饷扣了不发，一年以来，只得到了两个月的饷，并且这两次的发饷，也不是我们的官长良心发现，乃是一位师长调查到了，准备向上峰报告我们的官长，结果才发了两个月的饷。我们不但得不到饷，连借支也没得，要想借支，除非用两毛钱去换一毛钱，干脆地说，就是分文不借，穷得连草鞋都没有得穿，遇着了好的顾客还好，不然光着脚板也得要走，因为运输是我们的责任。我们的生活，比奴隶牛马还不如，一个主人，对于奴隶牛马的疾病，是很关心的，因为主人要依赖奴隶牛马的工作，才有饭吃。但是我们的官长，只会吸取我（们）的血汗，对于我们的生活，是不过问的。在没有工作的时候，有病的人得不到医治，遇到了工作，不问你有病没有病，都要去干，碰到了轻的轻挑，碰到了重的就重担，是讲不来人情的，有些好的顾客，看见我们害病挑不起，很表同情，可是同情不过只是同情，担子还是要我们挑着走！因为运输是我们的责任，有些顾客，不但不表同情，还以为我们是偷懒，轻的是骂，重的是打，打了骂了，不但不能反抗，还要挑着担子赶快走，因为运输是我们的责任。

老乡！我们固然痛恨克扣我们军饷的官长，同时我们最痛恨的,还是日本鬼子,因为我们的痛苦,都是日本鬼子来造成的啊!"

咳!我听了他这一段可歌可泣的事实,我内心中是如何的创痛啊!是的,本来在这个非常时期中,有钱的出钱,有力的出力,是我们每一个国民都应该尽的天职,如果实在是为了国家,不但是出钱出力,就是牺牲了性命,也很值得,而且很光荣,你看,葬送在敌人机关枪、大炮、飞机、炸弹、毒气等等最残酷手段下的同胞,不是已经成千成万了吗?可是,像这班××队的同志,他们的责任,是这样的重大,他们的工作,是这样的辛苦,而他们的待遇,又这样的低微,更不幸的,还受到了吮血者的剥削,那就太不值得了,我想,他们的精神——心理,生活——身体,和工作,直接间接在在都与我们的抗战前途有莫大的关系,在这样国家存亡的关头,还能容许这些吮血的寄生虫来生存,去吸取民脂民膏吗?尤其是最低级最困苦的劳动者的血汗!

韬奋先生:我可怜他们,同情他们,可是却不愿只同情就了事,现在不惜先生的繁难,请先生为这一班××队的同志呼吁一下,同时给这些只顾个人不顾国家民族丧心病狂的、比汉奸还可恶的吮血动物,一个严厉的警告。完了,敬请
编安

江鸟光　敬上
十月十一日

韬按:这封信由前方寄来,中途延搁,四月五日才收到。无论就抗战或建国说,努力改善最低限度的生活与铲除贪污,都是非常重要的。关于后者,应根据事实,报告长官严办。政府派有军纪视察团往各战区视察,前方也可以根据事实,报告该团,促其注意。

注释:读者江鸟光一九三八年十月十一日给韬奋的信辗转数月,至次年四月五日才收到。为了揭露的事实得以公诸社会,韬奋虽将原信中过于激烈的文字作了删改,还是被全文扣留。

二、五月的最大教训

（正文）在整个的五月间除了"五一"的国际劳动节和"五五"的一部分是纪念非常大总统就职以外，其余的没有一个不是记载着日本强盗在中国欠下的血债，没有一个不是要使我们痛心的。"五三"是济南惨案；"五四"是反对日寇企图吞并山东；"五五"是《上海停战协定》；"五七"是日寇向袁世凯提出最后通牒强迫接受"廿一条"；"五九"是袁世凯照日寇的通牒全数答应下来；"五廿九"是《何梅协定》；"五卅"是由上海日商残杀中国工人而起；"五卅一"是《塘沽协定》。

从这一长串的由日本强盗写下的血账里，我们所得到的最大的教训是：对日寇愈退让愈加紧他们的侵略，只有强硬抵抗才有生路。我们在《上海协定》作了很大的退让，在《塘沽协定》作了很大的退让，在《何梅协定》更作了很大的退让！但是铁一般的事实显现给我们看，继续忍痛的退让，是否能阻止日本强盗的继续侵略？是否反而加紧了日本强盗的继续侵略？这一大教训就能使我们一扫苟且偷安的心理罢！

注释：韬奋拟将本文发表在一九三九年四月二十日《全民抗战》第六十六期上，国民党检查官于一九三九年五月八日批复"扣留六十六期五·八"。全文被扣。

1940 年

三、简复石子山秋萍

（正文）石子山秋萍先生　当每一次我们读到读者诸友来信叙

述他们不幸的遭遇时,内心便不免要感到一阵剧烈的痛楚。这次接读你的来信,也有着类似的感觉,但来信未注明详细地址,无从直接作复;同时又因来信未便公开发表,故只能在这里稍稍表示我们的意见:

"大时代的警钟,唤醒了我们这些热血的青年:他们看到祖国在水火中挣扎、奋斗,他们看清了自己的任务,进一步,他们企图加深自己的认识,武装自己的头脑,于是学习就成为他们最感兴趣最切要的事情……"这是来信中一段最令人感动的恳挚的表白。对于这样纯洁的青年,学校当局应当怎样设法维护培育他们,使能达到他们的愿望才是。可是,来信却不胜慨叹地说,爱读课外书的同学,竟受着异样的待遇,这真是使我们莫测高深,关于这一问题,在本刊最近几期的信箱栏,曾经一再为这些青年朋友们的诚恳呼吁,这里姑不再多说,现在我们所要略加解释的,便是因为阅读生活书店书籍而遭扣押的事情。

来信说起,最近学校里扣押了五位同学,扣押的理由是这五位同学爱看生活书店的书籍。这事件的发生,诚令人不胜骇异。生活书店出版书籍,和其他书业一样,对于中央颁布(的)法令,均能严格遵守。依照中央图书杂志审查委员会对于一般书业的办法,在廿八年四月份以前出版的书,除有通令禁止者外,均可售卖;四月份以后出版的书,须一律原稿送审,生活书店亦随同其他书业一致遵办。未被通令禁止及经过政府审查通过的书是应该得到合法保障的。因此,生活书店出版书籍和其他书业并无不同之处,为什么单单看生活书店出版的书籍,便要遭受扣押的处分呢?我们认为这也许是一个误会,希望同学们向学校当局善为解释,请求恢复无辜同学们的自由;同时,希望该校当局能够慎重考虑,为了爱护青年,为了培植抗战建国的人才,摧残青年的办法,决不是妥善的办法,实有迅予改善的必要。

注释:一九四〇年五月十三日检查官批复"扣留一百二十三期

五·十三"。全文被扣。

四、简复江北张有余

(正文)江北张有余先生　本月八日来信所叙述的一段事实,读完不胜骇异。关于生活书店出版书刊,诚如"辟谣书"所载,对于中央颁布(的)法令,均能严格遵守。按照中央图书杂志审查委员会对于一般书业的办法,在廿八年四月份以前出版的书,除有通令禁止者外,均可售卖,四月份以后出版的书,须一律原稿送审,生活书店亦随同其他书业一致遵办,未被通令禁止及经过政府审查通过的书刊,是应该得到合法保障的。来信所列各书,均获有审查通过的凭证,或在廿八年四月以前出版未经通令禁止的书籍,何以竟因此而获咎,除书籍没收外,且遭受禁闭江津×××××监狱的处分,诚令人惶惑无已。以后如不幸而再遇到这一类的事件,可以把书后面所印审查证或注册执照向检查方面据理善为解释,至于目前所遭受的损失,当可根据上述理由去信请求发还,(如果这样做的话,措辞方面必须十分和平,以免引起误会。)但对于目前的学习环境是否有所影响,还宜审慎考虑,以免引起另外的波折。

注释:一九四〇年五月十五日检查官批复"扣留全民抗战一百二十三期五·十五",全文被扣。

五、简复巴东钱啬庵

(正文)巴东钱啬庵先生　关于公务人员最低限度的生活亟待保障的问题,本刊以往各期的信箱栏中,已屡有讨论,我们也曾一再呼吁,希望政府负责当局根据所定的办法,迅予切实执行。来信述及,你们在××干训团毕业后,即分发部队参加政治工作,每月十五元生活费,除十二元伙食费外,其余尚不能按月给付,这已使你们要感到难于维持生活的痛苦。而在最近,经过半个月的行军后,负责人复扬言连伙食费亦无法筹措,要"各人自行设法",因而大家都感到无法再继续工作下去,便想离开目前的工作岗位。这确是一个非常严重的问题。我们觉得,离开岗位却不是最妥善的办法,因为政治工作,在目前至感需要,如果大家撒手不干,则对于整个部队的影响,实非浅鲜。在目前首先只有请求负责方面继续维持你的伙食,然后请求部队的最高主管机关转请负责当局考虑提高你们的待遇。这期间,你们必须继续工作,并且要在工作中加紧努力,表现出特殊的成绩。如果部队感到你们的工作,对于士兵确实有所帮助,当不致歧视你们,对于你们的请求与建议,也不会置之不理。我觉得,在部队中,不仅你们的生活需要改善,即一般士兵的生活,也非积极改善不可,但这也要赖你们的努力。你们如果能把整个精力放在工作上面,一定能够得到相当的收获。来信因为本刊篇幅关系,不拟公开发表,特简单贡献一点参考意见如上。

注释:一九四〇年八月十一日检查官批复"免登第一百三十四期八·十一"。全文被扣。

六、 关于苏联访问团

读者徐建生来信:

韬奋先生:

重庆文化界有一部分人士发起筹组"中国文化界苏联访问团",这实在是一件够令人兴奋的事情!我梦苏联之游,关于苏联的情形,只是在书本上得之,百闻不如一见,我虽然不知道是否够身得上参加这个"苏联访问团",但是听到这个消息,已经引起我的深刻的注意。我的朋友里面注意到这件事的也很多,大家谈起来都感觉到津津有味似的!但是我们最近看到该团的计划书,不看则已,看了之后却好像冷水浇背,不胜怅惘!为什么呢?因为我们看到该计划书中关于"团员人数和经费"一项如下:

"本团团员定为三十至五十人。本团经费以自筹为原则,每一团员所费经费约计为法币一万元,共约三十万至五十万元。"

这巨额的经费从何而来呢?我急着看下去:

"经费来源如下:一,政府补助;二,各文化机关与团体之补助;三,社会热心人士之捐助;四,团员之交纳。"

我们看后,简直抽了一口冷气!文化界的人都是穷光蛋,要团员交纳一万元,等于做梦!其余的几项也都毫无把握。这三五十万的经费既如水中捞月,这个访问团在实际上不是徒托空谈吗?听说先生也是提倡这件事的一人,不知道你的感想如何?

倘若经费有办法达到目的,去的人是否可以不限于文化界的人?我是热心这件事的人,但却不是服务于文化界,所以附带问一下。祝笔健。

徐建生　上。
廿九,八,三十。

(复信正文)关于"苏联访问团"这件事,最近我们收到不少读者的来信,都表示热烈赞成,有的表示愿意参加,有的询问详情,甚至有的问到行期!该团计划书的缘起,劈头就说:"大家明知这个计划的实行,有许多困难,然而赞成这一提案的人仍然非常踊跃,这是说明今天中国所需要与苏联的亲密联系,是非常急切的。"这一段话,不但反映重庆文化界七月廿八日的座谈会上通过该计划时的情景,也足以反映该计划发表后一般社会人士热烈赞成的情景。

徐先生的这封信也是赞成筹组苏联访问团的,不过他却提出了一个实际的问题:三五十万的经费从何而来呢?当这个计划书起草的时候,也许把往苏联的旅行和往其他国家的旅行作同样的看法,所以把旅费估计得相当的高,觉得三五十人就须三五十万的经费。其实依记者五年前亲往苏联视察所得的经验,以为经费是可以不成问题的。诚然,个人往苏联旅行,所需的费用和往其他国家旅行没有什么差异,但是团体的视察,得到苏联的同意之后,在苏联是可以得到许多方便,不必用多少钱的。记者五年前在英国伦敦求学的时候,在一个暑假打算往苏联看看,因为由伦敦乘轮经北海往列宁格拉,只须五天海程,非常便当,但是个人往苏联旅行,每天至少须用美金五元,而且须先交给设在伦敦的苏联旅行社,来往路费尚不在内,我再三打算盘,至多只能作十天左右的勾留,但游苏心切,十天也好,硬着头皮实行,不料在赴苏的船上遇着美国全国学生同盟所领导的旅行团,约二百人,他们处处得到特别优待,尤其是该同盟的会员二三十人,到苏联得到种种免费的优待,到各处旅行的车费船费,旅馆费等等,都得免费优待。我因为在船上和该同盟的几个青年领袖很讲得来,萍水相逢,竟成莫逆,被邀请临时加入该团体,也享到团体的利益,在苏联勾留竟达二三个月之久,费用反比原来准备者少(详见拙著《萍踪寄语》第三集)!我因此相信,苏联访问团如果组织得成,当然是以团体的方式赴苏视察,然须得到苏联的同意(他们极同情中国的抗战,一定是表示欢迎的),在苏联境内一定可以得到许多便利,三五十万的经费是可以无须的,至少是可以大大的减少。

  关于该团的旅费一层,依记者上述的经验,觉得无须多所顾虑,不过苏联访问团的任务既重在以国民的力量促进两国邦交,关于宣传材料的准备经费,都不可不有相当充分的筹措。例如带往苏联的种种印刷品,须印得相当精美(内容当然更须充实丰富),除文字外,更须注重写真的相片、电影片等等,这方面的经费是必须考虑到的,但是这种经费也许可以设法与有关系的机关商量合作(如电影制片厂之类),有一部分也可由政府酌予相当的补助,不是没有办法克服困难的。

关于人选方面,的确是一个值得充分研究的问题,因为这不是"留学"或一般的视察,而是负有促进两国邦交的重要任务,即关于视察方面,也宜于事前对苏联各重要部门已有基本的研究和认识,然后易有切实的收获。该计划书对于这方面曾提出几个组织上的原则,即该团应具有民间性、文化性、全国性、代表性。该团为国民外交的团体,除当然应得到政府充分的指导与支持外,为达到国民外交的任务起见,须确定该团为民间性。其次,先从文化领域的联系着手,以促进进一步联系的张本,较易于实现。再次,该团必须是全国文化界的总汇,否则没有雄厚的影响力;全国文化界主要人物,应尽可能参加。最后,该团远赴异国,考察任务巨大,故每一个团员必须是在文化界有史有权威之人士,在各该文化事业部门中,确为有力的代表人物。(详见该计划书中的说明)但是原则是否恰当?用什么方法可以于人选中实现上述的原则?这都是要集思广益,征求各方面的意见来作最后的决定。文化界以外的人是否也可以参加,这也是可以研究的一个问题,该团尚未开始正式筹备,此时尚无可知。我们看到文化界以外的人,也有不少想去的,很希望这个问题有适当的解决办法,以满足他们的期望。(韬)

注释:一九四〇年九月上旬国民党检查官在已盖有"审查讫"章的原件上,又重重地写上了"全民抗战一百三十六期扣""此稿审查讫章应作废"等字样。全文被扣。

七、简复广西严振民　乐山罗邵民

(正文)广西严振民先生　来信读悉。你所看到的现象,确实是令人痛心的现象;但是,这种现象,在每一次革命的过程中,都是可能发生的。所以,我们用不着过分的焦虑,只有想办法把这些现象克服,我们相信,只要能够在各方面加紧努力,这些现象,一定能够克服的。革命本来是除旧更新的意思,因此也就是旧与新的斗争,在这一个过程中,凡是感到保持旧的"现状"是于他更有利的人,就会起来阻挠革命向前发展,如果革命的力量能够战胜旧的力量,革命就能成功;反之,就只能暂时保持原来的统治局面。在中外历史上每一次的革命,可以说都要经过这一个必然的过程。中国现在正在进行的民族解放战争,按照一般道理说来,应当是举国一致同心协力抵御日寇的侵略,不会产生出卖民族的卖国汉奸,不会产生动摇妥协的分子;但在事实上,因为抗战妨碍了某些人的权益,因为抗战的长期性,艰苦性,某些脆弱的人们,忍受不了,再因为某些人只图目前一时的享乐,遂不惜为日寇作工具,由于这些原因,所以,在抗战过程中,还不免要产生汪逆精卫一流的卖国汉奸,还不免要产生某些或明或暗地企图阻挠抗战的人们。但是,这一次中国的抗战,有关于整个民族的生死存亡,最大多数的中国人民,都愿意以整个身心贡献给抗战,企图阻挠抗战的人,究竟是少数中的少数,不会起什么决定的作用,这是可以断言的。

有人说,抗战的第四年代,是最艰苦最困难的一个时期。这意思就是说,在国际形势急剧变化之下,在日寇扬言加紧"结束中国事件"之下,在物价不断高涨之下,一些汪逆精卫之流的汉奸们,一定会格外加紧制造妥协投降的空气。但是,"得道者多助",国际形势毕竟在向有利于我的方向发展,日寇和平攻势惨败以后,不能不演出承认汪逆伪组织的把戏,聊以解嘲,可是更足以证明日寇的势穷力竭。我们只要能坚持抗战,运用有利于我的外交政策,逐渐改进政治上某些弱点,企图阻挠抗战的人们,终于会无所施其技,当前的困难局面,也一定能够支撑过去。所以我们用不着悲观,我们只有更积极地在各方面加紧努力。

乐山罗邵民先生　来信所询"民意咨询委员会"的人选问题,因为来信未写通信地址,故只能在这里简复如左:

你说各县在县参议会未设立之前,先有"民意咨询委员会"之组织,该会组织条例如何,我们并不详悉,但该会既为民意机关,则顾名思义,该会所选的委员,应当要能够真正代表民意,当属毫无疑问。你那里□□乡所选的民意咨询委员会,如果真正贪污有据,曾受刑事处分,且历次会议均未参与,这种委员显然不能称职,既然全乡人民主张另选合格人员充任,只要能循合法途径,当然是可以进行的。来信所述拟联名呈请上峰撤消原聘,另选孚众望的人员继任这一手续,就原则上讲来,并无抵触法令的情形,上峰如能根据事实,俯顺舆情,当不会不加以考虑的。这是我们对于这一问题的看法,望能供你们的参考。

注释:一九四〇年十二月十四日批复"免登全民抗战一百五十一期十二·十四"。全文被扣。

八、越看越苦闷

读者袁承昌来信:

韬奋先生:

我和几个知己的朋友最近都感觉到一个共同的弊病,就是:(1)越看书越觉得学问的无限,自己的太不够;(2)越看书越觉得另有光明的世界,越觉得眼前的黑暗;(3)越看书越痛恨眼前的黑暗,越觉得性急不能忍耐下去,但又无法见到光明的迅速实现。总的结果是苦闷,是苦闷的增加!有些朋友甚至越加深他们的悲观与消极!

在另外有些朋友,他们不大看书,偶然看的不过是那谈风月消闲天的小说等等，什么劳什子的理论书，他们连睬都不睬的，但是也有一种便宜之处，那就是索性"不识不知，顺帝之则"，倒也得糊里糊涂而却自由自在地过他们的一辈子!

这样看来，看书，尤其是看理论书，只是自讨苦吃罢了!

先生必能了解我的意思，我的意思绝对不是反对看书，只是把看书所得到的苦楚不打自招地供出来，希望先生能替我和我的几位朋友解除这个苦楚，那是异常欣幸而感谢的。敬致
最诚挚的敬礼。

袁承昌　上。
廿九，十二，十三。

（复信正文）一个人的进步当然有许多途径，但是看书确是进步的一个极重要的源泉，所以经常要看书，而且要有相当计划地看书，这在以求学为主体的学校青年，固然要注意到，即以业余自我教育为补充自己的职业青年也要十分注意到的。袁先生说有些朋友不看进步的书，在糊里糊涂中过着一辈子，在表面上好像颇令人羡慕似的，其实不合理的社会并不因为这班糊涂虫的不睬而不存在，甚至可以说正因为有这班糊涂虫的存在而延展了不合理的社会之存在。在另一方面说，社会的发展固然有其规律，但是人的努力对于历史车轮的推进作用是无可否认的，这就有待于认识正确者之自觉的努力，社会的向前进步和这种自觉的努力是成正比例的，糊涂虫之得"自由自在地"过日子，倘若是由于其他进步分子的努力，那他们便是在偷享别人所努力的成果，如果人人都存心做这样的懒汉，社会便愈要退步，即只有一部分人做着这样的懒汉，社会在进步方面也受到阻碍。而且从□远一些看，社会不进步而倒退，糊涂虫们的糊涂生活也是终究无法保全的。

袁先生的意思显然不是要提倡"糊涂虫"的生活，所以关于这一点，我们无须多所讨论，他所提出的问题是由于看书而得到的几种"苦

楚",希望能设法"解除这个苦楚",关于这一方面,是值得略加讨论的。

书报被称为"精神食粮","食粮"是否有益于身体,要看它的内容如何,如果把有毒质的食粮往肚子里送,那是吃得越多,为害越大,不仅仅是"苦闷"而已!"精神食粮"也不能例外,故"吃"的时候也有加以选择的必要。袁先生提及"看理论书",怎样的理论书,我们不得而知,为便于讨论计,我们假定认为是正确的理论书。正确的理论书是只有振作人的精神,鼓励人的努力,而应该不至于反而使人看了"苦闷",甚至"悲观与消极"的。否则毛病不在书的本身,而在看书人的方面。我国有句老话说"食古不化",倘若看书而"不化",那就是正确的理论书也要发生意外的结果的。这一点我们要唤起青年朋友们的注意,因为我们在事实上的确看到不少青年朋友虽喜欢看书,却患着消化不良的毛病。喜欢看书是良好的习惯,是进步的康庄大道,但是如果消化不良,往往越看越糊涂,越看越钻到牛角尖里去,那就是所谓"不但无益,而又害之"。

试举一二例子来谈。这封来信说"越看书越觉得另有光明的世界,越觉得眼前的黑暗",这几句话的意义如果是说"另有光明的世界"是与现实脱离关系的凭空而来的世界,眼前尽是"黑暗"而不含有"光明"的胚胎,使人忽视了当前的实际努力,而一心梦想乌托邦似的"另有光明的世界",那必然是要使人感到失望的,因为这样一来,使人对于实际的努力不注意,而空想"另有光明的世界"从天而降,事实上绝对"无法实现",当然是免不了"苦闷"的,免不了"悲观与消极"的。其实正确的了解(这正确的了解是正确的理论应该能给与我们的)应该能使我们知道,"光明的世界"绝对不是脱离现实而凭空降生的,它的产生的条件已含在旧社会的胎胞里,只须条件成熟,新的社会——"另有光明的世界"——便会产生的,我们必须在"黑暗"中看清"明灯"之所在,努力加速必经条件的成熟,使实践的努力和理论的认识密切联系起来,不应脱离现实而作非分之想,反而怪看书看坏了!

说现实中完全是"黑暗",一点没有"光明",这样机械的看法是错误的。我们从历史上可以看出,进步的"光明"力量在最初总是从很小开始的,落后的"黑暗"力量在某时期可能是仍然可以吓人的。例如国父中山先生所领导的国民革命,在最初阶段和清廷的力量比起来,乃至在后来和北洋军阀的力量比起来,在当时不了解社会发展规律的人们,也许要惊叹于"黑暗"的弥满而"光明"的细微,但是结果如何,历史的事实给予了我们很明显的回答。

来信又说:"越看书越痛恨眼前的黑暗,越觉着性急不能忍耐下去,但又无法见到光明的迅速实现。""黑暗"是谁都不欢迎的(除非是黑暗吃饭或维持自己地位的人们),但是看了正确的理论书不应该只是"痛恨""黑暗",而应该彻底了解"黑暗"之所由来;不应该只是"性急",而应该彻底了解消除"黑暗"和促进"光明"的途径。所以看了理论书而真能消化的,不但不会感到"苦闷",不但不会感到"悲观与消极",而且由于彻底了解了社会发展的规律,把握住历史的动向,只有增加自己的勇气,加强自觉的努力。

但是这种自觉的努力必须从现实作出发点,而不是空想着乌托邦似的"另有光明的世界",这一点在上面已经略有说明了。还有一点须补充的是"光明"的"实现"(由量变到质变),必须经过相当的过程,不能像孙行者那样的摇身一变。袁先生提及"无法见到光明的迅速实现",我们觉得这一点的补充是很有必要的。"无论哪一个社会形态,当它还给一切生产力以发展余地,而这一切生产力尚未展开以前,是决不会灭亡的。而新的更高的生产关系,当其借以存在的物质条件尚未在旧社会胎胞里成熟以前,是决不会出现的"。这也是正确的理论给我们的指示。其实这个"理论"已有着很多事实的佐证。我们如稍稍阅看各国的革命史,便可以看到许多事实上的教训,即就中国而论,中山先生奋斗了四十年,临死时还须把革命事业交给他的继承者继续努力下去,当然,这个"理论"并不是叫我们坐待"光明"的自然地到来,并不忽视人的努力在这个过程中所起的推进的作用,因为"条件"的成熟也是有待于人的努力的,人的努力是可能加速或缩短这个过程,反过来,人的不努力也可能迟缓或加长这个过程的。所以"性急"只有更推动我们"忍耐"努力下去,而绝对不应该使我们"苦闷",绝对不应该使我们"悲观与消极"。

根据我们在上面的研究,可见"自讨苦吃"并不是由于"看理论书",而是由于看了以后没有好好地消化——没有得到正确的了解。

最后说到袁先生所劈头提出的"越看越觉得学问的无限,自己的太不够",这是古人所谓"学然后知不足",正是一种好现象,是一种进步的推动机,因为知道学问的无限,便不致以略有所知而自满;知道自己的太不够,便更要加紧努力,而不致故步自封。其实学问浩如烟海,无有止境,即世界上任何伟大的学问家也不能自信是已够了的。正是因为这个缘故,我们的自我教育要以最有效的最经济的办法求得最善的结果,加强我们的努力,哪里可以反而以"苦闷""悲观与消极"来妨碍自己的进步呢?(韬)

注释:一九四〇年十二月二十一日检查官批复"免登全民抗战一百五十二期一栏十二·廿一"。全文被扣。

1941 年

九、 怎样使侨胞满意?

读者范离升来信:

韬奋先生:

昨天我阅贵刊 148 期《春念南侨》一文,使我悲从中来。我是产于"星岛"的一个侨生,对于祖国文化的少接触与国文的少懂,实不敢和先生通信,但我谅先生是不会笑我的,所以今天我才敢来冒昧一下。

你们文化界屡次发表关怀华侨的文章,诚恳地请我们华侨返国投资,以免留在海外受帝国主义者的夺取与摧残。这诚恳的盛意,我们应深深感激你们的。

祖国的抗战,为着奴主关头的血斗,的确是需要无限的人力与物力,这是除了汉奸外,无人不认的事实,尤其是华侨的物力与人力正为祖国抗战所不可少的资源。这是你们文化界所常喊及政府官员所常号召欢迎华侨归国投资的口号。然而今日的实际情形却使我发生以下的疑问了:(一)我所认识的许多回国的华侨朋友不是没有资本,据中国银行人员的报告,说华侨有数千万元存在银行里,而人则逃之夭夭,一无踪迹,究竟是因了什么理由;(二)过去蒋委员长发表号召优待华侨子弟考童空军,华侨子弟的程度,不消说,自然是相当的低的,但他们的体格,我敢说不是整个的坏,且同时是经各该地领馆的详细检查及格以后才可送回,并且返国时曾由各领事的劝告,每人勿带超过百元的旅费,因各地政府战时的限制故。谁料可爱的儿童,不远千里而归,抵此以后,经过检考,结果所取者仅只一二人而已,其余数十位怎样的处置呢?幸而承蒙此地的两广同乡会暂让出一厅来做华侨难童收容所。如果没有华侨林君素称慈善而设的华南饭店,允许难童饭钱打折扣,那困难更大了。事后只得等候他们南洋的家里汇旅费来,以便一五一十地回去。试问这种情形是否要使华侨灰心呢;(三)究竟政府花了巨资而为华侨便利设立的侨务机关尽了它所应尽的任务没有?即以我个人的经验而言,华侨初到昆明,本应马上登记,可是奇怪得很,要找一个"堂而皇之"为侨胞而设的侨务机关,便费了整天的时光寻不到踪迹,据说是在"某街、某巷、某门牌",这侨务局连一块招牌都没有,试问是为侨胞返国便利而设的呢?还是为住家便利而设的呢?这样"侨而不务的局"究竟有什么意义;(四)有位华侨某君在某街开设一间酒家,资本千余万元,当初开之期,不知何故,被一个所谓××的团副,敲了五百大元;(五)再有位华侨在某街开一旅店,开幕以后,更有一般所谓××公署,××司令部,××局的兵官们,借口检娼,无时不至,任意骚扰,更有一晚(即十二月十六日)夜间十一点左右,有两个××竟谓华侨某君没有恭敬请其"授私"(按原文如此,因想不出意义,仍存其真——韬奋注),而拖某君到天井,令华侨立正其间,拔出指挥刀,喊某君勿动,当住客数十人之面前,痛快地拷击某君数十指挥刀,事后得意洋洋而去。这样自造法律,自制法庭,自任法官,而随时随地判人之罪,这是欢迎华侨的口号之下,华侨所应受的恩惠吗?

最后我要感谢贵刊148期《春念南侨》一文的末尾的话:"就是国内起码要造成一个起码的使南侨能出钱出力的环境吧!"我因产于"星岛",读英文为主,中文自习,关于华侨许多不合理的事件举不胜举,难以尽写,深为自愧,敬希收到后将这信的话语文字加以修改,公开发表!如此信无发表可能,请凭邮票寄回,以便我寄去星岛为幸。

此致
民族解放敬礼!

弟　范离开　谨上
十二月廿日夜十二点

(复信正文)这封信原文还要愤慨激昂,我们为求得"发表可能",已在不失原意的范围内,略加删改,这一点首先要请范先生原谅的。范先生自己是回国的侨胞,在这封信里为回国的侨胞呼吁,希望有所改善,虽措辞不无直率之处,但却是出于善意的批评,我们认为国内言论界应多与侨胞以贡献意见的机会,所以特把这封信公布出来，借以唤起国人的注意，尤其希望与侨务有关系的机关或负责人加以特别的注意和检讨。

侨胞对于祖国，尤其是在抗战期间的祖国有着伟大的贡献，所以侨胞最得到国人的崇敬，同时我们深信政府对于侨胞也是非常重视，努力爱护的。我们在答复这封信的时候，正看到行政院公布紧急时期护侨办法，例如其中所规定的有："凡遇紧急时期，侨民无留居现地之必要或自愿回国者，应由驻在各该地使领馆充分予以协助及便利，并由主管机关与国内指派专员，负责照料"（见第二条）；"回国侨民事业之经营及发展，由政府设立专管机关，扶助指导之"（见第三条）；"回国侨民中之技术员工，经登记后，分由有关机关任用"（见第四条）；"回国侨民子女之就学，由教育部于国内各公私学校妥筹安置"（见第五条）。可见政府对于回国侨胞的幸福确在注意，我们希望负责执行的机关能仰体中央的意旨，切实执行，同时希望侨胞也本着国民的立场，时加督促，如发现有执行不力及发生流弊的事实，亦应向中央报告，俾得切实纠正。

以上是就一般而论，至于范先生在这封信甲所提及的几件事，其中第四和第五所述的情形，如果属实，确是违法的举动，应检举事实证据，向有关机关控诉，如仍不能得到公正的处理，亦可续向中央侨务机关或迳向中央政府申诉，请求法办。这不仅是有关待遇侨胞的问题，即在一般国民，遇到这种违法的行为，亦应请求政府纠正或法办的。

关于本信第一项中所举的事实，我们也曾经听到侨胞中愿回国投资的，往往因未能顺利进行，裹足不前，本刊在范先生所举的那篇短评里主张"要造成一个起码的使南侨能出钱出力的环境"，也是有感而作；现在"护侨办法"第三条对于"回国侨民事业之经营及发展"，即规定"由政府设立专管机关扶助指导之"，我们希望这方面的缺憾可以尽量减少或消除。

关于本信第二项中所举的事实,我们也认为在办法上确有考虑之必要。我们知道"童空军"的考试是很严格的,事关国防军备,严格是应该的,但是考试严格是一件事,经过"各该地领馆的详细检查及格以后","不远千里而归",数十人只有一二人正式录取,却又是一件事。这至少表示"各该地领馆"办事太不认真,否则令人无从索解。这种情形或类此的情形如不切实纠正,确不免"要使华侨灰心"的。在这里我们还有一个小小的建议,就是回国后未能正式录取的许多侨童,既不远千里来归,似可另为设法成立一训练班,以资造就,不一定就要把他们又不远千里地送下去,也许是一个补救的办法。(这训练班或即为"童空军"的预备班,如实在不适合,亦可酌入其他学校。)

关于本信第三项中所举的事实,侨务局的实际情形,我们不得而知,不敢妄加判断,倘若只是因没有"招牌"而致回国侨胞寻觅不便,却也易于补救,赶紧挂上一块,便可一望而知了。至于为回国侨胞尽心服务,那是侨务局职责所在,谅不至于忽视罢。(韬)

注释:一九四一年一月十一日检查官批复"免登全民抗战一百五十四期一·十一"全文被扣。

十、舆论的力量

(正文)民主政治的社会最重视民意的表现,表现的方法除选举外,便是舆论。就一般说来,舆论的表现虽也有着种种的途径,但是报纸和杂志上的言论,尤其是社论,更被人视为直接的表现。

因此,有些人一想到舆论,便很容易地联想到各报的社论。遇着国际或本国里有重要事件发生,各报为着要负起舆论的责任,也往往要针对所发生的重要事件发挥高论,以代表舆论自勉。

无论哪一个报,执笔写社论的主笔先生,只是个人,至多只是言论部的若干位同人会议的结果,个人或少数人的言论何以又能发生伟大的力量呢?这绝对不在执笔的个人或少数人的自身,却在所发表的言论确是根据正确的事实和公平的判断,确能言人所欲言,言人所不敢言,(这一点当然也还须有着相当的客观条件,)真够得上舆论,才能发生舆论的伟大力量。

所以"舆论"这个重要的——也可以说是神圣的——宝物,不是有钱办报,有笔写文,就可以夺取到手的;也不是强迫任何人拿起笔来写出你所要说的文章,印在纸上,送到读者的手里,就可以发生什么舆论效力的。有钱有势的人尽管可以压迫舆论,收买舆论,乃至摧残舆论,但这些手段只是做到表面上像煞有介事,在实际上丝毫收不到所希望的舆论的效果,因为"舆论"这个宝物也是奇物,真正的舆论有如真理,无论如何是压不下去的!

写文章的人不要以为读者是易欺的,读者不都是瞎子聋子,他们也有听到正确事实和公平判断的机会,他们自己也有根据正确事实引伸公平判断的能力。所以惯于下笔胡说八道的人固然引不起读者的信任,即使平日持论比较公平、被人视为社论能手的先生们,一旦写了违心之论,或有意歪曲事实的文章,也仍然要引起读者的不满以至愤怒。在写者以为他既可以舆论权威自居,好像说出的××话都可以发生意想不到的效力,其实他根本就不明白他平日所以得到人们的信服,并不是他个人有着什么魔力,全恃他的"恃论比较公平",一旦他的这个特点抽去,令人信服的因素便寿终正寝,所得到的只是人们的唾弃和齿冷罢了!

最有趣的是一篇歪曲事实的言论尽管发表了出去,读者都只注意于主笔先生为什么要写出这样一篇文章来,结果是知道了其中曲折经过的一大段故事,原来是如此这般不得不写的,于是除了一声慨叹或且还对他加上一些可怜的同情以外,没有什么其他的感想。至于曾否发生舆论的力量呢？那只是天晓得！

这些说明言论固然可以发生舆论的力量，但却不是一切言论都可以发生舆论的力量。只有根据正确事实和公平判断的言论，才可能发生舆论的力量。例如你是努力抗战的人，我一定要说你是破坏抗战的人；或你是在分散抗战的力量，我一定要说你是在加强抗战的力量：这好像可以随便由我嘴里说出算数，但是人们听了能否信服，却不是因为我一定要这样说，而要研究我所说的是否根据正确的事实和公平的判断。倘若我们所说的是根据正确的事实和公平的判断，人们当然信服；倘若我所说的不是根据正确的事实，也更说不上什么公平的判断，那末你不但不信服，而且还要引起你的反感或悲感，因为任何有理性的人是不愿有人把努力抗战说做破坏抗战，或把分散抗战力量说做加强抗战力量的。

我们要重视舆论的力量，我们更须知道舆论力量之所由来。

注释：原来只看到被扣的文章，没有批文，后在韬奋著长篇史料《抗战以来》第二十九节中得知当年被扣的理由是"完全出于派系私利的立场"。真理的声音是"扣"不住的。不久，这篇文章在南洋星洲胡愈之主编的《南洋商报》上发表，一九四一年四月二十六日《上海周报》第三卷第十八期上摘要转载，署名韬奋，编者题注"离渝前最后作"。

十一、对国事的呼吁

（正文）我【已】（正）处在长期惨苦的病痛中，环境的压迫和【耳痛】（重病）的磨折，都可用我坚强的意志与之抗争，还能泰然处之，但每一念及祖国的前途，则忧心如捣，难守缄默。

抗战到了第七（个）年头，国际形势是民主阵线一天天的胜利，法西斯一天天的崩溃，对中国抗战很为有利。敌伪在沦陷区虽然实行欺骗怀柔政策，但人心必然向着祖国，向着抗战的胜利，足见我们的前途充满了光明。然而当这民族的苦难快到尽头，光明的胜利临到面前的时候，【一部分人】（国民党内反动派）却变本加厉，策动【内战】（对日妥协，调回大军，围攻陕甘宁边区及其他抗日民主根据地的阴谋，内战危机系于一发。）我们知道以国共合作为中心的全国各抗日党派的团结，是发动抗战坚持抗战争取最后胜利的最基本条件之一，也是抗战胜利以后建设新中国的最基本条件之一【。】（，）而且团结与抗战两者是不可分离的【。】（，）能团结才能抗战，破坏团结必然就走上妥协的道路。【六】（七）年多来【，一部分人】（国民党内反动派始终企图中途停止抗战，）施尽一切阴谋诡计，破坏团结。靠着全国人民的力量，克服时时发生的阴谋危机，才使团结抗战坚持到今天。于今我国能废除不平等条约，位于四大强国之列，乃是由于全国人民坚持团结抗战的结果。【破坏团结，妨害抗战的行动，】（国民党内反动派这次对敌妥协进攻共产党的策动，）实是危害国家【、】荼毒人民的滔天罪行，我们必须以全国人民的力量，全国舆论的力量，全国各抗日党派的力量，以及海外数【十】（千）万华侨的力量，共同揭露（国民党内反动派的）这【样】（种）阴谋，坚持团结，坚持抗战到底。

其次，民主政治是中山先生三民主义的最宝贵的遗产，也是全国人民所最热烈希望实现的目标。民主政治同时是坚持抗战精诚团结的最基本条件之一。当我在敌后抗日民主根据地（，）亲眼看到民主政治鼓舞人民向上的精神，发【扬】（挥）抗战力量，坚持最残酷的敌后斗争，并团结各阶层以解决一切困难的情形，我的精神（，）极度兴奋，我【觉】（变）得年轻了。我对于伟大祖国更看出了前途光明。但是【一部分人】（国民党内反动派）却仍用一切方法来反对中山先生【的】（最）宝贵遗产的民主政治【。】（，）他们有的公开宣扬法西斯主义,认为民主与抗战不相容【。】(,)或【是】(者)反复因循,用延宕政策,(一再自食其言,)【阻止】(拖延)民主政治的实【行】(现)。(最近国民党十一中全会又宣布需在抗战结束一年之后,实行宪政,便是延宕欺骗政策的一再重演。)再不然,【就是用假民主代替真民主。】(就实行挂羊头卖狗肉的民主,我所亲自经历过的国民参政会,演变至于今日,已成为国民党CC派所操纵的御用工具。国民党内反动派的所以反对民主政治,其目的无非为实行法西斯的一党专政而已。)为了争取抗战胜利,祖国解放,民主自由,我们必须坚决反对这种拖延的政策,坚决反对这种伪装的民主政治,而主张(以)全国人民为本位的民主政治,并且要求立即实行。要办到此点,国民党必须诚意取消一党专政,诚意接受各抗日党派共同抗日(,)共同建国原则。否则一切都是空【的】(话)。

最后,我们知道文化教育是近代国家最基本最重要的工作(之一)。在抗建时期,应该更加发扬和提高文化教育的活动。然而【一部分人】(国民党内反动派,)害怕人民知识的启发,进步思想的普及,不惜用种种的方法来摧残文化教育。(近数年来不依标准审查书刊,任意停止书刊出版,把持新闻出版事业,违法封闭书店报馆,包办学校教育,停聘有正义感的教授教员,学校管理特务化,与摧残文化教育、戕害青年的罪行,罄竹难书,而于今尤烈。)我认为人民应有【学术】(思想)研究的自由,言论出版的自由,必须立即取消不合理的图书审查制度,必须(立即)取消将青年当囚犯的(特务)教育,必须立即取消【压迫】(残害)进步文化人士和青年知识分子的罪行。【〔二十二日〕】

我自愧能力薄弱,贡献微少,二十年来追随诸先进,努力于民族解放、民主政治和进步文化事业,竭尽愚钝,全力以赴,虽颠沛流离,艰苦危难,甘之如饴。此次在敌后视察研究,目击人民的伟大斗争,使我更看到新中国光明的未来。我正增加百倍的勇气和信心,奋勉自励,为我伟大祖国与伟大人民继续奋斗。但三四年来由于环境的压迫,我的行动不能自由,最近更不幸卧病经年,呻吟床褥(蓐),不【能】(得)不暂时停止我【廿】(二十余)年来几于日不停挥,用笔管为民族解放(、)人民自由及进步文化事业呼喊倡导的工作。我个人的安危早置度外,但我心怀祖国,挂念同胞,苦思焦虑,中夜彷徨,心所谓危,不敢不告,(。)故强支病体,以最沉痛迫切的心情,提出几个当前最严重的问题,对于海内外同胞作最诚挚恳切的呼吁,希望共同奋起,各尽所能,挽此危机,保卫祖国。

民国三十二年十月二十三日写于病榻【〔本文因环境关系略有删节——编者〕】

注释:一九四三年十月韬奋得知国民党调集大批军队进攻陕甘宁边区,愤不可遏,于二十三日在病榻口授《对国人的呼吁》一文,又以衰弱的病体支撑着,将呼吁书的最后一段,用毛笔试录成文。次年七月二十四日,韬奋在上海病逝。十月八日,在延安,《解放日报》全文刊登了这篇文章,改题《对国事的呼吁》。十月十一日,在重庆,《群众》杂志要求刊登经过删节的这篇遗著,检查官批复"群众九卷十九期对国人的呼吁 邹韬奋遗作""查该刊邹韬奋著对国人的呼吁一文诋毁政(府),触犯审查标准第二项第三条应予免登"。全文被扣。一篇文章两种命运:在革命圣地延安,是全文刊登;在国统区重庆,即使文章作了删节,还是落得"应予免登"的结果。借这次机会,将已发表的延安版和被扣留的重庆版作一比较,让被扣的重庆版也得以重见天日。阅读时,文中用字不一致时,( )中语系延安版,【 】中语系重庆版。

(邹嘉骊整理)

(选自商务印书馆1996年11月版《中国出版年鉴1996》)

生活书店横被摧残经过

徐伯昕

生活书店创始于民国十四年十月,资金十五万元,曾在前实业部商号注册,出版定期刊物八种,书籍近千种,均经内政部及图书杂志审查会审查通过。由于海内外读者及朋友们之深厚同情,热心赞助,经十六年来惨淡经营,稍具规模。自抗战爆发后对于抗战国策之宣传与前方精神食粮之供应,尤竭尽心力,不敢懈怠,凡遇党政当局号召,无不争先响应,向不后人。所设分支店办事处前后共达五十五处,遍及十四省,满布于大后方,并深入战区及游击区,努力为抗战文化而忠心服务。不幸当局被谣言误会,认为本店以极小资本,如何能经营偌大规模之事业,认为受共产党津贴,以致造成(民国)廿八年三月份起之严重误会,于继续十三个月中,被封或迫令停业之店有天目山、西安、南郑(汉中)、天水、沅陵、金华、吉安、赣州、宜昌、丽水、屯溪、曲江、南平(福建延年)、衡阳、宜川、立煌等达十六处之多,被拘工作人员共达二十八人之众,西安分店经理周名寰被拘二年,迄未释放。此外尚有兰州、乐山、万县、酆都、南城(闽)等各分支店,则被一再横遭搜查并没收非禁售书刊,以及寄递邮包,时遭无故扣押,以致被迫结束。

(民国)廿八年六月间,重庆市政府社会局会同市党部及中央图书杂志审查会派员亲自到本店总管理处审查账册,特别注意经济之来踪去迹。但经二日查核之结果,毫无弊病可言。同年七月四日,中宣部潘副部长以叶部长之指示转告,要本店与正中书局、独立出版社联合组织总管理处或成立董事会,主持总的出版营业方针,增加资金,直接受党领导。经过本店再四解释,本店为一独立之商业机关,政府无法律根据,可以命令合并。证诸查账经过,可见本店实全恃自食其力,绝不受任何方面津贴。至于本店出版书籍,其中最大多数均属一般常识,其与思想有关者仅四十一种,为图书杂志审查会认为应禁止者二十六种。而在此二十六种中,已有二十四种业经内政部审查通过得有执照者。平时经售书刊,亦均经审查许可,方予发售,从无任何违法情事。只有各地检查机关,不遵法令,任意将已审查通过之《苏联作家七人集》《鹰和它的奴隶们》等予以没收或扣留。当兹抗战已日益接近最后胜利,本店自当益自奋勉,期为抗战文化工作努力奋斗。

讵料自本年(民国三十年)一月八日起至二十一日,不到半个月,又无故将成都、昆明两分店先后查封,桂林分店则被勒令限期停业,贵阳分店则在遭封后并将全体员工拘捕,家具现金搬运一空,形同抢劫!以一恪遵法令、努力抗战文化工作之正当商业机关,竟在毫无法律根据之情况下,平白遭此处分,似与政府保障正当商业、维护文化事业之原旨,显有不合。窃思一个正当文化事业机关被摧残之事小,而影响于人民观感及国家民族前途之事大。言念及此,不敢缄默,敬以事实经过,公诸爱护文化事业主持正义之海内外诸公及读者朋友们,请赐予援手,俾冤抑得以伸雪,俾正当商业机关能获得合法保障,俾恪遵法令之文化事业机关不致含冤沉没,而对国家民族能作继续之贡献,不胜感祷之至。

一、二十个分店被封及勒令停业经过

甲、(民国)廿八年三月起被封各店情形

(一)浙江天目山临时营业处:该处于廿八年三月二日开幕,同月八日即被浙江省行署迫令停业,至十一日由警察等四人将临时营业处封闭,并将职员袁润及胡苏二人强迫押送出境,所有行李及财货均被封存,损失总值约二千元。

(二)陕西西安分店:(民国)廿八年四月二十一日晚,第×战区政治部,陕西省党部会同警察局至西安分店搜查,当时被扣去已经内政部审查注册准予发售之书刊一千八百六十册,并将经理周名寰拘捕,一面派警看守,强迫停止营业。至同月二十七日,又将全部同事驱逐,不准携带行囊,所有账册及现款四百元也不准携去,一并封闭在内。至同年五月底,陕西省令警察局复将西安分店全部货物生财约计四千元连同现款四百元及所有账册,全部没收,并代向房东取回店屋押金数百元,亦予没收;同时工友苟志汉于五月二十四日被便衣探员在途中拘捕,所携价值四百元之非禁书籍(世界文库等)无故全被没收。苟同事被押三日,最后迫写"伏辩",始予释放。经理周名寰内患肺病,外患瘰疬,屡经医生证明,依法请求保释未允,扣压迄今已近二年,仍未释放。而所有西安分店之生财用具,现悉陈列于文化服务社应用。

(三)陕西南郑分店:(民国)廿八年四月三十日县党部会同警察局搜查南郑分店,当被扣去本外版书籍四百九十八册(其中最大多数并非禁书),及私信等物。五月四日,即遭封闭,并拘押经理贺承先。当时因南郑分店正在迁移中,以致新址旧址两处均被封闭。邮寄南郑生活书店函件及货物,均被没收。党部检查私人信件及日记结果,认为贺承先系一有为青年,劝其入党。所有存货及生财用具(连栈房在内)总值八千元左右,全被没收。

(四)甘肃天水支店:天水支店自(民国)廿八年四月至五月几遭搜查而被迫迁入陋巷后,因营业不佳,已在办理结束,讵知至五月三十一日又被县党部搜查,毫无所获。职员阎振业在车站候站,突遭拘捕；经理薛天鹏正在甘谷收账，亦被捕入狱。阎振业前后拘押七十四天，至八月十三日始无罪释放。薛天鹏在监囚禁七月余，至（民国）廿九年一月上旬始证实"毫无罪状"而予以恢复自由，惟立即限令出境。

（五）湖南沅陵分店：（民国）廿八年六月九日深夜，由县党部会同警备司令部及学生抗敌后援会至沅陵分店搜查，至十日中午复作一次搜查，前后扣去本外版书籍五百余册（其中并无禁书），当即将代理经理诸侃拘捕。诸侃于当日保释，十一日起继续恢复营业，至十三日县政府命令限于三天内收歇，自十六日起，沅陵分店遵令收歇。

（六）浙江金华分店：（民国）廿八年六月十四日，浙江省党部会同警察宪兵等搜查金华分店，当搜查去千余册（中有八百册业经金华图书杂志审查委员会审查通过之书刊）。当即将职员阮贤道拘押，判处徒刑六个月。同年七月一日复到店，限十分钟内强迫同人迁出，将店与栈房同时封闭。至七月三十日，始予启封，但呈请复业未予照准，迫令自动收歇。同年九月十一日，阮贤道无罪出狱。

（七）江西吉安分店：（民国）廿八年六月十五日省会警察总队执行省党部命令，搜查吉安分店及栈房，结果一无所获。至同月二十三日又被县党部等搜去非禁书数册，省会警察总队即勒令停业，至同月二十九日遭封闭。

（八）江西赣州分店：（民国）廿八年六月十五日，由县党部等至赣州分店搜查，当时搜去代售之非禁书册，至十六日，遂即勒令停业，几经交涉无效。

（九）湖北宜昌分店：（民国）廿八年六月十七日，湖北省党部会同警备司令部、警察局及图书杂志审查委员会等同至宜昌分店搜查，当时扣去书刊一千四百二十三册（其中除本版已经内政部注册准予发售者外,外版书中亦并无禁书),其余均被封起,且迫令停业,并将职员杨罕人拘押。杨罕人被押七日,最后胁迫杨罕人于六月二十三日在当地《武汉日报》登刊"悔过"启事。至同年七月二十三日,准予启封存货,惟勒令自动停歇。

(十)浙江丽水支店:(民国)廿八年六月二十六日,县党部会同警察局搜查丽水支店,当即带去非禁售书籍数十种,声言重予审查,而同时即将货栈查封(存货总值约一万余元),门市亦被迫停业。

(十一)安徽屯溪支店:(民国)廿八年六月二十九日屯溪支店未经搜查,即由县政府无故勒令限期收歇。

(十二)广东曲江分店:(民国)廿八年七月八日晚十时,由武装警长一人,带领便衣探员十余人至曲江分店搜查,当即带去非禁售书数册,并将分店封闭。

(十三)福建南平分店:(民国)廿八年十月二十三日中午由当地警察所长"邀请"负责人(经理顾一凡)至县长处谈话。谈话终了,即派人与顾一凡同程返店,将账册银钱及私人行李搬出,然后在店门上加上封条,顾一凡亦即被押。所有书籍,各检样书二册复审。顾一凡至廿九年四月十三日始行无罪释放,前后囚禁共达半年。书籍经一再复审,至(民国)廿九年五月六日,认为无违法之处,始行发还,但不准复业。

(十四)陕西宜川临时营业处:(民国)廿九年二月三日,深夜十二点钟,突然打开门闯进十位武装同志,借调查户口为名将负责人周军、职员王海瑞、林震东等三人用绳索捆绑后解至县政府看守所,至四日下午,经一番审查询问后,王、林二人即行释放,周军依然在押。延至同月七日,周同事始行无罪释放。

(十五)湖南衡阳分店:(民国)廿九年二月五日下午六时半,衡阳警备司令部会同警察局、图书杂志审查委员会、书业公会及保甲长至衡阳分店搜查。搜查至深夜十二时,并未检出任何一册禁书,而结果依然将店封闭,并将职员十一人全体逮捕,拘押于警备司令部。后来几经交涉与疏解,结果十一人在铁索玲琅中押解至耒阳,经过军法执监大堂之审查询问后,认为毫无罪状,始于三月十八日准予交保释放,几经请求复业无效。

（十六）安徽立煌分店:立煌因地处敌后,交通运输本极困难,加以当局凡遇生活书店之邮包,概行无故扣留,因是立煌分店已于(民国)廿九年三月底开始赶办结束。讵知至四月五日因邻居失火而诬本店同事方钧、严永明二人为纵火者,结果被拘押至警备司令部,且传至军事法庭审讯,问题亦由失火事而牵涉至所谓政治问题。于是在转辗押解与候询之复杂情形下,方严二人一直囚押至五月二十一日始行认为无罪而交保释放。

前述十六个分支店均系直接受到摧残与打击而被毁灭者,其他各地分支店,除五处系因战局关系而撤退者外,余均遭到各该地当局之压迫到甚而无法继续营业（例如无故没收非禁书刊或扣留不问内容如何之印刷品邮包等等）,因之在抗战后先后广布于各地之五十五个分支店,迄至(民国)廿九年六月,仅剩六个分店。以六与五十之比,其惨遭摧残之情形,深堪痛心!

乙、本年二月起被封或勒令停业各店情形

本年二月起,本店仅存之六个分店,又接连遭难,未及半月,被查封与迫令停业者,竟达四个分店。总观前后种种事实,与外间盛传"如中央不能合并生活,只有加以消灭"之说,不无令人疑惧。最近本店负责人于接到各店检查与限令停业之电讯"一一七"后,即亲赴中宣部访晤王部长雪艇,及许主任秘书孝炎均负责表示中央并未发出此类命令,且亦并无此意云云。然以短短半个月不到之时间内,即行封闭及限令停业各地四个分店,其间是否确系地方性质,似有难以置信之嫌。

(一)四川成都分店:(民国)三十年二月七日四川省图书杂志审查会即到店检去书籍二十四种,至八日晨既无正式行文,亦未明示审查结果,即遭封闭。事后于十二日上午由审查委员会会同三民主义青年团与警士数人到店没收已经内政部注册与重庆市图书杂志审查委员会审查通过之书籍,以及并无明令查禁之书籍二千六百八十七册,总值约计千元。

(二)广西桂林分店:(民国)三十年二月十日,桂林当局接到中央查封本店命令(三民主义青年团中央团部及中央宣传部),当约本店桂林负责人谈话,限令十二日内办理结束。至十二日晚七时余,桂林分店门市正当顾客十分拥挤之时,忽有一个穿军服、二个穿便服者,私自将十本非禁之纯文艺书籍拿走。当时该分店门市职员认为此系窃书无疑,当即与之交涉,一经查询,该三人方出示名片二张,上书"军委会少校谍务员"及"桂林警备司令部特务连长"。非禁书籍,自属不能任意带走,而该谍务员与该连长等,竟收据亦不出,即迳自携书而去。事隔半小时,该连长与警备司令部官长多人又重临门市部,进门即大声辱骂本店营业旺盛之景况为"毫无秩序",并喝令顾客不准将所买之书带走。移时,又将所有顾客及职员留驻店内,合摄一照片,并迫读者签名及写明职业住址方准相继离去。继后又拥进警察四名,宪兵六名,以及省党部人员三名,将桂店职员四人拘至警备司令部,店内留驻警察二人及宪兵一人。被捕之职员四人,经过审查询问后即当晚十二时释放。事后发现会计课贮藏现钞抽屉锁被毁,缺少现款六百余元及各项单据;门市预储兑换之辅币十余元及委员长瓷像二十余个,亦不翼而飞;收发课短少邮票百余元;同人消费合作社所有之肥皂、袜子、牙膏以及所有之日用品及私人信件,亦都取去。经交涉后,信件仍发还。至十四日又至栈房搜查,计扣去准备发给定户之《鲁迅全集》全套及其他非禁书数十册。

（三）贵州贵阳分店：贵阳分店于（民国）三十年二月二十日深夜二时，由当地审查会会同宪警查封，当班经理及职员全体拘捕。至二十四日职员已陆续释放，经理周积涵则移押于保安处。当查封之晚，贵阳分店所有之生财存货及银钱，全被搬运一空，形同抢劫。目下周经理积涵仍在羁押中。

（四）云南昆明分店：昆明分店于（民国）三十年二月二十一日晚七时被封，封存货物之总值约在万元以上。

按诸一般法律手续，公司或个人有犯法行为，应由主管机关根据事实控告于法院，依法判罪执行；以出版法规而论，如书店发售违禁书刊，须先通知其停售或送审，倘不遵照办理，应依法先予警告，警告无效则可将事实经过，诉诸法律，依法判罪。不应审查标准不统一，有若干书刊，中央通过而地方予以禁售，地方通过而中央予以查禁；更不应检查机关不统一，不论宪兵、警察、三民主义青年团、审查会、邮检所等均可不经法律手续，任意不问书刊内容，不述理由，无故检扣没收或竟不给收据，私自取去。至于拘捕工作人员，有禁闭数月而不加审讯者，有囚禁将近二年而尚未知其罪状者，或者竟移送集中营长期锢禁者，或锒铛入狱，而又倏忽无罪释放者；甚至先有封书店，后审书刊内容，再加找寻证据者。凡此种种，实属视法律如无物，视人命如儿戏！前线闹"文化食粮"饥荒，而后方却如此摧毁文化事业。痛哉！

二、书刊被非法扣留及查禁情形

依据三年来各地封店捕人之种种事实，其唯一之理由，谓为本店有售卖违禁书刊之嫌。但在事实上，本店自（民国）廿九年四月份起，已依照中央图书杂志审查委员会对一般书业之办法实行，即在（民国）廿九年四月以前出版之书籍，除有通令禁止者已遵令停售外,余均依法售卖;在四月以后出版书籍,须一律将原稿送审,本店亦均遵命办理,迄未稍懈,且均有事实案据,足以证明。即就本店所有之出版物而论,迨至最近,其总数为九百六十余种,被列入为禁书者,仅止二十六种;而在此二十六种中,尚有二十四种已经审查通过及早经内政部注册者,且此绝对少量之禁书,事实上均已遵令停止发卖。

兹将书刊被扣及查禁情形分述如后

(一)长篇文艺创作《新生代》已经广西省图书杂志审查委员会审查通过,并执有桂书字第十四号审查证,后遭中央审查委员会命令禁售,各地存书全被没收。以同一审查标准审查通过之书籍,仍遭查禁,审查会不负任何责任,则出版之人权益与损失,已全无法律保障可言。

(二)儿童故事《鹰和他的奴隶们》及翻译小说《苏联作家七人集》两书,先后遭中央查禁。盖前者执有重庆图书杂志审查会审查证渝图字六七八号,后者执有重庆市图书杂志审查会审查证渝图字第九五九号。经几度交涉,方始准予解禁,然各地在查禁期内被邮检扣留,被审查会没收之数量,已属损失不赀!

(三)已经内政部审查通过准予注册发行之书籍如《中国外交史》(内政部注册执照警字第九九七二号)、《救亡手册》(警字第九八○三号)、《从旧世界到新世界的外蒙》(警字第九七八五号)、《中国不亡论》(警字第九七三八号)、《给初学写作者的一封信》(警字第九八四二号)、《抗战歌曲第一集》(警字第九七一四号)、《抗战歌曲第二集》(警字第九八七一号)、《德国农民战争》(警字第九九七五号)等八种,均先后被查禁、扣留及没收之数量,不胜计算。已通过政府审查许可发行之书籍,而又遭政府查禁,出版界之困难,于此可见。

(四)(民国)廿九年四月一日至十八日以前本店出版之《小革

命家》《赵老太太》《四劝》《战斗》《中国政治史讲话》《歼灭》《一年间》《国际纵队从军记》《抗日根据地鲁西北区》《近代中国经济史》《新哲学概论》《政治经济学讲话》《法西斯政治赌博》等书十三种，均被中央图书杂志审查委员会查禁(其中《四劝》《战斗》《歼灭》《一年间》《近代中国经济史》等五种，均已由内政部审查通过，准予注册发行)。查各出版业在四月前所发排稿件，均未将原稿送审，后经四月十六日呈准复审，当由中央图书杂志审查委员会第二十六次会议议决，"令饬依照书籍杂志查禁解禁暂行办法呈候办理"，当即被扣经过，被扣书每种多至三千余册，抄表呈报，请求复审解禁。经七月二日、八月三十日、十二月五日，本年一月二十二日迭次函催，时隔经年，迄未复审解禁，显系故意拖延。

(五)最近成都分店之被封，据四川省图书杂志审查委员会称因成都分店一再售卖《组织工作读本》等禁书，此显与事实不符。盖《组织工作读本》一书，早经内政部注册且执有警字第九八一七号注册执照。而在事后没收之书籍中计有:《世界知识读本》(执有内政部注册执照九八二二号)、《战争途中的日本》(执有重庆市图书杂志审查委员会审查证——以下简称审查证——渝图字七七一号)、《台儿庄之战》(执有审查证渝图字六八二号)、《萍踪忆语》(执有注册执照九八二四号)、《国际现势读本》(执有注册执照字七八四号)、《什么是新启蒙运动》(执有审查证渝图字六九〇号)、《突击》(执有审查证渝图字九八九号)、《黄花岗》(执有审查证渝图字七一九号)、《战争军火与利润》(执有注册执照九八四三号)、《封建主义》(执有注册执照九八四〇号)、《铁流》(执有注册执照一〇〇二四号)、《思想方法论》(执有注册执照九七一〇号)以及其他本版书如大众读物等与外版书如孙哲生先生演讲集等合计二千六百八十七册，总计约值千余元。似此已遵令审查，且已获得法律保障之大量书籍，仍在"一再售卖禁书"之借口下予以没收，则出版商人之合法权益何在？

（六）各地邮局无故查扣书刊及宪警等没收书刊，不胜枚举。例如：

A. （民国）廿八年七月九日万县宪兵第三团第三营第八连向万县分店搜去内政部审查通过准许发行之书籍《民众动员论》（警字第九七八五号）、《抗战与外交》（警字第九七三九号）、《逻辑学与逻辑术》（警字第九七九六号）等共四千三百四十册，经再三交涉，迄未发还。

B. （民国）廿九年一月六日，寄往阜阳青年书店之挂号邮包九件，内系《倭营历险记》等一百六十八册，及一月八日续寄之快包九件，内系《全民抗战》等期刊三百五十册，均被宿县检查员全部扣留。

C. （民国）廿九年二月二十日由渝寄曲江分店之书籍十二种，内系《国际现势读本》二百本，及《抗日游击战术问题》四十二册等，全部被曲江邮局检查员扣留。

（七）《全民抗战》按期均经重庆市图书杂志审查委员会审查通过后印行，而各地仍有时予非法扣留或无故没收之事实。尤有甚者，如前南郑分店发售该刊，非经当地重行审查绝不能自由发售；至郑店被封闭后，同业代售该刊，竟有命令禁止发售者。继后至该刊一百四十四期与一百四十五期，因重庆市图书杂志审查委员会受空袭影响而迁至南岸办公，通知《全民抗战》社每期原稿只能作一次送审，且须隔天始能取回。查过去周刊每星期至少须分二次送审，并规定发还时间，至迟不得过一日。该刊在万分困难中，仍勉力照办，但遇有时间性之稿件，常因审查后交还较迟或送审稿件扣登后补充之稿件临时无法送审，故有于次期原稿送审时一并补行送审。而一百四十四期与一百四十五期稿件中，因有《领导青年的方向问题》，及《最近国际局势与敌寇诱降阴谋》两文，审查会认为内容有不妥处应予删改或免登，当时因该两期均已排印，不及抽改,故决定将应行修正处涂抹后发售,且曾得该审查会主任干事面允。讵料事后仍由中宣部通令各地将该两期予以查禁,而各地方审查机关竟扩大为自一百四十五期以后之《全民抗战》概行禁止发售。此种误会,实属冤抑莫名!

  总之本店对于出版书刊方面,素来绝对服从法令,接受纠正。惟审查会对本店出版书刊之审查,一天严格一天,已经审查通过在杂志上发表过之文字,另印单行本时,又须重加删改;稿件被扣,日益增多。并密令各地学校不采用已审查通过之教科书及参考书。在运输上更受各水陆空交通机关严格限制,并检扣邮件。其他如浙江、江西等地,凡印有"生活书店"字样之书籍,不问内容,一律禁售,如发现即予没收。甚至在(民国)廿九年夏本店总管理处不幸被敌机炸毁,同仁正在抢救财物,而宪兵则来搜检纸型以去,如此惨酷非法摧残,夫复何言!

一九四一年四月

(原载一九四一年四月三日、六日、十日、十三日《新中华报》)

生活书店是怎样接受党的南方局领导的

徐伯昕

一九三一年"九一八"事变以后,我国人民忧心民族的危亡,在中国共产党的领导下,掀起了民主革命运动。生活书店一九三二年七月一日成立后不久就开始接受马列主义思想、接受中国共产党方针政策的领导。

一九三九年至一九四七年,中共中央南方局领导国民党统治区党的工作,生活书店受到周恩来以及南方局其他负责人的重视、关怀和直接领导,成为党在国统区一个有力的宣传出版机构。但是,由于生活书店本身发展的历史,以及所受的政治压迫,并且为了对革命事业更为有利,它接受和实行党的领导的方式,是靠书店负责人和党的南方局的领导同志进行个人联系,并通过在书店工作的地下党员在内部分挥作用来实现的。

一 接受南方局领导以前生活书店和党的关系

生活书店和党的关系由书店的创办人邹韬奋的政治态度起决定作用。

邹韬奋是个受资产阶级思想影响的知识分子,"九一八"以后,他在政治上猛烈省悟及基于强烈的爱国思想,认清了国民党的反动本质,急切地要为人民的解放寻求一条出路。红军长征北上抗日,党发表了"八一"宣言,使韬奋对中国共产党逐渐有了正确的认识。他由不完全自觉到完全自觉地接近进步人士,逐步向党靠拢,一直到真心诚意地接受党的领导。同时,他认真学习马列主义,积极争取成为中国共产党的一员。在这一过程中,他率领在党的教育下和他所影响下的书店同人共同努力,使得生活书店成为一个党领导下的革命文化出版事业。

首先,韬奋主动接近进步人士。一九三一年他看到胡愈之写的《莫斯科印象记》一书,于十月初,专程访问了胡愈之(胡当时已是中共地下党员),从此,两人结成知交,无论是政治问题,还是事业上的问题,韬奋都倾心地和胡交谈。他不仅请胡按期为《生活》周刊写国际问题的文章,还请胡参加周刊编辑工作,书店的图书编辑工作也借助于胡愈之。

三十年代初,正是经过极为严酷的白色恐怖,革命力量遭受惨重摧残,而又重行集聚起来的时候,许多共产党员和进步的文人学者、文学作家,看到韬奋办的刊物以大众的立场为立场,为群众服务,因而对生活书店很多人都采取信任和支持的态度。以《世界知识》和《义学》两个大型期刊为中心的一批编委和特约撰稿人中,中共党员和进步的文人学者成为生活书店在编辑出版方面的有力支柱。

一些党的领导骨干和进步文化人进入书店工作。钱亦石,张仲实、金仲华、钱俊瑞、柳湜、艾寒松等党与非党在文化工作方面的领导骨干力量,先后担任生活书店编辑部和期刊编辑的主要负责人。他们在工作中有意识地宣传马列主义,体现和贯彻党的方针政策,使生活书店成为三十年代国统区文化战线上反文化"围剿"的重要阵地。

一九三二年,为使生活书店能够担当起时代所赋予它的任务,韬奋接受胡愈之的建议,生活书店一面脱离中华职业教育社独立(生活书店的前身《生活》周刊原是由中华职业教育社的一个对青年进行职业教育的刊物脱离而来的);一面改组为生活出版合作社。七月,生活书店与中华职业教育社达成协议,正式签订脱离契约。从此,生活书店在革命道路上大步前进。

一九三三年七月十四日,韬奋因受国民党反动派的政治威胁流亡海外,一九三五年八月回国。他在国外看到苏联社会主义与西欧北美资本主义两种社会制度的迥然不同,特别是在美国南部目睹黑人的非人生活,感受很深,从中受到教育。他在国外还抓紧时间钻研马克思主义著作,在政治方面更加成熟,立志要做一个共产主义者。

他强烈地要求参加中国共产党这一心愿,从一九三五年起到他一九四四年逝世前,始终不渝。

一九三五年他从美国南部回到纽约,和徐永煐谈如何加入共产党的问题,后因《新生》事件匆促回国。

一九三八年在汉口向党的长江局负责人提出入党要求。一九三九年到了重庆以后,韬奋又面向周恩来,提出入党要求。恩来鼓励他还是以党外人士身份工作为好,亲切地对他说:"目前党还需要你这样做。"恩来在话语中表示,这是党给予他的任务,而且已经把他看作是党的人。韬奋入党的要求虽然未能如愿,但在精神上得到很大的鼓舞和安慰。

一九四二年,韬奋到了苏中抗日根据地,在即将转移苏北地区之前,他坦诚地对苏中区党委委员刘季平说:"国民党已经通缉当地将我'就地惩办',今后我不可能再在国统区公开露面,希望你向苏中党委反映,并转报华中局批准我入党。"

到他病危的时候,又在遗嘱中请求党中央审查他的历史,如果他不久于人世,希望这次吸收他入党。

九年半间邹韬奋再三要求入党,这是对党多么深厚的感情和坚韧不拔的意志。韬奋在他生前虽然没有取得共产党员的身份,但是他对民主革命做出的贡献,他对革命文化出版事业所进行的一些创造性的实践,是完全无愧于党外布尔塞维克的称号的。

二　生活书店接受党的南方局的领导的一些情况

在国民党反动统治下,韬奋以及书店的其他人,同南方局的负责同志接触和联系,是非常谨慎的。这里只是个人所了解到的一些情况,既不全面,也不够具体,有的情况是在解放以后才了解的,当时并不知道。

(1) 一九三八年秋冬,生活书店总店(后改称总管理处)迁至重庆,韬奋常去访看周恩来以及南方局的其他同志,面谈和请教书店工作以及他在政治活动中所遇到的问题,及时得到指点。恩来有时也找韬奋,通知或提醒一些事情。这是这个时期书店接受党的南方局领导的主要通道和方式。韬奋每次都带着钦敬欢快的心情去看望"周公",对"周公"的意见当作党的决定不折不扣地坚决执行。

(2) 书店常请中共办事处的一些负责同志来书店讲话做报告。这样的活动在汉口就已经开始。一九三八年二月,周恩来应邀来向汉口生活书店的同人做《关于当前抗战形势和青年的任务》的报告。这是党中央领导人首次对书店同人直接进行政治教育。一九三九年六月九日,恩来针对汉口、广州失陷后的形势,在重庆生活书店总管理处做《抗战第二期的文化工作》的报告。来生活书店做报告或者讲话的南方局领导同志还有董必武、叶剑英、博古、凯丰等。这些报告和讲话使书店同人及时地受到党的教育,听到党的声音,不断提高了自己的政治觉悟,增强了为革命做好本职工作的精神动力。

（3）一九三八年冬季，生活、读书、新知三个书店的总店都搬迁到重庆，三店负责人徐伯昕、黄洛峰、徐雪寒为交换业务上的情况，讨论同国民党斗争的策略，形成经常碰头制度。有重要的问题和意见请示南方局后共同执行，南方局指定徐冰为领导三书店工作的具体领导人。徐冰担任这一工作直到抗战胜利。

（4）编辑工作是书店工作的重要环节。生活书店先后共出版图书一千三百余种。例如抗战前夕在上海开始出版的《世界学术名著译丛》（马克思主义经典著作）、《青年自学丛书》（马列主义启蒙读物）、《时事问题丛刊》（国际问题分析）等书籍，在对读者进行思想政治教育，引导青年走革命道路方面有着积极的作用；抗战初期在汉口大量出版的《救亡文丛》《黑白丛书》等书籍，对抗战起了思想动员的作用，并对来自国民党内部的一股妥协投降的思想动向进行了针锋相对的抨击。一九三八年秋冬初到重庆，正逢大后方为反对蒋介石的独裁专制开展民主宪政运动，书店出了一批宪政论文集和参考资料，为宪政运动制造了舆论，并提供了研究材料。以上例子说明，生活书店的编辑工作，一向是基础理论和实际斗争两个方面并重的。

进入一九三九年，国民党反动派用图书杂志原稿审查以及派人到书店任意查抄等法西斯手法，对思想和言论加紧了钳制，一些进步或者针对现实的著作很难出版，即使能侥幸出版，也很快就会被列为禁书。这时书店实际主持编辑工作的是沈志远。他编辑《新中国大学丛书》是有成绩的，这是一批内容丰富深刻的理论书籍，但由于他是一位长期从事教学和译著的学者，他和中共办事处的关系也不很密切，这一时期生活书店出版对实际革命斗争有针对性战斗性读物很少。这固然有客观原因，但主观努力也很不足。

从汉口到重庆，中共办事处对书店的编辑出版工作是大力支持的。支持的办法:一是向书店提供延安出版的中国出版社和解放社的样书,由书店发往上海(已沦陷)重版,运到内地及香港、新加坡等地销售;二是向书店提供推荐稿件,提供推荐的稿件,由书店编辑工作的主持人秘密经手,难有一个确切的统计或书目。这里举一件事,就可以了解到办事处支持书店编辑工作的不寻常的情况。

书店出版的《救亡文丛》中有一本《蒋委员长言论集》,汉口时期出版。十年动乱中这本书被指责为生活书店是"三十年代黑店"的凭证。其实指责的人并未见过这本书,只是从书名上推断。后来,冯雪峰在文化部干校对许觉民谈起有关这本书的故事。他说这本书的目的在于"压蒋坑日",是用抗战刚爆发时蒋介石假装坚决抗日所发表的一些欺骗人民的言论,集中起来,迫使他把抗日战争坚持下去,书后还附载党的《八一宣言》。冯说这部稿子是经办事处审定后交生活书店出版的。

到了抗战中后期,毛主席的《论持久战》《新民主主义论》《论联合政府》和朱德的《论解放区战场》等书陆续出版,书店得到样书后在上海、重庆曾秘密重印,有的是照延安的版式装帧重印,秘密发行。

(5)一九四〇年夏秋,接替沈志远任书店图书编审工作的是胡绳,太平洋战争之后是张友渔,抗战胜利以后又是胡绳。胡绳、张友渔与党的领导机构关系密切,他们无异于党派在书店的代表,除了编审工作,还过问书店的人事以及干部教育等方面的问题,这就使得党对书店的领导加强了。特别是韬奋出走以后及逝世,失去了书店接受党的领导的主要通道。有一位相当于党代表常驻书店,对书店工作有很大的好处。

(6)抗日战争初期和中期,书店继续出版《抗战》三日刊、《全民周刊》以及二者合并后的《全民抗战》。还有《文艺阵地》《世界知识》《读书月报》《妇女生活》等杂志。这些杂志的主编人：韬奋、柳湜、茅盾、金仲华、胡绳、沈兹九，除金仲华远在香港外，都和南方局领导同志或有关同志有直接的联系。

（7）一九三八年十二月底，胡愈之同志从桂林来到重庆，与书店部分的领导骨干一起总结书店几年来的工作，修订《生活出版合作社章程》。一九三九年二月在渝社员大会通过新章程，选举出第五届理事会等领导机构的成员。新章程在书店的经营管理方面更加充分体现了为人民服务和民主集中制的精神。

（8）一九四〇年韬奋从中共办事处拿到毛主席的著作《新民主主义论》后，高兴地对人讲述毛主席著作的内容，表示对毛主席非常钦敬。他把《新民主主义论》中的一些论点，立即在他所写的文章中和对同人进行教育的《事业管理与职业修养》一书中引用和阐述。

（9）一九三八年李公朴去延安，毛主席在会见李时提出：今后文化教育出版事业要考虑广大沦陷区的工作，应该在华北、华中、华南分别设立据点，以适应敌后各个抗日根据地的需要。一九三九年初夏，当时生活书店西安分店已被查抄封闭，周恩来约了韬奋和我一起去曾家岩五十号谈了和毛主席对李公朴谈的同一个问题。随后又约集三家书店的负责人徐伯昕、黄洛峰、徐雪寒去红岩嘴中共办事处，对书店工作向敌后发展研究了具体部署。指示三店合力派人去敌后以民间形式开办书店。很快的一批人先赴太行，冬季又一批人去了延安，后设华北书店，在党的华中局领导下，三店也派干部去苏北、苏中设立了大众书店，增添了部队战士、党政干部和根据地群众的文化生活内容。

（10）一九四〇年，书店为实行全体同人的选举，改选了第六届理事会等领导机构，由于有些青年同事有左倾关门思想，有少数非党的担任负责工作的同事未能当选。这时还有一些青年同志不安心在大后方工作,想要去延安。韬奋对这样的一些事感到为难,在会见周恩来时曾向他诉说,恩来约了书店党支部的负责人谈话,勉励支部同志要耐心在同人中间做思想工作,要全力支持韬奋办好生活书店,在同事中间要讲团结。此后,并把书店党支部从地方党领导改由南方局直接领导。恩来就是这样亲自关心书店的干部和有些同事的思想教育工作。

(11) 一九四一年春,国民党反动派阴谋策划了"皖南事变",掀起了反共高潮,对进步的文化出版事业也进行残酷的摧残。生活书店仅留下重庆一个分店,其他地方的分店全都被封闭或限期停业。周恩来在这一紧急情况下,会见韬奋时,指示为维护进步出版事业,继续与国民党在文化战线上进行斗争,并在斗争中求发展,要求采取化整为零、多种形式,分一、二、三条战线的原则和办法分别部署。并指示书店总的领导机构迁往香港,对干部要隐蔽精干,保存力量。恩来并和韬奋商量了韬奋的行踪以及今后如何继续斗争的问题。根据恩来的指示,书店采取了紧急行动。工作人员有的转移,有的疏散。书店同人几年来深受党的教育,对国民党的反动行为内心十分气愤,但为顾全大局,态度都很沉着,坚决执行党的指示,接受服从书店的具体安排。

(12) 书店总的领导机构迁往香港不满一年,太平洋战争爆发,香港沦陷,韬奋因被国民党秘密通令各地如发现"就地惩办",不能再回到内地大城市。他在东江游击区和我分手之前,商定由我把一年来书店在大后方的新部署去重庆向恩来汇报请示。我于一九四二年八月去重庆看到恩来,他再次嘱咐照一年多以前考虑的原则,继续努力,巩固已建机构,并在可能情况下增设更多的新据点,准备同国民党长期较量。

一九八四年一月

(选自1990年6月重庆出版社《南方局党史资料·文化工作》)

徐伯昕记《遗言记要》是
韬奋遗嘱的原始版

邹嘉骊

今年七月二十四日,是父亲邹韬奋离开我们六十周年。

正在想,编了多年的《韬奋年谱》应该在六十周年纪念时反馈给社会写点什么。巧的是,我有幸得到了一份与公开发表过的《邹韬奋先生遗嘱》不同的"遗嘱"。很值得书写报告大家。

三月三十日上午,徐伯昕叔叔的次子徐敏代表徐家,来我办公的地方,送来一本泛黄的簿子。据称是在徐叔叔的遗物中清理出来的。我仔细阅读后,不禁兴奋起来。

簿子薄薄的,小十六开本稿纸大小,共三十三页,薄牛皮纸做的封面、封底,簿内有五篇文稿,全是直行书写。第一篇是无格白色纸,占一页,正反面直行书写,题为《遗言记要》,下注"卅三年六月二日口述";第二篇是红格稿纸,占小半张纸,题为《家属近况》,一百多字,记有祖父邹庸倩、大姑母邹恩敏等八位家属的年龄、住址,按内容推测,近似简介,文后有简单记事:一、遗像,二、遗嘱,三、讣告,四、事略,五、新闻电稿,文首写有"钱处"二字;第三篇是第一篇《遗言记要》的整理稿,占一页,下注"六月二日口述",未注年份;第四篇是一张白色无格片艳纸,占一页,末尾书"民国卅二年十月廿三日写于病榻",是韬奋《对国事的呼吁》一文的遗墨手迹;第五篇也是用的红格稿纸,占二十九页,是徐伯昕写的《韬奋先生的一生》,文尾缺页,全文未完。

其中最弥足珍贵的是第一篇:《遗言记要》。我把《遗言记要》一文的字迹和《韬奋先生的一生》的字迹作对照,可以确认字迹出自一人之手。《韬奋先生的一生》末尾有这样几句话:"六月一日深夜三时左右,(韬奋)突然晕厥数分钟。二日即召来最接近的朋(友)";又读了徐伯昕一九七九年七月在《人民日报》上发表的纪念韬奋的回忆文章《战斗到最后一息》,其中即引用了《遗言记要》中的一段文字,并说"这种豪迈的雄心壮志,深深地感动了当时陪着他的同志和家人"。再读了陈其襄、张锡荣、张又新等写的有关文章,说到"口述"中的有些内容,同他们都分别谈过。由此可以推定,《遗言记要》是由父亲口述、徐伯昕手书。它记录了一九四四年六月二日的情景:父亲向身边的战友们口述他最后的嘱咐,一件件,一句句,一点、两点、三点,口语化、生活化,充满着对人间、对世界的爱恋深情。整篇文稿,今日读来,仍如亲历其境,深切地感受到当时凄凉悲壮的气氛。他忍受着"恶病"带来的巨大折磨和痛苦,那么虚弱,而对所嘱咐的事情却思虑得那么周到,那么详尽。他既交代善后,又期盼着生的希望。那时,我们的祖国正蒙受着战争的苦难和屈辱,他无限深情地依恋战斗着生活着的这个不平的世界。他还很想"再与诸同志继续奋斗二三十年"!

未发表的《遗言记要》全文如下:

我患此恶疾已达年余,医药渐告失效。头部疼痛,日夜不止,右颊与腿臀等处,神经压迫难受;剧痛时太阳穴如刀割,脑壳似爆裂,体力日益瘦弱,恐难长久支持。万一突变,不但有累友好,且可能被人利用,不若预作临危准备,妥为布置一切,使本人可泰然安眠。倘能重获健康,决先完成《患难余生记》,再写《苏北观感录》《各国民主政治史》,并去陕甘宁边区及冀察晋边区等抗日民主根据地,视察民主政治情况,从事著述,决不做官。如时局好转,首先恢复书店,继办图书馆与日报,愿始终为进步文化事业努力,再与诸同志继续奋斗二三十年!

一、关于临终处理:

1. 万一突变时,即送医院,转交殡仪馆殡殓,勿累住处友人。

2. 消息勿外泄,以免被敌造谣中伤,或肆意利用。

3. 遗体先为名医解剖检验,制作报告,或可对医药界有所贡献,而减少后人重犯此恶疾之痛苦。继即举行火葬。

4. 即派人通知雪(注:徐雪寒)、汉(注:潘汉年),转告周公(注:周恩来),如须对外发表遗言,可由周、汉全权决定内容,电告各地。

5. 火葬骨灰,尽可能设法带往延安,请组织审查追认,以示我坚决奋斗之决心。

二、关于著作整理:

1.《患难余生记》第一部分与恶势力斗争,已在病中写完,第二部分为《对反民主的抗争》,可用香港华商报发表之专论辑成,第三部分与疾病斗争,可由沪地及苏北友人分写完成。

2. 过去著作,《萍踪寄语》《萍踪忆语》及《抗战以来》等书尚可印行,但最好能将全部著作重加整理。如能请愈之审查,可由其全权决定取舍或增删。

三、关于家属布置:

1. 家中尚有老父在平,以后可由二弟、大妹及二妹照料,不需我全部负担。

2. 与妻共同生活二十年,不能谓短,今后希望参加社会工作,贡献其专长。

3. 大宝、二宝,从小专心机件构造,有志于电机工程,可予深造。我此次患病,感于医生亦甚重要,如二宝愿习医学,在高中毕业后,即入医科攻读。小妹爱好文学,尤喜戏剧,曾屡劝勿再走此清苦文字生涯之路,勿听,只得注意教育培养,倘有成就,聊为后继有人以自慰耳。

4. 我二十余年努力救国工作,深信革命事业之伟大,今后妻子儿女,亦应受此洗炼,贡献于进步事业,或受政治训练,或指派革命工作,可送延安决定。

四、关于政治及事业意见:

1. 对政治主张,始终不变,完全以一纯粹爱国者之立场,拥护政府,坚持团结,抗战到底,能真正实行民主政治。

2. 对事业希望能脚踏实地从小做起,一本以往服务社会与艰苦奋斗之精神,首先恢复书店,继则图书馆与日报。

3. 至于事业领导人,愈之思虑周密,长于计划,尽可能邀其坐镇书店,主持领导。仲实做事切实,亦应邀其协同努力。办报时仲华与仲持,亦可罗致。

五、关于其他方面:

1. 如能查得愈之安全消息,速设法汇款前去,以资补助。

2. 伦敦购回之英文本《古典政治经济史》与《马恩全集》，盼能保存于将来创立之图书馆中，以留纪念。

一九四四年十月七日，延安《解放日报》首次发表的《邹韬奋先生遗嘱》全文如下：

我自己(愧)能力薄弱，贡献微少，二十余年来追随诸先进，努力于民族解放、民主政治和进步文化事业，竭尽愚钝，全力以赴，虽颠沛流离，艰苦危难，甘之如饴。此次在敌后根据地视察研究，目击(睹)人民的伟大斗争，使我更看到新中国光明的未来。我正增加百倍的勇气和信心，奋勉自励，为我伟大祖国与伟大人民继续奋斗。但四五年来，由于环境的压迫，我的行动不能自由，最近更不幸卧病经年，呻吟床褥，竟至不起。但我心怀祖国，惓念同胞，愿以最沉痛迫切的心情，最后一次呼吁全国坚持团结抗战，早日实行真正的民主政治，建设独立自由幸福的新中国。我死后，希望能将遗体先行解剖，或可对医学上有所贡献，然后举行火葬，骨灰尽可能带往延安。请中国共产党中央严格审查我一生奋斗历史，如其合格，请追认入党，遗嘱亦望能妥送延安。我妻沈粹缜女士可参加社会工作，大儿嘉骅专攻机械工程，次子嘉騮研习医学，幼女嘉骊爱好文学，均望予以深造机会，俾可贡献于伟大的革命事业。

韬奋
一九四四年六月二日口述签字

那个年代，祖国的大好河山支离破碎。在中国的版图上，有共产党领导的解放区，以延安为中心；有国民党统治的国统区，陪都在重庆；有日本侵略者占领的沦陷区，东北在日本军国主义操纵下,成立以傀儡皇帝溥仪为代表的伪满洲国。民族矛盾与阶级矛盾交错,民主与独裁交错,光明与黑暗交错;战乱纷飞,人民生活在水深火热之中。中国共产党领导的中国人民,与日本侵略者、与国民党反动派进行着不懈斗争。这种斗争有公开的,也有秘密的。《遗言记要》中提到的生前好友:周恩来、潘汉年、徐雪寒、胡愈之、张仲实、金仲华、胡仲持,还有韬奋自己和记录者徐伯昕,他们或是优秀的中国共产党党员,或是非党布尔什维克,在各自不同的战斗岗位上,为民族的解放,为共同的目标理想艰苦地奋斗着。

一九四四年六月,记录《遗言记要》前后,上海还处在敌伪统治下,外面风声很紧,街上经常发生进步人士被捕或遭暗杀的事,极端恐怖。我们得到情报,文化汉奸陈彬和向日本人透露韬奋可能在上海;不久,又有情报,传闻韬奋在上海治病,敌人正在千方百计追寻韬奋的下落。陈与父亲早年共过事,认识父亲,为了防止意外,商量对策,几次改名换姓,先后调换医院,还曾住到可靠群众的家里,从而避开了敌人的耳目。徐伯昕与少数中共地下党员陈其襄、张锡荣、张又新、母亲沈粹缜、姑母邹恩俊等,在极端秘密状况下,随时提高警惕,共同肩负着掩护父亲在上海治病的重任。可以想象,《遗言记要》在这样的情况下产生,口述者和记录者,还有见证者,都承担着这么大的风险。残酷的"恶病"缠绕着父亲,使他将不能再为这不平的世界呐喊了。

这份临终前的遗言是怎样处理的?

对这份《遗言记要》,也许父亲原本就没有打算公开发表,所以那样真挚直白地提到他结交的许多革命者和共产党人,并把遗愿托付给共产党。可以想见,在那样险恶的环境下,不可能公开发表这份《遗言记要》。发表了,就是自我暴露,就是给敌人提供明靶。父亲很清楚,所以明确嘱咐"消息勿外泄,以免被敌人造谣中伤,或肆意利用"。又嘱咐死后"即派人通知雪、汉,转告周公",更重要的是"如须对外发表遗言,可由周、汉全权决定内容,电告各地"。

一九四四年七月二十四日清晨,父亲与世长辞。由掩护的同志们决定:请徐伯昕和张锡荣分赴淮南和重庆向党报告。徐伯昕带着"韬奋遗嘱",于八月中旬到达苏中根据地华中局。

八月十八日,在苏北新四军军部所在地隆重举行了邹韬奋追悼大会,党政军民各界人士数千人参加。当时,陈毅去了延安。代军长张云逸,代政委饶漱石,生前好友范长江、钱俊瑞、徐雪寒等在会上致辞发言。

九月二日,周恩来获悉父亲在沪病逝,向中共中央提议:(一)在延安开追悼会,先组筹备会;(二)《解放日报》发表追悼文章;(三)中央致挽电。毛泽东同意照周恩来意见办。噩耗传到重庆,激起大后方人民的极大悲愤,悼念父亲的活动变成对国民党迫害进步民主人士的控诉。九月二十五日至二十七日,连续三天在报上发表由宋庆龄、林祖涵、董必武、于右任、邵力子、孙科、冯玉祥、沈钧儒、张澜、陶行知、郭沫若、沈雁冰、夏衍、徐伯昕、徐雪寒等七十二人联名发起的讣告,公布于十月一日举行追悼大会。九月二十八日,中共中央向家属发出唁电,其中称:"惊闻韬奋病逝,使我们十分悲悼;接读先生遗嘱,更增加我们的感奋……先生遗嘱,要求追认入党,骨灰移葬延安,我们谨以严肃而沉痛的心情,接受先生临终的请求,并引此为吾党的光荣。"十月一日,在陪都重庆,召开了盛大的追悼会,郭沫若、沈钧儒、莫德惠等发言者热泪横流,台下群众泣不成声。十月七日,延安党中央机关报《解放日报》报道父亲逝世的消息,公布中共中央向家属发出的唁电,并发表社论《悼邹韬奋先生》,表示沉痛哀悼,同时发表了《邹韬奋先生遗嘱》。遗嘱前述:[本报苏北通讯]"七月二十四日邹韬奋先生弥留时,嘱其夫人拿出遗嘱,要人读给他听,他嘱改正几个字后,即亲笔签了自己的名字,字迹挺秀如恒。"十月十一日,延安召开"纪念和追悼韬奋先生办法"发起人第一次会议,周恩来召集,参加会议的有吴玉章、秦博古、邓颖超、周扬、艾思奇、柳湜、张宗麟、姜君辰、林默涵、李文、程今吾(宁越)、张仲实等十三人。张仲实记录。十月十二日,周恩来致电林伯渠、董必武等,告知延安将于"十一月一日举行盛大追悼会和著作展览并出特刊"。同日,周恩来在记录稿纪念办法第三条后加上"提议以韬奋为出版事业模范";在末尾加上"我们在昨天集会上,到了十多个人,定出如上的办法。全国性的,已电林(注:林伯渠)、董(注:董必武)转商沈老(注:沈钧儒),关于在延安要做的,正在筹备中"。十月十六日,毛泽东在记录稿左上首批示"照此办理"。十月十五日毛泽东为韬奋题词:"热爱人民,真诚地为人民服务,鞠躬尽瘁,死而后已,这就是邹韬奋先生的精神,这就是他之所以感动人的地方。"十一月二十二日延安在边区大礼堂隆重举行追悼会,朱德、吴玉章、陈毅等在会上发言,《解放日报》出版长篇纪念特刊。边区不少地方先后开追悼会,发悼念文章和韬奋的《遗嘱》。

发表的《遗嘱》,简化了原始版中很多具体条款,隐去了人事上的设想和安排,变口语化为文字化,有精神,有原则,又讲究策略,文字简练,有条理。很多老同志回忆当年读《遗嘱》时的情景,犹激动不已,深切怀念,有的说是读了韬奋的遗嘱,坚定了自己的革命信心;有的说是读了韬奋的遗嘱,激励自己,申请加入了共产党。

现对两个版本的异同作如下比较:

对遗体的安排。

原始版:"遗体先为名医解剖检验,制作报告,或可对医药界有所贡献,而减少后人重犯此恶疾之痛苦。继即举行火葬。""火葬骨灰,尽可能设法带往延安。"发表版:"我死后,希望能将遗体先行解剖,或可对医学上有所贡献,然后举行火葬,骨灰尽可能带往延安。"

对入党申请。

原始版:"请组织审查追认,以示我坚决奋斗之决心。"发表版:"请中国共产党中央严格审查我一生奋斗历史,如其合格,请追认入党,遗嘱亦望能妥送延安。"

对家人的安排。

对妻子。

原始版:"与妻共同生活二十年,不能谓短,今后希望参加社会工作,贡献其专长。"发表版:"我妻沈粹缜女士可参加社会工作。"

对长子、次子、幼女。

原始版:"大宝、二宝,从小专心机件构造,有志于电机工程,可予深造。我此次患病,感于医生亦甚重要,如二宝愿习医学,在高中毕业后,即入医科攻读。小妹爱好文学,尤喜戏剧,曾屡劝勿再走此清苦文字生涯之路,勿听,只得注意教育培养,倘有成就,聊为后继人以自慰耳。"发表版:"大儿嘉骅专攻机械工程,次子嘉骝研习医学,幼女嘉骊爱好文学,均望予以深造机会,俾可贡献于伟大的革命事业。"

关于隐去的人名。

原始版中提到好几位好友:"周公"(周恩来)、"汉"(潘汉年)、"雪"(徐雪寒)、"愈之"(胡愈之)、"仲实"(张仲实)、"仲华"(金仲华)、"仲持"(胡仲持),"我妻"(沈粹缜)、"大宝"(长子邹嘉骅,又名邹家华)、"二宝"(次子邹嘉骝,又名邹竞蒙)、"小妹(幼女邹嘉骊,又名邹加力),加上韬奋本人,和记录者徐伯昕,共十三位。而当年的发表版,所提到的人名仅四位家庭成员:妻、长子、次子和幼女。除韬奋,还有八位好友,姓名都隐去了。我的理解,那是国共第二次合作时期,共产党处在半公开半秘密状态,为工作需要,必须严格服从和遵守秘密工作原则,隐去人名,正是为了保护他们的安全。

关于"再奋斗二三十年"。

原始版:"如时局好转,首先恢复书店,继办图书馆与日报,愿始终为进步文化事业努力,再与诸同志继续奋斗二三十年!"发表版没有这段话,但是在十月七日刊登的遗嘱"口述签字"后有几句报道:"先生临终前听到国际形势急剧变化,法西斯匪徒垮台在望,他还沉痛地说:'我过去的二十年是锻炼自己、充实自己,刚到成年,如果病好了,还可为未来的光明的新中国再奋斗二三十年。'"其中采用了原始版中"再奋斗二三十年"。一九七九年七月徐伯昕在《人民日报》上发表的纪念韬奋文章《战斗到最后一息》,更是首次摘引发表了原始版中的一段话:"倘能重获健康,决先完成《患难余生记》,再写《苏北观感录》《各国民主政治史》,并去陕甘宁边区及晋察冀边区等抗日民主根据地,视察民主政治情况,从事著述,决不做官。如时局好转,首先恢复书店,继办图书馆与日报,愿始终为进步文化事业努力,再与诸同志继续奋斗二三十年!"

从比较中可以肯定,当时读到的遗嘱,是在原始版的基础上精炼而成的。它严谨、机巧、高昂,促人奋进。

那么最后定稿的《遗嘱》是由谁精炼而成的呢?《遗言记要》中说到"如须对外发表遗言,可由周、汉全权决定内容,电告各地",到底是"周公"还是"汉"? 可惜能够回答这个问题的先辈都已作古,这个疑案只好留给后人去解答了。

新中国成立后,《遗言记要》中提到的"友好"们,都已走上国家领导岗位,工作范围、工作责任,大大超过韬奋当年的设想和安排。而发表版的《遗嘱》当年已深入人心(解放后,曾经编入过教科书,"文革"时期抽掉了,很多同志一再呼吁重新编入教科书),激励过多少青年走上革命道路。它已经在最佳时期发挥了最大化的作用,作为经典,载入韬奋的著作。

六十年后的今天,徐敏提供的这份珍贵的《遗言记要》,生动记述、真实再现了这一鲜为人知的历史片断。它是发表版"韬奋遗嘱"的有力注释,可以让我们重温韬奋对革命事业的追求,对中国共产党的热情向往,直至生命的最后孜孜不倦的伟大精神。

至于从《遗言记要》到《邹韬奋先生遗嘱》是怎么精炼的?因手头没有资料,不敢妄加猜测。六十年过去了,当年必须保密的事,现今是否可以解密?我向珍藏档案的同志们求助,也许会有新的发现。

(原载《出版史料》2004年9月第三期,收录《韬奋年谱》)

不屈不挠、尽善尽美的作风

张仲实

韬奋先生被国民党残暴压迫,颠沛流离致死,已经一周年了!在中国人民需要民主团结像需要空气一样的现在,这位为民族解放、为民主政治、为进步的文化事业而奋斗二十余年的战士,是怎样地引起人的怀念啊!

从韬奋先生的生平中,我们首先看到,他的作风中的最大的一个特点,就是他在工作中不屈不挠的精神。常人做事,一碰钉子或一遇到困难,就心灰意冷,把头缩回来。韬奋先生不然,他做事有毅力、有恒心,不怕任何困难、阻碍,总能坚持到底,把它完成。这种优良作风,他在青年时代就有了。比如在求学时代,他常受经济压迫,生活困苦,但他毫不气馁,用投稿、做家庭教师、半工半读等办法,终于读到大学毕业。又如在香港办"生活日报"时,条件那么困难——经济困难、房子困难、登记困难、检查困难、印刷困难……但他不为这些困难所屈服,两个月的光景,竟然办成华南第一流报纸。其次,常人做事,总是站在这边山上看到那边高,而韬奋先生做一件事,总是专心致志,集中全部精神去做,因而对工作有着浓厚的兴趣。例如他在办"生活周刊"时期,因为"对于搜集材料、选择文稿、撰取评论、解答问题,都感到有深刻的兴趣",常常兴会淋漓,不知疲乏地干,做到深夜还舍不得走。韬奋先生不仅能与外部困难作坚决斗争,战胜它们,而且能与自身的缺点,能与个人主义作斗争。以自己事业作为升官发财途径或为了个人利益而中途变节的，实在不乏其人，但韬奋先生始终站在为人民服务的立场上，反对个人主义，不作升官发财之念。在接创"生活周刊"时，他就认为"和整个社会的改造脱离关系而斤斤较量个人的问题，这条路是走不通的"，便渐渐由个人出发点而转到集体的出发点。后来在办"大众生活"时，他对于反对个人主义之必要，更有透彻的发挥。在该刊创刊之中他以克服个人主义作为三大目标之一。他说道："民族未解放，个人何获得自由？个人不是做集团的斗士的一员，何从争自由？个人离开了集团的斗争，何从有力量争自由？以个人的利害做中心，以个人的利润做背景，又怎样能团结大众，共同奋斗来争自由？所以，我们要应现代中国的大众需要，就必须克服个人主义，服从集团主义。"正因为他立场这样坚定，所以，国民党方面虽一再威胁利诱，而韬奋先生都坚决拒绝，不为所动。至于韬奋先生与反动势力不屈不挠的斗争，更为众所周知。"生活周刊"被封了，来了一个"新生"；"新生"被封了，来了"大众生活"；"大众生活"被封了，又到香港办了"生活日报"；"生活日报"移至上海不许出版，又办了"生活星期刊"……他总是这样再接再厉地与国民党反动派作斗争。

韬奋先生在工作中不屈不挠的精神，就是这样。韬奋先生作风中的第二个特点，就是他对工作尽善尽美的精神。他平日做一件事，总是认真负责，谦逊虚心，兢兢业业，竭尽自己的心力，做得十分圆满，从不苟且，从不拆烂污，从不敷衍了事，从不取官僚主义态度，他自己说，"我自己做事，没有别的什么特长，凡是担任了一件事，我总是要认真，要负责，否则，宁愿不干"。这是一个最宝贵、最值得学习的作风。关于这一点，我们可以举出许多动人的例子来。比如他在求学时期，因家中无力接济，常做家庭教师，以解决经济问题。在常人，这本是救穷，尽可敷衍塞责，弄几个钱就是了。

但是韬奋先生不然,他"在执行家庭教师职务的时候,一点不愿存着'患得患失'的念头,对于学生的功课异常严格,所毅然保持的态度是:'你要我教,我就是这样;你不愿意我这样,尽管另请高明。'"在创办"生活周刊"时期,他更是聚精会神地干,力求把刊物搞好。他接办之后,首先改变该刊内容,"注意短小精悍的评论和'有趣味有价值'的材料",并增设信箱一栏,讨论读者所提出的种种问题。每期"小言论",虽仅仅数百字,但却是他每期最费心血的一篇。在文字方面,他自己说道:"我不愿有一字或一句为我所不懂,或为我觉得不放心的,就随便付排。校样也由我一人看,看校样时的聚精会神,就和在写作的时候一样,因为我的目的要使它没有一个错字。"每期校样要看三次。有的时候,简直不是校,竟是重新修正。

原载1945年7月24日延安《解放日报》(略有删节)

韬奋的精神

张仲实

韬奋逝世二十周年了,他一生的战斗是值得中国人民纪念的,他的精神是值得我们学习的。

韬奋的精神是什么?

毛主席在追悼韬奋的题词中写道:"热爱人民,真诚地为人民服务,鞠躬尽瘁,死而后已,这就是邹韬奋先生的精神,这就是他之所以感动人的地方。"毛主席的这几句题词,对韬奋一生的工作和斗争作了高度的评价,也给我国知识分子指出了一条应该走的道路。

韬奋是我国近代最优秀的知识分子之一。他热爱祖国,热爱人民,渴望祖国独立自由和繁荣富强。这种渴望使他不断地追求真理,追求救国的道路。毛主席说:"知识分子如果不和工农民众相结合,则将一事无成。革命的或不革命的或反革命的知识分子的最后的分界,看其是否愿意并且实行和工农民众相结合。"韬奋正是从自己的斗争中摸索出了必须与广大的工农民众站在一起的道理,从而揭露和反对一切黑暗势力,最终走上了共产主义的道路。

韬奋做到这一点,首先是由于他在实际斗争中受到锻炼,逐渐改变了自己的世界观。他摸索出,必须站在"中国大众的立场",克服个人主义。他所说的"中国大众",指的就是中国广大的工人农民群众。他自己在自传《经历》第二十九章中就叙述了他的这种转变,他说:"《生活周刊》(一九二六年)既一天天和社会的现实发生着密切的联系,社会的改造到了现阶段又决不能从个人主义做出发点;如和整个社会的改造脱离关系而斤斤较量个人的问题,这条路是走不通的。于是《生活周刊》应着时代的要求,渐渐注意于社会的问题和政治的问题,渐渐由个人出发点而转到集体的出发点了。"一九三五年八月,他从国外回来创办《大众生活》周刊时,更公开提出以克服个人主义为三大目标之一(其它两大目标是实现民族解放和铲除封建残余)。现实的斗争更使他进一步认识到,要使祖国获得解放,还必须信赖共产党。此后直到他逝世的十余年间,他热情地拥护和宣传中国共产党的政治路线,全心全意地按照祖国争取解放的利益,按照广大的劳动人民的利益而努力工作。他在刊物上反映人民群众的意志和要求,替人民群众说话,替人民群众诉苦,以人民群众的嬉笑为嬉笑,以人民群众的怒骂为怒骂。他不被富贵所诱惑,不被强暴所屈服。党中央在哀悼韬奋逝世的唁电中,对于他的这种战斗精神曾说,"韬奋先生二十余年为救国运动,为民主政治,为文化事业,奋斗不息,虽坐监流亡,决不屈于强暴,决不改变主张,直至最后一息,犹殷殷以祖国人民为念,其精神将长在人间,其著作将永垂不朽"。

  韬奋对我国人民民主革命事业是有巨大贡献的。在宣传抗日救亡、宣传抗日民族统一战线、宣传民主思想和进步思想、揭露国民党反动派黑暗统治等方面,他都起过很大的作用。在一九三一年"九一八"后,他积极宣传抗日救亡,抨击国民党反动派的不抵抗主义的亡国政策。一九三五年八月他从国外回来,创办《大众生活》周刊,响应党的"八一"宣言,大力宣传停止内战、一致抗日;并对党所领导的"一二·九"学生运动作了极其热烈的支持。一九三七年抗日战争展开后,他先后创办《抗战》《全民抗战》等刊物,又响应党的号召,大力宣传坚持抗战、坚持团结、坚持进步;坚决地揭露国民党反动派的妥协投降阴谋和反民主措施。他的文字热情,有很大感染力;许多青年因受他的刊物和著作的影响,走上了革命的道路。同时,韬奋还积极参加实际的政治斗争。他参加过宋庆龄、鲁迅、蔡元培等所发起的"中国民权保障同盟"(一九三三年),参加过上海各界救国会(一九三五年十二月),参加过全国各界救国会联合会(一九三六年五月),并且被选为这些团体的领导人之一。他同沈钧儒等四人联名发表过有名的文件"团结御侮的几个基本条件与最低要求"(一九三六年七月),主张停止内战,一致抗日。一九三八年六月,他以救国会的主要领导人之一的资格,被聘为"国民参政员",到一九四一年二月辞去这一职务止,在这两年半时间内,他在"国民参政会"先后提出过许多议案,一再主张全国团结,实行民主,抗日到底。一九四一年二月底,他流亡香港,于这一年五月,同救国会留港代表九人联名发表《我们对于国事的态度和主张》,并协助成立了中国民主政团同盟。一九四一年年底,香港被日军占领后,韬奋先后到东江和苏北抗日民主根据地,他看到这些敌后地区人民的斗争和各项政治措施,十分高兴,到处作报告,写文章。他在遗嘱中说,他在这些地区"目击人民的伟大斗争","更看到新中国光明的未来",他的勇气和信心"增加百倍"。总之,韬奋一生为祖国、为人民的利益而奋斗的战斗精神是会永远活在我国人民的心里的。

众所公认,韬奋在品德和作风方面有许多突出的优点。在这里仅就其中最突出的几点讲讲。

首先,从一九三二年到逝世止十多年间,他在政治上始终听党的话,跟着党走,从没有任何动摇。对于一个非党员来说,这是非常可贵的。他生前不是党员,但是他不仅坚决地拥护和宣传党的政治路线,而且和党的组织一直保持着联系。他在工作中遇到什么问题或困难,总是找地下党组织商量。抗日战争开始后,他在上海、武汉和重庆等地,同党组织的接触更为频繁。他还常请党驻这些地方的负责同志例如周恩来同志,向生活书店总店全体工作人员作时事报告。那时书店总店或全国各分支店工作人员中许多人是地下党员,韬奋对这些人员特别关怀、爱护。他们之中患病的,他亲自到医院探视;被捕时,他大力设法营救;牺牲了的,他伤心流泪,写出热情的追悼文字。这表现了他对党的深厚感情。一九三六年夏季,韬奋费九牛二虎之力、克服重重困难,实现了他多年所抱的愿望——创办了《生活日报》。为什么出了仅仅五十五天又宣布停刊,要回到上海去办周刊——《生活星期刊》呢?原来党的南方组织从全国救亡运动的形势出发,向他提出了一个建议,认为在香港即使把《生活日报》办得再好,其影响总是偏于全国东南一隅,不如迁到上海,在上海即使出不成,而只出一个周刊,但影响却是全国的。韬奋便马上接受了这个建议。他最后一息在遗嘱中还说,在他死后要把他的"骨灰尽可能带往延安",并请党中央"严格审查"他的"一生奋斗历史,如其合格,请追认入党"。韬奋选择中国人民革命的圣地,作为他死后永远的安息的地方,这表现了韬奋对国民党反动派是如何的恨,而对共产党是如何的爱!

韬奋还有一副硬骨头。毛主席在《新民主主义论》中讲到鲁迅在我国"五四"运动后新文化发展中的伟大作用时曾说:"鲁迅的骨头是最硬的,他没有丝毫的奴颜和媚骨,这是殖民地半殖民地人民最可宝贵的性格。"我看,毛主席的这几句话也可以适用于韬奋。韬奋立身处世,也都很有原则,从不马虎苟且。他在国民党反动派的百般利诱和威吓面前从没有低过头。刊物被禁止一个,又另出一个:《生活》《新生》《大众生活》《永生》《生活日报》《生活星期刊》这些刊物,就是这样一个接着一个出世的。他总是和反动势力再接再厉地作斗争,从不稍息、灰心。国民党反动派对他进行过三次严重的迫害(一九三三年、一九三六年、一九四一年),他的回答都是出走流亡。他在法庭上也是不顾一切,不畏强暴,激昂慷慨地陈述救国会的主张和答复检察官的起诉意见,并且声色俱厉地斥责黑暗势力对于纯洁的爱国行为的污蔑。他的骨头的硬,他不畏强暴的英雄气概,使全法庭的法官、律师以及旁听者都为之震动。

韬奋还有高度的群众观点。他所办的刊物,在内容方面总是力求适合广大读者的需要。他常以"敏锐的眼光,深切的注意和诚挚的同情"来研究广大读者当前的需要。在文风方面,他也力求通俗明白,"力避'佶屈聱牙'的贵族式的文字,采用'明显畅快'的平民式文字"。他所办的刊物,不论哪一种,都设有"信箱",对于读者提出的各种疑难问题,满腔热情地给以答复;有时读者托买什么东西,他都不怕麻烦,力求办到。他在《患难余生记》中关于这一点有过详细的叙述,这一段话很长,但写得很生动,值得我们读一读和想一想,因此把全文引在下面:"我们在规模还很小的时候,和海内外的读者信札往返就很繁多。我每天必须抽出一部分时间来阅看各处读者数百封的来信,有的提出这个问题来商量,有的提出那个问题要调查;有的托买这件东西,有的托买那件东西;形形色色,极五花八门之观。我们对每一封信都用赤诚来处理,只须在力量上能做得更周到更满意一点,必要做到那样的地步而后肯休,而后肯甘心。这种'服务精神'成为集体的产物或遗产,而身体力行于不自知。我们往往忙得夜以继日,汗流浃背,为某一读者办成一件事,手软脚酸,筋疲力尽,不但不以为苦,且以能为读者有所尽力,在实际上做到'好朋友',视为至乐。有时候很琐屑的事情,例如南洋群岛有读者来信嘱托我们配购几尺什么颜色的什么布,有同事即在马路上做巡阅使,奔走竟日,达到目的,欣然回来,其神气就好像哥伦布发现了新大陆似的,和我谈起始末,简直手舞足蹈。用挂号寄出去,来信说颜色淡了一些,或深了一些,于是马路巡阅使再出发,重新做起,做到既不淡了一些也不深了一些,只须能使购者心满意足,马路巡阅使因此饿了一顿,或两条腿酸了一夜,在他只觉得责无旁贷,仍然谈笑言欢,若无其事。"如果没有真诚地为群众服务的精神,这是万万办不到的。

韬奋一生是边做边学、刻苦工作。不论对学习或对工作,韬奋都是十分勤奋的。他是苦学生出身,在上大学时,他就是靠做家庭教师所得来做学费的。踏入社会后,他边做边学,边学边做,不断前进。他自己说:"我个人是在且做且学,且学且做,做到这里,学到这里,除在前进的书报上求锁钥以外,无时不皇皇然请益于师友,商讨于同志。"他对工作更是刻苦极了。他的文章,大部分是在办公室写的。在接待来访读者、会客、接电话、和同人谈话、开会、阅读读者来信之余,他就写社论,写短评,写小言论,或给读者写回信。工作,不停地工作,就是他的莫大的快乐。一九三三年七月到一九三五年八月他遍游欧洲、苏联和美国时,不怕旅途的辛苦和生活的动荡,还写了近四十万字的游记《萍踪寄语》。一九三六年年底被捕入狱后,他在狱中仍继续坚持写作,写了自传《经历》《读书偶译》两书及《萍踪忆语》的最后八篇。一九四三年他被国民党反动派通缉,又得耳癌症,化名在上海秘密治疗,此病十分痛苦,每天要刺痛五六次,疼痛得不能忍受时,便在地上打滚。就是在这样恶劣的情况下,他仍计划写《患难余生记》《苏北观感录》和《各国民主政治运动史》三书。他在病床上写了《患难余生记》六万字,未完成计划,终于长逝了。韬奋的这种顽强战斗的精神是十分珍贵的。

韬奋还不谋私利。他参加抗日救亡运动和政治斗争,完全出于热爱祖国之心,别无个人打算。国民党反动派一再企图用钱收买他,用官职诱惑他,但韬奋始终坚决拒绝。一九三八年在武汉时,他们用各种办法劝诱韬奋加入国民党,但韬奋不仅坚决拒绝,而且对此十分气愤。他从来也没有把所办的刊物和生活书店看作他个人发财的工具。他像生活书店其他同人一样,每月仅领取工资,从未多拿一文。他持身俭朴,从无挥霍之事。毛主席在《纪念白求恩》一文中曾说:"我们大家要学习他毫无自私自利之心的精神。从这点出发,就可以变为大有利于人民的人。一个人的能力有大小,但只要有这点精神,就是一个高尚的人,一个纯粹的人,一个有道德的人,一个脱离低级趣味的人,一个有益于人民的人。"可以说韬奋就是一个这样高尚、纯粹、有道德、脱离了低级趣味、有益于人民的人!

原载1964年7月24日《光明日报》(略有删节)

怀念邹韬奋同志

张仲实

一九七八年七月二十四日是邹韬奋同志逝世三十四周年。在举国上下意气风发、进行新长征的今天,对于这位曾经为民族解放、民主政治和进步文化事业而努力奋斗二十余年的战士,倍加怀念!

祸国殃民的"四人帮"是仇视韬奋同志、反对韬奋同志的。一九七七年四月在上海一次揭批"四人帮"及其余党的大会上,有人责问那个主管宣传文教工作的余党:他搞过哪些专案?那个余党交代,他亲自抓过"邹韬奋专案"。所谓邹韬奋专案就是诬蔑韬奋创建的生活书店是"黑店",韬奋是"黑店老板",诛连了一大批书店的老同志。恶毒的目的是攻击敬爱的周恩来总理。请看,"四人帮"这些坏东西穷凶极恶到了何等地步!但是韬奋是永远活在人民的心中的。人民是忘记不了他的,是怀念他的。"四人帮"想要否定他,那是枉费心机。他的历史功绩将长垂青史。

韬奋是伟大的爱国者。他热爱祖国,热爱人民。为了祖国和人民,他不避艰危,忘我地工作。一九三一年"九一八"事变后,他在他主编的刊物《生活》周刊上高举抗日救国的大旗,积极地为反对日本帝国主义侵略、争取民族解放而斗争。一九三五年八月底,他从国外流亡中回国,更积极地投身于救亡运动的洪流,热烈地支持党领导下的"一二·九"运动;并和其他著名爱国人士一起,共同发起上海各界救国会和全国各界救国联合会，被选为这两个组织的执行委员；此后，他成为救国会的著名领导人之一。一九三六年夏季，他和沈钧儒、陶行知等人联合署名发表了有名的《团结御侮的基本条件和最低要求》，这个文件是由他起草的。一九三六年十一月二十二日，他和救国会其他领导人沈钧儒、李公朴、史良、沙千里等七人在上海被捕，被押解到苏州，经江苏高等法院检查官以"危害民国"罪起诉，被系狱中，到次年抗日战争开始，才在七月三十一日获释。在被捕期间，韬奋始终保持革命节操，表现了一个革命者应有的坚贞不屈的品德。

韬奋是彻底的民主主义者。他在他主编的刊物（《生活》周刊、《大众生活》《全民抗战》等）上不断抨击和揭露国民党反动派的黑暗统治，揭露国民党反动派对革命人民的残酷镇压。一九三三年一月间，韬奋参加了宋庆龄、蔡元培、鲁迅等发起组织的中国民权保障同盟。当时国民党特务横行，任意绑架、秘密逮捕革命者，酷刑逼供，随意处死。中国民权保障同盟就是为了反对国民党反动派的这种无法无天、蹂躏人权的暴行而组成的，它的主要任务是营救被捕者，协助群众争取公民权利如出版、言论、集会、结社等自由的斗争。韬奋一面积极地参加这个同盟的活动，同时通过他所办的刊物向人民群众指引斗争的方向。他在这个同盟成立的时候写道："从历史上看来，便知民权之获得保障，决不是出于统治者的恩赐，乃全由民众努力奋斗争取来的。"在抗日战争时期，韬奋被聘为国民参政会参政员，从第一届会议第一次大会到第五次大会，他的提案共有九案，其中三案都是为了力争人民的言论自由的。一九四一年春季，韬奋被聘为第二届国民参政会参政员。这时生活书店好多分支店遭受当地国民党政府封闭，经理、店员被捕。在第二届参政会举行第一次大会时，韬奋为了表示反抗，便毅然辞去参政员，离开重庆，前往香港，坚持斗争。

韬奋是杰出的编辑家、政论家、出版家和革命家。从职业说，韬奋是从事编辑和出版工作的。他办刊物，有独创精神，态度鲜明，力求内容精辟、文笔简练；照顾读者需要；对文稿的选择，极为严格，凡不符合要求的，不管是谁写的，都不予以迁就，对于每期所采用的稿子。他都在原稿上认真加以修改，一字一句都不轻易放过，直到自己认为满意了才发排。对于读者的来信，他极其重视，凡来信中提出各种现实问题，比如求学问题、家庭问题、婚姻问题、职业问题等，他都"以极诚恳的极真挚的情感待他们，简直随他们的歌泣为歌泣，随他们的喜怒为喜怒"。他还在《生活周刊》社附设了"书报代办部"，专为读者服务。他主编的刊物与广大读者密切联系。

韬奋在所办的刊物上设有《小言论》栏，每期刊物的《小言论》就国内外各种重要问题，加以评述。在工作之余，他还写一些文章。他的文章"明显畅快"，深受读者欢迎。在国民党反动派的法西斯统治下，他所办的《生活》周刊、《大众生活》，销数达十五万份到二十万份，创造了以前我国期刊销数的新纪录，使国民党特务大为惊慌。那时许多反动势力控制的学校里，《生活》周刊、《大众生活》都是被禁止的。但学生们都偷偷地订阅，在宿舍里、厕所里偷偷地阅读。

据夏衍同志回忆，一九三八年他到广州去办《救亡日报》。四月下旬，他带了许多自己认为很难处理的问题，到武汉向周总理请示。周总理说："你要好好学习邹韬奋办《生活》的作风。通俗易懂，精辟动人，讲人民大众想讲的话，讲国民党不肯讲的话，讲《新华日报》不便讲的。这就是方针"。总理的这段话，是对韬奋的工作所作的精辟总结。

《生活》周刊社附设的"书报代办部"，到一九三二年便发展成生活书店。因为有全国广大的读者同情和支持，生活书店的业务迅速发展，它在全国各地陆续开设了56个分支店。韬奋用办刊物、办书店的方式,同国民党反动派进行了不屈不挠的斗争。《生活》周刊被封闭了,就出《新生》;《新生》被封闭了,就出《大众生活》;《大众生活》被封闭了,又出《生活日报》和《生活星期刊》;以后又出版《抗战》《抵抗》《全民抗战》。再后又在香港出版《大众生活》。从一九三四年起,在生活书店出版的杂志还有《文学》《世界知识》《妇女生活》《译文》《太白》《生活教育》《光明》《国民公论》等,这些杂志当时都是很受读者欢迎的。从一九三六年初起,书店又有计划地出版宣传抗日救国和革命理论的通俗读物,如《青年自学丛书》《救亡丛书》及其它有关哲学、政治经济学书籍,传播了革命的道理。在当时,对推动广大青年走上革命道路,生活书店是起了巨大作用的。生活书店是用生产合作社的办法办起来的;凡参加该店工作的,每月从工资中扣除百分之三十作为股份,以一年半为期。书店的管理机构——理事会,由全体股员大会选出。任何人不得以书店来谋私利。韬奋当时也只是一个理事,同其他店员一样,每月仅拿工资,从没有额外支取。"四人帮"说韬奋是"资本家",完全是捏造、诬陷之词。

生活书店同读书出版社、新知书店都是当时进步的文化堡垒。它们在宣传抗日救国和革命理论方面都起过巨大的作用。一九四九年七月党中央关于三联书店今后工作方针的指示中的第一件就明确指出:"三联书店(生活书店、新知书店、读书出版社)过去在国民党统治区及香港起过巨大的革命出版事业主要负责者的作用。在党的领导之下,该书店向国民党统治区域及香港读者宣传了马列主义、毛泽东思想和党在各个时期的主张。这个书店的工作人员,如邹韬奋同志(已故)等作了很宝贵的工作。"

韬奋同志经历的道路是中国知识分子走向进步、走向革命的道路。韬奋在上大学时,也是埋头读书,做一个优等生;大学毕业后,他当过英语教员,做过英文秘书、专业刊物的编辑等。一九二六年他接办《生活周刊》,为了适应时代的要求,渐渐注意社会问题和政治问题,渐渐由个人出发转到从集体出发,他的政治思想也渐渐发生变化,走向革命道路。一九三一年"九一八"事变后,他致力于抗日救国运动,逐渐转向为劳苦大众的利益而奋斗的立场。一九三三年七月他被迫出国流亡到欧美各国考察,看到资本主义社会的腐朽,又到苏联考察,看到社会主义社会的优越,更促进了思想的变化。一九三五年八月他返回祖国,正逢日本帝国主义的魔爪从我国东北伸向华北数省,民族危机更趋严重,这年八月一日中共中央发表《为抗日救国告全国同胞书》,号召全国人民团结一致,共同抗日。十一月二十八日中共中央又发表《抗日救国十大纲领》,更加鼓舞了全国人民的抗日热情。中国的出路何在?这是当时许多人都在思考的问题。韬奋回国后,就选定了中国共产党的道路,自觉地跟着共产党前进。他响应党的号召,全力参加抗日救国运动。"一二·九"运动爆发后,他立即给予热烈的声援,他写道:"参加救亡运动的男女青年同胞们!……你们紧挽着臂膊冲过大刀枪刺的英勇行为,是全国大众所要洒热血抛头颅为民族解放牺牲一切的象征!记者为着民族解放的前途,要对你们这先锋队顶礼膜拜,致最诚挚的无上敬礼!"他主编的《大众生活》以最大的篇幅来反映这个运动,以全力推动全国人民的救亡运动。

  此后,在各个时期,韬奋的政治态度总是同党的主张相一致的,他总是诚恳地听取党的主张,并且努力把党的主张转变为自己的实践。不论他个人的事业或者有关个人的去处有什么问题,或者遇到新的政治问题,他总是去找他所能接触的党的组织商量,虚心听取党的意见,无条件地按照整个革命的利益来安排自己的生活和工作。总之,这时他已经严格地用革命者的标准来要求自己。

  太平洋战争发生后,在一九四二年初,韬奋同志在党的帮助下,逃出香港,辗转到了党领导下的广东省抗日根据地,以后又到了苏北抗日民主根据地。在根据地里,他看到了抗日军民斗争的情况,看到了新中国的未来,感到十分振奋。他写道:"当我在敌后抗日民主根据地亲眼看到民主政治鼓舞人民向上的精神,发挥抗日力量,坚持最残酷的敌后斗争,并团结各阶层以解决一切困难的情形,我的精神极度兴奋,我变得年轻了,我对于伟大祖国更看出了前途光明。"他更坚定地要求加入共产党,成为无产阶级先锋战士。但不幸的是,在他一生的重要时刻得了重病,这个愿望未能在生前实现。在他病危弥留之际,他在遗嘱中说:"请中国共产党中央严格审查我一生奋斗历史,如其合格,请追认入党。"他还嘱咐,在他死后,他的"骨灰尽可能带往延安","遗嘱亦望能妥送延安。"

  韬奋同志于一九四四年七月二十四日在上海病逝,党中央对韬奋同志的逝世表示了沉痛的哀悼,对他的政治活动和事业作了热烈的赞扬和高度的评价。一九四四年九月二十八日党中央给韬奋同志的家属发了唁电。唁电中说:"……韬奋先生二十余年为救国运动,为民主政治,为文化事业,奋斗不息,虽坐监流亡,决不屈于强暴,决不改变主张,直至最后一息,犹殷殷以祖国人民为念,其精神将长在人间,其著作将永垂不朽。先生遗嘱,要求追认入党,骨灰移葬延安,我们谨以严肃而沉痛的心情,接受先生临终的请求,并引此为吾党的光荣……"

  韬奋同志逝世时,上海还在日本侵略者的魔掌中,不能公开发表他的逝世消息。这年十月七日,新华社才公布了韬奋同志逝世的消息。当时在延安出版的党中央的机关报《解放日报》在发表这个消息的同时,还发表了一篇社论,对韬奋的逝世表示沉痛的哀悼。社论里写道:"由于他的真诚爱国,由于他从广大人民的利益出发的立场,他和中国共产党很早就成为最亲近的战友。他不是共产党员,但在争取民族独立和民主自由的战斗中,他始终和共产党结着亲密的联盟。他对于中国的前途是乐观的,知道新的中国一定会要形成。而在共产党所领导的广大中国解放地区里,他已亲证了人民的伟大斗争,看到了新民主主义中国的光明未来。他相信有共产党的存在,有中国广大人民的存在,也就有中国民族的不可磨灭的伟大力量的存在,这力量会使抗战必然胜利,使自由幸福的新中国必然生长起来。韬奋先生临终遗嘱要求共产党中央追认他为党员,证明他对共产党的事业的伟大意义,是有深刻认识的。

当时各解放区都举行了韬奋同志追悼会。其中以延安的追悼会最为隆重。这个追悼会是在党中央的直接领导之下举行的。一九四四年十月十一日,周总理召集同韬奋熟识的吴玉章、秦博古、邓颖超、周扬、艾思奇、林默涵、李文、程今吾等和我共12人,开了发起人会议,讨论了纪念和追悼韬奋同志的办法。会上决定的办法中有:向陕甘宁边区政府建议,将延安的"华北书店"改名为"韬奋书店";向陕甘宁边区文教会议建议电唁他的家属;在延安举行追悼会,并在大会上陈列展览韬奋的著作和他所办的期刊;建议《解放日报》社在举行追悼会时出追悼专刊,专刊由艾思奇和我负责。会上还决定成立追悼会筹委会,由周扬、艾思奇、林默涵、李文等及我组成,以周扬为负责人。这次会议的决定由我整理了一份记录,送周总理审阅。周总理在"向陕甘宁边区文教会议建议"项下补充了一句"提议以韬奋为出版事业模范"。周总理将这份记录送毛主席阅批。毛主席批示"照此办理"。

延安各界追悼韬奋的大会是在1944年11月22日,即韬奋和救国会其他6位领导人于1936年以"救国罪"被捕的日子举行的。会址是陕甘宁边区政府大礼堂,有1500个座位。那天到会的人远远超过这个数目,很多是自发地来参加的,大礼堂的座位都坐满了,礼堂内的空地和两边窗外都站立了很多人。到会的青年同志大多是在思想上受了韬奋的影响、帮助而参加革命队伍的。场内场外挂满了挽联和悼词。许多中央负责同志都参加了追悼会,朱总司令、陈毅同志都在追悼会上讲了话。

当时,毛主席、朱老总都给《解放日报》追悼专刊题了词。毛主席的题词是"热爱人民,真诚地为人民服务,鞠躬尽瘁,死而后已,这就是邹韬奋先生的精神,这就是他之所以感动人的地方"。朱老总的题词是"爱国志士,民主先锋"。1949年,韬奋同志逝世5周年时,周总理作了题词"邹韬奋同志经历的道路是中国知识分子走向进步走向革命的道路"。其他中央负责同志如陈毅、吴玉章、徐特立,也都给追悼专刊写了文章。许多革命青年怀着感激的心情,在《专刊》上发表了文章,向帮助他们走上革命道路的韬奋同志表示衷心的感谢。

韬奋同志有很多崇高的品德。他对工作极其认真负责,一丝不苟。他自己说:"我生性不做事则已,既做事就要尽力做得像样。"他勤奋、好学,对自己从不感到满足。他说:"我个人是在且做且学,且学且做,做到这里,学到这里。"他密切联系群众,竭诚地为群众服务。他对读者的每封来信,总是以关切的心情,针对思想上的特点,按照他们所存在的问题,给以切实具体的解答。他说,他"把读者的事情看作自己的事,与读者的悲欢离合、甜酸苦辣打成一片";他"答复的热情不逊于写情书,一点也不马虎,鞠躬尽瘁,死而后已"。他为人谦虚、热情,从善如流,没有一般知识分子自命不凡、自高自大、目空一切的脾气。韬奋的这些崇高品德都是值得我们学习的。

韬奋同志的工作和斗争是值得学习的;他的历史贡献是值得纪念的。万恶的"四人帮"想要否定他是办不到的。

韬奋同志的事业和著作,永垂不朽!

(原载1978年7月24日载《解放日报》)

韬奋同志在苏中抗日根据地

刘季平

一九四二年冬,大约是在十一月下旬到次年一月上旬,是我同邹韬奋同志在苏中抗日民主根据地同住、同吃、同行的一个多月。那时,我已不担任苏中二分区专员,回到苏中行政公署任文教处长。但文教处的多数同志已转到如东地区编纂教材,只有我随同苏中区党委和行政公署仍暂时留驻在二分区东台县东部的农村中。十一月下旬的一天下午,我们的机关已决定由三仓河附近转移到更东边的垦区去,忽然接到泰东县县长董希白同志的来信,说邹韬奋先生几经周折,由上海来苏中,希望我去看他。我和韬奋同志本来相熟,久别重逢,格外高兴,就立即骑马去相距二十多里地的泰东县驻地,于当晚把他接到我们新转移去的垦区,并由苏中区党委立即电告新四军军部和中共中央华中局。军部因为所在的盐阜地区,当时敌情紧张,复电建议他先在苏中逗留一段时期,而苏中区党委又决定要我具体负责接待他。这样就开始了我们朝夕相处一个多月的这一段生活。

所谓"同住",不是一直同住在固定的居所,而是同在经常搬来搬去的这一处或那一处由农民临时腾出的住所。"同吃",一般都是我们那时日常所能吃到的粗菜淡饭。只偶然能特别优待,增加一小碟炒鸡蛋之类的客菜。"同行",更非同寻常,是指每隔几天就要转移一下的夜间行军。这种行军有远有近,近的一二十里,较远的有两次，一次是由东台县东部转到如皋县东北部，一次是由如皋县东北部转到南通县东北部。行军时总是傍晚出发，一直到半夜或拂晓，才能到达宿营地，等分好房子才能住下来。那时韬奋同志已开始患耳病（当时还只认为是中耳炎），像这样的吃、住、行生活，实在是非常艰苦的，可是他却一直显得十分愉快，甚至诙谐地说，在这儿，比他前些时经过东江纵队游击区时好得多。因为在东江时，常要在两侧都夹着稻田的小路上走夜路，而他的眼睛又不好，分不清路与田，老要滑倒吃苦头。在这里，我们给他配备了马，骑在上面，可以毫无顾虑地跟着队伍走。

从群众中来到群众中去的典范

那一个多月，是韬奋同志亲自深入考虑和了解中国共产党领导下的抗日民主根据地的一个多月，同时也给了我一个机会，得以亲身体会和学习他的好思想、好作风。

自相见后第一晚起，直到后来分别，除去我有时要去参加几次会议外，我和韬奋同志几乎时刻在一起，从未分开。起初，根据地的大部分干部和群众还不知道他来到了苏中，每天只有来找我谈情况和工作的人才碰见到他。当这些同志谈工作时，不可能只限于谈文教工作情况，还总要涉及敌伪动态变化情况，各地群众的组织、生活与思想情况，以至各级学校教师学生参加当地中心工作及对敌斗争的某些具体情况，他不仅很感兴趣，细心倾听，还往往很激动地参加进来，提些问题一起谈。以后知道他来苏中的人多了，专门来访问他的人就日益增多，有些学校或单位特地前来邀请他去讲话，这样我又反过来变成陪同他接待客人或出去走访群众的联系人。

在这个期间，我对他发生了一个越来越想要弄明白的问题。

他原先只是一个一般知识分子,一个刊物(《生活》周刊)的主编,后来不单刊物的销售量逐年增多,远远超过当时其他许多刊物的发行量,而且成为全国各地城乡、各阶层人士极为知心的朋友。仅就他来到苏中抗日民主根据地以后的接触面之大、之广来看,就令我非常惊异。不仅在根据地中有不少老、中、青、大、小知识分子和群众中的骨干积极分子仰慕他的大名,都很想找机会来看他,就连附近敌伪据点里的汉奸伪军中也有人特别设法送信来,向他说明苦衷,表达心意。我们转移到南通县东北乡后不几天,住在离骑岸镇不远的一个农民家里,原想保守几天秘密,隐蔽下来,好好休息一下。不料有一天清晨,一位农民装束的老人送来一封交邹韬奋先生亲启的信,拆开一看,竟是敌伪据点里一个伪军营长辗转托人送来的。信里相当恳切地说明他是《生活》周刊多年的读者,一向如何敬佩韬奋先生,后来如何不得已跟着国民党军队投敌,现在保证不做卖国残民的坏事,等等。关于这一切,我考虑,其重要原因之一,当然是和他献身于抗日救亡运动,坚持不懈地创办生活书店,参加发起和领导救国会活动等等是不可分的,可是他能如此深得人心,一定还有他特别的过人之处,值得我们好好重视和学习。

恰好他对于我们抗日民主根据地的存在和发展也很感兴趣,所以我们一有空就互相提些问题,或随便闲谈,或进而展开一些专题讨论。这样,终于使我愈益明确地认识了他有一个非常重要的特点,就是十分重视联系群众,深入调查。他写的文章当然用了不少心血,但都不是凭空想出来的。他的许多重要思想,都像毛泽东同志所号召的那样,是经过反复查问,深思熟虑,真正从群众中来到群众中去的总结性意见。一句话,他乃是我们中真正能够这样办事、写文章、不说空话的典范人物之一。

他当时特别关心研究的几个问题

在那一个多月中,韬奋同志在哪一天、什么地方、和什么人、谈过什么话,我已记不清,不过无论从他常常向大家提出的问题,或是常常和我谈论的问题来看,他在当时最关心的,似乎都是围绕着我们在敌后抗日根据地究竟是怎样同敌人作斗争,并取得胜利的。

在这方面,他对于许多有关的基本道理都了解得很透彻,认为如果没有中国共产党的核心领导,没有包括主力部队和民兵游击队在内的坚强的抗日武装力量,如果不放手发动和坚决依靠群众,如果不认真执行抗日民族统一战线政策,团结一切可以团结的力量,就什么也谈不上。但他仍不肯满足于此,他觉得新四军在皖南事变以后仍能很快建立包括苏中、苏北、淮南、淮化等地在内的这样一大片抗日民主根据地,实在是一个奇迹。而且这些根据地距离南京、上海这样近,较大城镇都已被敌占领,主要水陆交通都在敌伪控制之下,又无深山丛林足以隐蔽,居然能够生根立足,而且来去穿插自如,实在不能不令人感到既极振奋,又很惊奇。

最初,他特别关心和常常谈论的首要问题,是日本帝国主义侵占这个地区和我们开辟、建立这个抗日民主根据地、游击区的具体经过。

关于这个问题,他一有机会就要打破砂锅问到底:某个县城或市镇是在什么时候、怎样沦陷成为敌伪据点的?原先国民党的地方组织、地方政府、地方武装到哪儿去了?共产党、新四军和抗日群众又是怎样把这些农村建成抗日根据地或游击区的?好些同志向他介绍了抗战初期南京失陷以后、国民党发动皖南事变以前这一带的某些具体情况,我也谈了一些我在一九四一年初从桂林经过浙江、上海撤退到这个地区,特别是在一九四二年初担任二分区专员以后的若干情况。

这样,终于使他悟出了一个至关重要的道理,就是占领与反占领。日本帝国主义侵占了上海、南京,占领了许多大小城镇,国民党顽固派或者撤退了、逃跑了,或者投降了,或是躲到边沿地带继续骑在人民头上,积极反共,制造磨擦,共产党、新四军则挺进到敌后,坚定不移地进行反占领,而且越谈反占领,他就越激动。什么叫反占领,他认为:"就是初步、局部收复已被日寇侵占的国土,了不得!"(大意)

当我们在那年十二月间向南转移到如皋县东部、南通县北部地区,他见到了当时新四军一师师长兼苏中区党委书记粟裕同志,交谈了一些情况之后,忽又对我说:"光说收复失地还不够,还应该说已经坚守了已收复的国土。"他又接着说:"看起来坚守工作更加艰巨复杂,现在我又弄懂了三句话:扫荡与反扫荡;伪化与反伪化;包围与反包围。这几句更是了不起!有了占领与反占领,再加上这几条,就不单足以说明中国不会亡,而且已经证明根本没有亡,也永远亡不了。"(大意)

行是知之始,实践第一

韬奋同志来苏中地区的时候,正是我们那年冬季在苏中各地开展"三冬"运动的时候。所谓"三冬"运动,就是紧密结合冬防(发动训练民兵游击队准备反扫荡)、冬耕(冬季农事及副业生产等)和开展冬学运动。在冬学运动中,我们把思想政治宣传工作看得比扫盲识字工作更重要一些,所以提出了一个"明理第一"的原则,这原是对比识字要求而言的,意思是每次活动都要多讲点道理,只要认识几个必要的字就行。他在多次听了有关情况汇报以后,有一天很恳切地对我说:"我还是赞成陶行知先生的话:'行是知之始,知是行之成。'这里的一切,在实际上都是实践第一。我来苏中,就是听实践、看实践、亲自跟着实践,才愈益弄明白一些道理的。我看老百姓也只有通过实践来明理,明了理又更好地实践。"(大意)这几句真是一针见血,对我启发很大,至今犹深刻难忘。

把顽固派反共投降高潮打下去

在苏中地区,韬奋同志先后应邀到各机关学校作了几次公开演讲,如在如皋双北区(记得好像是在邱埌中学),南通骑岸镇附近新四军一师师部驻地,南通温家桥的南通县中学等处,时间约在一九四二年十二月中旬到下旬。

他的演讲除略谈来到苏中敌后根据地的主要观感外,多半着重介绍国内外形势,但讲得比较多、而且一谈就最易激动的,还是在谈到国民党顽固派的倒行逆施的情况及其反共投降阴谋的时候。每到这时,他差不多就要忘记了自己耳朵的疼痛,总要大声疾呼地讲:"他们(指国民党顽固派)第一次搞反共投降阴谋,我们把它打下去了;第二次搞,把它打下去了;第三次搞,又把它打下去了!如果还要搞,还是要把它打下去的,谁要卖国投降,谁就要垮台,中国人民决不会答应!""首先,共产党、八路军、新四军和所有敌后抗日民主根据地的亿万群众,就决不会答应!更不是他们所能反得掉、卖得了的!"(大意)

留在党外的时间应该结束了

韬奋同志还有另一个十分关心的问题,就是请求参加中国共产党。这在当时是和我个别谈心的话题,而且不只是谈过一次,前后至少有四次。

第一次，告诉我他曾经亲口向周恩来同志提出加入共产党的要求，当周恩来同志答复他暂先留在党外更有利于抗日救国工作，他觉得有道理，就服从了。可是现在他已不可能再在国民党统治地区进行公开活动，因而要我帮他考虑考虑：留在党外的时间是不是可以结束了？

第二次，告诉我他自己反复思考的结果，他不单自己已经下了更大的决心，要求加入中国共产党，而且认为现在已经到了应该结束留在党外的时间了。

第三次、第四次，是反复强调他继续留在党外不但没有必要，而且正式加入中国共产党还更便于他无所顾忌地为革命工作，更有利于推动进步力量下决心支持革命斗争等等。

关于这个问题，我曾表示我个人同意他的意见，并可向上反映。但究竟该怎么办，还须请示中央决定，事后我也曾口头报告苏中区党委，建议转报华中局和中央。

一别成永诀

一九四三年一月上旬，中共中央华中局来电，请韬奋同志去盐阜地区，苏中区党委马上派人护送他北上，我们就分别了。分别时大家的心情还是相当愉快的，我估计华中局大概会设法逐步转送他去延安，除去担心他中耳有病，路上也许会碰到一些困难，别的什么也没有想。

可是他走后不久，华中局忽来急电，说敌人将增调三个师团来华中地区进行大扫荡，要各地立即抓紧进行精兵简政，力求短小精干，保证反扫荡的胜利。在此情况下，苏中区党委除其它各项紧急措施外，还决定要各旅精减一批连、排、班干部到教导大队，集中到抗日军政大学第九分校，要机关部队精减一部分县团干部到苏中党校,并决定派我担任抗大九分校副校长兼苏中党校校长,会同两校其他几位领导同志率领两校于阴历年前后转到苏南两溧地区去。这样,我就好久都未听到有关韬奋同志的情况。直到很迟以后,才得知他到达盐阜区后,因耳疾加重,并诊断为癌症,在海边隐蔽一段时间后,不得不护送回上海秘密就医,终于不治逝世。这真是整个国家民族无法弥补的一大损失。

上述往事,在全国解放后曾多次执笔记述,均因事未能脱稿。去年在他逝世四十周年纪念会上我曾择要作一口头发言,现再就记忆所及,补写此文,以表示我对韬奋同志的衷心怀念。

(编者注:本文原载于江苏省南通市文史编辑部1993年12月出版的《韬奋与南通》第1—8页。)

言犹在耳　记忆犹新
——对周恩来同志的回忆片断

张仲实

翻开《周恩来选集》下卷，随着《关于知识分子问题的报告》里一行行铅字的闪耀和跳动，周恩来同志关心和爱护知识分子的一幕幕往事再度重现在眼前，对周恩来同志的思念之情油然倍添。我决计把那些虽已过去四十余年，但至今仍历历在目、言犹在耳的周恩来同志关心、爱护邹韬奋同志的一些史实片断录出，以了却我多年的心愿，寄托我对周恩来同志兼及韬奋的怀念之情。

一九三七年十月，上海沦陷，租界被日军包围，只有虹口至黄浦江边尚留有一条通道可进出外国轮船。租界里的许多公私机构，已开始往内地转移，或者迁至香港。受邹韬奋同志的委托，由徐伯昕同志担任经理、我担任总编辑的生活书店总店，亦决定分批内迁。于是，我和金仲华、金端苓、钱俊瑞、沈兹九诸同志结伴而行。是年十一月十二日，我们几个经香港，登海口，取道梧州，历桂林，过衡阳，一路风餐露宿，饱尝颠沛流离之苦，终于到达日军逐渐逼近的武汉。十二月，从国民党苏州监狱获释不久的爱国七君子之一、"救国会"的著名领袖邹韬奋同志，亦辗转来到武汉。我们终于又会合在一起并肩战斗了。当时，我和邹韬奋、金仲华及其妹金端苓等同志，住在汉口文化街"金城文具公司"楼上，继续出版《抗战》三日刊，并由邹韬奋、沈钧儒、艾寒松、胡绳和我任编委。其时，正值国共第二次合作时期。国民党政府迫于舆论压力,一度邀请我党参加国民党政府军事委员会政治部的工作。中央军委副主席周恩来同志,受党中央和毛泽东同志委托与派遣,作为党中央代表,肩负重要使命,也来到武汉。随同周恩来同志一道工作的,还有董必武、叶剑英、博古、潘汉年、凯丰等我党负责同志。在设于长春路的八路军驻武汉办事处里,他们既领导着我党在国民党统治区内的地下活动和统一战线的开展,又指导着郭沫若同志负责的国民党军事委员会政治部第三厅的工作。

我们到了武汉后,党驻国民党统治区的文委书记潘汉年同志,不但很快与我取得了联系,还常来"金城文具公司"楼上,与我们共议时局,确定《抗战》三日刊下期主题,并为这个刊物撰写时评文章。由于他了解我的实际身份,不但引我到八路军驻武汉办事处面见了董必武同志,而且和二十年代在莫斯科有同窗之谊的博古、凯丰二同志取得了联系。我常去八路军办事处,听取负责同志介绍党中央的方针、政策,以及对形势的分析,并请他们为生活书店出版的刊物作指示和撰文。我清楚地记得,每当我从八路军办事处回来后向韬奋同志介绍我党的指示精神时,他总是以赞许的目光全神贯注地听取,完全赞同和拥护我党的政策,且常常流露出希望面见负责同志的思想。于是,我先引荐他到八路军办事处面见了董必武同志。董老介绍八路军办事处在周恩来同志领导下,贯彻党的抗日民族统一战线政策,与国民党反动派进行有理、有利和有节斗争的策略,以及抗日救亡宣传工作的方针等等。这些使邹韬奋同志思路大开,兴奋异常。在回文化街的路上,他连连称赞周恩来同志是时代的伟人,并向我郑重提出希望面见他。我过去虽然见过周恩来同志,但当时没有直接的联系。于是,我向凯丰同志转达了韬奋同志的要求。凯丰同志考虑后说,可以由我出面给周恩来同志写封信。很快,我写了封信送周恩来同志。信的大致内容是,邹韬奋同志虽不是共产党员,但关于救国道路的问题,他选定了中国共产党,他的政治态度跟党的主张没有分歧,并且总是诚恳地听取党的主张,努力使党的主张变为他自己的实践。他很感谢我党对"生活书店"出版刊物的支持和帮助,希望能见到周恩来同志。周恩来同志接信后,很快就指示凯丰同志复信告我,欣然同意面叙。

一九三八年二月的一天下午,我陪同邹韬奋同志来到八路军驻武汉办事处。周恩来同志已在那里等候了。一见面,他首先伸出热情的手,和韬奋同志紧紧地握在一起,高兴地说:"欢迎你,邹韬奋先生,我们今天第一次见面罗。"坐下后,周恩来同志又诚恳地说:"见面就是朋友罗。当然,我们还没见面的时候就已经是朋友,好朋友了。'救国会'的抗日主张,和我们是一致的,爱国七君子的节风,我是很佩服。今天下午,我们可以无拘无束地畅谈一番。"他关切地问过邹韬奋同志出狱后的身体状况和家庭生活情况后,向我们分析形势,介绍我党根据形势制定的路线、方针和政策。周恩来同志爽朗亲切,诱导启发。他精辟的分析,透彻独到的见解,给我们留下了极深刻的印象。他除了认真地听取我们对形势的看法和工作汇报外,详细地询问我们在大敌当前的情况下对今后工作的设想和安排,还非常仔细地问了文化界和一些爱国知识分子的情况。他关切爱护地说:"爱国知识分子是我们国家的宝贝。你们二人都是知识分子,有知识,又很爱国,希望我们更密切地配合起来,团结更多的知识分子,一道走抗日救国的道路。"周恩来同志还语重心长地说:"现在,我们一起奋斗,以彻底打败日本帝国主义;将来,我们还要共同努力,以建设繁荣富强的新中国。抗日救国,少不了爱国知识分子的参加罗;建设社会主义新中国,更少不了爱国知识分子的参加嘛。"对于国民党反动派迫害爱国知识分子的罪恶行径,周恩来同志表现得怒不可遏,作了严厉的斥责。他的一席话,说得我们心里暖烘烘的,感到方向更明确了,干劲平添很大。我们时而哈哈大笑,时而神情严肃,充满激愤,无拘无束地谈了一个多钟头。临别时,周恩来同志紧握着韬奋同志的手,情深意切地说:"请你们记住,爱国知识分子是国家的宝贵财富,无论什么时候都需要。有什么要求,请随时提出来,我们共产党一定会尽可能地帮助解决。"韬奋同志希望周恩来同志方便时到"生活书店"指导工作,周恩来同志不加犹豫地接受了这个请求。

这次接见以后,邹韬奋同志多次对我诉说起他对周恩来同志的钦敬景仰,称他是他最敬佩的朋友。他撰写时评遇到困难时,每次总是首先想到向周恩来同志请教。而周恩来同志又总是谦虚地和他一起讨论,共同分析,一道结论,还句酌词斟地为他修改文章,以商讨的口气建议他有些话应该说得隐讳婉转一点,以进行更有理、有利、有节的斗争。周恩来同志关注着韬奋同志的事业,经常挤出时间阅读他的著作和他主办的刊物,并给予很高评价。正因为他从周恩来同志那里更多地了解了党的方针政策,在许多问题上得到周恩来同志的关切和帮助,所以他不但多次对我说"周恩来先生的确是我的良师益友",而且还向周恩来同志提出了入党要求。周恩来同志说:"你现在以党外民主人士身份所起的作用不一样。这是党需要你这样做的。"韬奋同志愉快地接受了他的这一指示。周恩来同志尊重、爱护爱国知识分子,爱国知识分子推崇、敬重周恩来同志。不管反动派如何制造白色恐怖,邹韬奋同志及其他许多爱国知识分子宁愿冒死去找周恩来同志作肺腑谈。而周恩来同志也亲自登门看望,把党的温暖送到爱国知识分子的心坎里。在武汉,他到过"生活书店"门市部和编辑部看望大家,勉励我们多为抗日救国出力。武汉失守后,在重庆,能经常看到周恩来同志出现在"生活书店"管理处逐月举行的茶话会上,发表趣味风生的政治报告。我始终相信,邹韬奋同志和其他许多爱国知识分子,能在白色恐怖压迫下艰苦奋斗,在敌人淫威面前毫不动摇,这其中,周恩来同志对他们的谆谆教诲,无疑起了重大作用。邹韬奋同志和其他许多文化界的同志,能够从热烈的爱国主义者成长为共产主义战士,这固然是由于他们严格的自我改造的成功,但主要的则是由于我党的影响和教育,特别是周恩来同志的直接关切和帮助。

一九四四年七月二十四日,邹韬奋同志被癌症夺去了生命。当时,上海还处于日军的魔掌中,他的遗体以他曾用过的假名——"季晋卿"的名义,暂厝于上海殡仪馆。有关他的逝世消息,只得暂时秘而不发。九月下旬,周恩来同志要我为党中央草拟致韬奋同志家属的唁电。我拟毕送给周恩来同志,他圈点勾画,仔细批阅,这足见他对韬奋同志逝世的莫大痛惜。十月,新华社在延安公布邹韬奋同志逝世的噩耗,延安准备举行隆重追悼。周恩来同志指定我负责治丧委员会的具体工作,并要求我事无巨细,均须向他汇报。他不但亲自圈定周恩来、吴玉章、博古、邓颖超、周扬、艾思奇、柳湜、张宗麟、姜君辰、林默涵、李文、陈今吾和我等十三人为治丧委员会成员,还召集筹备会议,并亲自修改悼词,送毛泽东同志审阅。周恩来同志这样做,绝不仅仅是为了寄托哀思,而是对邹韬奋同志及所有爱国知识分子的尊重。我还记得,闻一多、李公朴同志遇害后,周恩来同志都曾代表党中央组织追悼纪念活动。一九四九年七月,在纪念邹韬奋同志逝世五周年时,周恩来同志为之题词:"邹韬奋同志经历的道路是中国知识分子走向进步、走向革命的道路。"这既是对以邹韬奋同志为代表的爱国知识分子的高度赞扬,又是对所有知识分子的殷切期望和极大爱护。

现在,全国人民都在进行四化建设。《中共中央关于经济体制改革的决定》明确指出:"进行社会主义现代化建设必须尊重知识、尊重人才,同一切轻视科学技术、轻视智力开发、轻视知识分子的思想和行为作斗争。"只要我们以周恩来同志为榜样,就一定能"坚决纠正许多地方仍然存在的歧视知识分子的状况",加速社会主义现代化建设的步伐。

(原载《人民日报》1985年1月8日第4版)

忆韬奋先生

戈 扬

二月四日,农历除夕,记者戈扬途经南通的骑岸镇,听说韬奋在苏中行署,她没有休息,即登门去看他。"院子里静悄悄的,卧室的门斜开着",记者"在门外伫立了一下,看见韬奋一个人端坐在沙发上,侧着头,注视着窗外的天空。他裹着一件蓝布的厚棉披风,面孔黑而消瘦,比起一年半前在香港见到的时候,老了十(岁)"。记者原预计这次来见到韬奋,"能听到一些宏论,或者至少是他对于根据地的观感"。事实不然,韬奋首先询问记者苏北的情形。记者在"谈到盐阜区参议会的盛况,参议会所产生的三三制政府"时,韬奋的"脸上透出兴奋的欢喜,他把椅子拉近,左耳伸过来,仿佛为了听得更仔细更清楚,眼睛也停着。他是那么关心根据地的民主建设,哪怕是一个极小的消息,也能引起他莫大的注意"。直到记者再也无话说了,他才默默地若有所思地然而是非常安慰地说:"敌后的民主政治能办得这么好……"

第三天起,记者便和韬奋一起行动。韬奋有病,"行动困难,每走一步,右脚跟总不敢落地,怕使右脑受震动而发生剧痛"。苏中区的日军"扫荡"频繁,不能给韬奋"较长的时间休养,他自己也不愿意离开部队,他要和新四军生活在一起,他要用笔来报导新四军的战斗生活"。韬奋向记者描述某次夜行军中的情形,说:"深夜,天下小雨,队伍向北移动,西北风迎面吹来。我骑马,马走得很慢,身上冷透,耳朵也更痛了;走快,又怕右脑受震动。而水网地带,到处是桥,一会儿下马,一会儿上马;但是当我看到同行的战士们在雨地里跋涉,有时还要战斗,自己的病痛,马上就减轻了。"

记者回忆:"记得辫子还翘在头上的时候,就听到韬奋先生的声音了,此后一直听到他的声音。韬奋先生的声音,曾经激动着我们这一代的心,使千万青年有勇气咬断封建的锁链,走上抗日救亡的大道,最后进入了真理之门。""韬奋先生的声音是够大的了,然而他却是如此冷静,如此沉默,如此谦逊,仿佛是一个从来就没有讲过什么话,只是用眼睛看,用耳朵听的人。不论是谁讲话,他都注意地听,他不但用耳朵听,也用眼睛、用脑、用心灵去听。韬奋先生是新闻界的前辈,几次我总想问他,新闻记者要注意哪些方面的修养,但是没有问,因为我从他的沉默和谦虚,痛苦和热爱中,得到极大的启示。"

(原载《盐阜报》1944年10月19日第6版)

三、题词、挽词、诗歌

题词

毛泽东题词(1944年11月15日)

　　热爱人民,真诚地为人民服务,鞠躬尽瘁,死而后已,这就是邹韬奋先生的精神,这就是他之所以感动人的地方。

朱德题词

　　韬奋同志　爱国志士　民主先锋

　　　　(以上二则原载1944年11月22日延安《解放日报》)

张澜题词(1945年7月19日)

　　韬奋先生逝世一周年纪念

　　为争民主而断送了"生活"!

　　为争自由而终得到了"解放"。

　　是将曙时的一颗晨星;

　　是浊流中的一股激浪。

　　怀志士之苦心,

　　耀光芒于万丈。

　　死者已矣!

　　吾人愿继先生遗志,努力以追求其想望!

　　　　(原载1945年7月24日重庆《新华日报》第4版)

黄炎培题词(1946年7月24日)

　　韬奋乎!君为民主奋斗以死,死二周年,而乃不断地尚有人继续为民主奋斗而惨死乎!观后死者之惨,念君之获以病死,或为万幸。虽然,君为民主死,后死者一:肯为民主死,君目不瞑,君心亦需稍慰。吾愿慨然语吾:人人肯为民主死,民主死,韬奋不死。

　　　　(原载1946年7月27日上海《民主》周刊第41期)

毛泽东题词（1949年7月）

纪念民主战士邹韬奋

周恩来题词（1949年7月）

邹韬奋同志经历的道路，是中国知识分子走向进步、走向革命的道路。纪念韬奋同志逝世五周年

陈毅、曾山、潘汉年、韦悫题词

韬奋同志逝世五周年纪念从爱国主义出发，与群众结合，为人民利益而奋斗，最后走向科学的共产主义，你是革命知识分子的典范。你的献身精神照耀着知识分子前进的道路，永垂不朽！

（原载1949年7月24日上海《解放日报》《文汇报》《新闻日报》《大公报》）

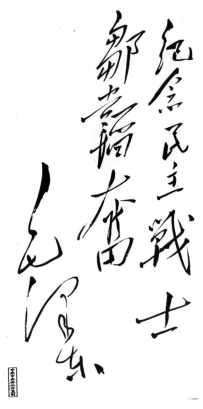

毛泽东同志题词手迹

潘汉年题词

韬奋同志逝世六周年

学习韬奋同志热爱祖国，同时又是一个国际主义者的精神！

陈毅题词

韬奋先生逝世六周年纪念

为人民利益奋斗，是韬奋先生毕生的志愿，新中国的成立和巩固，足告慰英灵，我们继续为人民利益奋斗并向韬奋先生学习。

（以上二则原载1950年7月24日上海《文汇报》第4版）

史良题词(1978年6月12日)

韬奋同志 民主先锋一代人 鞠躬尽瘁为人民 凌云壮志今犹在 韬奋精神永世存

（原载1979年7月24日上海《解放日报》）

叶剑英题词(1978年7月14日)

学习韬奋同志为革命鞠躬尽瘁，为人民高度负责，对工作一丝不苟的优良品质和作风，为建成社会主义现代化强国作出新的贡献。

（原载1978年8月北京《战地》增刊第1期）

叶剑英同志题词手迹

徐伯昕题词(1978年9月6日)

学习韬奋先生全心全意为人民服务的精神，认真办好革命出版事业，为实现社会主义新时期的总任务作出贡献。

（原载1978年12月香港版《生活·读书·新知三联书店成立三十周年纪念集》）

沙千里题词(1979年7月3日)

韬奋同志是抗日救国的先锋，争取民主的战士，他战斗的一生是我们的榜样。

（原载1982年8月北京三联书店版《韬奋画传》）

宋庆龄题词(1979年7月24日)

韬奋同志舍己为公，用他的一枝笔为革命利益奋斗一生的精神，永远活在人们心里。

（原载1979年7月24日上海《解放日报》《文汇报》）

陆定一题词(1980年1月8日)

邹韬奋同志是革命的宣传家,伟大的共产主义战士。他异军突起,在日本帝国主义并吞中国、国民党白色恐怖笼罩全国的时候,宣传团结抗战,在人民群众特别是青年群众中影响极大,他不但自己逐步摆脱资产阶级民主主义终于成为坚定的共产主义者,而且影响了一大批群众走向革命。他对工作的认真态度和联系群众的作风是值得学习的。他的革命功绩是不可磨灭的。

林彪"四人帮"反革命小丑贬低韬奋同志,现已澈底破产。在新的长征中,我们要继续向韬奋同志学习。

(原载1980年7月24日上海《解放日报》)

宋庆龄同志题词手迹　　　　　　陆定一同志题词手迹

邓颖超题词(1984年5月)

邹韬奋同志一生不怕困难,不畏艰险,百折不挠的坚持以文化宣传作武器,教育人民,团结人民,爱国抗敌,最终成为杰出的伟大的共产主义战士。

(原载 1984 年 5 月 10 日《人民政协报》第 1 版)

张爱萍题诗(1943 年作,1984 年 7 月书)

爱国志气冲斗牛,笔走龙蛇岁月稠,苏北敌后得幸会,感君正义心相投。六十三天荡寇仇,君染沉疴志未酬,辗转几番解危难,千里就医送行舟。

(原载 1984 年 9 月《出版工作》第 9 期)

挽词

周恩来、邓颖超敬挽

忧时从不后人办文化机关组救亡团体力争民主痛掊独裁那怕冤狱摧残宵小枉徒劳更显先生正气

历史终须前进开国事会议建联合政权准备反攻驱除日寇正待吾曹努力哲人今竟逝倍令后死伤神

林祖涵、董必武谨挽

是屈大夫贾太傅一流爱国忧时文采光芒长万丈

与杜国辅徐仲车同病孙言危行德人风节动千秋

郭沫若哀挽

瀛谈百代传邹子

信史千秋哭贾生

朱　德挽联

为坚强民主战士。

是广大青年导师。

吴玉章挽联

生不愿当亡国奴,大义凛然,愧煞国贼。

死亦必归民主地,仪型宛在,激励主人。

叶剑英挽联

面向真理,毕生为劳苦大众利益着想。

心怀救国,长留那民主抗日奋斗精神。

刘少奇 陈 毅挽联

噩耗传来,忆抗敌冤狱,民主文章,革命气骨,涕泪满襟哭贤哲。

胜利在望,看欧西革故,敌后鼎新,人民抬头,光芒到处慰英灵。

博 古挽联

生前作勇敢的民主战士。

死后是光荣的共产党员。

杨秀峰挽联

忆当瀛海班荆,伦敦话雨,每共论八闽军兴,已是相期同志。

值此中原败战,柳桂沉沦,正万众齐争民主,弥深痛失良材。

续范亭挽联

法西主义对头,鞠躬尽瘁,韬奋毕生五十岁。

革命文化旗手,誓死不屈,鲁迅而后第一人。

李鼎铭挽联

赤心谋救国,二十年奔走呼号,不避艰危行素志。

病榻草遗文,千万言亲切沉痛,忍从患难记余生。

谭 政 傅 钟 甘泗淇挽联

廿余载,文坛蜚声,功在国家,誉满天下。

毕生力,尽瘁国事,呼号奔走,责负兴亡。

南汉宸 霍维得挽联

为文化先锋,供应全国民族精神粮食,独力支持,厥功良伟。

是革命英豪,反对当代专制恶魔淫威,直言声讨,浩气长存。

习仲勋 白治民 袁任远 杨和亭挽联

反对黑暗,反对倒退,生前不容于专制。

坚持光明,坚持进步,死后犹思葬延安。

周　扬　王子宣挽联

法庭抗辩,监狱吼声,参会诤言,发行伟绩,向黑暗进军,忧患余生拯祖国。

异域播迁,萍踪寄语,忠心似铁,傲骨如钢,同光明握手,弥留遗嘱眷延安。

吕振羽　刘澜渡　吴克坚　何　伟　于　剐　郭化若挽联

为抗日战争耽心,弥留呼吁求民主。

从文化事业着手,毕生奋斗救人民。

马健翎　丁　玲　柯仲平　杨醉乡　赵伯平　胡清虎　张季纯　张寒晖　景昌之挽联

军阀流氓,又逼死文化先进。

人民大众,要公审专制暴君。

齐燕铭挽辞

为大众生活,为大众战斗,你是中国革命的知识分子勇敢、勤苦、坚韧的象征。

四〇年,在重庆,你对我的工作热情的帮助,至今令人不忘。那时,一群恶狗对你追逐,迫胁,他们要你屈膝,沉默,而你的回答是反抗,呼号!

中国的法西斯豺狼们,终于将你赶到日寇炮火下,使你颠沛流离,千山万水,损坏了你的健康,以至于死!豺狼们的血手做下戕害民族的罪行太多了,这又是一件!

为了抗战胜利,国家不亡,我们要改组政府,改组统帅部,成立联合政府和联合统帅部!可惜在这个斗争中,你竟长逝了!安息吧!同志,你的足迹将会由人民大众铺起建设新中国的基石!

中共中央书记处办公厅挽联

功业救中国,属念在延安,追求新民主,胜利在望愈遗憾。

迫害离重庆,困逝于上海,消灭法西斯,英才早死有余悲。

中共中央宣传部挽联

毕生向真理追求,横眉冷对千夫指。

甘载替大众服务,俯首甘为孺子牛。

中共中央党校挽联

廿年任文化先锋,坚决追求是民主。

毕生为人民服务,弥留属望在延安。

八路军总政治部挽联

办书店,办周刊,灌输进步思想,作青年导师,功业不朽。

为抗战,为民主,坚持韧性斗争,为我党同志,楷模永垂。

陕甘宁边区高等法院挽联

争民主,争自由,十余载辛苦艰难,尽瘁鞠躬,死而后已。

立奇行,立伟论,百万人感染浸濡,追怀雪涕,功则难忘。

(以上摘自延安生活书店同人1944年11月手抄稿,上海韬奋纪念馆藏)

徐　冰　张晓梅　许涤新　钱之光挽联

奇文共欣赏,萍踪寄语,鼓舞青年,遗教千秋仍活跃。

救国阐精忠,鸿爪留痕,驰驱敌后,英才一代竟沉沦。

沈雁冰　曹靖华　孙伏园　叶以群挽联

失地见机先,未睹北定中原,吐气且期家祭告。

埋名隐敌后,共图东北三岛,腐心总为国威扬。

高崇民　陈先舟挽联

因政治,病在脑,逝在沪,而功在大众。

为团结,忧于心,发于言,几祸于乃身。

胡　风挽联

为救亡投身囹圄,为民主出走山城,国势蜩螗缅怀往事。

在顽寇网里穿行,在义军阵中作战,大江南北痛失斯人。

冯玉祥题

  精神不死

邓初民挽联

  大道难容，萍踪几遍海外敌后。

  谠论永垂，遗著犹余笔伐口诛。

章伯钧挽联

  蹈必死以见志，

  立正则于来兹。

马寅初挽联

  下笔千言，独以文章励末俗。

  香花一束，忍挥涕泪吊先生。

阎宝航挽联

  高名遍播寰区，一代文章匡大计。

  昊天遽夺国土，中流砥柱仰何人。

刘清扬　史　良　曹孟君　罗淑章　胡子婴　韩幽桐　杜君慧
陆慧年　张启凡　季　洪　廖梦醒　于立群　彭子冈　浦熙修
谭得先　刘海尼　郑　瑛　胡绣枫　朱艾江　李昆源　黄静汶
邵漪蓉　张玉芝挽辞

  "要从工作上充实团结御侮的内容，要督促与协助政府实现民主政治的主张"。这是先生在抗战前后向大众的呼声，当今寇深祸急，这主张更是救中国败顽敌的唯一途径。大众正希望先生的领导，我们更切盼先生的援引，乃抑郁致疾，竟抱恨而终，呜呼哀哉！我们誓以哭先生的悲愤，继续先生未了之志，革命奋斗，促成全国的团结御侮，实现真正的民主政治。

潘梓年　章汉夫　熊瑾玎　胡　绳　戈宝权　乔　木　华　岗
许涤新　石西民　徐迈进　刘白羽　何其芳　吴全衡　汤宝桐
廖　湘　熊　复　洪沛然　刘　光　朱语今　鲁　明挽辞

站在你的灵前，千百万人民大众要同声宣誓：

你一生向压迫人民的黑暗顽固势力斗争，这斗争，我们一定要坚持到胜利；

你一生站在人民立场上，从事进步的文化事业，这事业，我们一定要坚持到成功；

你一生为争取民族解放和民主自由的目标而奋斗，这目标，一定要在我们的手里实现！

王昆仑　曹孟君挽联

从生活到抗战，始终作正义呼声，是乃文化先锋，下笔风雷惊海内。

求团结争自由，坚决为民主奋斗，何期胜利前夜，哭君涕泪向天涯。

沙千里挽辞

你活在千万人的心里，他们必将踏着你的脚迹，照你指出的途径，来实现你所期望的新世界。

章乃器挽辞

韬奋之死所给我的感想不是哀伤，而是悲愤。我所悲愤的是社会太残酷，太虚伪，使一个纯洁而富于热情的人难以生存。

重庆生活书店挽辞

不私不阿，不屈不挠，为祖国，为大众，一支铁笔，二十年卓绝奋斗，争取民主、自由、解放。

敢说敢骂，敢哭敢笑，编杂志，办书店，生活作风，十五载艰辛缔造，那怕检扣、查禁、封门。

中国救国会挽联

历廿余年文化斗争，卓识匡时，很早就提到民主政治。

有数十万读者拥护，真诚爱国，永远是站在大众立场。

新华日报社挽联

奋斗不懈,为的是团结抗战。

救国有道,所求在民主自由。

新知书店挽联

大众生活呼号救亡,领导群伦求解放。

全民抗战坚持团结,争取民主到临终。

中华职业教育社挽联

一生为了国家的生存而奋斗!

读书出版社挽联

唤起救亡,拘上海囚苏州,为民族解放,留得精神千古在。

笔柄千秋,走百粤入淮海,怀三户亡秦,长昭壮志薄海悲。

(以上摘自重庆生活书店同人1944年10月手抄稿,上海韬奋纪念馆藏)

林　平挽词

邹五十有公年　为民主而献身　历受反动摧残　今更不幸牺牲　韬奋同志虽死　民主现已新生　文化青运战士　不朽革命精神　临终不忘民主　团结抗战胜利　继承遗志奋斗　消灭法西斯蒂

曾　生挽词

邹先生反黑暗反侵略领导青年,效忠民族,永为民主先锋,功垂千古;

卖国贼怕光明怕正义反对人民,贻祸国家,甘作独裁走卒,遗臭万年。

王作尧敬挽

反对专制独裁,奔走天涯海角,始终站在人民前卫;

呼号自由民主,服膺光明真理,毕竟筑成文化长城。

杨康华挽词

你的死是国民党反动派迫死的,这是中国革命的损失;但你毕生奋斗的事业与你的遗嘱却活在千百万革命青年的心上,永垂不朽!

李筱峰挽词

你的年纪虽然大,那和蔼可亲的笑容,高度的热情却比许多人年青。我们在白石龙,在深坑,在阳台山的顶上,获得了你的陶养;东江的这一代,永远地会朝着你的方向去的。

陈志华挽词

哀悼韬奋同志,我们要学习他:一身硬直气骨;满怀忠诚热爱。

之　伯挽词

韬奋同志为中国文化为民主进步奋斗一生,其忠于民族艰苦奋斗精神应当为我后辈发扬光大。

(以上七则原载 1944 年 12 月 9 日广东东江纵队编印《韬奋先生逝世纪念特刊》)

诗歌

怀念邹韬奋先生

陶行知

永别了,
英勇的战士,
敬爱的朋友。
你去得太早一点,
中国还没有自由。
您生平,是
"主张坚决,
态度和平";
律己治事主认真,
研究学术贵虚心!
您所写,是
挥洒热血,
倾献精诚;
为民族解放而战,
非解放大众不成。
您的笔,是

自由之火把，
火把迎民主，
不惜牺牲自我，
照着众人争取。
您的死：
朋友们伤心，
敌人们欢喜。
如果火把不全熄，
伤心欢喜都不必。
您看啊！
自由之火把，
以火再点火，
爱好自由千万心，
赤心颗颗都着火。
您看啊！
火把千千万，
逆风成火海；
掀起火浪千万丈，
浪到无人能阻碍。
您看啊！
火把千千万，
一熄千万亮。
照着中华大民族，
民主团结打胜仗。
您看啊！
火把千千万，
一熄千万亮：

凶暴纳粹法西斯,
东方西方快灭亡。
您看啊!
火把千千万,
一熄千万亮:
铸成民主新中国,
自由幸福应无量。
安息吧!
英勇的战士,
敬爱的朋友:
死而不亡者寿,
不失其所者久。

一九四四年九月十八日(选自1944年10月重庆版《韬奋先生逝世纪念册》)

追思韬奋先生

陶行知

安息吧,朋友!
你是安息得太早啊!
你的朋友伤心,
你的敌人得意。
但是啊!
你的笔早就变成了民主的火把,
先把你自己烧成灰,
同时燃烧着千千万万爱好自由之心;
乘风汇成大火海,
掀起万丈火浪,
堙没东方法西斯。
照着整个民族,
团结再团结,
团结再团结,
团结成一个巨人。
向着民主的生路百折不回的前进。
你从灰里复活了,不,你并没有死。
你在千万颗爱好自由的心里活着。
要创造民主的新中国,
要创造民主的新世界。

这就是邹韬奋同志的死

蒲 特

一颗战斗的明星熄灭了!
千万颗心灵惊跳,
这就是邹韬奋同志的死。
千百万枝火把燃烧起来,
冲破黑暗;
千百万双铁拳高举,
千百万个喉咙呼唤;
打倒日本侵略者!
消灭法西斯罪犯!
这就是邹韬奋同志的死。
大地咆哮!
海涛狂啸!
摇撼了专制独裁的统治,
掀起了民主斗争的狂潮。
这就是邹韬奋同志的死。
看吧!
我们的心情是哀悼!
我们的意志是战斗。

(原载1944年12月9日广东东江纵队编印《韬奋先生逝世纪念特刊》)

韬奋逝世一周年哀词

黄炎培

"呜呼！韬奋，人人为他的理想而奋斗，君之生命遂因奋斗而牺牲。不牺牲于沙场之炮火，乃牺牲于流浪的生活与黑浊的气氛。不是东西南北的奔波，君或未至于病，病亦或未至于死，而君竟以是捐生。

"呜呼！韬奋，君而有知，倘犹忆五年以前之巴州，张家花园之寓楼，一灯如豆，百端悲涕，我欲留君而不得，从此生离死别，一瞑千秋。"

写至此，我哭了。接下去，

"呜呼！韬奋，只留下一副又香又洁的骸骨，问何年得正首丘？今日者，距君之死，岁星忽焉其一周，君身何往？君魂何归？而我乃飘然为延安之游。犹得见君之名于书店，犹得见君之少子嘉骝。此一年来，提及君名，辄为哽噎，呜呼韬奋，被君称为知己之我，乃仅仅报君以热泪之双流。"

我大哭了。一面还接着写，

"呼天不闻，呼君不应，此寂寞之人生，欲解说其何由。"

写至此，嘣嘣地在敲房门了，我急喊：请隔壁坐三分钟，就来，赶快接下去，

"虽然，死者已矣，凡我后死，忍忘天职之未酬！今日者，暴敌行将就歼，国事亦将就轨，胜利！胜利！民主！民主！君所大声疾呼者，虽不获及见于生前，终得实现于身后，呜呼！韬奋，呜呼！韬

奋,死而有知,其又何求。"

一九四五年从延安归来

(原载1945年7月24日重庆《新华日报》第4版)

韬奋先生周年挽诗

柳亚子

庙谋和战苦纷纭,横议清流起义军。
不有诸君能仗义,早修降表割燕云。

风波亭外起风波,桧俊奸回面目多。
拂袖一朝亡命去,渝都从此渺山河。

识荆说项有逢迎,香岛年时记目成。
君已鞠躬能尽瘁,我犹未死愧偷生。

道胜魔强枉万端,光明终古属延安。
骨灰归葬遗言在,莫作胥门抉目看。

(原载1945年7月24日重庆《新华日报》第4版)

祖国正患着难医的脑癌
——为纪念邹韬奋先生逝世二周年而作

杨 骚

当祖国的逆流在平原泛滥，
安内攘外的叫嚣声澈云汉，
先生在逆流中和大众振臂高呼，
"民族阵线！团结抗战！
谁要是破坏团结，不抵抗，
谁就是天字第一号的汉奸！
谁要是背叛人民，大权独揽……"
于是，先生和许多同志，
被绑！
四万万五千万的人民响应呐喊，

山震怒，水沸腾，
把整个中原的大地摇撼，
独夫不得不俯首就范，
和人民的领袖携手，
让人民的军队安心在最前线，
使卑怯的参谋也跨上抗日的马鞍，
于是，先生和许多同志，
被释放。

当祖国的逆流又开始泛滥，

写下"江南一叶,千古奇冤",
先生在逆流中和大众振臂高呼,
"解放人民抗日根据地!
反对屠杀人民的力量!反对特务!"
然而"雾重庆"终归阴霾不散,
山城坚固的防空洞,
变成进步分子爱国青年的鬼门关。
于是,先生和许多同志,
悲痛离开抗战的首都,
向生疏的海外,
逃亡!

祖国的逆流继续泛滥,
先生和许多同志在海外呐喊:
"反对独裁!反对贪污!
反对一切明的暗的汉奸!
我们要民主,要自由,
要继续团结抗战……"
摩擦专家造谣毁谤,
特务横行香江。
然而先生和许多同志,
坚决地站在自己的岗位上,
任逆流冲击,一点不退让。
是吧,先生,你和许多同志,
就此心身两被毁伤,
你竟成了无治的病症脑癌?

日寇南侵,香江沦陷,

逃亡中又来个逃亡!
平坦的大道被堵塞,
走吧,向崎岖的山路踏上;
抗战的首都归不得,
走吧,向被压迫的解放区奔窜……

无数的手拥护你赤诚的肝胆,
无数同情的眼泪医不好你的脑癌。
滚滚的浊流望你头上淹,
两岸的草木为你摇头悲叹……。
先生你,终在战斗中伤亡!

呵,先生,你终在战斗中伤亡。
不因敌人的炸弹,
不因日寇的凶悍;
是祖国呵,祖国,
独裁的毒烟迫你逃亡,
特务的魔手把你击伤,
是呵,是祖国的逆流使你害病脑癌,
是祖国的逆流把你的肢体折断!

如今,经过八年惨痛的抗战,
法西斯日寇已经屈膝投降,
祖国算是五强中之一强,
但知否先生,知否?
海外的华侨还在被人屠杀,焚烧,
国内同胞还在受水深火热的灾难。

如今,经过八年惨痛的抗战,
最后胜利算是已经来临,
和平谈判也一年了将近,
但知否先生,知否?
祖国老调重弹,
逆流又开始泛滥;
群众的大会被冲散,
人民的领袖被暗杀,击伤,
苛政猛似原子炸弹!

呵,如今,如今,
知否,知否先生?
四万万五千万的大众又在呐喊;
"我们要民主,反对一党包办!
我们要和平,反对一切内战!
让丢开人民的死硬派滚吧;
让阴谋的外国军队滚吧!"

呵,如今,如今,
知否,知否先生?
一切如旧的横蛮,腐烂,黑暗!
如先生有知在九泉,
"快快打针!开刀!"
先生定要这样呼喊。
不是吗,祖国正患着难医的脑癌!

一九四六·七·十五·于星洲

(原载新加坡 1946 年 7 月 20 日《风下》周刊第 33 期)

祭邹韬奋先生文

陶行知

敬爱的韬奋先生:
这是你逝世的二周年祭。
你的朋友亲戚,
在这里举行一个家庭的仪式,
来把你的遗体,
葬入祖国的大地。
骝骅远在天涯地角,
呼吸的是自由空气;
他们长得那么健壮,
你心里应该欢喜。

你记得一年前的今日,
人山人海在陪都的祭礼,
证明你没有死,
是活在每一位民主战士的心里。
凡是得到了你的精神的人,
都虎虎的成了万人敌;
那是的的确确的事实,
当时的吼声震动了天地。

不久日寇终于投降，
我们懊悔你没有亲眼看见胜利。
那里知道天下为私，
胜利不属于人民自己。
没有亲眼看见也罢，
看见了反而要大大的生气。

于今是内战展开；
工厂倒闭；
农村破产；
灾荒遍地；
战士得不到休息；
老百姓得不到饭吃。
买办阶级，
快把大好山河变成殖民地；
陷害黄帝的子孙，
沦为万劫不复的奴隶。

而且一党专制，
变本加厉。
不敬妇女不尊老，
中外古今太无礼。
有军队，有宪兵，有警察，
还要运用暗杀除异己。
贻大中华以奇羞，
为文明国所不齿。
公朴、一多，

前仆后继。
是谁刺杀了马梯窝蒂?
令人联想到悲惨的意大利。
中华民国之光荣,
是你们舍生取义。

这,给了我们光,给了我们热,给了我们力。
让我们锻炼自己:
"富贵不能淫,
贫贱不能移,
威武不能屈!"
永远踏着你们的脚迹。

和平最急!
民主第一!
要做到安居乐业,人民万岁,
追思才算完毕。
还有,我们要把你手创的书店造成文化仓库,
供给整个民族的精神粮食;
使大众养成乐学求真的嗜好,
真正变成五强之一。
敬爱的朋友啊!愿你安息。
伟大的战士啊!愿你安息。

1946 年 7 月 21 日

(原载 1946 年 7 月 27 日《民主》周刊第 41 期)

悼韬奋诗

柳亚子

长对嘉陵悼逝川,哭君忍泪已三年。
遗雏差喜摩双翅,继志端应慰九泉。
奋臂早看民众起,游魂不信独裁延。
墓门无恙松树在,会见光明照海边。

韬奋先生逝世三周年纪念,赋此追悼。病脑才尽,苦未能工也。

一九四七年七月吴江柳亚子敬撰

(原载1947年7月15日《读书与出版》第7期)

杂忆

沈钧儒

拟为散文或较长诗篇以纪念我韬奋,苦吟三日,数毁稿未就,仅得杂忆百数十字,哀何如之!

36年7月10日钧儒谨记

韬奋与我最后分手为三十年二月二十四日黎明之时,其地为重庆枣子岚垭上观音岩高坡拐角处。前一晚,将访任老,先过良庄,以所具向国民参政会辞职书交我。

平时遇有新出版书籍及刊物,见必举以相告,辄加以说明,谓此书不可不读,或某篇文字不可不一看。云云。

武汉沦陷前一月,曾偕赴湘赣等处前线劳军,归不久,即同至重庆。

岂只三周已六年,枣坡雾障尚漫天。
夜窗痛论当时事,此景分明在眼前。
交同兄弟有逾之,谊兼师友复奚疑。
相知数载遭天夺,到此如何能不悲。
第一相关是读书,商量选择到熊鱼。
求知今日应尤急,叉手旁皇孰启予。
前线劳军缁满衣,湘云赣雨带将归。
伤心最后同行日,一叶飞渝水上机。
一篇脱手不胫走,海内无人敢望君。
千万自由亲播种,何年笔杆组成军。

(原载1947年7月24日上海《时代日报》)

邹韬奋先生挽歌

陶行知词
夏之秋曲

1=♭A(或F) 3/4 2/4

渐慢

黑雾笼罩了人间寒
黑暗占据了宇宙寒虎

风呼呼地令人发抖那和
狼凶凶地阻人去路那照耀着

暴风雨苦斗的大树 枝儿折了
大众长征的火炬 烧成灰了

稍慢

还原

叶儿落了 但是它播下了千千
火花熄了 但是被点着的一个

(原载《风下周刊》1946年7月20日第33期,陶行知词,原载1944年10月重庆版《韬奋先生逝世纪念册》。)

韬奋纪念歌

新 生词
流 水曲

1=C 3/4 2/4

慢·沉着

3 1 7 | 6 - - | 3 6 7 i 7 6 | 7 - - |
永 别 了， 伟 大 的 战 士！

3 1 7 | 6 - - | i 7 2.3 i 7 6 | 6 - - |
永 别 了， 敬 爱 的 导 师！

较快

2/4 0 3.3 | 6 - | 6 0 0 6 | 3 3 | 3 2 3.4 |
你的生， 是 中 华 民 族 的

3 2 i | 3 - | 3 7.7 | 7 - | 7 0 0 i |
光 荣， 你的死， 是

7 i 3 2 | i 7 2.3 | i 7 i 7 6 - | 6 3.3 |
中 国 人 民 的 不 幸！ 多 少

6 6 3 | 3 2 4 | 3 - | 3 0 3.3 | 2. i i |
人 曾 为 你 而 悲 伤， 多少人 因为

(原载1948年7月25日越南堤岸《时代报》第3版)

韬奋纪念歌

1=♭B $\frac{2}{4}$ $\frac{3}{4}$

章　枚曲

韬奋，韬奋同志，你是民主的号
手，感召了多少青年走向革命。你是
黑夜的路灯，照耀着多少同志走向
光明。你为民主事业鞠躬
尽瘁，至死还不忘记做一个共产党
员 我们要学习你的斗争精神，
踏着你的道路向前进，我们要学习

$\underline{5.\ 6}\ \dot{1}\ 5\ |\ \dot{3}\ \dot{2}.\ 5.\ 6\ |\ \dot{1}\ 7\ 6\ 5\ |\ \overset{rit.\cdots}{\dot{5}\ \overset{\frown}{\dot{2}\ \dot{3}}}\ |\ \overset{\frown}{\dot{1}}\ -\ \|$

你的斗争精神，踏着 你的道路向前 进。

(1950年7月24日上海《大公报》第8版。)

附录

韬奋研究资料目录索引

题词

毛泽东题词(1944 年 11 月 15 日)
朱德题词
陈绍禹题词
高岗题词
　　以上四则载 1944 年 11 月 22 日延安《解放日报》
张澜题词(1945 年 7 月 19 日)
　　载 1945 年 7 月 24 日重庆《新华日报》
黄炎培题词(1946 年 7 月 24 日)
　　载 1946 年 7 月 27 日上海《民主》周刊第 41 期
毛泽东题词(1949 年 7 月)
周恩来题词(1949 年 7 月)
　　以上二则初次出处不详
饶漱石题词
陈毅、曾山、潘汉年、韦悫题词
　　以上二则载 1949 年 7 月 24 日上海《解放日报》《文汇报》《新闻日报》《大公报》
饶漱石题词(1950 年 7 月 19 日)

潘汉年题词

陈毅题词

  以上三则载 1950 年 7 月 24 日上海《文汇报》

史良题词（1978 年 6 月 12 日）

  载 1979 年 7 月 24 日上海《解放日报》

叶剑英题词（1978 年 7 月 14 日）

  载 1978 年 8 月北京《战地》增刊第 1 期

徐伯昕题词（1978 年 9 月 6 日）

  载 1978 年 12 月香港版《生活·读书·新知三联书店成立三十周年纪念集》

沙千里题词（1979 年 7 月 3 日）

  载 1982 年 8 月北京三联书店版《韬奋画传》

宋庆龄题词（1979 年 7 月 24 日）

  载 1979 年 7 月 24 日上海《解放日报》《文汇报》

陆定一题词（1980 年 1 月 8 日）

  载 1980 年 7 月 24 日上海《解放日报》

邓颖超题词（1984 年 5 月）

  载 1984 年 5 月 10 日《人民政协报》

张爱萍题诗（1943 年作，1984 年 7 月重书）

  载 1984 年 9 月《出版工作》第 9 期

书籍

韬奋先生逝世纪念册

  1944 年 10 月重庆邹韬奋先生追悼会筹备会编印。收入篇目：韬奋自述，哀韬奋（黄炎培），邹韬奋先生事略（沈钧儒），哀邹韬奋先生)(杨卫玉),悲痛的回忆(衡山),怀念邹韬奋先生(陶行知),永远年青的韬奋先生(茅盾),痛念韬奋兄(沙千里),在流亡生活中的韬奋先生(胡绳),韬奋先生死了!(张友渔),永远活在我们的心里(薛迪畅)。附录:韬奋先生遗作:对国人的呼吁,韬奋先生著述目录,韬奋先生在第一届参政会中的提案。挽歌(陶行知词,夏之秋曲)。附:韬奋先生病逝经过(何庸)。

追悼邹韬奋先生纪念册

1944年11月7日晋绥边区文化界追悼邹韬奋先生大会编印。收入篇目:中共中央电唁邹韬奋先生家属,邹韬奋先生遗嘱,邹韬奋先生事略,悼邹韬奋先生(《解放日报》十月七日社论),对国事的呼吁(邹韬奋最后遗作)。

韬奋先生逝世纪念特刊

1944年12月9日前进出版社出版,广东人民抗日游击队东江纵队政治部编印。收入篇目:韬奋给曾生大队长的题词(1942年1月20日于白石龙),一个晴天霹雳的噩耗(新华社10月6日电),韬奋先生遗嘱,中共中央唁电,悼邹公(林平),曾生、王作尧、杨康华、李筱峰、陈志华、之伯挽词,韬奋永生(诗,杜拉),韬奋先生哀词——在追悼会上讲演稿(新华社10月27日电,郭沫若),韬奋先生事略(新华社9月8日电),对国事的呼吁(韬奋先生最后遗作),悼韬奋先生(新华社延安10月9日电),我为你控诉(里明),韬奋先生论民主,同志,我永远永远地悼念你(杨奇),你是太阳的儿子(秋云),这就是邹韬奋先生的死(诗,蒲特),记韬奋先生在华南队的两件事(林鄂),我队致邹先生家属唁电(1944年10月20日),我队筹备纪念,文教大会唁电(陕甘宁边区文教大会唁电,新华社延安20日电),延安各界筹备隆重追悼(新华社延安10月14日电,边府设立韬奋出版奖金(新华社11月1日电),延安出版纪念特刊,(新华社延安11月2日电),哀痛追悼在新四军军部(新华社华中10月3

日电),苏北盐阜报出追悼特刊(新华社华中10日电),晋察冀募捐邹先生家属(新华社晋察冀10日电),韬奋先生出走重庆前的一封信(节录《抗战以来》第71节),韬奋先生语录,编后话。

邹韬奋先生讣告(冯玉祥题签)

1944年韬奋书店印行。收入篇目:讣告,邹韬奋先生遗像,哀讯事略,遗嘱。附录:中共中央唁电——接受遗嘱追认入党,悼邹韬奋先生(1944年10月7日延安《解放日报》社论),对国事的呼吁——最后遗作,韬奋先生哀词——郭沫若在重庆追悼会上演讲稿。

韬奋之死

1946年上海新民主出版社出版,胡愈之等著。收入篇目:韬奋传略,邹韬奋遗嘱,韬奋的死(胡愈之),伟大的爱国者韬奋(胡愈之),哀韬奋(黄炎培)。

悼念韬奋

1946年群众出版社出版。收入篇目:邹韬奋先生事略,悲痛的回忆(沈钧儒),久长的纪念(茅盾),我们要学习韬奋精神(胡仲持),从私生活上向韬奋学习(萨空了),韬奋与大众文化(胡愈之),默念(沈兹九),悼念韬奋先生(胡守愚),记忆中的韬奋先生(怀湘),中国今天需要千万个韬奋(李章达),他还站在我们的前面(胡绳),追念韬奋先生(沈志远),纪念韬奋先生(周建人),韬奋先生的时代并没有过去(寒松),韬奋的路向(孙起孟),送韬奋之葬(杨卫玉),记韬奋先生的葬仪(邑君),祭邹韬奋先生文(陶行知),韬奋在东江(陈汝棠),人民需要千万个你——韬奋先生(风沙),怀念韬奋先生(陶行知)。对国事的呼吁(邹韬奋遗作)。

怎样向韬奋学习

1946年7月,韬奋出版社编印。收入篇目:编者引言,邹韬奋先生事略(沈钧儒),附:他的出身和苦学时代(邹恩洞),他怎样办刊物,办书店?(黄炎培、吴玉章、傅彬然、赵超构、渝文),他和人民大众在一起(毛泽东、柳湜、迈之),他怎样为群众服务?(张仲实、钟怀琼、墨遗萍),他有坚定真诚的政治立场(金仲华、凯丰、茅盾、胡绳),他有实际认真的工作精神(徐特立、邹恩洵、沙千里、张友渔、千家驹),他热情虚心大公无私(沈钧儒、范长江、魏东明),他勇于追求进步(艾思奇、张仲实),他是彻底的民主主义者(陈毅、陈伯达),他的死号召我们继起奋斗:韬奋先生哀词(郭沫若),怀念韬奋先生(诗,陶行知)。

韬奋先生的流亡生活

1946年8月上海民主周刊社初版,杨明著。共二十二节,并收有附录:韬奋先生辞去国民参政员电,韬奋先生留致参政会各党派领袖书,对国事的呼吁(韬奋先生最后遗作),哀韬奋先生(郭沫若先生在重庆追悼会上的演讲词),邹韬奋先生遗嘱,中共中央唁电。

永在追念中的韬奋先生

1947年7月韬奋出版社编印,生活书店总经售。收入篇目:邹韬奋先生事略(沈钧儒),他的出身和苦学时代(邹恩洵),杂忆(沈钧儒),悼韬奋(诗,柳亚子),韬奋死三年了(黄炎培),伟大的爱国者韬奋(胡愈之),伟大的自由主义者的模范(沈志远),我们要学习韬奋精神(胡仲持),韬奋先生的干部政策(孙起孟),韬奋的三个特点(杨卫玉),记香港战争时韬奋的琐事(茅盾),韬奋先生印象(郭沫若),从平凡处追念他的伟大(王造时),纪念韬奋先生(周建人),死的征服力量(平心),邹韬奋先生逝世三周年志感(张䌹伯),假如韬奋还活着(千家驹),从韬奋兄想起(思慕),他怎样办刊物,办书店?(黄炎培、吴玉章、傅彬然、赵超构、薛迪畅),他和人民大众在一起(毛泽东、柳湜、迈之),他怎样为群众服务?(张仲实、钟怀琼、墨遗萍),他有坚定真诚的政治立场(金仲华,凯丰、茅盾、胡绳),他有实际认真的工作精神(徐特立、邹恩洞、沙千里、张友渔、千家驹),他热情虚心大公无私(沈钧儒、范长江、魏东明),他勇于追求进步(艾思奇、张仲实),他是彻底的民主主义者(陈毅、陈伯达),他的死号召我们继起奋斗:韬奋先生哀词(郭沫若),怀念韬奋先生(陶行知),祭邹韬奋先生文(陶行知)。

伟大的爱国者韬奋

1950年公益印书馆印行。

向韬奋学习

1948年6月哈尔滨光华书店编印。收入篇目:邹韬奋遗嘱,邹韬奋事略(沈钧儒),他的出身和苦学时代(邹恩洞),伟大的爱国者韬奋(胡愈之),伟大的自由主义者的模范(沈志远),我们要学习韬奋精神(胡仲持),韬奋先生的干部政策(孙起孟),记香港战争时韬奋的琐事(茅盾),韬奋先生印象(郭沫若),从平凡处追念他的伟大(王造时),死的征服力量(平心),从韬奋兄想起(思慕),他和人民大众在一起(毛泽东、柳湜、迈之),他是彻底的民主主义者(陈毅、陈伯达),他勇于追求进步(艾思奇、张仲实),他热情虚心大公无私(沈钧儒、范长江、魏东明),他有实际认真的工作精神(徐特立、邹恩洞、沙千里、张友渔、千家驹),他怎样为群众服务(张仲实、钟怀琼、墨遗萍),他有坚定真诚的政治立场(金仲华、凯丰、茅盾、胡绳),他怎样办刊物(黄炎培、吴玉章、傅彬然、赵超构、渝文),韬奋先生哀词(郭沫若),怀念邹韬奋先生(陶行知),祭邹韬奋先生文(陶行知)。

韬奋和生活书店

1948年7月山东新华书店出版,王益编。收入篇目:优秀的中国人(张仲实),不屈不挠尽善尽美的作风(张仲实),生活史话(韬奋),贫民窟里的报馆(韬奋),与落后的印刷业搏斗(韬奋)。

邹韬奋

1950年12月上海商务印书馆印行,黄逸之编著,分十四章,介绍邹韬奋生平,前有韬奋先生像和韬奋纪念歌(章枚曲)。

韬奋的道路

1958年6月上海韬奋纪念馆编,生活·读书·新知三联书店初版。共收有题词三则,慰问信一封,纪念诗文六十九篇。

邹韬奋

1958年10月中国青年出版社初版,穆欣编著。分十九章,介绍韬奋生平,书末附有邹韬奋生平和著作年表。

韬奋

1962年9月生活·读书·新知三联书店出版,穆欣著,共十三章,末附有韬奋生平和著作年表。

生活·读书·新知三联书店成立三十周年纪念集

1978年12月生活·读书·新知三联书店香港分店出版(非卖品)。宋庆龄题签,前有邹韬奋和李公朴像。收有题词三十四则,绘画·篆刻十四幅,诗文六十四篇。

向韬奋学习

1979年人民出版社资料组编印。收有文章七篇,图五幅。

韬奋的流亡生活

1979年12月生活·读书·新知三联书店出版,胡耐秋著。共二十节,是1946年3月的《韬奋先生的流亡生活》的修订本,有较大增补。

邹韬奋(新版)

1981年6月湖北人民出版社出版,穆欣编著。共二十章,并附新版后记。

邹韬奋年谱

1982年4月复旦大学出版社出版,复旦大学新闻系研究室编。收有中共中央唁电,致邹韬奋夫人沈粹缜的慰问信(周恩来),邹韬奋的自述和遗嘱等资料,并附有邹韬奋研究资料索引。

韬奋画传

1982年8月生活·读书·新知三联书店出版,上海韬奋纪念馆供稿,曹辛之编。收图片二百余幅,由邹嘉骊编写文字说明。

韬奋与出版

1983年6月上海学林出版社出版,钱小柏、雷群明编著,共分五章,前有王子野序,末附有韬奋从事出版工作大事编年,韬奋著、译及编辑的书籍,生活周刊社及生活书店出版刊物一览,生活周刊社及生活书店出版的图书目录。

韬奋手迹

1984年5月生活·读书·新知三联书店香港分店出版,上海韬奋纪念馆约请邹嘉骊合编(非卖品)。收书简十八封,文稿九篇,遗墨二十三幅。

生活书店读书出版社新知书店革命出版工作五十年纪念集

1984年6月中国出版工作者协会编辑出版(非卖品)。收有邓颖超、胡愈之、周谷城、叶圣陶、唐弢等的贺信、贺词,北京、上海的纪念会上发言者的全部讲话稿,选辑了部分纪念文章和三个书店的简史。

韬奋著译系年目录

1984年7月上海学林出版社初版,邹嘉骊辑。本书由胡愈之题签,胡绳作序,邹嘉骊写《这本目录是怎样编成的》。共收入1914年至1944年三千余篇文章的目录。附录:韬奋备考篇目和笔名,韬奋编著、翻译书目一览,韬奋作序书目一览,韬奋手迹目录。

文章

(有 * 者为本书所收)

他最了解中国青年的苦难(透恼)
　　载 1944 年 9 月 22 日重庆《新华日报》
邹韬奋先生(沙)
　　载 1944 年 9 月 22 日重庆《新民报》晚刊
在战斗中纪念你(草禺)
　　载 1944 年 9 月 30 日重庆《新华日报》
*永远年青的韬奋先生(茅盾)
　　载 1944 年 9 月 30 日重庆《新民报》晚刊
实现韬奋先生的呼吁(社论)
*邹韬奋先生事略(沈钧儒)
*韬奋先生的道路(胡绳)
我所认识的韬奋先生(晓林)
　　以上四篇载 1944 年 10 月 1 日重庆《新华日报》
怀念韬奋先生(月子)
邹韬奋与史良(老树)
　　以上两篇载 1944 年 10 月 1 日重庆《新民报》晚刊
哀邹韬奋先生(杨卫玉)
　　载 1944 年 10 月 1 日《国讯》第 377 期
*韬奋先生哀词——在重庆追悼会上讲演稿(郭沫若)
　　载 1944 年 10 月 2 日重庆《新华日报》
泪的号召(诗,李勃)
　　载 1944 年 10 月 4 日重庆《新华日报》

悼邹韬奋先生(社论)
＊我们是兄弟、是战友、是同志——悲悼我的大哥恩润(韬奋)的死
(邹恩润)
　　以上两篇载1944年10月7日延安《解放日报》
入党(谷亮)
　　载1944年10月11日延安《解放日报》
向韬奋学习(社评)
　　载1944年10月11日《淮海报》
他的名字最光明(丁一)
中国的人民不能忘记你(郊奔)
遥祭——献给邹韬奋先生(诗,朱健)
阳台山之春(诗,兰君)
　　以上四篇载1944年10月14日重庆《新华日报》
悼念民主战士韬奋先生(本社)
　　载1944年10月15日重庆《群众》周刊第9卷第19期
永远活在大众的心里——悼韬奋先生(北鸥)
邹韬奋先生为何如人(黄炎培)
韬奋先生追悼会记(尚丁)
　　以上三篇载1944年10月15日重庆《国讯》第378期
留给我们的责任(王阑西)
＊痛悼韬奋先生并控诉国民党反动派的罪行(寒松)
脑癌与国民党——悼念韬奋先生(骆耕漠)
哀悼韬奋先生(白桃)
真理的方向(车载)
忆韬奋先生(戈扬)
　　以上六篇载1944年10月19日《盐阜报》
哀韬奋(诗,黄炎培)

* 悲痛的回忆(衡山)

* 怀念邹韬奋先生(诗,陶行知)

* 痛念韬奋兄(沙千里)

* 在流亡生活中的韬奋先生(胡绳)

* 韬奋先生死了!(张友渔)

* 永远活在我们的心里——追念我们的领导者韬奋先生(薛迪畅)

* 邹韬奋先生挽歌(陶行知词　夏之秋曲)

　　以上八篇载1944年10月重庆版《韬奋先生逝世纪念册》

韬奋先生病逝经过(何庸)

　　载1944年10月重庆版《韬奋先生逝世纪念册》附录

悼韬奋先生(本社)

　　载1941年11月1日《大学》月刊革新特大号

向韬奋学习(行者)

悼韬奋先生(刘少白)

韬奋活在我的心里(方平)

投考生活书店练习生的一段回忆——悼韬奋同志

　　以上四篇载1944年11月7日晋绥《抗战日报》

* 哀悼为新民主主义奋斗的战士邹韬奋同志(吴玉章)

* 纪念邹韬奋先生(陈毅)

* 纪念韬奋先生(凯丰)

* 追悼邹韬奋先生之死想到一切人之死(续范亭)

纪念邹韬奋先生(陈伯达)

* 韬奋的事业与精神(徐特立)

我们这一代正需要的精神(柳湜)

永远前进的精神(张宗麟)

教青年认识了革命真理(朱婴)

决心向你学习(胡伟绩)

循循善诱(李文)

真正给读者服务(墨遗萍)

"生活"是群众的喉舌(许欣之)

一点微末的纪念(魏东明)

指示了我的人生道路(钟怀琼)

我不敢忘记我的恩师(鲁史)

我怎能忘记你(许一蜂)

* 中国大众的立场(艾思奇)

最可爱的人格(何干之)

由服务大众得到力量(徐懋庸)

* 韬奋同志——文化界的劳动英雄(萧三)

始终保持着天真(摘自茅盾《永远年青的韬奋先生》)

一生写作劳瘁(摘自沈钧儒《悲痛的回忆》)

大公无私、虚怀若谷(摘自范长江《死得太早了》)

"我就是这样,看你怎么办?"(摘自钱俊瑞《愤怒的哀悼》)

严拒利诱(摘自艾寒松《痛悼韬奋先生并控诉国民党反动派的罪行》)

与检查官抗争(摘自沙千里《痛念韬奋兄》)

在东江抗日根据地(摘自胡绳《在流亡生活中的韬奋先生》)

* 一个优秀的中国人——邹韬奋先生的生平、其思想及事业(张仲实)

 以上三十篇载 1944 年 11 月 22 日延安《解放日报》

* 朱德在延安举行的邹韬奋先生追悼大会上的讲话

* 陈毅在延安举行的邹韬奋先生追悼大会上的讲话

朱宝庭在延安举行的邹韬奋先生追悼大会上的讲话

 以上三篇载 1944 年 11 月 24 日延安《解放日报》

追悼邹韬奋先生(逸文)

载1944年12月《中学生》复刊后第81、82期合刊

我们的模范邹韬奋先生(雪笛)

载1945年8月16日读书生活出版社《模范》创刊号

韬奋逝世一周年纪念词(黄炎培)

不屈不挠尽善尽美的作风(张仲实)

韬奋先生逝世周年纪念(张宗麟)

血肉相连(艾思奇)

十一月二十二日(鲁果)

以上五篇载1945年7月24日延安《解放日报》

追念邹韬奋、杜重远两先生(社论)

韬奋先生逝世一周年纪念(张澜)

在人民的求自由解放的浪潮中您永远的活着!(茅盾)

我们在活着的时候没有一分钟可以浪费——悼念韬奋和重远(萨空了)

悼念和省察——纪念韬奋先生逝世一周年(傅彬然)

﹡韬奋逝世一周年哀词(黄炎培)

追念邹杜两先生(崇)

﹡韬奋先生周年挽诗(柳亚子)

与千万人共呼吸的人格(胡绳)

以上九篇载1945年7月24日重庆《新华日报》

﹡韬奋的最后(郑振铎)

载1945年10月27日上海《周报》第8期

韬奋的流亡生活(杨明)

载1945年10月27日,11月3、10、17、24日,12月1日《民主》周刊第3、4、5、6、7、8期

韬奋与青年(陶融)

载1945年12月1日《新文化》第1卷第4期

*韬奋的死(胡愈之)

　　载1946年2月11、18、25日新加坡《风下》周刊第10、11、12期

韬奋先生在苏北(愚公)

　　载1946年4月25日上海《消息》半周刊第6期

邹韬奋非义勿取拒绝马占山馈赠(梅瘦)

　　载1946年5月15日《辛报》

韬奋·羊枣

　　载1946年5月23日《文萃》第31期

《怎样向韬奋学习》引言

　　载1946年7月15日上海《读书与出版》第4期

***伟大的爱国者——韬奋**(胡愈之)

***久长的纪念**(茅盾)

***默念**(兹九)

邹韬奋与陈布雷(丝丝)

***祖国正患着难医的脑癌**(诗,杨骚)

韬奋先生还活着(陈仲达)

纪念先生要加紧团结(金丁)

悼韬奋先生(胡守愚)

追念韬奋先生(殊群)

我的脑子中的韬奋先生(蔡钦敬)

　　以上十篇载1946年7月20日新加坡《风下》周刊第33期

韬奋先生的道路(默涵)

韬奋先生怎样为群众服务(李勃)

　　以上两篇载1946年7月21日《群众》周刊第11卷第12期

***韬奋先生在东江时**(汪洋)

　　载1946年7月21日香港《正报》旬刊新1号

653

追忆伟大的爱国主义者——邹韬奋先生(社论)
全国人民团结起来——纪念韬奋先生逝世一周年(萧刚)
韬奋的不朽之作——纪念韬奋同志逝世二周年(小亚)
  以上三篇载1946年7月24日重庆《新华日报》
我们要学习韬奋精神(胡仲持)
 *从私生活上向韬奋学习(萨空了)
 *记忆中的韬奋先生(怀湘)
中国今天需要千万个韬奋(李章达)
  以上四篇载1946年7月24日香港《华商报》
 *韬奋在东江(陈汝棠)
人民需要千万个你,韬奋先生(风沙)
  以上两篇载1946年7月26日香港《华商报》
 *祭邹韬奋先生文(诗,陶行知)
送韬奋之葬(杨卫玉)
追念韬奋先生(沈志远)
 *纪念韬奋先生(周建人)
韬奋的路向(孙起孟)
韬奋先生的时代并没有过去——纪念他的两周年(寒松)
 *记韬奋先生的葬仪(邑君)
  以上八篇载1946年7月27日上海《民主》周刊第41期
 *韬奋与大众文化(胡愈之)
他还站在我们前面(胡绳)
  以上两篇载1946年上海版《悼念韬奋》
韬奋死三年了(诗,黄炎培)
  载1947年7月6日《国讯》第420期
 *韬奋先生印象(郭沫若)
  载1947年7月12日《世界知识》第16卷第2期

﹡悼韬奋诗（柳亚子）

怀念韬奋（史良）

向韬奋先生学习什么？（艾寒松）

未竟事业待继续（景宋）

  以上四篇载 1947 年 7 月 15 日《读书与出版》第 7 期

杂忆（沈钧儒）

﹡忆韬奋先生（西谛）

  以上两篇载 1947 年 7 月 24 日《时代日报》

﹡从平凡处追念他的伟大（王造时）

﹡记香港战争时韬奋的琐事（茅盾）

  以上两篇载 1947 年 7 月 25 日《时与文》周刊第 20 期

﹡韬公，我们永远怀念你！——在东江解放区的回忆（吉茹）

  载 1947 年 7 月 26 日香港《正报》周刊第 48 期

﹡韬奋先生的三个特点（杨卫玉）

  载 1947 年 7 月 27 日《国讯》第 423 期

﹡韬奋先生的干部政策（孙起孟）

﹡死的征服力量（平心）

邹韬奋先生逝世三周年纪念志感（张絅伯）

假如韬奋还活着（千家驹）

从韬奋兄想起（思慕）

伟大的自由主义者的模范（沈志远）

  以上六篇收入 1947 年 7 月韬奋出版社版《永在追念中的韬奋先生》

知识分子的道路（韦芝）

  载 1948 年 5 月 20 日《群众》周刊第 2 卷第 19 期

痛悼四位民主战士（澍）

韬奋文录序（胡愈之）

载1948年7月15日《读书与出版》第7期

学习韬奋先生(萌子)

悼邹韬奋先生(谢青)

＊邹韬奋先生到解放区(路绮)

向韬奋先生学习——介绍《经历》(嘉陵)

　　以上四篇载1948年7月15日大连版《学习生活》第1卷第5期

南无,邹李闻陶!(郭沫若)

　　载1948年7月16日香港《光明报》新1卷第10期

＊韬奋纪念歌(新生词　流水曲)

　　载1948年7月25日越南堤岸《时代报》

怀念邹杜李陶四先生(沈钧儒)

邹杜李陶在召唤我们(邓初民)

他们是不死的(千家驹)

人民救国会和知识分子的道路(愈之)

爹死后的一段回忆(邹嘉骊)

　　以上五篇载1948年7月25日香港《华商报》

邹韬奋与《生活》周刊(六风)

　　载1948年7月28日《诚报》

＊韬奋的共产主义思想(徐永煐)

　　载1949年7月8日《世界知识》第20卷第4期

韬奋与生活(文超)

韬奋先生二三事(金人)

　　以上两篇载1949年7月21日《江西日报》

＊邹韬奋先生五周年祭(毕云程)

　　载1949年7月22日《世界知识》第20卷第8期

＊邹韬奋和《光明报》(空了)

  载 1949 年 7 月 24 日《光明日报》

假如韬奋生在今天（黄炎培）

  载 1949 年 7 月 24 日上海《解放日报》

﹡韬奋同志的革命精神（戴白韬）

  载 1949 年 7 月 24 日上海《解放日报》《文汇报》《新闻日报》

我们要学习韬奋的革命精神和工作方法（徐伯昕）

  载 1949 年 7 月 24 日上海《解放日报》《新闻日报》

﹡念韬奋同志（长江）

  载 1949 年 7 月 24 日上海《解放日报》《文汇报》《新闻日报》《大公报》

韬奋先生逝世五周年祭（社论）

永垂不朽的进步旗帜——韬奋先生逝世五周年祭（平心）

﹡纪念亡友邹韬奋先生（曾耀仲）

  以上三篇载 1949 年 7 月 24 日上海《文汇报》

拿更伟大的成就来纪念韬奋同志（郑森禹）

跟着韬奋先生走（张明养）

  以上两篇载 1949 年 7 月 24 日上海《文汇报》《新闻日报》

纪念韬奋先生（徐雪寒）

  载 1949 年 7 月 24 日上海《新闻日报》

﹡悼韬奋（胡子婴）

我们应以更深的意义来纪念韬奋先生（梅丽华）

  以上两篇载 1949 年 7 月 24 日上海《大公报》

向韬奋学习（社评）

祭邹韬奋文

  以上两篇载 1949 年 7 月 24 日《新民报》晚刊

邹韬奋逝世五周年祭（方晓蓝）

  载 1949 年 7 月 24 日上海《大报》

忆韬奋同志(农菲)

向韬奋同志学习(履冰)

  以上两篇载 1949 年 7 月 24 日南京《新华日报》

纪念邹李闻陶杜诸位先烈(李章达)

从纪念五先生说起(思慕)

回忆韬奋在东江(绮阳)

你们是灯塔——纪念邹李闻陶杜诸先生(秦牧)

  以上四篇载 1979 年 7 月 24 日香港《华商报》

* 在上海市韬奋同志逝世五周年纪念大会上的致词(宋庆龄)

  载 1949 年 7 月 25 日上海《解放日报》

邹韬奋先生二三事(毕云程)

  载 1949 年《时代》半月刊第 22 期

我们知道的韬奋先生(贺善征)

  载 1949 年 8 月 15 日《点滴》月刊第 8 期

从今天的工作想起韬奋兄(思慕)

  载 1950 年 7 月 24 日上海《文汇报》

韬奋先生六周年祭(毕云程)

向韬奋学习(张明养)

  以上两篇载 1950 年 7 月 24 日上海《文汇报》《大公报》

* 韬奋纪念歌(章枚曲)

  载 1950 年 7 月 24 日上海《大公报》

悼我亲爱的父亲(邹嘉骅)

  载 1951 年 7 月 24 日上海《解放日报》

不朽的巨人——纪念邹韬奋先生(《文汇报》资料室)

  载 1951 年 7 月 24 日上海《文汇报》

具有党性的韬奋先生是一面进步文化的旗帜——为纪念韬奋逝世七周年而作(杨全)

载1951年7月24日《新闻日报》

纪念韬奋同志,学习他热爱人民的精神(沈粹缜)

　　载1952年7月24日上海《解放日报》

韬奋和他的事业(胡愈之)

*邹韬奋和《大众生活》(茅盾)

　　以上两篇载1954年7月24日《人民日报》

中国知识分子的榜样——纪念邹韬奋先生逝世十周年(社论)

　　载1954年7月24日《光明日报》

韬奋逝世十周年(柳湜)

　　载1954年7月24日《光明日报》《北京日报》

走韬奋同志的路(沈钧儒)

　　载1954年7月24日《光明日报》、上海《解放日报》

*爸爸,你的理想实现了!(邹嘉骊)

*学习韬奋同志联系群众的作风(周保昌)

　　以上两篇载1954年7月24日《北京日报》

纪念韬奋同志(吴全衡)

　　载1954年7月24日北京《工人日报》

中国青年怀念着邹韬奋同志——在纪念邹韬奋同志逝世十周年大会上的讲话(刘导生)

纪悼邹韬奋同志(李庚)

　　以上两篇载1954年7月24日《中国青年报》

悼念邹韬奋同志(郑振铎)

向邹韬奋同志学习(张琴南)

　　以上两篇载1954年7月24日天津《大公报》

*片断的回忆——纪念邹韬奋同志逝世十周年(胡耐秋)

　　载1954年7月24日天津《大公报》、上海《文汇报》

韬奋的道路(金仲华)

学习韬奋同志的联系人民对群众负责的精神(夏衍)
  以上两篇载1954年7月24日上海《解放日报》
革命知识分子的光辉道路(张以照)
伟大的爱国者、杰出的文化战士——邹韬奋同志(沈志远)
  以上两篇载1954年7月24日上海《文汇报》
回忆韬奋同志和《生活》周刊(毕青)
  载1954年7月23日上海《青年报》、24日上海《文汇报》
*韬奋的遗志已经全部实现了(沈粹缜)
  载1954年7月24日上海《文汇报》《新闻日报》
假如韬奋同志还活着(思慕)
  载1954年7月24日上海《新闻日报》
学习韬奋同志的服务精神(李志国)
  载1954年7月24日西安《群众日报》
纪念邹韬奋同志,努力提高书籍发行工作的服务水平(李志国)
  载1954年7月24日《西安日报》
回忆韬奋同志,学习韬奋同志——纪念韬奋同志逝世十周年(艾寒松)
  载1954年7月24日武汉《长江日报》
热爱人民,真诚地为人民服务——纪念邹韬奋同志逝世十周年(萧炎)
  载1954年7月24日重庆《新华日报》
伟大的民主战士邹韬奋同志——纪念我的最敬爱的启蒙老师(李文)
  载1954年7月24日《东北日报》
学习邹韬奋同志真诚地为人民服务的精神——在西安文化界和新闻出版界纪念邹韬奋同志逝世十周年大会上的讲话(张仲实)
  载1954年7月27日西安《群众日报》

邹韬奋同志一生的工作和斗争——一九五四年七月二十三日在北京举行的邹韬奋同志逝世十周年纪念会上的发言(胡绳)

载 1954 年 8 月 1 日《中国青年》第 15 期

* 追念韬奋(韦彧)

载 1954 年《文艺月报》8 月号

为言论出版自由而奋斗的战士——邹韬奋(邵公文)

载 1954 年《新观察》第 15 期

韬奋的思想的发展(《韬奋文集》编辑委员会)

以上两篇收入 1956 年 1 月生活·读书·新知三联书店版《韬奋文集》第 1 卷

向韬奋同志学习——读《韬奋文集》第三集(浩飞)

载 1956 年 2 月 24 日《读书月报》第 2 期

人民生活是写作的唯一源泉——介绍《韬奋文集》(胡愈之)

载 1956 年 5 月 6 日《人民日报》

知识分子自我改造的榜样——介绍《韬奋文集》第三卷(穆欣)

载 1956 年 5 月 22 日《青年报》

关于鲁迅给邹韬奋的一封信(丁景唐)

载 1956 年 10 月 15 日上海《文汇报》

学习韬奋的群众观点(陈惠钧)

载 1956 年 12 月 4 日《大公报通讯》

韬奋先生在香港(舒素园)

载 1957 年 8 月 18 日《新晚报》

韬奋和《生活日报》(穆欣)

载 1957 年 5 月 15 日、6 月 15 日、7 月 15 日《新闻业务》第 5、6、7 期

忆韬奋先生(阿黄)

载 1957 年 6 月 8 日香港《大公报》

想起了韬奋(任晦)
　　　载 1957 年 6 月 24 日《人民日报》
党给韬奋以力量(穆欣)
　　　载 1957 年 7 月 24 日《光明日报》
＊忆韬奋先生(陈象恭)
　　　载 1957 年 7 月 24 日《大公报》
记韬奋的生活和斗争(沈粹缜)
　　　载 1957 年 7 月 24 日上海《解放日报》
中国知识分子的好榜样(短评)
　　　载 1957 年 7 月 24 日上海《文汇报》
从韬奋身上学习什么——纪念韬奋同志逝世十三周年(穆欣)
　　　载 1957 年 7 月 25 日《新闻与出版》
一个知识分子的道路——纪念韬奋逝世十三周年(阳风)
　　　载 1957 年 7 月 28 日香港《文汇报》
缅怀韬奋(坤)
　　　载 1957 年 9 月 7 日《文汇报》
韬奋和鲁迅的友谊(穆欣)
　　　载 1957 年 10 月 20 日《光明日报》
从韬奋的三本书看苏联(沈粹缜)
　　　载 1957 年 10 月 28 日上海《新民报》晚刊
韬奋在列宁格勒的时候(沈粹缜)
　　　载 1957 年 11 月 6 日上海《文汇报》
在战鼓声中想起战士(袁水拍)
　　　载 1957 年 11 月 10 日《新闻与出版》
＊琐忆韬奋与出版工作(袁信之)
　　　载 1957 年 12 月 25 日《新闻与出版》
略论邹韬奋新闻观点的转变(贺新创)

载1958年《新闻业务》第2期

＊**邹韬奋和高尔基**(戈宝权)

　　载1958年《文艺报》第5期

＊**韬奋同志在南通的时候**(王淮)

　　载1958年5月17日《南通市报》

知识分子自我改造的榜样——介绍《韬奋的道路》(穆欣)

　　载1958年7月12日《光明日报》

知识分子的好榜样——纪念韬奋同志逝世十四周年(思慕)

　　载1958年7月24日上海《解放日报》

自我改造道路上的良师益友——纪念韬奋同志(杨东莼)

一个知识分子走向革命道路的关键——纪念韬奋逝世十四周年（艾寒松）

　　以上两篇载1958年7月24日上海《文汇报》

回忆韬奋——写在韬奋逝世十四周年(沈粹缜)

韬奋的道路(袁信之)

　　以上两篇载1958年7月24日上海《新闻日报》

韬奋和"小言论"号外(王方)

　　载1958年7月24日上海《新民晚报》

关于韬奋学习工作和斗争的一些回忆(沈粹缜)

　　载1958年7月24日《南通市报》

从韬奋谈到知识分子的"红专"问题(胡愈之)

　　载1958年《读书》第9期

又红又专的道路——《邹韬奋》序(穆欣)

学习韬奋同志的革命精神(许觉民)

　　以上两篇载1958年11月5日《光明日报》

热爱祖国忠于人民——一个革命知识分子走过的道路(本报记者)

纪念韬奋学习韬奋(方学武　诸度凝)

  以上两篇载1958年11月5日上海《文汇报》
向韬奋学习(金仲华)
  载1958年11月6日上海《解放日报》
韬奋遗墨新见(克)
  载1959年3月19日上海《文汇报》
邹韬奋同志在南通四安区温家桥南通县立中学(吴浦云)
  载1959年3月24日《南通地区革命史采访录汇编》
纪念我的爸爸邹韬奋(邹嘉骊)
  载1959年7月16日《儿童时代》第14期
一个在人民中间的人——纪念韬奋逝世十五周年(胡绳)
为真理而奋斗——纪念韬奋同志逝世十五周年(长江)
韬奋伯伯在江村的时候(陈汉辉)
学习邹韬奋(陈和平)
  以上四篇载1959年7月24日《光明日报》
"读其书尚友其人"——纪念邹韬奋同志逝世十五周年(沪光)
  载1959年7月24日《河北日报》
深切的感受(沈粹缜)
知识分子的道路——纪念韬奋同志逝世十五周年(士助辑)
  以上两篇载1959年7月24日上海《解放日报》
忘我的人(长江)
韬奋与中苏友谊(毕云程)
韬奋与言论工作(金仲华)
  以上三篇载1959年7月24日上海《文汇报》
纪念韬奋同志认真多读好书(袁彦)
  载1959年7月24日《大公报》
韬奋虎口余生记(冬丹)
强烈感人的"韬奋风格"(秦牧)

* 和韬奋相处的日子（杨奇）

韬奋的笔（周敏）

  以上四篇载 1959 年 7 月 24 日广州《羊城晚报》

学习邹韬奋的读书精神（寿南）

  载 1959 年 7 月 24 日上海《青年报》

韬奋同志二三事（克昌）

  载 1959 年 7 月 25 日《劳动报》

纪念邹韬奋同志（杜希唐）

  载 1959 年 7 月 26 日《河南日报》

邹韬奋的评论工作（杨瑾琤）

  载 1959 年《新闻业务》第 7 期

* 韬奋同志在苏北的片断（袁信之）

  载 1959 年 11 月 5 日《光明日报》

中国人给高尔基的礼物——关于韬奋写的一本书（文友苏）

  载 1960 年 4 月 15 日广州《羊城晚报》

邹韬奋的读者信箱（兰天虹）

  载 1960 年 12 月 25 日广州《羊城晚报》

认真学习认真工作（沈粹缜）

  载 1961 年 8 月 26 日上海《文汇报》

* 韬奋同志二三事（袁信之）

  载 1961 年 7 月 24 日上海《解放日报》

爱国民主战士邹韬奋（志矢）

  载 1961 年 7 月 24 日《哈尔滨晚报》

韬奋斗王伯群的故事（迅之）

  载 1961 年 7 月 25 日上海《新民晚报》

发展服务精神——纪念韬奋同志六十六岁诞辰（王知伊）

  载 1961 年 11 月 5 日上海《解放日报》

韬奋出生在哪里?(杨瑾琤)
　　载 1961 年 11 月 5 日上海《新民晚报》
邹韬奋同志的作风
　　载 1961 年 11 月 5 日《甘肃日报》
需要对写作下苦功夫——学习邹韬奋勤于写作的优良作风(上闻远)
　　载 1962 年《新闻业务》第 1 期
邹韬奋,有爱国心的知识分子(金仲华)
　　载 1962 年 7 月《中国建设》英文版
＊"最大的愿望是办好一个刊物"——学习韬奋的编辑工作经验(柳湜)
　　载 1962 年 7 月 24 日《人民日报》
邹韬奋的笔名和化名(袁信之)
　　载 1962 年 7 月 24 日上海《新民晚报》
＊韬奋病危的时候——纪念韬奋同志逝世十八周年(张又新)
　　载 1962 年 7 月 25 日上海《文汇报》
韬奋与《抗战》(杨瑾琤)
　　载 1962 年 8 月 13 日上海《解放日报》
韬奋在江村避难的时候(袁信之)
　　载 1962 年 11 月 4 日上海《新民晚报》
韬奋的早期作品(姚乃麟)
　　载 1963 年 1 月 18 日上海《新民晚报》
鲁迅、邹韬奋和沈钧儒先生(胡愈之)
　　载 1963 年 6 月 15 日《光明日报》
邹韬奋与《生活》周刊(曹延栋)
　　载 1963 年 11 月 5 日《广西日报》
邹韬奋在港的时候(陈舆翁)

载1964年5月22日香港《文汇报》

邹韬奋同志逝世二十周年

　　载1964年7月23日《武汉晚报》

一个光辉的榜样——纪念韬奋同志逝世二十周年(范长江)

　　载1964年7月24日《人民日报》

韬奋的精神(张仲实)

韬奋与生活书店(周保昌)

　　以上两篇载1964年7月24日《光明日报》

忆韬奋(沈粹缜)

　　载1964年7月24日上海《文汇报》

又一次想起韬奋同志(胡愈之)

　　载1964年7月24日上海《解放日报》

忆韬奋在港二三事——纪念韬奋先生逝世二十周年(徐文烈)

　　载1964年7月24日香港《大公报》

韬奋同志在江头村(陈启昌)

　　载1964年7月25日广州《羊城晚报》

邹韬奋的革命精神(冯立)

　　载1964年7月25日《西安晚报》

热爱人民的邹韬奋(马功成)

　　载1965年7月28日《成都晚报》

毛主席的思想指引韬奋走革命的道路(沈粹缜)

　　载1977年10月19日上海《文汇报》

驳所谓"三十年代黑店"论(陈原)

　　载1978年2月3日《人民日报》

为大众作喉舌　和大众打成一片——学习邹韬奋同志的办报精神(章玉梅　辛志文)

　　载1978年《文汇通讯》第6期

*我在"生活"工作的日子(张锡荣,未公开发表)

  1978年6月5日于常州

怀念邹韬奋同志(张仲实)

  载1978年7月24日上海《解放日报》

邹韬奋与"生活"传统(刘景华)

  载1978年7月24日上海《文汇报》

写在《经历》重版本的后面(胡愈之)

  载1978年7月北京《战地》第1期增刊

回忆三十年代的生活书店(张仲实)

 *韬奋在香港创办《大众生活》(程浩飞)

 *回忆《大众生活》在香港——纪念三联书店成立三十周年(千家驹)

 *忆邹韬奋——为纪念三联书店三十周年而作(子冈)

 *生活的火花(端木蕻良)

 *感激与祝愿(柯灵)

从三联谈到邹韬奋(黄祖芬)

怀念韬奋先生(诗,蔡若虹)

  以上八篇载1978年12月香港三联版《生活·读书·新知三联书店成立三十周年纪念集》

 *韬奋和生活书店(毕云程)

 *韬奋在苏中解放区的片断(游云)

韬奋同志主编的期刊和参政会提案

  以上三篇载1979年8月上海政协《文史资料选辑》第1辑

 *邹韬奋和戈公振——回忆两位新闻前辈之间的深厚友谊(戈宝权)

  载1979年《新闻战线》第4期

 *韬奋同志在南通(谷风)

载1979年《紫琅》第5期

* 邹韬奋与《生活日报》（胡愈之）

* 光彩夺目的一生（钱俊瑞）

从一件珍贵的文物谈起（徐伯昕）

  以上三篇载1979年6月《新闻战线》第8期

崇高的信念（马国征）

  载1979年7月2日《中国青年报》

韬奋勤奋学习的故事（陆九华）

  载1979年7月20日上海《青年报》

* 向着明天　奋勇前进——纪念邹韬奋先生逝世三十五周年（史良）

  载1979年7月24日《人民日报》

周总理与邹韬奋的亲密友谊（刘景华）

学习韬奋同志的工作作风（王泰雷）

  以上两篇载1979年7月24日《光明日报》

韬奋的事业精神（陈敏之）

韬奋同志二三事（方学武）

  以上两篇载1979年7月24日上海《解放日报》

* 学习韬奋同志的革命精神（陆诒）

  载1979年7月24日上海《文汇报》

邹韬奋与青年（刘景华）

  载1979年7月24日《中国青年报》

* 战斗到最后一息——纪念邹韬奋同志逝世三十五周年（徐伯昕）

  载1979年7月26日《人民日报》

"鞠躬尽瘁　死而后已"——纪念邹韬奋同志逝世三十五周年（奕临滨）

  载1979年7月28日《长江日报》

纪念民主战士邹韬奋(关肇昕)
    载1979年8月1日《南京师院学报》第3期
学习韬奋精神　加快四化建设(杜淑贞　杨光裕　卢莲)
    载1979年8月15日上海《文汇报》
从袁世凯办报说到韬奋办刊物(舒湮)
    载1979年8月《读书》杂志第5期
与读者打成一片——由邹韬奋办"读者信箱"谈起(田缨)
    载1979年10月13日《人民日报》
＊难忘的一夜——记邹韬奋到达苏中解放区大众书店(沈一展)
    载1979年12月《书林》第2期
忆韬奋同志——记从香港到东江的日子(戈宝权)
    载1980年1月《人物》第1辑
邹韬奋、戈公振与《生活日报》(戈宝权)
关于筹备《生活日报》的史料
邹韬奋同志等写给戈公振的信(戈宝权)
    以上三篇载1980年1月《新闻研究资料》第2辑
忆韬奋同志从香港到东江(戈宝权)
    载1980年3月25日广州《羊城晚报》
珍贵的遗产——韬奋的办报思想(丁淦林　谭启泰)
    载1980年上海《社会科学报》第4期
《革命文豪高尔基》出版前后——鲁迅和韬奋的革命友谊一例(姚庆雄)
    载1980年4月《书林》第2期
＊"非我族类嫉如仇"——回忆在梅县隐蔽时的邹韬奋同志(张维元)
    载1980年4月广东《梅江文艺》第2期
父亲与韬奋先生(沈叔羊)

载1980年5月3日香港《文汇报》

东江纵队的前进报——邹韬奋、茅盾在我们报社(锺紫)

忆和韬奋在一起工作的日子(陈象恭)

以上两篇载1980年《新闻研究资料》第5期

保全人格报格　决不为不义屈(章玉梅)

载1980年《文汇通讯》第5期

＊韬奋在梅县江头村隐蔽的日子里(陈启昌)

载1980年6月17、24日，7月1、8日广东《梅江报》，收入1984年上海文艺出版社版《中国现代文艺资料丛刊》第8辑

韬奋的宿愿——读《萍踪忆语》有感(顾小岚)

载1980年7月1日《解放日报》

想起了鲁迅和邹韬奋(杨光裕)

载1980年《上海出版工作》第7期

华罗庚传奇——难忘的老师邹韬奋(梁羽生)

载1980年7月22日《报刊文摘》

邹韬奋最后的生活(赵德玲)

载1980年7月23日《广西日报》

崇高的评价——纪念韬奋同志逝世三十六周年(韩罗以)

载1980年7月24日上海《解放日报》

韬奋同志在苏北的生活片断(袁信之)

载1980年7月27日上海《文汇报》

＊刘少奇与邹韬奋的文字交(章玉梅　辛彬)

载1980年8月《文汇通讯》第8期

邹韬奋的笔名和化名(陈玉堂)

载1980年8月1日《古旧书讯》第4期、8月10日《书讯》第15号

读邹韬奋致张元济信有感——纪念韬奋同志诞辰八十五周年(陆

诒)
>　　载1980年11月4日上海《解放日报》

* 同君一夜话胜读十年书——纪念韬奋同志诞辰八十五周年(胡一声)

当过教师的邹韬奋(胡宝炎)
>　　以上两篇载1980年11月5日上海《文汇报》

睹物怀人忆韬奋(徐文烈)
>　　载1980年11月6日广州《羊城晚报》

邹韬奋的笔名和化名(陈玉堂)
>　　载1980年11月10日《羊城晚报》

读《萍踪忆语》随感(顾小岚)
>　　载1980年11月18日上海《解放日报》

纪事抒情杂诗——邹韬奋颂并序(李耿)
>　　载1980年12月5日《绣江》第6期

"一二·九"运动中的《大众生活》(章玉梅)
>　　载1980年《新闻战线》第12期

韬奋轶事(喻岳衡)
>　　载1981年《出版工作》第1期

新闻出版工作先驱邹韬奋(刘景华)
>　　载1981年山西人民版《编创之友》第4期

邹韬奋对中国新闻事业的贡献(钟紫)
>　　载1981年《暨南大学学报》第3辑

他在党的旗帜下——读邹韬奋遗嘱(育葵)
>　　载1981年5月6日《北京日报》

忠心永相随——记韬奋同志和党的关系(张工)
>　　载1981年7月2日上海《文学报》

纪念韬奋　学习韬奋(方学武)

载 1981 年 7 月 24 日上海《解放日报》

一代青年的良师益友——韬奋二三事(景华)

载 1981 年 7 月 24 日北京《青年报》

＊缅怀韬奋同志(徐文烈)

载 1981 年 7 月 25 日上海《解放日报》

怀念邹韬奋同志(周保昌)

载 1981 年 7 月 25 日上海《文汇报》

要有韬奋精神(李子兴)

载 1981 年 7 月 29 日《贵阳晚报》

怀念邹韬奋(袁信之)

载 1981 年 7 月 30 日上海《文学报》

忆韬奋二三事(莫志恒)

载 1981 年《上海出版工作》第 7 期

学习邹韬奋，走"曲线求学"的路(方良)

载 1981 年 8 月 4 日上海《文汇报》

重温韬奋主编的《生活日报》和《大众生活》(陆诒)

载 1981 年 9 月 7 日上海《解放日报》

邹韬奋与艾寒松、"莫文华"(谭启泰)

载 1981 年 9 月 8 日《人物》第 5 期

向韬奋学习(一读者)

载 1981 年 9 月 17 日《人民日报》

琐记邹韬奋(徐文烈)

载 1981 年《随笔》第 19 期

邹韬奋与陈布雷(刘景华)

载 1981 年 10 月北京《新时期》第 10 期

鲁迅与韬奋(胡宝炎)

载 1981 年 10 月 4 日《中国青年报》

韬奋主办报刊史话(刘景华)

　　载《解放军报通讯》1981年10、11、12月、1982年1、2月

韬略终须建新国　奋飞还得读良书——访杰出的新闻记者邹韬奋的故居(胡宝炎)

　　载1981年11月3日广州《羊城晚报》

＊邹韬奋的早年生活(沈粹缜口述　陈敏之整理)

　　载1981年11月《文化史料》第2期

学习韬奋的事业精神(章玉梅)

　　载1981年《辽宁日报通讯》第11期

韬奋慧眼识寒松(章玉梅)

　　载1981年《福建日报通讯》第11期

邹韬奋与陈毅(张工)

　　载1981年12月24日上海《文学报》

归魂入党托生平——邹韬奋同志二三事(刘景华)

　　载1981年北京《支部生活》第12期

韬奋的"人材观"——《事业管理与职业修养》读书札记(马嵩山)

　　载1982年1月10日《上海出版工作》第1期

韬奋"为民众"的新闻观点和新闻实践(周靖波)

　　载1982年《上饶师专学报》第1期

"韬奋"的含意(陈玉堂)

　　载1982年1月30日上海《解放日报》

从韬奋批评饯行习俗说起(刘景华)

　　载1982年江苏《群众》第1期

韬奋与出版(钱小柏　雷群明)

　　载1982年《出版史料》第1辑。

青年时代的韬奋(章玉梅)

　　载1982年《中国青年报通讯》第2期

不作"陈布雷第二"(刘景华)

　　载 1982 年《空军报通讯》第 3 期

邹韬奋遗墨(谢国宝)

　　载 1982 年 5 月 2 日《人民日报》

邹韬奋与《生活日报》(谭启泰)

　　载 1982 年 5 月上海《新闻大学》第 8 期

韬奋学生时代的作文(陈玉堂)

　　载 1982 年《古旧书讯》第 5 期

邹韬奋怒斥贪官(守恒)

　　载 1982 年 7 月 16 日《新民晚报》

邹韬奋大杨庄历险记(陈允豪)

　　载 1982 年 7 月 21 日上海《解放日报》

《生活》在群众之中(周保昌)

　　载 1982 年 7 月 26 日《人民日报》

邹韬奋和沙千里的革命友谊(韩罗以)

　　载 1982 年 7 月《图书馆》杂志第 8 期

喜闻韬奋到了苏北(文操)

　　载 1982 年 8 月 8 日《新民晚报》

韬奋的婚姻与爱情(刘景华)

　　载 1982 年 8 月黑龙江人民版《益友》总第 6 期

韬奋论编辑(雷群明)

　　载 1982 年《上海出版工作》第 9 期

心血的结晶——介绍韬奋言论的独特风格(章玉梅)

　　载 1982 年《辽宁日报通讯》第 9 期

＊**临终前的韬奋先生**(徐雪寒)

＊**一点火星**(戈扬)

　　以上两篇载 1982 年 10 月 25 日《新观察》第 20 期

职业修养的楷模——沈粹缜同志忆韬奋(郦国义)
　　载 1982 年 12 月 17 日上海《文汇报》
韬奋的事业(徐伯昕)
　　载 1983 年 1 月 13 日《人民日报》
韬奋办报刊(刘景华)
　　载 1983 年 1、2、3 月上海《新闻记者》第 1、2、8 期
我的老师邹韬奋(葛怀诚)
　　载 1983 年 4 月《宜兴文史资料》第 4 辑
邹韬奋与"一二·九"运动(胡炎生)
　　载 1983 年《上海青运史资料》第 4 辑
邹韬奋若干生平史实辩论(朱受群)
　　载 1983 年《争鸣》第 4 期
一场风波(袁信之)
　　载 1983 年 5 月 4 日《新民晚报》
韬奋的"无价之宝"(朱海明)
　　载 1983 年 7 月 12 日上海《文汇报》
读韬奋《患难余生记》随想(文操)
　　载 1983 年 7 月 25 日上海《新民晚报》
邹韬奋(穆欣)
　　载 1983 年 7 月山西人民出版社版《中共党史人物传》
想起了"韬奋稿纸"(晓章)
　　载 1983 年 11 月 2 日上海《文汇报》
邹韬奋在深圳的日子里(景华)
　　载 1983 年 9 月 10 日《特区党的生活》
韬奋与编辑(程浩飞)
　　载 1983 年 12 月《中国出版年鉴》
韬奋在梅县江头村生活片断(陈奋)

载1983年12月25日《南方报》

让韬奋的生命一代一代延续下去——学习笔记一页(全一毛)

载1984年2月15日上海《新闻记者》第2期

＊杜重远和韬奋的友谊(沈粹缜)

载1984年2月上海市政协编印《统战工作史料选辑》第8辑

学习邹韬奋为读者为人民的革命精神(陆诒)

载1984年4月20日上海《民主与法制》第4期

韬奋重视来信来稿工作(白玉)

载1984年《新闻业务》第4期

韬奋逝世四十周年祭(方任)

载1984年5月5日上海《新民晚报》

韬奋精神永存人间——访韬奋同志的夫人和子女(李仲实 谈小薇)

载1984年5月5日上海《解放日报》

继承韬奋遗志　发扬韬奋精神——在纪念邹韬奋同志逝世四十周年座谈会上的讲话(胡立教)

＊难忘的会见——纪念邹韬奋同志逝世四十周年(夏征农)

＊韬奋同志在东江游击区(于伶)

以上三篇载1984年5月6日上海《解放日报》

伟大的爱国主义者韬奋(胡愈之)

载1984年5月6日上海《文汇报》

韬奋精神长青(史良)

载1984年5月6日《新民晚报》

深切怀念韬奋同志(萨空了)

载1984年5月10日《人民政协报》

韬奋论新闻记者(雷群明)

载1984年5月15日上海《新闻记者》第5期

《抗战》三日刊重印前言(胡绳)
  载 1984 年 5 月 22 日《人民日报》
邹韬奋在作庐(卢伟良)
  载 1984 年广东《梅江文艺》第 5 期
缅怀韬奋(沈粹缜)
  载 1984 年 6 月 1 日《上海政协报》会讯试刊第 1 期
*火样的热情(侯御之)
  载 1984 年 6 月 17 日《人民日报》
《韬奋著译系年目录》序言(胡绳)
  载 1984 年 6 月 17 日上海《解放日报》
邹韬奋到梧州(陈辉)
  载 1984 年 6 月 30 日《梧州日报》
邹韬奋先生在玉林(陈日忆)
  载 1984 年《玉林文史资料》第 6 辑
郭沫若纪念邹韬奋的对联(陈福康)
  载 1984 年 6 月 24 日上海《解放日报》
*怀念邹韬奋(爱泼斯坦)
韬奋同志在东江游击区(于伶)
*回忆韬奋离苏北返沪就医(王于耕)
韬奋同志是知识分子的光辉旗帜(千家驹)
坚持真理坚持团结的楷模(孙晓村)
*邹韬奋同志给我的教育(凌其翰)
*韬奋同志指引我走向革命(钟怀琼)
  以上七篇载 1984 年 6 月上海政协《文史资料选辑》第 47 辑
韬奋在国外的采访活动(章玉梅)
像邹韬奋那样热爱新闻工作(丁淦林)
  以上两篇载 1984 年浙江《广播电视业务》第 6 期

* 忆韬奋——纪念韬奋逝世四十周年(杜若君)

　　载 1984 年 7 月 1 日吉林大学《社会科学学报》、7 月 23 日《世界经济导报》

韬奋永留人间(钱俊瑞)

　　载 1984 年 7 月 5 日《人民日报》

韬奋同志对中国出版事业的伟大贡献(徐雪寒)

　　载 1984 年 7 月 5 日《光明日报》

邹韬奋与香港文化(刘景华)

　　载 1984 年 7 月 5 日《深圳特区报》

学习韬奋求实、改革的精神(周保昌)

　　载 1984 年 7 月 8 日《人民日报》

* 韬奋永生(夏衍)

宣传真理的声音——纪念父亲韬奋逝世四十周年(邹嘉骊)

韬奋小传(丁淦林)

* 艰险旅途中的一站——韬奋同志到达新四军根据地的往事补记(徐中尼)

　　以上四篇载 1984 年 7 月 15 日上海《新闻记者》第 7 期

韬奋为实现第二次国共合作的努力(袁信之)

　　载 1984 年 7 月 18 日上海《解放日报》

回忆韬奋先生二三事(陈日忆)

　　载 1984 年 7 月 19 日《桂林日报》

德人风节动千秋——"七君子"之狱中的邹韬奋(刘景华)

　　载 1984 年 7 月 22 日《深圳特区报》

忆韬奋同志二三事(邢方群)

　　载 1984 年 7 月 24 日《中国青年报》

研究韬奋的"很有用的资料"——《韬奋著译系年目录》(群明)

　　载 1984 年 7 月 25 日《书讯报》

可敬的爱国慈母——记韬奋生前怀念的华老太(殷滔　吉红)

　　载 1984 年 7 月 28 日《文汇报》

终身为人民大众服务的新闻记者——纪念邹韬奋逝世四十周年(穆欣)

　　载 1984 年《新闻业务》第 7 期

中国新闻事业的珍贵遗产——重读韬奋的海外通讯(穆欣)

"只愿终身做一个无名小卒"——漫谈韬奋与编辑工作(俞月亭)

邹韬奋和新闻摄影(武素心)

　　以上三篇载 1984 年《新闻战线》第 7 期

用实际行动学习和纪念韬奋同志(吉少甫)

读韬奋同志的一篇中学作文——纪念韬奋同志四十周年(李文)

韬奋精神永存(毕青)

韬奋与《店务通讯》(雷群明)

　　以上四篇载 1984 年《上海出版工作》第七期

韬奋的成材之路(章玉梅)

　　载 1984 年《安徽日报通讯》第 7 期

＊回忆韬奋先生(钱小柏)

＊难忘的教诲——怀念新闻出版界的革命前辈邹韬奋同志(莫志恒)

＊忆韬奋伯伯在江头村(陈汉辉)

　　以上三篇载 1984 年上海文艺出版社版《中国现代文艺资料丛刊》第 8 辑

沿着韬奋的道路(史良)

追求真理认真工作(张友渔)

永远值得后人追念的文化战士(胡绳)

文化出版战士的光辉典范(朱穆之)

学习韬奋作合格的新闻工作者(吴冷西)

韬奋经历的道路(沈粹缜)

寄韬奋同志(诗,张爱萍)

　　以上七篇载 1984 年 9 月 5 日《出版工作》第 9 期

韬奋的采访之道(俞月亭)

从改良走向革命的道路——探讨邹韬奋主编《生活》的经验之一

　　(丁淦林　宁树藩　章玉梅　谭启泰)

　　以上两篇载 1984 年 10 月上海《新闻大学》第 7 期

邹韬奋巧解纠纷(何少华)

　　载 1984 年 11 月 7 日《中国法制报》

＊护送邹韬奋同志(杨绪亮)

　　载 1984 年 11 月 15 日《解放军报》

邹韬奋到玉林(苏谨能)

　　载 1984 年 12 月 6 日《广西日报》

"恩来是我毕生最敬佩的朋友"(穆欣)

　　载 1984 年 12 月 19 日《中国老年》第 12 期

韬奋同志与生活书店的编审工作(雷群明)

　　载 1984 年 12 月学林出版社版《出版史料》第 3 期

韬奋的人才观(章玉梅)

　　载 1985 年上海《社会科学》第 1 期

护送韬奋先生赴沪就医(王晓晴)

　　载 1985 年 2 月 15 日《人民政协报》

邹韬奋与《大众生活》(章玉梅)

　　载 1985 年黑龙江新闻研究所《新闻传播》第 2 期

发扬韬奋的服务精神(沈粹缜)

　　载 1985 年 2 月 23 日上海《文汇报》

韬奋的新闻道路(邹嘉骊)

　　载 1985 年 3 月学林出版社版《编辑记者一百人》

*和韬奋最后相处的日子(陈其襄)

*忆韬奋导师给我题词(杨超伦)

从一千到十五万份的秘诀(章玉梅)

  载 1985 年北京新闻研究所《新闻研究资料》总第 29 期。

护送邹韬奋北上记:病中的他,仍不忘履行使命(施平口述　龚丹韵整理)

  载 2015 年 7 月 27 日上海《解放日报》

初版编者附记

一九八五年十一月五日是父亲韬奋诞生九十周年。应父亲生前友好和新老读者的要求,我编选了这本纪念集。

选入本书的文章以有史料保存价值的为主,适当选少量纪念文章。为节省篇幅,对于后出的文章中的重复和无实质性内容的部分,作了适当的删节,删节较多的在题目上以"摘要"标明,请作者谅解。编选的范围,从一九四四年九月至一九八五年五月为止。所收文章以发表先后为序(部分没有发表过的文章按写作年代插入),尽可能找到初次发表日期和报刊名称,并注明原载何处;一时找不到初次发表日期的,以初次编入书籍的日期为准,注明选自何书。页末注释凡为本书编者所加均注明"编者注",原编者写的则注明"原编者注",以示区别。

为了给研究韬奋的同志提供较齐全的资料,本书第一部分收录了中共中央唁电等文献,第三部分收入了主要的题词、挽词、诗歌等,有不少是未发表过的。此外,书末还附有"韬奋研究资料目录索引",收录有关韬奋研究的主要著作和文章,供参考。

个人能力有限,搜集资料难免有疏漏,恳切地希望父亲的生前友好和广大读者给予指正和补充。

最后,借此篇幅,向在编选过程中曾给予我帮助的上海文艺出版社的傅培根、吴铮，韬奋纪念馆的曹克昌、胡炎生表示谢意。

邹嘉骊
一九八五年五月

2015 年版后记

编书是一件很开心的事。有了题目有了目标，按习惯的规程就可以动手操作起来了。一九八七年中国韬奋基金会成立，第一次理事会就决定要编《韬奋全集》。这是一个大工程，有组织、有分工，邀请一批资深编审，大家目标一致，辛勤劳作达十年之久，在一九九五年十一月韬奋诞辰一百周年纪念日出版了。八百万字十四卷，工程大，容量大，适合积累的资料也大，阅读却并不方便。讨论结果，以全集作基础，编一本《韬奋年谱》，可以容纳更多全集之外的历史事实。全集的工作人员已经各回自己的单位。谁来接受这个任务？听取各方意见，最后决定由我"一肩挑"。从来没有编过年谱这类书，我满心忐忑，不知这条河的水有多深。没有理由退缩，在探索中一步一步向完成书稿的目标靠近。这一步一步也走了十年。二〇〇五年十月出版，上、中、下三卷，一百三十九万七千字。这就是最后测出来的这条河的深度。

以上都是韬奋原著，少一本纪念集，我想起三十年前编的《忆韬奋》，初版收有一百多篇，多数是个人回忆，内容有点"细小"，新版共增加了七篇文章，在前言中都有所交代。值得高兴和感谢的是，邹家华长兄为本书封面题写了毛笔手迹。如此等等，弥补了初版的不足，明显提升了书稿的史料价值。书稿质量的提升，是和三联书店合作的成果。三联书店是生活、读书、新知三家书店的联合，邹韬奋是生活书店创始人之一，我们是第一次合作，却有着历史的渊源,有着自然的亲近感。

十分珍惜这本纪念集。人生苦短,已经没有可能再有这样的精力、功夫,去搜集、编选这样数量的资料,集成书留存人间了。

为纪念父亲邹韬奋诞辰一百二十周年,我义不容辞作了这番努力。

邹嘉骊

二〇一五年七月二十九日

修订版后记

这本书从一九八五年一月问世至今,已经 37 年书龄。作者一百多位,文章一百三十六篇强。从原来的四十多万字增添至五十多万字。在三联书店创立九十周年之际再版自有它的意义。作为当年的编者,现今的高龄老人,也愿意尽一份绵薄之力。

回想我的编辑生涯,特别要感谢两位出版社的社长。

新中国成立盛典召开,我参加了,是我一生的骄傲。在旧中国的颠簸生活中,我小学初中都没有读完。1951 年人民文学出版社成立,冯雪峰是首任社长。我在该社做了七年校对员,社长似乎认识我,难得见面时,他总是眯着一对细眼微笑点头。读校样就是读书,读一本长一本知识,多读书就是多长知识。感谢社长的微笑,那是亲切的肯定和鼓励,这已经是七十年前的事了。七年的磨练却没有忘记。七年的校对工作我认真珍惜,为我以后从事文字工作打下了基础。

1958 年,妈妈亲赴北京,从居住了十年的小独院接我到了上海,一步跨进了新文艺出版社(后改名为上海文艺出版社),从事编辑工作数十年。数十年中最珍贵最感激的是新文艺出版社的老社长蒯斯曛。他学者风度,说话平和,容易接近。他批准我去北京文化学院编辑进修班学习,政治理论课学习毛泽东主席的《实践论》和《矛盾论》,从理论上确定了我的工作和人生方向。

我与大哥二人都过耄耋之年,动作不如过去灵巧,好在侄辈都在身边。历来欣赏大哥的毛笔字,已经不止一次要求他为我的书题书名了。二○○五年版的《忆韬奋》封面题字大哥写的是繁体字,去年十一月大哥得知《忆韬奋》要再版,通过侄辈们"穿针引线",没过几天,收到大哥的题字,这次写的是简体字,耄耋之年,笔锋犹在。脑中常常会涌现一幅温馨的画面:大哥写字时,大嫂一个人静静地坐在边上织毛衣,其乐融融。嫂子用手工织出来的织物,大小各异,尺寸不等,传递着浓浓的亲情!

现实生活中不断有缅怀先烈的活动,这本书的作者们正是以自己的亲身经历谱写出一曲曲英雄赞歌。活的史料,老人说老话,反映了二十世纪三四十年代的抗战历史。我出生的第二年就遇上一九三一年的"九一八事变",日本强盗入侵中国,强占我国土,烧杀掠夺,无恶不作。十四年的国仇不能忘,当今,更要提高警惕外敌变换手法的入侵。在和平幸福的同时,还需要有忧患意识。

前言后记能成篇要感谢老同事吴铮和生活助理小方。我已耄耋之年,视力模糊,记忆力退化,无法写很长时间。我物色了两位帮手,一位叫吴铮,她小我十八岁,在上海文艺出版社工作,六年前新版《忆韬奋》出版前就参与帮忙了;另一位是我的生活助理小方,年龄是我的一半。半年前来我家,见家里书多,即表示喜欢看书,要借一本《新华字典》。半年来,她已经按我的需要,帮忙查询资料或读信读报,提升了我的记忆。我在手机上写出一小段的文字,有时寥寥数字,发送给吴铮。吴铮微信收到即转到电脑里整理成文,然后再发给我,由小方读给我听,一遍又一遍。如此循环往返,完成了前言后记的任务。这是一次独特的合作,过程中有曲折,有争议,有焦虑,那都是小事。本着三人行必有我师,各行其职的信条,完成了任务。

最后感谢三联书店上海公司,是三联给了这本书重版的机会,弥补了我心中的缺憾。向王秦伟等同行致敬,合作愉快。

邹嘉骊

二〇二二年三月